「在日」の相続法

その理論と実務

趙 慶済 著

日本加除出版株式会社

ま え が き

　「韓国・朝鮮」人の在留外国人数は，2017年末現在，「中国」（約74万人）人に次いで，約48万3千人である。その中で，日本の敗戦（1945年）前後から継続して日本に居住する者及びその直系卑属は，約32万2千人である。

　本書は，日本に在留している「韓国・朝鮮人」の「相続」の法的な取扱いを検討した書である。そのためには，日本・韓国・北朝鮮の国際私法，韓国と北朝鮮の家族法，日本と韓国の身分登録法の理解が必要であり，それらを総合的に把握することが欠かせない。

　しかしながら，取り扱う法分野の広さと収集した膨大な資料が，私を圧倒し，かつ，苛んだ。執筆からの約3年間，階段を上っているのだろうか，頂上に果たして辿りつけられるのだろうか，そんな感覚に何度も襲われた。階段の踊り場で立ち止まっては，諦めようかと思った時も一度ではなかった。喘ぎ喘ぎながらようやく完成に漕ぎつけられたというのが率直な感想である。

　執筆中に，これまでに触れ合った人々との思い出が，浮かんでは消え，消えては浮かんだ。司法書士業を始めた1984年から支援してくれた多くの友人，1986年から始めた「定住外国人と家族法」研究会で切磋琢磨しあった司法書士，そこに馳せ参じて頂いた大学の諸先生，生成途上の法律家の行く末を語りあった「志」ある司法書士の面々，2005年から10年間立命館大学の趙ゼミで飲み語りあった学生諸君，そして「在日」の行く末を今も語り合える友人達，そんな人々を思い出しては，勇気づけられた。

　本書が，「在日」の相続法に疑問が生じたときに紐解かれ，疑問を解明する際の一助になることを願いたい。また，本書が，渉外相続法の理論や実務を考える際の一つのヒントになることを願うばかりである。しかしながら，思わぬ間違いをしているかもしれない。読者諸氏のご寛恕を乞うものである。

まえがき

　本書は，日本加除出版㈱の柳田承一取締役，大野弘参事，真壁耕作編集本部長，編集部の野口健氏のご理解とご尽力がなければ完成できなかった。とりわけ，3年に亘り筆者の「わがまま」に粘り強くお付き合い頂いた野口健氏に改めて謝意を表したい。そして，北朝鮮関係の資料を快くご提供くださった大内憲昭教授（関東学院大学）と，原稿の一部を読まれアドバイスを頂いた司法書士の徳山善保氏（愛知県）・金山幸司氏（愛知県），及び本書に「推薦の言葉」をお寄せ頂いた各位に深謝を表する次第である。

　最後に，笑みを頬に浮かべながら「これで最後ですか？」といっては，私の原稿に眼を通し，ときに辛辣な批評を加える，愛妻「李起美恵」に，本書を捧げたい。「ありがとう！」

2019年2月

　　　　　　　　　　比叡山を望みながら
　　　　　　　　　　司法書士　西山慶一事務所（京都）にて

　　　　　　　　　　　　　　　　　趙　　慶　　済

本書のテーマと内容

　韓国・朝鮮人が，日本で死亡したとしましょう。在日韓国・朝鮮人（以下「在日」という場合がある）の法的な権利・義務は，死亡すれば誰にどのように承継（相続）されるのでしょうか。承継（相続）される場合にはどのようなことが問題になるのでしょうか。

　本書は，それら諸問題の解決の糸口を示すことにあります。

　序章では，在日韓国・朝鮮人とは誰かを，大韓民国（以下「韓国」という）・朝鮮民主主義人民共和国（以下「北朝鮮」という）の国籍法と日本における法的地位の視点から捉えてみました。

　第1章は，在日韓国・朝鮮人の相続に適用すべき法律とは何処の国の法律になるのか，それら法律を適用した場合にどのような問題が生じるのか，それらの点を主として国際私法上の観点から整理しました。

　第2章は，韓国法を本国法とする「在日」（以下「在日韓国人」という場合がある）の相続や相続の前提となる親族関係の成立に韓国家族法が適用される場合に備えて，韓国家族法の概要を把握することにしました。

　第3章は，北朝鮮法を本国法とする「在日」（以下「在日朝鮮人」という場合がある）の相続の前提となる親族関係の成立に北朝鮮「家族法」が適用される場合に備えて，北朝鮮「家族法」の概要を把握することにしました。

　第4章は，在日韓国・朝鮮人の出生・婚姻・離婚などの身分変動行為は，これまで何処にどのように記載・記録されてきたか，現在どのように記録されているか，その概要を整理して把握することに努めました。

　第5章は，以上の内容を踏まえて，在日韓国・朝鮮人の相続に必要となる相続証明書とは何かを整序し，実務上の対応を考えてみました。

本書の読み方

本書の読み方

1　「在日」の相続問題に直面した時に，目次を手掛かりに該当箇所をお読みください。

2　「Ⅰ巻末資料」（557頁）には，本文の読解に資するために「1年表」（2個，559頁），「2統計」（3個，569頁），「3北朝鮮関連法令」（4個，572頁），「4韓国　大法院判例」（8個，583頁），「5韓国　家族関係登録（戸籍）例規」（15個，597頁），「6韓国憲法裁判所　民事関連判例」（12個，639頁），「7「在日の相続」関連不動産登記先例集」（651頁），「8韓国家族法・北朝鮮家族法　主要日本語文献」（657頁）を示しておきました。

3　「Ⅱ本文掲載のコラム一覧」（659頁）には，本文中に掲載した「コラム」（37個）の一覧を掲載しています。該当箇所をより深く知るための糸口やポイントを取り挙げています。

4　文章中に掲記した，「統計」（Ⅲ1（13個）660頁）は「在日」に関連する統計であり，「表（法令）」（Ⅲ2（21個）660頁）は異なる法令を対比したり新設された法令や新旧の法令であり，「記載例」（Ⅲ3（16個）660頁）は韓国の旧「戸籍」や現在の家族関係登録法で発行される「登録事項別証明書」（モデル）の翻訳文などです。

5　本文の第2章では，130個の「韓国の判例」，9個の「韓国の先例」，3個の「日本の判例」，3個の「日本の先例」を掲記して本文読解の参考にしています。

　　なお，巻末資料等は，紙幅の関係で大幅に割愛しました。特に日本・韓国の法令はすべて割愛しましたので，それらの法令は，日本加除出版が毎年発行する『戸籍実務六法』などをご参照ください。

凡　例（略語集）

1　判例集

最高裁判所民事判例集　　　→　民　集

高等裁判所民事判例集　　　→　高民集

下級裁判所民事裁判例集　　→　下民集

渉外先例判例集　　　　　　→　渉先判集

交通事故民事裁判例集　　　→　交民集

家庭裁判月報　　　　　　　→　家　月

判例タイムズ　　　　　　　→　判　タ

判例時報　　　　　　　　　→　判　時

訟務月報　　　　　　　　　→　訟　月

私法判例リマークス　　　　→　リマークス

2　雑誌等

ジュリスト　　　　　　　　→　ジュリ

戸籍時報　　　　　　　　　→　戸　時

重要判例解説　　　　　　　→　重判解

池原季雄編『渉外判例百選（増補版）』（有斐閣，1976年）　→　渉外百選
（増補版）

池原季雄・早田芳郎編『渉外判例百選（第二版）』（有斐閣，1986年）　→
渉外百選 2 版

池原季雄・早田芳郎編『渉外判例百選（第三版）』（有斐閣，1995年）　→
渉外百選 3 版

櫻田嘉章・道垣内正人編『国際私法判例百選（新法対応補正版）』（有斐閣，
2007年）　→　国際私法百選（新法対応）

櫻田嘉章・道垣内正人編『国際私法判例百選（第 2 版）』（有斐閣，2012年）
　→　国際私法百選 2 版

凡　例（略語集）

3　主な法令

⑴　日　本

法例（明治31年6月21日法律第10号）　→　改正前法例

法例（平成元年6月28日法律第27号）　→　改正法例

法の適用に関する通則法（平成18年6月21日法律第78号）　→　**法適用通則法**

遺言の方式に関する準拠法に関する法律　→　**遺言方式準拠法**

人事訴訟法　→　**人訴法**

家事事件手続法　→　**家事手続法**

出入国管理及び難民認定法　→　**入管法**

日本国との平和条約に基づき日本の国籍を離脱した者等の出入国管理に関する特例法　→　**入管特例法**

住民基本台帳法　→　**住基法**

⑵　韓　国

家事訴訟法	→	家訟法
家事訴訟規則	→	家訟規則
家族関係の登録等に関する法律	→	家登法
家族関係登録規則	→	家登規則
家族関係登録例規	→	家登例規

⑶　北朝鮮

朝鮮民主主義人民共和国国籍法	→	北朝鮮「国籍法」
朝鮮民主主義人民共和国対外民事関係法	→	北朝鮮「対外民事関係法」
朝鮮民主主義人民共和国家族法	→	北朝鮮「家族法」
朝鮮民主主義人民共和国民法	→	北朝鮮「民法」
朝鮮民主主義人民共和国相続法	→	北朝鮮「相続法」

4　主な文献

⑴　日本語文献

青木清『韓国家族法』（信山社，2016年）　→　**青木清・韓国家族法**

大内憲昭『朝鮮社会主義法の研究』（八千代出版，1994年）　→　**大内憲昭・「研究」**

大内憲昭『法律からみた北朝鮮の社会』（明石書店，1995年）　→　**大内憲昭・北朝鮮の社会**

凡　例（略語集）

大内憲昭『朝鮮民主主義人民共和国の法制度と社会体制』（明石書店，2016年）　→　**大内憲昭・法制度と社会体制**

神前禎・早川吉尚・元永和彦『国際私法（第3版）』（有斐閣，2012年）　→　**神前偵ほか・国際私法3版**

外国人登録事務協議会全国連合会法令研究会編著『外国人登録事務必携』（日本加除出版，1985年）　→　**外国人登録事務協議会・外国人登録事務必携**

木棚照一監修「定住外国人と家族法」研究会代西山慶一編著『「在日」の家族法Q＆A〔第3版〕』（日本評論社，2010年）　→　**木棚照一監修・「在日」第3版**

金敬得・金英達編『韓国・北朝鮮の法制度と在日韓国人・朝鮮人』（日本加除出版，1994年）　→　**金敬得ほか・法制度と在日韓国・朝鮮人**

金容漢『韓国の戸籍制度と戸籍法』（日本加除出版，1977年）　→　**金容漢・韓国の戸籍制度**

櫻田嘉章『国際私法（第6版）』（有斐閣，2012年）　→　**櫻田嘉章・国際私法6版**

櫻田嘉章・道垣内正人編『注釈国際私法　第1巻』（有斐閣，2011年）　→　**櫻田嘉章ほか・注釈国際私法1巻**

櫻田嘉章・道垣内正人編『注釈国際私法　第2巻』（有斐閣，2011年）　→　**櫻田嘉章ほか・注釈国際私法2巻**

在日本朝鮮人人権協会『在日コリアン　暮らしの法律Q&A』（日本加除出版，2004年）　→　**在日本朝鮮人人権協会・暮らしの法律**

司法研修所編『渉外家事・人事訴訟事件の審理に関する研究』（法曹会，2010年）　→　**司法研修所・渉外家事研究**

石東絃・具本俊・訳金汶淑『最新・大韓民国国籍法—逐条解説と運用実務上の解釈—』（日本加除出版，2011年）　→　**石東炫ほか・最新韓国国籍法**

溜池良夫『国際私法講義（第3版）』（有斐閣，2005年）　→　**溜池良夫・国際私法3版**

趙慶済『「在日」の国際家族法とその本国法を考える』（日本加除出版，2015年）37頁　→　**趙慶済・在日の本国法**

趙均錫・石東炫・崔喜圭『大韓民国新国籍法解説』（日本加除出版，1999年）　→　**趙均錫ほか・大韓民国新国籍法解説**

西山國顕『渉外相続法（韓国・台湾・中国・北朝鮮）とその登記手続』（文

凡　例（略語集）

芸社，2004年）　→　**西山國顯・渉外相続法**

法務省入国管理局編『出入国管理とその実態（昭和46年版）』（大蔵省印刷局，
　1971年）　→　**入国管理局・出入国管理とその実態（昭和46年版）**

水野直樹・文京洙『在日朝鮮人　歴史と現在』（岩波書店，2015年）　→　**水
野直樹ほか・在日朝鮮人**

山田鐐一『国際私法（新版）』（有斐閣，2003年）　→　**山田鐐一・国際私法
新版**

李瑜煥『在日韓国人60万人』（洋々社，1971年）　→　**李瑜煥・在日韓国人60
万**

(2)　**ハングル文献**

①　**韓国文献**

金疇洙（キムチュス）（『親族・相続法（第2全訂版)』（ソウル法文社，1978
年）　→　**金疇洙（キムチュス）・親族相続法第2全訂版**

金疇洙（キムチュス）『註釋　親族・相続法［全訂増補版］』（ソウル法文社，
　1984年）　→　**金疇洙（キムチュス）・注釋親族相続法［全訂増補版］**

김주수（キムチュス）＝김상용（キムサンヨン）『친족・상속법（제12판）
（親族・相続法（第12版))』（ソウル法文社，2015年）　→　**김주수（キム
チュス)＝김상용（キムサンヨン）・親族相続法第12版**

김지후（キムチフ）『가족관계의등록등에관한법률　제8판（家族関係の登
録等に関する法律第8版)』（ソウル法學社，2016年）　→　**김지후（キム
チフ）・家族関係登録法第8版**

郭潤直（クァクユンジック）『改訂版　相続法（民法講義Ⅰ)』（ソウル博英
社，2004年）　→　**郭潤直（クァクユンジック）・改訂版相続法**

박동섭（パクトンソプ）『개정판　친족　상속법（改訂版　親族相続法)』
（ソウル博英社，2006年）　→　**박동섭（パクトンソプ）・改訂版親族相続
法**

法務資料第319号『북한가족법주석（北韓家族法注釈)』（ソウル韓国法務部
法務室統一法務課，2015年）　→　**法務資料第319号・北韓家族法注釈**

송덕수（ソンドクス）『친족・상속법（親族相続法)』（ソウル박영사，2015
年）　→　**송덕수（ソンドクス）・親族相続法**

石光現（ソッククゥアンヒョン）『2001年改正　国際私法解説』（ソウル図書
出版芝山，2001年）　→　**石光現（ソッククゥアンヒョン）・国際私法解説**

申昌善（シンチャンソン)＝尹南順（ユンナムスン）『新国際私法（第2版)』

（ソウルFides，2016年）　→　申昌善（シンチャンソン）＝尹南順（ユンナ
ムスン）・新国際私法2版

윤진수（ユンジンス）編『주해　친족법　제1권（注解親族法第1巻）』（ソ
ウル박영사，2015年）　→　윤진수（ユンジンス）・注解親族法1巻

이경희（イキョンヒ）『제2전정판　가족법（第2全訂版　家族法）』（ソウ
ル法元社，2012年）　→　이경희（イキョンヒ）・第2全訂版家族法

②　**北朝鮮文献**

조일호（チョイルホ）『朝鮮家族法　大学用（初版）』（ピョンヤン教育図書
出版社，1958年）　→　조일호（チョイルホ）・朝鮮家族法（初版）

리송녀（リソンニョ）『조선민주주의인민공화국가족법제도（朝鮮民主主義
人民共和国家族法制度）』（ピョンヤン사회과학출판사（社会科学出版社），
2004年）　→　리송녀（リソンニョ）・家族法制度

目　次

「在日韓国・朝鮮人」とは誰なのか
——国籍・在留資格の視点から

はじめに …………………………………………………………………… *1*

第1節　日本植民地統治下の国籍 ─────────────── *4*

第2節　韓国国籍法の変遷とその概要 ─────────── *4*

 1　1948年南朝鮮過渡政府「国籍に関する臨時条例」の制定・施行 …………………………………………………………………… *5*
 2　1948年国籍法の制定・施行 ……………………………………… *6*
 3　1962年改正法から1976年改正法まで ………………………… *8*
 4　1997年改正法の公布・施行 ……………………………………… *9*
 5　2004年改正法から2007年改正法まで ……………………… *14*
 6　2010年改正法の公布・施行 …………………………………… *15*

第3節　北朝鮮国籍法の変遷とその概要 ────────── *19*

 1　1963年国籍法の制定・施行 …………………………………… *20*
 2　1995年国籍法の制定・施行 …………………………………… *21*

第4節　日本の公簿上の国籍欄の表記 ───────────── *23*

 1　敗戦から平和条約の発効まで（1945年から1952年まで）……… *24*
 2　平和条約の発効から日韓法的地位協定の発効まで（1952年か

目　次

　　　ら1966年まで）……………………………………………………… *26*

　　3　現在の「戸籍法」上の表記 ………………………………………… *31*

第5節　在留資格をめぐる法制の変遷とその概要 ──────── *32*

　　1　敗戦から平和条約の発効まで（1945年から1952年まで）………… *32*

　　2　平和条約の発効から日韓法的地位協定の発効まで（1952年か
　　　ら1966年まで）………………………………………………………… *33*

　　3　日韓法的地位協定の発効から協定永住の申請期限まで（1966
　　　年から1971年まで）…………………………………………………… *35*

　　4　協定永住の申請期限から入管特例法の制定まで（1971年から
　　　1991年まで）…………………………………………………………… *37*

　　5　入管特例法の施行から平成21年入管法等改正法・同年改正住
　　　基法の施行まで（1991年から2012年まで）………………………… *42*

　　6　平成21年入管法等改正法と同年改正住基法の施行（2012年）…… *49*

　　7　平成21年入管法等改正法等の施行から現在まで（2012年〜）…… *55*

第 1 章

在日韓国・朝鮮人の相続関係に適用すべき法

はじめに ……………………………………………………………………… *57*

第1節　国際私法の枠組みと日本の国際私法 ──────────── *58*

　　1　国際私法の枠組み …………………………………………………… *58*

　　2　単位法律関係（適用範囲）・連結点・準拠法 …………………… *59*

　　3　日本の国際私法の改正経過と法の遡及関係 ……………………… *62*

第2節　在日韓国・朝鮮人の相続準拠法とは ──────────── *63*

　　1　各国の相続準拠法の決定方法 ……………………………………… *63*

2	法適用通則法36条の意義 ……………………………………… *64*
3	在日韓国・朝鮮人の本国法の決定について ………………… *67*
4	在日の相続準拠法は本国の国際私法により反致するか………… *72*
5	相続関係事件の国際裁判管轄 ………………………………… *78*

第3節　在日の相続準拠法と先決問題の準拠法 ―――― *83*

1　本問題と先決問題 ……………………………………………… *83*

2　先決問題の準拠法に関する諸説と最高裁判例 …………… *83*

3　先決問題の準拠法を決定する法適用通則法と反致との関係……… *85*

第4節　韓国法・北朝鮮法の解釈・適用 ――――――――― *91*

1　外国法の解釈・適用の基本原則 …………………………… *91*

2　外国法が不分明の場合の処理 ……………………………… *94*

第5節　韓国法・北朝鮮法の適用と公序 ―――――――― *96*

1　公序発動の要件……………………………………………… *96*

2　外国法の適用排除後に適用すべき法……………………… *97*

3　公序適用の可否を検討した日本の関連判例 ……………… *97*

補　節　韓国・北朝鮮の国際私法の概要 ――――――――― *100*

1　韓国の国際私法規定の制定から現在まで ………………… *101*

2　北朝鮮の国際私法規定の制定から現在まで ……………… *103*

第2章

韓国家族法の概要とその適用

はじめに ……………………………………………………………………… *111*

目　次

第1節　家族法の制定から現在まで————————111

1　1958年民法の制定・施行とその特徴…………………………111

2　1962年改正法の公布・施行………………………………118

3　1977年改正法の公布・施行………………………………118

4　1990年改正法の公布・施行………………………………122

5　2002年改正法の公布・施行………………………………125

6　2005年改正法の公布・施行………………………………126

7　2007年改正法から2009年改正法まで……………………133

8　「南北住民間の家族関係と相続等に関する特例法」（南北住民特例法）の制定…………………………………136

9　2013年7月1日施行改正法（2011年3月7日，2011年5月19日，2012年2月10日，各改正法）………………………137

10　2014年改正法の公布・施行………………………………139

11　2016年改正法（2016年12月2日，2016年12月20日　各改正法）の公布・施行…………………………………140

12　2017年改正法の公布・施行………………………………140

第2節　相続法の概要　(1)　総則・相続人・相続財産————142

1　総則—相続の開始原因，相続の費用，相続回復請求権の法的性質と消滅……………………………………142

2　相続人—血族相続人，配偶者相続人，代襲相続人，相続人の欠格……………………………………………148

3　相続財産—共同相続財産の共有，祭祀用財産の特別承継………156

4　日本の関連判例……………………………………………161

第3節　相続法の概要
　　(2)　法定相続分，特別受益者・寄与相続人の相続分——162

	1	法定相続分	………………………………	*162*
	2	特別受益者の相続分	……………………	*171*
	3	寄与相続人の相続分	……………………	*175*
	4	日本の関連判例	…………………………	*178*

第4節　相続法の概要

⑶　相続財産の分割・相続の承認と放棄———— *180*

	1	相続財産の分割	………………………………	*180*
	2	相続の承認と放棄	……………………………	*192*
	3	日本の関連判例（先例）	………………………	*211*

第5節　相続法の概要

⑷　相続人不存在の手続・特別縁故者への財産分与——*215*

	1	相続人不存在の手続と相続財産の国家帰属	……………	*215*
	2	特別縁故者への財産分与	………………………	*217*
	3	日本の関連判例	………………………………	*219*

第6節　相続法の概要

⑸　遺言能力・遺言法定事項・遺言の証人————*220*

	1	遺言能力	…………………………………………	*220*
	2	遺言法定事項	……………………………………	*221*
	3	遺言の証人の欠格事由	……………………………	*223*

第7節　相続法の概要

⑹　遺言の方式・遺言の効力・遺言の撤回————*224*

	1	遺言の方式	………………………………………	*224*
	2	遺言の効力	………………………………………	*235*
	3	遺言の撤回	………………………………………	*235*

目　次

第8節　相続法の概要
**　　　（7）　遺贈・遺言の検認及び開封・遺言の執行**―――――*239*

　1　遺　贈 ……………………………………………………………… *239*

　2　遺言の検認と開封 ……………………………………………… *243*

　3　遺言の執行 ……………………………………………………… *245*

第9節　相続法の概要　（8）　遺留分・遺留分返還請求権―――*254*

　1　遺留分 ……………………………………………………………… *254*

　2　遺留分返還請求権 ……………………………………………… *265*

　3　日本の関連判例 ………………………………………………… *274*

第10節　親族法の概要
**　　　（1）　婚姻の成立・婚姻の障害・婚姻の無効・婚姻の**
**　　　　　取消**――――――――――――――――――――――*275*

　1　婚姻の成立 ……………………………………………………… *275*

　2　婚姻の障害 ……………………………………………………… *281*

　3　婚姻の無効 ……………………………………………………… *284*

　4　婚姻の取消 ……………………………………………………… *288*

　5　日本の関連判例 ………………………………………………… *295*

第11節　親族法の概要
**　　　（2）　婚姻の解消・協議離婚・裁判上の離婚**―――――*299*

　1　婚姻の解消 ……………………………………………………… *299*

　2　協議離婚 ………………………………………………………… *301*

　3　裁判上の離婚 …………………………………………………… *312*

　4　日本の関連判例 ………………………………………………… *323*

第12節　親族法の概要

(3)　親子関係　親生子・親生子関係存否確認の訴え —— *327*

1　親子関係 ……………………………………………… *327*

2　親生子(1)　婚姻中の出生子 ………………………… *327*

3　親生子(2)　婚姻外の出生子 ………………………… *336*

4　親生子関係存否確認の訴え ………………………… *353*

5　日本の関連判例 ……………………………………… *358*

第13節　親族法の概要

(4)　養親子関係　一般入養・親養子入養・「入養特例法」による入養 —— *373*

1　養親子関係 …………………………………………… *373*

2　一般入養 ……………………………………………… *374*

3　親養子入養 …………………………………………… *404*

4　「入養特例法」による入養 ………………………… *411*

5　日本の関連判例 ……………………………………… *414*

第3章

北朝鮮家族法の概要とその適用

はじめに …………………………………………………………………… *419*

第1節　北朝鮮の家族法制 —— *419*

1　1990年「家族法」の制定まで ………………………………… *419*

2　1990年「家族法」の制定とその後の改正 …………………… *421*

第2節　「家族法」の概要　(1)　使命・原則・規制対象 —— *424*

目　次

第3節　「家族法」の概要
⑵　結婚の成立要件・結婚の無効及び子女の養育―――*425*

1　結婚の成立要件……………………………………………*426*
2　結婚の無効と子女の養育…………………………………*431*

第4節　「家族法」の概要
⑶　離婚の効果・裁判離婚の効力と判決の効力・離婚事由―――*434*

1　離婚の効果…………………………………………………*434*
2　裁判離婚と判決の効力……………………………………*435*
3　離婚事由……………………………………………………*438*
4　日本の関連判例……………………………………………*439*

第5節　「家族法」の概要
⑷　親生子関係・継親子関係・養親子関係―――*440*

1　親生子関係…………………………………………………*440*
2　継親子関係…………………………………………………*443*
3　養親子関係…………………………………………………*447*
4　日本の関連判例……………………………………………*452*

第6節　北朝鮮相続法制の概要―――*454*

1　1990年「家族法」から2002年「相続法」制定まで………*454*
2　2002年「相続法」の概要…………………………………*455*
3　日本の関連判例……………………………………………*460*

第4章

在日韓国・朝鮮人の身分変動に関する記録と身分登録簿

はじめに………………………………………………………………… *463*

第1節　日本の敗戦までの身分変動の記録簿―民籍簿・戸籍簿 ―――――――― *464*

　1　「民籍簿」（「民籍法」）への記録…………………………… *464*

　2　「戸籍簿」（「朝鮮戸籍令」）への記録 ………………………… *464*

第2節　敗戦から平和条約発効までの身分変動の記録―市区町村での留置 ――――――――――――――――――――― *468*

　1　戸籍届書類の本籍地への送付の停止等…………………………… *468*

　2　「共通法」の存続を前提とする身分変動記録の取扱い………… *468*

第3節　日本における身分変動の記録 ――――――――――――― *472*

　1　日本「戸籍法」に基づく届出書類……………………………… *473*

　2　「外国人登録原票」から「外国人住民票」へ…………………… *477*

第4節　韓国の身分登録簿(1)―「戸籍簿」 ―――――――――― *481*

　1　「在外国民登録法」の制定と在外国民の把握………………… *481*

　2　「戸籍法」の制定と改正経緯………………………………… *482*

　3　「在外国民就籍に関する臨時特例法」の制定と改正経緯……… *490*

第5節　韓国の身分登録簿(2)―「家族関係登録簿」 ―――――― *491*

　1　「家族関係の登録に関する法律」の制定………………………… *491*

目　次

   2　家族関係登録法の主な改正経緯 ················· *496*

   3　登録簿・閉鎖登録簿（以下「登録簿等」）の公開 ··········· *500*

第6節　韓国の身分登録簿

⑶　在外国民の「家族関係登録簿」への申告手続の概要 ——— *522*

   1　在外国民の申告手続の概要（一般）················· *522*

   2　「在外国民の家族関係登録創設，家族関係登録簿訂正及び家族関係登録簿整理に関する特例法」（以下「在外国民家族関係登録法」という）による申告手続の概要 ············· *525*

   3　在外国民の身分行為に関する準拠法の決定 ··········· *527*

第7節　北朝鮮の身分登録簿について ——————— *528*

終　章

在日韓国・朝鮮人の相続，その相続を証する情報

はじめに ··································· *529*

第1節　被相続人の相続準拠法の決定を証する情報 ——— *529*

   1　本国法が「韓国法」か「北朝鮮法」かを証する情報 ········· *530*

   2　本国法が「韓国法」で相続準拠法が「韓国法」か「日本法」かを証する情報 ······························ *531*

   3　本国法が「北朝鮮法」で相続準拠法が「日本法」であることを証する情報 ···························· *533*

第2節　被相続人を取り巻く親族関係を証する情報 ——— *534*

1　日本の官公署に保存されている身分変動に関する記録‥‥‥‥‥ *534*

2　韓国の身分登録簿に記録されている身分変動に関する記録‥‥‥ *537*

3　身分変動に関する記録から親族関係を証する情報の取得‥‥‥‥ *540*

第3節　相続準拠法や先決問題の準拠法の内容を証する情報── *541*

1　韓国相続法の内容を証する情報 ‥‥‥‥‥‥‥‥‥‥‥‥‥‥‥ *542*

2　韓国親族法の内容を証する情報 ‥‥‥‥‥‥‥‥‥‥‥‥‥‥‥ *544*

3　北朝鮮親族法の内容を証する情報‥‥‥‥‥‥‥‥‥‥‥‥‥‥ *547*

第4節　相続関係の変更を証する裁判所等や相続人らの情報── *550*

1　裁判所等の情報‥‥‥‥‥‥‥‥‥‥‥‥‥‥‥‥‥‥‥‥‥‥ *551*

2　相続人らの情報‥‥‥‥‥‥‥‥‥‥‥‥‥‥‥‥‥‥‥‥‥‥ *551*

第5節　渉外相続事件の「相続を証する情報」と法律実務家 の姿勢── *552*

1　渉外相続事件における「相続を証する情報」の限界 ‥‥‥‥‥ *552*

2　法律実務家の実践と求められる姿勢‥‥‥‥‥‥‥‥‥‥‥‥‥ *554*

目　次

I　巻末資料————————————————————557

1．年　　表 ……………………………………………………… 559

2．統　　計 ……………………………………………………… 569

3．北朝鮮関連法令 ……………………………………………… 572

4．韓国　大法院判例 …………………………………………… 583

5．韓国　家族関係登録（戸籍）例規 ………………………… 597

6．韓国　憲法裁判所　民事関連判例（憲裁判例）………… 639

7．「在日の相続」関連　不動産登記先例集（登記研究誌「質疑応答」
「登記簿」「カウンター相談」含）………………………… 651

8．韓国家族法・北朝鮮家族法　主要日本語文献 ………… 657

II　本文掲載のコラム一覧————————————659

III　本文掲載の統計・表（法令）・記載例
　　（韓国身分登録簿関連）一覧————————660

1．統　　計 ……………………………………………………… 660

2．表（法令）…………………………………………………… 660

3．記載例（韓国身分登録簿関連）…………………………… 660

IV　索　引————————————————————662

1．日本の判例 …………………………………………………… 662

2．日本の先例 …………………………………………………… 663

3．韓国　憲法裁判所判例 ……………………………………… 665

4．韓国　民事判例 ……………………………………………… 665

5．韓国　例規・先例等 ………………………………………… 668

「在日韓国・朝鮮人」とは誰なのか
——国籍・在留資格の視点から

はじめに

 どのような人を在日韓国・朝鮮人と呼称するのであろうか。現在では，「外国人住民票」や「在留カード」・「特別永住者証明書」又は「外国人登録証明書」を所持し（コラム序－1参照），それら書面（カード）の国籍・地域欄に「韓国」又は「朝鮮」と記載されている，日本国籍を保有しない「在日外国人」ということになろう。

 日本の出入国管理行政の上では，「在日外国人」は「総在留外国人」と「在留外国人」とに区分され（コラム序－2参照），2017年末現在の「総在留外国人」の総数は約318万人であり，「在留外国人」の総数は約256万人である。

コラム 序－1　「外国人住民票」「在留カード」「特別永住者証明書」とは何か

　「外国人住民票」とは，「外国人登録原票」（「外国人登録法」（昭和27年法律第125号）（以下「廃止外登法」という）4条）に代わって2012年7月に施行された改正「住民基本台帳法」（平成21年法律第77号）により新設されたもので，その対象者は，主として「中長期在留者」や「特別永住者」である。

　「在留カード」とは，「外国人登録証明書」（廃止外登法5条）に代わって，2012年7月に施行された改正「入管法」19条の3により中長期在留者に交付されるカードである。

序　章　「在日韓国・朝鮮人」とは誰なのか──国籍・在留資格の視点から

　「特別永住者証明書」とは，「外国人登録証明書」（廃止外登法5条）に代わって，2012年7月に施行された改正「入管特例法」7条により特別永住者に交付されるカードである。

統計　序-1　総在留外国人及び在留外国人の推移（2012年～2017年）

	2012年	2013年	2014年	2015年	2016年	2017年
総在留外国人	2,249,720	2,325,608	2,476,103	2,688,288	2,913,314	3,179,313
在留外国人	2,033,656	2,066,445	2,121,831	2,232,189	2,382,822	2,561,848

コラム　序-2　「総在留外国人」「在留外国人」「中長期在留者」「特別永住者」の意義

　「在留外国人」とは，「中長期在留者」（「出入国管理及び難民認定法」（昭和26年政令第319号）（以下「入管法」という）19条の3）と「特別永住者」（「日本国との平和条約に基づき日本の国籍を離脱した者等の出入国管理に関する特例法」（平成3年法律第71号）（以下「入管特例法」という）3条から5条）とを併せた在日外国人である。
　「中長期在留者」とは，「外交」「公用」「短期滞在」の在留資格や3か月以上の在留期間が決定された者など以外の者で何らかの在留資格を保有する者であり，「特別永住者」とは，1952年4月28日に発効した平和条約により日本国籍を離脱した者で1945年9月2日締結の降伏文書調印日から継続して日本に居住している者，及びその直系卑属などに付与されている在留資格「特別永住者」を保有する者である。
　「総在留外国人」とは，入管法上の何らかの在留資格を保有している在日外国人の全てを総称する在日外国人である。

　「在留外国人」の中で「国籍・地域」欄が「韓国」及び「朝鮮」の員数は，2017年末現在約48万1千人であり，「韓国」「朝鮮」別では，「韓国」の者は約45万1千人で「朝鮮」の者は約3万1千人である。その員数は全

在留外国人の約18.8％に当たる（統計序‐2参照）。そして，1945年の日本の敗戦前後から継続居住している者及びその直系卑属が対象者である「特別永住者」という在留資格を保有する員数は，2017年末現在で約33万人であり，その中で「国籍・地域」欄が「韓国」の者は約29万6千人で「朝鮮」の者は約3万人である（統計序‐3参照）。

統計 序‐2 在留外国人数及び国籍・地域欄「韓国」「朝鮮」数の推移（2012年〜2017年）

	2012年	2013年	2014年	2015年	2016年	2017年
在留外国人	2,033,656	2,066,445	2,121,831	2,232,189	2,382,822	2,561,848
韓　　国	489,431	481,249	465,477	457,772	453,096	450,663
朝　　鮮	40,617	38,491	35.753	33,939	32,461	30,859

統計 序‐3 全「特別永住者」数と国籍・地域欄「韓国」「朝鮮」の「特別永住者」数の推移（2012年〜2017年）

	2012年	2013年	2014年	2015年	2016年	2017年
特別永住者	381,364	373,221	358,409	348,626	338,950	329,822
韓　　国				311,463	303,337	295,826
朝　　鮮				33,281	31,826	30,243

（注）　2012年から2014年までの国籍・地域欄「韓国」「朝鮮」の「特別永住者」数は，「韓国・朝鮮」として集計されている。2012年は377,350人，2013年は369,249人，2014年は354,503人である。

　本章では，本書のテーマである「「在日」の相続法」の客体となる在日韓国・朝鮮人を国籍と在留資格の視点から捉えるために，在日韓国・朝鮮人のこれまでの国籍をめぐる法制とこれまでの在留資格をめぐる法制をたどることにしたい。

序　章　「在日韓国・朝鮮人」とは誰なのか──国籍・在留資格の視点から

～・第1節　日本植民地統治下の国籍・～

　1910年8月29日，日本は韓国併合条約により朝鮮半島を植民地にした。同日「朝鮮ニ施行スヘキ法令ニ関スル件」（明治43年勅令第324号），「韓国ノ国號ヲ改メ朝鮮ト稱スルノ件」（明治43年勅令第318号）を発布し，翌年の3月25日には「朝鮮ニ施行スヘキ法令ニ関スル法律」（明治44年法律第30号）を，1912年4月1日には「法例ヲ朝鮮ニ施行スルノ件」（明治45年勅令第21号）を発布するなどして，植民地朝鮮の民事法制を整えていった。

　しかし，既に植民地としていた台湾や樺太と異なり，当時日本に施行されていた「国籍法」（明治32年法律第66号）は日本の敗戦に至るまで，朝鮮に施行することはなかった。朝鮮に帰属していた者は，領土の併合により「日本人」ではあるが，「国籍法」によって規律される「日本人」ではなかったのである。「国籍法」を施行しなかった主な理由は，当時の国際法の慣習とされていた「国籍離脱」を阻止するためではなかったといわれている[1]。

～・第2節　韓国国籍法の変遷とその概要[2]・～

　朝鮮半島の38度線の南半分は，1945年9月から米国の軍政下に置かれた。韓国は，1948年8月15日に樹立されたが，樹立前の1946年8月の軍政法令で南朝鮮過渡政府立法議院の設置令が公布され，同年12月に同立法議院が

---

1) 江川英文・山田鐐一・早田芳郎『国籍法（新版）』（有斐閣，1989年）190頁（注1），水野直樹「国籍をめぐる東アジア関係─植民地期朝鮮人国籍問題の位相─」古屋哲夫・山室信一編『近代日本における東アジア問題』（吉川弘文館，2001年）211頁，小熊英二『〈日本人〉の境界』（新曜社，1998年）134頁以下。
2) 韓国国籍法の条文は，金敬得ほか・法制度と在日韓国・朝鮮人219頁・275頁，趙均錫ほか・大韓民国新国籍法解説271頁以下，奥田安弘・岡克彦・姜成賢『韓国国籍法の逐条解説』（明石書店，2014年）166頁以下，石東炫ほか・最新韓国国籍法305頁以下を参照。

4

第2節　韓国国籍法の変遷とその概要

設けられた。同立法議院が制定し，1948年5月11日に朝鮮米軍政長官の認准を経て施行されたのが，南朝鮮過渡政府法律第11号「国籍に関する臨時条例」である[3]。

1 1948年南朝鮮過渡政府「国籍に関する臨時条例」の制定・施行

本条例（1948. 5. 11. 法律11号）は全文6条の簡潔な内容で，公布日の1948年5月11日から施行された（6条）。本条例1条は「国籍法が制定されるまで朝鮮人の国籍を確立して法律関係の帰属を明白にすることを目的とする。」とする。本条例は，「制憲国会」で国籍法が制定されるまで，大韓民国国民の国籍を確立し，法律関係の帰属を明白にする機能を果たした」といわれる[4]。

(1)　父系優先血統主義の採用

「朝鮮人を父親にして出生した者」（2条1号）と「朝鮮人を母親にして出生した者で，父親が知ることができないか，又はその父親がいずれの国籍も有しないとき」（2条2号），「朝鮮内で出生した者で，その父母が知ることができないか，又は父母がいずれの国籍も有しないとき」（2条3号）は，朝鮮の国籍を有する。

(2)　身分行為による国籍取得と喪失

「外国人で朝鮮人と結婚して妻となった者」（2条4号）は朝鮮の国籍を取得し，「外国人の妻又は養子となった者」（4条2号）は朝鮮の国籍を喪失する。

(3)　帰化による国籍取得と喪失

「外国人で朝鮮に帰化した者」（2条5号）は朝鮮の国籍を取得し，「外国に帰化した者」（4条1号）は朝鮮の国籍を喪失する。

---

3) 趙均錫ほか・大韓民国新国籍法解説42頁。
4) 趙均錫ほか・大韓民国新国籍法解説42頁。

序　章　「在日韓国・朝鮮人」とは誰なのか——国籍・在留資格の視点から

(4)　国籍回復のみなし規定

5条は，「外国の国籍又は日本の戸籍を取得した者で，その国籍を放棄
したり，日本の戸籍を離脱した者は，檀紀4278年（1945年）8月9日以前
に朝鮮の国籍を回復したものとみなす。」と定めている[5][6]。

2　1948年国籍法の制定・施行

韓国政府は1948年8月15日に樹立されたが，1948年5月に開催された制
憲国会で制定された「大韓民国憲法」（1948年7月17日公布）3条の規定に
基づき制定されたのが，本法（1948.12.20法律16号）である。1948年国籍
法は，公布日の1948年12月20日に施行された。

(1)　出生による国籍取得原因の明定—父系優先血統主義の採用

1948年国籍臨時条例の父系優先血統主義を維持し，「出生した当時に父
が大韓国民の国民であった者」（2条1項1号）は国籍を取得するとし，他
にも1948年国籍臨時条例と同趣旨の規定を設け，それに加えて「大韓民国
で発見された棄児は，大韓民国で出生したものと推定する」（2条2項）
という規定を追加した。

(2)　後天的原因による国籍取得の明定—韓国民の妻になった者，韓国国
民が認知した者

1）「大韓民国の国民の妻になった者」（3条1号）や「大韓民国の国民で

---

5)「「国籍回復」という用語を使用しているが，これは1945年8月9日以前に，その者
　が朝鮮国籍を有していたことを前提にするものであるとみることができるので，出生
　時期が1945年8月9日以前であれ以後であれ関係なく，自己の意思で日本戸籍を取得
　した事実がない限り，臨時条例第2条の出生による国籍取得要件を充足する者は当然
　に「朝鮮国籍」を取得して，大韓民国政府樹立に伴い，そのまま「大韓民国国籍」を
　承継して保有する者と解釈することができる」（趙均錫ほか・大韓民国新国籍法解説
　48〜49頁）。
6) 1945年8月9日は，日本がポツダム宣言を受諾する「聖断」を下した御前会議の開
　催日であるが，実際に受諾を決定したのは日本時間8月10日午前2時20分で，日本政
　府が正式に決定したのは午前4時である（加藤聖文『「大日本帝国」崩壊』（中央公論
　新社，2009年）32〜33頁）。

ある父又は母が認知した者」（3条2号）は，国籍を取得するとの身分
行為による国籍取得の規定を定めた。

2）本条に関連して，日本法務省は1953年の回答（昭和28・11・28民甲
2230号回答）で，「昭和25年12月6日以後平和条約発効までの間に」朝
鮮人たる父に認知された日本人女の嫡出でない未成年の子は，「大韓民
国国籍法（昭和23年頃から施行されたものと考えられる）により既に父の
国籍を取得したものとし，同条約発効後において前項と同様に解すべ
き」旨を発している。

(3) 帰化条件等の明定

一般帰化（5条），簡易帰化（6条），特別帰化（7条）の要件等を規定し，
帰化者等が国家機関への要職を就任を禁止する規定（10条）を置いた。

(4) 家族国籍同一主義の徹底

「大韓民国の国籍を取得する者の妻は，その本国法に反対の規定がない
限り，夫とともに大韓民国の国籍を取得する」（8条1項），「大韓民国の
国籍を取得する者の子が，本国法により未成年であるときも，同様であ
る」（8条2項）とし，「外国人の妻は，夫とともにでなければ帰化するこ
とができない」（9条）とするなど，家族国籍同一主義を徹底する規定を
置いている。

(5) 国籍喪失原因の明定

1）大韓民国の国籍を喪失する者とは，「外国人と婚姻して配偶者の国籍
を取得した者」（12条1号），「外国人の養子となつて養親の国籍を取得
した者」（同条2号），「婚姻により大韓民国の国籍を取得した者であつて，
婚姻の取消し又は離婚により外国の国籍を取得した者」（同条3号），「自
ら進んで外国の国籍を取得した者」（同条4号），「二重国籍者で法務部
長官の許可を得て国籍を離脱した者」（同条5号），「未成年者である大
韓民国の国民が外国人の認知によって外国の国籍を取得した者」（同条
6号）であるが，「大韓民国の国民の妻又は養子になった者」は除かれ
る（同条6号ただし書）。

序　章　「在日韓国・朝鮮人」とは誰なのか──国籍・在留資格の視点から

２）「大韓民国の国籍を喪失した男子の妻又は未成年者の子は，夫又は父
　の国籍を取得したときは大韓民国の国籍を喪失する。」（13条）とする規
　定もある。
３）「自ら進んで外国の国籍を取得した者」（12条４号）以外の国籍喪失原
　因は，身分変動によるものである。
(6)　国籍喪失者の権利譲渡
　国籍喪失者は「大韓民国の国民でなければ享有できないすべての権利を
国籍喪失した日から１年以内に韓国国民に譲渡しなければならない」（16
条１項）とし，「違反したときはその権利を喪失する」（同条２項）との規
定を置いた。
(7)　国籍回復の規定
　戸籍法12条，13条により国籍喪失した者は，韓国に住所を有するときは，
法務部長官の許可を得て，韓国の「国籍の回復ができる。」（14条）。

3　1962年改正法から1976年改正法まで

(1)　1962年改正法（1962. 11. 21法律1180号）の主な改正点（公布日が施行
　日）
　①　後天的国籍取得要件等の改正
　法３条本文の後天的国籍取得者に「無国籍者」を加えるとともに，韓国
国民の妻になり韓国国民になった者や韓国国民父母の認知により韓国国民
になった子でも，６月以内に外国国籍を喪失させなければ，韓国国籍を取
得することはないとするなどの改正である。
　②　国籍回復規定の改正
　国籍回復を規定する14条に２項を新設し「前２条の規定により大韓民国
の国籍を喪失した者が大韓民国に住所を有しないで大韓民国の国籍を回復
しようとするときは国籍回復審議委員会の建議による法務部長官の許可を
得なければならない。」と改正し，国籍回復に際して住所要件が欠ける場

合は，「国籍回復審議委員会」の建議が必要とする改正を行った。

  (2) **1963年改正法（1963.9.30法律1409号）の主な改正点（公布日が施行日）**

    ① 帰化者等の国家機関要職者就任規定の削除（10条の削除）

    ② 国籍喪失規定の新設（12条7号）

1）12条7号に「外国人で大韓民国の国籍を取得した者が6月が経過しても その外国の国籍を喪失しなかったとき」との条文を新設し，1962年改正国籍法の不備を補充した。

2）本改正法に関連して，日本外務省は，韓国人の妻となった外国人の国籍につき「6月内に原国籍を喪失しないときは」，12条の規定によって「婚姻が有効となった後6か月が経過したときからその韓国籍を失う」との回答（昭和39・7・14移総4481号外務省移住局長通知，昭和41・3・15中移総1681号外務省中南米移住局長回答，昭和42・11・16領659号外務大臣官房長回答など）を法務省宛に発している。

  (3) **1976年改正法（1976.12.22法律2906号）の主な改正点（公布日が施行日）**

14条の国籍回復の適用条項を12条，13条の国籍喪失者に加えて，帰化要件5条5号や8条によって「6月内に国籍を喪失した者」にも適用するとし，[7] 1962年国籍法で新設した国籍回復審議委員会に関する条項を削除した。

4 1997年改正法の公布・施行

1）1997年改正法（1997.12.13法律5431号）は，それまでの国籍法の骨格を変更する大改正であり，同法は1998年6月14日に施行された。

2）従前の国籍法が採用していた基本原則は，父系血統主義，夫中心主義，単一国籍主義，家族国籍同一主義であったが，これまでの父系血統主義

7）「在外同胞も国内に住所を置いている者と同一に大韓民国国籍を回復することができるようにした」（趙均錫ほか・大韓民国新国籍法解説51頁）。

や夫中心主義が憲法に違反するのではないかとの指摘や女子差別撤廃条約，国際人権規約等の国際条約にも合致しないとの指摘，そして外国人の出入国や渉外婚姻が著しく増加し，国籍の取得や変更の需要があることなどの改正理由が挙げられている[8]。

1997年国籍法の主な改正点は次のとおりである。

(1) 伝来的国籍取得につき父系優先血統主義から父母両系血統主義への転換

従前の国籍法は「出生した当時に父が大韓民国の国民であった者」（2条1号）としていたが，1997年国籍法は「出生した当時に父又は母が大韓民国の国民であった者」と改正した。

(2) 認知・婚姻による自動的国籍取得から申告主義への転換

1）従前の国籍法は，韓国人の父又は母が認知した外国国籍である未成年者の子は，自動的に韓国国籍を取得するのが原則であったが（3条2号，4条），1997年国籍法は，認知があっても自動的に国籍を取得するのではなく，法務部長官に申告して初めて国籍を取得できることにし，申告時に国籍を取得することにした（3条①②）。

2）また従前の国籍法は，韓国人の妻となった外国人女性は自動的に韓国国籍を取得するのが原則であったが（3条1号），1997年国籍法は，外国人女性が韓国国籍を取得するか否かは，帰化手続によることとした（6条②）。

(3) 家族国籍同一主義に関する諸規定の削除

1）従前の国籍法は，韓国国籍を取得する夫の外国人妻の単独帰化が禁止され，外国人妻や外国人未成年者は随伴して国籍を取得するのが原則であったが（8条①②，9条），1997年国籍法は，それらの規定を削除し，外国人妻や外国人未成年者は帰化申告により国籍取得ができるようにした（6条，8条）。

8）趙均錫ほか・大韓民国新国籍法解説60～62頁。

第2節　韓国国籍法の変遷とその概要

2）また，従前の国籍法は，韓国国籍を喪失した男子の韓国人妻や韓国人
未成年者は自動的に国籍を喪失するとしていたが（13条），1997年国籍
法はその条項を削除し，6月以内に法務部長官に「大韓民国の国籍を保
有する意思のある旨」の申告をすれば，韓国国籍を保有することができ
るようにした（15条②）。

(4)　国籍回復許可制度の整備

従前の国籍法は，法務部長官の許可を得て国籍回復ができるとし，その
許可基準が不明確であったが（14条①），1997年国籍法は国籍回復の不許
可事由を明示した（9条②）。

(5)　国籍取得者の原国籍放棄義務と国籍再取得の規定の新設

1）従前の国籍法は，韓国国籍を取得した外国人は，6月以内に従前の外
国国籍を喪失しなければならず（3条，5条5号，8条，12条7号など），
それを履行しないときは韓国国籍を自動的に喪失することになっていた。

2）1997年国籍法は，韓国国籍を取得した日から「6月以内にその外国の
国籍を放棄しなければならない」とし（10条①），[9] その期間が経過したと
きに韓国の国籍を喪失するとしながら，本人の意思にかかわらず履行が
できない困難な場合の例外規定を設けた（10条②）。その上で，期間内
に外国国籍を喪失できなかった者は，「その後1年以内」に外国国籍を
放棄すれば，法務部長官に申告して韓国国籍を再取得できると定めた
（11条①）。

(6)　国籍選択制度の導入と選択徒過による国籍喪失

1）従前の国籍法では，出生地主義の国で韓国国民を父として出生した者
や韓国国民と父母両系血統主義の国民の母との間で出生した者に対して，

9）外国国籍を放棄又は喪失する手続を終えれば，外国の領事その他の関連公務員が発
給した「国籍放棄証明書等」を法務部長官に提出しなければならないが，外国の法制
度等からその外国国籍放棄が不可能な者等は「外国国籍放棄覚書」を提出することが
でき，その場合は「外国の国籍を放棄したものとみなす。」（国籍法施行令11条①）と
した。その上で，法務部長官は，「国籍放棄証明書等」や「外国国籍放棄覚書」を提
出した者に対して，期間経過後に外国国籍放棄の有無を確認できるとしている（同令
12条①）。

11

重国籍を解消する方策を定めていなかった。1997年国籍法が出生による国籍取得に父母両系血統主義を採用した関係から，重国籍者の増加が見込まれた。そこで，1997年国籍法は，単一国籍主義にのっとって国籍選択制度を導入した。

2）1997年国籍法12条1項は，出生その他本法の規定によって二重国籍者になった者で，満20歳になる前に二重国籍者になった者は「満22歳までに」，満20歳になった後に二重国籍者になった者は「その時から2年以内に」国籍を選択しなければならないとし，同条2項は「国籍を選択しなかった者は，その期間が経過したときに，大韓民国の国籍を喪失する」とした。

3）なお，兵役義務の履行に関連して「現役・常勤予備役又は補充役としての服務を終え，又は終えたものとみなされるとき」などは，「その事由が消滅したときから2年以内に1つの国籍を選択しなければならない」（12条①ただし書，国籍法施行令16条④）とする。

(7) **重国籍者の国籍選択の方式**

1）韓国国籍を選択しようとする者は，外国国籍を放棄した後に，法務部長官に韓国国籍を選択する旨を申告しなければならない（13条①）[10]。

2）外国国籍を選択しようとする者は，法務部長官に韓国国籍を離脱する旨の申告ができる（14条①本文）。

3）なお，兵役義務に関連して12条1項ただし書に該当する者は，兵役事由が消滅してから韓国国籍の離脱申告ができる（14条①ただし書）としている。

(8) **母系出生者に対する国籍取得の特例と憲裁決定による特例対象者の改正**

1）従前の国籍法の下では，父が外国人であれば韓国国民である母から出生した者も韓国国籍を取得することはできなかった。そこで，1997年国

10）外国の法制度等からその外国国籍放棄が不可能な者等は，外国国籍放棄（喪失）証明書の代わりに「外国国籍放棄覚書」を提出することができる（同令17条②）。

籍法附則7条は，新法施行前10年の間に韓国国民である母から出生した者で，「母が現在大韓民国の国民である」か「母が死亡したとき死亡当時に母が大韓民国の国民」であった者は，新法施行日から3年以内に法務部長官に申告することで，韓国国籍を取得できることとした。

2）なお，この経過規定の適用を「10年」に限った点について，憲法裁判所は「憲法11条1項の平等原則に違背する」（憲裁2000. 8. 31. 97헌가12決定）として憲法不合致決定と暫定適用命令を下した。

3）そこで，2001年12月19日に公布された改正国籍法（2001年法律第6523号）は，附則7条1項本文を「1978年6月14日から1998年6月13日までの間に大韓民国の国民を母として出生した者で，次の各号の1に該当する者は，2004年12月31日までに大統領令が定めるところにより，法務部長官に申告することによって大韓民国の国籍を取得することができる。」として，特例対象を新法施行前「10年」を「20年」に延長するなどの改正を行い，公布日から施行した。

⑼　国籍喪失者の権利制限の改正

従前の国籍法は，韓国国籍喪失者は，韓国国民でなければ享有できない権利は1年以内に国民に譲渡しなければならないとし（16条①），譲渡しなければ権利を喪失させると定めていた（同条②）。1997年国籍法は，韓国国籍喪失者は，国籍を喪失した日から，韓国国民だけが享有できる権利は享有できないとし（18条①），譲渡可能な権利についての譲渡期間を3年とした（同条②）。[11]

⑽　国籍判定制度の新設

韓国政府樹立前の出生者の国籍，脱北者の国籍，中国国籍の同胞などが韓国国籍を保有しているかどうかを判定するために，1997年国籍法は，「法務部長官は，大韓民国国籍の取得又は保有しているか明らかでない者に対して，これを審査した後に判定することができる」（20条）とする規

11）国籍法施行後の「外国人土地法」（法律5444号）では，外国人に変更した日から6月内に申告すれば土地を保有できる（趙均錫ほか・大韓民国新国籍法解説205頁（注3））。

序　章　「在日韓国・朝鮮人」とは誰なのか——国籍・在留資格の視点から

定を新設した。

5 2004年改正法から2007年改正法まで

(1)　2004年改正法（2004.1.20法律7075号）の主な改正点（公布日が施行日）

　韓国国民の外国人配偶者の簡易帰化に関する要件を定めた法6条2項に3号と4号を追加する改正を行い，外国人配偶者の簡易帰化要件を緩和した。

(2)　2005年改正法（2005.5.24法律7499号）の主な改正点（公布日が施行日）

　遠征出生者（出生当時に母が外国の国籍を取得させる目的で，外国に滞留中であった事実が認められる者）[12]の形態で二重国籍者になった者の国籍離脱の要件を改正法は強化した。

(3)　2007年改正法（2007.5.17法律8435号）の主な改正点（施行日は2008年1月1日）

　2008年1月1日戸籍法が廃止され，「家族関係の登録等に関する法律」（家族関係登録法）が施行された。戸籍法では，帰化・国籍取得・国籍回復や国籍喪失などの報告的届出は，当事者が戸籍官署にするとものとしていたが（戸籍法109条以下），家族関係登録法は，法務部長官が登録基準地の市・邑・面の長へ直接通報する制度に変更した（家族関係登録法93条以下）。本改正法では，法務部長官は，国籍喪失者の申告又は通報を受けたときは，家族関係登録官署に通報しなければならない（国籍法16条③）とする改正を行っている。

12）2010年改正国籍法（2010年法律10275号）13条③参照。

6 2010年改正法の公布・施行

　1997年国籍法は二重国籍者の選択義務を創設したが，当事者の殆どが外国国籍を選択するか，国籍選択をしないことから韓国国籍を自動喪失することが多かった。

　そこで，人口減少が憂慮されることに加えて，優秀外国人を誘致することにより国際競争力を増進させることが国家的課題になり，「外国国籍不行使誓約」制度の導入などにみられるように複数国籍者容認に向けて大きく舵を切ったのが，本改正法である。[13]

　本改正法（2010. 5. 4法律10275号）の一部は公布と同時に施行され，他は2011年1月1日から施行された。

　主な改正点は，以下のとおりである。

⑴　優秀外国人材誘致に伴う特別帰化要件の改正

1）改正法7条1項3号は，「科学・経済・文化・体育等の特定分野で著しく優秀な能力を保有する者で大韓民国の国益に寄与すると認められる者」を特別帰化対象者に加えた。

2）その詳細は国籍法施行令で定められ，国籍審議委員会の審議で法務部長官が認定する（法7条②，国籍法施行令6条②）。

⑵　韓国国籍取得者の外国国籍放棄義務期間の延長と「外国国籍不行使誓約」者の特例

1）従前は，外国国籍放棄期間を「6か月」としていたのを「1年」に延長し（法10条①），一定の対象者については，1年内に「外国国籍不行使誓約」を法務部長官にすれば外国国籍の放棄をする必要がなくなった。

2）その対象者とは，韓国民と婚姻関係を維持する状態で韓国に帰化した

13）その在日韓国人への影響を論じたものに，趙慶済「韓国の新しい国籍法—外国国籍不行使誓約を中心に—」立命館法学332号301頁，殷勇基・金帝憲「2010年韓国国籍法改正—その概要と，在日コリアン/日本永住の日韓複数国籍者の国籍問題への影響」自由と正義62巻4号56頁。

結婚移民者（法10条②1号），特別功労者又は優秀外国人材として帰化した者（同条②1号），国籍回復した者で特別功労者か優秀外国人材と認められる者（同条②2号），成年になる前に海外養子縁組して外国国籍を取得したが韓国の国籍を回復した者（同条②3号），外国に長期居住していたが，65歳以後に永住帰国して韓国の国籍を回復した者（同条②4号），外国の制度等で外国国籍放棄義務を履行し難い者（同条②5号）である。

(3)　複数国籍者の法的地位の明文化

1）従前の法文では，複数の国籍を有する者を「二重国籍者」としていたのを「複数国籍者」と呼称することにした。

2）「複数国籍者」とは「出生若しくはその他本法に従い大韓民国の国籍と外国国籍をともに有することになった者」と定義し，複数国籍者の法的地位については「大韓民国の法令の適用では大韓民国の国民としてだけ処遇する」とした（法11条の2①）。[14] ただし，「複数国籍者が関係法令によって外国の国籍を保有した状態で職務を遂行できない分野に従事しようとする場合には外国の国籍を放棄しなければならない。」（同条②）としている。

(4)　複数国籍者の国籍選択手続の緩和と「外国国籍不行使誓約」者の特例

1）満20歳になる前に複数国籍者になった者は満22歳になる前までに，満20歳になった後に複数国籍者になった者は，韓国国籍を選択するために外国国籍を放棄するか韓国国籍の離脱をしなければならない（法12条①，13条，14条）。

2）ただし，韓国内で複数国籍者になって「外国国籍不行使誓約」をした

14）「複数国籍者は，原則的に大韓民国を出入国するとき，大韓民国の空港においては大韓民国旅券を使用しなければならず，大韓民国に居住する間には出入国管理法による外国人登録をすることができず，一般的な大韓民国の国民と同様に，住民登録法により住民登録をしなければならない」（石東炫ほか・最新韓国国籍法190頁），「現在外国人登録をしている複数国籍者は2010.12.31まで外国人登録証を返納し住民登録をしなければならない」（法務部出入国・外国人政策本部「改正国籍法Q&A」(2010.5.17）6頁）。

者（法12条①ただし書，10条②），韓国国籍を選択するために「外国国籍不行使誓約」をした者（法13条①本文）は，除かれる。

(5)　国籍離脱要件の手続の強化

1）従前は，複数国籍者で国籍選択期間内に外国国籍を選択する者の韓国国籍離脱の申告は，当事者の住所が国内・外国のいずれであっても法務部長官に申告によりできるとしていたが（旧法14条①），改正法は「外国に住所がある場合に限り」住所地管轄の在外公館の長を経て法務部長官にできると改正した（法14条①）[15]。

2）なお，兵役義務と関連して，複数国籍者で兵役義務を負う者でも，満18歳になる年の3月31日まで（第一国民役に編入された時から3か月以内）は国籍離脱が可能であるが，その時期が過ぎれば兵役義務が解消されたときに限って国籍離脱が可能である。ただし，遠征出生者の場合は，満18歳になる前であっても国籍離脱ができず，兵役義務が解消されたときに初めて国籍離脱をすることができる（法14条①ただし書）。

(6)　国籍選択期間徒過と国籍選択命令制度の導入

1）従前は，複数国籍者が国籍選択期間内に国籍選択をしなければ国籍を喪失するとしていたが（改正前12条②），改正法は国籍選択命令制度を新設し[16]，国籍選択命令に従わない者に限り韓国の国籍を喪失するとした（14条の2①④）。

15）「外国に住所を有している場合にのみ外国で国籍離脱ができるようにしたのは，国籍離脱の場所的制限を新しく追加したという点で，国籍制度史において非常に画期的な変化であるといえよう」「このような場所的制限を追加したことは，現実的に国内に住所を置いて生活しながらも，本人の私的利益のために，大韓民国の国籍を容易に捨てることの不当さのためであると理解するのが相当である」（石東炫ほか・最新韓国国籍法207頁）。

16）「実際には国籍選択不履行者を逐一把握するのは難しく，把握された者も外国に居住しているとかその他の事由で命令の伝達が物理的に難しい場合が多いと思われる」「したがって，法務部長官としては，まず国籍選択期間が経過した複数国籍者の中で出入国審査や滞留管理その他の公務遂行過程において国籍選択を履行していない事実が発見又は確認された者から国籍選択を命じる形態で本制度を運用することが，現実的でありまたそのようにすることが望ましいものと考えられる」（石東炫ほか・最新韓国国籍法214〜215頁）。

序　章　「在日韓国・朝鮮人」とは誰なのか──国籍・在留資格の視点から

2）国籍選択命令は，国籍選択期間内に国籍を選択しない者には１年以内
　に，13条１項又は13条２項ただし書で「外国国籍不行使誓約」をした者
　でその趣旨に著しく反する行為をした者には６か月以内に，附則２条１
　項又は２項により「外国国籍不行使誓約」をして複数国籍者になった者
　には６か月以内に，国籍選択をする旨を法務部長官が発することになる
　（14条の２①②，附則２条③）。

3）なお，「外国国籍不行使誓約」をした者でその趣旨に著しく反する行
　為とは「１　繰り返して外国の旅券で大韓民国に出国・入国した場合，
　２　外国の国籍を行使する目的で外国人登録又は居所申告をした場合」
　や「３　正当な事由なく大韓民国で外国の旅券を利用して国家等に対し，
　外国人としての権利を行使するか行使しようとした場合」と定めている
　（国籍法施行令18条の２④）。

4）国籍選択命令を受けた者が韓国国籍を選択しようとするときは，外国
　国籍を放棄しなければならず（14条の２③），国籍選択期間を徒過した者
　に国籍選択命令がなされたのにそれに従わない者は，１年の期間が経過
　したときに韓国国籍を喪失する（14条の２④）。

**(7)　国籍喪失の原因の明確化と複数国籍者に対する国籍喪失決定制度の
　導入**

1）韓国国民が「自ら進んで外国国籍を取得した」ときは，その外国国籍
　を取得したときに韓国国籍を喪失し（法15条①），例外的に一定の身分
　行為により外国国籍を取得した者は，外国国籍を取得したときから６か
　月以内であれば法務部長官に大韓民国の国籍を「保有する旨の申告」を
　すれば，韓国国籍を喪失しない（法15条②）。また，韓国国籍を喪失し
　た者は，法務部長官に国籍喪失の報告をしなければならない（法16条①）。

2）上記に加えて，改正法は，出生による複数国籍者を除き，法務部長官
　が，複数国籍者が「大韓民国の国籍を保有することが著しく不適合と認
　められる場合は」聴聞を経て韓国国籍を喪失できる制度を新設した（法
　14条の３）。その場合とは「１　国家安保，外交関係及び国民経済等に

おいて大韓民国の国益に反する場合」であり，「2　大韓民国の社会秩序の維持に相当の支障を招く行為で大統領令で定める場合」である（法14条の2各号，国籍法施行令18条の3）。

3）韓国国籍喪失決定を受けた者は，決定を受けたときに韓国国籍を喪失する（法14条の3②）。

(8)　国籍審議委員会の設置

改正法は，特別帰化対象者に新たに加えることになった優秀外国人材に該当するかや国籍喪失決定をする事項その他を審議するために，法務部長官所属の国籍審議委員会を設置した（国籍法施行令28条以下）。

(9)　従前の国籍選択不履行で韓国国籍を喪失した者に対する特例

1）従前は，複数国籍者が選択期間を徒過すれば韓国国籍を喪失するとしていたので（改正前12条②），相当数の複数国籍者は韓国国籍を喪失したものと予想された。

2）そこで，改正法は，韓国に住所を有すること，男子の場合には兵役義務を履行すること，遠征出生者でないこと，などを要件に，改正法公布日から2年以内に限って法務部長官に「外国国籍不行使誓約」をして国籍の再取得ができるとした（附則2条）。

〜〜 第3節　北朝鮮国籍法の変遷とその概要[17] 〜〜

1945年の解放後，朝鮮半島の北半分はソ連の支配下に置かれた。北朝鮮政府は，1948年9月9日樹立されたが，樹立後から1963年国籍法制定までは国籍を直接規律する法規はなかったといわれるが，国籍を前提とする国際条約は締結されていたといわれている。[18]

17）北朝鮮国籍法の条文は，金敬得ほか・法制度と在日韓国・朝鮮人277頁，大内憲昭・法制度と社会体制294頁，在日本朝鮮人人権協会・朝鮮大学校朝鮮法研究会編訳『朝鮮民主主義人民共和国主要法令集』（日本加除出版，2006年）22頁など。

18）손희두（ソンヒヅ）「부한의 국적법（北韓の国籍法）」부한법제분석（北韓法制分析）97-2（ソウル韓国法制研究院，1997.12）24頁。

序　章　「在日韓国・朝鮮人」とは誰なのか——国籍・在留資格の視点から

1 1963年国籍法の制定・施行

1963年国籍法（1963・10・9最高人民会議常任委員会政令242号）は，全文10条の初の国籍法典で，決定日から施行された（決定第2号）。

(1) 北朝鮮公民の定義

北朝鮮公民は，北朝鮮創建以前に朝鮮国籍を所有していた朝鮮人とその子女で，本法公布日まで国籍を放棄しなかった者及び外国人で北朝鮮国籍を取得した者である（1条1号・2号）。

(2) 国籍の取得原因

1）北朝鮮公民間で出生した子女，北朝鮮に居住する北朝鮮公民と外国人との間で出生した子女，北朝鮮領域内で発見された子女でその父母が分からない者，である（4条各号）。また，外国居住の北朝鮮公民と外国人との間で出生した子女の国籍は，父母の合意によって定められる（5条）。

2）なお，外国人が北朝鮮国籍を取得（入籍）しようとする場合は，本人の請願によって北朝鮮最高人民委員会常任委員会が決定するが（6条，10条），父母が北朝鮮国籍を請願によって取得した場合の子女の国籍は，14歳未満であれば父母に従い北朝鮮国籍を取得するが，18歳未満の子女の国籍はその子女の同意があれば北朝鮮国籍を取得する（8条）。

(3) 国籍の喪失原因

北朝鮮国籍を離脱（除籍）しようとする北朝鮮公民は，本人の請願によって北朝鮮最高人民委員会常任委員会が決定するが（10条），父母が北朝鮮国籍を離脱した場合の子女の国籍は，14歳未満であれば父母に従い北朝鮮国籍を離脱するが，18歳未満の子女の国籍はその子女の同意があれば北朝鮮国籍を離脱する（8条）。

(4) 身分行為による国籍の不変更

父母が北朝鮮国籍を有している場合で父母いずれかの国籍が変更される場合でも，その子女の国籍は変更されず（9条），北朝鮮公民が外国人と

第3節　北朝鮮国籍法の変遷とその概要

結婚してもその北朝鮮公民の国籍は変更されない（7条）。

2 1995年国籍法の制定・施行

　1995年国籍法（1995・3・23最高人民会議常設会議決定57号）は，1992年北朝鮮憲法62条を受けて制定されたといわれる。[19]

(1) 北朝鮮公民の再定義

　従前は，北朝鮮創建以前に朝鮮の国籍を所有していた朝鮮人とその子女で「本法の公布日まで」朝鮮国籍を放棄しなかった者としていたが（改正前1条1号），1995年国籍法は「本法の公布日まで」を削除し，従前は「外国人で北朝鮮国籍を取得した者」としていたのを（改正前1条2号），改正法は，外国人に「無国籍者」を加えた（1条2号）。

(2) 国籍取得原因の改正

1）4条本文に「出生」の文言を挿入し，改正法は同条2号に「無国籍者との間で出生した者」を加え，さらに3号に「共和国領域内で居住する無国籍者間で出生した者」を加えた。

2）なお，外国人が北朝鮮国籍を取得（入籍）しようとする場合は，本人の請願によって北朝鮮中央人民委員会が決定するが（6条，15条），改正法6条は「外国人」に「無国籍者」を加えた。

3）次いで，父母が北朝鮮国籍を請願によって取得した場合の子女の国籍について，従前は14歳未満であれば父母に従い北朝鮮国籍を取得し，18歳未満の子女の国籍はその子女の同意があれば北朝鮮国籍を取得したが（改正前8条），改正法は14歳未満の場合は改正前と同様であるが，「14

19）任京河「解説　朝鮮民主主義人民共和国改正国籍法について」出典未詳77頁，大内憲昭「朝鮮民主主義人民共和国の国籍法・対外民事関係法に関する若干の考察」関東学院大学文学部紀要90号135頁（140頁）では，1992年憲法62条「朝鮮民主主義人民共和国公民となる要件は，国籍に関する法律で定める」により1963年国籍法を改正補充したとする。北朝鮮国籍法の幾つかの問題点にいては，金英達「北朝鮮の改正国籍法について」関西大学人権問題研究室紀要35号27頁以下参照。

21

序　章　「在日韓国・朝鮮人」とは誰なのか──国籍・在留資格の視点から

歳以上16歳まで」の子女の国籍は「父母の意思と本人の同意」によって
定め，「父母の意思がないか本人の意思と異なれば本人の意思に従い」
変更される（9条）とした。

4）また，従前は，外国居住の北朝鮮公民と外国人との間で出生した子女
の国籍は，「父母の合意」によって定めるとしていたが（改正前5条），
改正法7条は，14歳未満，14歳以上，成年者に区分してその要件を定め
た。つまり，子が14歳未満のときは，「父母の意思」「父母がいない場合
は後見人の意思」であるが，「出生後3か月になっても父母や後見人の
意思表示がない場合」は北朝鮮国籍を有するとし，子が14歳以上の未成
年者のときは，「父母の意思と本人の同意」「父母がいない場合は後見人
の意思と本人の同意」「本人の意思が父母の意思又は後見人の意思と異
なれば本人の意思に従い」定めるとし，成年者の国籍は本人の意思に
よって定める，とした。

(3)　国籍喪失原因の改正

北朝鮮国籍を離脱（除籍）しようとする北朝鮮公民は，本人の請願に
よって北朝鮮中央人民委員会が決定するが（15条），父母が北朝鮮国籍を
請願によって離脱した場合の子女の国籍は，子女が，14歳未満であれば父
母の国籍に従い変更され，14歳以上16歳までの子女の国籍は「父母の意思
と本人の同意」によって定め，「父母の意思がないか本人の意思と異なれ
ば本人の意思に従い」変更される（9条）。

(4)　身分行為による国籍の不変更

父母が北朝鮮国籍を有している場合で父母いずれかの国籍が変更される
場合でも，その子女の国籍は変更されない点は（改正前9条），改正法でも
そのままであるが（10条），従前の北朝鮮公民が外国人と「結婚しても」
その北朝鮮公民の国籍は変更されないとしていたのを（改正前7条），改正
法は「離婚又は立養若しくは罷養によっても」を加えた（11条）。

⑸ **国籍回復規定・国籍喪失者の法的地位規定の整備と条約優位規定の新設**

改正法は12条で北朝鮮国籍喪失者の国籍回復規定を新設し，13条で国籍喪失者の法的地位を明文化し，16条で「国籍に関して外国と締結した条約で本法と異なる定めがある場合には，その条約に従う」との条文を新設した。

⑹ **国籍関連業務機関の整備**

1）改正法は，外国居住公民と外国人の間で出生した子女の国籍を共和国国籍に定める場合は，父母又は子女の居住する北朝鮮領事館等に書類を提出すること（8条），北朝鮮内の国籍関連業務は公民登録機関が行い，北朝鮮領域外ではその国の北朝鮮領事館等が取り扱うことを明文化した（14条）。

2）また，外国人の北朝鮮国籍取得や朝鮮公民の国籍離脱の決定は，中央人民委員会で行うこととした（15条）。なお，1999年2月26日政令第483号で「中央人民委員会」は「最高人民会議常任委員会」に改正されている[20]。

～第4節　日本の公簿上の国籍欄の表記～

1945年8月14日，日本は，ポツダム宣言を受諾し，同年9月2日連合国との降伏文書に調印した。それから1952年4月28日発効した平和条約によって独立するまで連合国軍総司令部（GHQ）による占領下に入った。

ここでは，朝鮮半島の南北の政府又は国家樹立の流れとそれら政府又は国家と日本との国交の有無等により，外国人登録令・外国人登録法又は日本「戸籍法」において韓国・朝鮮人の国籍欄はどのように表記されて来た

---

20)「1998年の憲法改正において国家機関が大幅に改変された際，国家主席制が廃止されたのに伴い中央人民委員会も廃止されている」それにより「中央人民委員会が最高人民会議常任委員会に変更された」（大内・前掲注19）141頁）。

序　章　「在日韓国・朝鮮人」とは誰なのか──国籍・在留資格の視点から

のかをたどってみることにする。

1 敗戦から平和条約の発効まで（1945年から1952年まで）

⑴ 「外国人登録令」上の表記

1）日本国憲法が施行された1947年5月3日の前日に当たる同月2日に公布・施行された「外国人登録令」（昭和22年勅令第207号）11条は「台湾人のうち内務大臣の定めるもの及び朝鮮人は，この勅令の適用については，当分の間これを外国人とみなす」として，朝鮮人を外国人登録の対象者とした。その登録申請書に「国籍Nationality（出身地）（Native Place）」が掲げられ，市町村長は，外国人から登録申請を受けたときは，所用の事項を登録するとともに登録証明書を交付しなければならなかった。

2）「外国人登録令」制定時の朝鮮人の登録時の「国籍」欄は，全て「朝鮮」であったが，1948年8月15日に樹立された韓国政府から「朝鮮」ではなく「韓国」又は「大韓民国」の表示を用いるように要請があり，GHQは1950年1月11日の覚書で韓国側の要望を伝えたが，日本外務省は1月23日の回答で「在日朝鮮人の国籍は講和条約又は他の会議で公式に定められるべきことで，現段階ではそれを何れに定めるべきではないと解釈している」とし，「『朝鮮』を使うのは，国籍に関することではなく，全Koreaを意味する」と述べていた。しかし，同年2月20日に「Korea及びRepublic of Koreaに対し，それぞれ「韓国」及び「大韓民国」，なおまたKoreansに対し，「韓国人」及び「大韓民国人」の名称の使用を認可する」とのGHQの再度の覚書があり，日本政府は，同月23日の閣議で「韓国」の名称使用を決定し法務総裁談話を発表して「韓国」の記載を容認した（コラム序-3）。

24

第4節　日本の公簿上の国籍欄の表記

コラム　序-3　「外国人登録令」上の国籍欄「朝鮮」「韓国」の表記（昭和25年2月23日法務総裁談話）

　「従来における外国人登録事務の取扱上，朝鮮人については，その国籍をすべて「朝鮮」として処理してきたのであるが，一部の人々よりの強い要望もあり，登録促進のためにも適当と思われるので，今後は本人の希望によって「朝鮮」なる用語に代え「韓国」又は「大韓民国」なる用語を使用してさしつかえないこととする。

　すなわち現在すでに登録証明書の交付を受けている者で，その国籍欄の記載を「韓国」又は「大韓民国」と変更することを希望する向に対しては，申請により市区町村をして登録証明書の国籍欄の記載を訂正させるともに，今後あらたに発給する登録証明書についても本人の希望があれば，その国籍欄には「朝鮮」なる用語に代え「韓国」又は「大韓民国」と記載させる方針である。尤も右は単なる用語の問題であって，実質的な国籍の問題や国家の承認の問題とは全然関係なく，「朝鮮人」或は「韓国人」，「大韓民国人」のいずれを用いるかによって，その人の法律上の取扱を異にすることはない。」[21]

3）しかしながら，「朝鮮」から「韓国」への変更があまりにも便宜すぎるとの反省もあって，当時の主務官庁であった出入国管理庁は，1951年2月2日の通達で「朝鮮」から「韓国」「大韓民国」への書換えは，韓国の在外国民登録法に基づく「国民登録証」の呈示により行うことを指示した[22]。

4）そのような取扱いは，1951年10月4日制定され同年11月1日に施行された「出入国管理令」（昭和26年政令第319号）上の「国籍」欄でも同様であったと思われる。

(2)　「戸籍法」上の表記

1）日本戸籍は基本的に日本人の身分変動を公証する記録簿といえるが，

21）外国人登録事務協議会・外国人登録事務必携32頁。
22）外国人登録事務協議会・外国人登録事務必携33頁，入国管理局・出入国管理とその実態（昭和46年版）100頁。

外国人との婚姻・縁組等があった場合は，身分事項欄にその外国人の「国籍」が表記され，外国人が日本国籍に帰化又は日本国籍を取得すれば，その外国人の「原国籍」が表記される。

2）韓国・朝鮮人の「国籍」の表記は，1950年7月1日施行された1950年国籍法においても「朝鮮人及び台湾人に関する国籍，及び戸籍の取扱については，新国籍法施行後も従前と異なることはない」（昭和25・6・1民事甲1566号通達第二「六」）としていた。

3）また先の法務総裁談話を受けた1950年の民事局長通達（昭和25・8・15民事甲2177号通達）では，「朝鮮人に関する戸籍及寄留届書の記載については，今後は届出人の希望によりその本籍の表示を「韓国何道何郡…」又は「大韓民国何道何郡…」と記載して届出がされた場合は，そのままこれを受理して差し支えないことに」したが，「本通達の趣旨は単なる用語の問題であって，実質的な国籍の問題とは全然関係なく又戸籍及び寄留の記載については，通達本文の届書に基く場合であっても，従前通り「朝鮮何道何郡…」の振合によって記載し，戸籍法施行規則附録第11号乃至第14号様式による出生，婚姻，離婚及び死亡の各届書における「本籍又は国籍」欄の記載については，同欄の本籍記載箇所に「韓国何道何郡…」又は「大韓民国何道何郡…」の例によって記載する取扱であるから，誤解を生じないよう念のため申し添える」と付け加えている。

2 平和条約の発効から日韓法的地位協定の発効まで（1952年から1966年まで）

日本政府は，昭和27年4月19日民事甲438号民事局長通達により，在日朝鮮人の日本国籍が喪失することを明らかにした。同通達は，サンフランシスコ平和条約の発効日である1952年4月28日に効力が発効し，日本に在留する韓国・朝鮮人は外国人となり（コラム序-4，序-5参照），「外国人登録令」に代わる「外国人登録法」（昭27年法律125号）の対象者になった。

第4節　日本の公簿上の国籍欄の表記

コラム　序-4　在日韓国・朝鮮人の日本国籍喪失①　昭和27・4・19民事甲438号民事局長通達

　本通達は「平和条約の発効に伴う朝鮮人，台湾人等に関する国籍及び戸籍事務の処理について」と題する通達で，日本の朝鮮に対する植民地支配が1945年8月事実上終焉したのにもかかわらず，植民地法制を前提とする「共通法」が観念的に存続していることを根拠に，平和条約が発効する1952年4月28日午後10時30分時点（昭和27・5・22民甲715号通達），朝鮮戸籍・日本戸籍のいずれに登載されるべきかで国籍を判定した通達である。なお，朝鮮戸籍と日本戸籍間は，婚姻・離婚・養子縁組・認知等により移動したが，転籍・分家・就籍・一家創立・廃絶家再興を原因とした移動は許されず（大正6・1・18民58号回答，大正10・12・28民4030号回答など），朝鮮人父の認知などによって兵役適齢17歳未満の日本男子は，日本戸籍から朝鮮戸籍に移動していたが（大正12・10・22民甲3975号回答），昭和17年からの一時期は17歳未満の男子も許されなかった（昭和17・9・10民甲630号回答，大阪地判昭和57・11・16判タ494-151参照）。本通達は，最高裁によって是認されている（最大判昭和36・4・5民集15-4-657）[23) 24)]

　本通達の主な内容は次のとおりである。

(1)　朝鮮及び台湾は，条約の発効の日から日本国の領土から分離することとなるので，これに伴い，朝鮮人及び台湾人は，内地に在住している者を含めてすべて日本の国籍を喪失する。

(2)　もと朝鮮人又は台湾人であった者でも，条約の発効前に内地人との婚姻，縁組等の身分行為により内地の戸籍に入籍すべき事由の生じたものは，内地人であって，条約発効後も何等の手続を要することなく，引き続き日本の国籍を保有する。

(3)　もと内地人であった者でも，条約の発効前に朝鮮人又は台湾人との婚姻，養子縁組等の身分行為により内地の戸籍から除籍せらるべき事由の生じたものは，朝鮮人又は台湾人であって，条約発効とともに日本の国籍を喪失する。

---

23)　石黒一憲「平和条約の発効と国籍」澤木敬郎・秌場準一編『国際私法の争点（新版）』（有斐閣，1996年）262頁。

24)　その最高裁判決を批判するものに，大沼保昭『在日韓国・朝鮮人の国籍と人権』（東信堂，2004年）（初出「在日朝鮮人の法的地位に関する一考察」法学協会雑誌（96巻3・5・8号，97巻2・3・4号（1979年〜1980年））がある。

序　章　「在日韓国・朝鮮人」とは誰なのか──国籍・在留資格の視点から

　なお，右の者については，その者が除かれた戸籍又は除籍に国籍喪失の記
載をする必要はない。

コラム　序-**5**　在日韓国・朝鮮人の日本国籍喪失②　昭和25・12・6民事甲3069号民事局長通達

　本通達は「朝鮮又は台湾と内地間における父子の認知について」と題する
通達で，朝鮮人男が日本人子を認知すれば日本人子は朝鮮人父の戸籍に入籍
し，日本人男が朝鮮人子を認知すれば日本人父の戸籍に入籍する取扱いは，
昭和25年改正された国籍法の趣旨にのっとり，昭和27年通達とは別異に取
り扱われた。上記戸籍間の移動は，本通達発出日である昭和25年12月6日
より廃止するとの通達である（昭和26・3・9民甲425号回答）。本通達の発
効日に関しては，改正国籍法の施行日である昭和25年7月1日であるとの
判決がある（最一小判平成16・7・8民集58-5-1328)。[25]

---

(1)　「外国人登録法」上の表記

1) 1965年12月日韓基本条約と日韓法的地位協定が締結された。それを前
　にして，「協定永住」の許可が「韓国」国民に限定されたこともあって，
　外国人登録上の国籍欄を「朝鮮」から「韓国」に書き換えるものが続出
　する一方で，「協定永住」に反対する立場の者から「韓国」から「朝鮮」
　に再書き換えする者も出てきた。

2) そこで，法務省は，日韓法的地位協定の発効を前にした1965年10月26
　日に政府見解を公表して（コラム序-6），「朝鮮」から「韓国」への国
　籍変更手続及び「韓国」から「朝鮮」への再書き換えを禁止し，「朝鮮」
　は朝鮮半島出身者を示す用語であり，「韓国（又は大韓民国)」は国籍を
　示すことを明らかにした。

---

25) 評釈につき，野村美明「国籍法施行後に朝鮮人父から認知された子の平和条約発効
　後の国籍」リマークス2005（下）130頁。

第4節　日本の公簿上の国籍欄の表記

コラム　序-**6**　「外国人登録法」上の国籍欄「朝鮮」「韓国」の表記（昭和40年10月26日政府見解）

「1　外国人登録の国籍欄には本来その外国人の国籍を記載するものであって，その国籍を確認する方法は所持する旅券又はこれに代わる国籍証明書によって行われている。

2　在日朝鮮人は，もと朝鮮戸籍に属し，日本国内に居住していたまま日本国籍を失い外国人となった特殊事情から，旅券またはこれに代わる国籍証明書を所持していないので，便宜の措置として「朝鮮」という名称を記載したものである。

この意味において，「朝鮮」いう記載は，かつて日本の領土であった朝鮮半島から来日した朝鮮人を示す用語であって，何らの国籍を表示するものではない。

3　ところが，それらの者の中から「韓国」（又は「大韓民国」）への書換えを強く要望してきた者があるので，本人の自由意志に基づく申立てと，その大部分には韓国代表部発行の国民登録証を提示させたうえ「韓国」への書換えを認めた。このような経過によって「韓国」と書換えたものであり，しかも，それが長年にわたり維持され，かつ実質的に国籍と同じ作用を果たして来た経緯等にかんがみると，現時点から見ればその記載は大韓民国の国籍を示すものと考えざるをえない。

4　最近「韓国」に書換えた者の一部から「朝鮮」に再書換えを希望するものが出て来たが，上に申したとおり，外国人登録上の「韓国」という記載が大韓民国の国籍を示すものと考えられる以上，もともと国籍の変更が単に本人の希望のみによって自由に行われるものではないという国籍の本質にかんがみ，本人の希望だけで再書換えをすることはできない。」[26]

---

(2)　「戸籍」法上の表記

1）1953年の民事局の回答（昭和28・12・25民五208号回答）では「我が国は，平和条約により朝鮮の独立を承認して現在に及んでいるものであるから

26）外国人登録事務協議会・外国人登録事務必携33頁，入国管理局・出入国管理とその実態（昭和46年版）100頁。

国籍及び戸籍事務の取扱上は，南鮮北鮮（ママ）を区別することなく「朝鮮」と記載するのが相当である。しかし，帰化申請者から提出する書類の国籍欄の記載が大韓民国また韓国と表示されていても訂正させる必要はない。」としていたが，1960年の民事局長の回答（昭和35・4・14民甲882号回答）は，「国籍（又は本籍）の表示「朝鮮」とあるのを「韓国」又は「大韓民国」と記載した戸籍謄抄本の交付を強く希望する者が」あり，事件本人等から戸籍謄抄本の記載が「朝鮮」とあるのを便宜「韓国」と引き直して作成交付してよいかとの照会に「やむを得ない理由を付して所問の申出があれば」監督法務局等の指示を得て交付してよい」と述べていた。

2）しかし，1966年の民事局長通達（昭和41・9・30民甲2594号通達）は，日韓条約が同年1月17日発効したのを受けて，上記の取扱いを変更した。その主な内容は次のとおりである。

(i) 戸籍の届書に「韓国」又は「大韓民国」と記載して届出があった場合，その届書に韓国官憲発給の旅券の写し又は国籍証明書が添付されているときは，戸籍の国籍の表示は「韓国」として差し支えない。証明資料の添付がないときは「朝鮮」とする。

(ii) 韓国人が日本に帰化した場合や日韓二重国籍の者が日本国籍を離脱し国籍喪失報告があった場合は，帰化者の身分証明書又は国籍喪失報告書の国籍表示に基いて戸籍の記載をする。

(iii) 韓国に駐在する日本の領事等から送付された書類に基づく戸籍の記載の国籍の表示は「韓国」として差し支えない。

(iv) 平和条約発効前に国籍を「朝鮮」として記載しているものについて，届出人等から韓国官憲発給の証明書を添付して「韓国」と訂正の申出があれば市区町村長限りの職権で訂正して差し支えない。

(v) 平和条約発効後韓国で出生又は死亡した者で，その場所を戸籍に記載する場合は「韓国」と記載してよく，「朝鮮」と記載している場合で「韓国」と訂正したいとの申し出があれば，市区町村長限りの職権

第4節　日本の公簿上の国籍欄の表記

で訂正して差し支えない。

(vi)　昭和35年4月14日民事甲第882号民事局長回答による取扱いは廃止する。

3）なお，帰化者の身分証明書の原国籍欄の表示について，1966年の民事局の通知（昭和41・10・17民五1146号依命通知）では，「帰化許可申請書に韓国官憲発給の国籍証明書又は旅券の写しを添付した場合」は「韓国」と記載し，添付のない場合は「朝鮮」と記載すること，平和条約発効後に韓国で出生した者の出生場所は「韓国」と記載して差し支えないとしている。

3　現在の「戸籍法」上の表記

1）1967年の民事局長の通達（昭和42・6・1民甲1800号通達）は，戸籍の届書記載の国籍欄に「韓国」と記載する書類に準ずるものとして，「出入国管理特別法」に定める協定永住許可書の写し，協定永住許可の記載のある外国人登録証明書の写し，その記載のある外国人登録済証明書，を挙げている。

2）1991年の「入管特例法」（平成3年法律71号，1991年11月1日施行）により，敗戦前後から日本に継続居住している韓国・朝鮮人の在留資格は，「特別永住者」に一元化した。その施行を受けて，1993年4月の民事局長通達は（平成5・4・9民二3319号通達），戸籍の届書記載の国籍欄に「韓国」と記載する書類として，「出入国管理特別法」に定める協定永住許可書の写し，協定永住許可の記載のある外国人登録証明書の写し，その記載のある外国人登録済証明書に，「「日本国との平和条約に基づき日本の国籍を離脱した者等の出入国管理に関する特例法」（入管特例法）に定める特別永住許可書の写し，特別永住者である旨の記載がある外国人登録証明書の写し又は登録原票記載事項証明書」を加えた。

3）また，2009年制定の入管法等改正法（平成21年法律79号）は，外国人

31

登録法を廃止し，同時に施行された改正住基法（平成21年法律77号）は，外国人住民票を創設した。そこで，「入管法等改正法の施行に伴う戸籍に関する従来の取扱いについて」と題する通達（平成24・6・25民一1550号通達）の「第4」で，「韓国」と認定する資料につき，2）で紹介した通達（平成5・4・9民二3319号通達）の「特別永住者である旨の記載がある外国人登録証明書の写し」は「特別永住者証明書の写し」に変更し，「登録原票記載事項証明書」は「住民票の写し」に変更することを指示した。

第5節　在留資格をめぐる法制の変遷とその概要

1 敗戦から平和条約の発効まで（1945年から1952年まで）

1）日本は，1945年8月14日ポツダム宣言を受諾し，同年9月2日連合国との間で降伏文書に調印した。それ以降，1952年4月28日までは連合国軍総司令部（GHQ）の占領下に入った。

2）日本国憲法が施行された1947年5月3日の前日の2日に公布施行された「外国人登録令」（昭和22年勅令第207号）11条は「台湾人のうち内務大臣の定めるもの及び朝鮮人は，この勅令の適用については，当分の間これを外国人とみなす」として，朝鮮人を外国人登録の対象者とした。所要の事項の登録が義務付けられ（同令6条），登録事項は同令施行規則（内務省令）で定められていた。市町村長は，外国人から登録申請を受けたときは，所要の事項を登録するとともに登録証明書を交付しなければならなかった。

3）また，1950年9月30日公布され同年10月1日施行された「出入国管理庁設置令」により「出入国管理庁」が発足した。その後は「出入国管理令」（昭和26年政令第319号）が1951年10月4日制定され同年11月1日に施行された。そこでは，在日外国人の在留資格は，4条1項各号に15の

第5節　在留資格をめぐる法制の変遷とその概要

在留資格があり4条1項16号に基づく外務省令に3つの在留資格があった[27]。しかし，当時の在日韓国・朝鮮人は法的には日本国籍保有者であったので，在留資格が付与される対象者とはならなかった。

統計　序‐4　在日韓国・朝鮮人の員数と全外国人登録者数に占める割合等（1950年）

> 1950年12月末現在の外国人登録者総数は598,696人で国籍・地域欄「韓国・朝鮮」は544,903人，その全外国人登録者に占める割合は91.0％である。
> また，「韓国・朝鮮」の国籍・地域欄の内訳数については，1950年は「韓国」77,433人（14.2％）「朝鮮」467,470人（85.8％）と紹介されている[28]。

2　平和条約の発効から日韓法的地位協定の発効まで（1952年から1966年まで）

日本は，1951年9月8日，アメリカ合衆国のサンフランシスコで連合国との間で「日本国との平和条約」を締結し，同条約は1952年4月28日条約第5号として発効し名実ともに日本は独立を果たした。

⑴　「出入国管理法」の制定と在日韓国・朝鮮人の在留資格（昭和27年法律126号，昭和27年外務省令14号）

平和条約発効により日本国籍を喪失した者に対する処理として，日本は「ポツダム宣言の受諾に伴い発する命令に基づく外務省関係諸命令の措置に関する法律」（昭和27年法律126号）2条6項で「出入国管理令」の一部を改正して，平和条約発効日の1952年4月28日に施行した（日本国籍喪失は，コラム序‐4（27頁），序‐5（28頁）を参照）。

①　「法126‐2‐6」該当者

1）上記法律によれば，平和条約の最初の効力発生日に日本の国籍を離脱

27）佐藤義一「戦後出入国管理制度の変遷と変容」判時2332号115頁（118頁）。
28）内訳数について水野直樹ほか・在日朝鮮人163頁「表5」参照。

する者で「昭和20年9月2日以前からこの法律施行の日まで引き続き本邦に在留するもの（昭和20年9月3日からこの法律施行の日まで本邦で出生したその子を含む。）」は，「別に法律で定めるところによりその者の在留資格及び在留期間が決定されるまでの間」「引き続き在留資格を有することなく本邦に在留することができる」との定めを置いて日本国籍喪失者の在留の根拠を定めた。

2）同法の適用対象者は，この法律の公布番号と条と項を略して「法126-2-6」該当者といわれる（法126-2-6）。なお，この法律で「出入国管理令」（入管令）という政令に，今後は法律の効力が与えられることも定めている。

② 「4-1-16-2」該当者，「4-1-16-3」該当者

1）次いで「特定の在留資格及びその在留期間を定める省令」（昭和27年外務省令14号）を平和条約の発効日に施行した。

2）その1項2号では，在留資格を定める「入管令」4条1項の16号の「外務省令で定める者」として，「法126-2-6」該当者の子で1952年4月28日以後に日本で生まれた者の在留資格を定めた。その在留資格は，「4-1-16-2」該当者といわれる。また，「4-1-16-2」該当者の子で「本邦で出生した者」やその孫等の在留資格は，同省令の1項3号で定められ「4-1-16-3」該当者といわれる。「4-1-16-2」該当者の在留期間は3年で，「4-1-16-3」該当者の在留期間は「3年を超えない範囲内で入国管理庁長官が指定する期間」であった（同省令②2号・3号）。

(2) 外国人登録法の制定

外国人登録令の廃止を含めた「外国人登録法」（昭和27年法律125号，「外登法」）も，平和条約発効日の1952年4月28日公布・施行された。

第5節　在留資格をめぐる法制の変遷とその概要

統計　序-5　在日韓国・朝鮮人の員数と全外国人登録者数に占める割合等（1960年）

　1960年12月末現在の外国人登録総数は650,566人で，国籍・地域欄「韓国・朝鮮」は581,257人でその外国人登録者総数に占める割合は89.3％である。

　また，「韓国・朝鮮」人の国籍・地域欄の内訳数については，1960年は「韓国」179,298人（30.8％）「朝鮮」401,959人（69.2％）と紹介されている。[29]

コラム　序-7　在日朝鮮人の北朝鮮への大量帰国

　1959年に始まった朝鮮人の北朝鮮への帰国者数は，1967年までの約8年間で計88,360人といわれ，[30] また，第一船が出港してから25年後の1984年までに93,240人が帰国し，「そのうち日本人妻やその子供など，日本国籍を有する者は少なくとも6,839人」といわれる[31]

3 日韓法的地位協定の発効から協定永住の申請期限まで（1966年から1971年まで）

　幾度も頓挫していた韓国との国交正常化交渉が1965年に妥結した。「日本国と大韓民国との間の基本関係に関する条約」（日韓基本条約）（昭和40年条約25号）は，1965年12月18日発効した。

(1)　日韓法的地位協定の発効と出入国管理特別法の制定

　「日本国に居住する大韓民国国民の法的地位及び待遇に関する日本国と大韓民国との間の協定」（日韓法的地位協定）（昭和40年条約28号）も1966年1月17日に発効した。また，日韓法的地位協定の国内法である「日本国に居住する大韓民国国民の法的地位及び待遇に関する日本国と大韓民国との間の協定の実施に伴う出入国管理特別法」（昭和40年法律146号）（「出入国管

---

29)　内訳数は，水野直樹ほか・在日朝鮮人163頁「表5」参照。
30)　入国管理局・出入国管理とその実態（昭和46年版）95頁。
31)　高崎宗司・朴正鎮編著『帰国運動とは何だったのか』（平凡社，2005年）50頁。

35

理特別法」）も制定され，1966年1月17日に施行された。

① 在留資格「協定永住」の新設（「韓国」国民に限定）

日韓法的地位協定は，1966年1月17日に発効した。それによれば，(ア)「韓国」国民で1945年8月15日以前から引き続き日本に居住している者（1条①(a)），(イ)その直系卑属で1945年8月16日から協定発効後5年以内に日本で出生しその後引き続き日本に居住している者（1条①(b)）は，1966年1月17日から5年以内に永住許可の申請をすれば，許可するというものである。また(ア)(イ)で許可された者の子で協定発効から5年経過後に日本で出生した「韓国」国民は，その出生した日から60日以内に永住許可の申請をすれば，許可するというものである（1条②）。なお，(ア)(イ)対象者の許可申請期限は，協定発効日から5年が経過した1971年1月16日であった（1条①本文）。

② 「協定三世」問題の先送り

1）日韓法的地位協定は，上記の要件により許可した者の直系卑属で日本で出生した者であってもその在留資格を定めておらず「大韓民国政府の要請があれば，この協定の効力発生の日から25年を経過するまでは協議を行なうことに同意する」（2条①）ことで決着し，「協定三世」問題は先送りされた。

2）なお，協定永住の申請が行われている1966年，民事局は「平和条約発効後に受理した朝鮮人に関する戸籍届書類について戸籍法施行規則第50条（筆者（注）創設的届出書類は50年，その他は10年）による保存期間が経過したものについても，当該外国人の日本国における協定永住権などの特別の地位に付随してその資格要件の審査の資料として必要とされる向もあるので，当分の間そのまま保管する措置をとられたい」との通達（昭和41・8・22民甲2431号通達）を発している。

3）「協定永住」申請者数の累計は，1971年5月末までで351,955人でその許可者数の累計は216,568人であった。特に，1970年の申請者数は94,289人で，1971年1月〜5月の申請者数も98,741人と期限終盤での申

第5節　在留資格をめぐる法制の変遷とその概要

請者が多かった。[32]

統計　序-6　在日韓国・朝鮮人の員数と全外国人登録者数に占める割合
　　　　　等（1970年）

> 　1970年12月末現在の外国人登録者の総数は708,458人で，国籍・地域欄
> 「韓国・朝鮮」は614,202人で，全外国人登録者数に占める割合は86.6％で
> ある。
> 　また，国籍・地域欄の内訳数については，1965年は「韓国」244,421人
> （41.9％）「朝鮮」339,116人（58.1％）であったのに対して，1970年は「韓
> 国」331,389人（54.0％）「朝鮮」282,813人（46.0％）と紹介されている。[33]
> 　なお，1970年の日本への帰化許可者数は5,379人であり，その中の「韓
> 国・朝鮮」の許可者数は4,646人（89.3％）である。

4　協定永住の申請期限から入管特例法の制定まで（1971年か ら1991年まで）

　協定永住申請期限であった1971年1月16日が過ぎ，日本では，ベトナム
からのボートピープルの問題の発生や外国人登録の指紋押捺拒否の問題が
浮上した。日本は，1981年に至って難民条約を批准するべく，出入国管理
法制の改正に迫られた。難民の地位に関する条約（昭和56年条約第21号）
と難民の地位に関する議定書（昭和57年条約第1号）は，1982年1月1日
発効した。

(1)　改正「入管法」（昭和56年法律86号）の制定

①　「出入国管理法」から「出入国管理及び難民認定法」へ

　「出入国管理法」は，「出入国管理及び難民認定法」（昭和56年法律86号）
とその名称を変更し「難民条約」の批准に備えた難民に関係する条項等を
新設する改正がなされ，難民条約発効日の1982年1月1日に施行された。

32）　入国管理局・出入国管理とその実態（昭和46年版）90頁。なお，李瑜煥・在日韓国
　　人60万355頁は，「1971年4月末現在の申請者数の累計」は351,262人という。
33）　内訳数は，水野直樹ほか・在日朝鮮人163頁「表5」参照。

37

序　章　「在日韓国・朝鮮人」とは誰なのか——国籍・在留資格の視点から

②　「簡易永住」制度・期限付き「特例永住」制度の新設

改正された入管法は，永住許可を定める22条２項のただし書で，既に永住許可を受けている者（協定永住者も含む）又は「126-2-6」該当者の配偶者又は子は，素行要件と生計要件を課さずに永住許可をすることができるとする「簡易永住」制度を新設した。

次いで改正入管法は附則７条に次のような条項を新設した。

「126-2-6」該当者で平和条約発効日から申請時まで引き続き日本に在留している者と「126-2-6」該当者の直系卑属で平和条約発効日から申請期間最終日まで日本で出生しその後申請時まで引き続き日本に在留する者は，1987年12月31日までの５年間に，永住許可（入管法14条①14号「本邦で永住しようとする者」の在留資格）取得の申請をしたときは，羈束的に許可するというものである。この永住権申請者の要件には「韓国」国民に限定する条項はない。

③　昭和27年省令「4-1-16-2」「4-1-16-3」は昭和56年省令
　　２条１項２号・３号に

なお，改正に際して発出された「出入国管理及び難民認定法施行規則」（昭和56年法務省令54号）は「特定の在留資格及びその在留期間を定める省令」（昭和27年外務省令14号）を廃止し（改正省令附則②），同法２条は，特定の在留資格（入管法４条１項16号（前各号に規定する者を除くほか，法務省令で特に定める者」）として，「「126-2-6」該当者の子で同法（法律第126号）施行以後日本で出生したもの」（２号）と法務大臣が特に在留を認める者（３号）を定め，昭和27年外務省令14号で定めていた「4-1-16-2」該当者は昭和56年法務省令54号の２条１項２号該当者となり，「4-1-16-3」該当者は同省令の２条１項３号該当者となった（改正省令附則③）。

(2)　改正「外登法」（昭和62年法律102号）

改正前外登法は，その４条で「在留資格（入管法に定める資格）」を記載事項としていたが，昭和62年改正法は本条を「在留の資格」に改正し，「入管法に定める資格」に加えて，「法126-2-6」該当者や日韓法的地位

協定に関する「出入国管理特別法」上の「協定永住」も加えることを明定し，「出入国管理特別法」4条2項（外国人登録原票・外国人登録証明書に許可があった旨の記載）の規定を削除した。同法は，1988年6月1日から施行されている。

なお，「在留資格」「在留の資格」は，外登法上の記載事項（法4条）であるが，外国人登録原票や外国人登録証明書には，入管法の条・項・号の記号で表示されていた。例えば，入管法4条1項1号の「外交」は「4-1-1」であり，それを見ただけではその活動内容は明らかではなかった。

統計　序-7　在日韓国・朝鮮人の員数と全外国人登録者数に占める割合等（1980年）

> 1980年12月末現在の外国人登録者の総数は782,910人で，国籍・地域欄「韓国・朝鮮」は664,636人で，全外国人登録者数に占める割合は84.8％である。
> なお，1980年の日本への帰化許可者数は8,004人であり，その中の「韓国・朝鮮」の許可者数は5,987人（74.8％）である。

⑶　改正「入管法」（平成元年法律第79号）

1989年12月15日公布された改正「出入国管理及び難民認定法」（平成元年法律第79号）は，外国人労働者等の導入に備えた法整備を根幹としているが，それまでは法律の本文に規定されていた在留資格（4条）を別表で一括してその在留資格の内容を具体的に表示するなどの大改正を行った。同改正法は，1990年6月1日施行された。

①　在留資格を別表で一括表示

別表は「第一」と「第二」に分かれ，別表「第一」は「一～五」の在留資格に細分化され，別表「第二」の在留資格とを併せると，従来の18種の在留資格から計28種の在留資格に変更されている。本改正法施行以後は，外国人登録法上の在留資格の表記は，例えば別表第一の「外交」であれば「外交」と具体的にその活動内容が表記されることになる。

別表「第二」の在留資格は「永住者」「日本人の配偶者等」「永住者の配偶者等」「平和条約関連国籍離脱者の子」「定住者」である。

② 別表「第二」の在留資格「永住者の配偶者等」

「永住者の配偶者等」とは，「永住者」と「協定永住者」等の家族の在留資格である。それによると，在留資格「永住者」「平和条約関連国籍離脱者の子」「協定永住者」「法126‐2‐6該当者」の「配偶者」及び「永住者」「平和条約関連国籍離脱者の子」「協定永住者」の「子」で日本で出生しその後引き続き日本に在留する者である。活動の範囲に制限はないが，在留期間は「3年，1年又は6月」である（規則別表第二）。

③ 別表「第二」の在留資格「平和条約関連国籍離脱者の子」

「平和条約関連国籍離脱者の子」とは，昭和56年省令（昭和56年法務省令54号）2条1項2号に該当する者で，「126‐2‐6」該当者の「子」で法律第126号施行（1952年4月28日）以後日本で出生しその後日本に在留している者である。活動の範囲に制限はなく，在留期間は「3年」である（規則別表第二）。

④ 別表「第二」の在留資格「定住者」

別表「第二」の在留資格「定住者」は，昭和56年省令（昭和56年法務省令第54号）2条3号に該当する者であり，法務大臣の「告示」をもってあらかじめ定めている（入管法7条①2号）。法務大臣「告示」の6号では，「平和条約関連国籍離脱者の子」(ハ)，「協定永住」(ホ)，「法律126‐2‐6」該当者(ヘ)，又はその配偶者若しくは在留資格「永住者の配偶者等」の扶養を受けて生活する未成年の子で未婚の実子である。また，法務大臣「告示」の7号では，それらの者により扶養を受けて生活する6歳未満の養子である。

なお，法務大臣「告示」は随時改正され，今日に至っている。

第5節　在留資格をめぐる法制の変遷とその概要

コラム　序-8　「在日」二世の生き方をめぐる論争（1985年頃）

　本国で生まれた一世と異なり，日本で生まれ育った二世には，立ちはだかる日本社会の壁と民族性の喪失による煩悶が常に付きまとっていた。金石万の論文「現在進行形　在日朝鮮人二代目の意味」（1967.12.4日本読書新聞）をめぐって展開された論争を前史として，1985年の季刊「三千里」に掲載された姜尚中（カンサンジュン）の論文「方法としての在日」と梁泰昊（ヤンテホ）の論文「事実としての在日」を軸に展開された論争は，その後の「在日」の二世・三世の生き方を揺さぶるものであった。姜は少数民族に転化する姿勢を排除し間接的にであれ祖国に定位することに意味があるとし，梁は組織や国家に縛られない新しい日本との「共生」の芽にこそ意味があると唱える。[34] 論争は，姜信子，[35] 竹田青嗣[36] らを巻き込み「在日」の生き方のその後に大きな影響を与えた。

統計　序-8　在日韓国・朝鮮人の員数と全外国人登録者数に占める割合等（1990年）

　1990年12月末現在の外国人登録者の総数は1,075,317人で，国籍・地域欄「韓国・朝鮮」は687,940人で，全外国人登録者数に占める割合は63.9%である。
　なお，1990年の日本への帰化許可者数は6,794人であり，その中の「韓国・朝鮮」の許可者数は5,216人（76.7%）である。

---

34) 論文は，飯沼二郎編著『在日韓国・朝鮮人―その日本社会における存在価値』（海風社，1988年）に掲載されている。論争の経緯は，水野直樹ほか・在日朝鮮人201頁以下（文京洙），朴一『〈在日〉という生き方』（講談社，1999年）74頁以下を参照。

35) 姜信子『ごく普通の在日韓国人』（朝日新聞社，1990年）。

36) 竹田青嗣『沈みゆくものの光景』『〈在日〉という根拠』（筑摩書房，1995年）250頁所収（初出「思想の科学」1988年3月号）。

41

序　章　「在日韓国・朝鮮人」とは誰なのか──国籍・在留資格の視点から

5 入管特例法の施行から平成21年入管法等改正法・同年改正 住基法の施行まで（1991年から2012年まで）

1）1965年の日韓法的地位協定（昭和40年条約第28号）では，協定三世問
　題は先送りされた。つまり，1945年8月15日から日本に引き続き居住し
　ている「韓国」国民とその直系卑属で1945年8月16日から協定発効後5
　年以内に日本で出生しその後引き続き日本に居住している者（協定一世），
　それらの子である「韓国」国民である者（協定二世）は申請すれば「協
　定永住」が許可されたが，それ以降の直系卑属（協定三世）の在留資格
　については何らの定めも設けていなかった。日韓法的地位協定は，「協
　定三世」問題は「大韓民国政府の要求があれば，この協定の効力発生の
　日から25年が経過するまでは協議を行うことに同意する」（2条1項）
　ことで決着していた。

2）そこで，日本政府は，協定発効から25年を経過するのを前にして，
　1990年4月30日日韓外相会談で「簡素化した手続で羈束的に永住を認め
　る」などの対処方針を示し（コラム序-9），1991年1月10日の海部日本
　首相の訪韓の際に「日韓法的地位協定に基づく協議」が最終決着し，そ
　の覚書に日韓外相による署名が行われた（コラム序-10）。

コラム　序-9　在日の法的地位について日本政府から示された対 処方針（1990.4.30）（抄）

① 簡素化した手続で羈束的に永住を認める。
② 退去強制事由は，内乱，外患の罪，国交，外交上の利益に係る罪及びこ
　れに準ずる重大な犯罪に限定する。
③ 再入国許可については，出国期間を最大限5年とする。
④ 指紋押なつについては，三世以下の子孫の立場に配慮し，これを行わな
　いこととする。このために指紋押なつに代わる適切な手段を早期に講ずる。

第5節　在留資格をめぐる法制の変遷とその概要

⑤⑥　（略）[37]。

> **コラム　序-10　在日の法的地位についての日韓外相会談覚書の**
> **内容（1991.1.10）（抄）**
>
> 一　入管法関係の各事項については，1990年4月30日の対処方針を踏まえ，
> 在日韓国人三世以下の子孫に対し日本国政府として次の措置をとるため，
> 所要の改正法案を今通常国会に提出するよう最大限努力する。この場合，
> (2)及び(3)については，在日韓国人一世及び二世に対しても在日韓国人三世
> 以下の子孫と同様の措置を講ずることとする。
> 　(1)　簡素化した手続きで羈束的に永住を認める。
> 　(2)　退去強制事由は，内乱，外患の罪，国交，外交上の利益に係る罪及び
> 　　　これに準ずる重大な犯罪に限定する。
> 　(3)　再入国許可については，出国期間を最大限5年とする。
> 二　外国人登録法関係の各事項については，1990年4月30日の対処方針を
> 踏まえ，次の措置をとることとする。（以下，略）[38]

---

(1)　「日本国との平和条約に基づき日本の国籍を離脱した者等の出入国
　　管理に関する特例法」（平成3年法律第71号）（入管特例法）の制定

1）そのような動きを背景にして，入管特例法が1991年5月10日公布され，
同年11月1日に施行された。

2）入管特例法の目的は，「平和条約国籍離脱者及び平和条約国籍離脱者
の子孫について，出入国管理及び難民認定法（昭和26年政令第319号）の
特例を定めること」である（1条）。「これまでいずれもその時々におけ
る時代背景に応じたもので，これらの者を包括的に対象とする立法が行
われなかった」ので，「本法は，これらの者が同様の歴史的経緯及び我

37）山崎哲夫「決着をみた在日韓国人法的地位問題と外国人登録」外国人登録389号1
頁（9頁）。
38）山崎・前掲注37）15頁。

43

序　章　「在日韓国・朝鮮人」とは誰なのか——国籍・在留資格の視点から

が国における定住性を有することかんがみ，これらの者の法的地位を一元化しようとするものである」[39] ことでもあった。

①　「平和条約国籍離脱者」「平和条約国籍離脱者の子孫」とは

本法の冒頭では「平和条約国籍離脱者」「平和条約国籍離脱者の子孫」が定義付けられている。

1）「平和条約国籍離脱者」（2条①）とは，日本国との平和条約の規定に基き同条約の最初の効力発生の日（平和条約発効日（1952年4月28日）に日本国籍を離脱した者で，「1945年9月2日（降伏文書調印日）以前から日本に在留する者」及びその後平和条約発効日までにその子として日本で出生し，その後引き続き日本に在留する者である。

対象者は昭和27年法126号第2項6号（126-2-6）該当者で引き続き在留している者と同範囲であり，戦後来日した者や一時帰国した者は含まれない。なお，「協定永住」は，1945年8月15日以前から引き続き在留する者を対象としているので，本法の対象者の範囲は「協定永住」の対象者より広い。

2）「平和条約国籍離脱者の子孫」（2条②）とは，「平和条約国籍離脱者の直系卑属として本邦で出生し，その後……引き続き本邦に在留する者」で，平和条約国籍離脱者からその者までの各世代において，少なくとも次の世代の出生時までは日本での在留が継続しているものである。平和国籍離脱者からその者までの血統的つながりと，各世代の日本における在留の継続性とが確保されている者のみを対象とする。全ての世代について日本で出生することが必要である。

②　在留資格「特別永住者」の新設—付与と許可

1）「平和条約国籍離脱者」「平和条約国籍離脱者の子孫」である「法定特別永住者」には，何らの手続もなく当然に「特別永住者」という在留資格が付与される（3条）。具体的には，「法126-2-6」該当者，「協定

39）木原哲郎「平和条約国籍離脱者等入管特例法について」ジュリ982号68頁（70頁）。

永住」者，「入管法」（平成元年法律第79号）附則7項1号による別表第二の「永住者」，「入管法」（平成元年法律第79号）別表第二の「平和条約関連国籍離脱者の子」の在留資格を有する者である。

統計　序-9　入管特例法対象者（1989年1月現在）

> 　1989年1月現在で，入管特例法の対象者の総員数は608,029人と想定されていた。国籍・地域欄「韓国・朝鮮」の総員数は600,795人で，その在留資格別の割合は，「法126-2-6」該当者は17,490人，「協定永住」者は326,318人，「永住者」は254,788人，「平和条約関連国籍離脱者の子」は2,199人，などであった[40]。

2）その他の平和条約国籍離脱者又はその子孫は，法務大臣の許可を受けて「特別永住者」としての在留資格が覊束的に許可される（4条）。

　具体的には，(ア)出生等の事由により日本に在留することとなる者（在留し得る何らの法的地位も未だ取得していない者），(イ)永住者等以外の在留資格を有する者である。許可がなされれば，特別永住許可書が交付される（6条）。

　(ア)とは，平和条約関連国籍離脱者の子孫で，日本で出生した者又は日本国籍を含む重国籍者として出生した者（入管法上は日本人として扱われる）で，外国国籍の選択等により日本国籍を失ったものは，出生その他の事由が生じてから60日以内に居住地の市町村に，申請書その他の書類と写真を提出して申請し，法務大臣の許可を受ければ，特別永住者の許可がなされる（4条②③）。

　(イ)とは，平和条約国籍離脱者又は平和条約関連国籍離脱者の子孫で，別表第二の在留資格（「永住者」を除く）を有して在留する者は，地方入国管理局に出頭し申請書その他の書類を提出して申請し法務大臣の許可

40）木原・前掲注39）69頁。

を受ければ，特別永住者の許可がなされる（5条①③）。(イ)の申請対象者は，退去強制事由に該当し在留特別許可を受けている者（入管法50条），定住者等の在留資格で在留する者及びその子孫又は「法126-2-6」該当者の孫以下の世代の者のいずれかで，特別永住許可などの永住許可を受けていない者である[41]。法施行前では，国籍を問わず約1,000人と推定されていた[42]。(イ)の申請についての期限の定めはない。

　なお，在留資格「特別永住者」が付与・許可されるのに，協定永住の様に「韓国」国民である要件は存在せず，何処の国籍かが問われることはない。

　③　特別永住者の特例措置

退去強制事由は入管法24条に列挙されているが，特別永住者は内乱・外患罪，国交に関する罪と外交上の利益になる罪などに限定され（9条），通例は「1年」とする再入国の期間（入管法36条3項）も「4年」にするなどの特例措置が設けられた（10条）。

　④　法令の改廃

1）入管特例法の施行に伴い，「ポツダム宣言の受諾に伴い発する命令に基づく外務省関係諸命令の措置に関する法律」（昭和27年法律第126号）の2条6項は削除され（附則10条），「日本国に居住する大韓民国国民の法的地位及び待遇に関する日本国と大韓民国との間の協定の実施に伴う出入国管理特別法」（法律第146号）は廃止された（同附則6条）。

2）そして，入管法別表第二の「平和条約関連国籍離脱の子」が削除され，同別表第二の「永住者の配偶者等」の下欄やその他の条項も大幅に改正された（同附則7条）。また，改正「外登法」（平成3年法律第71号）は，登録事項を定める4条1項の13号を「在留の資格（入管法に定める在留資格及び特別永住者として永住することができる資格）」と改正した。

41）木原・前掲注39）71頁。

42）木原哲郎「平和条約国籍離脱者等入管特例法」法律のひろば44巻9号25頁（30頁）。

第5節　在留資格をめぐる法制の変遷とその概要

統計　序-10　在日韓国・朝鮮人の総数とその「特別永住者」数等（1992年）

1992年末現在の外国人登録者総数は1,218,644人で，国籍・地域欄「韓国・朝鮮」は688,144人で外国人登録者総数に占める割合は56.4％であり，「韓国・朝鮮」の「特別永住者」数は585,170人で「韓国・朝鮮」の総数に占める割合は85.0％である。

なお，1992年の日本への帰化許可者数は9,363人であり，その中の「韓国・朝鮮」の許可者数は7,244人（77.3％）である。

(2)　改正「外登法」（平成4年法律66号）の制定─指紋押なつの廃止と家族事項の導入

1）先で少し触れたが，1980年台に入り外国人登録に際して行う指紋押なつ拒否事件が多発した。外国人登録法の指紋押なつ制度は，1955年から開始した。それまでの10指指紋の採取が1971年になって1指指紋になり，1985年からは回転指紋から平面指紋に，1987年には指紋押なつは登録原票と指紋原紙にしか行わないなどの改善がなされていた。しかし，「ひとさし指の自由」を求める動きは，途絶えることはなかった[43]。

2）そんな中，1991年1月10日の海部日本首相の訪韓に際して日韓外相が署名した「日韓法的地位協定に基づく協議」に基づく覚書の中で（コラム序-10，43頁），「指紋押なつについては，指紋押なつに代わる手段を出来る限り早期に開発し，これによって在日韓国人三世以下の子孫はもとより，在日韓国人一世及び二世についても指紋押なつを行わないこととする。このため，今後2年以内に指紋押なつに代わる措置を実施することができるよう所要の改正法案を次期通常国会に提出することに最大限努力する。指紋押なつに代わる手段については，写真，署名及び外国人登録に家族事項を加味することを中心に検討する。」ことが示されていた。

43）その動きは，「ひとさし指の自由」編集委員会編『ひとさし指の自由』（社会評論社，1984年），田中宏『在日外国人　新版』（岩波書店，1995年）78頁以下を参照。

47

序　章　「在日韓国・朝鮮人」とは誰なのか――国籍・在留資格の視点から

3）1992年6月1日公布された改正「外国人登録法」（平成4年法律第66号）
は，「永住者」と「特別永者」に限って指紋押なつ制度を廃止し（14条
①本文），16歳以上の「永住者」「特別永住者」は新規登録等の際に外国
人登録原票と署名原紙に「署名」することにし（14条の2①），「永住者」
と「特別永者」の登録事項には「家族事項」を追加することとした。改
正「外登法」は1993年1月8日施行された。[44]

4）「家族事項」とは，外国人が世帯主である場合は「世帯を構成する者
（当該世帯主を除く）の氏名，出生の年月日，国籍及び世帯主との続柄」
で（4条①18号），「日本にある父母及び配偶者（申請に係る外国人が世帯
主である場合には，その世帯を構成する者である父母及び配偶者を除く）の
氏名，出生の年月日及び国籍」（4条①19号）である。家族事項は，日本
に在留する外国人に交付される外国人登録証明書には記載されなかった
（5条②）。

5）その後，2000年4月1日施行された改正「外登法」（平成11年法律第
134号）では，指紋押なつ制度を全廃し，署名・家族事項の代替手段を
非永住者についても適用することとした。[45]

統計　序-11　在日韓国・朝鮮人の総数とその「特別永住者」数等（2000年）

2000年末現在の外国人登録者総数は1,686,444人で，国籍・地域欄「韓
国・朝鮮」は635,289人で外国人登録者総数に占める割合は37.8％であり，
国籍・地域欄「韓国・朝鮮」の「特別永住者」数は507,429人で「韓国・
朝鮮」の総数に占める割合は約80％である。

なお，2000年の日本への帰化許可者数は15,812人であり，その中の「韓
国・朝鮮」の許可者数は9,842人（63.2％）である。

44）本改正は，法務省入国管理局外国人登録法令研究会編『Q&A新しい外国人登録法』
（日本加除出版，1993年）参照。

45）佐藤方生「外国人登録法，出入国管理及び難民認定法の改正について」ジュリ1165
号40頁。なお，本改正で「永住者」及び「特別永住者」は「職業」「勤務所等」の登
録は要しないことにし，「1年未満在留者」は「家族事項」を登録しないことにした
（法4条1項本文）。

第5節　在留資格をめぐる法制の変遷とその概要

> **コラム　序-11　特別永住者を対象者とする日本国籍取得緩和法案の動き（2001年前後）**
>
> 　2001年5月に当時の自民党・公明党・保守党の与党三党が，永住外国人の地方参政権法案の動きと連動して検討された。内容は，特別永住者等で日本に住所を有する者は，現行の法務大臣による裁量許可ではなく法務大臣への届出により日本国籍を取得することができるとするものであった。地方参政権法案と絡めて提案された経緯や在日韓国・朝鮮人への差別解消が先行すべきとの反対論や二重国籍を容認するかの問題もあって，結局は国会に提出されることはなかった。

6　平成21年入管法等改正法と同年改正住基法の施行（2012年）

1）2005年に入って，国際化に伴う在留外国人の激増と国籍の多様化や「入管行政」と「外国人登録行政」の二元化による弊害の除去を主な目的として，在留管理制度の新たな制度が模索され始めた。2008年12月18日には法務省と総務省が共同で開催してきた「外国人台帳制度に関する懇談会」の報告書がまとまり，法務省の私的懇談会「出入国管理政策懇談会」も2008年3月26日に「新たな在留管理制度に関する提言」を法務大臣に提出した。

2）それらを基にした法律案が2009年の第171回国会で可決し，同年7月15日に公布された法律が「出入国管理及び難民認定法及び日本国との平和条約に基づき日本の国籍を離脱した者等の出入国管理に関する特例法の一部を改正する等の法律」（平21年法律79号）（平成21年入管法等改正法）と「住民基本台帳法の一部を改正する法律」（平21年法律77号）（平成21年改正住基法）である。

3）平成21年入管法等改正法と平成21年改正住基法は，2012年7月9日から施行されている。それら法の施行の同日に「外国人登録法」は廃止された（入管法等改正法4条）。

49

序　章　「在日韓国・朝鮮人」とは誰なのか——国籍・在留資格の視点から

(1)　平成21年入管法等改正法による改正「入管法」の概要

平成21年入管法等改正法による改正「入管法」の概要は次のとおりである。[46]

　　①　「中長期在留者」に課される「在留カード」の携帯と各種届出義務

1 ）「中長期在留者」とは，本邦で在留資格を有する外国人の中で，3 月以下の在留期間の者，「短期滞在」「外交」「公用」の在留資格の者，その他「法務省令で定める者」（亜東関係協会職員や駐日パレスチナ総代表部職員等，入管法施行規則19条の 5 ），を除いた者である（入管法19条の 3 ）。「中長期在留者」に「特別永住者」は含まれず，「特別永住者」は入管特例法で別段の定めがおかれている。

2 ）「中長期在留者」には，「在留カード」が交付され（入管法19条の 3 ），「在留カード」には，所要の事項が記載される（入管法19条の 4 第 1 項）。その事項とは「氏名，生年月日，性別及び国籍の属する国又は地域」「住居地」「在留資格，在留期間及び在留期間の満了の日」「許可の種類及び年月日」「在留カードの番号，交付年月日及び有効期間の満了の日」「就労制限の有無」「資格外活動許可の有無」等であり，写真が表示される（同条 3 項）。

　　「在留カード」の有効期間は原則的には在留期間と一致するが，「永住者」は原則 7 年である（入管法19条の 5 ）。なお，中長期在留者は「在留カード」を常に携帯しなければならない（入管法23条 2 項）。

3 ）「中長期在留者」が行う届出には，住居地に関する届出（入管法19条の 7 ，同19条の 8 ，同19条の 9 ），住居地以外の在留カードの記載事項に関

46）本改正の概要は，井口泰「改正入管法・住基法と外国人政策の展望」ジュリ1386号 79頁，木川和広「改正入管法の概要と新たな在留管理制度」法律のひろば62巻11号13 頁，多賀谷一照「新たな在留管理制度の導入と入管法制の在り方」法律のひろば62巻 11号 4 頁，水上洋一郎「新しい在留管理制度とは何か」別冊『環』20号『なぜ今，移 民問題か』（藤原書店，2014年）298頁，山田利行・中川潤一・木川和広・中本次昭・ 本針和幸『新しい入管法　2009年改正の解説』（有斐閣，2010年）を参照。

する届出（入管法19条の10），所属機関等に関する届出（入管法19条の16），
に大別される。所属機関等に関する届出とは，例えば，在留資格が
「留学」であれば，留学する大学等の名称等のことであり，在留資格
「研究」であれば勤務先の名称等であり，在留資格「永住者の配偶者等」
であれば，配偶者と離婚又は死別したことなどに関する届出である。そ
れに対応して，別表第一の在留資格に相応する「中長期在留者」を受け
入れている大学等は，受入れ状況等の届出に関する努力義務が課せられ
ている（入管法19条の17）。

　② 「中長期在留者」に関する情報の継続的把握のための措置（法務
　　大臣と市町村長の義務）

１）法務大臣には，中長期在留者の情報を正確かつ最新の内容に保つべき
　努力義務が課せられ（入管法19条の18），そのための事実調査権が与えら
　れている（入管法19条の19）。

２）それに加えて，市町村長には，外国人住民票について所要の記載等を
　したときには，法務大臣に通知する義務があり（入管法61条の8の2），
　さらに法務大臣は，入管行政を管理・執行する上で外国人住民票につい
　ての変更又は誤りを知ったときには，当該外国人住民票を備え付けてい
　る市町村長に通知する義務がある（住基法30条の50）。

　③ 在留資格取消事由の拡大（入管法22条の4）

　法務大臣の取消事由に，新たに中長期在留者になった者がその日から正
当な理由なく90日以内に住居地の届出をしない場合（①8号），中長期在
留者が届け出た住居地から退去し退去した日から正当な理由なく90日以内
に届出をしない場合（①9号），中長期在留者が虚偽の住居地を届け出た
場合（①10号），偽りその他不正な手段で在留特別許可を受けたこと（①4
号），それに在留資格「日本人の配偶者等」「永住者の配偶者等」を有する
配偶者が配偶者としての身分を有する者としての活動を正当な理由なく継
続して6月以上行っていないとき（①7号），を追加した。

序　章　「在日韓国・朝鮮人」とは誰なのか——国籍・在留資格の視点から

④　数次再入国期間の伸長と「みなし再入国許可」制度の新設等

　在留資格を有する在留外国人が在留期間中に出国し再び入国しようとするときには「再入国許可」が必要である。本改正法では，在留外国人の情報把握の正確性と即時性が格段に高まったとの理由から，数次再入国の期間をこれまでの「３年」から「５年」に伸長し，次いで「許可書」を取得しなくても，再び入国する意図を表示すれば出国の日から１年以内であれば許可されたものとみなす「みなし再入国許可制度」を新設した（入管法26条の２）。また，在留期間の上限を「３年」から「５年」に伸長した（入管法２条の２③）。

(2)　平成21年入管法等改正法による改正「入管特例法」の概要

①　「特別永住者」に課せられる「特別永住者証明書」の提示と各種届出義務

１）「入管特例法」で定める「特別永住者」には「特別永住者証明書」が交付され（入管特例法７条），「特別永住者証明書」には，「氏名，生年月日，性別及び国籍の属する国又は地域」「住居地」等が記載され（入管特例法８条①），写真が表示される（同条③）。その有効期間は，原則７回目の誕生の日である（入管特例法９条）。なお，特別永住者は「特別永住者証明書」を「提示」する義務がある（入管特例法17条）。

２）「特別永住者」が行う届出には，住居地に関する届出（入管特例法10条），住居地以外の「特別永住者証明書」の記載事項に関する変更の届出（入管特例法11条），がある。

②　数次再入国期間の伸長と「みなし再入国許可」制度の特例

　数次再入国の期間をこれまでの「４年」から「６年」に伸長し（入管特例法23条①），次いで「許可書」を取得しなくても，再び入国する意図を表示すれば出国の日から許可されたものとみなす「みなし再入国許可制度」の期間を「２年」とした（入管特例法23条②）。

(3)　平成21年改正住基法の概要

１）先に述べたように，「外国人登録法」は平成21年入管法等改正法の施

行日である2012年7月9日に廃止された。「外国人登録法」により在留外国人に交付されていた「外国人登録証明書」に代わり，「中長期在留者」には「在留カード」が，「特別永住者」には「特別永住者証明書」が交付されることになった。

2）在留外国人の居住関係の公証などについて「在留外国人台帳」制度を新設することも考えられたが，日本人を対象としていた「住民基本台帳」制度に外国人住民を組み入れることになり，平成21年入管法等改正法と同日の2012年7月9日に「住民基本台帳法」（昭和42年法律81号）を改正した平成21年改正住基法（平成21年法律77号）が施行された[47]。

① 外国人住民票の創設─その対象者とその記載事項

1）外国人で住民票が作成される対象者は，「中長期在留者」（入管法19条の3），「特別永住者」（入管特例法3条，4条，5条），「一時庇護許可者又は仮滞在許可者」（入管法18条の2第1項，同法61条の2の4第1項）「出生による経過滞在者又は国籍喪失による経過滞在者」（入管法22条の2第1項），である。

2）外国人住民票の記載事項は，「氏名」「出生年月日」「男女の別」「世帯主についてはその旨，世帯主でない場合は世帯主の氏名及び世帯主との続柄」「同一市町村内の住所変更の場合の住所を定めた年月日」「新たに市町村に住所を定めた場合はその届出の年月日と従前の住所」で住民票コード等に加えて，「国籍又は地域」，「外国人住民となった年月日」が記載され，「中長期在留者」「特別永住者」「一時庇護許可者又は仮滞在許可者」「出生による経過滞在者又は国籍喪失による経過滞在者」にはそれぞれ特有の事項が記載される（住基法30条の45）。さらに，外国人住民票には「通称」と「通称の記載及び削除に関する事項」（住基法7条14

47）改正の概要は，安東健太郎「住民基本台帳法改正の背景と概要」法律のひろば62巻11号35頁，池本武広「住民基本台帳法の一部を改正する法律について㈠㈡・完）─外国人住民制度の創設を中心に」自治研究85巻10号108頁，同巻12号104頁，小野裕一朗「外国人住民に係る住民基本台帳法制度の概要」法律のひろば65巻7号24頁などを参照。

号，住基令30条の25，同30条の26②，同30条の27①②）もその記載事項である。

② 外国人住民特有の各種届出の規定

1）外国人住民票といっても，住民票の一種なので，住民票の記載，消除又は記載の修正は原則として住基法の規定による届出に基づき，又は職権で行われる（住基法8条）。

2）ただし，外国人住民には特別に異なる手続が定められている。その一は，中長期在留者・特別永住者などが国外から転入した場合の届出（住基法30条の46），その二は，日本国籍を有しないが日本に住所を有する者が中長期在留者・特別永住者になった場合の届出（住基法30条の47），その三は，世帯主でない外国人住民がその世帯主との続柄に変更があったときの世帯主との続柄を証する文書を添付して行う変更届等（住基法30条の48），その四は，世帯主でない外国人住民がその世帯主が外国人住民であるときの世帯主との続柄を証する文書を添付して行う転入届等である（住基法30条の49）。

③ 外国人住民の情報の把握のための法務大臣と市町村長の通知義務

先に述べたように，外国人住民の情報の正確な把握のために，市町村長は，外国人住民票について所要の記載等をしたときには，法務大臣に通知する義務があり（入管法61条の8の2），法務大臣は，入管行政を管理・執行する上で外国人住民票についての変更又は誤りを知ったときには，当該外国人住民票を備え付けている市町村長に通知する義務がある（住基法30条の50）。

④ 従前の外国人登録原票の記載事項の証明

平成21年改正住基法施行前に市町村に備置されていた「外国人登録原票」は，「施行日以後，速やかに」法務省に送付された（入管法等施行法附則33条）。平成21年改正住基法施行以前の在留外国人の身分や氏名・住所等の情報は，一定の者による法務省への外国人登録原票の開示請求によって取得できることになっている。

第5節　在留資格をめぐる法制の変遷とその概要

統計　序-12　在日韓国・朝鮮人の総数とその「特別永住者」数等（2012年）

> 2012年末現在の在留外国人総数は2,033,656人で，国籍・地域欄「韓国・朝鮮」は530,048人で全在留外国人に占める割合は約25.9％である。国籍・地域欄の内訳数は，「韓国」は489,431人，「朝鮮」は40,617人である。
> また，「特別永住者」の総数は381,364人で，国籍・地域欄「韓国・朝鮮」の「特別永住者」は377,351人で「韓国・朝鮮」の総数に占める割合は71.1％である。
> なお，2012年の日本への帰化許可者数は10,622人であり，その中の「韓国・朝鮮」の許可者数は6,581人（52.5％）である。

7　平成21年入管法等改正法等の施行から現在まで（2012年〜）

(1)　**平成26年改正入管法（平成26・6・18法律第74号）**では，既に導入している「高度人材ポイント制」を踏まえて在留資格に「高度専門職1号」「高度専門職2号」を創設して高度な能力や資質を持つ外国人の受入れを促進することや在留資格を「投資・経営」から「経営・管理」に変更すること，また包括的な在留資格「技術・人文知識・国際業務」を新設することなどの改正が行われ，改正法はおおむね2015年4月1日から施行された[48]。

(2)　**平成28年改正入管法（平成28・11・28法律第88号）**では，介護福祉士の資格を取得した留学生は，介護の業務に従事できる在留資格「介護」を取得できるとするなどの改正が行われ，2017年9月1日から施行された。

(3)　**「外国人の技能実習の適正な実施及び技能実習生の保護に関する法律」（平成28・11・28法律第89号）**は，これまで技能実習に伴う管理そ

48）改正の概要は，海保一恵「出入国管理及び難民認定法の一部改正について」ジュリ1320号122頁。

序　章　「在日韓国・朝鮮人」とは誰なのか──国籍・在留資格の視点から

の他の弊害が指摘されていたのを受けて，技能実施者や監理団体の禁
止規定や罰則を設け，外国人技能実習機構を設けるなどの対応を図る
ものであり，その施行はおおむね2017年11月1日から施行された。

統計　序-13　在日韓国・朝鮮人の総数とその「特別永住者」数等（2017年）

> 2017年末現在の在留外国人総数は2,561,848人で，国籍・地域欄「韓国・朝鮮」は481,522人で全在留外国人に占める割合は約18.7％である。国籍・地域欄の内訳数は，「韓国」は450,663人，「朝鮮」は30,859人である。
> また，「特別永住者」の総数は329,822人で，国籍・地域欄が「韓国」の「特別永住者」は295,826人で「朝鮮」の「特別永住者」は30,243人「韓国・朝鮮」人の総数に占める割合は約68.5％である。
> なお，2017年の日本への帰化許可者数は10,315人であり，その中の「韓国・朝鮮」の許可者数は5,631人（54.5％）である。

(4)　平成30年改正入管法及び「法務省設置法」改正法（平成30・12・14法律第102号）

本改正入管法では，在留資格に「特定技能1号」と「特定技能2号」を創設し，「技能実習」や「介護」などのように特に目的規定を置かない労働力確保のための在留資格を設けた。また「法務省設置法」改正法では，法務省の内局に設置されていた「入国管理局」に代えて外局に「出入国在留管理庁」を新設する改正を行った。いずれの改正法も，2019年4月1日から施行される。

在日韓国・朝鮮人の相続関係に適用すべき法

はじめに

　在日韓国・朝鮮人が死亡した場合，その相続に関する法律には，どこの国の法律を適用するのであろうか。国籍所属国（本国法）の法を適用するのであろうか。すなわち，韓国の法律又は北朝鮮の法律を適用するのであろうか。そうでなければ，生活の本拠と思われる国（常居所地や住所地）の法を適用するのであろうか。すなわち，日本法を適用するのであろうか。それとも相続財産のある国（相続財産所在地法）の法を適用するのであろうか，すなわち，相続財産が日本にあれば日本法を適用し，相続財産が韓国にあれば韓国法を適用し，相続財産がＡ国にあればＡ国法を適用するのであろうか。

　本章の第１節では，国際私法という法律のあらましを要説する。第２節は，在日韓国・朝鮮人の相続準拠法はどこの国の法になるのかについて，在日の本国法の決定に関する諸見解を紹介し，それにより在日の相続準拠法が決定したとしても，韓国・北朝鮮の国際私法により日本法が適用される可能性があることを概説する。第３節は，在日韓国・朝鮮人の相続準拠法が決定したとしても，相続人は誰かなどの相続の先決問題となる身分関係の成否の準拠法には韓国の「親族法」や北朝鮮の「家族法」が適用される場合が少なくないことを述べる。第４節は，外国法である韓国法・北朝鮮法を適用する際の解釈・適用はどのように行うべきかを整理し，第５節

第1章　在日韓国・朝鮮人の相続関係に適用すべき法

では，日本からいえば外国の法律である韓国法・北朝鮮法を適用したとき
にその適用結果を排除する場合（公序則の発動）があるのかについて若干
述べ，補節では，韓国と北朝鮮の国際私法の概要を述べることにする。

第1節　国際私法の枠組みと日本の国際私法

1 国際私法の枠組み

1）現存する国民国家は，国民（法人含む）又は国民同士が当事者となる
国内で生起する私法事件と，国民又は国民同士の国外における私法事件
及び外国人又は外国人同士・外国人と国民が当事者となる私法事件とに
区分し，前者の私法事件には民法等国内の法律を適用し，後者の私法事
件にはその法律関係に最も密接と思われる国の法律を指定して適用する
という法制を採用している立法例が多い。

2）後者の私法事件についてのルールを定める国際私法は，一定の渉外私
法事件にどこの法域の法律を適用するかということを示すことを法の任
務とするが，そのルールを理解すれば一定の法律問題が解決できるとい
うものではない。その意味では，国際私法は渉外的な法律関係を直接規
律するのではなく，間接に規律する任務を担うのである。つまり，国際
私法は，「直接規範」を定める法律ではなく「間接規範」を定める法律
にすぎない。

3）また，国際私法は多数国間条約や二国間条約等で国家間で共通のルー
ルを定める国際法とは異なり，一部の事項を除いては各国ごとに異なる
内容で制定されているのが通例であり，一定の渉外私法事件についての
法適用ルールが各国ごとに衝突することもまれではない。

　　なお，日本が定める国際私法規定は，任意規定（規範）ではなく強行
規定（規範）である点は留意すべきである。

第1節　国際私法の枠組みと日本の国際私法

2 単位法律関係（適用範囲）・連結点・準拠法

⑴　単位法律関係（適用範囲）

1）日本の国際私法に関する法律には，現在「法の適用に関する通則法」（以下「法適用通則法」という。平成18年6月21日法律第78号）があり，他に相続関連分野では「遺言の方式の準拠法に関する法律」（以下「遺言方式準拠法」という。昭和39年6月10日法律第100号）がある。

2）法適用通則法の立法形式は，渉外私法上の法律事項を一定のグループ別に分解し，そのグループ別に分解・区分された法律関係ごとに準拠法を決定するという形式を採用している。それら一定のグループ別の法律関係を「単位法律関係」という。

3）例えば，法適用通則法25条の単位法律関係は「婚姻の効力」であり，同法26条の単位法律関係は「夫婦財産制」である。そこで，夫婦間の日常家事連帯債務は，同法25条の「婚姻の効力」に含まれるのか，それとも同法26条の「夫婦財産制」に含まれるのか，が問題になる。また，離婚後の親権者の指定は，同法27条の「離婚」に含まれるのか，それとも同法32条の「親子間の法律関係」に含まれるのかが問題になる。視点を変えれば，一定の法律事項はどの「単位法律関係」に含めるかという問題が発生するともいえる。

4）このように「単位法律関係」に何が含まれるのか，何を含めるのかという点については，講学上「単位法律関係の性質決定」と呼び，各条項にどのような法律事項が含まれるかは「単位法律関係の適用範囲」として説明される。

⑵　連結点・準拠法

1）法適用通則法は，単位法律関係ごとにその法律関係に最も密接と思われる法域を「本国法」「常居所地法」「婚姻挙行地法」「最密接関係地法」といった指標で示している。

59

第1章　在日韓国・朝鮮人の相続関係に適用すべき法

コラム 1-1　日本　法適用通則法の「常居所」の概念

「常居所」という連結点は，改正法例の制定時から家族法関連の単位法律関係で採用されている。「常居所」は，法律上の概念ではなく事実上の概念といわれるので，各国によってその定義は異ならないといわれるが，その定義については「人が居所よりは相当長期にわたり常に居住する場所をいうが，その概念や決定の具体的基準などに関する定めはない」[1]のである。

なお，改正法例の施行の際に発出された戸籍通達（平成元・10・2民二3900号通達，最終改正平成24・6・25民一1550号通達）では，外国人の日本における「常居所の認定」は，入管法の在留資格・在留期間を在留カード・特別永住者証明書又は住民票の写し及び旅券によって確認するとし，原則として引き続き5年以上在留しているかどうかで判断するが（第8-1-(2)-ア），「永住者」「日本人の配偶者等」「永住者の配偶者等」「定住者」の在留資格を有する場合は，原則として引き続き1年以上滞在していれば常居所があると認定し（第8-1-(2)-イ），常に常居所がある者として認定する者は，「特別永住者」などであること（第8-1-(2)-ウ），常居所があるものと認めない者には「外交」「公用」「短期滞在」の在留資格を有する者，日米地位協定等に該当する者，不法入国者・不法滞在者が挙げられている（第8-1-(2)-エ）。しかし，米国軍人と同軍属夫妻の同一常居所につき日本法とした裁判例（横浜地判平成3・10・31判時1418-113）のように本通達に反するものもみられる。

実務上は，居住年数や居住目的，居住状況を総合的に勘案して行うことになる[2]。

2）例えば，法適用通則法36条の相続の指標は「本国」であるが，同法25条の婚姻の効力の第二段階では「その法がない場合において夫婦の常居所地法が同一であるときはその法」のように，その指標に「常居所地」を採用している。このような場所的要素である「本国」「常居所地」と

1）櫻田嘉章・国際私法6版98頁。
2）佐野寛「米国籍の夫婦の離婚事件について，離婚・親権者指定・離婚給付の各準拠法をいずれも日本民法とした事例」判例評論410号212頁（215頁）。

第1節　国際私法の枠組みと日本の国際私法

いった指標のことを「連結点」といい，単位法律関係ごとに連結点を媒介してどこの法域の法律を適用するかを示した結果が「準拠法」である。例えば，A国国籍の人がB国で死亡したとしよう。「相続」という「単位法律関係（適用範囲）」には，「被相続人の（死亡当時の）本国法」が「連結点」なので，A国国籍の人の「相続」は「被相続人の（死亡当時の）本国法」という連結点を媒介にして，A国の法域で施行されている法律が「相続」の「準拠法」ということになる。

コラム**1**-**2**　日本　最高裁における連結点の採用─継母子関係の成立・嫡母庶子関係の成立の準拠法（最一小判平成12・1・27民集54-1-1）

　上記判決は，第1に1990年改正前韓国民法773条にあった継母子関係の成立のような出生以外の事由により嫡出性を取得する場合の嫡出親子関係の成立の準拠法は，「旧法例は準拠法決定のための規定を欠いていることになるが，同条を類推適用し，嫡出性を取得する原因となるべき事実が完成した当時の母の夫の本国法によって定めるのが相当である。」（10頁）とした。法適用通則法の下では，準正の30条を「類推適用し，準拠法を定めることになろう」という[3]。

　次いで上記判決は，1990年改正前韓国民法の774条にあった嫡母庶子関係の成立のような血縁関係がない者の間における出生以外の事由による親子関係の成立の準拠法は，「旧法例18条1項，22条の法意にかんがみ，親子関係を成立させる原因となるべき事実が完成した当時の親の本国法及び子の本国法の双方が親子関係の成立を肯定する場合にのみ，親子関係の成立を認めるのが相当である。」（11頁）とした。法適用通則法の下では，当事者の本国法の累積的適用を否定し，29条が類推適用されるとの見解がある一方で，「通則法33条の趣旨を勘案して，母となるべき者の本国法と子の本国法の双方が認める場合に限って親子関係が成立すると解すべきであろう」との見解もある[4]。

3）櫻田嘉章ほか・注釈国際私法2巻103頁（佐野寛）。
4）櫻田嘉章ほか・注釈国際私法2巻89頁（佐野寛）。

第1章　在日韓国・朝鮮人の相続関係に適用すべき法

3）なお，連結点には，相続の法律関係のように単一の場合（単純連結，
　法適用通則法36条）や，複数の連結点のうちいずれかの法律でその効果
　が認められればその法律効果が認められる場合（選択的連結，同法24条
　②③など）や，１の法律関係について２以上の連結点により２つ以上の
　準拠法が累積的に適用される場合（累積的連結，同法29条①後段②後段な
　ど）や，連結点の第１のものが存在しなければ第２のものを適用すると
　いうように段階的に定める場合（段階的連結，同法25条，26条，27条，32
　条），などがある。

4）次いで，連結点が「本国法」の場合で，当事者が重国籍者・無国籍者
　の場合や本国が地域的に不統一の国の場合，宗教や民族ごとに適用され
　る法を異にする法制を採用している人的不統一法国の場合の本国法の決
　定は，法適用通則法38条や40条で準拠法を決定する。

5）また，法適用通則法は，法律関係が準拠法に連結する時点について，
　不変更主義と変更主義を採用している。不変更主義の例としては，相続
　は「死亡当時」の「本国法」に固定され変更することはないが（法適用
　通則法36条），婚姻の効力は連結時期を特定の時期に固定しない変更主
　義を採用している（法適用通則法25条）。

3 日本の国際私法の改正経過と法の遡及関係

(1)　明治31年「法例」（改正前法例），平成元年改正「法例」（改正法例）

1）日本の国際私法立法の嚆矢は，明治31年（1898年）に制定された「法
　例」（以下「改正前法例」という。明治31年６月21日法律第10号）である。
　その後の大きな改正は，平成元年（1989年）の「法例」の改正（以下「改
　正法例」という。平成元年６月28日法律第27号）と平成19年（2007年）に名
　称を変更して改正された法適用通則法（平成18年法律第78号）である。

2）改正前法例は明治31年（1898年）７月16日に施行され，改正法例は平
　成２年（1990年）１月１日に施行されたが，改正法例の附則２項は「こ

の法律の施行前に生じた事項については，なお従前の例による」として
法の不遡及原則の規定を設けていた。例えば，昭和52年に死亡した韓国
人Ｃの「相続に関する準拠法」について，最高裁は「旧法例（平成元年
改正前の「法例」）25条により被相続人であるＣの本国法である韓国法で
ある」（最一小判平成12・1・27民集54-1-1(9)）と判示している。

(2)　平成18年「法の適用に関する通則法」（法適用通則法）

　それに対して，法適用通則法は，平成19年（2007年）1月1日施行され
たが，その附則2条は，「……，この法律の施行の日（以下「施行日」とい
う。）前に生じた事項にも適用する。」として一定の事項を除いて法の遡及
原則の規定を設けた。例えば，平成14年（2002年）に死亡した韓国人の相
続や遺言の成立及び効力につき，法適用通則法36条と37条を引用して「被
相続人の本国法である大韓民国法による」とすることである（東京地判平
成19・9・7（2007WLJPCA09078022））。

❧ 第2節　在日韓国・朝鮮人の相続準拠法とは ❧

1　各国の相続準拠法の決定方法

1）各国の相続準拠法の決定方法は，相続分割主義と相続統一主義に大別
　される。前者は動産相続と不動産相続を区別し，動産相続には被相続人
　の住所地法（又は常居所地法・本国法）を準拠法とし，不動産相続には不
　動産所在地法を準拠法とする決定方法であり，後者は動産相続・不動産
　相続を区別することなく相続問題を統一して決定する方法であり，例え
　ば単一の連結点である本国法や常居所地法（住所地法）を相続準拠法と
　する方法である。

2）なお，1988年にハーグ国際私法会議で採択された「死亡による財産の
　相続の準拠法に関する条約」[5]のように，選択できる準拠法を限定し，

5）原優「ハーグ国際私法会議第16会期の概要―相続の準拠法条約を中心として」家月
　41巻6号122頁。

63

第1章　在日韓国・朝鮮人の相続関係に適用すべき法

　それら相続準拠法を被相続人が遺言で選択できる方法を採用する国もある。

3）日本は、「法例」の制定以来一貫して、被相続人の本国法を準拠法とする相続統一主義を採用し、韓国は、1962年制定の「渉外私法」は日本と同じく被相続人の本国法を準拠法とする相続統一主義を採用していたが、2001年制定の韓国「国際私法」からはそれに加えて一定の相続準拠法を選択できる法制とを併用し、北朝鮮は、初の国際私法法典である1995年制定の北朝鮮「対外民事関係法」では相続分割主義を採用している。

コラム 1-3　欧州議会・理事会規則（EU相続規則）（2012年7月4日）

　2012年7月4日に採択され同年8月12日に施行された「EU相続規則」21条1項は、相続統一主義を採用し、その連結点を「被相続人がその死亡時にその常居所を有していた国の法」とするが、同条2項は事案の状況全体によれば「被相続人がその死亡時に、その最後の常居所地国とは異なる国と、明らかにより密接な関係を有していた場合には、この国の法に服する」とする。22条2項では、法選択時又は死亡時の国の法を相続準拠法に選択する規定を定める[6]

2　法適用通則法36条の意義

第36条（相続）　相続は、被相続人の本国法による。

6）金子洋一「EU相続規則における相続準拠法の適用範囲について」千葉大学人文社会科学研究科プロジェクト報告書253集171～174頁。

第2節　在日韓国・朝鮮人の相続準拠法とは

⑴　適用範囲

1）法適用通則法36条の「相続」には，どのような法律事項が含まれるのであろうか。概括的には，身分相続と財産相続の全てが含まれ，具体的には，相続人の範囲やその順位，相続人の抽象的持分，相続人らで遺産分割ができるか，相続人は相続の放棄や相続の限定承認ができるか，相続人の遺留分割合は幾らか，遺留分減殺請求権の行使は可能か，などが含まれる[7]。

2）相続放棄や限定承認をする際に裁判等によらずに法律行為により行うことが可能な場合には，その方式は被相続人の本国法又は行為地法によることになる（法適用通則法10条①②)[8]。裁判所の関与が必要な場合は日本に国際管轄権があるか否かが問題になるが，被相続人が日本に住所を有して死亡した場合には，韓国法が相続準拠法であっても日本に国際管轄権がある限り，行為地法である日本法により，相続人は被相続人の住所地である家庭裁判所に相続放棄等の申述を行うことができる（家事手続法201条①)[9]。

3）なお，遺言の方式の準拠法は遺言方式準拠法で決定され，遺言の成立及び効力の準拠法は法適用通則法37条で決定される。

4）また，遺言に記した事項で「相続」に関する事項で法的効果が生じるか否かは，法適用通則法36条の適用範囲であるかどうかで判断される[10]。例えば，在日韓国人が，相続準拠法指定の遺言をせずに，単に「推定相続人の廃除」を遺言に記していても，その遺言事項は韓国民法の遺言法定事項に含まれていないので，推定相続人を廃除したいという被相続人の意思についての法的効果は生じない。

7）櫻田嘉章ほか・注釈国際私法2巻192頁(林貴美)。
8）櫻田嘉章ほか・注釈国際私法2巻194頁(林貴美)。
9）木棚照一『逐条解説　国際家族法』（日本加除出版，2017年）562頁，澤木敬郎・道垣内正人『国際私法入門　第7版』（有斐閣，2012年）144頁参照。なお，第1章第2節5⑶①80頁参照。
10）櫻田嘉章ほか・注釈国際私法2巻213頁(林貴美)。

第1章　在日韓国・朝鮮人の相続関係に適用すべき法

5）祭祀財産の承継（日本民法897条・韓国1008条の3）については，「相続」の適用範囲に含まれるという見解[11]と，物権の問題とみて法適用通則法10条によるべきとの見解[12]がある。

6）次に，相続人不存在の手続のプロセスで特別縁故者への財産分与が可能かどうかは（コラム1-4参照），本条に含まれるという見解と「財産所在地法」が準拠法になるという見解があり，後者が多数説といわれる[13]。

コラム1-4　特別縁故者に対する財産分与は「相続」の適用範囲か

　　韓国人は，1962年死亡したが，その事実上の妻が被相続人の遺産につき特別縁故者としての財産分与を求めた事件につき，判例は「法例第25条（現法適用通則法36条）により，本件不動産の相続につき適用されるべき被相続人の本国法である」韓国民法を適用したが，国庫に帰属するので当時の「法例」30条（現法適用通則法42条）の「公序」を適用して韓国法の適用を排除して日本民法を適用し財産分与を認容した（仙台家審昭和47・1・25家月25-2-112）[14]。

　　なお，韓国は1990年法4199号民法で「特別縁故者に対する財産分与」の規定を新設している（韓国民法1057条の2）。

　　次いで，1965年死亡した「朝鮮」国籍の被相続人の財産分与事件につき「特別縁故者の財産分与については，相続財産の処分の問題であるから，条理に基づき，相続財産の所在地法である日本法を適用すべきもの」とした判例がある（名古屋家審平成6・3・25家月47-3-79）[15]。

11）司法研修所・渉外家事研究157頁。
12）木棚・前掲注9）553頁。
13）櫻田嘉章・国際私法6版343頁。
14）溜池良夫「相続人の不存在」渉外百選2版174頁。
15）溜池良夫「特別縁故者への相続財産分与の国際裁判管轄権と準拠法」リマークス1996（上）144頁。

66

第2節　在日韓国・朝鮮人の相続準拠法とは

(2)　被相続人の「死亡当時」の本国法

1）法適用通則法36条の連結点は，法の文言では「被相続人の本国法」である。同条の連結点の連結時点は被相続人の「死亡当時」の本国法である点は定説であり，「死亡当時」に連結点を固定する不変更主義を採用している。

　　例えば，在日韓国人が遺言による相続準拠法の指定をしないで，2018年1月1日に死亡したとしよう。相続準拠法は2018年1月1日韓国の法域で施行されている相続関連法が適用されることになる。

2）そこで，韓国の法域で2018年1月1日に施行している相続法とはどのような内容なのかという「時際法」の問題は，韓国民法を含む韓国相続関連法の経過規定（附則規定）により特定される。

3）なお，同法36条の連結点は「本国法」なので，被相続人が重国籍者・無国籍者の場合や，本国法が地域的に不統一国であったり，宗教や民族ごとに法を異にする法制を採用している人的不統一の国の場合は，法適用通則法38条，40条で「本国法」を決定する。また，連結点が「本国法」なので，後述するように本国の国際私法により「反致」（法適用通則法41条）する否かを確かめる必要がある。

3　在日韓国・朝鮮人の本国法の決定について

1）在日韓国・朝鮮人の相続準拠法を決定するにはその「本国法」はどこの法域かを決定しなければならない。朝鮮半島には，「韓国」と「北朝鮮」という二つの国家が南北に分立しているという顕著な事実があり，いずれの国に於いても実効性のある法秩序が存在しているからである。

2）そこで，在日韓国・朝鮮人である被相続人が死亡したとき，その本国法とは韓国の法域で施行されている法かそれとも北朝鮮の法域で施行されている法かが問題になるが，それを決定するには，どのような解釈基準と諸要素により検討すべきかが問題になる。

67

第 1 章　在日韓国・朝鮮人の相続関係に適用すべき法

3）その前提として，「本国法」が南北いずれであるかを問われる在日韓国・朝鮮人とは，全ての在日韓国・朝鮮人ではなく，おおむね敗戦前後から日本に継続居住している者及びその直系卑属に付与される在留資格である「特別永住者」を保有している者が対象者になると考えてよいであろう。

4）つまり，「国籍・地域」欄が「韓国」又は「朝鮮」の者で1952年4月28日平和条約の発効により日本国籍を離脱（喪失）した者で，かつ，敗戦前後から日本に継続居住している者及びその子孫のことと考えてよいと思われる。反対に韓国や北朝鮮から1952年以後に来日した在留外国人で，「国籍・地域」欄が「韓国」又は「朝鮮」であるが，在留資格が「特別永住者」以外の在留資格を保有する者の本国法の決定は，原則としてここでの議論から除かれると考えてよい。

5）なお，2017年末現在，外国人住民票の国籍・地域欄が「韓国」の「特別永住者」数は約29万6千人で，国籍・地域欄が「朝鮮」の「特別永住者」数は約3万人である（統計序-3（3頁），統計序-13（56頁）参照）。

⑴　未承認国家の法の適用について

　ところで，日本は北朝鮮を国家又は政府として承認していない。そこで，北朝鮮法を準拠法として適用してもよいかが問われるが，日本の通説・判例は，日本が国家又は政府として承認していない国家の法であっても準拠法として適用することを肯定している（コラム1-5参照）[16]

コラム1-5　未承認国家法の適用を許容する日本の判例

　北朝鮮法の離婚法を適用した一群の判決（札幌地判昭和43・4・16下民集19-3・4-190[17]など）があり，仙台家審昭和57・3・16（家月35-8-149）は，「我が国は朝鮮を承認していないから準拠法として朝鮮の法律を適用することができるか否か問題はあるが，国際私法上適用の対象となる法

16）櫻田嘉章ほか・注釈国際私法2巻266頁以下（国友明彦）。
17）評釈につき，島内乗統「称氏者がない夫婦の離婚の特別管轄。離婚及び親権者指定の準拠法としての北鮮法（ママ）の指定と解釈例」ジュリ432号156頁。

第2節　在日韓国・朝鮮人の相続準拠法とは

律は，その法律関係の性質上，その法を制定施行している国家ないし政府に対して国際法上の承認をしているものに限らないと解すべきである。」とする。[18]

(2)　本国法決定についての諸説と決定の諸要素

1）在日の本国法が，韓国法か北朝鮮法になるかについては，現在では法の文言解釈からいえば次のような見解になるであう。すなわち，法適用通則法38条1項の重国籍者の本国法の決定又は同条3項の地域的不統一法国の本国法の決定の際の「当事者に最も密接な関係がある国の法」又は「当事者に最も密接な関係がある地域の法」を準用・適用若しくは類推適用して，当事者がいずれの国家・地域に密接であるかを判断して決定するというものである。そのような見解が法適用通則法の下における多数説であり，[19]多くの判例が採用する考え方である。

2）具体的には，当事者の本国における出身地や本籍地（登録基準地）が韓国の支配地域にあるか北朝鮮の支配地域にあるかという点や，交流する親族がいずれの地域に所在しているかという点，日本で所属していた民族団体が韓国政府と密接な在日本大韓民国民団（韓国民団）なのか，北朝鮮政府と密接な在日本朝鮮人総連合会（朝鮮総連）なのかという点，そして，外国人住民票の国籍・地域欄の表記が「韓国」か「朝鮮」かや「朝鮮」から「韓国」に変更した事実があるか，などを総合して決定することになる。[20][21]　なお，研究者の中には，「本人（連結点決定の基準となる者）が中立系の場合について」「いずれの法域との密接関係性が強いとも定めがたい場合に備えて，最後の手段として日本政府の承認している政府の支配する法域の法によるとの方法を認めてはどうか。」と説く

18）評釈につき，青木清「本国法と分裂国家」国際私法百選2版8頁。
19）櫻田嘉章ほか・注釈国際私法2巻268頁以下（国友明彦）。
20）趙慶済「在日韓国・朝鮮人の属人法に関する論争」趙慶済・在日の本国法55頁。
21）在日韓国・朝鮮人の国籍欄の表記は，序章第4節23頁以下を参照。

第1章　在日韓国・朝鮮人の相続関係に適用すべき法

者がいる[22]。また国籍欄の表記との関係で「歴史的経緯から，韓国に親近感を持つ者が「韓国」を，北朝鮮に親近感を持つ者が「朝鮮」を，それぞれ表示する傾向にあることは事実である」と説明する研究者もいる[23]。

コラム 1-6　本国法を北朝鮮法とした日本の最近の判例

①　長野家審昭和57・3・12（家月35-1-105）　1975年に死亡した在日朝鮮人Aの子らが申し立てた遺産分割事件で「被相続人は，昭和21年ころ，妻子を朝鮮に残して来日し，以後我国に居住していたものであり」「被相続人の本籍地は韓国政府の支配地内に属し」，妻と子ら4名は「現在韓国民として同国に居住している。」また，Aは来日後二人の子をもうけその子らは「現在に至るまで我国に居住している。」韓国居住の妻子らには「時折援助の品を送ったこともあったが，渡韓は，国籍を韓国籍に変更しないと認められなかった」ので変更しないで，「我国においては在日朝鮮人総連合会……に所属してその○○地区商工会副会長をしていた。」また，来日後もうけた子らは「朝鮮総連系の……学校に就学させた。」「以上の事実によれば，被相続人の身分関係は韓国との密接な関係を否定できないが，人民共和国との関係も否定できず，被相続人自身は人民共和国に所属する意思を有していたと認められるから，同国をもって被相続人の本国というべきである。」[24]

②　神戸地判平成14・5・28（LEX/DB文献番号28072290）　医療過誤により1998年10月24日死亡した朝鮮籍の特別永住者（1955年生）の損害賠償請求事案で，本国法の決定には「一国数法に関する規定である法例28条3項を類推適用し，当事者がいずれの法秩序とより密接な関係があるかを考慮して定めるべきである」「亡Eは，上記のとおり朝鮮籍であって，登録済証明書の国籍欄の記載を「韓国」又は「大韓民国」に書き換えていないこと，原告らは，平成13年6月29日の本件の本件弁論準備手続期日において，「原告らの相続準拠法は，北朝鮮法である。」と主張したことからすると，亡Eが北朝鮮法とより密接な関係があることは明らかであるから，

22）櫻田嘉章ほか・注釈国際私法2巻273〜274頁（国友明彦）。
23）青木清「本国法と分裂国家」国際私法百選2版8頁（9頁）。
24）評釈につき，根本洋一「外国法の内容不明の場合の処置」渉外百選3版28頁。

第2節　在日韓国・朝鮮人の相続準拠法とは

　同人の相続の準拠法は北朝鮮法によると解すべきである。」
③　名古屋地判平成26・6・6（2014WLJPCA06066004）　交通事故によ
り2008年1月29日死亡したDの相続人らの損害賠償請求事件で、Dは
「朝鮮大学校を卒業し、玩具店」を経営し、また、パチンコ店を経営する
有限会社の取締役を務めていた。「第2　事案の概要1」「前提事実(3)」で
は、「(3)法の適用に関する通則法36条、朝鮮民主主義人民共和国家族法46
条、47条により」「相続人は、その妻である原告X₁、その子である原告
X₂」及び「原告X₃」であり、その法定相続分は各3分の1である」と認
定し、裁判所の判断では、それぞれの相続分の損害を各1544万1658円と
した。[25]

コラム1-7　本国法を韓国法とした日本の最近の判例

　東京地判平成23・6・7（判タ1368-233）　2000年に死亡した朝鮮人A
の相続人に保証債務の履行を求める訴えで、Aの外国人登録原票の国籍欄は
「朝鮮」と記載されているが、Aの出生当時は韓国と北朝鮮が併存する状態
になく、その子らは愛知県で出生していることを前提に「Aの外国人登録原
票の国籍の欄に朝鮮と記載があることをもって、Aの国籍が朝鮮民主主義人
民共和国にあるとか、Aの死亡当時の本国法」が北朝鮮の法であると認めら
れず、また韓国及び北朝鮮の国籍に関する法律により、「Aの国籍が大韓民
国のみにあると認めるに足りる証拠もない。」「以上の事情によれば、Aの死
亡時及び過去の住所、常居所、親族の住所、常居所、居所や、本人の意思等
を考慮して、いずれの国の法をAの死亡時の本国法とするかを決定すべきで
ある」そこでA、その子らが「大韓民国の戸籍に記載されていること、この
戸籍上、Aの出生場所は慶山郡とされており、この地は現在では大韓民国の
中にあること、Aの外国人登録原票には、国籍国住所又は居所として、慶尚
北道慶山郡と記載され、この地も大韓民国の中にあること」、その子らにつ
き「Aが昭和63年……に出生届を大韓民国に提出していること、被告ら

25）評釈につき、織田有基子「交通事故により死亡した北朝鮮人の損害賠償請求権の相
　続」戸時744号51頁、「結局、本件は、前出の対外民事関係法45条1項ただし書により、
　狭義の反致の成立が認められるべき事案と言え」る（55頁）のに、判決が北朝鮮「家
　族法」を適用した結論に疑問を示している。

第1章　在日韓国・朝鮮人の相続関係に適用すべき法

……の外国人登録原票の国籍の欄には韓国と記載されていること」,「これらの事実を考慮すれば, Aの死亡時の本国法は, 大韓民国の法であるとするのが相当である」とした。[26]

4 在日の相続準拠法は本国の国際私法により反致するか

(1) 法適用通則法の反致に関する規定

法適用通則法41条は, 下記のように定めて狭義の反致を認めている。

> **第41条（反致）** 当事者の本国法によるべき場合において, その国の法に従えば日本法によるべきときは, 日本法による。ただし, 第25条（第26条第1項及び第27条において準用する場合を含む。）又は第32条の規定により当事者の本国法によるべき場合は, この限りでない。

1) 本条の反致規定は, 法適用通則法の単位法律関係の連結点が「本国法」で, その本国の国際私法が法適用通則法と同一又は類似の単位法律関係の連結点が, 直接日本法を指定しているときは, その指定を尊重して日本法を適用するとの規定である。日本の学説は, 反致規定を存置することには否定的な見解が多いが, 実務界の要請もあって, 2007年制定の法適用通則法の後も存続している。[27] 反致の種類には, 狭義の反致, 転致, 間接反致, 二重反致があるが, 日本では日本法を直接指定する狭義の反致のみが認められるというのが通説である。[28]

2) 本条を解釈する際には, (i)「その国の法」とはその国の国際私法規定であること, (ii)「その国の国際私法規定」の単位法律関係や連結点の解

---

26) 評釈につき, 種村佑介「在日韓国・朝鮮人の相続準拠法」ジュリ1451号124頁。
27) 小出邦夫編著『一問一答　新しい国際私法』（商事法務, 2006年）155頁参照。
28) 櫻田嘉章ほか・注釈国際私法2巻323～326頁（北澤安紀）。

第2節 在日韓国・朝鮮人の相続準拠法とは

釈は「その国」でなされているように解釈すること，⑽「その国の国際
私法規定」が日本法を指定する連結点は，住所地法であれ，常居所地法
であれ，財産所在地法であってもよい，と解されている。

3）なお，本国の国際私法の規定が選択的連結を採用し，その一つが日本
法に反致する場合は，「日本法によるべき場合」ではなく，日本法に
よってもよい場合にすぎないから反致は成立しないという有力な見解が
ある。[29]

4）法適用通則法41条は，ただし書で，法適用通則法の連結点が本国法で
あっても，婚姻の効力（法適用通則法25条），当事者自治以外の夫婦財産
制（同法26条①），離婚（同法27条），親子間の法律関係（同法32条）には
反致を適用しないことを明定している。さらに，扶養の義務や遺言の方
式についても反致を認めていない（同法43条参照）。

5）ただし，法適用通則法の連結方法が選択的連結の場合（24条③本文，
28条①，29条②，30条①，34条等）の反致の可否は反致肯定説が多いとい
われるが，認知や養子縁組の場合のセーフガード条項（29条①後段・②
後段，31条後段）の場合の反致の可否については，反致肯定説と反致否
定説に分かれる。[30]

⑵ **相続準拠法が韓国法の場合と日本法への反致**

それでは，在日の本国法が「韓国法」と決定したとして，韓国の「国際
私法」（以下，「韓国「国際私法」」という）の相続準拠法の規定により相続
準拠法は日本法に反致するかが問題になる。

韓国「国際私法」49条は次のように定めている。

韓国「国際私法」

第49条（相続） 相続は死亡当時の被相続人の本国法による。

② 被相続人が遺言に適用される方式によって，明示的に次の各号の

29）溜池良夫・国際私法3版166頁。
30）櫻田嘉章・国際私法6版119頁。

第1章　在日韓国・朝鮮人の相続関係に適用すべき法

> 法のいずれかを指定するときは，相続は第1項の規定にかかわらず
> その法による。
> 1　指定当時の被相続人の常居所がある国家の法。ただし，その指
> 　定は，被相続人が死亡時まで，その国家で常居所を維持した場合
> 　に限って，その効力を有する。
> 2　不動産に関する相続については，その不動産の所在地法。

1）韓国「国際私法」49条1項は，法適用通則法36条と同旨と解される。
　したがって，同条2項が定める遺言による明示的な相続準拠法の指定が
　ない限り同条1項が適用され，相続準拠法が反致することはない。

2）しかし，同法49条2項は，遺言による明示的な相続準拠法の指定があ
　れば，同条1項は適用されず，指定された常居所地（指定当時から死亡
　時まで継続した常居所地）法又は不動産所在地法が相続準拠法になると
　定めている。したがって，韓国法を本国法とする者の常居所地が遺言時
　から死亡時まで日本にあるか，不動産が日本にあって，適式な遺言で明
　示的にそれらを示していれば，前者であれば相続準拠法は統一して日本
　法に反致するが，後者であれば動産相続には韓国法が適用され不動産相
　続のみが日本法に反致することになり「部分反致」又は「相続準拠法の
　分裂」という現象が生じることになる。

3）いずれにしても，韓国法を本国法とする在日が，遺言方式準拠法と韓
　国国際私法50条2項の遺言の方式に適合し，常居所地がある日本法を相
　続準拠法とする遺言を明示的に遺して死亡すれば，その遺言により相続
　準拠法は日本法になることがある。[31) 32)]

31）西山慶一「在日韓国人の遺言による相続準拠法の指定」趙慶済・在日の本国法19頁
　（初出ジュリ1210号164頁），林貴美「韓国国際私法改正の影響　被相続人による準拠
　法選択を中心に」右近健男ほか編『家事事件の現況と課題』（判例タイムズ社，2006
　年）302頁（初出判タ1134号79頁），西山慶一「在日韓国人は，「遺言」で相続準拠法
　を日本法に指定できるか」日本司法書士会連合会渉外身分登録検討委員会編『渉外家
　族法実務からみた在留外国人の身分登録』（民事法研究会，2017年）227頁。
32）藤原勇喜『新訂渉外不動産登記』（テイハン，2014年）291頁は，韓国「国際私法」

第2節　在日韓国・朝鮮人の相続準拠法とは

コラム**1**-**8**　韓国「国際私法」上の「常居所」概念

　韓国では，「常居所」の概念について「『人がその生活の中心を有する場所』と理解される。通常一定の場所に相当の期間の間定住した事実が認められればその地が常居所と認められ，常居所が存在するためには必ずしも定住意思は必要が無く，法的概念である住所に反して常居所は相対的な事実上の概念」といわれる。[33)]

　また，今後学説及び判例により定立すべきとしながら「一応『人がその生活の中心を有する場所』をいうものと理解しなければならない」[34)] とする。次いで，「常居所が事実上の概念であることは争いがない。常居所にいかなる事実の存在が必要かは必ずしも明白ではない」「通常一定の場所で相当の間定住した事実が認められれば，その地が常居所と認められ，常居所と認められるためには必ずしも定住の意思は必要とならないと解される」[35)] と述べる。

　なお，2001年国際私法の制定時に発出された戸籍例規596号（現在は2015.1.8.家登例規427号（Ⅰ巻末資料5.家登例規(8)））では，常居所とは「事実上の生活の中心で一定の期間持続した場所をいう」（例規427号3.本文）とし，事件本人が韓国人の場合の外国における常居所を認定するには，「事件本人が当該国家で適法に5年以上継続して滞留している場合にはその国家に常居所があるものと看做す」（例規427号3.나(가).(1)）としている。

コラム**1**-**9**　在日韓国人の相続準拠法の指定に触れた日本の判例

①　東京地判平成26・10・14（2014WLJPCA10148015）　2010年死亡した韓国人の相続人による預金払戻し事件で，「Bの相続に関しては，韓国

49条2項の準拠法選択を紹介しながら「反致」については触れられず，同480頁で「韓国の国際私法によれば，反致適用の可否については消極的に考えられているので，我が国における韓国人の相続については，法適用通則法36条により大韓民国民法が適用されるものとして実務上取り扱われている」としているが，その理由の言及はない。

33)　석관현（ソッククゥアンヒョン）「第37条（婚姻の一般的効力）」윤진수（尹眞秀）編『주해친족법제2권（注解親族法第2巻）』（ソウル박영사，2015年）1605頁（1612頁）。

34)　金演（キムヨン）＝朴正基（パクジョンギ）＝金仁献（キムインユ）『国際私法』（ソウル法文社，2002年）133頁。

35)　申昌善（シンチャンソン）＝尹南順（ユンナムスン）・新国際私法2版94頁。

第1章 在日韓国・朝鮮人の相続関係に適用すべき法

民法が適用されることとなる（なお，韓国国際私法49条2項1号は，被相続
人が遺言により被相続人の常居所のある国家の法を準拠法として指定した場合は，
当該国家の法が準拠法となる旨定めているが，Ｂが遺言をしていたことを認める
に足りる証拠はない。）」と述べる。

② 東京地判平成28・8・16（判時2327-50） 2009年8月に死亡した韓
国人の法定相続分確認請求事件で，「また，韓国国際私法49条も，遺言に
よる明示的な指定がない限り相続は被相続人の死亡当時の本国法によるも
のと規定しており，これらによれば，韓国籍のＡを被相続人とする本件相
続は，韓国法（韓国民法）により規律されることとなる」と述べる。

(3) 相続準拠法が北朝鮮法の場合と日本法への反致

それでは，在日の本国法が「北朝鮮法」と決定した場合，北朝鮮国際私
法の相続準拠法の規定により相続準拠法は日本法に反致するのであろうか。

北朝鮮の国際私法法典である「朝鮮民主主義人民共和国対外民事関係法」
（以下，「北朝鮮「対外民事関係法」」という）45条は，次のように定めている。

北朝鮮「対外民事関係法」

第45条（不動産の相続についての準拠法） 不動産相続については，
相続財産のある国の法を，動産相続については，被相続人の本国法
を適用する。ただし，外国に居住しているわが国公民の動産相続に
ついては，被相続人が最後に居住していた国の法を適用する。

（以下，略）

1）北朝鮮「対外民事関係法」45条1項の規定は，相続準拠法について不
動産・動産異則主義による相続分割主義を採用し，不動産の相続準拠法
は不動産所在地法とし，動産の相続準拠法は被相続人の（死亡当時）の
本国法であると定める。ただし，外国居住の朝鮮公民に限り，動産相続
には被相続人の（死亡当時）の本国法ではなく被相続人が最後に居住し
ていた国の法を適用すると定める（同条1項ただし書）（居住については，

76

第2節　在日韓国・朝鮮人の相続準拠法とは

コラム1‐10参照）。

2）とすれば，最後に日本に居住している北朝鮮公民の動産相続は日本法に反致して日本法が適用され，北朝鮮公民の不動産が日本にあれば北朝鮮公民の不動産相続も日本法に反致して日本法が適用され，動産相続・不動産相続のいずれにも日本法が適用されることになる。

3）しかし，不動産が日本以外の他の国にある場合は，日本ではその不動産相続には法適用通則法36条の被相続人の本国法である北朝鮮の相続法が適用され，日本法に反致することはない。また，動産が日本以外の他の国にありその他の国が「最後の居住国」の場合は，その動産相続には日本では被相続人の本国法である北朝鮮の相続法が適用されるので，日本法に反致することはない。

4）なお，本条1項に関連して，北朝鮮では，北朝鮮「対外民事関係法」14条の「本法に従い外国法を準拠法として適用する場合，その国の法が朝鮮民主主義人民共和国の法に反致するときには，それによる」とする反致条項があるので，二重反致類似の処理になり，最終的に北朝鮮の実質法で処理されるという見解も示されている[36]。

コラム**1‐10**　北朝鮮法上の「居住」の概念

①　朝鮮社会科学法学研究所の回答（2000年9月）を，以下のように紹介する文献がある。「「거주（居住）」とは，一時的な滞在ではなく相当長期間の滞在を指すのか，相当の長期間とはどの程度年数を要するのか」についての質問に対して，「（共和国では）短期の場合は6ケ月，長期の場合は6ケ月以上と規定している。駐在の最高期間については規定していない。一般的には，（共和国では）居住に関して始まりと終わりの点については規定していないと思う。一般的には，1年以上を居住，1年以内の場合は居住ではなく滞在と見なしている。」[37]

36）佐藤勇・椿森敏和監修，東広島法務研究会著『実務相続登記法』（日本加除出版，1996年）180頁。
37）大内憲昭「朝鮮民主主義人民共和国の国籍法・対外民事関係法に関する若干の考

77

第1章　在日韓国・朝鮮人の相続関係に適用すべき法

> ②　この点について，以下のような記述もみられる。「＊1居住とは，一定
> の場所に本拠を定め生活している事実に基づき居住登録を行い住むことと
> 説明され，法律概念である「住所」と概ね同義。国籍とともに準拠法決定
> のための準拠法の一つとされている（現代朝鮮語99頁）」。また「＊2居処
> とは，一定の期間滞在し生活する場所。居所（現代朝鮮語99頁）。」と説明
> する。[38]　なお，「現代朝鮮語」とは，『現代朝鮮語辞典』（社会科学院言語学研
> 究所　科学，百科事典出版社，1981）（同書凡例3）とのことである。

　ところで，北朝鮮「対外民事関係法」は，北朝鮮初の国際私法法典とし
て1995年に制定されたが，北朝鮮は，1990年には初の家族法法典として
「朝鮮民主主義人民共和国家族法」（以下「北朝鮮「家族法」」という）を制
定した。その「家族法」制定時に「外国で永住権を有している朝鮮公民に
は適用しない」と決議している（第1章補節2(1)103頁及び第3章第1節2(1)
421頁参照）。また，2002年には，北朝鮮「家族法」とは別に「朝鮮民主主
義人民共和国相続法」（以下「北朝鮮「相続法」」という）を制定している
（第3章第6節1，454頁以下参照）。

5　相続関係事件の国際裁判管轄

(1)　国際裁判管轄とは何か

1）国際裁判管轄とは，ある事件についてどこの国の裁判所が裁判を行う
　べきかという問題である。日本では，当事者間の衡平，裁判の適正・迅
　速という訴訟法上の正義から決定すべきという普遍主義が妥当とされて
　いるが，[39] どのような種類の訴えであるかなどによって，どこの国の裁
　判所が取り扱うのが適切かが論じられる。

　察」関東学院大学文学部紀要90号135頁（151頁）。
38）在日本朝鮮人人権協会・朝鮮大学校朝鮮法研究会編訳『朝鮮民主主義人民共和国主
　要法令集』（日本加除出版，2006年）124頁。
39）澤木敬郎＝道垣内正人『国際私法入門　第7版』（有斐閣，2012年）273頁。

78

第2節　在日韓国・朝鮮人の相続準拠法とは

2）ここでは，相続の先決問題に関する婚姻や親子関係の成否に関する事
件（主として人事訴訟法事件）は除外して，相続関係事件に限っての国際
裁判管轄について簡潔に述べることにする。

⑵　**財産関係事件の相続関係事件に関する国際裁判管轄**

1）財産関係事件では被告に対するどのような種類の訴えであっても，被
告側の国に国際裁判管轄権が認められる。例えば，自然人である被告の
住所が日本国内にあれば日本に裁判管轄権が認められる（民事訴訟法
（以下「民訴法」という）3条の2①）。これは請求の内容を問わず認めら
れる普通裁判籍である。

2）次に，財産関係事件の中の相続関係事件で，相続権・遺留分・遺贈に
関する訴えや相続債権その他相続財産の負担に関する訴えは，相続開始
時の被相続人の住所などが日本にある場合には，日本に国際裁判管轄権
が認められる（民訴法3条の3第12号・13号）。

3）なお，日本の裁判所が管轄権を有する場合でも，「事案の性質，応訴
による被告の負担の程度，証拠の所在地その他の事情」を考慮し，日本
の裁判所が審理すること等が「当事者の衡平」を害し，又は「適正かつ
迅速な審理」を妨げることとなる特別な事情があるときはその訴えの一
部又は全部を却下できる（民訴法3条の9）。

⑶　**相続に関する家事審判事件の国際裁判管轄**

1）家事事件の国際裁判管轄のルールは，「人事訴訟法等の一部を改正す
る法律」（平成30年法律第20号）により家事手続法3条の2以下に定めら
れた。施行日は，2019年4月1日である（同法附則1条，平成30年政令
322号）。

2）なお，本条以下でいう家事事件の単位事件類型は，家事手続法の条文
を引用しているが，外国法が準拠法となったときはその外国法類似の事
件類型を含むという趣旨である[40]。

────────────
40）澤木敬郎＝道垣内正人『国際私法入門　第8版』（有斐閣，2018年）325頁，平成26
年7月25日法制審議会国際裁判管轄法制（人事訴訟法及び家事事件関係）部会第4回

第1章　在日韓国・朝鮮人の相続関係に適用すべき法

　　例えば，日本民法907条2項の遺産の分割（家事事件手続法（以下「家事手続法」という）39条別表第二「十二」）は，韓国民法1013条2項の相続財産の分割（家事訴訟法（以下「家訟法」という）2条①2号，家事非訟事件ナ.マ類事件10）と類似の事件類型と解され，日本民法924条の限定承認の申述の受理（家事手続法39条別表第一「九二」）は，韓国民法1030条1項の普通の限定承認申告の受理や同条2項の「特別限定承認」申告の受理（家訟法2条①2号，家事非訟事件カ.ラ類事件32）と類似の事件類型に該当すると解される。

　　①　相続開始後になされる審判事件（家事手続法3条の11①）

1）本項は，相続開始後に行われる審判で，相続人の廃除，相続の承認及び放棄，相続人の不存在，遺言，遺留分，相続の場合における祭具等の所有権の承継者の指定，遺産分割，寄与分等の審判事件が対象である。

2）それら相続開始後になされる審判事件は，(ⅰ)相続開始の時における被相続人の住所が日本国内にあるとき，(ⅱ)住所がない場合又は住所が知れない場合には相続開始の時における被相続人の居所が日本国内にあるとき，(ⅲ)居所がない場合又は知れない場合には被相続人が相続開始の前に日本国内に住所を有していたとき（日本国内に最後に住所を有していた後に外国に住所を有していたときを除く），それらのときに日本の裁判所に管轄があると定める。

　　②　相続開始前になされる審判事件（家事手続法3条の11②）

1）本項は，相続開始前になされる審判で，推定相続人の廃除（民法892条），同廃除の取消し（民法894条），遺言の確認（民法976条④，979条③），遺留分の放棄の許可（民法1043条①）等の審判事件が対象である。

2）それら相続開始前になされる審判事件が日本の裁判所に管轄権がある場合とは，家事手続法3条の11第1項の「相続開始の時における被相続人」を「被相続人」と，「相続の開始前」を「申立て前」と読み替えて

───────────────

会議部会資料4-1　検討課題－相続関係事件1頁（注1）参照。

80

第2節　在日韓国・朝鮮人の相続準拠法とは

判断する。

　　③　管轄に「相続財産が日本国内にあるとき」を加えた一定の審判事
　　件（家事手続法3条の11③）

1）本項の特則の対象となる審判事件は，推定相続人の廃除の審判又はそ
　の取消しの審判の確定前の遺産の管理に関する処分に関する審判（民法
　895条），相続財産の保存又は管理に関する処分の審判（民法918条②③等），
　等である。

2）これらの審判事件は，同条1項の定めに加えて，相続財産に属する財
　産が日本国内にあるときにも日本の裁判所に管轄権がある。

　　④　管轄の合意ができる遺産の分割等の審判事件（同法3条の11④）

1）本項の対象となる審判事件は，遺産の分割（民法907条②），遺産の分
　割の禁止（民法907条③），寄与分を定める処分（民法904条の2②）である。

2）それら審判事件は当事者の「合意」によりいずれの国の裁判所に申立
　てするかを合意することができる。その合意は書面若しくは電磁的記録
　で行わなければ，その効力は生じないが（同法同条⑤，民訴法3条の7②
　③），外国の裁判所にのみ訴えが提起できるとの管轄の合意は，その裁
　判所が法律上も事実上も裁判権を行使できない場合は援用できないとす
　る（同法同条⑤，民訴法3条の7④）。なお，外国の裁判所に申立てする
　旨の合意をしたからといって，それによって管轄が認められるかどうか
　は当該外国法次第であるのは当然である。[41]

　　⑤　特別の事情による申立ての却下（同法3条の14）

1）家事手続法により日本に管轄権が認められた場合であっても，「事案
　の性質，申立人以外の事件の関係人の負担の程度，証拠の所在地，未成
　年者である子の利益その他の事情」を考慮して，日本の裁判所が審理等
　をすることが「適正かつ迅速な審理」を妨げ，又は「相手方がある事件
　について申立人と相手方との間の衡平」を害することとなる「特別の事

――――――――――
41）澤木＝道垣内・前掲注40）331頁。

第1章　在日韓国・朝鮮人の相続関係に適用すべき法

　　情」があると認めるときは，裁判所はその申立ての一部又は全部を却下
　　できる。
２）ただし，遺産分割事件で日本の裁判所のみに申立てできるとの管轄合
　　意がなされているときは，本条は適用されない（同法３条の14前段括弧
　　書き）。

　⑷　**これまでの日本の関連判例**

１）遺産分割につき，大阪家審昭和51・2・25（家月29-4-152）は，被
　　相続人が日本に永住していること，大阪市に住所を有していること，大
　　阪市で死亡し，「本件当事者らもいずれも我が国に住所を有するもので
　　あるので」我が国に裁判権があるとした。また，福岡高決平成4・12・
　　25（判タ826-259）は，被相続人は日本に永住し最後の住所は長崎県の
　　病院で死亡したとして我が国に裁判権があるとした。
２）限定承認につき，東京家審昭和52・7・19（家月30-7-82）は，「一
　　般的には相続に関する非訟手続は，被相続人の本国が第一次的裁判管轄
　　権を有すると解するのが合理的ではないかと思料される」が，申述人3
　　名は日本に永く居住していること，限定承認の審理には日本の裁判所が
　　適していること，被相続人は日本に積極財産はないが債務はあり清算手
　　続は日本において処理するのが合理的で被相続人は韓国にほとんど財産
　　を有しないこと，申述人らは日本の裁判所に受理の申立てをなし日本の
　　裁判所の管轄に服する意思を表示していること，限定承認には期間の制
　　限があるので相続人の居住国での申述を認めないとその機会を失わせる
　　等により日本の裁判所に管轄権を認めた。
３）特別縁故者への財産分与につき，名古屋家審平成6・3・25（家月47-
　　3-79）は，「条理により解釈するほかないが」，「被相続人の最後の住所
　　地及び相続財産の所在地は日本国内にあるから，わが国に国際裁判管轄
　　権があると認められる」とした。

第3節　在日の相続準拠法と先決問題の準拠法

～ふ 第3節　在日の相続準拠法と先決問題の準拠法 ～ふ

1 本問題と先決問題

　在日の相続準拠法が決定したとしよう。そこで準拠法となった相続法を検討してみると，第一順位の相続人は配偶者と直系卑属であると定めているとしよう。その場合，配偶者との婚姻・離婚の成立や親子関係が成立しているかどうかの問題は，どこの国の法で判断するのかが，ここでの問題である。この場合に，相続の問題を「本問題」といい，ある者が被相続人の配偶者や直系卑属の身分を有するかどうかの問題を，国際私法上では「先決問題」（前提問題）という。

2 先決問題の準拠法に関する諸説と最高裁判例

⑴　先決問題の準拠法に関する諸説

1）先決問題の準拠法に関する学説には，本問題準拠法説，本問題準拠法所属国国際私法説，法廷地国際私法説，折衷説がある。

2）学説でいう，(i)本問題準拠法説とは，先決問題は本問題の準拠法の適用過程で生ずる法的問題の解決であり，その準拠法上の問題として処理すべきという考え方であり，[42] (ii)本問題準拠法所属国国際私法説とは，本問題準拠法過程で生ずる問題について，その本問題所属国では，その国の国際私法を適用して定まる準拠法を適用して判断するので，そのように考えようというものであり，[43] (iii)法廷地国際私法説とは，本問題であると先決問題であるとを問わず，渉外的私法関係は法廷地で問題とされる限り，法廷地の国際私法によるとする立場であり，[44] (iv)折衷説とは，法

42）道垣内正人「先決問題」国際私法百選2版6頁（8頁）。
43）道垣内・前掲注42）6頁（8頁）。
44）山田鐐一・国際私法新版160頁。

83

第1章　在日韓国・朝鮮人の相続関係に適用すべき法

廷地国際私法によるとか本問題の準拠法所属国国際私法によるとかして
一律に決定するのは妥当性を欠く場合があるので，具体的な問題の性質
のいかんによりいずれかによるべきとする立場である。[45]

3）現在の学説では，「法廷地法説と折衷説が有力である」といわれてい
る。[46]

⑵　法廷地国際私法説を採用した最高裁の判例

　最高裁は，平成12年（2000年）の判例で，「渉外的な法律関係において，
ある一つの法律問題（本問題）を解決するためにまず決めなければならな
い不可欠な前提問題があり，その前提問題が国際私法上本問題とは別個の
法律関係を構成している場合，その前提問題は，本問題の準拠法によるの
でも，本問題の準拠法が所属する国の国際私法が指定する準拠法によるの
でもなく，法廷地である我が国の国際私法により定まる準拠法によって解
決すべきである。」（最一小判平成12・1・27民集54-1-1）と判示した。法
廷地国際私法説（法廷地法説）を採用することを明らかにしたのである。

⑶　法廷地国際私法説による先決問題の準拠法の決定

1）したがって，平成12年の最高裁判例に従えば，法廷地である日本で問
題になる限り，相続の先決問題は法適用通則法の各条項が定める準拠法
により判断することになる。つまり，婚姻の実質的成立要件は法適用通
則法24条1項，婚姻の形式的成立要件は同24条2項・3項，離婚の実質
的成立要件は同27条，嫡出親子関係の成立は同28条，非嫡出親子関係の
成立は29条，養子縁組・離縁は同31条1項・2項で準拠法を決定するこ
とになる。

2）離婚，嫡出子親子関係，非嫡出子親子関係，養子縁組・離縁に関する
法律行為の方式は，法適用通則法34条で準拠法を決定して適用する。

3）なお，親子関係存否確認の準拠法については，①嫡出子として登録さ
れている場合は法適用通則法28条により，非嫡出子として登録されてい

45）山田鐐一・国際私法新版160頁。
46）出口耕自『論点講義国際私法』（法学書院，2015年）110頁。

第3節　在日の相続準拠法と先決問題の準拠法

る場合には同29条１項及び３項によるが，②嫡出子・非嫡出子の区別が
ない国もあり，前記両規定を段階的に同時的に適用すべきものとする説
と，③条理により当事者双方の本国法を累積的に適用するべきとする説
に分かれている。[47]

3　先決問題の準拠法を決定する法適用通則法と反致との関係

１）在日の相続準拠法が決定し，その準拠実質法により法定相続人や法定
　相続人の順位が明らかになったとき，婚姻や親子関係の身分関係の成否
　に関する個々の法適用通則法の準拠法の「連結点」が「本国法」の場合
　は，韓国「国際私法」又は北朝鮮「対外民事関係法」との関係で反致す
　るかを検討する必要が生じることがある。

２）反致する可能性のある身分関係の準拠法は，法適用通則法24条１項及
　び３項，28条，29条，30条，31条，33条，34条１項などである。それら
　身分関係の成否の準拠法が反致しない場合のみ，韓国法又は北朝鮮法の
　親族法でその身分関係が成立しているか否かを判断する場合が多くなる。

３）なお，先に述べたように（本章第２節４(1)５）73頁）法適用通則法の
　規定が選択的連結の場合（24条③本文，28条①，29条②，30条①，34条等）
　に反致を認めるかについての学説は，肯定説が多いといわれる。[48] また，
　認知や養子縁組の成立について子の保護を念頭に置いた「セーフガード
　条項」の場合（29条①後段・②後段，31条①後段）に反致を認めるかに
　ついて，学説上は肯定説と否定説が対立しているといわれる。[49] また，
　本国の国際私法の規定が選択的連結でその中の一つのみが日本法に反致
　するときは，「日本法によるべきとき」ではなく，日本法によってもよ

47）山田鐐一・国際私法新版497頁。
48）櫻田嘉章ほか・注釈国際私法２巻324頁（北澤安紀）。
49）櫻田嘉章ほか・注釈国際私法２巻325頁（北澤安紀）。

85

第1章　在日韓国・朝鮮人の相続関係に適用すべき法

い場合にすぎないから，反致は成立しないという有力な見解がある[50]。そ
れらの点は留意すべきであろう。

表（法令）1‐1　日本「法適用通則法」の身分関係成否の準拠法と韓国
「国際私法」の関連条項（下線は筆者が挿入した）

日本「法の適用に関する通則法」 （平成18年6月21日法律第78号）	韓国「国際私法」 （2001年4月7日法律第6465号）
（婚姻の成立及び方式） **第24条**　婚姻の成立は，各当事者につき，その<u>本国法</u>による。 2　婚姻の方式は，婚姻挙行地の法による。 3　前項の規定にかかわらず，当事者の一方の<u>本国法</u>に適合する方式は，有効とする。ただし，日本において婚姻が挙行された場合において，当事者の一方が日本人であるときは，この限りでない。	**第36条（婚姻の成立）**　①　婚姻の成立要件は，各当事者に関してその本国法による。 ②　婚姻の方式は，婚姻挙行地法又は当事者一方の本国法による。ただし，大韓民国で婚姻を挙行する場合は，当事者の一方が大韓民国国民である場合には，大韓民国法による。
（嫡出である子の親子関係の成立） **第28条**　夫婦の一方の<u>本国法</u>で子の出生の当時におけるものにより子が嫡出となるべきときは，その子は，嫡出である子とする。 2　夫が子の出生前に死亡したときは，その死亡の当時における夫の本国法を前項の夫の本国法とみなす。	**第40条（婚姻中の親子関係）**　①　婚姻中の親子関係の成立は，子の出生当時の夫婦のいずれか一方のの本国法による。 ②　第1項の場合，夫が子の出生前に死亡したときは，死亡当時の本国法をその者の本国法とみなす。
（嫡出でない子の親子関係の成立） **第29条**　嫡出でない子の親子関係の成立は，父との間の親子関係については子の出生の当時における父の本国法により，母との間の親子関係についてはその当時における母の本国法による。この場合において，子の認知による親子関係の成立については，認知の当時における子の<u>本国法</u>によればその子又	**第41条（婚姻外の親子関係）**　①　婚姻外の親子関係の成立は，子の出生当時の母の本国法による。ただし，父子間の親子関係の成立は，子の出生当時の父の本国法又は現在の子の常居所地法によることができる。 ②　認知は，第1項が定める法の外に認知当時の認知者の本国法によることができる。

50）溜池良夫・国際私法3版166頁。

第3節　在日の相続準拠法と先決問題の準拠法

は第三者の承諾又は同意があることが認知の要件であるときは，その要件をも備えなければならない。
2　子の認知は，前項前段の規定により適用すべき法によるほか，認知の当時における認知する者又は子の本国法による。この場合において，認知する者の本国法によるときは，同項後段の規定を準用する。

③　第1項の場合，父が子の出生前に死亡したときには，死亡当時の本国法をその者の本国法とみなし，第2項の場合，認知者が認知前に死亡したときは，死亡当時の本国法をその者の本国法とみなす。

(準正)
第30条　子は，準正の要件である事実が完成した当時における父若しくは母又は子の本国法により準正が成立するときは，嫡出子の身分を取得する。
2　前項に規定する者が準正の要件である事実の完成前に死亡したときは，その死亡の当時におけるその者の本国法を同項のその者の本国法とみなす。

第42条（婚姻外出生子に対する準正）　①　婚姻外の出生子が婚姻中の出生子にその地位が変動する場合に関しては，その要件である事実の完成した当時の父又は母の本国法又は子の常居所地法による。
②　第1項の場合，父又は母がその要件である事実が完成する前に死亡したときは，死亡当時の本国法をその者の本国法とみなす。

(養子縁組)
第31条　養子縁組は，縁組の当時における養親となるべき者の本国法による。この場合において，養子となるべき者の本国法によればその者若しくは第三者の承諾若しくは同意又は公的機関の許可その他の処分があることが養子縁組の成立の要件であるときは，その要件をも備えなければならない。
2　養子とその実方の血族との親族関係の終了及び離縁は，前項前段の規定により適用すべき法による。

第43条（入養および罷養）　入養及び罷養は入養当時の養親の本国法による。

　

第44条（同意）　第41条から第43条までの規定による親子関係の成立に関して，子の本国法が子又は第三者の承諾若しくは同意等を要件とするときには，その要件をも備えなければならない。

87

第1章　在日韓国・朝鮮人の相続関係に適用すべき法

（その他の親族関係等）	第47条 （その他の親族関係）　親族
第33条　第24条から前条までに規定するもののほか，親族関係及びこれによって生ずる権利義務は，当事者の<u>本国法</u>によって定める。	関係の成立及び親族関係から発生する権利義務に関して，本法に特別な規定がない場合には各当事者の本国法による。
（親族関係についての法律行為の方式） 第34条　①第25条から前条までに規定する親族関係についての法律行為の方式は，当該法律行為の成立について適用すべき法による。 ②前項の規定にかかわらず，行為地法に適合する方式は，有効とする。	第17条 （法律行為の方式）　①法律行為の方式は，その行為の準拠法による。 ②行為地法によって行った法律行為の方式は，第1項の規定にかかわらず有効である。 ③④ （略） ⑤第2項から第4項までの規定は，物権その他登記すべき権利を設定するか処分する法律行為の方式に関しては，これを適用しない。

表（法令）1‐2　日本「法適用通則法」の身分関係成否の準拠法と北朝鮮「対外民事関係法」の関連条項（下線は筆者が挿入した）

日本「法の適用に関する通則法」 （平成18年6月21日法律第78号）	北朝鮮「対外民事関係法」 （1995年9月6日常設会議決定第62号制定，1998年12月10日常任委員会政令第251号修正）
（婚姻の成立及び方式） 第24条　婚姻の成立は，各当事者につき，その<u>本国法</u>による。 2　婚姻の方式は，婚姻挙行地の法による。 3　前項の規定にかかわらず，当事者の一方の<u>本国法</u>に適合する方式は，有効とする。ただし，日本において婚姻が挙行された場合において，当事者の一方が日本人であるときは，この限りでない。	第35条 （結婚条件と方式の準拠法）　結婚条件については，結婚当事者各自の本国法を適用する。ただし，本国法により結婚条件が認定されたとしても，朝鮮民主主義人民共和国の法によって現在存続している結婚関係や当事者間の血縁関係が認定されるなどの結婚障害がある場合には，その結婚を許容しない。 　結婚の方式については，当事者が結婚を行う国の法を適用する。
（嫡出である子の親子関係の成立） 第28条　夫婦の一方の<u>本国法</u>で子の	第39条 （父母，子女関係の確定についての準拠法）　親父母，親子女

88

第3節　在日の相続準拠法と先決問題の準拠法

出生の当時におけるものにより子が嫡出となるべきときは、その子は、嫡出である子とする。 2　夫が子の出生前に死亡したときは、その死亡の当時における夫の本国法を前項の夫の本国法とみなす。	関係の確定については、父母の結婚関係にかかわらず子女が出生した国の法を適用する。
（嫡出でない子の親子関係の成立） **第29条**　嫡出でない子の親子関係の成立は、父との間の親子関係については子の出生の当時における父の<u>本国法</u>により、母との間の親子関係についてはその当時における母の<u>本国法</u>による。この場合において、子の認知による親子関係の成立については、認知の当時における子の<u>本国法</u>によればその子又は第三者の承諾又は同意があることが認知の要件であるときは、その要件をも備えなければならない。 2　子の認知は、前項前段の規定により適用すべき法によるほか、認知の当時における認知する者又は子の<u>本国法</u>による。この場合において、認知する者の<u>本国法</u>によるときは、同項後段の規定を準用する。	
（準正） **第30条**　①子は、準正の要件である事実が完成した当時における父若しくは母又は子の<u>本国法</u>により準正が成立するときは、嫡出子の身分を取得する。 ②前項に規定する者が準正の要件である事実の完成前に死亡したときは、その死亡の当時におけるその者の本国法を同項のその者の本国法とみなす。	
（養子縁組） **第31条**　養子縁組は、縁組の当時に	**第40条（立養，罷養とその方式についての準拠法）**　立養と罷養につ

89

第1章　在日韓国・朝鮮人の相続関係に適用すべき法

おける養親となるべき者の**本国法**による。この場合において，養子となるべき者の**本国法**によればその者若しくは第三者の承諾若しくは同意又は公的機関の許可その他の処分があることが養子縁組の成立の要件であるときは，その要件をも備えなければならない。 2　養子とその実方の血族との親族関係の終了及び離縁は，前項前段の規定により適用すべき法による。	いては，養父母の本国法を適用する。ただし，養父母が国籍を異にする場合には養父母が共に居住している国の法を適用する。 　立養に関連して，養子女となる者の本国法で養子女となる者又は第三者の同意若しくは国家機関の承認を立養の条件とする場合には，それらの条件を備えなければならない。 　立養と罷養の方式は，当事者が立養と罷養を行う国の法によっている場合でも効力を有する。
（その他の親族関係等） **第33条**　第24条から前条までに規定するもののほか，親族関係及びこれによって生ずる権利義務は，当事者の**本国法**によって定める。	
	第47条（海外公民の家族関係についての準拠法）　外国に居住しているわが国公民の立養，罷養，父母と子女の関係，後見，遺言については，居住している国の法を適用することができる。
（親族関係についての法律行為の方式） **第34条**　①第25条から前条までに規定する親族関係についての法律行為の方式は，当該法律行為の成立について適用すべき法による。 ②前項の規定にかかわらず，行為地法に適合する方式は，有効とする。	

（注）　北朝鮮「対外民事関係法」の各条文に題目を付す修正年月日は不明である。

～第4節　韓国法・北朝鮮法の解釈・適用～

1 外国法の解釈・適用の基本原則

1）在日の相続準拠法や相続の先決問題を決定するには，日本の法適用通則法の解釈が必要であるばかりか，法適用通則法41条により日本法に反致するか否かを検討するには，韓国又は北朝鮮の国際私法を解釈する必要に迫られる。また，韓国又は北朝鮮の相続法や親族法に関する実定法を適用するにも，その法文等の解釈が必要になる。

2）次いで，準拠実質法の新旧両法が併存している場合には，当該外国の経過規定など当該外国の法令等の経過規定に従って適用すべき準拠実質法を決定することになる[51]。

3）韓国法，北朝鮮法ともに外国法である。外国法の解釈は，我が国の裁判所としての解釈ではなく，当該国の裁判所の解釈に沿うようにしなければならず，また学説等を参照しながら外国法秩序の一部として解釈し個々の規定のみを切り離して内国法の解釈方法を採るべきではないといわれる（コラム1-11，1-12参照）[52]。外国法を解釈する際に肝に銘ずるべき点である。なお，外国法の解釈適用を誤った場合，上告理由になる点は判例学説共に肯定する（コラム1-13参照）[53]。

コラム1-11　1960年　韓国制定民法前の相続についての日本の判例等

　最一小判昭和44・4・10（判時556-41）は，昭和31年死亡した「訴外李南老は韓国籍を有していたものであって，その死亡による相続については，第一審判決のいう旧法が適用され，その相続財産は長子の男子が単独で相続

51）山田鐐一・国際私法新版133頁以下。
52）山田鐐一・国際私法新版133頁以下。
53）櫻田嘉章・国際私法6版131以下。

第1章　在日韓国・朝鮮人の相続関係に適用すべき法

したものというべきで，したがって，長子ではない上告人は相続財産である
本件賃借権および建物所有権を取得しなかった旨の原判決（その引用する第
1審判決）の認定判断は，その挙示の証拠関係に照らして首肯できる。」と
した。ところで，昭和31年（1956年）当時の相続は，韓国制定民法（1960
年1月1日施行）附則25条により旧法たる朝鮮民事令11条の慣習によって規
律されるが，当時の慣習法では，戸主相続人が前戸主の全遺産を単独で相続
することはないという批判がなされた[54]。

　なお，韓国の判例では「旧民法によれば，戸主が死亡すればその全財産が
戸主相続人に移転し，次男以下の相続人は戸主相続人に対して財産の分配を
請求できる権限だけがあるにすぎず具体的な財産に対して何らの権利を取得
できなかったとして，いまだ戸主相続人から財産の分配を受けない状態にあ
る次男以下の相続人はその具体的な財産が他人に既に登記がなされていると
して，その登記の抹消を求める法律上の利害関係を持たない」（大判1988. 1.
19.87다카1877）としたり，「民法施行前に戸主が死亡した場合にはその遺
産を戸主相続人が相続するのがその当時の慣習である」（大判1990.10.30.
90다카23301）とする例もある（第2章第1節コラム2-2，115頁も参照）。

コラム1-12　虚偽の嫡出子出生届による養親子関係の成立と親子関係不存在確認の当否についての日本の判例等

　最一小判平成20・3・18（判時2006-77）は，亡A男とB女夫妻には女
子X₁・X₂が生まれたが，男子が欲しかったので，昭和32年に福祉施設にい
た男子Yを貰い受け韓国の戸籍に実子と登載していたが，平成5年に死亡し
た亡A男の遺産分割の過程でX₁・X₂らが親子関係不存在確認を求めた事案
である。不存在確認請求は場合によっては韓国民法2条2項にいう「権利濫
用」に当たり許されない場合もあるとして原審を破棄し差し戻した判決である。
　ところで，韓国の大法院全員合議体判決（日本の大法廷判決と類似）では，

54）評釈につき，加藤令造「昭和31年12月当時の韓国においては，戸主の死亡による遺
　産の相続人については，たとえ，被相続人たる戸主に数人の男子がある時でも，長男
　が単独で全遺産を相続するものとされた事例」ジュリ496号234頁，他に，権逸『新版
　韓国親族相続法』（弘文堂，1979年）198頁，青木清・韓国家族法42頁参照。

第4節　韓国法・北朝鮮法の解釈・適用

虚偽の親生子（嫡出子）出生届につき「当事者が養親子関係を創設する意思で親生子出生申告をなしそこに入養の実質的要件がすべて具備されていれば，その形式に多少の誤りがあっても入養の効力が発生し，養親子関係は罷養によって解消できる点を除いては法律的に親生子関係と全く同じ内容を有するので，その場合の虚偽の親生子出生申告は法律上の親子関係である養親子関係を公示する入養申告の機能を発揮させることとなり，そのような場合は罷養によってその養親子関係を解消する必要があるなど特別な事情がない限り戸籍記載自体を抹消して法律上の親子関係の存在を否認させる親生子関係不存在確認請求は許されない」（大判（全員）2001．5．24.2000므1493，Ⅰ巻末資料4．大法院判例(3)）としている。そこで，上記最一小判平成20・3・18判決は，韓国法の解釈について誤ったのではないかと指摘されている（第2章第13節2(2)②386頁以下参照）。[55]

なお，2013年7月1日施行された改正民法（2012・2・10法11300号）は，それまで不要であった未成年者を入養しようとする場合の家庭法院の許可を必要としている（第2章第13節2(2)②9）392頁参照）。

コラム **1-13**　韓国民法の経過規定の違背が上告理由になるとした日本の判例

最一小判昭和56・7・2（民集35-5-881）は，定期預金払戻し請求事件で，原審が1979年1月1日から施行された改正民法（1977・12・31法3051号）附則5項にかかわらず，1973年死亡の被相続人の相続人である上告人の法定相続分（上告人の法定相続分を29分の6とした）を誤って適用したので，「右は大韓民国法の解釈を誤ったものというべく」上告を受理した事例である。被相続人には，妻と，戸主相続人である上告人を含め男子3名，他家に嫁いだ長女1名と同一家籍ない次女1名がいたが，同相続には1977年改正民法の改正前の1009条（法定相続分）が適用され，妻1.5（23分の6），上告人1.5（23分の6），他の男子各1ずつ（23分の4ずつ），長女0.25（23分の1），

---

55) 評釈につき，西谷祐子「外国法の適用違背と上告」国際私法百選2版238頁，渡辺惺之・趙慶済「「藁の上からの養子」に関する韓国法の解釈と上告受理申立て」戸時637号22頁，金汶淑「韓国法上の親子関係不存在確認請求と権利濫用の上告」平成20年重判解336頁など。

第1章　在日韓国・朝鮮人の相続関係に適用すべき法

次女0.5（23分の2）になるので，上告人の法定相続分は23分の6である（韓国法の法定相続分は，第2章（法令）2-9，2-10，165頁以下参照）[56]。

2　外国法が不分明の場合の処理

1）外国法情報の入手は，通信手段の進歩により，従来に較べて格段に容易になったとはいえ，それでも当該国の法情報が全く不明であるとか全部欠缺である場合はまれではない。そのような場合の処理については，諸説があるが，条理説や最近似法説などが唱えられている[57]。

2）これまでは，北朝鮮の実質法の内容が知り得ないとして，「法不分明」として処理した事例が数多くあった。その場合には，結局法廷地法である日本法を適用したり，同一法系である社会主義法を参考にして適用したり，同一民族の法である韓国法を参考にして適用する事例が見受けられた（コラム1-14参照）。

コラム1-14　北朝鮮相続法を不分明とした日本の判例

① 神戸家審昭和35・9・14（家月12-12-101）　被相続人は，長年日本に住む朝鮮人であり，昭和32年拘置所内で死亡したのでその母が限定承認を申し立てた事案である。「被相続人の属する朝鮮民主主義人民共和国の法律によるべきであるけれども」同国のその内容がわからないので，条理による。「積極財産の限度で相続債務を弁済することを条件として相続を承認するという制度は……近代社会において広く認められている」こと，韓国の法律も認めていることから北朝鮮についても認められるとして限定承認の申述を認容。

② 名古屋地判昭和50・10・7（下民集26-9~12-910）　1948年憲法では一定の制限下に土地の所有が認められ，1972年憲法では個人所有は勤労

56）評釈につき，櫻田嘉章「外国法の解釈適用違背の上告理由の可否」昭和57年重判解275頁，桑田三郎「外国法の適用違背と上告理由」渉外百選3版30頁。
57）櫻田嘉章・国際私法6版128頁以下。

94

第4節　韓国法・北朝鮮法の解釈・適用

者の個人的消費のための所有のみが認められてはいるが，「その具体的規定及び不動産が右所有を許されるものに含まれるかどうか，又外国における自国民の不動産の所有及びその相続はどうか等については結局不明であるといわざるを得ない」「仮りに右憲法の改正の経過にかんがみ本件の如き比較的広大な不動産について個人所有が禁止され，相続の対象とならないと解される結果」北朝鮮法を適用し日本に居住する北朝鮮国籍を有する樋相続人に対する相続権を剥奪する結果を容認するのは法例30条にいう公序良俗に反する。いずれにしても「その結果は相続に関する規定を欠くに至」るとして，法廷地法たる日本民法を適用した。[58]

③　長野家審昭和57・3・12（家月35-1-105）　1972年社会主義憲法で相続権を保障しているので相続制度があることは明らかであるが，具体的内容は不明で，不動産所有権は同憲法18条，21条から相続の対象にならないのではないかとの疑いもあるが，「外国における人民共和国民の不動産の所有及び相続について，また，相続人中に他国籍者がいる場合について，その所有及び相続が否定されるかはこれを明確にする規定はなく，不明といわざるを得ないが，従前より，……我が国在住の朝鮮国籍者の不動産相続もなされて来たところであり，その相続を否定するのは相当ではない」とし，外国法不明の場合は「法令の準拠法指定の趣旨に則り，準拠法国の法秩序を考慮し，また民族的習俗をも参考にし，具体的妥当性を持ち，条理にかなった規範を適用するべきである」とし，韓国相続法は家制度に立脚しているので北朝鮮の法秩序と合い入れず，日本の相続は北朝鮮の法秩序に反しないし，「被相続人は我国に生活の本拠を置いて生活し，蓄財し，相続財産は全て我が国に存在していることから，本件においては，我民法に準じて相続関係を律するのが最も公平，妥当な結果を得られるものと思料す」として日本法を適用した。[59]

④　京都地判昭和62・9・30（判時1275-107）「同国の実体的私法についてはその内容を知り得ない状態であり，結局，法廷地法たる日本民法を適用すべきものと解するのが相当」とした。

---

58) 評釈につき，林脇トシ子「被相続人の国籍が朝鮮である場合における相続関係の準拠法とその内容」ジュリ632号121頁。
59) 評釈につき，根本洋一「外国法の内容不明の場合の処置」渉外百選3版28頁。

95

第1章　在日韓国・朝鮮人の相続関係に適用すべき法

～第5節　韓国法・北朝鮮法の適用と公序～

　在日の相続や相続の先決問題について，外国法である韓国又は北朝鮮の法を適用したとき，その適用結果が日本の法秩序に著しく違反するとき，法適用通則法42条は，その外国法の適用を排除することを定める。

> **第42条（公序）**　外国法によるべき場合において，その規定の適用が公の秩序又は善良の風俗に反するときは，これを適用しない。

1 公序発動の要件

1）国際私法は，各国の実質法の内容に序列を持ち込まず，基本的に価値相対主義の立場に立脚している。そうであれば，国際私法が指定し適用すべきとした準拠外国法の適用結果を排除することは，謙抑的であるべきであり，かつ極力避けるべきであるといわれる。その意味で公序の発動は最後の手段であり「伝家の宝刀」であるともいわれる[60]

2）そこで，公序発動に際しては，①外国法の内容そのものが日本の公序に反するかどうかで判断するのではなく，その適用結果を判断しその適用結果が異常であること，②日本の法秩序に著しく反する場合で，事案の内国牽連性が顕著であること，を要件とすべきというのが通説の立場である。ただし，適用結果の異常性と事案の内国牽連性との比重関係については諸説があり，結局は両者を総合して判断することになるであろう[61]

60）神前偵ほか・国際私法3版85頁。
61）神前偵ほか・国際私法3版88頁。

96

第5節　韓国法・北朝鮮法の適用と公序

2 外国法の適用排除後に適用すべき法

1）公序則を適用して外国法を適用しないとした場合，その後同事案につ
　いてはどのように解決すべきなのであろうか。その点については，主に
　内国法適用説と欠缺否認説に分かれる[62]。

2）前者の説は，規範の欠缺は内国実質法で補填されるという見解であり，
　後者の説は，適用結果が認められないのであるから我が国の実質法的判
　断が示されている（渉外実質法）として補充すべき欠缺はないという見
　解である。いずれの説によっても，日本法が適用されることになる。

3）しかしながら，公序則を発動する判例の中には，「事案によっては本
　来の準拠法である外国法の適用を排除して日本法の適用を正当化するた
　めの前提として利用される傾向も認められる」と指摘する研究者もいる[63]。

3 公序適用の可否を検討した日本の関連判例

⑴　韓国法を適用した結果について公序を検討した最高裁判例

　①　死後認知の出訴期間

　最二小判昭和50・6・27（家月28-4-83）は，死後認知の出訴期間につ
いて2005年改正前の韓国民法864条は「死亡を知った日から1年内に」に
しているが，それが日本民法787条の「死亡の日から3年」としている点
と対比しても，「その適用の結果がわが国の公序良俗に反するものとは認
め難い。」とした[64]。なお，韓国民法864条は，2005年法7427号民法で「死
亡を知った日から2年内に」に改正している（第2章第1節129頁参照）。

　②　離婚による親権者は自動的に父に決定される点

　最一小判昭和52・3・31（民集31-2-365）は，1977年法3051号民法の

62）櫻田嘉章・国際私法6版138頁以下。
63）櫻田嘉章・国際私法6版142頁以下。
64）評釈につき，田村精一「死後認知」渉外百選2版140頁。

97

第1章　在日韓国・朝鮮人の相続関係に適用すべき法

前の909条5項の規定は離婚に伴う未成年者の親権者について法律上自動的に父と定まっていて母が親権者になる余地がないとして，法例30条（現法適用通則法42条）の公序則を発動して父の本国法である韓国民法の適用を排除して，日本民法819条2項により母を親権者と定めた。[65]

　なお，日本の戸籍先例は，前記判決の前は，離婚訴訟で母を離婚後の親権者とする判決は「無効と解するほかない」（昭和35・5・31民甲1293号回答）としていたが，判決後は，親権者を母と指定又は父から母に変更する判決（審判）が確定したときは受理してよいとし（昭和53・10・3民二5408号通達），それは調停でもよいとした（昭和56・11・13民二6602号通達）。

　ところで，韓国の1990年法4199号民法の909条5項は，同条4項として改正され離婚後の親権行使者は当事者の協議によるが，協議が成立しないときは家庭法院が定めることになった。

　③　離婚に伴う財産分与が認められない点

　最二小判昭和59・7・20（民集38-8-1051）は，離婚請求事件に伴う財産分与について，韓国民法にはその旨の規定がないが，韓国民法843条，806条で定める慰藉料の額が慰藉料及び財産分与を含む日本の離婚給付についての「社会通念に反して著しく低額であると認められる場合に限り」公序に反すると解するのが相当とし，本件では著しく低額とは認められないとして公序を適用しなかった。[66]　なお，韓国の1990年法4199号民法839条の2は，協議離婚の財産分割請求権を新設し，同条を裁判離婚にも準用している（843条）。

65）評釈につき，三浦正人「離婚に伴う親権者の決定」渉外百選2版126頁，山田鐐一「韓国人夫婦の離婚にともなう未成年の子の親権者の指定と公序」ジュリ659号114頁，池原季雄「韓国人夫婦の離婚に伴う未成年の子の親権者の指定と公序」昭和53年重判解273頁など。

66）評釈につき，山田鐐一「離婚に伴う財産分与と韓国民法の適用」昭和59年重判解282頁，早川眞一郎「公序発動後の処理」国際私法百選2版30頁など。

98

第 5 節　韓国法・北朝鮮法の適用と公序

⑵　**韓国法を適用した結果について公序を検討した最近の下級審の判例**

　　①　親子関係不存在確認請求事件の出訴期間の制限

　大阪高判平成26・5・9（判時2231-53）は，韓国民法865条 2 項で親子間の存否確認は，当事者が死亡したときは，「その死亡を知った日から 2年内に，検事を相手方として」訴えを提起できるが，表見上の母である亡Ｃは昭和62年（1987年）に死亡し，原告はその頃亡Ｃの死亡の事実を知っていたが，実母の死亡を知った後の平成25年（2013年） 3 月に亡Ｃとの親子関係不存在確認の訴えを提起したのでその提訴期間は徒過していたことになる。そこで，判決は，もし亡Ｃとの不存在確認が認められないとすると 2 人の実母を有することになるので「二重の実母子関係の存在は，我が国の法制度上，許容」できないので，法適用通則法42条の公序を適用し韓国民法の適用を排除し，日本民法により親子関係の不存在を確認した[67]。なお，韓国民法865条の死亡による出訴期間は，2005年法7427号民法で「 1年」から「 2 年」に改正している。

　　②　**在日の相続につき，日本民法の遺留分に比較しても少ない韓国民法の法定相続分を適用する点について**

　東京地判平成28・8・16（判時2327-50）は，平成21年死亡した韓国人Ａの相続事案で，妻である原告X₁，子である原告X₂とX₃の 2 名，子である被告Y₁〜Y₄の 4 名，ほかに訴外 1 名の子がいるが，韓国民法の諸規定により法定相続分は，X₁は17分の 3，X₂・X₃は各17分の 2 となる。そこで，原告らは，「Ａ及び原告X₁が日本に生活の基盤を有し，韓国との特段のつながりを有していないこと，Ａが日本で財産を築き，原告X₁がこれに多大な貢献をしたこと」や原告X₁の相続額が，韓国民法の法定相続分と日本民法の遺留分割合等から「本件相続について韓国民法の法定相続分の規定を適用することは公序に反する」と主張した。

67）評釈につき，佐藤やよひ「実親子関係存否確認につき出訴期間制限を定める韓国法の適用と公序」平成26年重判解298頁，櫻田嘉章「韓国民法865条 2 項と通則法42条」戸時724号41頁など。

99

第1章　在日韓国・朝鮮人の相続関係に適用すべき法

　その点について同判決はそれらの主張する事実を全て考慮しても，本件相続に韓国民法の法定相続分の規定を適用することにより「日本の法秩序にとって容認し難い結果をもたらすと評価することはできない」とした。

(3)　**北朝鮮法を適用した結果について公序を適用した最近の下級審の判例**

　①　**離婚に伴う親権者指定について**

　山口家下関支審昭和62・7・28（家月40-3-90）は，親権者指定申立事件につき，前の離婚判決で北朝鮮法では子に対する両親の権利義務は同等なので親権者の指定はせずに監護人の指定だけを行ったが，親権者の指定に関して明文の規定のない北朝鮮法に従って，監護人の指定の状態を「そのまま放置することは我が国の公序良俗に反し，法例30条により許されないと解するべきである」とした。

　②　**比較的広大な不動産が在日朝鮮人の相続の対象とならないことについて**

　名古屋地判昭和50・10・7（下民集26-9〜12-910）は，在日朝鮮人の相続につき，北朝鮮法を適用することは法例30条の公序に反するとしてその適用を排除するが，「その結果は相続に関する規定を欠くに至」るとして法廷地法たる日本民法を適用した（第1章第5節（コラム1-14）②94頁参照）。[68]

⚘　補　節　韓国・北朝鮮の国際私法の概要 ⚘

　在日の相続準拠法が，韓国法か北朝鮮法であると決定したときに最初に点検すべきことは，韓国又は北朝鮮の国際私法により相続準拠法が日本法に反致するか否かと，相続の先決問題である身分関係の成否の準拠法が韓国法又は北朝鮮法である場合に，韓国又は北朝鮮の国際私法により日本法に反致する蓋然性があるか否かである。

68）評釈につき，林脇・前掲注58）121頁。

補　節　韓国・北朝鮮の国際私法の概要

　ここでは，上記の手掛かりを探る前提として，韓国と北朝鮮の国際私法の変遷とその概要を述べることにする。

1 韓国の国際私法規定の制定から現在まで

(1) 「渉外私法」（1962. 1 .15法966号）の制定・施行

1) 韓国は，名称を「渉外私法」（1962. 1 .15法966号）とする国際私法規定を公布日の1962年 1 月15日から施行した。公布される前は，日本の法例が依用されていたが，「渉外私法」の附則 2 項は「西紀1912年 3 月勅令第21号「法例を朝鮮に施行する件」」はこれを廃止する。」としている。

2) 「渉外私法」は，その第 1 条で「大韓民国に於いて外国人及び外国に於いての大韓民国国民の渉外的生活関係に関して準拠法を定める」とする目的規定を定め，全文47条全 3 章で，第 1 章（総則），第 2 章（民事法に関する規定），第 3 章（商事に関する規定）としているが，第 3 章の規定を除いて，日本の改正前法例との間に大きな差異はないといわれる[69]。とりわけ，親族・相続法分野では本国法主義を採用し，婚姻の効力（14条），夫婦財産制（17条），離婚（18条），親生子（19条）などの準拠法は夫又は父中心の本国法主義である。

(2) 韓国「国際私法」（2001. 4 . 7 法6465号）の制定・施行

1) 韓国法務部は1999年 4 月に「渉外私法改正研究班」を設けたのを皮切りに改正案を策定し，名称を「国際私法」とする国際私法規定（以下，「韓国「国際私法」」という）が，2001年 3 月 8 日国会本会議で議決され，2001年 4 月 7 日法律第6465号として公布された。

2) 同法は，同年 7 月 1 日から施行され，同法の目的を「外国的要素がある法律関係に関して，国際裁判管轄に関する原則と準拠法を定めるこ

---

69) 徐希源（ソヒウォン）『改訂新版　国際私法講義』（ソウル—潮閣，1998年）44頁，申昌善（シンチャンソン）＝尹南順（ユンナムスン）・新国際私法 2 版57頁。

101

第1章　在日韓国・朝鮮人の相続関係に適用すべき法

と」（1条）とし，全文62条全8章にわたる。第1章で「総則」，第2章で「人」，第3章で「法律行為」，第6章で「親族」，第7章を「相続」とした。また，附則2項では，「本法施行以前に生じた事項に関しては，従前の渉外私法による。ただし（以下，略）」として法の不遡及を定めた。

3）特徴としては，国際裁判管轄規定の新設（2条），外国法の職権調査の明示（5条），反致（反定）の認定範囲の拡大（9条），最も密接な関連原則の貫徹（8条等），「常居所」概念の導入（3条②等），男女平等原則の具現（37条〜40条）などが挙げられている。[70]

(3)　韓国「国際私法」の改正（2016. 1. 19法13759号）

同法は，民法が2011年法10429号改正民法（2011. 3. 7法10429号）で成年後見制度を導入したこともあって，14条の限定治産・禁治産宣告の条項を2016年1月19日法13759号で改正し，その題目を「限定後見開始，成年後見開始審判等」と改め，本文を「法院は大韓民国に常居所又は居所がある外国人に対して，大韓民国民法によって限定後見開始，成年後見開始，特定後見開始及び任意後見監督人選任の審判をすることができる。」と改正した。

(4)　韓国「国際私法」改正の動き

1）韓国法務部は，2014年初から，主として国際裁判管轄が韓国にある場合の基準を定める立法に着手し，政府は2018年11月23日「国際私法」全部改正法律案を立法予告した。

2）それによると，全文96条第10章で構成され，第1章「総則」の第2節で「国際裁判管轄」の一般管轄・特別管轄を設けている。

3）第2章「人」の第1節ではその「国際裁判管轄」を，第2節ではその「準拠法」を定め，第7章「親族」の第1節では各親族関係の「国際裁判管轄」を，第2節では各親族関係の「準拠法」を定めている。

4）第8章「相続」では第1節「国際裁判管轄」では相続及び遺言に関す

70）申昌善（シンチャンソン）＝尹南順（ユンナムスン）・新国際私法2版58頁。

補　節　韓国・北朝鮮の国際私法の概要

る事件の管轄（76条）を定め，第2節「準拠法」では「相続の準拠法」
（77条）「遺言の準拠法」（78条）を定めている。なお，相続の準拠法に関
する77条は現行「国際私法」49条と同一の内容である。

2　北朝鮮の国際私法規定の制定から現在まで

(1)　北朝鮮「家族法」（1990.10.24決定5号）の制定・施行

1）北朝鮮では，1948年9月の建国以来，渉外的な私法上の法律関係にど
の法域の法を適用するかを規律する法律が制定されていたかは定かでは
なかった。1990年になって初の家族法典である「朝鮮民主主義人民共和
国家族法」（以下，「北朝鮮「家族法」」という。1990.10.24常設会議決定5
号）を制定・採択し，その採択に際して「朝鮮民主主義人民共和国家族
法は，外国で永住権を有している朝鮮公民には適用しない」とする決議
を行ったという情報がもたらされた（決議3項）（第3章第1節2(1)421頁
以下参照）。

2）そこで，その決議3項の文言をどのように解するかにつき，幾つかの
見解が示されていた。この規定を「永住権を取得し生活している当該他
国の法律を適用する」とみて，在日の北朝鮮籍の人の相続には日本法が
適用される」[71]とか，「在日の相続については日本に所在する財産の相
続については原則として日本法への反致が成立するとみることができ
る」という見解[72]などが示され，「この時期までは共和国の相続法が不
明ということで準拠法適用について諸説紛々でした」と述べるものも
あった。[73]

71）本渡諒一・洪性模・裵薫『Q&A100韓国家族法の実務─婚姻・離婚・親子・相続
　─』（日本加除出版，1992年）334頁。
72）木棚照一「在日韓国・朝鮮人の相続をめぐる国際私法上の諸問題」立命館法学
　223・224号612～653頁。
73）在日本朝鮮人人権協会・暮らしの法律267頁。

103

第1章　在日韓国・朝鮮人の相続関係に適用すべき法

⑵　北朝鮮「対外民事関係法」（1995. 9. 6決定62号）の制定・施行（条文は，Ⅰ巻末資料3⑴を参照）

1）その後，北朝鮮は，1995年に初の国際私法法典である北朝鮮「対外民事関係法」（1995. 9. 6常設会議決定62号）を採択・制定した。[74]　全文62条で，その目的は「わが国の法人，公民と外国の法人，公民間の財産家族関係に適用する準拠法を定め，民事紛争に対する解決手続を規制する」（2条）とし，第1章は「対外民事関係法の基本」，第2章は「対外民事関係の当事者」，第3章は「財産関係」，第4章は「家族関係」，第5章は「紛争解決」であった。同法は，採択後直ちに施行されたといわれる。

2）家族関係の連結点では，基本的に本国法主義を採用しているが「居住地法」（居住国法）（10条等）という連結点も用い，相続（45条）は不動産・動産異則主義の分割主義を採用している。親子関係の成立の準拠法と思われる「親父母と親子女関係の確定」（39条）は，たった1か条を設けるだけである。

3）同法制定の意義については，在日朝鮮人の私法的生活関係の安全をもたらすとして歓迎する見解が当事者から示され（コラム1-15参照），被相続人が朝鮮表示の場合の相続は「共和国対外民事関係法の施行（1995年9月6日）後は同法が適用されることになりました」とする記述もあった。[75]

コラム1-15　北朝鮮「対外民事関係法」制定についての論評

　北朝鮮「対外民事関係法」の制定について，北朝鮮関係者の発言は以下のとおりである。

1）「今回の共和国対外民事関係法の制定によって海外の朝鮮公民の家族関

74）その論評について，木棚照一「朝鮮民主主義人民共和国の対外民事関係法に関する若干の考察」立命館法学249号1229頁，青木清「北朝鮮の国際私法」南山法学20巻3・4号179頁，大内・前掲注37）135頁などがある。

75）在日本朝鮮人人権協会・暮らしの法律267頁。

補　節　韓国・北朝鮮の国際私法の概要

係は，今後一律的に本法の適用によって処理されることになる。

　　本法の特徴は，共和国民法を在日朝鮮人に適用する原則を堅持しながら
も，共和国の現行法で在日朝鮮人の生活実態と合わない問題については，
例外的に現在それらが私法関係上の行為規範として依拠している居住国法
—日本法によって処理できることを規定している。」76)

2)「従来共和国においては，個別的な法令の中に国際私法の規定がわずか
におかれていただけであったが，本格的な国際私法の制定は国家の立法政
策上一つの課題とされてきた。また，我々在日朝鮮人の婚姻や相続など私
法的生活関係の安全を保障する上でも，渉外的生活関係を規律対象とする
同法の制定及び内容は重大な関心事となっていた。同法が今後，共和国国
際私法の主たる法源として，政治，経済，文化社会のあらゆる面で国際交
流の拡大を図り，在日朝鮮人の私法的生活関係の安全をもたらすのに役立
つことが期待される。」77)

「このように，現在共和国では，対外経済関係の拡大政策が採られている
が，外国との経済交流では他でもなく物と人との交流を促し，将来的には，
国際結婚，国際売買契約など外国と関連する要素を含む渉外的法律関係を必
然的に生じさせる。……。

　　他方，在日朝鮮人をめぐる渉外的法律関係に適用すべき準拠法については，
日本の国際私法上問題となってきた。とりわけ，在日朝鮮人の準拠法が本国
法となる場合において，その本国法が共和国法となると，資本主義国たる日
本に居住する在日朝鮮人にとっても上述したのと同様の問題が起こる。「対
外民事関係法」は，そうした在日朝鮮人の現状に鑑み，彼らの私法的生活関
係の安全を保障することをも念頭において立法化されたことを指摘しておき
たい。」78)。

(3)　北朝鮮「対外民事関係法」の修正（1998. 12. 10政令251号）

　1995年制定法は，1998. 12. 10常任委員会政令251号で修正されている。
①外国法不明の場合の準拠法の連結点（12条）の修正，②行為能力の原則

---

76)　1995年12月13日「朝鮮新報」（ハングル）記事及び解説。
77)　任京河「「朝鮮民主主義人民共和国対外民事関係法」」（国際私法）についての解説」
　　月刊朝鮮資料36巻1号37頁。
78)　任京河・前掲注77）38頁。

105

第1章　在日韓国・朝鮮人の相続関係に適用すべき法

的連結点は本国法としているが（18条1項），「外国に居住しているわが国
公民の行為能力」（18条3項）につき，1995年制定法では「本国法」と「居
住国法」との選択的連結としていたが，1998年修正法では「居住国法」の
みを適用すると修正した。③「親父母と親子女関係の確定」（39条）では，
1995年制定法では「子女の出生当時の本国法」を連結点としていたが，
1998年修正法では「子女が出生した国の法」に修正し，④「相続の動産相
続」は原則として被相続人の「本国法」（45条1項後段）としながら，「外
国に居住している我が国公民」にのみ適用される特則を設け，1995年制定
法の「居住国法」（45条1項ただし書）を，1998年修正法では「最後の居住
国法」に修正している。

表（法令）1-3　北朝鮮「対外民事関係法」95年・98年修正箇所の対
　　　　　　　照表

1995年北朝鮮「対外民事関係法」 （1995年9月6日最高人民会議常設会議決定第62号で採択）	1998年北朝鮮「「対外民事関係法」 （1998年12月10日最高人民会議常任委員会政令第251号で修正）
第12条　本法に従い準拠法と定められた外国法の内容を確認できない場合には，当事者と最も密接な関係のある国の法又は朝鮮民主主義人民共和国の法を適用する。	**第12条（外国法の内容を確認できない場合の準拠法）**　本法に従い準拠法と定められた外国法の内容を確認できない場合には，当事者と最も密接な関係のある国の法を適用する。ただし，当事者と最も密接な関係のある国の法がない場合には，朝鮮民主主義人民共和国の法を適用する。
第18条　公民の行為能力については，本国法を適用する。 　本国法により未成年となる外国の公民が朝鮮民主主義人民共和国の法によって成人となる場合，我が領域でその者が行った行為は効力を有する。 　家族，相続関係と外国に在る不動産に関連する行為については，	**第18条（公民の行為能力について準拠法）**　公民の行為能力については，本国法を適用する。 　本国法により未成年となる外国の公民が朝鮮民主主義人民共和国の法によって成人となる場合，我が領域でその者が行った行為は効力を有する。 　家族，相続関係と外国に在る不

106

前項を適用しない。 　外国に居住しているわが国公民の行為能力については，<u>居住している国の法を適用することができる。</u>	動産に関連する行為については，前項を適用しない。 　外国に居住している我が国公民の行為能力については，<u>居住している国の法を適用する。</u>
第39条　親父母，親子女関係の確定については，父母の結婚関係にかかわらず<u>子女の出生当時の本国法を適用する。</u>	**第39条（父母，子女関係の確定についての準拠法）**　親父母，親子女関係の確定については，父母の結婚関係にかかわらず<u>子女が出生した国の法を適用する。</u>
第45条　不動産相続については，相続財産のある国の法を，動産相続については，被相続人の本国法を適用する。ただし，外国に居住しているわが国公民の動産相続については，被相続人が居住していた国の法を適用する。 　外国にいるわが国公民に相続人がいない場合，相続財産はその者と最も密接な関係のあった当事者が承継する。	**第45条（不動産の相続についての準拠法）**　不動産相続については，相続財産のある国の法を，動産相続については，被相続人の本国法を適用する。ただし，外国に居住している我が国公民の動産相続については，被相続人が<u>最後に</u>居住していた国の法を適用する。 　外国にいる我が国公民に相続人がいない場合，相続財産はその者と最も密接な関係のあった当事者が承継する。

（筆者注）
(1)　1995年制定法の原文は制定当初入手し，1998年修正法の原文は韓国統一部HPから入手した。なお，現在の条文には各条文に題目が付されているが，その修正年月日は不明である。
(2)　1998年法では21条も修正されているが，その修正は省略した。

(4)　北朝鮮「対外民事関係法」の海外居住公民の特則規定について

　北朝鮮「対外民事関係法」には，海外居住公民についてのみの特別な準拠法の規定を設けている。同法15条と同法47条の規定である。ここでは，それらについて若干のコメントをしておきたい。

第1章　在日韓国・朝鮮人の相続関係に適用すべき法

表（法令）1‒4　北朝鮮「対外民事関係法」15条・47条

第15条（海外公民の家族関係法律行為の効力） 外国に居住している我が
　国の公民が，本法施行日前に行った結婚，離婚，立養，後見などの法律
　行為は，それを無効とする事由がない限り，我が国の領域では効力を有
　する。
第47条（海外公民の家族関係についての準拠法） 外国に居住している我
　が国公民の立養，罷養，父母と子女の関係，後見，遺言については，居
　住している国の法を適用することができる。

　　①　15条について

1）15条（海外公民の家族関係法律行為の効力）は，次のように定める。「外
　国に居住している我が国の公民が，本法施行日前に行った結婚，離婚，
　立養，後見などの法律行為は，それを無効とする事由がない限り，我が
　国の領域では効力を有する。」

2）同条については，「共和国内では原則として有効とする旨を定めてい
　る」[79]とか，「在外公民の法的安定性を保障する規定を置く」[80]とする評
　者がいる。

3）15条の規定は，「結婚」「離婚」「立養」「後見」の法律行為を例示列挙
　していると考えられるが，海外公民がそれらの「本法施行日前に行った
　法律行為」は「無効とする事由がない限り」「我が国の領域では効力を
　有する」とする。逆にいえば，それら法律行為を本法施行日前に行い
　「無効とする事由があれば」北朝鮮国内では「効力を有しない」とする
　規定といえよう。

4）それら法律行為が有効か無効かは，各法律行為の準拠実質法で判断す
　るのであろうか，それとも北朝鮮「家族法」で判断するのであろうか。
　その点は定かではない。

79）任京河・前掲注77）40〜41頁。
80）木棚・前掲注74）1234頁。

補　節　韓国・北朝鮮の国際私法の概要

②　47条について

1）47条（海外公民の家族関係についての準拠法）は，次のように定める。
「外国に居住している我が国公民の立養，罷養，父母と子女の関係，後
見，遺言については，居住している国の法を適用することができる。」

2）同条については，本法により「在外公民が，共和国の法律ではなく，
住所地の法律によつて形成してきた法律状態に変更をもたらし，一定の
混乱を招く可能性がある」ので，この規定で「在日朝鮮人をはじめとす
る，資本主義体制下にある外国において生活関係を築き上げている公民
の，実際上の利益を擁護し，その私法的生活関係の安全を図られる」[81]
と評する見解や，この規定は，「外国における在外公館あるいはそれに
準ずる機関，例えば，在日本朝鮮人総連合会での身分関係の処理の基準
としても適用され」「反致を認めることによって，日本と共和国におけ
る判決や処理の同一性が得られる」[82]と評する見解もあった。

3）同条の対象となる法律関係は，連結点が原則として「本国法」である
「立養」（40条①）「罷養」（同条同項），「父母と子女の関係」（41条）「後
見」（42条）「遺言」（46条）であり，15条と異なり限定列挙と考えられ，
15条で例示列挙されていた「結婚」（35条）「離婚」（37条）が含まれない
点は注目しておきたい。

4）同条はその連結点である「居住国法」（居住地法）を「適用すること
ができる」と表現しているので選択的連結と思われるが，その場合は日
本法に反致しないとの有力な見解がある点は注意すべきである。[83]

81）任京河・前掲注77）45頁。
82）木棚・前掲注74）1235頁。
83）溜池良夫・国際私法 3 版166頁。

109

韓国家族法の概要とその適用

はじめに

　在日韓国・朝鮮人の相続準拠法が韓国法となったときは，被相続人が明示的に常居所地法を相続準拠法に指定する遺言を遺していない限り，相続関係には韓国相続法の規定が適用され，相続の先決問題である婚姻関係成立の成否や親子関係成立の成否に関しても韓国親族法が適用されることがある。

　そこで，本章では，第1節で，韓国家族法の制定からこれまでの改正経過をたどり，第2節から第9節までは，在日韓国人の相続にとって押さえておくべき韓国相続法の諸点を整理し，それに関連する日本・韓国の判例・先例を紹介し，第10節から第13節までは，在日の身分関係の成否に適用される可能性が大きい韓国親族法の諸点を整理し，それに関連する日本・韓国の判例・先例を紹介することにする。

第1節　家族法の制定から現在まで

1　1958年民法の制定・施行とその特徴

(1)　民法の制定

1）韓国「民法」は，1958年2月22日に法律第471号として公布され，1960年1月1日から施行された。全文は1111条であるが，その編別構成は第1編「総則」，第2編「物権」，第3編「債権」，第4編「親族」，第5編「相続」であり，ここで取り扱う家族法の主な対象は第4編，第5

111

第 2 章　韓国家族法の概要とその適用

編である。

2）第 1 編「総則」の第 1 章には「人」が置かれている。第 4 編「親族」
の章別構成は，第 1 章「総則」，第 2 章「戸主と家族」，第 3 章「婚姻」，
第 4 章「父母と子」，第 5 章「後見」，第 6 章「親族会」，第 7 章「扶養」
である。第 5 編「相続」の章別構成は，第 1 章「戸主相続」，第 2 章
「財産相続」，第 3 章「遺言」である。

⑵　制定家族法の特徴

1）制定当初の親族編の特徴は，①親族の範囲に父系と母系及び夫系と妻
系間の差を設け，継母子と嫡母庶子関係は妻の意思に関係なく法定血族
関係と認めるが，継父子関係には法定血族関係を認めなかったこと，②
「戸主制」を存置しながら，夫が婚姻外の子を自己の戸籍に入籍させる
には妻の同意を必要としなかったが，妻が前夫の子を自己の戸籍に入籍
させるのには戸主の同意が必要であるとしていること，③同姓同本であ
る婚姻を禁止する同姓同本禁婚規定を設けたこと，④未成年子女の親権
者は原則的に父であり，父母が離婚しても母は親権者になれず離婚した
場合の養育責任は第一次的に父にあったこと，⑤離婚時の財産分割請求
権を認めなかったこと，⑥未成年者が養子になるのに家庭法院の許可は
不要で当事者の合意だけで可能であり，戸主の直系卑属長男は本家の血
統を継承する以外には養子になれず，家の継承のために死後養子・婿養
子と遺言養子を認めていたこと，⑦後見人は，親権者が指定する以外は
被後見人と一定の親族関係にある者に法定されていたこと，⑧後見人の
監督機関として親族会が設けられていたこと，が挙げられている。[1]

2）また，制定当初の相続編の特徴は，①戸主相続と財産相続を分離した
こと，戸主相続では生前相続を認めるが，財産相続は死亡だけが開始原
因になること，②戸主が死亡して財産相続も開始したときには戸主に固
有の相続分として一定の比率を加算するが，戸主相続には戸主権と祭祀

1）윤진수（ユンジンス）・注解親族法 1 巻41〜42頁（윤진수（ユンジンス））。

112

等の所有権が相続されること，③女戸主権の恒久化を図ったこと，④財産相続人の範囲を拡大したこと，⑤女子相続権を拡大したこと，⑥嫡庶間の相続分は平等であること，などが挙げられている[2]。

(3)　制定家族法と旧法との関係

1）制定家族法の附則には，旧法との経過規定が定められている。

2）第1に「旧法」とは「本法によって廃止される法令又は法令中の条項」（附則1条）であり，「廃止法令」とは「朝鮮民事令第1条の規定による民法，民法施行法……」「朝鮮民事令と同令第1条による法令中，本法の規定に抵触する法条」「軍政法令中，本法の規定に抵触する法条」（附則27条）である。

3）第2に「本法は，特別の規定ある場合のほかには本法施行日前の事項についても，これを適用する」としながら「但し，旧法によって生じた効力に影響を及ぼさない」として旧法が適用される場合もあることを明示した。その上で，制定家族法の各条項別に経過規定を設けた（附則4・5条，17～24条，25・26条）。そこで，制定家族法施行前の重婚の効力や相続に関する慣習法が問題になった（Ⅰ巻末資料1.年表(1)及びコラム2-1，2-2参照）。

コラム**2-1**　韓国制定民法以前の重婚の効力をめぐる日本・韓国の見解の相違

　制定民法の経過規定では，婚姻の無効・取消については「本法施行日前の婚姻……に，本法によって，無効の原因となる事由があるときは，これを無効とし，取消しの原因となる事由があるときは，本法の規定によって取り消すことができる」（附則18条1項本文）としていた。

　旧法の朝鮮民事令11条は重婚が無効婚か取消婚かは慣習に委ねていたが，慣習では無効とされていた（大正12・12・3民4442号回答，昭和5・1・12高庶805号朝鮮総督府法務局長回答，韓国1978.5.19.戸籍例規341号「1」）。

2）金疇洙（キムチュス）・親族相続法第2全訂版364～368頁。

第2章　韓国家族法の概要とその適用

　次いで，韓国の制定民法では，重婚となる婚姻は取消事由となったので
（810・816条1号），旧法では重婚は無効婚であったが，民法制定後からは取
消婚として取り消すことが可能と解することもできないではない。他方で，
日本は旧民法から新民法に至るまで「取消しうべき」婚姻である（旧民法
766・780条，新民法732条・743条）。そこで，旧法当時の朝鮮人と日本人の
婚姻は，一方は無効婚で他方は取消婚になると捉えて「より重大な効果」と
なる無効婚になると考えるのか，それとも韓国制定民法附則18条1項本文
により重婚は取消婚になったとして，旧法当時の朝鮮人・日本人の婚姻はい
ずれも取消婚になったと考えて「取り消される」までは有効な婚姻と考える
のかが争われてきた。

　日本の判例や審判例は取消婚（新潟家柏崎支審昭和44・6・9家月22-1-
128，新潟地判昭和62・9・2判タ658-205など）と無効婚（熊本家審昭和44・
6・4家月22-1-125，新潟家高田支審昭和50・2・21家月28-7-63など）に
分かれていたが，戸籍通達は，一貫して無効婚の立場で婚姻の記載は職権で
消除してもよいとする先例さえあった（昭和35・5・10民甲1059号回答，昭
和38・9・10民甲2583号回答，昭和39・6・4民甲2051号回答，昭和40・4・
22民甲846号回答，昭和46・3・29民甲632号回答，昭和55・3・12民二1370
号回答など）。

　他方，韓国戸籍の取扱いは，「新民法施行（1960.1.1）前の重婚（後婚）
は，旧慣習により当然無効である」（1967.01.12法制9号（戸籍旧例規541項））
としていたが，上記韓国の通達（韓国1978・5・19.戸籍例規341号）では，重
婚は無効としながら「ただし，旧法当時の重婚であっても新法施行当時まで
その婚姻（重婚）無効の審判がなかったとすれば，その婚姻の効力に関して
は，民法附則第18条によって新法の適用を受けるべきなので民法第810条
及び第818条の規定に従い，重婚は婚姻取消事由に該当するので，よって前
婚者（本妻）と協議離婚が成立した場合には，重婚による取消事由は解消さ
れることとなる。」とし，その後の例規（2007.12.10.家登例規157号，2015.1.
8.家登例規418号「重婚に関する家族関係登録事務処理指針」（3.民法施行前に
成立した重婚の効力）（Ⅰ巻末資料5.家登例規(6)））でも同様の見解を示している。

　婚姻が無効婚か取消婚かは，相続の先決問題となる婚姻の有効性に重大な
影響を与えてきた。[3]

3）評釈・参考文献は，青木清「重婚」渉外百選2版112頁，青木清「重婚」渉外百選3

第1節　家族法の制定から現在まで

コラム**2-2**　韓国　制定民法以前の相続に関する朝鮮の慣習法について

　相続に関する経過規定は「本法施行日前に開始された相続に関しては，本法施行日後でも旧法の規定を適用する」（附則25条1項）としたので，制定民法施行前の相続には朝鮮民事令11条を根拠に慣習に委ねられることになった。その特徴は，①戸主相続には財産相続が随伴するが，財産相続には必ずしも戸主相続が伴わないこと，②戸主である長男が一旦独占相続するが，次男以下庶子までも一定の比率による分財請求権があること，③家族死亡と戸主の死亡以外の諸事情で財産相続が開始すること，である[4]。

(1)　相続についての旧慣習に関する韓国の判例

　①　大判1988.1.19.87다카1877　「旧民法によれば，戸主が死亡すればその全財産が戸主相続人に移転し，次男以下の相続人は戸主相続人に対して財産の分配を請求できる権限だけがあるにすぎず，具体的な財産に対して何らの権利も取得できなかったとしても，未だ戸主相続人から財産の分配を受けない状態にある次男以下の相続人はその具体的な財産が他人に既に登記がなされているとして，その登記の抹消を求める法律上の利害関係を持たない」。

　②　大判1990.10.30.90다카23301　「民法施行前，戸主が死亡した場合にその遺産を戸主相続人が相続するのがその当時の慣習である。同趣旨の原審判断は正当でそこに所論のような民法施行前の相続に関する法理誤解の違法はない」。

　③　大判（全員）1990.2.27.88다카33619　「当院は，従前戸主でない家族が妻と娘を残して死亡した場合，妻だけが財産相続するのが旧慣習であったとの見解を表明していたが」そのような見解は破棄し，「戸主でない家族が死亡した場合にその財産は配偶者である夫や妻ではなく同一戸籍内にいる直系卑属である子女らに均等に分配されるのが当時の我が国の慣習であった」。（判例変更）（I巻末資料4.大法院判例(2)）

　④　大判2014.8.20.2012다52588　「現行民法が施行される前に戸主

版118頁，金疇洙（キムチュス）・注釋親族相続法［全訂増補版］146頁［対照］，住田裕子「韓国民法施行前の重婚について」戸籍566号1頁，西山慶一「韓国民法施行前の韓国人の重婚は無効か取消か」木棚照一監修・「在日」第3版144頁。

4)　김주수（キムチュス）＝김상용（キムサンヨン）・親族相続法第12版836頁。

第2章　韓国家族法の概要とその適用

でない男子が死亡した場合，その財産は直系卑属が平等に共同相続し，直系卑属が被相続人と同一戸籍内にいない女子の場合には，相続権が無いのが我が国の慣習であった」。

⑤ 大判2015. 1. 29. 2014다205683，大判2015. 2. 12. 2013다216761　現行民法が施行される前に戸主でない既婚の長男が直系卑属なく死亡した場合，その財産は妻が相続するのが我が国の慣習であった」。

(2)　相続についての旧慣習に関する韓国不動産登記の例規・先例

① 1947. 5. 12. 登記例規2号　家族である長男又は次男以下の男子が，死亡した時のその遺産相続人に関して，解放前は1933. 12. 8 高等法院連合部判決があって以来，男女を問わずその直系卑属が相続するのであり，これはその卑属が同一家籍内にいるかを問わなかったが，解放後大法院では，母の遺産は男女を問わず同一家籍内にいる直系卑属が平等の比率で相続し庶出子女は嫡出子女の半分を相続し出嫁女は相続権が無いというのが，아방의慣習であると判決した（1946. 10. 11大法院判決）。したがって，本件においてもこの判旨に準じて家族である次男の遺産はその直系卑属である子女が相続するものとし万が一長女が出嫁しているときには，その遺産は遺妻が相続することになる。

② 1966. 1. 8. 登記例規79号　戸主が民法施行前の1955. 8. 10に死亡したとすれば，相続に関しては民法附則第25条第1項の規定を適用するところ，旧法当時は朝鮮民事令第11条によって親族及び相続に関しては，別段の規定がある場合を除いては慣習によるが，慣習上の戸主相続順位は，カ．①被相続人の直系卑属男子　②被相続人の直系尊属女子　③被相続人の妻　④被相続人の家族である直系卑属の妻　⑤被相続人の家族である直系卑属女子の順であり，ナ．慣習上戸主相続人は前戸主の財産を単独で相続する。

③ 1969. 2. 4. 登記例規132号　民法が施行される前に旧慣習法によって戸主が死亡しその戸主を相続する男子がいない場合に，その家に祖母，母，妻が全ているときには，男子の相続人が産まれるまで，祖母，母，妻の順序で戸主権と財産権を相続すべきというのが慣習であった（大判1969. 2. 4. 68다1587）。

④ 1969. 3. 18. 登記例規136号　旧慣習上家族が死亡した場合に，その男子らが既に死亡していたときはその孫子女が祖父の遺産を代襲相続する（大判1969. 3. 18. 65도1013）。

第1節　家族法の制定から現在まで

⑤　1991.1.8.登記先例3-444号　民法施行（60.1.1）以前に開始した戸主相続及び財産相続に関しては，慣習によるとされているところ，その慣習によれば戸主が死亡した場合その者の長男がいるときには長男だけが戸主相続と財産相続をしていたので，戸主の長男が戸主相続申告をしなかったとしても長男が戸主相続と同時に財産相続をすることとなり，さらに上長男が新民法当時死亡しその者に妻と娘がいる場合には，その妻と娘が上長男の相続財産を共同で相続することになる。（1991.1.8登記第27号）参照例規：247項，248項。

⑥　2007.7.30.登記先例200707-6号　1938.4.16.戸主である祖父の死亡で戸主相続と同時に祖父の遺産を単独相続した甲が，その後1955.2.16.未婚のままそれを相続する者がなく死亡し絶家になっていれば，その当時の慣習により甲の遺産は最近親者に帰属するので，甲の近親者に出嫁した姉妹らと数人の叔父らが存在する場合に，甲の遺産は結局近親者である出嫁した姉妹らに共同で帰属する。（2007.7.30不動産登記課-2487　質疑回答）

判例：大判1995.2.17.94다52751，大判1972.8.31.72다1023判決，大判1969.2.18.68다2105

⑦　2013.5.14.登記先例201305-3号　旧「民法」（1960.1.1以前）下の慣習である「형망제급」（兄亡弟及）の原則は，戸主が未婚者で死亡したときには戸主の弟に戸主及び財産相続をさせるという原則なので，戸主が既婚者で死亡したときにはこの原則が適用されない。よって，戸主の弟がいても，その弟は戸主及び財産相続人とはならず，亡戸主の長男が戸主及び財産相続をすることになり，戸主の長男が戸主相続申告をしなかったとしても長男が戸主相続と同時に財産相続をすることになり，さらに長男が新民法当時死亡しその者に母だけがいる場合にはその母が上長男の相続財産を相続することになる（大法院1978.8.22宣告78다1107参照）。（2013.5.14不動産登記課-1103　質疑回答）

参照条文：民法附則第25条第1項　参照例規：登記例規第79号
参照先例：不動産登記先例要旨集Ⅲ第444項（1991.1.8登記先例3-444号）

(4)　戸籍法（1960年1月1日法律第535号）の制定・施行

1）制定民法の施行日である1960年1月1日と同時に戸籍法が制定・施行

第2章　韓国家族法の概要とその適用

された。経過規定では,「附則に旧法とあるのは,本法によって廃止される法令又は法令中の条項」(137条)をいい,廃止法令とは「朝鮮民事令中戸籍に関する規定,朝鮮戸籍令」などである (142条)。

2) また,「旧法の規定による戸籍及び仮戸籍は,これを本法の規定による戸籍又は仮戸籍とみなす」として,朝鮮戸籍令に基づき編製された戸籍を当分の間は本法の定める戸籍として使用することにした。

3) 戸籍は,市・邑・面の区域内に本籍を定める者について,戸主を基準として家別に編製される (同法8条)。

2　1962年改正法の公布・施行

1) 制定家族法は,「戸主を中心とした戸主と家族相互間の権利義務によって法律上の連結した観念的な戸籍上の家族団体」としての家を設けた。家には本家・分家・親家・養家などに分かれるが,戸主の意思によってなされるのが強制分家で,戸主になる者の意思によってなされるのが任意分家・廃家などである。

2) 改正法 (1962年12月29日法律第1237号) は,従前の任意分家のほかに家族は婚姻すれば当然に分家するという「法定分家」制度を新設した (789条1項)。ただし,戸主の直系卑属男子は婚姻によっても分家することはない (788条①ただし書)。この改正は,戸主制存置の主張と廃止の主張の妥協策として導入されたといわれる[5]。同改正法は,1963年3月1日から施行された。

3　1977年改正法の公布・施行

同改正法 (1977年12月31日法律第3051号) は,公布から1年経過後の1979

---

5) 윤진수 (ユンジンス)・注解親族法1巻442頁(윤진수 (ユンジンス))。

年1月1日に施行された。

(1) **親族法の主な改正**[6]

1） 婚姻に際して，改正前は男子27歳・女子23歳未満の者でも父母の同意が必要であったが，改正法では男女ともに未成年者（20歳未満）が婚姻するときに限り父母の同意を必要とした（808条1項の改正）。

2） 未成年者が婚姻をすれば成年に擬制する制度を新設した（826条の2の新設）。

3） 協議離婚について，改正前は，協議上の離婚は当事者間の協議と申告という簡便な手続で可能であったが，改正法は，「家庭法院の確認」を受けることを義務化し申告させるようにした（836条1項の改正）。改正法を受けて戸籍法79条の2は「本籍地を管轄する家庭法院の確認を受けて申告しなければならない。ただし，国内に居住していない場合には，その確認はソウル家庭法院とする」とし，同法施行規則87条は「家庭法院は当事者双方を出席させてその陳述を聴取し，離婚意思の有無を確認しなければならない」とした。

4） 在外国民の「家庭法院」の確認をめぐり，韓国の戸籍例規は「協議離婚制度がある日本国で離婚挙行地である日本方式による離婚申告を終えて離婚証書の謄本を提出したときは渉外私法第10条第2項，戸籍法第40条によって受け付けしなければならない」（1979.1.9.戸籍例規法定8号，1991.7.9.戸籍例規467号（第2章韓先2-5，306頁参照）も同趣旨）とし，日本の戸籍通達も「右の確認は，法例上，協議離婚の方式に属するものと解されるので，改正法施行後において，夫が韓国人である夫婦につき右の確認を得ることなく協議離婚の届出が成された場合，従来どおりこれを受理して差し支えない」（昭和53・12・15民二6678号依命通知，第2章日先2-2，305頁参照）としていた。

5） 親権者につき，改正前は，未成年者と同一の家にいる父が第一次的に

---

6) 송덕수（ソンドクス）・親族相続法15頁以下。

第2章　韓国家族法の概要とその適用

親権者になり，父がいないかその他親権を行使できないときに家にいる
母が第二次的に親権者になった。改正法は，未成年者に対する親権は父
母が共同で行使し，父母の意見が一致しない場合には父が行使し，父母
の一方が親権を行使できないときは他の一方が行使すると改正した（908
条①②改正）。しかし，父母が離婚したときの親権者を父とする規定は
そのままであった（909条⑤）。

(2)　相続法の主な改正[7]

1）特別受益者の受贈財産が相続分を超過する部分は返還しなくてもよい
との規定（1008条ただし書）を削除したので，特別受益者の相続財産が
相続分を超過する場合はその超過部分を他の相続人に返還すべきことに
なった[8]。

2）同順位の相続人が数人のときはその相続分は均分が原則であるが
（1009条1項本文），改正前は，財産相続人が同時に戸主相続をする場合
は固有相続分の5割を加算し，女子の相続分は男子の相続分の2分の1
であったが，改正法は女子の相続分の規定を廃止した（1009条①ただし
書改正）。また，改正前は，妻の相続分は直系卑属と共同で相続すると
きは男子の相続分の2分の1で，直系尊属と共同相続するときは男子の
相続分と均分であったが，改正法は，妻の相続分は直系卑属と共同相続
するときは同一家籍（戸籍）内にいる直系卑属の5割を加算し，直系尊
属と共同相続するときの持分も直系尊属の相続分の5割を加算するとさ
れた（1009条③改正）。しかし，同一家籍（戸籍）内にいない女子の相続
分は改正前と同様に男子の相続分の4分の1のままである（1009条②）
（第2章第3節　表（法令）2-10，166頁参照）。

3）第5編相続の第4章に遺留分の規定を新設した。一定の範囲の相続人
については被相続人の財産の一定の比率を確保できることにして被相続

7）송덕수（ソンドクス）・親族相続法15頁以下。
8）김주수（キムチュス）＝김상용（キムサンヨン）・親族相続法第12版658頁。

120

第1節　家族法の制定から現在まで

人の死後でも生計の基礎を維持できるように配慮したものである[9]。

表（法令）2-1　韓国1977年　遺留分制度の新設

第4章　遺留分
第1112条（遺留分の権利者と遺留分）　相続人の遺留分は次の各号による。 　1　被相続人の直系卑属はその法定相続分の2分の1 　2　被相続人の配偶者はその法定相続分の2分の1 　3　被相続人の直系尊属はその法定相続分の3分の1 　4　被相続人の兄弟姉妹はその法定相続分の3分の1
第1113条（遺留分の算定）　①遺留分は，被相続人の相続開始時において有する財産の価額に贈与財産の価額を加算し，債務の全額を控除してこれを算定する。 ②条件付の権利又は存続期間が不確定な権利は，家庭法院が選任した鑑定人の評価によってその価格を定める。
第1114条（算入される贈与）　贈与は相続開始前の1年間になされたものに限り第1113条の規定によってその価額を算定する。当事者双方が遺留分権利者に損害を加えることを知って贈与をしたときには，1年前にしたものも同様である。
第1115条（遺留分の保全）　①遺留分権利者が被相続人の第1114条に規定された贈与及び遺贈によってその遺留分に不足が生じたときには，不足した限度でその財産の返還を請求することができる。 ②第1項の場合に贈与及び遺贈を受けた者が数人のときには，各人が得た遺贈価額に比例して返還しなければならない。
第1116条（返還の順序）　贈与については，遺贈の返還を受けた後でなければこれを請求することができない。
第1117条（消滅時効）　返還の請求権は，遺留分権利者が相続の開始と返還すべき贈与又は遺贈を行った事実を知ったときから1年内に行わなければ，時効によって消滅する。相続が開始したときから10年を経過したときも同様である。
第1118条（準用規定）　第1001条，第1008条，第1010条の規定は，遺留分にこれを準用する。

---

9) 김주수（キムチュス）＝김상용（キムサンヨン）・親族相続法第12版811頁以下。

第2章　韓国家族法の概要とその適用

4 1990年改正法の公布・施行

　本改正法（1990年１月13日法律第4199号）は，韓国家族法の基調であり根幹であった戸主制度に大幅な改革を断行した画期的な内容であり，その他の改正条項も多岐にわたっている。同改正法は1991年１月１日から施行された。

⑴　親族法の主な改正

１）親族の範囲を両性平等の原理を根底にして合理的に調整した。親族の範囲を父系母系の差別なく８寸（親等）以内の血族とし（777条の改正），直系尊属の姉妹の直系卑属を傍系血族に含ませ（768条の改正），血族の配偶者の血族を姻戚から除き（769条の改正），継母子関係と嫡母庶子関係を法定血族関係から単純な姻戚関係に転換した（773条，774条削除）。なお，継母子関係と嫡母庶子関係は，同法の施行日に消滅させたが（附則４条），憲法裁判所（憲裁2011. 2. 24. 2009헌바89・248）は，本改正により継母子関係を消滅させたことについて合憲決定をしている（Ⅰ巻末資料６. 憲裁判例⑼参照）。

表（法令）２‒２　韓国1990年　継母子関係・嫡母庶子関係の消滅と親族範囲の縮小等

改正前	改正後
第773条（継母子関係に因る親系と寸数）　前妻の出生子と継母及びその血族，姻戚間の親系と寸数は出生子と同一なものとみなす。	**第773条（継母子関係による親系と寸数）** （本条を削除）
第774条（婚姻外の出生子とその親系，寸数）　婚姻外の出生子と父の配偶者及びその血族，姻戚間の親系と寸数はその配偶者の出生子と同一なものとみなす。	**第774条（婚姻外の出生子とその親系，寸数）** （本条を削除）
第775条（姻戚関係等と消滅）　①<u>姻</u>	**第775条（婚姻関係等の消滅）**　①<u>姻</u>

122

戚関係と前2条の親族関係は，婚姻の取消又は離婚により終了する。 ②夫が死亡した場合に，妻が親家に復籍若しくは再婚したときにも前項と同じである。	戚関係は，婚姻の取消又は離婚により終了する。 ②夫婦の一方が死亡した場合，生存配偶者が再婚したときにも第1項と同様である。 （下線部分の改正）
第777条（親族の範囲）　親族関係による法律上の効力は，本法又は他の法律に特別の規定がない限りつぎの各号に該当する者に及ぶ。 　1　8寸以内の父系血族 　2　4寸以内の母系血族 　3　夫の8寸以内の父系血族 　4　夫の4寸以内の母系血族 　5　妻の父母 　6　配偶者	**第777条（親族の範囲）**　親族関係による法律上の効力は，本法又は他の法律に特別な規定がない限り次の各号に該当する者に及ぶ。 　1　8寸以内の血族 　2　4寸以内の姻戚 　3　配偶者 （下線部分の改正）

2）離婚の子の養育責任に関しては，夫に一次的に責任を認めていたのを，改正法は，夫婦双方の協議により定めることに転換し（837条），未成年者に対する面接交渉権を新設し（837条の2の新設），離婚配偶者の経済的保護のために財産分割請求権を導入した（839条の2の新設）。さらに婚姻生活の費用に関しては，改正前は夫の負担であったのを，改正法は夫婦共同負担に転換した（833条の改正）。

3）養子制度につき，改正前は家のための養子制度として認められていた婿養子制度・遺言養子制度・死後養子制度等を廃止する（867条，876条，879条，880条削除）一方で，後見人が入養（養子縁組）の同意をするときには家庭法院の許可を得ることとした（871条ただし書の新設）。

4）親権行使につき，父母の意見が一致しないときは家庭法院の決定に従うように改正し（909条②改正），改正前は父母が離婚するか父の死亡後に母が親家に復籍又は再婚したときにはその母は前婚姻中に出生した子の親権者になれなかったのを（改正前909条⑤），改正法は父母の協議で親権者を定め，協議が成立しなければ家庭法院が定めるとした（改正後

909条④）。

(2) 相続法の主な改正

① 戸主相続から戸主承継へ

戸主制は存置しながらも戸主相続から戸主承継に転換し（第5編「相続」を削除し，第1章「戸主相続」を第8章「戸主承継」に改正，980条～996条改正），改正前は戸主相続権を放棄できなかったが，改正後は戸主承継権を放棄できることにし（991条改正），強制相続から任意相続に転換した。戸主権の重要な要素であった墳墓等の承継は，相続の効力に置かれた（996条削除，1008条の3新設）。

② 戸主相続・財産相続から相続への一元化

戸主相続の廃止に伴い，相続は死亡で開始する相続に一元化した（第2章「財産相続」は第5編「相続」に改編）。

③ 相続人の変更と男女平等化

改正前は，相続の第一順位は，被相続人の直系卑属，第2順位は被相続人の直系尊属，第3順位は被相続人の兄弟姉妹，第4順位は被相続人の8寸（親等）以内の傍系血族であったが，第4順位を「4寸（親等）以内の傍系血族」に変更し（1000条①1号改正），妻が被相続人の場合の特則規定を廃止し（1002条削除），「配偶者の相続順位」に一本化した（1003条改正）。また法定相続分につき，改正前は，同一家籍（戸籍）内にいない女子には男子の4分の1とする規定があったがそれを削除し，また夫の相続分も妻の相続分と同一にした（1009条②・同条③の改正）（第2章第3節表(法令)2-10，166頁参照）。

④ 「寄与分制度」の新設

相続人の中に被相続人から利益を受けた者には特別受益制度があるのに対して，それと反対に遺産の増加に寄与した相続人に寄与分額を加算する制度として寄与分制度を設けた（1008条の2新設）。「財産の維持又は増加」に特別に寄与した相続人で，被相続人を特別に扶養した者も含まれる。

第1節　家族法の制定から現在まで

⑤　「特別縁故者に対する分与制度」の新設

相続人の捜索公告で一定の期間内に相続権を主張する者がいない場合には国庫に帰属するが（1058条），事実上の配偶者や養子などのように被相続人と同一の生計を同じくしていたり，被相続人を療養看護している者など特別な縁故がある者が家庭法院に請求すれば特別に被相続人の財産を分与する制度を設けた（1057条の2の新設）。

(3)　**家事訴訟法（1990年12月31日法律第4300号）の新設**

1990年改正法の施行に合わせて，それまでの人事訴訟法と家事審判法を廃止して新たに「家事訴訟法」を制定した。同法は，1990年改正法の施行日である1991年1月1日に施行された（附則1条）。

5　2002年改正法の公布・施行

本改正法（2002年1月14日法律第6591号）は，相続法の関連部分で，相続回復請求権の除斥期間の改正と特別限定承認制度を新設した。前者は，憲法裁判所の違憲決定（憲裁2001.7.19.99헌바9・26・84等）（I巻末資料3憲判例(3)）によるもので，相続回復請求権の除斥期間を「相続が開始した日から10年」から「相続権の侵害行為があった日から10年」とする999条2項の改正である。後者も，同裁判所の憲法不合致決定（憲裁1998.8.27.96헌가22等（併合））（I巻末資料6憲裁判例(2)）によるもので，相続の法定単純承認を定める1026条2号を改正前と同じ文言で改正するとともに，1019条3項に「相続債務を超過する事実を重大な過失なく」所定の期間内に知れなかった場合にも行使できる「特別限定承認」制度を新設した。

表（法令）2-3　韓国2002年　特別限定承認の新設

改正前	改正後
第1019条（承認，放棄の期間）　① 相続人は，相続の開始があったこ	**第1019条（承認，放棄の期間）**　① （左と同じ）

第2章　韓国家族法の概要とその適用

とを知った日から3月内に，単純承認若しくは限定承認又は放棄をすることができる。但し，その期間は利害関係人又は検事の請求によって家庭法院がこれを延長することができる。 ②相続人は，前項の承認又は放棄をする前に相続財産の調査をすることができる。	②相続人は，第1項の承認又は放棄をする前に相続財産の調査をすることができる。 ③第1項の規定にかかわらず，相続人は相続債務が相続財産を超過する事実を重大な過失なく第1項の期間内に知ることができず単純承認（第1026条第1号及び第2号の規定によって単純承認したものとみなす場合を含む）をした場合には，その事実を知った日から3月内に限定承認ができる。 （2項の「前項」を「第1項」とする改正と第3項を新設する改正）

　本改正法は公布と同時に施行されたが，特別限定承認の規定は憲法不合致決定日である1998年8月27日から施行前までの者も施行日から3か月以内に特別限定承認ができるとの規定が設けられたが（附則3項），この点も憲法裁判所の憲法不合致決定（憲裁2004.1.29.2002헌바22等）があり，2005年法律7765号民法で2002年改正法に附則4項を新設した。

6 2005年改正法の公布・施行

　本改正法（2005年3月31日法律第7427号）は，公布と同時に施行されたが，戸主承継廃止関連規定や親養子制度を導入する部分は，戸籍法の廃止・家登法の制定と同時に2008年1月1日から施行された。

第1節　家族法の制定から現在まで

(1) 親族法の主な改正

① 戸主制度の完全廃止

　1990年に戸主相続を戸主承継に変更するなどの改正はあったが，改正法では戸主制そのものが完全に廃止すると共に「家」の概念も廃止し（778条，779条削除，782条～796条），第4編第2章の題目「戸主と家族」を「家族の範囲と子の姓と本」に改正した。なお，憲法裁判所は既に戸主制度について憲法不合致決定を下している（憲裁2005．2．3．2001헌가9等，2004헌가5（併合）））。

② 子の父姓承継原則の修正

　韓国の伝統といわれる子の父姓承継の原則は存置しながらも（781条①本文），父母が婚姻時に子の姓と本は母の姓と本を継ぐとの協議をした場合は母の姓と本を継ぐことができるようにした（781条①のただし書に新設）。また，改正前は子の姓と本は，認知により当然に父の姓と本を継いだが，改正法は父母の協議又は法院の許可で子は従前の姓と本を使用できることにし（781条5項新設），子の福利のためであれば家庭法院の許可により姓と本を変更することも可能になった（781条6項新設）。なお，子の父姓承継強制主義については，同年12月22日に憲法不合致決定がなされている（憲裁2005．12．22．2003헌가5・6）。また，大法院の判例は，民法781条6項で定める「子の福利のために子の姓と本を変更する必要があるとき」の判断基準を2009年と2010年に相次いで示し（大決2009．12．11．2009스23，大決2010．3．3．2009스133），家登法の施行を前にした2007年12月10日に家登例規101号「子女の姓と本に関する家族関係登録事務処理指針」を発している（現在は家登例規414号）（Ⅰ巻末資料5．家登例規(5)）。

表（法令）2-4　韓国2005年　子女の姓と本　関連規定の改正

改正前	改正後
第781条（子の入籍，姓と本） ①子は父の姓と本を継いで，父家に入	**第781条（子の姓と本）** ①子は父の姓と本を継ぐ。ただし，父母が婚

127

籍する。ただし，父が外国人のときには母の姓と本を継ぐことができ，母家に入籍する。 ②父を知ることができない子は，母の姓と本を継いで母家に入籍する。 ③父母を知ることができない子は，法院の許可を得て姓と本を創設して一家を創立する。ただし，姓と本を創設した後に父又は母を知ることになったときには父又は母の姓と本に継ぐ。	姻申告時に母の姓と本を継ぐとの協議をした場合には，母の姓と本を継ぐ。 ②父が外国人である場合には，子は母の姓と本を継ぐことができる。 ③父を知ることができない子は，母の姓と本を継ぐ。 ④父母が明らかでない子は，法院の許可を得て，姓と本を創設する。ただし，姓と本を創設した後に，父又は母を知ることになったときには，父又は母の姓と本を継ぐことができる。 ⑤婚姻外の出生子が認知された場合，子は父母の協議により従前の姓と本を継続して使用することができる。ただし，父母が協議できないか協議が整わなかった場合には，子は法院の許可を得て従前の姓と本を継続して使用することができる。 ⑥子の福利のために子の姓と本を変更する必要があるときには，父，母又は子の請求によって，法院の許可を得てこれを変更することができる。ただし，子が未成年者で法定代理人が請求できない場合には，第777条の規定による親族又は検事が請求することができる。 （本条を全部改正）

③ 同姓同本禁婚制度の廃止（近親婚の整備）と女子の再婚禁止期間の廃止

同姓同本禁婚制について憲法裁判所は1997年に憲法不合致決定（憲裁1997.7.16.95헌가6等）を下したので，1997.7.30.韓国戸籍例規535号（韓国の先例（以下「韓先」という）2-1）は同姓同本の同一男系血族間の婚姻が可能として戸籍役場では受理していたが，本改正法は法律上でも廃止することとし（809条①削除），同時に近親婚等の整備も行った（809条の

第1節　家族法の制定から現在まで

改正）。また，「女子は婚姻関係の終了した日から6月を経過しなければ婚姻できない」との女子の再婚禁止期間を廃止している（811条の削除）。

韓国の先例2-1　1997. 7. 30. 戸籍例規535号「同姓同本の血族間の婚姻申告に関する例規」要旨

> 同例規は，「同姓同本の同一男系血族間の婚姻申告による戸籍事務処理に関して必要な事項を定めることを目的」（1条）とし，「市（区）・邑・面の長は民法第809条第1項にかかわらず同姓同本の同一血族間の婚姻申告を受理しなければならない。」（2条）とする。その上で，韓国民法第815条第2号又は第3号に該当する無効婚でないことを証明する書類を婚姻申告書に添付することを義務付けている（3条，4条）。

④　親生否認・認知等の提訴期間等の伸長等

親生否認の訴えの提訴権者を「夫」から「夫婦の一方」に改正し，親生否認の提訴期間を「その出生を知った日から1年」を「その事由があることを知った日から2年」に改正した（847条の改正）。提訴期間の改正は憲法裁判所の憲法不合致決定（憲裁1997. 3. 27. 95헌가14等）（Ⅰ巻末資料6憲裁判例(1)）によるものである。

また，父又は母が死亡したときの認知に対する異議の訴え又は認知請求の訴えの提訴期間を「死亡を知った日から1年」を「2年」に変更し（864条①の改正），認知された者の養育責任と面接交渉に関する規定を新設した（864条の2の新設）。次いで，当事者が死亡したときの「他の事由を原因とした親生子関係存否確認の訴え」の提訴期間を「その死亡を知った日から1年」を「2年」に改正している（865条②の改正）。

⑤　親養子制度の新設等

従来の契約型の普通養子制度に加えて，決定型・断絶型の「親養子制度」（特別養子制度）を導入した（908条の2～908条の8の新設）。養親となる者は，原則として3年以上婚姻を継続している夫婦であること，親養子になる者は15歳未満であること，親養子になる者の実父母の同意があること（908条の2①1・2・3号），などである。なお，養子になる者が15歳未満

第2章　韓国家族法の概要とその適用

の場合に後見人が代諾する場合には家庭法院の許可を受けるとする条項を
新設した（869条ただし書の新設）。

表（法令）2‐5　韓国2005年　親養子入養制度の新設条項（抄）

第4款　親養子
第908条の2（親養子入養の要件等）　①親養子をしようとする者は，次の各号の要件を備えて，家庭法院に親養子入養の請求をしなければならない。 　1．3年以上婚姻を継続している夫婦が共同して入養すること。ただし，1年以上婚姻を継続している夫婦の一方がその配偶者の親生子を親養子とする場合にはその限りでない。 　2．親養子となる者が15歳未満であること。 　3．親養子となる者の実父母が，親養子入養に同意すること。ただし，父母の親権が喪失しているか若しくは死亡その他の事由で同意できない場合にはその限りでない。 　4．第869条の規定による法定代理人の入養の承諾があること。 ②　家庭法院は，親養子となる者の福利のために，その養育状況，親養子入養の動機，養親の養育能力その他の事情を考慮して，親養子入養が正当と認められない場合には，第1項の請求を棄却することができる。
第908条の3（親養子入養の効力）　①親養子は，夫婦の婚姻中の出生子とみなす。 ②　親養子入養前の親族関係は，第908条の2第1項の請求による親養子入養が確定したときに終了する。ただし，夫婦の一方がその配偶者の親生子を単独で入養した場合における配偶者及びその親族と親生子間の親族関係はその限りでない。
第908条の4（親養子入養の取消等）　①親養子となる者の実父又は実母は，自らに責任のない事由に基づいて第908条の2第1項第3号ただし書の規定による同意ができなかった場合には，親養子入養の事実を知った日から6月内に家庭法院に親養子入養の取消を請求することができる。 ②　第883条及び第884条の規定は，親養子入養に関して，これを適用しない。
第908条の5（親養子の罷養）　①養親，親養子，実父又は実母若しくは検事は，次の各号の1の事由がある場合には家庭法院に親養子の罷養を請求することができる。 　1．養親が親養子を虐待又は遺棄もしくはその他親養子の福利を著しく害したとき

130

第1節　家族法の制定から現在まで

　　2．親養子の養親に対する悖倫行為に基づいて，親養子関係を維持させ
　　　ることができなくなったとき
②　第898条及び第905条の規定は，親養子の罷養に関してこれを適用しな
　い。

第908条の6（準用規定）　第908条の2第2項の規定は，親養子入養の取
　消又は第908条の5第1項第2号の規定による罷養の請求に関して，こ
　れを準用する。

第908条の7（親養子入養の取消・罷養の効力）　①親養子入養が取り消さ
　れるか罷養したときには，親養子関係は消滅し入養前の親族関係が復活
　する。
②　第1項の場合に，親養子入養の取消の効力は，遡及しない。

第908条の8（準用規定）　親養子に関して本款に特別な規定のある場合を
　除いては，その性質に反しない範囲内で養子に関する規定を準用する。

　　⑥　親権規定の改正
　改正前の909条1項は，未成年者は父母の親権に「服する」としていた
が，改正法はその言葉の使用をやめて「父母は未成年者の親権者となる」
とし，婚姻の取消，裁判上の離婚又は認知請求の訴えの場合には法院が職
権で親権者が定められるとし（909条⑤の改正），一定の者の請求により親
権者の変更を可能とした（909条⑥の新設）。そして，親権行使の基準は「子
の福利を優先的に考慮しなければならない」とする規定を新設した（912
条の新設）。
　　⑦　後見人変更の許容
　改正前は，法院は指定後見人（931条）や法定後見人（932条～936条）が
いなければ一定の者の請求によって後見人を選任したが（936条），改正法
は，家庭法院は「被後見人の福利のために後見人を変更する必要があると
認めたとき」は，「被後見人の親族若しくは検事の請求によって」後見人
を変更できるとの規定を設けた（940条の改正）。

131

第 2 章　韓国家族法の概要とその適用

⑵　相続法の主な改正

①　戸主承継制度の廃止

戸主相続に代って1990年改正法で導入された「戸主承継」制度も，完全に廃止され，第 5 編第 8 章「戸主承継」は削除された（980条〜995条の削除）。

②　寄与分の規定の改正

1990年改正法で導入された寄与分の文言中の「（被相続人を特別に扶養した者を含む。）」を本文中で「相当の期間，同居・看護その他の方法により被相続人を特別に扶養したか」を挿入する改正を行った（1008条の 2 改正）。

③　特別限定承認制度の手続規定の調製

2002年改正法で導入された特別限定承認制度について，導入時に調整しておくべき手続的な法整備がなされた（1030条②の新設，1034条②の新設，1038条①②③の改正）。

⑶　「家族関係の登録等に関する法律」（2007年 5 月17日法律第8435号）の制定

1 ）1960年制定された戸籍法は戸主を中心とする編製原理を採用していたので，戸主制度を廃止した民法に合わせた身分登録制度が考案されていたが，2007年に至って「家族関係の登録等に関する法律」（以下「家登法」という）が制定された。

2 ）その施行に伴い「戸籍法」は廃止され，「本籍」に代わる「登録基準地」に従い個人別に電算化された「家族関係登録簿」が作成されることになった（同法 9 条）。

3 ）発給する証明書は，目的別に 5 種類（家族関係・基本・婚姻関係・入養関係・親養子入養関係）であり，その内容も特定されていた（同法15条）。

4 ）民法第 4 編でも「戸籍法」を「家族関係の登録等に関する法律」とする改正が行われた（812条，814条，836条，878条の改正等）。同法は，2008年 1 月 1 日から施行された（戸籍法からの移行過程は，第 4 章第 5 節 1 ⑴⑵，492頁参照）。

132

第1節　家族法の制定から現在まで

5）それに併せて，それまで発出された「戸籍例規」は廃止され，2007年12月10日に274本の「家族関係登録例規」（以下「家登例規」という）が新たに公表された。

7 2007年改正法から2009年改正法まで

(1)　2007年改正法の公布・施行

1）本改正法（2007年12月21日法律第8720号）の主たる内容は，親族法の改正であり，それまでの婚約年齢・婚姻年齢「男子満18歳，女子満16歳」を男女共に「満18歳」にすること（801条，807条の改正），協議離婚に関して離婚熟慮制を導入することである（第2章第1節表(法令)2‐7，134頁参照）。

2）後者の離婚熟慮制度は，協議離婚の「家庭法院の確認」を受けるには，養育すべき子がいる場合は3か月，いない場合には1か月経過しなければならず（836条の2の新設），養育すべき子がいるときは，養育者・養育費の負担・面接交渉権の行使方法等を協議して決めることである（837条②③の改正等）。

3）その他の改正では，面接交渉権は父母だけの権利ではなく子にも権利があることを明示したこと（837条の2①の改正），新たに，離婚の際に財産分割請求権保全のための詐害行為取消権の請求を家庭法院に請求できることを立法化したことである（839条の3の新設）。

4）同法は公布日から施行されたが，上記2）3）などは，2008年6月22日から施行された（附則1条）。

表（法令）2‐6　韓国2007年　財産分割請求権保全のための詐害行為取消権の新設

第839条の3（財産分割請求権保全のための詐害行為取消権） ①夫婦の一方が，他の一方の財産分割請求権の行使を害することを知りながら財産権を目的とする法律行為をしたときには，他の一方は第406条第1項を

第2章　韓国家族法の概要とその適用

準用してその取消及び原状回復を家庭法院に請求することができる。
②第1項の訴えは第406条第2項の期間内に提起しなければならない。

（参考）
第406条（債権者取消権）　①債務者が債権者を害することを知って財産権を目的
とする法律行為をしたときには，債権者はその取消及び原状回復を法院に請求
できる。ただし，その行為によって利益を受ける者や転得した者がその行為又
は転得当時に債権者を害することを知らなかった場合にはその限りでない。
②前項の訴えは債権者が取消原因を知った日から1年，法律行為があった日から
5年内に提起しなければならない。

---

(2)　2009年改正法の公布・施行

本改正法（2009年5月8日法律第9650号）は，協議離婚の際には，養育費
負担内容を協議した協議書又は家庭法院の審判正本を提出しなければなら
ないが，家庭法院は当事者が協議した負担調書を執行権原あるものにしな
ければならないとする改正である（836条の2⑤の新設，第2章第1節表（法
令）2-7，134頁参照）。同法は同年8月9日から施行された（附則1条）。

表（法令）2-7　韓国2007年・2009年　協議上の離婚の改正条項

改正前	改正後
第836条（離婚の成立と届出の方式） ①協議上の離婚は家庭法院の確認を受けて，家族関係の登録等に関する法律の定めたところによって申告をすることによってその効力が生ずる。 ②前項の届出は，当事者双方及び成年者である証人2人の連署した書面で行われなければならない。	**第836条（離婚の成立と届出の方式）** （左と同じ）
	第836条の2（離婚の手続）　①協議上の離婚をしようとする者は家庭法院が提供する離婚に関する案内を受けなければならず，家庭法院は，必要な場合，当事者に相談に関して専門的な知識と経験を備えた専門相談人の相談を受けること

第1節　家族法の制定から現在まで

	を勧告することができる。 ②家庭法院に離婚意思の確認を申請した当事者は，第１項の案内を受けた日から次の各号の期間が経過した後に離婚意思の確認を受けることができる。 　１　養育すべき子（懐胎中の子を含む。以下，本条において同じ）がある場合には３か月 　２　第１号に該当しない場合には１か月 ③家庭法院は，暴力によって当事者の一方に耐え難い苦痛が予想される等，離婚をすべき急迫な事情のある場合には第２項の期間を短縮又は免除することができる。 ④養育すべき子がある場合，当事者は第837条による子の養育と第909条第４項による子の親権者決定に関する協議書，又は第837条及び第909条第４項による家庭法院の審判正本を提出しなければならない。 （2007・12・21法8720で本条を新設する改正） ⑤家庭法院は，当事者が協議した養育費負担に関する内容を確認する養育費負担調書を作成しなければならない。この場合，養育費負担調書の効力については「家事訴訟法」第41条を準用する。 （2009・5・8法9650で５項を新設する改正）
第837条（離婚と子の養育責任）　①当事者はその子の養育に関する事項を協議によって定める。 ②第１項の養育に関する事項の協議ができていないか協議ができないときには，家庭法院は当事者の請求又は職権によってその子の年	**第837条（離婚と子の養育責任）**　①当事者はの子の養育に関する事項を協議によって定める。 ②第１項の協議は次の事項を含めなければならない。 　１　養育者の決定 　２　養育費用の負担

135

第2章　韓国家族法の概要とその適用

令，父母の産状況その他の事情を参酌して養育に必要な事項を定め，いつでもその事項を変更又は他の適切な処分をすることができる。 ③第2項の規定は，養育に関する事項の外には父母の権利義務に変更をもたらさない。	3　面接交渉権の公使の可否及びその方法 ③第1項による協議が子の福利に反する場合には，家庭法院は補正を命ずるか職権でその子の意思・年齢と父母の財産状況，その他の事情を参酌して養育に必要な事項を定める ④養育に関する事項の協議が成立しないか協議ができないときには，家庭法院は職権又は当事者の請求によりこれに関して決定する。この場合家庭法院は第3項の事情を参酌しなければならない。 ⑤家庭法院は，子の福利のために必要と認めた場合には，父・母・子及び検事の請求又は職権で子の養育に関する事項を変更するか他の適切な処分をすることができる。 ⑥第3項から第5項までの規定に養育に関する事項以外では，父母の権利義務に変更もたらしてはならない。 （2007・12・21法8720で，2項3項を改正し4項から6項を新設する改正）

8 「南北住民間の家族関係と相続等に関する特例法」（南北住民特例法）の制定

1）南北離散家族問題を抱える韓国では，南北間の親族間で生じる親族・相続に関する事例が数多く，本法（2012年2月10日法律第11299号）は，2004年からの北朝鮮在住の配偶者との離婚問題，次いで2009年からは韓国在住者の相続について北朝鮮在住者からの相続回復請求が提起されるという事態の中で，南北住民間に生起する親族・相続問題について特例

136

第1節　家族法の制定から現在まで

を設けることを主眼として制定された[10]。

2）内容は，①重婚・失踪宣告の取消による婚姻の効力では，いずれも婚姻取消を請求できないことを原則とすること（6条②，7条②），②親生子関係存在確認の訴えや認知請求の訴えに関しては，訴え提起の起算点を「分断の終了，自由な往来，その他の事由に基づき訴えの提起に障害事由がなくなった日」とし，提訴期間をそれから「2年以内」とすること（8条②，9条②），③北韓（北朝鮮）在住の相続人は，民法999条1項の規定により相続回復請求ができること（11条①），次いで，④北韓住民が南韓（韓国）内の財産を取得した場合は，それら財産を管理する「財産管理人」を選任すること（13条等），などである。

　本法は，2012年5月11日から施行されている（附則1条）。

3）なお，大法院全員合議体（大判（全員）2016. 10. 19. 2014다46648（I巻末資料4大法院判例(8)）は，2016年に北韓住民が南韓住民を相手にした相続回復請求権の除斥期間には民法999条2項が適用されること，その除斥期間は10年という判断を示した。

9 2013年7月1日施行改正法（2011年3月7日，2011年5月19日，2012年2月10日，各改正法）

　成年後見制度の導入が主たる改正である2011年3月7日改正法，親権分野の改正が中心の2011年5月19日改正法，入養（養子縁組）法を中心にした2012年2月10日改正法，そのいずれもが2013年7月1日施行された（各改正法附則1条）[11] [12]。

10）趙慶済「韓国の新しい法律「南北住民間の家族関係と相続等に関する特例法」」立命館法学342号591頁。
11）趙慶済「韓国の2013年7月1日施行された家族法の概要(1)」立命館法学350号462頁。
12）趙慶済「韓国の2013年7月1日施行された家族法の概要(2・完)」立命館法学351号310頁。

第2章　韓国家族法の概要とその適用

⑴　2011年3月7日改正法（法律第10429号）

1）成年年齢をそれまでの「20歳」を「19歳」とする改正（4条）に加え
て，主として家庭法院が選任する成年後見制度を導入した改正である。
①それまでの限定治産・禁治産に代わり，成年後見（9条の改正）・限定
後見（12条の改正）・特定後見（14条の2の新設）の三類型の後見制度を
導入し，後見を受ける者の福利・治療行為・住居の自由等に関する身上
保護規定を導入したこと（947条の改正，947条の2の新設），②後見人の
法定順位を廃止したことや（935条の削除），成年後見人には複数後見
人・法人後見人を導入し（930条の改正），同意権・代理権の範囲につい
て個別的決定ができるものとし（938条の改正，959条の4の新設，959条の
11の新設等），③任意後見としての「後見契約」を導入したこと（959条
の14〜959条の20の新設）である。

2）そのほかに，第4編親族の第6章「親族会」制度を廃止し（960条〜
973条削除），その代わりに「後見監督人」制度を導入したこと（940条の
2〜940条の7の新設，959条の5・959条の10の新設）などである。

⑵　2011年5月19日改正法（法律第10645号）

1）主な改正は親権制度に係る条項であり，それまでは単独親権者が死亡
すれば他の一方の父母に親権が復活するとの親権復活説が判例実務で
あったが，改正法は，単独親権者が死亡したときに加えて，入養取消・
罷養又は養父母が死亡した場合も家庭法院が未成年後見人を選任するこ
とにしたこと（909条の2の新設）。

2）親権行使には子の福利優先を優先する規定に加えて，家庭法院が親権
者指定をする際の考慮優先規定を設けたこと（912条2項の新設）。

3）単独親権者に親権喪失・所在不明等親権を行使できない重大な事由が
ある場合の家庭法院による未成年者後見人の選任規定を設けたこと（927
条の2の新設）。

4）単独親権者が遺言で未成年後見人を指定したときにも家庭法院が他の
親権者を指定できるとの規定を設けたこと（931条の改正），などである。

138

第1節　家族法の制定から現在まで

⑶　2012年2月10日改正法（法律第11300号）

1）主な改正は養子（養子縁組）法に関するものである。①未成年者の入養については家庭法院の許可制を導入したこと（867条の新設），②未成年者の罷養は裁判上の罷養に限り可能で協議上の罷養は認められないこと（898条の改正，899条～901条の削除），③父母の同意なく養子となる方法の整備（870条・871条の改正，908条の2②の改正），④親養子入養の場合の親養子になれる者の年齢を「15歳未満」から「未成年者であること」に緩和したこと（908条の2①2号の改正），などである。

2）ほかには，⑤重婚取消請求権者の「直系尊属」を「直系血族」に変更したこと（818条の改正）や，⑥婚姻中の夫婦間の契約取消権の規定を削除したこと（828条の削除），⑦裁判上の離婚にも財産分割請求権保全のための詐害行為取消権規定の準用規定を設けたこと（843条の改正），⑧親権者の代理権・財産管理権の喪失宣告の規定を整備したこと（925条の改正），などである。

3）2）⑤の重婚取消請求権者の改正は，憲法裁判所の憲法不合致決定（憲裁2010.7.29.2009헌가8）（Ⅰ巻末資料6.憲裁判例⑺）を受けた改正であり，2）⑤⑥⑦⑧の条項は公布日に即日施行され（同法附則1条ただし書），その他の条項の施行日は，同年7月1日であった（同法附則1条本文）。

10　2014年改正法の公布・施行

1）改正法（2014年10月15日法律第12777号）の主たる内容は親権条項で，①親権者の同意が必要な場合に親権者に代わる家庭法院の同意の裁判を導入したこと（922条の2の新設），②親権喪失に加えて，親権の一時停止や一部制限の規定を導入したこと（924条の改正，924条の2の新設），③親権喪失宣告や親権一時停止宣告等の判断基準を設けたこと（925条の2の新設），などである。本法は，2015年10月16日から施行された（附則1条）。

第2章　韓国家族法の概要とその適用

2）なお，本法に関連して「児童虐待犯罪の処罰等に関する特例法」（2014.
　　1．28法律第12341号）が制定され，児童虐待犯罪があれば検事が親権者
　　や後見人である児童虐待行為者に対して親権喪失宣告や後見人の変更審
　　判を請求できるとしている（9条）。同法は，同年9月29日から施行さ
　　れている（同法附則）。

11 2016年改正法（2016年12月2日，2016年12月20日　各改正法）の公布・施行

(1) 2016年12月2日改正法（法律第14278号）

本改正法は，面接交渉権の規定に関する改正で，子を直接養育しない配
偶者の場合には，家庭法院はその直系尊属にも一定の要件の下に面接交渉
権を付与できること（837条の2②の改正），家庭法院は，面接交渉権にそ
の制限・排除・変更ができるとすること（837条の2③の改正），である。
本改正法は，2017年6月3日から施行された。

(2) 2016年12月20日改正法（法律第14409号）

本改正法は，後見人の欠格事由に係る若干の改正である（937条改正）。
本改正法は，公布日から施行された。

12 2017年改正法の公布・施行

1）憲法裁判所が，2015年4月30日民法844条2項の「婚姻関係終了の日
　　から300日内に出生した子」の部分について憲法不合致決定（憲裁2015.
　　4．30．2013헌마623）（Ⅰ巻末資料6．憲裁判例(11)）を下した。それを受けて
　　改正されたのが，本改正法（2017年10月31日法律第14965号）である。

2）その内容は，婚姻関係が終了した日から300日以内に出生した子女に
　　ついて母と母の前夫は新生否認の許可請求（854条の2の新設）を，生父
　　は認知の許可請求（855条の2の新設）ができることとし，新生否認の訴

140

第1節　家族法の制定から現在まで

えより簡易な方法で親生推定を排除できるように改正した。本改正法は，2018年2月1日から施行された（附則1条）

表（法令）2‒8　韓国2017年　親生子推定に関する改正（抄）

改正前	改正後
第844条（夫の親生子の推定）　①妻が婚姻中に懐胎した子は夫の子と推定する。 ②婚姻成立の日から200日後又は婚姻関係終了の日から300日内に出生した子は婚姻中に懐胎したものと推定する。	**第844条（夫の親生子の推定）**　妻が婚姻中に妊娠した子は夫の子と推定する。 ②婚姻が成立した日から200日後に出生した子は，婚姻中に妊娠したものと推定する。 ③婚姻関係が終了した日から300日以内に出生した子は，婚姻中に妊娠したものと推定する。 （本条を全部改正）
	第854条の2（親生否認の許可請求） ①母又は母の前夫は第844条第3項の場合に家庭法院に親生否認の許可を請求することができる。ただし，婚姻中の子として出生申告がなされた場合にはその限りでない。 ②第1項の請求がある場合に家庭法院は血液採取による血液型検査，遺伝因子の検査等科学的方法による検査結果又は長期間の別居等その他の事情を考慮して許可の可否を定める。 ③第1項及び第2項による許可を得た場合には，第844条第1項及び第3項の推定が及ばない。 （本条を新設する改正）
第855条（認知）　①婚姻外の出生子は，その生父若しくは生母がこれを認知することができる。父母の婚姻が無効であるときには出生子は婚姻外の出生子とみなす。	**第855条（認知）** （左と同じ）

第2章　韓国家族法の概要とその適用

②婚姻外の出生子は，その父母が婚姻したときにはその時から婚姻中の出生子とみなす。	
	第855条の２（認知の許可請求） ①生父は第844条第３項の場合に家庭法院に認知の許可を請求することができる。ただし，婚姻中の子として出生申告がなされた場合にはその限りでない。 ②第１項の請求がある場合に，家庭法院は血液採取による血液型検査，遺伝因子の検査等科学的方法による検査結果又は長期間の別居等その他の事情を考慮して許可の可否を定める。 ③第１項及び第２項による許可を得た生父が「家族関係の登録等に関する法律」第57条第１項による申告をする場合には，第844条第１項及び第３項の推定が及ばない。 （本条を新設する改正）

〜🌿 第２節　相続法の概要（1）　総則・相続人・相続財産 🌿〜

1 総則—相続の開始原因，相続の費用，相続回復請求権の法的性質と消滅

(1)　相続の開始原因

> **第997条（相続開始の原因）**　相続は，死亡によって開始する。

（対照）日本民法882条

１）相続は，「自然死亡」「失踪宣告」（民法28条），「不在宣告」（「不在宣告に関する特別措置法」３条），「認定死亡」（家登法87条）によって開始する。

２）「自然死亡」の申告には死亡の年月日時及び場所等を記載した申告書

142

と添付書類が必要であるが（家登法84条，85条等），「失踪宣告」の申告
には，宣告を請求した者が裁判確定日から1か月以内に裁判の謄本と確
定証明書を添付して，申告書に「民法」27条で定めた期間の満了日を記
載して申告しなければならない（同法92条）。

3）在日韓国人が日本で死亡した場合には，出生，死亡等のような報告的
申告（固有の意味）をする場合には，家族関係登録申告書に添付すべき
出生証明書や死亡証明書に代えて，その居住地国の方式により申告を
行った事実を証明する書面（例：受理証明書）を添付して申告すること
ができるが（家登例規486号2．다．(3)）（Ⅰ巻末資料5．家登例規⑽），韓国の
先例は，在日同胞に対する日本国の失踪宣告は「その効力が日本に在る
不在者の財産と日本の法律によるべき不在者に関する法律関係に及ぶの
で「家族関係の登録等に関する法律」によって申告できる事項ではな
い」とする（2015．2．1．家登先例201502-10号）。

　これに関連して，外国居住の韓国人に対する住所地での失踪宣告の場
合には「外国失踪宣告が国内で効力を有することになるか」という問題
であるが「これは結局外国判決の承認問題に帰属するので要件が具備し
ていれば，我が国でもその効力が認められる」[13]という見解がある。

4）なお，在留外国人が日本国内で死亡した場合は，1983年11月2日から
日本の市町村長は法務局長等経由で外務省に通知し「領事関係に関する
ウィーン条約」37条(a)項により，当該国の領事機関に通知することに
なっている（昭和58・10・24民二6115号通達，平成13・6・15民一1544号通
達）。また，市町村長は「外国人住民」について失踪宣告の裁判（民法
30条①②）が確定したため住民票から消除した場合は，民法の各条項に
規定する期間が経過した年月日又は危難が去った年月日を法務大臣に通
知しなければならない（入管法61条の8の2，同施行令6条②8号ロ・ハ）。

13）안춘수（アンチュンス）『국제사법（国際私法）』（ソウル法文社，2017年）193頁。

第2章　韓国家族法の概要とその適用

⑵　相続の費用

> **第998条の2（相続費用）**　相続に関する費用は，相続財産の中から支給する。

（対照）日本民法885条

1）相続に関する費用とは，相続の管理費用（1022条参照），相続債務に関する公告・催告又は弁済費用（1032条参照），相続財産の競売費用（1037条参照），財産目録作成費用，相続財産に対する租税等の公課金等である。また，遺言執行費用についてはその旨の規定がある（1107条）。

2）判例は，葬儀費用や墓地購入費や訴訟費用も相続費用に含まれ（大判1997. 4. 25. 97다3996（韓国の判例（以下「韓判」という）2－1），大判2003. 11. 14. 2003다30968），賻儀費（香典）は先に祭礼費用に充当し残余は特別な事情のない限り共同相続人の各自の相続分に応じて権利を取得するとのことである（大判1992. 8. 18. 92다2998）。

韓国の判例2‐1　大判1997. 4. 25. 97다3996（要旨）相続費用の性質と訴訟費用

> 　「相続に関する費用は，相続財産中から支給するのであるが，相続に関する必要とは，相続財産の管理及び精算に必要な費用を意味すると解されるところ，葬礼費用は被相続人や相続人の社会的地位とその地域の風俗等に照らして合理的な範囲内でそれを相続費用とみるのが正しく，墓地購入費は葬礼費用の一部と解され，相続財産の管理・保存のための訴訟費用も相続に関する費用に含まれる。」

⑶　相続回復請求権の法的性質と消滅

> **第999条（相続回復請求権）**　①相続権が僭称相続人によって侵害されたときには，相続権者又はその法定代理人は相続回復の訴えを提起することがてきる。
> ②第1項の相続回復請求権はその侵害を知った日から3年，相続権の

第2節　相続法の概要　(1)　総則・相続人・相続財産

侵害行為があった日から10年を経過すれば消滅する。

（対照）日本民法884条

1）相続回復請求権の法的性質については，相続資格確定説，集合権利説，
独立権利説，訴権説の諸説があるといわれるが[14]，判例は集合権利説の
立場といわれる（大判（全員）1981.1.27.79다854，大判（全員）1991.12.
24.90다5740（韓判2‐2）参照）[15] [16]。
　すなわち，同請求権は単一・独立の請求権ではなく相続財産を構成す
る個々の財産に対する個別的な請求権の集合にすぎないとの見解で，相
続を理由に相続財産の返還を請求する訴えは，それが包括的に行使する
のであれ，相続財産中の個別財産についてであれ，個別的に行使するの
であれ，全ての僭称相続人に対して行使するのであれ，第三取得者に対
して行使するのであれ，相続回復請求権の行使と解して物権的な返還請求
権との競合を認めないという見解である[17]。

韓国の判例2‐2　大判（全員）1991.12.24　90다5740（要旨）相続 回復請求権の法的性質

　「民法（1990.1.13法律第4199号で改正される前のもの）が規定する相
続回復の訴えは，戸主相続権や財産相続権が僭称戸主や僭称財産相続人に
よって侵害されたときに真正な相続権者がその回復を請求する訴えをいう
が，財産相続に関して真正な相続人であることを前提にその相続による所
有権又は持分権等の財産権を主張し，僭称相続人又は自己だけが財産相続
をしたという一部の共同相続人を相手に相続財産である不動産に関する登
記の抹消等を請求する場合でも，その所有権又は持分権が帰属していたと
の主張が相続を原因としている以上，その請求原因にかかわらず，それは
民法第999条所定の相続回復請求の訴えと解するのが相当である。」

14）송덕수（ソンドクス）・親族相続法348頁。
15）송덕수（ソンドクス）・親族相続法348頁。
16）김주수（キムチュス）＝김상용（キムサンヨン）・親族相続法第12版580頁。
17）송덕수（ソンドクス）・親族相続法348頁。

145

第2章　韓国家族法の概要とその適用

2）相続回復請求の相手方については，共同相続人であっても自己の相続
　分を超過して相続財産を占有する者はその限度で僭称相続人に該当し，
　祭祀用財産も祭祀を主宰する者以外の共同相続人が占有していればその
　者を相手に回復請求ができる（大判2006. 7. 4. 2005다45452（韓判2－3））。
　また，通説・判例は僭称相続人から相続財産を取得した第三者も相手方
　になるとする（大判（全員）1981. 1. 27. 79다854（韓判2－4））。なお，民
　法1014条の被認知者等の価額支給請求権は相続回復請求権の一種と解す
　る判例（大判2007. 7. 26. 2006므2757, 2764等）からみれば価額支給義務者
　も相手方になる。[18]

3）相続回復請求権の999条2項は，2002年民法改正法（2002. 1. 14法6591
　号）で改正され（第2章第1節5，125頁参照），「侵害を知った日から3
　年」「相続が開始した日から10年」を前段はそのままで後段を「相続権
　の侵害行為があった日から10年」と改正した。

4）判例は，相続権の「侵害を知った日」とは「自己が真正相続人である
　ことを知り，かつ，自己が相続から除かれている事実を知ったとき」と
　し（大判2007. 10. 25. 2007다36223），婚姻外の子が認知されて民法1014条
　の価額支給請求権をするときの起算点は「認知審判が確定した日」とす
　る（大判2007. 7. 26. 2006므2757, 2764等）。また，この「3年」「10年」の
　期間はいずれも除斥期間とするのが通説・判例である（大判1978. 12. 13.
　78다1811，大判2010. 1. 14. 2009다41199（韓判2－5））。

韓国の判例2－3　大判2006. 7. 4. 2005다45452　共同相続人間の相続回復請求

　　「財産相続に関して真正な相続人であることを前提にその相続によって
　所有権又は持分権等財産権の帰属を主張し，僭称相続人又は自己だけが財
　産相続をしたという一部共同相続人を相手に相続財産である不動産に関す
　る登記の抹消（又は真正名義回復のための登記の移転）等を請求する場合

18）송덕수（ソンドクス）・親族相続法354頁。

第2節　相続法の概要　(1)　総則・相続人・相続財産

に，その所有権又は持分権が帰属していたとの主張が相続を原因とするものである以上，その請求原因いかんにかかわらず，それは民法第999条で定める相続回復請求の訴えと解するのが相当である」

韓国の判例2‑4　大判（全員）1981．1．27．79다854（要旨）相続回復請求権の第三者への請求

「真正相続人が僭称相続人を相手に相続財産である不動産に関する登記の抹消等を求める場合にその所有権又は持分権等の帰属原因が相続と主張している以上，請求原因のいかんにかかわらずそれは民法第999条所定の相続回復請求の訴えと解すべきなので同法第982条第2項の除斥期間の適用がある」「真正相続人が僭称相続人から相続財産を譲受した第三者を相手に登記抹消請求をする場合でも相続回復請求権の短期の除斥期間が適用される」

韓国の判例2‑5　大判2010．1．14．2009다41199（判示事項）民法999条2項の除斥期間

1．「真正な相続人であることを前提に僭称相続人等を相手に相続財産である不動産に関する登記の抹消等を請求する場合，相続を原因とする以上その請求原因にかかわらず相続回復請求権の訴えに該当し除斥期間に関する民法第999条第2項は，この場合にも適用される」
2．「共同相続人中の1人が相続登記に代えて旧不動産所有権移転登記等に関する特別措置法（法律第4502号）によりその名義の所有権移転登記を経由した場合に，その移転登記が無効という理由で他の共同相続人がその登記の抹消を請求する訴えは相続回復請求の訴えに該当し（大判1984．2．14．83다600，83다카2056，大判1993．4．13．93다3318参照）……」

5）南北住民特例法11条1項は，南北離散によって被相続人の南韓住民から相続を受けられなかった北韓住民（北韓住民であった者を含む）又はその法定代理人が999条1項によって相続回復請求ができると規定し，その場合に他の共同相続人がすでに分割・その他の処分をしていたときには，相続分に相当する価額で支給することを請求できるとの規定を設けている。

147

第2章　韓国家族法の概要とその適用

　なお，同法は，相続回復請求権の除斥期間の起算点に関して，親生子関係存在確認や認知請求の訴えのような「分断の終了，自由な往来，その他の事由に基づき訴えの提起に障害事由がなくなった日から」（同法8条②，9条②）という特則を設けていない。同法が相続回復請求権の除斥期間に民法999条2項の特則を設けなかったことには合理性が認められるとした大法院の全員合議体判決（大判（全員）2016.10.19.2014다46648）（Ⅰ巻末資料4．大法院判例(8)）がある。

2 相続人―血族相続人，配偶者相続人，代襲相続人，相続人の欠格

⑴　血族相続人とその順位

第1000条（相続の順位）　①相続においては，次の順位をもって相続人となる。
　1．被相続人の直系卑属。
　2．被相続人の直系尊属。
　3．被相続人の兄弟姉妹。
　4．被相続人の4寸以内の傍系血族。
②前項の場合に同順位の相続人が数人のときには最近親を先順位とし，同親等の相続人が数人のときには共同相続人となる。
③胎児は相続順位に関しては，すでに出生したものとみなす。

（対照）日本民法887条①，889条①

①　第1順位　被相続人の直系卑属（1000条①1号）

1）直系卑属であれば，被相続人の子女の他に孫や曾孫も含まれ，父系血族・母系血族，自然血族・法定血族も含まれる。そして，直系卑属の存在が確実な以上生死不明であるとしても除外させることはできない（大判1982.12.28.81다452・453（韓判2-6））。

148

第2節　相続法の概要　(1)　総則・相続人・相続財産

韓国の判例2‐6　大判1982.12.28.81다452・453　北朝鮮在住の生死不明の相続人

「亡석춘운（ソックチュヌン）に原告문숙（ムンスック），訴外亡문철（ムンチョル）と被告以外に直系卑属である娘が一人いるのであれば以北にいて生死不明という理由だけでは財産相続人から除外できない」。

2）直系卑属が数人いる場合には，それらの者の寸数（親等）が異なれば最近親（寸数が最も近い者）が先順位として相続人になり（1000条②前段），最近親の直系卑属が数人いるときにはそれらは共同相続人となる（同項後段）。よって，被相続人の子女・孫がいる場合には，子女だけが相続し，子女が数人いればそれらが共同で相続する。

3）被相続人の直系卑属に関しては代襲相続が認められる（1001条）。そこで，被相続人には数人の子女がいたが相続開始前にそれら子女の全てが死亡又は欠格となった場合に，それら子女（被相続人の孫）は，本来の固有な相続人として相続するのか代襲相続するのかが問題になる。この問題についてどのように把握するのかは相続人の相続分に影響する。学説は，本来の固有な相続人として相続するという見解（本位相続説又は非代襲相続説）と孫以下の直系卑属はいつも代襲相続としてのみ相続するという見解（代襲相続説）に分かれる[19)20)]判例は，代襲相続説の立場である（大判2001.3.9.99다13157（韓判2‐7））。

韓国の判例2‐7　大判2001.3.9.99다13157　子女が全員死亡した場合と代襲相続

「被相続人の子女が相続開始前に全部死亡した場合，被相続人の孫子女は本位相続ではなく代襲相続をすると解するのが相当である（補充上告理由書が述べる大法院判決は相続の放棄に関するもので相続の放棄は死亡とは異なり我が民法上代襲相続事由でないので，被代襲者の死亡という代襲

---

19)　송덕수（ソンドクス）・親族相続法289頁。
20)　なお，김주수（キムチュス）＝김상용（キムサンヨン）・親族相続法第12版600頁も参照。

第2章　韓国家族法の概要とその適用

> 相続事由が発生した本件のような場合には援用できない）。」

4）相続における胎児の法律上の地位については，停止条件説と解除条件説とが対立しているが，判例は停止条件説を採用している（大判1976. 9. 14. 76다1365）。停止条件説とは，胎児が胎児でいる間は権利能力（相続能力）を取得できないが，生きて産まれれば権利能力取得の効果が問題の事件の発生した始期まで遡及して生じるという見解である。胎児は普通の相続だけでなく，代襲相続を受けることもできる（民法1001条）。

5）1990年改正法の前は，嫡母庶子間と継母子間にも親子関係が認められていたが（改正前773条，774条），1990年改正法で廃止されたので相互の相続権は無くなった。なお，日本の判例で嫡母庶子間と継母子間の成立に関して相続の先決問題としてそれらの成立に関する準拠法を示した判例がある（最一小判平成12・1・27民集54-1-1）。

　②　第2順位　被相続人の直系尊属（1000条①2号）

1）直系尊属であれば，父系・母系，養家・生家，性別や離婚の有無は問われないが，親養子の生家側の直系尊属は相続人とはなれない（民法908条の3参照）。親生父母と養父母が生存しているときには共に同順位で相続人になる（大判1995. 1. 20. 94다585）。

2）直系尊属の場合は代襲相続は認められていない（1001条参照）。よって，被相続人の父母が最優先順位の相続人の場合に母が死亡していて母の父母が生存していても，母の相続分は母の父母や母の子女が代襲相続をせずに父が単独で相続する[21]。そして，養父母が死亡し養子が巨額の遺産を相続した後にその養子が配偶者と直系卑属なく死亡した場合，養子の相続財産は全部親生父母が相続し，養祖父母が生存していても相続できない[22]。

21）송덕수（ソンドクス）・親族相続法290頁。
22）김주수（キムチュス）＝김상용（キムサンヨン）・親族相続法第12版602頁。

150

第2節　相続法の概要　(1)　総則・相続人・相続財産

③　第3順位　被相続人の兄弟姉妹（1000条①3号）

1) ここでいう兄弟姉妹は，従前の判例は被相続人の父系の傍系血族を意味するとしていたが（大判1975．1．14．74다1503（韓判2‐8）），現在は兄弟姉妹には父系・母系すべてを含み，父は異なるが母が同じ場合（異姓同腹）や父が同じで母が異なる場合（同姓異腹）も含まれる（大判1997．11．28．96다5421（韓判2‐9））。

韓国の判例2‐8　大判1975．1．14．74다1503　1990年改正前の民法1000条①3号の「被相続人の兄弟姉妹」

> 「民法第1000条第1項第3号の所謂被相続人の兄弟姉妹とは被相続人の父系傍系血族だけを意味すると解されるところ，原審が維持した第1審判決の理由によれば第1審は本件問題の土地は亡유봉규（ユボンギュ）と亡지현（チヒョン）の娘である訴外유동인（ユトンイン）の所有で上유봉규が1914．11．14．死亡し上지현（チヒョン）は訴外여조현（ヨチョヒョン）の内縁の妻と再家して原告の生母である여운정（ヨウンジョン）を出産したところ，上유동인（ユトンイン）と原告の生母である여운정（ヨウンジョン）は異姓同腹の姉妹関係にあったと，すなわち上유동인（ユトンイン）が1969．6．3．子女等相続する近親なく死亡し，原告の生母もまた1945．3．11死亡したので原告は代襲相続人として本件請求に至ったという主張に対して原告は代襲相続人とはならないとしてそれを排斥した措置は先にみたように正当でそこで論旨が指摘したような財産相続に関する法理を誤解した違法は見られない。」

韓国の判例2‐9　大判1997．11．28．96다5421　1990年改正後の民法1000条①3号の「被相続人の兄弟姉妹」

> 現行民法（1990．1．13法律4199号で改正され1991．1．1から施行されている）第1000条第1項は第3順位相続人として「被相続人の兄弟姉妹」をしているところ，「ここでいう「被相続人の兄弟姉妹」とは，民法改正時に親族の父系と母系の差別をなくし，相続の順位や相続分に関しても男女間又は父系と母系間の差別をなくした点等に照らしてみれば，父系及び母系の兄弟姉妹のすべてを含むと解釈するのが相当である。したがって，亡人と母親だけを同じくする異姓同腹の関係にある原告らは先にみた民法規

151

第2章　韓国家族法の概要とその適用

> 定により亡人の相続する資格のある「被相続人の兄弟姉妹」に該当するの
> で，原告らが本件保険受益者である」

２）兄弟姉妹が数人いれば同順位で相続人になる。また，兄弟姉妹には代
襲相続が認められている（1001条）。

　　④　第４順位　被相続人の４寸以内の傍系血族（1000条①４号）

１）傍系血族は，(i)兄弟姉妹，(ii)兄弟姉妹の直系卑属，(iii)直系尊属の兄弟
姉妹，(iv)直系尊属の兄弟姉妹の直系卑属（765条後段）であるが，本号で
いう傍系血族は(iii)(iv)の中で４寸（親等）以内の者である。

２）４寸（親等）以内の傍系血族が数人いる場合には最近親者が先順位と
なり，先順位の者が数人いれば共同相続人となる（1000条②）。

⑵　**配偶者相続人**

第1003条（配偶者の相続順位）　①被相続人の配偶者は，第1000条第
　１項第１号と第２号の規定による相続人がいる場合には，その相続
　人と同順位で共同相続人となり，その相続人がいないときには単独
　相続人となる。

（対照）日本民法890条

１）被相続人の配偶者は被相続人の直系卑属や被相続人の直系尊属がいる
ときには，それら相続人と共同相続人になり，それら相続人がいないと
きには単独相続人となる（1003条①）。

２）ここでいう「配偶者」とは婚姻申告をした法律上の配偶者だけを指し，
事実婚の配偶者は含まれない。事実婚配偶者は相続人がいない場合に特
別縁故者として相続財産の全部又は一部の分与を受けることができるだ
けである（1057条の２）。憲法裁判所は事実婚配偶者の相続権を認めない
1003条１項の「配偶者」部分は憲法に違反しないとする決定（合憲）を
宣告した（憲裁2014．8．28．2013헌바119）（Ⅰ巻末資料６．憲裁判例⑽）。

３）婚姻の無効事由が存在する場合（815条参照）は，婚姻は当然無効とす

るのが通説である。[23] よって婚姻無効判決が確定する前に当事者の一方
が死亡しても生存配偶者は相続権を有しない。

4）婚姻に取消事由のある場合（816条参照）には，法院で取消を請求しな
ければならず（816条），取消の効力は遡及しない（824条）。そこで，夫
婦の一方が死亡後に婚姻が取り消された場合に生存配偶者は相続権を失
うかが問題になる。重婚関係にある場合の配偶者の相続権も同じ問題が
生じる。判例は，婚姻取消判決が確定しても両婚姻の配偶者は，共に相
続権を有すると判示する（大判1996. 12. 23. 95다48308）。しかし，「婚姻取
消の効力は遡及効がないが，配偶者の一方が死亡した後に婚姻が取り消
された場合には死亡したときに婚姻が消滅すると解すべきであるから，
相続権を失ったと解釈するのが妥当と考える」との見解もある。[24]

(3) 代襲相続人

第1001条（代襲相続） 前条第1項第1号と第3号の規定によって相
続人となる直系卑属又は兄弟姉妹が，相続開始前に死亡若しくは欠
格者になった場合に，その直系卑属がいるときにはその直系卑属が
死亡若しくは欠格とされた者の順位に代って相続人となる。

第1003条（配偶者の相続順位）
②第1001条の場合において相続開始前に死亡し，又は欠格となった者
の配偶者は同条の規定による相続人と同順位で共同相続人となり，
その相続人がいないときは単独相続人となる。

（対照）日本民法887条，889条②

1）民法が定める代襲相続をする場合とは次の例である。[25]

① 相続人となる被相続人の直系卑属が相続開始前に死亡したか欠格で
あったときには，その直系卑属が代襲相続する（1001条，1000条①1
号）。

---

23) 송덕수（ソンドクス）・親族相続法292頁。
24) 김주수（キムチュス）＝김상용（キムサンヨン）・親族相続法第12版604頁。
25) 송덕수（ソンドクス）・親族相続法293頁。

第2章　韓国家族法の概要とその適用

② 　相続人となる被相続人の兄弟姉妹が相続開始前に死亡したか欠格で
あったときには，その直系卑属が代襲相続する（1001条，1000条①3
号）。

③ 　相続人となる被相続人の直系卑属又は兄弟姉妹が相続開始前に死亡
したか欠格であったときには，その配偶者はその直系卑属と共同で代
襲相続し，直系卑属がいなければ単独で相続する（1003条②）。

なお，「配偶者が死亡した後に再婚した者は姻戚関係が消滅するので
（775条②），代襲相続権が無いと解すべきである」との見解がある[26]　韓
国の不動産登記例規には，1990年民法改正前であるが，「夫の死亡後に
も継続して婚家との姻戚関係が維持されている妻を意味するので，夫の
死亡後に再婚した妻は前夫の順位に代わる代襲相続人とはならない」と
いうものがある（1990．1．9登記例規694号）。

２）代襲相続権は，被代襲者の相続権を代位したり承継するのではなく，
法律が認める代襲者固有の権利である。

３）1990年民法改正前は，妻にだけ配偶者の代襲相続権を認めていたが
（改正前1003条②），改正後は両性平等の観点から夫にも妻と同じ代襲相
続権を認めた（改正後1003条②）。

(4)　相続人の欠格

第1004条（相続人の欠格事由）　次の各号のいずれか一に該当する者
は，相続人となることができない。
　1．故意に直系尊属，被相続人，その配偶者又は相続の先順位若し
　　くは同順位にある者を殺害したか殺害しようとした者。
　2．故意に直系尊属，被相続人とその配偶者に障害を加えて死亡に
　　至らせた者。
　3．詐欺又は強迫で被相続人の相続に関する遺言又は遺言の撤回を
　　妨害した者。
　4．詐欺又は強迫で被相続人の相続に関する遺言をさせた者。

26）김주수（キムチュス）＝김상용（キムサンヨン）・親族相続法第12版610頁。

第2節　相続法の概要　(1)　総則・相続人・相続財産

> 5．被相続人の相続に関する遺言書を偽造・変造・破棄又は隠匿した者。

（対照）日本民法　891条

1）　1号の「直系尊属」が，行為者の直系尊属か被相続人の直系尊属かについては議論があるが，前者を指すとの見解が多く，「その配偶者」が直系尊属の配偶者と被相続人の配偶者を含むかで見解が分かれる[27]

2）　1号の殺人には既遂・未遂は問われず予備・陰謀も含まれる。さらに自殺の教唆・幇助も含まれるとの見解がある[28]。また，故意は要件であるが，そのほかにその殺人が相続で有利になるとの認識は必要とされていない（大判1992.5.22.92다2127）[29]。なお，本条では，日本民法891条1号所定の欠格事由でいう「刑に処せられた者」という要件は課せられていない。

3）　1号で先順位又は同順位の相続人になる胎児を堕胎させたことが本号の欠格事由に該当するかについては議論があるが，肯定する判例がある（大判1992.5.22.92다2127（韓判2-10））。

韓国の判例2-10　大判1992.5.22.92다2127　欠格事由と先順位・同順位の胎児の堕胎

> 1989年死亡した訴外乙との間の胎児を堕胎した事案で，「胎児が戸主相続の先順位又は財産相続の先順位や同順位である場合に，その者を堕胎すれば旧民法（1990.1.13.法律第4199号で改正される前のもの）第992条第1号及び第1004条第1号所定の相続欠格事由に該当する。」

4）　欠格事由が相続開始前に生じたときには後に相続が開始しても相続が行われず，欠格事由が相続開始後に生じたときには一旦開始した相続が

27）　송덕수（ソンドクス）・親族相続法284頁。
28）　송덕수（ソンドクス）・親族相続法284頁。
29）　김주수（キムチュス）＝김상용（キムサンヨン）・親族相続法第12版615頁。

155

第 2 章　韓国家族法の概要とその適用

遡及して無効となる。よって欠格者が行った相続財産の処分も無効となり，真正な相続人は相続回復請求権を行使することができる。

5）被相続人が，相続欠格者に対して宥恕できるか，欠格の効果を取消又は免除できるかについて，学説は分かれている。[30]

6）被相続人が生前にその意思で若しくは遺言によって推定相続人の廃除を家庭裁判所に請求する制度（日本民法892条，893条）は，韓国民法では認められていない。その理由について「たとえ一部の子に相続財産を相続させたくないという被相続人の意思が存在したとしても，一族を支配，統率するルールを無視する行為は，一族の秩序維持の観点から許されなかった」という見解がある。[31]

3　相続財産—共同相続財産の共有，祭祀用財産の特別承継

(1)　共同相続財産の共有

> **第1006条（共同相続と財産の共有）**　相続人が数人のときには，相続財産はその共有とする。
> **第1007条（共同相続人の権利義務承継）**　共同相続人は各自の相続分に応じて被相続人の権利義務を承継する。

（対照）日本民法898条，899条

1）共同相続の場合，相続人は各自の相続分に応じて被相続人の権利義務を承継するが（1007条），相続財産はその者らの共有と規定する（1006条）。

2）そこで，この「共有」の意味が問題になる。学説は，合有説と共有説に分かれ対立しているが，多数説は共有説を採用している。[32] 共有説は，相続財産の共有は本来の意味の共有と異ならないとする。その上で，共

30）송덕수（ソンドクス）・親族相続法288頁。
31）青木清・韓国家族法207頁。
32）송덕수（ソンドクス）・親族相続法327頁。

156

第2節　相続法の概要　(1)　総則・相続人・相続財産

同相続人は相続財産を構成する個々の財産についてその相続分に応じて物権的持分を有し（262条），相続財産分割前であってもその持分を単独で自由に処分できるとする（263条）。そして，債権・債務が不可分のものであれば共有関係が生じ，その目的が可分であれば法律上当然に共同相続人の間で分割されるという（408条）。共有説はその理由として，①民法が相続財産分割の遡及効を認めながら（1015条本文），同時に第三者の権利を害することができないとして（1015条ただし書），個々の相続財産に対する持分を認めている点，②民法は相続を家産の承継と見ないで純個人主義的に各相続人に財産が取得される原因とみている点，③分割禁止の遺言や特約のない場合には共同相続人はいつでも分割をすることができ，分割方法について共有物の分割方法の規定を準用する点（1013条②），などを挙げる。[33] 判例も，「共有」説を採用している（大判1993．2．12.92다29801（韓判2‐11），大判1996．2．9.94다61649）。

韓国の判例2‐11　大判1993．2.12.92다29801　共同相続財産の共有

「訴訟係属中に当事者である被相続人が死亡した場合，共同相続財産は相続人らの共有なので，訴訟の目的が共同相続人全員に合一確定すべき必要的共同訴訟関係と認定されない以上，必ずしも共同相続人全員が共同で受継しなければならないのではなく，受継しなかった相続人らに対する訴訟は中断した状態でそのまま被相続人が死亡した当時の審級法院に係属される。」

3）共同相続財産が共有とはいっても，物権については，共同相続人は相続財産に属する個々の物権上の相続分に応じて共有持分を有するが（262条参照），各相続人の持分は均等でなく（262条②参照），各自の相続分に従う。

4）債権については，可分債権は相続開始と同時に当然に共同相続人間で

33）송덕수（ソンドクス）・親族相続法327～328頁。

第 2 章　韓国家族法の概要とその適用

　　その者の相続分に応じて分割され承継される（408条参照）とするのが判
　例の立場であるが（大判1962.5.3.4294민상1105，大判1980.11.25.80다
　1847），そのような立場であれば「債務者は相続人 1 人にその相続分を
　超過して弁済した場合，債権の準占有者に対する弁済となる場合は（470
　条）は別にして，そうでない場合には他の共同相続人に対抗できなくな
　り債務者は不利益を被る」との見解がある。[34]
 5 ）不可分債権は相続財産の分割まで共同相続人全員に不可分的に帰属し，
　各相続人は共同で又は単独で全ての相続人のために全額の履行を請求で
　きるので，債務者はある相続人に履行すれば債務を免れる。
 6 ）また，債務については，可分債務は各共同相続人にその者の相続分に
　応じて分割されるので財産分割の対象にならないとするのが判例の立場
　であるが（大判1997.6.24.97다8809，大判2013.3.14.2010다42624・42631
　（韓判 2 -12）），当然分割説であれば「債務について共同相続人が相続分
　に応じて最初から分割債務を負担している解すれば，相続債権者は相続
　開始によって自己の意思と関係なく自己の債権が分割される不利益を被
　ることになる」との見解がある。[35] なお，不可分債務は共同相続人各自
　が不可分債務全部に対して履行の責任を負う（411条，414条参照）。

韓国の判例 2 -12　大判2013.3.14.2010다42624・42631共同相続財産の可分債務

> 　「金銭債務のように給付の内容が可分な債務が共同相続された場合，そ
> れは相続開始と同時に当然に共同相続人に法定相続分に従い相続されたと
> 解するのが相当なので（大判1997.6.24.97다8809），その法定相続分相当
> の金銭債務は遺留分権利者の遺留分不足額を算定する際に考慮すべきであ
> る」

34）김주수（キムチュス）＝김상용（キムサンヨン）・親族相続法第12版645頁。
35）김주수（キムチュス）＝김상용（キムサンヨン）・親族相続法第12版646頁。

158

第2節　相続法の概要　(1)　総則・相続人・相続財産

(2)　祭祀用財産の特別承継

> **第1008条の3（墳墓等の承継）**　墳墓に属する1町歩以内の禁養林野と600坪以内の墓土である農地，族譜と祭具の所有権は，祭祀を主宰する者がこれを承継する。

（対照）日本民法897条

1）祭祀用財産は，相続人に包括承継する一般相続財産から除いた特別財産とし，法定の相続人でない特定の者が承継すると規定した。1990年改正前は墳墓等の承継として「戸主相続の効力」として996条に設けていたが，改正後は第1章「相続」第3節「相続の効力」に1008条の3を新設したものである。その理由は「祭祀用財産の場合には共同相続させたり平等分割するのが祖上崇拝や家統の継承を重視する我が習俗や国民感情に反する」という理由からである（大判1997.11.28.96ヂ18069）。

2）「禁養林野」とは墳墓又はその予定地周囲の伐木が禁止される林野であり，「墓土」とは「位土」のことでその収穫を墓の祭祀の費用等に充当する農地である。また，「族譜」とは一家の歴史を表示して家系の連続を実証するための冊簿をいい，「祭具」とは祖先の祭祀に使用する道具のことである。なお，「墳墓に附属する碑石は墳墓と一体を成す祭具として祭祀主宰者の所有となる」（大判1993.8.27.93ㅁ648）。

3）「祭祀を主宰する者」とは誰かに関して，学説は「原則的には戸主承継人」「事実上祭祀を主宰する者」「家族の協議で決定した者」「被相続人の意思・慣習・家庭法院の決定の順」に分かれているが，[36]判例は「亡人の共同相続人間の協議により定められるが，協議が整わない場合には祭祀主宰者の地位を維持できない特別な事情がない限り亡人の長男（長男がすでに死亡している場合には長男の男子）が祭祀主宰者になり，共同相続人のなかに男子がいない場合には亡人の長女が祭祀主宰者になる」

36）송덕수（ソンドクス）・親族相続法304頁。

第2章　韓国家族法の概要とその適用

とした（大判（全員）2008. 11. 20. 2007다27670）（Ⅰ巻末資料4．大法院判例
(5)）。

4）祭祀用財産は一般の相続財産ではないので，相続分や遺留分算定の基
礎とはならず，相続放棄した者も承継することが可能で，限定承認や財
産分割の場合でも責任財産から除かれる。

5）これに関連して，大法院は，女性を排除し成年男子だけを宗中（一次
的には祖先祭祀を目的とする集団）員と認めてきた判例を変更し女性にも
宗中員と認める判決を宣告している（大判（全員）2005. 7. 21. 2002다
1178）（Ⅰ巻末資料4．大法院等判例(4)）。この判例は「戸主制廃止を主たる
内容とする改正民法の延長線上から理解されるもの」と評されている。[37]

　また，大法院は，慣習法上認められてきた墳墓基地権（墳墓を守護し
て奉祭祀する目的を達成するのに必要な範囲内で他人所有の土地を使用でき
るもので，土地所有者や第三者の妨害を排除できる慣習上の物権）の時効取
得を時代の変化がありつつもそのまま維持するとする判決を宣告した
（大判（全員）2017. 1. 19. 2013다17292）。

6）日本の渉外家事事件では，祭祀用財産の承継者指定事件は祭祀承継に
係るものであり，祭祀財産の承継者を定めるものであるとして「相続」
の法律関係として性質決定がなされるとの見解がある一方で，[38]「相続の
準拠法が韓国法である場合には，祭祀財産は相続財産を構成しないもの
と考えられる」ので，「物権の問題とみて法適用通則法13条の規定によ
るべきではないか」という見解がある[39]（第1章第2節2(1)5)66頁参照）。

37）김주수（キムチュス）＝김상용（キムサンヨン）・親族相続法第12版640頁注）105。
38）司法研修所・渉外家事事件研究157頁。
39）木棚照一『逐条解説　国際家族法』（日本加除出版，2017年）553頁以下。

160

第2節　相続法の概要　(1)　総則・相続人・相続財産

4 日本の関連判例

(1)　相続回復請求

　相続回復請求事件の事案で，昭和55年死亡の韓国人の相続回復請求事件につき，韓国法の相続回復請求が共同相続人間でも認められることを前提にして，韓国の改正前民法999条「侵害を知った日から3年」「相続開始日から10年」の除斥期間の適用は法適用通則法42条の公序に反しないとした判例が紹介されている（大阪高判平成26・5・16（平成25(ネ)第3587）（未公表判例)[40])。

(2)　相続人の欠格

　在日韓国人の相続事案で，相続欠格の存否は相続準拠法たる韓国民法に準拠するとして，「妻の人工妊娠中絶」は1958年制定法当時の1004条1号の欠格事由に該当するかが争われた事案がある（広島地判昭和49・5・27判タ310-230，日本の判例（以下「日判」という）2-1))。

日本の判例2-1　広島地判昭和49・5・27判タ310-230　同順位の胎
　　　　　　　　児の中絶と相続欠格

　　昭和44年（1969年）交通事故によって死亡した韓国人Aの保険金をその母Yが全額受領したので，母Yに対してその妻Xが不当利得返還請求をした事案で，その母Yが妻Xは正当な理由がないのに妊娠中絶をしたので韓国民法1004条の欠格事由に該当すると主張した事案である。韓国民法1004条の欠格事由は「刑に処せられること」の要件がないことを前提に，原告が「人工妊娠中絶……をしたことは，一応右法条にいう「故意に同順位にある者を殺害した者」に当るといわねばならない」が「違法性ないし責任性のない場合にまで相続人の欠格事由とするものではないと解すべきである」とし，「そうでないとすれば右法条はわが国の公序良俗に反するものであり，法例30条により，その適用が排除されるものと解すべきである」

---

40)　評釈につき，中野俊一郎「共同相続人間での相続権争いについて，相続権の侵害を
　知った日から3年，相続開始日から10年の経過により相続回復請求権を時効消滅させ
　る韓国法の適用と公序（判例集未登載)」戸時741号43頁。

161

第2章　韓国家族法の概要とその適用

> とした。[41]

第3節　相続法の概要
(2)　法定相続分，特別受益者・寄与相続人の相続分

1 法定相続分

(1)　血族相続人の相続分

> **第1009条（法定相続分）** ①同順位の相続人が数人のときにはその相続分は均分とする。

（対照）日本民法900条4号

1) 同順位の相続人が数人の場合はその相続分は均分であり，性別，父系か母系か婚姻中の子か婚外子かは全く問われない。

2) 1960年制定当時の民法1009条1項は，同順位の相続人が数人のときはその相続分は均分としながら，ただし書で「財産相続人が戸主相続をする場合には相続分はその固有の相続分の5割を加算し，女子の相続分は男子の相続分の2分の1」としていたが，1977年改正法では，同条同項ただし書を「財産相続人が戸主相続をする場合には相続分はその固有の相続分の5割を加算する」と改正し女子の相続分についての規定を削除した。次いで，1990年改正法では同条同項ただし書を削除した。また，1990年改正前は，直系卑属である女子で同一家籍（戸籍）内にいない場合には男子の相続分の4分の1とする規定（改正前1009条②）があったが，それも1990年改正法で廃止された。

---

41) 評釈につき，江泉芳信「わが国で交通事故により死亡した韓国人子の保険金を全額受領した韓国人母に対して，北朝鮮人たる，子の妻が提起した右保険金の一部請求の準拠法，他」ジュリ611号150頁。

第3節　相続法の概要　⑵　法定相続分，特別受益者・寄与相続人の相続分

韓国の判例2‑13　大判1994.6.28.94ㅁ413　婚姻挙行地の方式の具備と婚姻の有効性

1）「渉外私法第15条第1項は「婚姻の成立要件は各当事者に関してその本国法によってそれを定める。ただし，その方式は婚姻挙行地の法による」と規定しているところ，本規定は我が国の者との間又は我が国の者と外国人の間の婚姻が外国で挙行される場合，その婚姻の方式，すなわち形式的成立要件は，その婚姻挙行地法により定めるべきとの趣旨と解釈されるので，その国の法が定める方式に従った婚姻手続を終えた場合には，婚姻が有効に成立するとされ，別に我が国の法に従う婚姻申告をしなくても婚姻の成立に影響はなく，当事者が戸籍法第39条，第40条によって婚姻申告をするとしても，それは創設的申告ではなく既に有効に成立した婚姻に関する報告的申告にすぎないと解される（当院1991.12.10宣告91ㅁ535判決；1983.12.13宣告83므41判決各参照）。」

2）原審は，訴外亡人はイリ市シン洞に本籍を置く在日同胞で1967年3月頃から日本人である被告と日本札幌市で同居していたが，1990.9.12.札幌市北区長に婚姻申告を行い日本国法で定められた方式に従い婚姻した事実，訴外亡人は1990.11.6死亡し，被告は1991.3.7.婚姻申告書を作成して1991.3.19.札幌市管轄の韓国総領事館に提出しており，その申告書が外務部長官を経由して1991.5.12.イリ市長に受理された事実を認められ，そこで訴外亡人と被告間の婚姻は1990.9.12.日本札幌市北区長に日本国法に従い申告することにより適法に成立していたと解され，被告が訴外亡人の死亡後である1991.3.19.札幌市管轄の総領事に婚姻申告を行ったとしても，それは既に有効に成立した婚姻を我が国の戸籍簿に記載するために行う単純な報告的申告にすぎないので，婚姻の効力に何らの影響を与えないと判断される」。

⑵　配偶者相続人の相続分

第1009条　（法定相続分）
②被相続人の配偶者の相続分は，直系卑属と共同で相続するときには，直系卑属の相続分の5割を加算し，直系尊属と共同で相続するときには，直系尊属の相続分の5割を加算する。

（対照）日本民法900条1号・2号・3号

1）被相続人の配偶者の相続分は，直系卑属と共同で相続するときには直

第2章　韓国家族法の概要とその適用

　系卑属の相続分の5割を加算し，直系尊属と共同で相続するときには直
　系尊属の5割を加算する。

2）被相続人に配偶者だけがいて直系卑属も直系尊属もいないときは配偶
　者が単独で相続する（1003条①）。

3）1960年民法制定当時の同条3項は「被相続人の妻の相続分は，直系卑
　属と共同で相続するときには男子の相続分の2分の1とし，直系尊属と
　共同で相続するときには男子の相続分と均分」とされ，1977年改正法の
　同条3項では「被相続人の妻の相続分は，直系卑属と共同で相続すると
　きには同一家籍内にいる直系卑属の相続分の5割を加算し，直系尊属と
　共同で相続するときには直系尊属の相続分の5割を加算する」としてい
　たが，1990年で同条3項は削除された。

4）先に述べたように（第2章第2節2(2)4）153頁），重婚関係にある婚姻
　で婚姻取消の訴訟中に配偶者の一方が死亡した場合でも，前婚・後婚配
　偶者は相続権を有する。その場合に両者の相続分が問題になる。後婚は
　取り消されるまでは有効な婚姻で取消には遡及効がないとして死亡時点
　ではいずれの婚姻も有効と考えれば，両者ともに本来の配偶者の相続分
　の2分の1を取得することも考えられるが，両者ともにすべて本来の配
　偶者の相続分を取得すべきとの見解もある[42]。

(3)　代襲相続人の相続分

第1010条（代襲相続分）　①第1001条の規定によって死亡又は欠格者
　に代わって相続人となった者の相続分は，死亡又は欠格者の相続分
　による。
②前項の場合に，死亡又は欠格者の直系卑属が数人いるときには，そ
　の相続分は死亡又は欠格者の相続分の限度で第1009条の規定によっ
　てこれを定める。第1003条第2項の場合も同様である。

（対照）日本民法901条

42）송덕수（ソンドクス）・親族相続法309頁。

第3節　相続法の概要　(2)　法定相続分，特別受益者・寄与相続人の相続分

1）代襲相続人の相続分は，被代襲者（死亡又は欠格となった者）の相続分と同じである（1010条①）。そして，代襲相続の場合に代襲相続する直系卑属が数人のとき，そして代襲相続する配偶者（被代襲者の配偶者）がいるときには，被代襲者の相続分を相続財産として法定相続分の方法で相続分を定める（1010条②）。

2）したがって，被代襲者の直系卑属の相続分は均等であり（1009条①），被代襲者の配偶者の相続分は直系卑属の5割を加算するが（1009条②），もし直系卑属がいなければ配偶者は単独で代襲相続する（1003条②）。

表（法令）2‐9　韓国　法定相続人とその法定相続分の例示（日本相続法との比較）

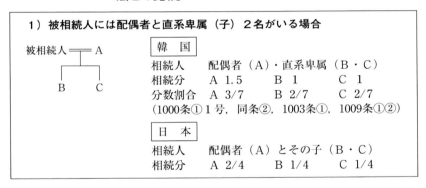

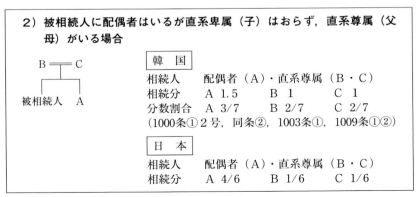

165

第2章　韓国家族法の概要とその適用

3）被相続人に配偶者と直系卑属（子）が2名いたが，その一人は配偶者と直系卑属（子1名）を残してすでに死亡していた場合

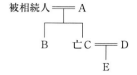

韓　国
相続人　　配偶者（A）・直系卑属（B・亡Cの配偶者（代襲者D）・亡Cの直系卑属（代襲者E）
相続分　　A 1.5　　　B 1　　　D 1×(0.6)　　E 1×(0.4)
分数割合　A 15/35　　B 10/35　　D 6/35　　　E 4/35
（条文1000条①1号，1001条，1003条①②，1009条①②，1010条①②）
日　本
相続人　　配偶者（A）・子（B）・亡Cの子（代襲者E）
相続分　　A 2/4　　　B 1/4　　　E 1/4

表（法令）2-10　韓国「民法」第5編の相続人・相続分の改正経過

1958. 2. 22法律第471号（1960年1月1日施行）	1977. 12. 31法律第3051号（1979年1月1日施行）	1990. 1. 13法律第4199号（1991年1月1日施行）
第2節　　財産相続人		第2節　相続人 ※（下線部分の改正）
第1000条（財産相続の順位） ①財産相続においては，次の順位をもって相続人となる。 1．被相続人の直系卑属。 2．被相続人の直系尊属。 3．被相続人の兄弟姉妹。 4．被相続人の8寸以内の傍系血族。 ②前項の場合に同順位の相続人が数人のときには，最近親を先順位とし同親等の相続人が数人のときには，共同相続人となる。 ③第988条と第989条の規定は，前項の相続順位に準用する。	第1000条（財産相続の順位） （左に同じ）	第1000条（相続の順位）①相続においては，次の順位をもって相続人となる。 1．被相続人の直系卑属。 2．被相続人の直系尊属。 3．被相続人の兄弟姉妹。 4．被相続人の4寸以内の傍系血族。 ②前項の場合に同順位の相続人が数人のときには，最近親を先順位とし同親等の相続人が数人のときには，共同相続人となる。 ③胎児は相続順位に関しては，すでに出生したものとみなす。（下線部分の改正）

166

第3節　相続法の概要　(2)　法定相続分，特別受益者・寄与相続人の相続分

第1001条（代襲相続）　前条第1項第1号と第3号の規定によって相続人となる直系卑属又は兄弟姉妹が，相続開始前に死亡若しくは欠格者になった場合に，その直系卑属がいるときにはその直系卑属が死亡若しくは欠格とされた者の順位に代って相続人となる。	**第1001条（代襲相続）**　（左に同じ）	**第1001条（代襲相続）**　（左に同じ）
第1002条（妻が被相続人の場合の相続人）　妻が被相続人である場合に，夫はその直系卑属と同順位で共同相続人となり，その直系卑属がいないときには単独相続人となる。	**第1002条（妻が被相続人の場合の相続人）**　（左に同じ）	**第1002条（妻が被相続人の場合の相続人）** （本条を削除する改正）
第1003条（妻の相続順位）①被相続人の妻は，第1000条第1項第1号と第2号の規定による財産相続人がいる場合には，その相続人と同順位で共同相続人となり，その相続人がいないときには単独相続人となる。 ②第1001条の場合において相続開始前に死亡し，又は欠格となった者の妻は同条の規定による相続人と同順位で共同相続人となり，その相続人がいないときは単独相続人となる。	**第1003条（妻の相続順位）**（左に同じ）	**第1003条（<u>配偶者</u>の相続順位）**　①被相続人の<u>配偶者</u>は，第1000条第1項第1号と第2号の規定による<u>相続人</u>がいる場合には，その相続人と同順位で共同相続人となり，その相続人がいないときには単独相続人となる。 ②第1001条の場合において相続開始前に死亡し，又は欠格となった者の<u>配偶者</u>は同条の規定による相続人と同順位で共同相続人となり，その相続人がいないときは単独相続人となる。 （下線部分の改正）
第3節　<u>財産</u>相続の効力		**第3節**　相続の効力 （下線部分の改正）
第2款　相続分		
第1009条（法定相続分）①同順位の相続人が数人のときにはその相続分は均分とする。<u>但し，財産相続人が同時に戸主相続をする場合には相続分はその固有の相続分の5割を加算し，女子</u>	**第1009条（法定相続分）**①同順位の相続人が数人のときにはその相続分は均分とする。<u>但し，財産相続人が同時に戸主相続をする場合には相続分はその固有の相続分の5割を加算する。</u>	**第1009条（法定相続分）**①同順位の相続人が数人のときにはその相続分は均分とする。 ②<u>被相続人の配偶者の相続分は直系卑属と共同で相続するときには，直系卑属の相</u>

167

第2章　韓国家族法の概要とその適用

の相続分は男子の相続分の2分の1とする。 ②同一家籍内にない女子の相続分は，男子の相続分の4分の1とする。 ③被相続人の妻の相続分は，直系卑属と共同で相続するときには男子の相続分の2分の1とし，直系尊属と共同で相続をするときには男子の相続分と均分とする。	②同一家籍内にない女子の相続分は，男子の相続分の4分の1とする。 ③被相続人の妻の相続分は直系卑属と共同で相続するときには同一家籍内にいる直系卑属の相続分の5割を加算し，直系尊属と共同で相続するときには直系尊属の相続分の5割を加算する。 （第1項，第3項を改正）	続分の5割を加算し，直系尊属と共同で相続するときには，直系尊属の相続分の5割を加算する。 ③（削除） ※（本条1項但書を削除し，2項を全部改正し，3項を削除する改正）
第1010条（代襲相続分）①第1001条の規定によって死亡又は欠格者に代って相続人となった者の相続分は，死亡又は欠格者の相続分による。 ②前項の場合に，死亡又は欠格者の直系卑属が数人いるときには，その相続分は死亡又は欠格者の相続分の限度で第1009条規定によってこれを定める。第1003条第2項の場合も同様である。	第1010条（代襲相続分）（左に同じ）	第1010条（代襲相続分）（左に同じ）

表（法令）2-11　韓国「民法」相続人・相続分の変遷（女子を中心に）

①　1960. 1. 1～1978. 12. 31, ②　1979. 1. 1～1990. 12. 31, ③　1991.
1. 1～現在

被相続人　甲　相続関係説明図

（被）夫　甲　┬─A（男）
　　　　　‖ ─B（女）
妻　乙　└─C（女）

第3節　相続法の概要　(2)　法定相続分，特別受益者・寄与相続人の相続分

---

① 1960. 1. 1～1978. 12. 31（Aは戸主相続）

1）B・Cが婚姻していない（同一家籍内）場合

相続人	乙	A	B	C	（1958年制定民法　1000
相続分	乙0.5	A 1.5	B 0.5	C 0.5	条①1号，1003条①，
分数割合	1/6	3/6	1/6	1/6	1009条①③）

2）Bが婚姻している（同一家籍内にいない）場合で，Cが婚姻していない（同一家籍内）場合

相続人	乙	A	B	C	（1958年制定民法　1000
相続分	乙0.5	A 1.5	B 0.25	C 0.5	条①1号，1003条①，
分数割合	2/11	6/11	1/11	2/11	1009条①②③）

3）B・Cが婚姻している（同一家籍内にいない）場合

相続人	乙	A	B	C	（1958年制定民法　1000
相続分	乙0.5	A 1.5	B 0.25	C 0.25	条①1号，1003条①，
分数割合	2/10	6/10	1/10	1/10	1009条①②③）

---

② 1979. 1. 1～1990. 12. 31（Aは戸主相続）

1）B・Cが婚姻していない（同一家籍内）場合

相続人	乙	A	B	C	（1977年改正民法　1000
相続分	乙1.5	A 1.5	B 1	C 1	条①1号，1003条①，
分数割合	3/10	3/10	2/10	2/10	1009条①③）

2）Bが婚姻している（同一家籍内にいない）場合で，Cが婚姻していない（同一家籍内）場合

相続人	乙	A	B	C	（1977年改正民法　1000
相続分	乙1.5	A 1.5	B 0.25	C 1	条①1号，1003条①，
分数割合	6/17	6/17	1/17	4/17	1009条①②③）

3）B・Cが婚姻している（同一家籍内にいない）場合

相続人	乙	A	B	C	（1977年改正民法　1000
相続分	乙1.5	A 1.5	B 0.25	C 0.25	条①1号，1003条①，
分数割合	6/14	6/14	1/14	1/14	1009条①②③）

---

③ 1991. 1. 1～現在

相続人	乙	A	B	C	（1990年改正民法　1000
相続分	乙1.5	A 1	B 1	C 1	条①1号，1003条①，
分数割合	3/9	2/9	2/9	2/9	1009条①②）

第 2 章　韓国家族法の概要とその適用

⑷　遺言による指定相続分の問題（対照）日本民法902条

１）被相続人が遺言で相続分を指定できるかについて，学説は，肯定説，
否定説に分かれる。肯定説は，被相続人が包括的遺贈をすれば相続分の
指定と異なるところがないとして，そのときの相続分を指定相続分とす
る。否定説は，相続分の指定は遺言事項でなく現行法上は指定相続分は
認められていないとし，包括的遺贈の場合を指して指定相続分と表現し
てはならないという[43) 44)]

２）肯定説によっても，遺留分に反する相続分の指定をした場合には侵害
を受けた遺留分権利者は返還を請求できるとし（1115条），相続分の指
定は民法が明文で定めていないので，相続分の指定を第三者に委任する
ことはできないとする（1012条参照）[45)]。なお，「共同相続人の相続分はそ
の遺留分を侵害しない限り被相続人の遺言で指定したときにはそれによ
り，そのような遺言が無い時には法定相続分による」と述べた判例があ
る（大判2001．2．9．2000다51797（韓判 2‐14））。

韓国の判例 2‐14　大判2001．2．9．2000다51797　遺言による指定相続分

> 「共同相続人の相続分は，その遺留分を侵害しない限り被相続人の遺言
> で指定したときには，それにより，そのような遺言がないときには法定相
> 続分によるが，被相続人から財産の贈与又は遺贈を受けた者は，その受贈
> 財産が自己の相続分に不足した限度内でだけ相続分があり（民法第1008
> 条），被相続人の財産の維持又は増加に特別に寄与したか被相続人を特別
> に扶養した共同相続人は相続開始当時の被相続人の財産価額からその寄与
> 分を控除した額を相続財産とみて指定相続分又は法定相続分に寄与分を加
> 算した額でその者の相続分とするので（民法第1008条の 2 第 1 項），指定
> 相続分や法定相続分が直ちに共同相続人の相続分になるのではなく……」。

43）송덕수（ソンドクス）・親族相続法308頁。
44）이경희（イキョンヒ）・第 2 全訂版家族法436頁は，その表現を肯定する。
45）김주수（キムチュス）＝김상용（キムサンヨン）・親族相続法第12版648頁参照。

170

第3節 相続法の概要 (2) 法定相続分, 特別受益者・寄与相続人の相続分

2 特別受益者の相続分

> **第1008条(特別受益者の相続分)** 共同相続人の中に被相続人から財産の贈与又は遺贈を受けた者がいる場合に, その受贈財産が自己の相続分に達しないときには, その不足した部分の限度で相続分がある。

(対照) 日本民法903条, 904条

1) 特別受益者がいる場合の具体的な相続分の算定方法は, 先に被相続人の相続開始当時に有していた財産の価額に生前贈与の価額を加算した後に, その価額に各共同相続人別に法定相続分を加えて相続分の価額を定める。その価額が各共同相続人の相続分になり, 特別受益者の相続分はその価額から受贈財産である贈与又は遺贈の価額を控除したものとなる。通説・判例も同様である[46]。判例には, 被相続人の相続開始当時に有していた財産の価額とは, 相続財産中の積極財産の全額を計算するもので相続債務を控除したものではないとするものがある (大判1995. 3. 10. 94다16571 (韓判2-15))。

韓国の判例2-15 大判1995. 3. 10. 94다16571 (要旨) 相続開始当時の財産の価額とは

> 「共同相続人の中に特別受益者がいる場合の具体的な相続分の算定のためには, 被相続人が相続開始当時に有していた財産の価額に生前贈与の価額を加算した後, この価額に各共同相続人別に法定相続分を加えて算出した相続分の価額から特別受益者の受贈財産である贈与又は遺贈の価額を控除する計算方法によって行うが, ここでいう計算の基礎となる「被相続人が相続開始当時に有していた財産の価額」とは, 相続財産の中で積極財産の価額を呼ぶものと解すべきである」

---

46) 송덕수 (ソンドクス)・親族相続法310頁。

第2章　韓国家族法の概要とその適用

2）返還義務者は，贈与や遺贈を受けた共同相続人である。その共同相続人は相続を単純・限定承認した者に限るが，相続を放棄した者は原則として含まれない。判例には，共同相続人の直系卑属・配偶者・直系尊属が贈与又は遺贈を受けた場合に返還義務はないが，例外的に贈与や遺贈の経緯等の諸事情を考慮すれば実質的に被相続人から相続人に贈与したのと異ならない場合には特別受益として考慮できるとした判例がある（大判2007．8．28．2006스3・4）。

3）また，被代襲者が被相続人から特別受益を受けたときは代襲相続人に返還義務があるとするが，代襲相続人自身が被相続人から特別受益を受けたときに関して，学説は対立している[47]。第1説は代襲相続人が実際に共同相続人の資格を取得した時点以前に受益したかそれ以後に受益したかのいずれであっても返還義務があるとする見解であり，第2説は代襲相続人が実際に共同相続人の資格を取得した時点以後に受益した場合にだけ返還義務があるとする見解である。判例は，第2説の立場である（大判2014．5．29．2012다31802（韓判2-16））。また，判例には，相続欠格事由が発生した以後に欠格者が被相続人から直接贈与を受けた場合に，その受益は相続人の地位で受けたのではないので，原則的に相続分の先給と解し難いとして，欠格者の受益は特別な事情がない限り特別受益に該当しないとしたものがある（大決2015．7．17．2014스206・207）。

韓国の判例2-16　大判2014．5．29．2012다31802　代襲相続人と特別受益

「……，代襲相続人が代襲原因の発生以前に被相続人から贈与を受けた場合，それは相続人の地位で受けたものではないので相続分の先給とは考えられない。そうではなくてそれを相続分の先給と考えれば，被代襲人が死亡する前に被相続人が先に死亡し相続が成された場合には特別受益に該当しなかったのが，被代襲人が被相続人より先に死亡していたという偶然の事情によって特別受益になるという不合理な結果が発生する。したがっ

47）송덕수（ソンドクス）・親族相続法311頁。

て，代襲相続人の地位の上のような受益は特別受益に該当しないと解するのが相当である。」

4）特別受益の範囲に関して，いかなる生前贈与が特別受益になるかについての明文規定はない。判例は「被相続人の生前の財産，収入，生活水準，家庭状況等を参酌して共同相続人間の衡平を考慮して将来相続人になる者に引き渡される相続財産中の持分の一部を予め渡したと解せられるかによって決定すべきである」とする（大判1998.12. 8. 97ㅁ513・520，97ㅅ12（韓判 2 -17），大決2014.11. 25. 2012ㅅ156・157（韓判 2 -17））。具体的には，事業資金・住宅購入資金は特別受益であるが，扶養費用・一般的な医療費はそうではない[48]。

　また，遺贈はその目的を問わず対象となるが，遺贈の目的物は相続開始時にはいまだ相続財産に含まれていないので生前贈与の場合のようにその価額を加算する必要がなく，生命保険金・死亡退職金・遺族年金等は相続財産に含まれないが，特別受益には該当する。判例には，配偶者に対する生前贈与は実質的な共同財産の清算，被相続人に対する扶養の履行等の意味が含まれているとして，その限度内では配偶者に対する生前贈与を特別受益から除いても子女ら共同相続人との関係では公平を害するとはいえないとした判例（大判2011.12. 8. 2010ㄷ66644（韓判 2 - 18））がある。

韓国の判例 2 -17　大判1998.12. 8. 97ㅁ513・520，97ㅅ12，大決 2014.11. 25. 2012ㅅ156・157　特別受益の範囲

　　「……，いかなる生前贈与が特別受益に該当するかは被相続人の生前の財産，収入，生活基準，家庭生活等を参酌して共同相続人間の公平を考慮し当該生前贈与が果たして相続人になる者に引き渡される相続財産中のその者の持分の一部をすでに与えたものと解されるかによって決定しなけれ

48）송덕수（ソンドクス）・親族相続法311頁以下。

第 2 章　韓国家族法の概要とその適用

ばならない。」

韓国の判例 2 - 18　大判2011. 12. 8. 2010다66644　配偶者の特別受益

「……，生前贈与を受けた相続人が配偶者で一生の間被相続人の伴侶になりその者と家庭共同体を形成し，それを土台に互いに献身し家族の経済的基盤である財産を獲得・維持し子女らに養育と支援を継続してきた場合，生前贈与にはそのような配偶者の寄与や努力に対する保障乃至評価，実質的共同財産の精算，配偶者の余生に対する扶養義務の履行等の意味も共に含まれていると解するのが妥当で，その限度内で生前贈与を特別受益から除外しても子女ら共同相続人との関係で公平を害するとはいえない。」

5 ）特別受益として返還されるのは現物ではなく価額なので，生前贈与は贈与時と相続開始時では相当の時間的開きがある。そこで，返還財産の価額を何時の基準で評価するかが問題になるが，判例は原則的に相続開始時を基準とする（大決1997. 3. 21. 96스62（韓判 2 - 19））。なお，金銭が贈与された場合には相続開始時の貨幣価値に換算評価しなければならない。

韓国の判例 2 - 19　大決1997. 3. 21. 96스62　返還財産の評価時期—相続開始時

「共同相続人の中に被相続人から財産の贈与又は遺贈等の特別受益を受けた者がいる場合には，そのような特別受益を考慮して相続人別に固有の法定相続分を修正し具体的な相続分を算定するが，その具体的相続分を算定する際には相続開始を基準に相続財産と特別受益財産を評価してそれを基礎としてしなければならないが，……」

6 ）ところで，特別受益の価額が受贈者の相続分を超過する場合には受益者はそれ以上相続を受けないことになるが，超過部分を返還すべきかが問題になる（遺留分制度を導入した1977年改正前民法1008条ただし書は，明文で「その超過分の返還を要しない」と定めていたが，1977年改正で削除された）。学説は，返還すべきとする見解，共同相続人の遺留分を侵害し

第3節　相続法の概要　(2)　法定相続分，特別受益者・寄与相続人の相続分

た場合に限り返還すべきとの見解，返還する必要がないとの見解に分かれる[49]。なお，「実務では超過特別受益を返還する必要がないとの立場を採っているものと見られる」との記述がある[50]。

7 ）なお，学説には，遺言等で被相続人が特別受益の返還を免除する意思表示をした場合には（日本民法903条③参照），その意思表示に従うべきとの見解があるが，大勢とはいえない[51]。

3 寄与相続人の相続分

第1008条の２（寄与分）　①共同相続人中に，相当の期間，同居・看護その他の方法により被相続人を特別に扶養したか若しくは被相続人の財産の維持または増加に特別に寄与した者がいるときには，相続開始当時の被相続人の財産価額から共同相続人の協議で定めたその者の寄与分を控除したものを相続財産とみなし，第1009条及び第1010条によって算定した相続分に寄与分を加算した額でその者の相続分とする。

②第１項の協議が成立しないか協議できないときには，家庭法院は，第１項に規定する寄与者の請求によって寄与の時期・方法及び程度と相続財産の額その他の事情を参酌して寄与分を定める。

③寄与分は，相続が開始したときの被相続人の財産価額から遺贈の価額を控除した額を超えてはならない。

④第２項の規定による請求は，第1013条第２項の規定による請求がある場合又は第1014条に規定する場合にすることができる。

（対照）日本民法904条の２

1 ）寄与分制度は，共同相続人間の実質的衡平を図ろうとする点では特別受益の返還制度と同趣旨であるが，特別寄与者がいる場合にその相続分

49）송덕수（ソンドクス）・親族相続法314頁。
50）김주수（キムチュス）＝김상용（キムサンヨン）・親族相続法第12版658頁（注）130。
51）송덕수（ソンドクス）・親族相続法315頁。

175

第2章　韓国家族法の概要とその適用

を引き上げるものである。

　本条は，1990年改正法で新設され，本条1項の「相当の期間，同居・看護その他の方法により被相続人を特別に扶養したか若しくは被相続人の財産の維持または増加に特別に寄与した者」は2005年改正法で改正されたもので，改正前は「被相続人の財産の維持又は増加に関して特別に寄与した者（被相続人を特別に扶養した者を含む。）」であった。

2）寄与分権利者は，共同相続人に限られるので，被相続人の子女がいれば被相続人の直系尊属や兄弟姉妹が特別寄与をしても寄与分を請求できない。相続欠格者・相続放棄者・包括的受贈者・事実婚の配偶者や事実上の養子も寄与分権利者ではない。代襲相続人であれば自己の寄与を主張できるが，寄与した時点が代襲原因が生じた前も含まれるかについては，学説は肯定説と否定説に分かれる[52]。そして，代襲相続人は，被代襲者の寄与も主張できるとされている。

3）「特別扶養」とは「相当の期間，同居・看護その他の方法により被相続人を特別に扶養した」場合であるが，親族間の通常の扶養義務（826条①，903条，974～979条）の範囲を超えるものでなければならない。

4）判例は，①妻が1987年から1992年まで交通事故の治療の看病に当たったとしてもそれは扶養義務の一環であるとして特別寄与と認めなかったものや（大決1996. 7. 10.95亼30・31），②成年の子が扶養義務の存否やその順位に捉われずに自ら長期間その父母と同居しながら，生計維持の水準を超える扶養者自身と同等の生活水準を維持する扶養をした場合を特別寄与と認めたもの（大判1998. 12. 8. 97므513・520，97亼12）がある。なお，下級審では，①2000年死亡した者の妻が申し立てた事案で婚姻後の1983年頃から被相続人の母を扶養したこと，前妻との子である子を養育し婚姻させたこと，相続人の死亡時まで独りで被相続人を看病したことなどを総合考慮して寄与分請求の一部を認めた事例（ソウル家審2003. 6.

52）송덕수（ソンドクス）・親族相続法316頁。

176

第3節　相続法の概要　(2)　法定相続分，特別受益者・寄与相続人の相続分

26. 2001ㄴ합86審判）や②2012年死亡した被相続人をドイツから帰国した
1990年から看病するなど約20年間世話をし，死の直前に養子となった者
の寄与分の比率を25％とした事例（ソウル家審2015. 11. 9 . 2013ㄴ합95）
がある。

5）「財産上の特別寄与」とは，例えば被相続人の経営する農業・自営業
等の事業に労務を提供したり財産を提供して財産を維持又は増加させた
場合である。ただし，妻の家事労働や対価などを得た場合などは特別寄
与にならない。なお，特別な寄与と認められるには相続人の寄与行為と
相続財産の維持・増加の間に因果関係がなければならない。

6）寄与分は，第一に共同相続人全員の協議で定めるが（1008条の2①），
協議が成立しないか協議ができないときは寄与者の請求によって家庭法
院が審判で決定する（同条②）。なお，寄与分を遺言で指定することは
認められず，寄与分は相続財産の比率でも金額で定めることも可能で，
一定の動産・不動産のような現物で定めることもできる。また，寄与分
は相続財産分割の前提問題としての性格を有するので寄与分決定の審判
請求は相続財産分割の請求（1013条②）や調停申請がある場合に限って
この請求が可能である。ただし，例外的に被認知者や裁判の確定によっ
て共同相続人になった者の相続分に相当する価額の支給請求がある場合
（1014条）には相続財産の分割後でも請求できる（1008条の2④）。よって，
単に遺留分返還請求だけがある場合には寄与分決定請求は許容されず
（大決1999. 8 . 24. 99ㅡ28），寄与分の決定の前には遺留分返還請求訴訟で
被告になった寄与相続人が相続財産中の自己の寄与分を控除することを
抗弁として主張できない（大判1994. 10. 14. 94다8334）。

7）寄与分を算定する際には，寄与の時期・方法及び程度と相続財産の額
その他の事情を参酌しなければならず（1008条の2②），寄与分より遺贈
を優先させるために，寄与分は相続が開始したときの被相続人の財産価
額から遺贈の価額を控除した額を超えてはならない（1008条の2⑤）。ま
た，相続債務は寄与者がいる場合でも法定相続分によって負担するので，

177

第2章　韓国家族法の概要とその適用

寄与分を算定する際には相続債務も「その他の事情」の一つとして参酌すべきとの見解がある[53]。

　寄与分がある場合は，相続開始当時の被相続人の財産価額から寄与分を控除したものを相続財産として各共同相続人の相続分を計算し，その相続分に寄与分を加えたものが寄与分権利者の相続分である（1008条の2①）。

4 日本の関連判例

(1)　法定相続分

1）　原審が1973年死亡した韓国人の相続人で戸主相続人の法定相続分に1977年改正法を適用する誤りがあったとして破棄自判した判例がある（最一小判昭和56・7・2民集35-5-881[54]第1章第4節1（コラム1-13）93頁参照）。

2）　1990年改正法前の事案で，①韓国人男が1971年死亡した遺産分割事件で，相続人・相続分を妻18分の2，戸主相続人男子18分の6，同一家籍内にいない女子18分の1，非嫡出男子18分の4，嫡出男子18分の4，同一家籍内にいない非嫡出女子18分の1とした判例（大阪家審昭和51・2・25家月29-4-152）がある。

3）　交通事故による損害賠償請求事件で1973年死亡した4歳の韓国人女子には実父母と養父母がいるが，養父の相続分は6分の2，養母の相続分は6分の1とした判例（水戸地土浦支判昭和50・8・11交民集8-4-1125）がある。

4）　1987年韓国人男が死亡した遺産分割事件で，亡人には妻・子4名（帰

---

53)　송덕수（ソンドクス）・親族相続法319頁。
54)　評釈につき，櫻田嘉章「外国法の解釈適用違背の上告理由の可否」昭和57年重判解275頁，桑田三郎「外国法の適用違背と上告理由」渉外百選2版34頁，渉外百選3版30頁。

第3節 相続法の概要 (2) 法定相続分，特別受益者・寄与相続人の相続分

化男子2名・他家に嫁いだ女子2名）がいるが，戸主相続人は韓国国籍を
喪失した者や他家に嫁いだ女子もなれないとして妻を戸主相続人と認定
し（1960年民法984条），妻18分の8，帰化男子2名各18分の4，他家に
嫁いだ女子2名各18分の1とした判例（福岡高決平成4・12・25判タ826-
259）がある。

5）在日韓国人同士が婚姻したが，韓国の戸籍上では入籍・除籍手続が行
われていなくても，その婚姻が日本の方式で有効に成立しているので，
「同一家籍内」にいない女子の相続分は男子の4分の1としたものがあ
る（東京高判昭和63・7・20家月40-10-26（日判2-2））。

これに関連して，韓国の判例でも，在日韓国人同士の婚姻は婚姻挙行
地である日本で形式的に有効に成立していれば，韓国への申告はしてい
なくても，その申告は報告的申告でありその効力に何らの影響もないと
したものがある（大判1994. 6. 28. 94므413（韓判2-13）163頁）。

日本の判例2-2　東京高判昭和63・7・20家月40-10-26　韓国戸籍上に記載の無いことと「同一家籍内の女子」の相続分

1）「第1審原告は，昭和36年12月26日東京都葛飾区長に対し在日韓国人
朴世義との婚姻届出をし，これが受理されたことが認められ，これによ
れば第1審原告と朴世義との婚姻は婚姻挙行地である日本の方式によっ
て右婚姻届出をしたときに韓国法上も有効に成立したものと認めること
ができ（法例13条，韓国戸籍法40条，韓国渉外私法15条），第1審原告
は右婚姻によって分家して夫朴世義の家に入籍し，その結果張惠子とは
同一家籍内にないことになったというべきである。」

2）「在日韓国人の婚姻が日本の方式によってなされた場合，その婚姻届
が日本の市区町村で受理されても，直ちに韓国における戸籍の整理がな
されるわけではなく，（中略）第1審原告は朴世義との婚姻の成立につ
き前記の手続を履行せず，また韓国の戸籍機関に報告しておらず，第1
審原告と朴世義との婚姻はいまだ韓国の戸籍上整理されずこれに記載さ
れていないことが認められる。」

3）「韓国法上婚姻はその届出の受理によって有効にその効力を生じ，戸
籍の記載は効力要件ではなく，婚姻成立後の戸籍整理上の入籍又は除籍
という手続処理の問題にすぎないから，第1審原告はその婚姻の成立と

179

第2章　韓国家族法の概要とその適用

> 同時に当然分家し，張恵子及びその家族と同一家籍内にないこととなっ
> たものというべきである。」
>
> 4)「そうすると，第 1 審原・被告，洪正子，洪周秀の各相続分は，同一
> 家籍内にない女子である第 1 審原告が13分の 1 ，その余の 3 名がそれぞ
> れ13分の 4 となり，第 1 審原告は本件建物について13分の 1 の共有持分
> 権を有することになる。」

(2)　特別受益者の相続分

　1987年死亡した韓国人の相続準拠法を韓国法とし，帰化の際に被相続人
から贈与された不動産について「これらはいずれも大韓民国民法1008条の
被相続人から財産の贈与を受けた場合に当たるので」,「その受贈財産の価
額，すなわち特別受益額を現存する被相続人の相続財産額に加えたものを
被相続人の相続財産とみなし」たものがある（福岡高決平成 4・12・25判タ
826-259）。

第 4 節　相続法の概要
(3)　相続財産の分割・相続の承認と放棄

1 相続財産の分割

(1)　序─分割の要件と分割請求権者

1 ）分割手続には指定分割（遺言による分割），協議分割，審判分割がある
　が，分割の要件としては，相続財産に関して共有関係にある相続人が数
　人いること，共同相続人が確定していること，分割が遺言（1012条後段）
　などで禁止されていないことである。なお，共同相続人の一人の限定承
　認手続が終了しない場合でも相続財産分割請求は可能との判例（大決
　2014．7．25.2011ム226）がある。

2 ）分割請求権者は相続を承認した共同相続人であるが，包括的受贈者も
　請求権者である（1078条）。なお，共同相続人の相続人・代襲相続人，

180

相続分を譲受した第三者及び共同相続人の債権者もその相続人に代位して（404条参照）分割請求ができる。

⑵　分割の種類

①　指定分割（遺言による分割）

> **第1012条（遺言による分割方法の指定，分割禁止）**　被相続人は遺言で相続財産の分割方法を定めるか若しくはそれを定めることを第三者に委託することができ，相続開始の日から５年を超過しない期間内その分割を禁止することができる。

（対照）日本民法908条

１）分割方法の指定又は委託を遺言でする方法である。なお，遺言の方式によらない生前行為による分割方法の指定は効力がないとの判例（大判2001. 6. 29. 2001다28299）がある。

２）被相続人の分割方法の指定は各共同相続人の法定相続分に応じたものでなければならないが，法定相続分と異なる指定をした場合には本条の指定にはならないが遺贈として有効である[55]　その点につき「分割方法の指定と遺贈の結合したものと解釈されるので有効と見なければならない」という見解もある[56]　また，特定財産を特定の相続人に与えるとの処分も本条の指定に該当し，残りの財産を売却して公平に分けるとしても構わない。

３）これに関連して，在日韓国人が「相続させる」旨の遺言を遺したとき，その遺言は果たして有効か，その遺言の効果いかんの問題がある[57]　第一に，「相続させる」旨の遺言は「相続分の指定」と捉えるのか，それとも「分割方法の指定」と捉えるのかである。前者の遺言と解すれば，先に検討したように（第２章第３節１⑷170頁），学説は対立しているが，

55）송덕수（ソンドクス）・親族相続法333頁。
56）김주수（キムチュス）＝김상용（キムサンヨン）・親族相続法第12版675頁。
57）青木清・韓国家族法213頁参照。

第2章　韓国家族法の概要とその適用

判例は肯定しているかのようである。後者の遺言と解すれば，法定相続分と異なる指定をした場合には1012条の指定ではないが遺贈として有効との見解もある。いずれにしても韓国相続法では「相続分の指定」であっても「分割方法の指定」であっても，その有効性を否定するまでには至らないであろう。ただし，「何らの行為を要せずして，被相続人の死亡の時に直ちに当該遺産が当該相続人に相続により承継される」（最二小判平成3・4・19民集45-4-477）という効果やその他遺留分や遺言執行者の要否などは目的物所在地法である日本法に準拠するであろう（法適用通則法13条）。

　　②　協議分割

第1013条（協議による分割）　①前条の場合以外に，共同相続人は何時でも，その協議によって相続財産を分割することができる。

（対照）日本民法907条①

1）遺言による分割指定や分割禁止がなければ共同相続人は何時でもその協議によって相続財産を分割できるが，共同相続人全員が参与しなければならない。

2）協議の当事者には，包括的受贈者（1078条），相続分の譲受人も含まれる。なお，胎児は相続順位に関してはすでに出生したものと擬制されるので（1000条③），停止条件説によると胎児が出生するときまで待って分割するのが妥当との見解になるが，解除条件説によれば未成年者に関する規定を類推適用することになろう。

3）当事者が制限能力者の場合はそれに代わって法定代理人が協議に参与する。もし当事者が未成年者でその者の法定代理人である親権者がともに共同相続人の場合には，分割協議は利害相反行為になるので（921条），未成年者のために家庭法院に特別代理人を選任請求をして，その特別代理人が親権者に代わって協議分割に参加しなければならない。

　　判例は，親権者と未成年者が共同相続人の場合に，親権者が未成年者

第4節　相続法の概要　(3)　相続財産の分割・相続の承認と放棄

の法定代理人として相続財産分割協議を行えば民法921条に違反し，そのような代理行為によって成立した分割協議は被代理者全員による追認が無い限り無効である（大判1993. 4. 13. 92다54524，大判2011. 3. 10. 2007다17482（韓判2‐20））とする。

韓国の判例2‐20　大判2011. 3. 10. 2007다17482　親権者と未成年者の協議分割と特別代理人の選任

「相続財産について所有の範囲を定める内容の共同相続財産分割協議は，その行為の客観的性質上相続人相続間の利害の対立が生じる恐れがないと解される特別な事情が無い限り民法第921条所定の利害相反となる行為に該当する（大判2001. 6. 29. 2001다28299等参照）。そして被相続人の死亡で1次相続が開始し，その1次相続人の中の一人が死亡して2次相続が開始した後に，1次相続の相続人らと2次相続の相続人らが1次相続の相続財産に関して分割協議をする場合に，2次相続の相続人らが1次相続の相続財産に関して分割協議をする場合に2次相続人中に数人の未成年者がいればそれら未成年者各自ごとに特別代理人を選任してその各特別代理人が各未成年者を代理して相続財産分割協議をすべきであるが，万が一2次相続の共同相続人である親権者がその数人の未成年者の法定代理人として相続財産分割協議をすれば，それは民法第921条に違背するので，そのような代理行為によって成立した相続財産分割協議は，被代理者全員による追認が無い限りその全体が無効と解される（大判1993. 4. 13. 92다54524参照）」

4）協議に参加する共同相続人で，相続人資格の消滅が争われている場合（相続欠格・親生否認・認知無効など）の分割協議については，判決で確定するときまで禁止すべきとするなど学説は区々である。ただし，相続人の資格を有するかで争っている場合（認知請求・離婚や罷養の無効など）には，一旦その者らを除いて分割し，その者らが相続人と確定しても既に成された分割協議は有効であり，その者らには価額支給請求権が認められる（1014条）。

5）協議分割には共同相続人全員が参与しなければならず，判例は，一部の相続人だけで行った協議分割は無効であるが，相続人の一人が作成し

第2章　韓国家族法の概要とその適用

た原案を他の相続人が後に承認しても構わず，必ずしも同じ席でなされる必要はなく順次的になされても良い（大判2004. 10. 28. 2003다65438・65445, 大判2010. 2. 25. 2008다96963・96970）とする。また，相続財産の一部を先に分割し残りを後に分割してもよいという。

6）分割方法には制限がない。現物分割でも，換価分割でも，価格賠償（代償分割）でもよく，その中の一つで又はそれらを併用することも可能である。

7）相続財産の分割協議は，その性質上財産権を目的とする法律行為なので，債権者取消権（406条）行使の対象になるとされ，その旨の判例（大判2008. 3. 13. 2007다73765）がある。

8）可分債権が共同相続される場合は，相続開始と当時に法定相続分に応じて各相続人に分割帰属するので，分割協議の対象にはならない。しかし，相続人らの協議によってある者が相続分を超える債権を取得できるので，そのときには相続人間で債権譲渡がなされた者とみて債務者に対する通知をしなければならない。不可分債権については分割協議ができる。また可分債務の場合でも法定相続分に応じて各相続人に分割帰属するので分割協議の対象にはならないが，その協議で相続人の一人が法定相続分を超える債務を負担できる。その約定は免責的債務引受の実質を有するのでそれにより他の相続人が債務を免じようとすれば債権者の承諾（454条）が必要である（大判1997. 6. 24. 97다8809）。そのとき，債権者の承諾を得られずに相続分に応じた責任を問われることもある（併存的債務引受）。一方，不可分債務については，分割協議ができる。

9）分割協議に参加した相続人が，無資格者であったり相続人の一部を除いて分割協議が行われた場合には分割協議は無効であり，相続人の一人の意思表示に代理権の欠缺がある場合も同様である（大判1987. 3. 10. 85므80（韓判2 -21））。また，相続放棄申告が行われていないか法院に受理されていない間になされた分割協議は，後に相続放棄申告が受理され相続放棄が適法に効力が発生すれば，相続放棄を前提にして相続放棄者が

第4節　相続法の概要　(3)　相続財産の分割・相続の承認と放棄

参与した分割協議は有効であるとの判例（大判2011．6．9．2011다29307）
がある。次いで，分割協議の合意解除は相続人の全員により可能である
が，第三者の権利を害することはできない（548条）。判例も同様である
（大判2004．7．8．2002다73203（韓判2‒22））。

韓国の判例2‒21　大判1987．3．10．85므80　代理権の欠缺と分割協議

　「協議による相続財産の分割は共同相続人全員の同意があれば有効で，
共同相続人中の1人の同意がないかその意思表示に代理権の欠缺があれば，
その分割は無効と解され，……相続財産分割の協議をする行為は民法第
921条所定の利害相反となる行為に該当するから上未成年者らの特別代理
人を選任して特別代理人だけが上未成年者らを代理できるので，請求人2
は請求人1の代理人となれないだけでなく，上でみたように被請求人3の
法定代理人は請求人2であり被請求人5は生母という地位だけでは同人の
法定代理人とはならないので，結局上分割の協議は請求人1及び被請求人
3の意思表示にその代理権の欠缺があり無効と判断した」

韓国の判例2‒22　大判2004．7．8．2002다73203　分割協議の合意解除

　「相続財産分割協議は共同相続人間でなされる一種の契約なので，共同
相続人らはすでになされた相続財産分割協議の全部又は一部を全員の合意
によって解除した後，新たに分割協議をすることが可能で，相続財産分割
協議が合意解除されれば，その協議による履行で変動が生じていた物権は
当然にその分割協議がなかった原状態に復帰するが，民法第548条第1項
但書の規定上そのような合意解除をもって，その解除前の分割協議から生
じた法律効果に基づいて新たな利害関係をもたらし登記・引渡し等で完全
な権利を取得した第三者の権利を害することはできないと解される。」

③　審判分割

第1013条（協議による分割）　①前条の場合以外に，共同相続人は何
　時でも，その協議によって相続財産を分割することができる。

第2章　韓国家族法の概要とその適用

②第269条の規定は，前項の相続財産の分割に準用する。

（参照）
第269条（分割の方法）　①分割の方法に関して協議が整わないときには，共有者は法院にその分割を請求することができる。
②現物で分割できないか分割によって著しく価額が現損する恐れがあるときには，法院は物件の競売を命ずることができる。

（対照）日本民法907条②③

1）民法269条では，「協議ができないとき」を含めていないが，審判分割は協議が成立しないか協議ができないときでも家庭法院の審判で分割することができる。相続財産の分割を請求するには先に調停を申請しなければならず（家訟法2条①마類事件10），50条），調停が成立しなければ審判を請求できる。審判は相続人の一人又は数人が請求し，その相手方（被告）は残りの相続人全員である（家訟規則110条）。

2）審判分割をするには相続人が確定していなければならない。相続人に胎児がいる場合には審判を延期し，相続人の資格を要する者に相続人の資格の形成が問題になる訴えがなされている場合は形成判決が確定するときまで審理を中止しなければならないが（後述4)187頁参照），相続人でない者が認知請求等をしている場合には，一旦は分割審判を行い後に共同相続人が確定すれば，その者は相続分に相当する価額支給を請求できる（1014条）。

3）審判分割をするには，相続財産の範囲と価額が確定していなければならない。特定の財産が相続財産か否かに関する争いで，訴えが提起されていればその判決が確定するときまで審判手続を中止しなければならないのが原則である。次いで，相続財産の価額が相続開始時から審判時まで変動しているときは，相続財産を実際に取得する時点，すなわち分割時を標準として相続財産を評価しなければならない（大決1997.3.21.96스62（韓判2-23））。具体的には，分割する手続では，先に相続開始当時

第4節　相続法の概要　(3)　相続財産の分割・相続の承認と放棄

を基準に相続財産を評価してその具体的相続分を決定し，その後に分割時に相続財産を再評価しその価額を先に算出した具体的な相続分に応じて確定しなければならない。

韓国の判例2-23　大決1997. 3. 21. 96ㅅ62　審判分割と相続財産の評価

> 1)「共同相続人中に被相続人から財産の贈与又は遺贈等の特別受益を受けた者がいる場合には，そのような特別受益を考慮して相続人別に固有の法定相続分を修正し具体的な相続分を算定させるが，そのような具体的相続分を算定するには相続開始時を基準に相続財産と特別受益財産を評価してそれを基礎にしなければならない。」
> 2)「ただし法院が実際に相続財産分割をする際に，分割の対象となる相続財産中の特定の財産を1人及び数人の相続人の所有としてその者の相続分とその特定の財産の価額との差額を現金に清算することを命ずる方法いわゆる代償分割の方法」を採る場合には，分割の対象になる財産をその分割時を基準にして再評価してその評価額によって清算をしなければならない。」

4) 分割審判の審理過程で，相続人の範囲や相続財産の範囲等について争いが生じる場合があるが，相続人の資格の問題は家事訴訟の対象で，相続財産の範囲等の問題は民事訴訟の対象であり，分割を審判する家庭法院の審判対象ではないので，家庭法院はその争いが理由のないことが明白でない限り分割審判請求を却下しなければならない。当事者は，それらの判決を受けた後に再度分割審判を請求しなければならない。

5) 分割の方法は，原則的には現物分割であるが，法院は物件の競売を命じてその代金を分割することができる（1013条②，269条②）。なお，家事訴訟規則では，分割対象財産の特定財産を1人又は数人の相続人の所有とし，その相続分及び寄与分とその特定財産の価額の差額を現金で清算する価格賠償（代償分割）を認めている（家訟規則115条②）。

187

第 2 章　韓国家族法の概要とその適用

(3)　相続財産分割の遡及効とその制限

> **第1015条（分割の遡及効）**　相続財産の分割は，相続開始のときに遡及してその効力がある。但し，第三者の権利を害することはできない。

（対照）日本民法909条

1）相続財産の分割は相続開始時に遡及して効力があり，各相続人は分割によって被相続人から直接権利を取得することになる。判例の中には，協議分割によって固有の相続分を超過する財産を取得する場合は相続開始時に被相続人から直接承継されたとするもの（大判1992. 10. 27. 92다32463（韓判 2 - 24）など）がある。なお，1 人又は数人の相続人が分割協議で特定の不動産を取得した場合に，被相続人名義から直接移転登記をしても相続人全員の共有名義から移転登記をしても構わない[58]。

韓国の判例 2 - 24　大判1992. 10. 27. 92다32463　相続財産分割の遡及効の意義

> 「相続財産に関して共同相続人間で協議分割が成されて共同相続人中の 1 人が固有の相続分を超過する財産を取得することになっても，相続財産の分割は相続開始時に遡及してその効力があり，よってその者は相続開始当時に被相続人から直接相続された者と解さなければならないので（大判 1990. 11. 13. 88다카24523，24530，大判1989. 9 . 12. 88다카5836等多数の判決参照）」

2）分割の遡及効は，第三者の権利を害することができない。第三者には相続人から個々の相続財産に対する持分を譲受されたか担保で提供されたか又は差押えした者が挙げられるが，相続分の譲受人（1011条）は含まれない。なお，第三者であるためには権利変動の成立要件や対抗要件を備えなければならないが，第三者の善意・悪意は問題にならない。判

58）송덕수（ソンドクス）・親族相続法343頁。

188

第4節　相続法の概要　(3)　相続財産の分割・相続の承認と放棄

例は，相続人から土地を買収したが所有権移転登記をしなかった者は第
三者ではないとしている（大判1992. 11. 24. 92다31514）。なお，相続財産
である不動産を協議分割で単独で相続した者が協議分割以前に共同相続
人の一人がその不動産を第三者に売買した事実を知りながら相続財産の
協議分割をしただけでなく譲渡人の背任行為を誘引，教唆するとかそれ
に協力するなど積極的に加担した場合には，その相続財産の協議分割の
その譲渡人の法定相続分に関する部分は民法103条の反社会的秩序の法
律行為に該当するとした判例（大判1996. 4. 26. 95다54426・54433（韓判2-
25））がある。

韓国の判例2-25　大判1996. 4. 26. 95다54426・54433　背信的悪意者と協議分割

「共同相続人中の1人が第三者に相続不動産を売り渡した後にその後所
有権移転登記が経由される前に，上売渡人と他の共同相続人間でその不動
産を上売渡人以外の他の相続人1人の所有とする内容の相続財産分割協議
がなされ，その後所有権移転登記をした場合に，上相続財産協議分割は相
続開始のときに遡及して効力が発生して登記を経由しない第三者は民法第
1015条ただし書の遡及効が制限される第三者に該当しないところ（大判
1992. 11. 24. 92다31514参照），その場合相続財産協議分割で上不動産を単
独で相続した者が協議分割以前に共同相続人中の1人がその不動産を第三
者に売り渡した事実を知りながら相続財産協議分割をしただけでなく，上
売渡人の背任行為（又は背信行為）を誘因・教唆するとかそれに協力する
など積極的に加担した場合には，上相続財産協議分割中の上売渡人の法定
相続分に関する部分は，民法第103条所定の反社会的秩序の法律行為に該
当すると解される。」

（参照）　民法103条（反社会的秩序の法律行為）善良な風俗その他社会秩序に違
反する事項を内容とする法律行為は無効とする。

(4)　分割後に被認知者等が分割を請求する場合

第1014条（分割後の被認知者等の請求権）　相続開始後の認知又は裁
判の確定によって共同相続人となった者が相続財産の分割を請求す

第2章　韓国家族法の概要とその適用

> る場合に，他の共同相続人がすでに分割その他処分をしたときには
> その相続分に相当する価額の支給の請求する権利がある。

（対照）日本民法910条

1）本条は，分割があった後に分割の効力を維持し，認知等で共同相続人
　になった者にはその相続分に相当する価額の支給を請求できる権利を付
　与したものである。本条の「分割」とは協議・調停・審判分割のいずれ
　でもよく，「その他の処分」の例としては共同相続人が不分割契約を結
　んだ場合，共同相続人の1人がその者の相続分を譲渡するか又は相続財
　産に属する個々の財産についての持分を処分した場合，共同相続人が共
　同で相続財産を処分した場合などである。「分割その他の処分」が無い
　か一部についてだけあるときには全部又は残りに関してその相続人を参
　与させて分割をしなければならない[59]。
2）被認知者等の「相続分」は債務を控除しない相続財産の価額に対する
　自己の相続分の比率をいい，相続債務は被認知者等も別に承継するから
　ここには含まれない。なお，相続分の価額支給を請求する場合の相続財
　産の価額は，事実審の弁論終結当時の時価を基準にして算定しなければ
　ならない（大判2002.11.26.2002ム1398（韓判2-26））。

韓国の判例2-26　大判2002.11.26.2002ム1398　民法1014条の相続財産価額の評価時期

> 　「相続開始後の認知又は裁判の確定によって共同相続人になった者が民
> 法第1014条に従いその相続分に相当する価額の支給を訴訟で請求する場合，
> 相続財産の価額は事実審の弁論終結当時の時価を基準に算定すべきである
> （大判1993.8.24.93다12参照）。」

3）価額支給請求できる共同相続人は，すでに分割その他の処分を行った

59）송덕수（ソンドクス）・親族相続法344頁。

190

第4節　相続法の概要　(3)　相続財産の分割・相続の承認と放棄

共同相続人の同順位の者である。では，後順位の相続人が相続して分割を行った場合にも価額支給請求権が認められるかである。例えば，直系卑属がいないとして直系尊属と配偶者が相続して分割した場合に，認知により直系卑属が相続人になった場合の直系卑属の価額支給請求権の問題である。判例は，認知の場合に関して，被認知者より後順位の相続人である被相続人の直系尊属又は兄弟姉妹等は，被認知者の出現と同時に自己が取得した相続権を遡及して失うことになると解すべきであり，認知の遡及効の制限によって保護を受ける第三者の既得権に含まれているとは解し難いとした（大判1993. 3. 12. 92다48512）。それによれば，後順位相続人の参加した財産分割は無効で，先順位相続権者は後順位相続人に対して価額支給請求権がなく相続回復請求権を行使することになる。なお，これに対して学説の中には1014条類推適用説が唱えられている[60]。

4）学説は，本条の価額支給請求権の性質に関して，相続回復請求権の一種とみて民法999条2項の除斥期間が適用されるとする見解と，現行法上は相続回復請求権は通常の民事訴訟の手続によるが価額支給請求権は家事訴訟事件なので（家訟規則2条2号），相続財産分割請求権の一種とみる見解に分かれるが[61]，判例は相続回復請求権の一種とみる立場である（大判2007. 7. 26. 2006므2757・2764）。また，価額支給請求権の除斥期間には，民法999条2項で定める除斥期間が適用されるが，婚姻外の子が認知判決確定により共同相続人になった場合の同項の3年の除斥期間の起算日とは認知判決の確定日であるとの判例がある（大判2007. 7. 26. 2006므2757・2764）。

なお，憲法裁判所は民法1014条の価額支給請求権につき民法999条2項の除斥期間を適用する部分についての違憲訴願について合憲とした（憲裁2010. 7. 29. 2005헌바89（9人の内反対意見4人））（I巻末資料6. 憲裁

60）송덕수（ソンドクス）・親族相続法344頁。
61）송덕수（ソンドクス）・親族相続法346頁。

191

第2章　韓国家族法の概要とその適用

判例(8))。

2　相続の承認と放棄

⑴　序

1）民法は相続による権利義務の当然承継を認めながら，相続人に権利取得又は不利益負担を強要しないために相続の承認と放棄の制度を採用している。承認には単純承認と限定承認があり，限定承認には従前からの限定承認と2002年改正法で導入された特別限定承認がある。相続の放棄や限定承認がなければ，単純承認と認定され単純承認が原則となる（1026条参照）。

2）承認と放棄はすべて意思表示であると同時に法律行為であり，相手方のない単独行為であるが，限定承認と放棄は法院に対して申告でしなければならないので要式行為でもある。また，承認と放棄は財産法上の行為なので，それが有効であるためには相続人に行為能力がなければならない。相続人が制限能力者（15条参照）であれば，法定代理人の同意を得るか法定代理人が代理してしなければならない。

3）また，父が死亡して母と未成年の子が共同相続し母が法定代理人として未成年者を代理して放棄する場合には民法921条の利害相反行為に当たるので，特別代理人を選任しなければならない[62]（2003. 09. 02裁判例規907号2条②（韓先2-2）208頁）。そして，後見人が被後見人を代理して承認又は放棄するか，被後見人である未成年者・被限定後見人が承認又は放棄するのに同意を要するときには，後見監督人がいればその者の同意を得なければならない（950条①6号，959条の6）。

4）承認や放棄は相続が開始してから行わなければならず，相続開始前に承認や放棄をしても無効であり，相続開始前の放棄の約定は無効である

62）송덕수（ソンドクス）・親族相続法359頁，김주수（キムチュス）＝김상용（キムサンヨン）・親族相続法第12版698頁，이경희（イキョンヒ）・第2全訂版家族法456頁。

（大判1994. 10. 14. 94다8334（韓判２‐27））。

韓国の判例２‐27　大判1994. 10. 14. 94다8334　相続開始前の相続放棄の約定

　「遺留分を含む相続の放棄は，相続開始後の一定の期間内にだけ可能で，家庭法院に申告する等の一定の手続と方式に従った場合にだけその効力があるもので，被告主張の上相続放棄約定は本件相続開始前になされたものであり上のような手続と方式に従ってもいないので，その効力はない……。」

５）また，承認・放棄ができる権利は行使上の一身専属権なので債権者代位権の目的とはならないが，相続放棄は債権者取消権の目的になるかについては，通説は債権者取消権の目的にはならないとの見解である[63]。最近になって判例も，相続の放棄は民法406条１項の債権者に関する法律行為に該当せず詐害行為取消の対象にならないと判示した（大判2011. 6. 9. 2011다29307）。ただし，事実上の相続放棄となる協議分割は債権者取消権の対象になるとするのが判例の立場である（大判2008. 3. 13. 2007다73765，大判2013. 6. 13. 2013다2788）。

(2)　承認・放棄の考慮期間（熟慮期間）

第1019条（承認，放棄の期間）　①相続人は，相続の開始があったことを知った日から３月内に，単純承認若しくは限定承認又は放棄をすることができる。但し，その期間は利害関係人又は検事の請求によって家庭法院がこれを延長することができる。
②相続人は，第１項の承認又は放棄をする前に相続財産の調査をすることができる。
③第１項の規定にかかわらず，相続人は相続債務が相続財産を超過する事実を重大な過失なく第１項の期間内に知ることができず単純承認（第1026条第１号及び第２号の規定によって単純承認したものとみなす場合を含む）をした場合には，その事実を知った日から３月

63）김주수（キムチュス）＝김상용（キムサンヨン）・親族相続法第12版698頁。

第 2 章　韓国家族法の概要とその適用

> 内に限定承認ができる。

（対照）日本民法915条

1 ）本条 3 項の「特別限定承認」制度は，2002年 1 月14日法律6591号で新
設された。[64]その制定の契機は，1998年の憲法裁判所の憲法不合致決定
である（憲裁1998. 8 . 27. 96헌가22等， 9 人（反対 1 人））（Ⅰ巻末資料 6 . 憲裁
判例⑵）。

　憲法裁判所は，民法1026条 2 号に対する違憲提請と違憲訴願を受けて，
「相続人が相続開始があったことを知った日から 3 月内に限定承認か放
棄をしないときには単純承認とみなす民法第1026条第 2 号は財産権と私
的自治権を侵害するので憲法に合致しない」とし，「1026条 2 項は立法
者が1999年12月31日までに改正しなければ2000年 1 月 1 日からその効力
を喪失する」と宣告した。それを受けて，2002年法律6591号は，1019条
3 項を新設し，併せて憲法裁判所の決定で効力が喪失した1026条 2 号を
従前と同一の内容で再度規定したのである。

2 ）本条第 1 項の「相続の開始があったことを知った日から 3 月内」と定
める考慮期間の法的性質については，除斥期間とするのが定説である。
判例は，特別限定承認の考慮期間についても除斥期間と判示している
（大決2003. 8 . 11. 2003스32（韓判 2 -28））。相続人がこの期間内に承認や
放棄をしなければ単純承認をしたものと擬制される（1026条 2 号）。

韓国の判例 2 -28　大決2003. 8 . 11. 2003스32　特別限定承認の考慮 期間は除斥期間か

> 　「民法第1019条第 3 項の期間は，限定承認申告の可能性をいつまで残す
> かを定め，当事者間で生じる法的不安状態を防ぐために用意した除斥期間
> であり，経過期間である改正民法（2002. 1 . 14. 法律第6591号）附則第 3

64）趙慶済「在日韓国人が死亡した場合に，その相続人が韓国改正民法の「特別限定承
認」を日本で行う場合の問題点」趙慶済・在日の本国法37頁。

第4節　相続法の概要　(3)　相続財産の分割・相続の承認と放棄

項所定の期間も除斥期間と解され，他方，除斥期間は不変期間ではなくその期間を過ぎた後では当事者が責任を負えない事由でその期間を順守できなかったとしても後になって補完できないと解される。」

3) 本条の考慮期間の起算点である「相続の開始があったことを知った日」について，判例は「相続開始の原因となった事実の発生を知り，かつ自己が相続人になったことを知った日」と判示し（大決1964. 4. 3. 63 마54，大判1969. 4. 22. 69다232，大判2005. 7. 22. 2003다43681（韓判2-29）など），さらにその起算点については「相続財産があることを知った日」でも（大決1984. 8. 23. 84스17-25），「相続財産の有無を知った日」や「相続放棄制度を知った日」でもなく（大決1988. 8. 25. 88스10～13），「相続財産又は相続債務の存在を知った日を意味する」のでもない（大決1991. 6. 11. 91스1）と判示している。

4) 相続人が数人いる場合の考慮期間は各相続人ごとに進行する。また，第1順位の相続人の全員が相続を放棄して第2順位の者が相続人になった場合，第2順位の相続人の考慮期間は第1順位者の全員が相続放棄をして自己が相続人となったことを知った日から起算される。なお，被相続人の妻と子全員が相続を放棄した事案で誰が相続人になるかについて，一般人の立場からみて「被相続人の孫子女がそれにより自己が相続人になった事実まで知るのは異例に属する」ので，そのようなケースでは「自己が相続人になった事実を知るのに困難な特別な事情があると解すべきと」の判例がある（大判2005. 7. 22. 2003다43681（韓判2-29））。

韓国の判例2-29　大判2005. 7. 22. 2003다43681

「相続の開始があったことを知った日」とそれを知るのに特別な事情
1)「相続人は相続開始があったことを知った日から3月内に相続の放棄ができるところ（民法第1019条第1項），ここで相続開始があったことを知った日とは，相続開始の原因となる事実の発生を知り，それにより

第2章　韓国家族法の概要とその適用

自己が相続人になったことを知った日をいうものとされるが（大判1969.
4.22.69다232），被相続人の死亡によって相続が開始し相続の順位や資
格を認識するのに別段の困難のない通常の相続の場合には，相続人が相
続開始の原因事実を知ることでその者が相続人になる事実までも知ると
みるのが合理的である（大決1984.8.23.84스17-24，大決1986.4.22.
86스10，大決1988.8.25.88스10，11，12，13等参照）。しかし，終局
的に相続人が誰かを調べる過程で事実上又は法律上の難しい問題があっ
て相続開始の原因事実を知るだけでは直ちに自己が相続人になる事実ま
で知るには困難な特別の事情が存在する場合もあるので，そのようなと
きには法院としては「相続開始のあったことを知った日」を確定するに
は相続開始の原因事実だけでなくさらにそれにより自己が相続人になっ
た事実を知った日がいつなのかまでも審理究明すべきは当然である。」
2）「先順位相続人として被相続人の妻と子女がすべて適法に相続を放棄
した場合には被相続人の孫等その次の相続順位にある者が相続人となる
が（大判1995.4.7.94다11835，大判1995.9.26.95다27769等参照），
そのような法理は相続の順位に関する民法第1000条第1項第1号（1順
位相続人に規定する「被相続人の直系卑属」には被相続人の子女だけで
なく被相続人の孫子女まで含む）と相続放棄の効果に関する民法第1042
条から第1044条の規定を全て総合的に解釈することで初めて導出される
が，それに関する明示的規定が存在しないので，一般人の立場で，被相
続人の妻と子女が相続を放棄した場合，被相続人の孫子女が初めて自己
が相続人になったという事実まで知るのは，むしろ異例に属するといえ
よう。したがって，そのような過程により被告らが相続人になった本件
では相続人が相続開始の原因事実を知っただけで自己が相続人になる事
実を知るには困難な特別の事情があると解するのが相当といえよう。」

5）相続人が制限能力者であった場合は，考慮期間はその者の親権者又は
後見人が相続の開始を知ったときから起算される（1020条）。また，相
続人が承認や放棄をしないで考慮期間内に死亡すれば，その者の相続人
が自己の相続が開始していたことを知った日から3か月の考慮期間が起
算される（1021条）。

6）本条の3か月の考慮期間は利害関係人又は検事の請求により家庭法院
が延長できる（1019条①ただし書）。

7）新設された1019条3項の「特別限定承認」とは，相続債務が相続財産

196

を超過する事実を重大な過失なく第1項の期間内に知ることができず単純承認した場合は（1026条1号及び2号の規定によって単純承認したものとみなす場合も含まれる），その事実を知った日から3か月以内に限定承認ができる，とするもので限定承認の一種である。ここでいう，「相続債務が相続財産を超過する事実を重大な過失なく知ることができなかった」こととは，「相続人が少しの注意を払えば相続債務が相続財産を超過するとの事実を知り得たとしてもそれを怠っただけでそのような事実を知ることができなかったこと」を意味し（大判2010．6．10．2010다7904（韓判2-30）），特別限定承認は1026条1号の「相続財産処分」で単純承認したものと擬制される場合も含まれるので「相続人らが相続財産の協議分割を通してすでに相続財産を処分していたとしても，相続人らは依然として特別限定承認が可能である」（大判2006．1．26．2003다29562（韓判2-31））。

韓国の判例2-30　大判2010．6．10．2010다7904

> 1019条3項の「知ることができなかった」の意味
> 「民法第1019条第3項は，民法第1026条第2号についての憲法裁判所の憲法不合致決定（憲裁1998．8．27．96헌가22等参照）以後に新設された条項で，上条項でいう相続債務が相続財産を超過する事実を重大な過失で知らなかったこととは「相続人が少しの注意を払えば相続債務が相続財産を超過する事実を知り得たとしても，それを怠っただけでそのような事実を知ることができなかったこと」を意味し……」

韓国の判例2-31　大判2006．1．26．2003다29562　相続財産処分後の特別限定承認

> 「改正前民法で新設された民法第1019条第3項は相続債務超過事実を重大な過失なく民法第1019条第1項の期間内に知ることができず単純承認をした場合だけでなく，民法第1026条第1号及び第2号の規定によって単純承認をしたものとみなされる場合にも相続債務超過事実を知った日から3か月以内に限定承認できると規定しているので，仮に被告らが相続財産協

第2章　韓国家族法の概要とその適用

> 議分割を通してすでに相続財産を処分していたとしても，被告らは依然と
> して民法第1019条第3項の規定によって限定承認ができると解されので，
> よって上協議分割のために本件審判が限定承認として効力が無いとは解さ
> れない。」

8）その場合の重大な過失なく民法1019条の期間内に知ることができな
かった点についての立証責任は相続人側にある（大判2003. 9. 26. 2003다
30517，大判2010. 6. 10. 2010다7904）。なお，判例は，家庭法院の限定承
認申告受理の審判は形式的要件を具備して認められただけではその効力
が確定しないので，効力が認められるかの最終的な判断は実体法に従い
民事訴訟で決定し（大判2002. 11. 8. 2002다21882），家庭法院は特別限定
承認の要件について具備しないことが明白な場合を除いて特別限定承認
申告を不受理とはできない（大決2006. 2. 13. 2004스74（韓判2 -32））と
する。

韓国の判例2 -32　大決2006. 2. 13. 2004스74　特別限定承認不受理の要件

> 「家庭法院の限定承認申告受理の審判は，一応限定承認の要件を具備し
> たものと認定したことだけでありその効力を確定するのではなく，相続の
> 限定承認の効力があるか否かの最終的な判断は実体法により民事訴訟で決
> 定される問題なので（大判2002. 11. 8. 2002다21882参照），民法第1019条
> 第3項による限定承認申告の受理いかんを審判する家庭法院としては，そ
> の申告が形式的要件を具備している以上相続債務が相続財産を超過してい
> たか相続人が重大な過失なくそれを知ることができなかったか等の実体的
> 要件については，それを具備しなかったことが明白な場合のほかはそれを
> 問題として限定承認申告を不受理とはできない。」

9）本条3項を新設した2002年1月14日法律6591号は，その附則2項で改
正法は従前の規定で生じた効力に影響は及ぼさないとしつつ，同附則3
項で憲法不合致決定のあった1998年8月27日を基準に3か月の考慮期間
を逆算した1998年5月27日から本法施行日（2002年1月14日）まで相続
開始があったことを知った者の中で相続債務が相続財産を超過する事実

第4節　相続法の概要　(3)　相続財産の分割・相続の承認と放棄

を重大な過失なく1019条1項の期間内に知ることができなかったが，本法施行前にその事実を知っても限定承認申告をしなかった者は，本法施行日から3か月以内に1019条1項の改正規定による限定承認をすることができる，との規定を置いた。

その後，憲法裁判所は上記附則3項本文の「1998年5月27日から本法施行前まで相続開始があったことを知った者の中で」部分について憲法不合致決定を宣告した（憲裁2004. 1. 29. 2002헌바22等8人（反対1））。不合致決定による改正民法は2005年12月29日法律7765号で公布され即日施行された。その内容は，2002年1月14日法律6591号の附則に4項を新設し，「1998年5月27日前に相続が開始していたことを知っていた者で相続債務が相続財産を超過する事実を重大な過失なく第1019条第1項の期間内に知らなかったが，1998年5月27日以後に相続債務超過事実を知った者」の特別限定承認申告を認めるとの経過規定を定めた。

(3)　**相続の承認**

①　単純承認

第1025条（単純承認の効果）　相続人が単純承認をしたときには，制限なく被相続人の権利義務を承継する。

第1026条（法定単純承認）　次の各号の事由がある場合には，相続人が単純承認をしたものとみなす。

1．相続人が相続財産に対する処分行為をしたとき。

2．相続人が第1019条第1項の期間内に限定承認又は放棄をしなかったとき。

3．相続人が限定承認又は放棄をした後に，相続財産を隠匿したか，不正に消費したか，故意に財産目録に記入しなかったとき。

第1027条（法定単純承認の例外）　相続人が相続を放棄することに因って，次順位の相続人が相続を承認したときには，前条第3号の事由は相続の承認とはみなされない。

（対照）日本民法920条，921条

1）単純承認は相続の承認の中で無限定的なもので，被相続人の権利・義

第2章　韓国家族法の概要とその適用

務を制限なく承継することを承認するという相続人の意思表示であり，その意思がいかなる形式であれ外部に表示があれば充分であるが，現実には考慮期間内に限定承認や放棄をしないかその他一定の事由があり単純承認と擬制される場合が大部分である。

2）民法は，1026条で一定の事由がある場合には単純承認をしたものとみなしている。

　判例は，本条1号の相続人の「相続財産に対する処分行為」には，限定承認や放棄をする前に行ったことに限り適用され，その後に行った処分行為はそれにより相続債権者や他の相続人に対して損害賠償責任を有する場合があることは別にして，同条3号に該当する場合に限り単純承認したと解すべきとし（大判2004. 3. 12. 2003다63686（韓判2-33）），限定承認や放棄の効力は家庭法院に申告をして家庭法院の審判を受けその審判が当事者に告知されることによって効力が発生するので（家訟法40条，同規則25条），その効力が生じる告知前に相続財産処分をした場合には本条1号により単純承認されたものと解すべきであるとする（大判2016. 12. 29. 2013다73520）。また，本条1号の「処分行為」には，相続財産の全部であれ一部であれ，事実上のものであれ法律的なものであれ，全て含まれるが，過失による物件の毀損は処分行為ではないとする。

　判例は，共同相続人と協議分割したときは処分行為に該当し（大判1983. 6. 28. 82도2421（韓判2-34）），被相続人所有の株券返還請求訴訟を提起することは処分行為に該当しないが（大判1996. 10. 15. 96다23283），相続財産の債権を取り立てて弁済を受けることは処分行為に該当する（大判2010. 4. 29. 2009다84936（韓判2-35））とする。

韓国の判例2-33　大判2004. 3. 12. 2003다63686　1026条1号の「処分行為」

　「民法第1026条第1号は，相続人が限定承認又は放棄をする以前に相続財産を処分した時にだけ適用されるので，相続人が限定承認又は放棄をし

たのちに相続財産を処分したときにはそれによって相続債権者や他の相続人に対して損害賠償責任を負うことになる場合があることは別にして，そのことが上の第3号で定める相続財産の不正消費に該当しない場合に限って相続人が単純承認をしたものと解すべきであり……。」

韓国の判例2-34　大判1983. 6. 28. 82도2421　協議分割と「処分行為」

「被告人を含む共同相続人が協議して相続財産を分割したときは，民法第1026条第1項に規定されている相続財産に対する処分行為をしたときに該当し，被告人は単純承認をしたものとみなされるので，そのような相続承認のあった後には期間内であってもそれを取消しできないので（民法第1024条第1号参照）被告人が所轄家庭法院に相続放棄申告をして受理されていたとしても放棄の効力は生じないといえよう。」

韓国の判例2-35　大判2010. 4. 29. 2009다84936　相続債権の弁済受領行為と「処分行為」

「相続人は相続財産に対する処分行為をしたときには単純承認をしたものとみなされるが（民法第1026条第1号），相続人が被相続人の債権を取り立てて弁済を受けることも相続財産に対する処分行為に該当する。」

3）本条1号の「処分行為」が無効・取り消された場合でも単純承認が擬制されるかについて学説は分かれるが，多数説は処分行為が無効であるか取り消されても単純承認の効果は消滅しないとする[65]。なお，法定代理人が相続人に代わって相続財産を処分した場合でも単純承認の効果は生じるが，共同相続人の一部が処分行為をしたときには，その者だけが単純承認したこととなり，他の共同相続人には影響しない。

4）本条2号は，2002年1月14日法律6591号で一旦削除され再度新設されたものである。なお，南北住民特例法12条は，相続開始当時北朝鮮住民であった者が相続人で，南北分断で本条1項の期間内に限定承認・放棄

65）송덕수（ソンドクス）・親族相続法366頁。

第2章　韓国家族法の概要とその適用

ができなくても本条2号の単純承認擬制を適用せず，韓国住民であった
被相続人が債務超過の場合は限定承認したものとみなす旨の特例を設け
た。[66]

5）本条3号は，限定承認や放棄をした後に不正行為等をした場合に限定
承認等をそのまま有効とすれば，相続債権者や後順位相続人等の利益を
害させるとの理由で不正行為をした相続人に相続債務の無限責任を負わ
せる趣旨である。

6）本条3号の「隠匿」とは相続財産を隠して容易にその存在を知ること
ができなくすることであり，「不正消費」とは正当な事由なく相続財産
を消費することでその財産的価値を喪失させることである（大判2010. 4.
29. 2009다84936）。なお，通説は，不正消費とは相続債権者の不利益を意
識して相続財産を消費することという。[67][68]

7）また，本条3号が適用される相続人は財産目録の作成を義務付けられ
ている限定承認者に限られるが（1030条），「故意に財産目録に記入しな
かったとき」とは，限定承認をする際に相続財産を隠匿して相続債権者
を詐害する意思で相続財産を財産目録に記入しなかったことを意味する
（大判2003. 11. 14. 2003다30968，大判2010. 4. 29. 2009다84936（韓判2-36））。
ところで，少額の財産を記入しなかった場合でもその事由に該当するか
に関して学説は分かれるが，多数説は単純承認の効果を発生させるのが
相続人に過酷と思われる程度の少額の財産を記入しないのは，ここでい
う単純承認にはならないという。[69][70]

66）趙慶済・前掲注10）591頁参照。
67）송덕수（ソンドクス）・親族相続法368頁。
68）김주수（キムチュス）＝김상용（キムサンヨン）・親族相続法第12版713頁。
69）송덕수（ソンドクス）・親族相続法368頁。
70）김주수（キムチュス）＝김상용（キムサンヨン）・親族相続法第12版714頁。

202

第4節　相続法の概要　(3)　相続財産の分割・相続の承認と放棄

韓国の判例2−36　大判2010．4．29．2009다84936　1026条3号の「故意に財産目録に記入しなかったとき」の意味

「法定単純承認に関する民法第1026条第3号の「故意に財産目録に記入しなかったとき」とは，限定承認をする際に相続財産を隠匿して相続債権者を詐害する意思で相続財産を財産目録に記入しなかったことを意味する（大判2003．11．14．2003다30968参照）。」

8）相続人が相続放棄をして新たに相続人となった者が承認をするときには，放棄者が不正行為をしていても単純承認とは擬制されない（1027条）。その理由は，第二相続人の相続権が侵害されるからであり，第二相続人は第一の相続人が隠匿した財産の返還や不正消費による損害賠償を請求できる。

　　②　限定承認

第1028条（限定承認の効果）　相続人は，相続によって取得した財産の限度で被相続人の債務と遺贈を弁済する条件として相続を承認することができる。

第1029条（共同相続人の限定承認）　相続人が数人のときには，各相続人はその相続分に応じて取得した財産の限度でその相続分による被相続人の債務と遺贈を弁済することを条件として相続を承認することができる。

第1030条（限定承認の方式）　①相続人が限定承認をしようとするときは，第1019条第1項または第3項の期間内に，相続財産の目録を添付して法院に限定承認の申告をしなければならない。

②第1019条第3項の規定により限定承認をする場合には，相続財産の中ですでに処分した財産のあるときには，その目録と価額を共に提出しなければならない。

（対照）日本民法922条，923条，924条

1）限定承認は，相続財産が債務超過状態かどうか不明の場合に有用な制度である。相続人は相続で取得した限度で被相続人の債務と遺贈を弁済する条件で相続を承認する意思表示であり（1028条），相続人が数人の

203

第 2 章　韓国家族法の概要とその適用

ときは，各相続人はその相続分に応じて取得した財産の限度で，その相続分に応じた被相続人の債務と遺贈を弁済する条件で相続を承認することができる（1029条）。日本民法923条のように「共同相続人全員が共同してのみ」できるとの規定はない。その点について，「一人一人の相続分に関する清算手続が相当煩雑になるという問題はあるが，相続の個人主義原則に照らして妥当な規定」とする見解がある[71]。

２）普通の限定承認は相続人が相続開始のあったことを知った日から３か月以内に行い（1019条①本文），「特別限定承認」は相続債務が相続財産を超過する事実を重大な過失なく考慮期間内に知ることができず単純承認をしたか，1026条１号・２号によって単純承認と擬制された場合には，その事実を知った日から３か月以内に限定承認が可能である（1019条③）。この場合に，以前に行われた単純承認や単純承認の擬制は法律の規定（1019条３項）によって無効になるといえよう[72]。

３）限定承認の意思表示は，方式に従い家庭法院に申告しなければ効力は発生しない（1030条①）。家庭法院は，限定承認の申告を受理すれば形式的に申告書が適法かどうかを審査し，適法と判断すれば審判書を作成する（家訟法39条，同規則75条③）。限定承認審判の効力は審判を受けた者が審判を告知されることで発生する（家訟法40条，同規則25条）。なお，申告を受けた法院は，全く申告書とはいえない申告書でない限り多少の不備があっても受理した後は追完させることなどできるだけ有効な申告と解すべきであり，申告を却下する方法で処理してはならないとする判例がある（大決1978．１．31．７△63）。

４）限定承認によって，相続人は相続債務を全部承継するが責任の範囲が相続財産の限度に留まる（有限責任）。したがって，相続債権者は限定承認者に対しても債務全部に関して履行を請求できるが，判例は，相続

71）김주수（キムチュス）＝김상용（キムサンヨン）・親族相続法第12版715頁。
72）송덕수（ソンドクス）・親族相続法370頁。

第4節　相続法の概要　(3)　相続財産の分割・相続の承認と放棄

の限定承認が認められた場合でも相続債務が存在すると認められた以上，法院としては相続財産が無いかその相続財産の相続債務の弁済に不足していても相続債務全部に対する履行判決を宣告すべきで，その債務は相続人の固有財産については強制執行できない性質を有するので，執行力を制限するために履行判決の主文に相続財産の限度内に限り執行できるとの旨を明示すべきであるとする（大判2003. 11. 14. 2003다30968）。しかし，限定承認者が超過部分について任意に弁済すれば非債弁済ではなく有効な弁済となる。

5）被相続人の債務と遺贈を弁済して残った財産は限定承認をした者に帰属する。なお，判例は，限定承認者から相続財産に関して根抵当権等の担保権を取得した者と相続債権者間の優劣関係は民法上の一般原則によるとする（大判（全員）2010. 3. 18. 2007다77781）。

6）限定承認に関する清算手続については，民法は1032条から1040条で明定している。

⑷　相続の放棄

> **第1041条（放棄の方式）**　相続人が相続を放棄するときには，第1019条第1項の期間内に家庭法院に放棄の申告をしなければならない。
> **第1042条（放棄の遡及効）**　相続の放棄は，相続が開始した時に遡及しその効力がある。
> **第1043条（放棄した相続財産の帰属）**　相続人が数人の場合に，ある相続人が相続を放棄したときには，その相続分は他の相続人の相続分の比率でその相続人に帰属する。

（対照）日本民法938条，939条

1）相続の放棄とは，自己のために開始した不確定な相続の効力を確定的に消滅させる一方的な意思表示である。放棄は包括的・無条件に限って行うことが可能で，一部の放棄や条件付放棄は認められない。判例には，相続放棄書に相続財産の目録を添附したとしても放棄の当時財産目録に含まれない財産の場合にも相続放棄の効力は及ぶとするものがある（大

205

第 2 章　韓国家族法の概要とその適用

判1995. 11. 14. 95다27554（韓判 2 - 37））。

韓国の判例 2 - 37　大判1995. 11. 14. 95다27554　財産目録記載の財産と放棄の効力

「相続の放棄は相続人が法院に対して行う単独の意思表示で包括的・無条件的でなければならず，相続放棄は財産目録を添付しても特定する必要が無いと解され，相続放棄書に相続財産の目録を添付したとしてもその目録に記載された不動産及び遺漏した不動産の数などと諸般の事情に照らして相続財産を参考資料と例示したものにすぎないものとみられる以上，放棄当時添付した財産目録に本件財産が含まれていなかったとしても相続放棄の効力は本件財産に及ぶと解すべきである。」

2 ）また判例には，在日韓国人が日本の裁判所で行った相続放棄は有効であるとするものがある（大邱高法2015. 4. 22. 宣告2014나2007）（韓判 2 - 38）。

韓国の判例 2 - 38　大邱高法2015. 4. 22. 宣告2014나2007[73]　(要旨)

日本の裁判所で行った相続放棄の有効性

1 ）亡人とその相続人らは全て大韓民国国籍を有して日本で居住しているが，亡人の相続財産は国内と日本に全て存在している。よって，亡人の相続関係は国際私法第 1 条所定の「外国的要素のある法律関係」に該当するので，国際私法に従い準拠法を決定しなければならない。

2 ）国際私法上相続に関する準拠法は「死亡当時の被相続人の本国法」が原則であるが，法律行為の方式は行為地法によっていても有効である。相続放棄は身分関係と関連した包括的な権利義務の承継に関したものなので，国際私法第17条第 5 項の行為地法の適用を排除する「物権その他登記すべき権利の定めや処分する法律行為」には該当しないとされている。したがって，特別な事情のない限り原告らが行為地法によって日本の裁判所に申告した本件各相続放棄は有効である。

3 ）相続人は法院から相続放棄期間を延長されなかった場合には民法第1019条第 1 項で定める 3 か月以内に，その放棄期間の延長がされた場合

73）韓国国際私法学会『国際私法研究第21巻第 2 号』（ソウルFides，2015年）442頁。

第4節 相続法の概要 (3) 相続財産の分割・相続の承認と放棄

> にはその延長期間内で，各相続放棄ができる。その場合，国際私法の適
> 用対象になる相続関係に，その相続放棄期間の延長決定を国内家庭法院
> から受けるのか，外国家庭法院から受けるのかの問題は，法律行為の方
> 式に関するもので，国際私法第17条第2項に従い行為地法によることも
> できる。したがって，相続開始を知った日から3か月以内に行為地法で
> ある日本の民法に従い日本の東京家庭裁判所から相続放棄申告期間の延
> 長を受けた後にその延長期間内に相続放棄申告を行い，その相続放棄申
> 告が全て受理された本件において，本件各相続放棄はすべて有効である。

3) 相続の放棄は相続開始後の一定の期間内にしなければならず（1041条），
相続開始前にした放棄は無効であり，相続開始前に第三者と行った相続
放棄約定も期間・手続・方式に沿わないので無効である（大判1994. 10.
14. 94다8334（韓判2-27）193頁参照）。また，その期間経過後に行った放
棄も無効である。ただし，判例は，相続財産を共同相続人の1人に相続
させる方便で他の相続人がした相続放棄申告が所定の期間を過ぎて申告
され相続放棄としての効力がないとしても相続人の1人に取得させる内
容の相続財産の協議分割がなされたと理解する（大判1996. 3. 26. 95다
45545（韓判2-39）等）とする。

韓国の判例2-39 大判1996. 3. 26. 95다45545

> **法定期間を徒過した相続放棄申告と協議分割**
> 「相続財産を共同相続人の1人に相続させる方便で残りの相続人らが
> 行った相続放棄申告が民法第1019条第1項所定の期間を超過した後に申告
> したものなので相続放棄書の効力が無いとはいっても共同相続人の間では
> 1人が固有の相続分を超過して相続財産全部を取得し他の相続人にはそれ
> を全く取得しないとする内容の相続財産に関する協議分割がなされたもの
> と解すべきであり（大判1989. 9. 12. 88누9305, 大判1991. 12. 24. 90누5986
> 等参照），……」。

4) 相続放棄の申告は，家庭法院に相続放棄をする旨等の一定の事項を記
載し書面でしなければならない（家訟法36条，同規則75条①）。家庭法院
が限定承認の申告を受理すれば，形式的に申告書が適法かどうかを審査

第2章　韓国家族法の概要とその適用

し，適法と判断すれば審判書を作成する（家訟法39条，同規則75条③）。
相続放棄の審判の効力は審判を受けた者が審判を告知されることにより
発生する（家訟法40条，同規則25条）。

　なお，裁判例規では，後順位者の相続放棄の申告につき先順位者相続
人より先にしてもよいとしている（2003. 9. 2. 裁判例規907号３条（韓先
2 - 2））

5）親権者であり共同財産相続人である母が自己の財産相続を放棄するの
と同時に共同相続人であり未成年者である３人の親権者としてその３人
を代理して他の成年の子のために彼らの財産相続を放棄する行為は利害
相反行為にはならないが（大判1989. 9. 12. 88다카28044），父が死亡して
母と未成年の子が共同相続し母が法定代理人として未成年者を代理して
放棄する場合には民法921条の利害相反行為に当たるので，特別代理人
を選任しなければならない[74]（2003. 9. 2裁判例規907号２条②（韓先2 -
2））。

韓国の先例2‐2　2003. 9. 2. 裁判例規907号　相続放棄の申告に関する例規（裁特2003‐1）

> **第１条（目的）**　本例規は相続放棄の申告に関して必要な事項を定めることを目的とする。
>
> **第２条（無能力者の相続放棄申告）**　①相続放棄の申告人が未成年者，禁治産者又は限定治産者（以下「無能力者」いう）の場合には，法定代理人が申告を代理する。
>
> ②　無能力者とその法定代理人が共同で相続人になる場合に無能力者が相続放棄の申告をするためには，民法第921条の規定による特別代理人を選任しなければならない。ただし，無能力者がその法定代理人を含めて共同相続人全員が共に相続放棄の申告をする場合には，その限りでない。
>
> **第３条（後順位相続人の相続放棄申告）**　被相続人の相続人となる資格がある者（配偶者，直系卑属，直系尊属，４寸以内の傍系血族）は，相続が開始した以後は先順位相続人が相続放棄申告をしない場合でも先順位

74）송덕수（ソンドクス）・親族相続法359頁，김주수（キムチュス）＝김상용（キムサンヨン）・親族相続法第12版698頁，이경희（イキョンヒ）・第２全訂版家族法456頁。

第4節　相続法の概要　(3)　相続財産の分割・相続の承認と放棄

> 相続人より先に又は先順位相続人と同時に相続放棄の申告をすることが
> できる。

6）相続放棄の効果は，相続開始時に遡及する（1042条）。その結果，放
棄者は最初から相続人ではなかったことになる（大判2011．6．9．2011다
29307）。そこで，相続人全員が相続を放棄すれば，その全員が相続開始
時から相続人でなかったのと同じ地位に置かれるので，次順位の者が本
位相続人として相続する。また，被相続人中一部が相続を放棄した場合
にその放棄者の直系卑属は被代襲者の放棄者を代襲相続するのではない。
その理由は，民法が被代襲者の相続開始前の死亡と欠格だけを代襲原因
にしているからである（1001条）。

　判例は，「第一順位の相続権者である妻と子ら全てが相続を放棄した
場合は孫が直系卑属として相続人になる」（大判1995．4．7．94다11835
（韓判2-40）210頁）とし，被相続人と妻が同時に死亡し第一順位相続人
が全員相続放棄した事例で次の近親直系卑属の孫らが次順位の本位相続
人になるとする（大判1995．9．26．95다27769（韓判2-41）210頁）。そして，
被相続人の配偶者と子の中で子の全部が放棄した場合の相続人について，
「配偶者と被相続人の孫又は直系尊属が共同で相続人となり，被相続人
に孫と直系尊属がいなければ配偶者が単独で相続人になる」（大判2015．
5．14．2013다48852）（Ⅰ巻末資料4．大法院判例(6)）とする判例を示した。
それに関連して，韓国では不動産登記先例が発出された。それによると，
被相続人の配偶者は，被相続人の子女の全部が相続を放棄した場合，直
系卑属である孫又は直系尊属と共同で相続人になり，孫も直系尊属もい
ない場合には，配偶者が単独で相続するというものである（2015．8．18．
登記先例第201508-3号（韓先2-3）210頁）。

　なお，相続放棄の効果は絶対的で登記をしなかったとしても放棄を

第 2 章　韓国家族法の概要とその適用

もって第三者に対抗できる。[75]

韓国の判例 2 - 40　大判1995. 4. 7. 94다11835　妻と子が相続放棄した場合の相続人は孫

　「第 1 順位相続権者である妻と子らが全て相続を放棄した場合には，孫が直系卑属として相続人になるので……」

韓国の判例 2 - 41　大判1995. 9. 26. 95다27769　被相続人と妻の同時死亡と子全員の相続放棄による孫の本位相続

　「第 1 順位相続権者である妻と子らが全て相続を放棄した場合には，孫が直系卑属として相続人になるとされている（大判1995. 4. 7. 94다11835参照）。原審が本件貸与金の債務者である訴外신안섭（シンアンソップ）が1993. 12. 17. その妻である訴外정순자（チョンスンジャ）と同時に死亡し，その子として第 1 順位相続人である訴外신재창（シンジェチャン），訴外……，訴外……，訴外……，が1994. 3. 4. 管轄法院に各相続放棄申告をして同月 7. 受理された事実及び他方で被告らは上신재창（シンジェチャン）の子で上亡신안섭（シンアンソップ）の孫である事実を認定した後，相続を放棄した者は相続開始から相続人にならなかったのと同様の地位に置かれるので，同順位の他の相続人がいない本件では，その次の近親直系卑属である上記亡신안섭（シンアンソップ）の孫らが次順位の本位相続人として上亡人の財産を相続することになると判断したのは上記法理によるもので正当であり，……」

韓国の先例 2 - 3　2015. 8. 18. 登記先例201508 - 3 号　相続放棄後の相続人は誰か

　相続を放棄した者は，相続が開始したときから相続人にならなかったのと同様の地位に置かれるので，被相続人の配偶者と子女の中で子女全部が相続を放棄した場合，配偶者は被相続人の孫子女と共同で相続人になり，孫子女がいない場合には，被相続人の直系尊属と共同で相続人になり，被相続人の孫子女と直系尊属が全ていない場合には，単独で相続人になる。

75）송덕수（ソンドクス）・親族相続法377頁。

第4節　相続法の概要　(3)　相続財産の分割・相続の承認と放棄

(2015. 8 .18. 不動産登記課—1949質疑回答)

参照条文：民法第1000条，第1003条，第1019条，第1020条，第1041条〜第1043条

参照判例：大法院2005. 7 .22. 宣告2003다43681判決，大法院2015. 5 .14宣告2013
다48852判決

参照先例：登記先例第 6 -226号（2000. 1 .27），登記先例第 7 -197号（2003. 3 .
11）

7 ）相続人が数人の場合に，ある相続人が相続を放棄すればその相続分は
他の相続人の相続分の比率で相続人に帰属するが（1043条），そのとき
には放棄者が相続開始時から相続人でないとみてそれを除いて計算する。

　　なお，この場合の「他の相続人」に被相続人の配偶者が含まれるかど
うかについては学説は分かれる。[76] 多数説は被相続人の配偶者は当然に
含まれるとする。多数説に従えば，直系卑属A・Bと配偶者Cがいて，
Aには子（a 1 が）いてA・Bが全て相続を放棄すればA・Bの相続分
は誰に帰属するのか。a 1 とCが共同相続するとの見解があり得るが，
a 1 は1043条の「他の相続人」に含まれず，Cが唯一の相続人とみて単
独で相続するとみる。[77]

8 ）しかし，最近の判例（大判2015. 5 .14.2013다48852）（Ⅰ巻末資料 4 .大法
院判例(6)）は，以上と異なる見解を示したので（第 3 章第 4 節 2 (4) 6 ）
209頁），当該判例を批判する見解がある。[78]

3 日本の関連判例（先例）

(1)　財産分割の特別代理人・代償分割ほか

1 ）日本の渉外家事事件では親子間の利益相反を理由とする特別代理人の
選任の要否は，法適用通則法32条（親子間の法律関係）によるとの見解

76）송덕수（ソンドクス）・親族相続法378頁。

77）송덕수（ソンドクス）・親族相続法378頁以下。

78）송덕수（ソンドクス）『친족・상속법（제 3 판）（親族相続法（第 3 版）』（ソウル박
영사，2017年）390頁，윤진수（ユンジンス）『친족상속법강의（제 2 판）（親族相続
법강의（第 2 版）』（ソウル박영사，2018年）485〜486頁。

第2章　韓国家族法の概要とその適用

が大勢であるが，[79] 遺産分割協議の代理資格のような親子の利益相反行為については法適用通則法36条（改正法例26条，改正前法例25条）によるとの見解もある。[80]

2）日本人の相続事案で米国人父と日本人子の遺産分割協議の特別代理人の選任につき相続準拠法である日本法を適用した判例（東京家審昭和41・4・8家月18-11-93（日判2-3））がある。

3）朝鮮人の死亡による不動産所有権移転登記申請につき，母と子が遺産分割協議で子に相続させる際にも子の特別代理人の選任が必要なのにその添付書面がないとの理由で登記申請を却下した事例で，第一審は親子間の利益相反行為についての特別代理人の選任は「親子間の法律関係の性質をもつものと解される」として法例20条を適用し韓国民法921条を適用して利益相反かどうかは外形的事実で判断されとして請求棄却をしたが（札幌地判昭和45・7・10訟月16-11-1316），第2審は，韓国民法921条の解釈として「両者の間に利害関係の対立がある場合に，子の利益を保護すること」が目的であるから「当該行為により，親権者の不利益によって子が利益を得るだけ」なので特別代理人の選任は必要ないとした（札幌高判昭和46・4・27訟月17-8-1284）。

日本の判例2-3　東京家審昭和41・4・8家月18-11-93　特別代理人選任要否の準拠法

　　日本人A女が昭和40年4月に死亡したので，相続人である米国人夫（申立人）と日本人子BがAの遺産について遺産分割協議をするとして特別代理人の選任を申し立てた事案である。
　　「未成年者（B）は日本人であるのみならず，申立人ともども日本に住所を有していることからみても，日本の裁判所に裁判管轄権あることは疑いをいれないところであり，その準拠法については，本件が（A）の死亡によるその相続をめぐって生起した父と子の利益相反の問題として，果し

79）山田鐐一・国際私法新版521頁。
80）司法研修所・渉外家事研究147頁。

第4節 相続法の概要 (3) 相続財産の分割・相続の承認と放棄

> て申立人は未成年者（B）の親権者として同女を適法に代理して遺産分割
> の協議に関与し得る資格があるかどうかが問われるのであるから，一見親
> 子間の法律関係として法例第20条によるべきようにも思われるが遡って相
> 続の関係として，法例第25条によるべきが相当と考える」[81]。

4) 相続事案で，現物分割は不適切とし遺産は全て相手方の共有とし相手
   方の債務負担による遺産分割方法により代償分割をした事例（大阪家審
   昭和51・2・25家月29-4-152）がある。

5) 1968年死亡した韓国人の相続につき，遺産分割の方法として共同相続
   人の一人に遺産全部を取得させ他の相続人には各人の相続分の額相当の
   調整金を支払わせることにし，それは準拠法たる韓国法に反しないとし
   た事例（東京家審昭和63・8・31家月41-5-65）がある。

6) 1987年死亡した韓国人の遺産分割の方法について，韓国民法には日本
   民法906条に相当する規定はないとしながら各人の相続分と特別受益額
   を算出し不動産・現金その他を分割した事例（福岡高決平成4・12・25判
   タ826-259）がある。

(2) 限定承認・相続放棄

1) 1957年死亡した被相続人の相続準拠法は北朝鮮法でありその内容は不
   明であるが，財産相続の限定承認制度は近代社会において認められてい
   ることや韓国も定めているとして，被相続人の母の限定承認の申述を認
   めた審判例（神戸家審昭和35・9・14家月12-12-101）がある。

2) 1976年死亡した韓国人Xは日本に永く居住し1975年韓国に帰国したが，
   日本にも韓国にも積極財産はないが債務があるので，その子4名の3人
   が東京家庭裁判所に限定承認の申述を行ったところ，国際管轄権は日本
   に在ることを前提に韓国の限定承認制度に基づいているとして限定承認
   を受理し相続財産管理人を申述人の1人を選任した事例（東京家審昭和

---

81) 評釈につき，澤木敬郎「日本人母の死亡により相続人たるアメリカ人父と未成年の
   日本人子との間で遺産分割協議をなす場合の特別代理人選任の準拠法」ジュリ388号
   192頁。

213

第2章　韓国家族法の概要とその適用

52・7・19家月30-7-82）がある[82]。

3）また，日本の不動産登記の先例で，韓国人が東京家庭裁判所宛に相続
放棄を行いその申述受理証明書を添付して行った相続登記申請を受理し
たものがある（昭和37・12・20民甲3626号回答（日本の先例（以下「日先」
という）2-1））。

日本の先例2-1　昭和37・12・20民事甲第3626号民事局長回答

韓国人の相続放棄ならびに財産相続の登記について

　標題の左記事案について，日本の法例によれば，相続は被相続人の本国
法によることとされていますが，被相続人の本国法である韓国相続法第
1,041条では，相続の抛棄は，同法第1019条第1項の期間内に法院に抛棄
の申告をしなければならないと規定されております。

　これについて，現在韓国国際私法の存否がつまびらかではありませんの
で，反致適用の可否については，消極的に考えておりますが，韓国におけ
る相続実質法に準拠して日本の家庭裁判所が相続放棄の申述を受理するこ
とは，妥当と考えられ，これに基づく相続登記の申請は受理すべきである
と思料しますが，（中略）

　昭和37年5月25日家族としての地位を有する有婦の韓国人男Aは，日本
において死亡し，財産相続が開始したが，同人の相続人のうち，直系卑属
である庶子女B，長男C，二男D，三男E，二女Fの5名は，同年8月23
日東京家庭裁判所に対し，相続放棄の申述をし受理された。

　その後，これに基づく相続放棄受理証明書とともに，面長発行の戸籍謄
本及び外国人登録済証明書を添付して被相続人の妻から相続による所有権
移転の登記申請がなされた。

（回答）　昭和37年11月14日付壱登不1第2913号をもって問合せのあった標
記の件については，受理してさしつかえないものと考える。（以下，
略）

82）評釈につき，石黒一憲「韓国人たる被相続人の相続につき限定承認の申述を受理す
る審判のなされた事例」ジュリ689号137頁，妹場準一「相続限定承認申述事件の準拠
法と国際的管轄」昭和53年重判解285頁。

第5節　相続法の概要　⑷　相続人不存在の手続・特別縁故者への財産分与

第5節　相続法の概要
⑷　相続人不存在の手続・特別縁故者への財産分与

1 相続人不存在の手続と相続財産の国家帰属

> **第1053条（相続人のいない財産の管理人）**　①相続人の存否が明らか
> でないときには，法院は第777条の規定による被相続人の親族その
> 他利害関係人又は検事の請求によって，相続財産管理人を選任し，
> 遅滞なくこれを公告しなければならない。
> ②　（略）
> **第1056条（相続人のいない財産の清算）**　①第1053条第1項の公告が
> あった日から3月内に相続人の存在が明らかでないときには，管理
> 人は，遅滞なく一般相続債権者と遺贈を受けた者に対して一定の期
> 間内にその債権又は受贈を申告することを公告しなければならない。
> その期間は，2月以上でなければならない。
> ②　（略）
> **第1057条（相続人捜索の公告）**　第1056条第1項の期間が経過しても
> 相続人の存否が明らかでないときには，法院は管理人の請求によっ
> て相続人がいれば一定の期間内にその権利を主張することを公告し
> なければならない。その期間は1年以上でなければならない。
> **第1057条の2（特別縁故者に対する分与）**　①第1057条の期間内に相
> 続権を主張する者がいないときには，家庭法院は，被相続人と共に
> 生計をしていた者，被相続人の療養看護をした者その他被相続人と
> 特別の縁故があった者の請求によって，相続財産の全部又は一部を
> 分与することができる。
> ②第1項の請求は，第1057条の期間の満了後2月以内にしなければな
> らない。
> **第1058条（相続財産の国家帰属）**　①第1057条の2の規定によって分
> 与しないときは，相続財産は国家に帰属する。
> ②　（略）

（対照）日本民法951条〜959条

1）相続人の不存在とは，相続人の存否が明らかでないことである（1053

215

第2章　韓国家族法の概要とその適用

条①参照）。民法は，相続人の存否が明らかでない場合は一方で相続人を捜索しながら他方で相続財産を管理する（1053条～1059条）。

2）相続人が存在するのは明白であるがその行方や生死が不明な場合は，「相続人の不存在」の手続ではなく，不在者の財産管理人制度（22条以下）や失踪宣告制度（27条以下）によって処理される。それに関連して，相続人はいないが「包括的受贈者」だけがいる場合に関しては学説が対立している。[83] ある見解は，包括的受贈者は相続人と同一の権利義務を有するので（1078条），相続債権者の保護に何らの支障もないとの理由から包括的受贈者が相続財産の全部の遺贈を受けた場合は相続人不存在の手続は不要とするが，[84] それに反対する見解は，1053条の「利害関係人」には1054条の規定からも包括的遺贈又は特定遺贈を受けた者が含まれ，受贈者は相続債権者に弁済した後でなければ弁済されない点（1056条②，1036条）に照らせば，包括的受贈者が相続財産の全部の遺贈を受けた場合でも相続人不存在の手続を踏むべきとする。[85]

3）相続人の存否が明らかでないときは，家庭法院は民法777条の被相続人の親族その他の利害関係人又は検事の請求によって相続財産管理人を選任し，遅滞なくそれを公告しなければならない（1053条①）。ここでいう法律上の「利害関係人」には，遺贈を受けた者，相続債権者，相続債務者，相続財産上の担保権者，被相続人の債務の保証人，特別縁故者が含まれる。

4）家庭法院は，相続財産管理人を選任したときは遅滞なく公告し（家訟規則79条），財産目録を作成するなどの管理業務をしなければならない（民法24条～26条）。判例は，相続財産管理人は相続人の存在が不明な相続財産の訴訟における正当な被告になるとする（大判2007. 6. 28. 2005다55879）。

83）송덕수（ソンドクス）・親族相続法384頁。
84）김주수（キムチュス）＝김상용（キムサンヨン）・親族相続法第12版741頁。
85）박동섭（パクトンソプ）・改訂版親族相続法671頁。

216

第5節　相続法の概要　(4)　相続人不存在の手続・特別縁故者への財産分与

5）また，相続財産管理人の選任公告から「3月内」に相続人の存否が不明のときは，一般相続債権者等に申告期間を「2月以上」と定めてその債権等を申告することを公告し（1056条①），申告があれば清算業務を行う（同条②）。しかし，その公告期間を過ぎても相続人の存否が不明のときは，相続続財産管理人の請求により，家庭法院は「1年以上」（2005年法律7427号民法で改正前の「2年以上」を短縮）の期間を定めて「相続人がいればその期間内にその権利を主張すること」を公告する審判をしなければならない（家訟規則80条）。この相続人捜索の公告は，清算の結果，残余財産があるときに限り行うという見解がある[86]この捜索の公告で期間内に相続人が現われなければ相続人の不存在が確定する。その上で，特別縁故者の財産分与請求（1057条の2）がなければ，その相続財産は国家に帰属する。

6）国家帰属の法的性質について，学説は法律の規定による原始取得という見解と清算後に残った相続財産を法律の規定によって国家が包括承継するという見解が対立している[87]また，国家帰属の時期についても，相続財産管理人が残余財産を国家に引き渡したときという見解と相続財産の空白状態が生じるのを防ぐために相続が開始したときと解すべきとの見解が対立している[88]

2 特別縁故者への財産分与

> **第1057条の2（特別縁故者に対する分与）** ①第1057条の期間内に相続権を主張する者がいないときには，家庭法院は，被相続人と共に生計をしていた者，被相続人の療養看護をした者その他被相続人と特別の縁故があった者の請求によって，相続財産の全部又は一部を

86）박동섭（パクトンソプ）・改訂版親族相続法675頁。
87）송덕수（ソンドクス）・親族相続法388頁。
88）송덕수（ソンドクス）・親族相続法388頁。

217

第 2 章　韓国家族法の概要とその適用

> 分与することができる。
> ②第 1 項の請求は，第1057条の期間の満了後 2 月以内にしなければならない。

（対照）日本民法958条の 3

1 ）本制度は，1990年法律4199号で新設され1991年 1 月 1 日から施行された。同制度は，相続人不存在捜索の公告の期間内に相続権を主張する者がいないときに，その捜索期間満了後 2 か月以内に限り，被相続人と特別に縁故にあった者の請求により，家庭法院が相続財産の全部又は一部を分与する制度である。

2 ）本条では，財産分与請求できる者とは「被相続人と共に生計をしていた者，被相続人の療養看護をした者その他被相続人と特別の縁故があった者」と定める（1057条の 2 ①）。

　特別縁故者かどうかは，抽象的な親族関係の遠近でなく実質的・具体的な関係によって決定し，同制度の財産分与は相続ではないので，法人でも権利能力無き社団でもよいとする[89]。なお，財産分与を受ける地位は権利かどうかについて，学説の見解は対立している[90]。ある見解によれば，縁故者が請求した場合，法院は残余財産があり縁故者が相続欠格者に準ずる地位がないときは財産分与審判をせざるを得ないと考えられるので，その限度では縁故者に期待権があると解すべきと主張する[91]。他の見解によると，相続人の不存在になればその財産は国家に帰属すべきであるが，縁故者の地位は国家の政策的配慮により特別に与えられるもので縁故者の地位を期待権的地位とは解しがたいと主張する[92]。

3 ）財産分与の対象となる財産は，清算後に残存する相続財産の全部又は一部である。そこで，相続財産が共有財産の場合，民法267条（持分放

89）송덕수（ソンドクス）・親族相続法387頁。
90）송덕수（ソンドクス）・親族相続法386頁。
91）김주수（キムチュス）＝김상용（キムサンヨン）・親族相続法第12版747頁。
92）이경희（イキョンヒ）・第 2 全訂版家族法411頁。

218

第5節　相続法の概要　(4)　相続人不存在の手続・特別縁故者への財産分与

棄等の帰属）が優先して他の共有者に帰属するのかそれとも1057条の2
が優先するかが問題になるが，学説は共有持分であっても1057条の2の
財産分与の対象と解している[93]。

3　日本の関連判例

(1)　相続財産管理人

1）売買代金を支払ったのに売主の韓国人が所有権移転登記未了のまま
1959年に死亡したが，相続人は日本には無く本国にににおける相続人の有
無も不明として財産所在地法である日本法を適用して相続財産管理人の
選任の審判をした事例（水戸家審昭和36・6・23家月13-11-110）[94]がある。

2）1959年死亡した韓国人の相続事案で相続人不明の遺産に関する法律関
係を，無主の財産の処理の問題として改正前法例10条（法適用通則法13
条）を適用して財産所在地法たる日本民法を適用し，相続財産管理人選
任が可能とした事例（大阪地判昭和40・8・7判タ185-154）がある。

(2)　特別縁故者への財産分与

1）1962年死亡した韓国人の相続準拠法に韓国法を適用したが，特別縁故
者制度が無いので改正前法例30条（通則法42条）の公序則を適用して日
本民法958条の3により内縁の妻に財産分与した事例（仙台家審昭和47・
1・25家月25-2-112）[95]がある。

2）1963年死亡した朝鮮人の相続人不明の事案で，本件のように通常の相
続人が存在しない場合の遺産の帰属の問題は相続財産所在地法によると

93）송덕수（ソンドクス）・親族相続法387頁。

94）評釈につき，欧龍雲「日本に在る韓国人の相続財産についての相続財産管理人の選
任」ジュリ251号93頁，桑田三郎「相続人の不明と相続財産の管理」渉外百選（増補
版）144頁。

95）評釈につき，林脇トシ子「大韓民国人である被相続人の相続財産について，日本民
法958条の3を適用することの適否」ジュリ538号112頁，鳥居淳子「相続人不存在と
相続財産の管理」渉外百選（増補版）264頁，溜池良夫「相続人の不存在」渉外百選
2版174頁。

219

第2章　韓国家族法の概要とその適用

して日本民法958条の3を適用して被相続人の内縁の妻に財産分与をした事例（大阪家審昭和52・8・12家月30-11-67）[96]がある。

3）1965年死亡した朝鮮人の相続人不明の事案で，特別縁故者の財産分与については相続財産の処分の問題であるから「条理」に基づき相続財産所在地法を適用して内縁の妻に財産分与をした事例（名古屋家審平成6・3・25家月47-3-79）[97]がある。

第6節　相続法の概要
(5)　遺言能力・遺言法定事項・遺言の証人

1 遺言能力

> **第1061条（遺言適齢）**　満17歳に達しない者は，遺言をすることができない。
>
> **第1062条（制限能力者の遺言）**　遺言に関しては第5条，第10条及び第13条を適用しない。
>
> **第1063条（被成年後見人の遺言能力）**　①被成年後見人は意思能力が回復したときに限り遺言をすることができる。
> ②第1項の場合には医師が心神回復の状態を遺言書に付記し署名捺印しなければならない。

（対照）日本民法961条，962条，966条，973条

1）遺言は，人がその死後の法律関係の一定の事項に関して定める一方的な意思表示である。また，一つの意思表示でありながら同時に法律行為でもあり，相手方のない単独行為である。したがって，遺言は法律行為

96）評釈につき，相澤英孝「特別縁故者に対する相続財産分与の準拠法」ジュリ701号148頁，海老沢美広「特別縁故者への相続財産の分与」渉外百選3版174頁。
97）評釈につき，溜池良夫「特別縁故者への相続財産分与の国際裁判管轄権と準拠法」リマークス1996（上）144頁，佐藤やよひ「特別縁故者」国際私法百選2版164頁。

第6節　相続法の概要　(5)　遺言能力・遺言法定事項・遺言の証人

に関する規定と理論が適用される。

2）遺言能力とは遺言を有効に行うことができる能力である。具体的には，満17歳に達しない者は遺言をすることができず（1061条），行為能力に関する規定（5条，10条，13条）は遺言に適用されない（1062条）。被成年後見人もその意思能力が回復されたときには遺言をすることができるが（1063条①），その場合には医師が心身回復の状態を遺言書に付記して署名捺印しなければならない（同条②）。被限定後見人は17歳に達していれば単独で有効に遺言ができる（1062条）。

3）遺言能力は遺言当時に存在していなければならず，遺言の効力発生時期になくても構わない。

2 遺言法定事項

1）遺言は法定事項に限って行うことができる行為である。それ以外の事項の内容の遺言は法律上は遺言ではなく無効である。

2）1960年制定民法は，遺言による入養（養子縁組）（民法880条）を認めていたが，1990年法律4199号民法で削除した。また，韓国「国際私法」49条2項が定める相続準拠法を指定する遺言もここでいう遺言事項に含まれるであろう（第1章第2節4(2)73頁参照）。

3）民法その他の法律が定める遺言事項は次のとおりである。

①　財団法人の設立のための財産出捐行為（民法47条②「遺言で財団法人を設立するときには遺贈に関する規定を準用する。」）

②　親生否認（民法850条「夫または妻が遺言で否認の意思を表示したときには，遺言執行者は親生否認の訴を提起しなければならない。」）

③　認知（民法859条②「認知は遺言でも，これをすることができる。この場合には遺言執行者がこれを申告しなければならない。」）

④　未成年後見人の指定（民法931条①「未成年者に親権を行使する父母は遺言で未成年者後見人を指定することができる。ただし，法律行為の代理

221

第2章　韓国家族法の概要とその適用

権と財産管理権のない親権者はその限りでない。」）

⑤　未成年後見監督人の指定（民法940条の2「未成年後見人を指定できる
　　者は遺言で未成年後見監督人を指定できる。」）

⑥　相続財産分割方法の指定又は委託（民法1012条前段「被相続人は遺言
　　で相続財産の分割方法を定めるか若しくはそれを定めることを第三者に委
　　託することができ，」）

⑦　相続財産分割の禁止（民法1012条後段「被相続人は遺言で……，相続
　　開始の日から5年を超過しない期間内のその分割を禁止することができ
　　る。」）

⑧　遺贈（民法1074条以下）

⑨　遺言執行者の指定又は委託（民法1093条「遺言者は，遺言で遺言執行
　　者を指定することができ，その指定を第三者に委託することができる。」）

⑩　遺言執行者の報酬（1104条①「遺言者が遺言で執行者の報酬を定めな
　　かったときには……」）

⑪　信託の設定（信託法3条①2号「①信託は次の各号のいずれか一に該当
　　する方法で設定できる。但し（以下略）2．委託者の遺言」）

コラム2-3　日本民法の遺言法定事項

　日本民法781条②（認知），同839条（未成年後見人の指定），同848条（未
成年後見監督人の指定），同893条（推定相続人の廃除），同894条②（推定相続
人の廃除の取消し），同897条（祭祀主宰者の指定），同902条（相続分の指定・
指定の委託），同903条③（特別受益の持戻しの免除），同908条前段（遺産分割
方法の指定・指定の委託），同908条後段（遺産分割の禁止），同914条（相続人
相互の担保責任に関する別段の定め），同964条（包括遺贈・特定遺贈），同1006
条①（遺言執行者の指定・指定の委託），同1034条ただし書（目的物の価格によ
る遺贈減殺割合に関する別段の定め）（他に「一般社団法人及び一般財団法人に関
する法律」152条②（一般財団法人の設立），「信託法」3条2号（信託の方法））
（注）　下線部分は韓国民法に類似の規定がない条項

第6節　相続法の概要　(5)　遺言能力・遺言法定事項・遺言の証人

4）民法は，遺言による遺産処分の方法としては遺贈を認めるだけで遺言
相続を認めていない。相続としては法定相続だけであり，遺言で相続人
を指定できない。さらに，遺言で法定相続人の相続分を変更することも
許容していない。ただし，遺言者が包括的遺贈をすることにより実質的
に相続人の指定や相続分の変更のような結果を達成することはできる
（第2章第4節1(2)3）181頁参照）。しかし，それは民法が遺言相続を認め
ているということにはならない。法定相続に関する規定は，遺言がない
か遺言が無効の場合に補充的に適用される。[98]

3 遺言の証人の欠格事由

> **第1072条（証人の欠格事由）**　①次の各号のいずれか一に該当する者
> は遺言に参与する証人になってはならない。
> 　1．未成年者。
> 　2．被成年後見人と被限定後見人。
> 　3．遺言によって利益を受ける者，その配偶者と直系血族。
> ②公正証書による遺言には「公証人法」による欠格者は証人にはなれ
> ない。
>
> **（参考）**　公証人法第33条③　次の各号のいずれか一に該当する者は参与人
> 　になれない。ただし，第29条第2項により嘱託人が参与人の参与を
> 　請求する場合にはその限りでない。
> 　　1．未成年者。
> 　　2．視覚障害者若しくは文字を解読できない者。
> 　　3．署名できない者。
> 　　4．嘱託事項に関して代理人又は補助人若しくは代理人又は補助人
> 　　　であった者。
> 　　5．公証人の親族，被雇用人または同居人。
> 　　6．公証人の補助者。

（対照）日本民法974条

1）自筆証書遺言を除いた他の遺言の場合には証人が参与しなければなら

98）송덕수（ソンドクス）・親族相続法274，333，390頁。

第2章　韓国家族法の概要とその適用

ない。遺言に参与した証人の署名・記名捺印・口述は遺言の有効・無効を判断する資料になる。そこで，民法は証人に不適切と思われる一定の者を証人欠格者として規定している（1072条）。①未成年者，②被成年後見人と被限定後見人，③遺言によって利益を受ける者，その者の配偶者と直系血族である（1072条①各号）。同条1項3号の「遺言によって利益を受ける者」とは，遺言者の相続人になる者，遺贈を受けることになる受贈者等をいうが，遺言執行者は証人欠格者には該当しない（大判1999.11.26.97다57733）。なお，公正証書遺言では，公証人法による欠格者は証人になれない（韓国公証人法33条③）。また，明文の規定はないが文字を書けない者や理解できない者等は事実上証人にはなれない。

2）欠格者が参与した遺言はその全体が無効であるが，証人が数名いてその一人が欠格者の場合に遺言は常に無効かという問題がある。[99] 例えば，口授証書遺言の場合に2人以上の証人が参与しなければならないが（1070条），判例は，欠格者が1人いたが他の4人の証人がいた場合には遺言の有効性を認めている（大判1977.11.8.76므15）。

第7節　相続法の概要
(6)　遺言の方式・遺言の効力・遺言の撤回

1　遺言の方式

第1060条（遺言の要式性）　遺言は，本法の定める方式に従わなければ効力を生じない。
第1065条（遺言の普通方式）　遺言の方式は，自筆証書，録音，公正証書，秘密証書と口述証書の5種とする。

（対照）日本民法960条，967条

99）송덕수（ソンドクス）・親族相続法394頁。

第7節　相続法の概要　(6)　遺言の方式・遺言の効力・遺言の撤回

1）遺言は遺言者の死後に効力が発生する（1073条）。そこで，遺言の存
　在や内容についての争いが生じても本人に確認することはできないので，
　民法は死者の真意を明確にするために遺言は一定の方式の場合に限って
　効力があると規定する（1060条）。判例は，法定の要件と方式と異なる
　遺言はそれが遺言者の意思に合致していたとしても無効であるという
　（大判2007.10.25.2007다51550・51567，大判2009.5.14.2009다9768（韓判2-
　42））。

韓国の判例2-42　大判2009.5.14.2009다9768　遺言の方式違背の　遺言の効力

> 「民法第1065条から第1070条が遺言の方式を厳格に規定するのは，遺言
> 者の真意を明確にしてそれによる法的紛争と混乱を予防するためであるの
> で，法定の要件と方式に反した遺言はそれが遺言者の真正な意思に合致し
> ていても無効とせざるを得ない（大判1999.9.3.98다17800，大判2004.
> 11.11.2004다35533等参照）。

2）遺言の方式には，自筆証書・録音・公正証書・秘密証書・口授証書が
　あるが（1065条），口授証書遺言は疾病その他急迫した事由の場合に使
　用する方式で（1070条），他の普通方式の遺言とは異なる。

3）遺言の方式に関連して，二人以上の者が同一書面で行う「共同遺言」
　の是非が問題になる。日本民法には禁止規定があるが（975条），韓国民
　法にはそれを禁止する規定はない。「共同遺言」の是非については，「現
　行法下では朝鮮時代の夫婦間の共同遺言が認められていた点からみて夫
　婦間の共同遺言を認めるのが妥当」という限定的肯定説があるが[100]，多
　数説はいずれか一方が死亡した場合に遺言の解釈をめぐる問題が生じる
　恐れがあり，また遺言者各自が自由に遺言を訂正・撤回できないことな
　どから共同遺言は認められないとか若しくは無効という。[101] [102]

100）金容漢（キムヨンハン）『補訂版　親族相続法』（ソウル博英社，2003年）389頁。
101）郭潤直（クァクユンジック）・改訂版相続法225頁。
102）박동섭（パクトンソプ）・改訂版親族相続法695頁。

225

第2章　韓国家族法の概要とその適用

①　自筆証書遺言

> **第1066条（自筆証書による遺言）**　①自筆証書による遺言は，遺言者がその全文と年月日，住所，姓名を自書して捺印しなければならない。
> ②前項の証書に，文字の挿入，削除又は変更をするには，遺言者がこれを自書して捺印しなければならない。

（対照）日本民法968条

1）自筆証書遺言は，遺言書の「全文」を自書（遺言者が直接書くこと）することが必要で，タイプライター・点字機・コンピューター等を利用したり他人に代筆させたものは無効である。電子複写機を利用した複写本は自書したものではない（大判1998．6．12．97다38510（韓判2-43））。他人の助けを借りて筆記をした遺言は有効かについて，学説は諸説に分かれる。[103] 自署であれば外国語・略語・略号・速記文字であっても有効である。遺言書の用紙や形式には制限がなく，数枚にわたる場合の契印や編綴がなくてもよい。また，特定人に差し出す手紙形式であれ，紙でなくても紙の種類も問われず，遺言書を封筒に入れて緘封する必要もない。

韓国の判例2-43　大判1998．6．12．97다38510　複写本の自筆証書遺言の有効性

> 「民法第1066条で規定する自筆証書による遺言は，遺言者がその全文と年月日，住所及び姓名を自書することが絶対的要件なので，電子複写機を利用して作成した複写本はこれに該当しないのは所論のとおりで，その住所を書いた所が必ずしも遺言全文及び姓名が記載された紙片になければならないというのではなく遺言書の一部とみられる以上，その全文を入れた封筒に記載してあっても構わず，その捺印は印章の代わりに拇印による場合でも有効である。」

---

103) 송덕수（ソンドクス）・親族相続法395頁。

第7節　相続法の概要　(6)　遺言の方式・遺言の効力・遺言の撤回

2) 遺言書の「作成年月日」は自書する必要がある。作成年月日を自書し
ない遺言は無効であり（大判2009. 5 . 14. 2009다9768（韓判 2 - 44）），作成
年月日は遺言者の遺言能力の有無等を決定するのに重要な要素なので
「年月」の記載だけで「日」を記載しない自筆証書遺言は効力がない（同
前判例）。また，年月日を自書せずにスタンプ等を押したものは無効で
あるが，年月日を「還暦日」とかで時期を特定してもよく，必ずしも正
確に日付を書かなくてもよい。年度を西紀とせずに「壇紀」や「佛
紀」で書いても確実な年度が分かれば有効である。さらに，年月日は遺
言書の本文でも末尾でもよいが，遺言書を納めた封筒に記載していても
構わない。[104]

韓国の判例 2 - 44　大判2009. 5 . 14. 2009다9768　年月日を自書せずに「年月」の記載のみの自筆証書遺言

> 「民法第1066条第 1 項は「自筆証書による遺言は遺言者がその全文と年
> 月日，住所，姓名を自署し捺印しなければならない」と規定しているので，
> 年月日の記載がない自筆遺言証書は効力が無い。そして自筆遺言証書の年
> 月日はそれを作成した日で遺言能力の有無を判断したり他の遺言証書との
> 間で遺言の成立の先後を決定する基準日になるので，その作成日を特定さ
> せるには記載しなければならない。よって，年・月だけを記載し，日の記
> 載がない自筆遺言証書はその作成日を特定できないので効力がない。」

3) 遺言者は「住所」「姓名」を自書しなければならない。この場合の
「住所」は住民登録法上の住所でなくてもよいが，少なくとも民法18条
が定める生活の根拠として他の場所と区別される程度の表示を備えてい
る必要があり（大判2014. 9 . 26. 2012다71688），遺言書として一体性が認
められる以上その全文を納めた封筒に記載していても許されるが（大判
1998. 5 . 29. 97다38503，大判1998. 6 . 12. 97다38510），住所は自書しなけれ
ば遺言書としての効力は否定される（大判2014. 10. 6 . 2012다29564（韓判

---

104) 송덕수（ソンドクス）・親族相続法395頁以下。

227

第2章　韓国家族法の概要とその適用

2‑45））。また，「姓名」は家登法上の姓名でなくても構わないが，遺言者との同一性が知り得るのであれば，「號」「字」「芸名」でも姓又は名だけでも良い。ただし，姓名の自書に代えて印鑑を押すことは自署ではない。[105]

韓国の判例2‑45　大判2014. 10. 6. 2012다29564　自筆証書遺言の住所を自書しなかった遺言の効力

　「……，遺言者が住所，姓名を全て自書し捺印してこそ効力があると解されるが，遺言者が住所を自書しなかったとすれば，それは法定された要件と方式に反した遺言としてその効力を否定せざるをえず，遺言者の特定に支障がないとしても別に解することはできない。」

4）遺言書には遺言者の「捺印」がなければならない。捺印の必要性については疑問視する見解もあるが[106]，判例は「遺言者の捺印がない遺言状は自筆証書による遺言としての効力がない」（大判2006. 9. 8. 2006다25103・25110（韓判2‑46））とする。捺印する印章は行政庁に申告した印鑑である必要はなく木印でもよく，拇印でも構わない（大判1998. 5. 29. 97다38503，大判1998. 6. 12. 97다38510）。ただし，その拇印が遺言者のものと認められなければ遺言は無効である（大判2007. 10. 25. 2006다12848）。

韓国の判例2‑46　大判2006. 9. 8. 2006다25103・25110　遺言者の捺印が欠ける自筆証書遺言は無効

　「民法第1065条から第1070条が遺言の方式を厳格に規定するのは，遺言者の真意を明確にしてそれによる法的紛争と混乱を予防するためであるので，法定された要件と方式に反した遺言はそれが遺言者の真正な意思に合致していても無効とせざるを得ず（大判1999. 9. 3. 98다17800，大判2004. 11. 11. 2004다35533，大判2006. 3. 9. 2005다57899等参照），民法第1066条

105）송덕수（ソンドクス）・親族相続法396頁。
106）송덕수（ソンドクス）・親族相続法396頁。

第7節　相続法の概要　(6)　遺言の方式・遺言の効力・遺言の撤回

> 第1項は「自筆証書による遺言は遺言者がその全文と年月日，住所，姓名を自書し捺印しなければならない」と規定しているので，遺言者の捺印の無い遺言状は自筆証書による遺言としての効力が無いと解する。」

5）憲法裁判所は，①同条が「捺印」を求める点を合憲とした（憲裁2008.3.27.2006헌바82（1人反対）)(Ⅰ巻末資料6.憲裁判例(4))。②同じく同条の「住所」と「捺印」を求める部分（憲裁2008.12.26.2007헌바128（4人反対)，「住所」部分限定違憲（1人）「住所」部分違憲（2人）違憲（1人）（Ⅰ巻末資料6.憲裁判例(5))，③同条の「住所」を求める部分（憲裁2011.9.29.2010헌바250-456（併合）（4人反対）について，それぞれ合憲決定をしている。

6）自筆証書の文字の挿入，削除又は変更は遺言者がそれを自書して捺印しなければならない（1066条②)。この捺印は姓名の下に押すものと同一のものでなければならない。ただし，判例は「証書の記載自体からみて明白な誤記を訂正するにすぎない場合には，その訂正部分に捺印しなくてもその効力には影響がない」（大判1998.5.29.97다38503）とする。

②　録音遺言

> **第1067条（録音による遺言）** 録音による遺言は，遺言者が遺言の趣旨，その姓名と年月日を口述して，これに参与した証人が遺言の正確なこととその姓名を口述しなければならない。

（対照）日本民法　無し

1）録音は，音響をレコード・テープ・フィルム等に記録することで，音響を記録するものであればいずれのものでもよい。従来は録音機による録音が一般的であったが，現在はデジタル機器による録音が一般化し，音響と映像が記録され，それらを再生できる録画が普及している。そのような録画も本条でいう録音に含まれ，それらがテープに記録されるか

229

第2章　韓国家族法の概要とその適用

デジタルファイルに記録されているかは問われない。[107]

2）録音遺言の際の証人の員数は，本条には明示されていないので，学説は証人は一人でよいという見解と自筆証書以外の遺言と同様に2人以上の証人が必要との見解に分かれる。[108]

3）被成年後見人が録音遺言をするときは，医師が心身回復の状態を録音機に口述する方法でしなければならない（1063条②）

4）なお，在日韓国人が日本で録音遺言を検認できるかに関しては様々な議論がある（第2章第8節2．4）245頁を参照）。

③　公正証書遺言

> **第1068条（公正証書による遺言）**　公正証書による遺言は，遺言者が証人2人が参与した公証人の面前で遺言の趣旨を口授し，公証人がこれを筆記朗読して遺言者と証人がその正確なことを承認した後，各自署名又は記名捺印しなければならない。

（対照）日本民法969条，969条の2

1）本条の公正証書遺言は最も確実な方法であるが，複雑で費用が掛かり遺言内容が漏洩しやすい短所がある。

2）「遺言者が……公証人の面前で遺言の趣旨を口授し」に関連して，判例は「遺言者が半昏睡状態にあり，遺言公正証書の趣旨が朗読された後でもそれに対して全く応答する言葉を発しないまま首を振る場合は」遺言者が口授したものはいえず無効とする（大判1980. 12. 23. 80므18（韓判2-47），大判1993. 6. 8. 92다8750，大判1996. 4. 23. 95다34514など）。また，遺言状について公証事務室で認証を受けたことは認められるが，「その遺言状には証人2名の参与がなく自書されたことも無いので，公正証書による遺言若しくは自筆証書による遺言としての方式が欠如しているの

107）송덕수（ソンドクス）・親族相続法398頁。
108）송덕수（ソンドクス）・親族相続法398頁。

で」無効とする判例がある（大判1994.12.22.94다13695）。また、「遺言趣旨の口授」とは、「口頭で遺言の内容を相手方に伝達することを意味するので、これは厳格に制限して解釈すべきであるが、公証人が遺言者の意思に従い、遺言の趣旨を作成しその書面に従い遺言者に質問をして遺言者の真意を確認した後に、遺言者に筆記した書面を朗読してあげて、遺言者が遺言の趣旨を正確に理解する意思識別能力があり、遺言の内容や遺言の経緯からみて遺言自体が遺言者の真正な意思に基くと認められる場合には、上記「遺言趣旨の口授」の要件を備えている」との判例がある（大判2007.10.25.2007다51550・51567、大判2008.8.11.2008다1712）など）。

韓国の判例2-47　大判1980.12.23.80므18　公正証書遺言の「口授」ではないとした事例

　「遺言者である亡請求外1は1977.8.15脳血栓症で김영철（キムヨンチョル）内科に入院し同月19まで治療を受けたが、治療期間中言語障害、左半身麻痺等で意識不明状態が継続し回復の見込みがないまま、全南大学校医科大学校우今病院に移動したが、依然として左側上下脚は麻痺し、昏睡状態が持続し患者との対話はできず問う言葉に分かる表情だけするが、……精神状態が多少好転して意識状態も一層よくなり言語は若干可能な程度であった当時の状態は、医師が患者に誰が医師かと尋ねれば口ではいえないものの首だけ「こくりこくり」と反応がある程度であり、医学上は過敏性精神状態に置かれていた事実、亡請求外1は入院中医師や看護員、他の家族らと対話を交わしたことが無い事実、本件遺言書を作成する当時でも亡請求外1は上のような状態で酸素マスクを着用して寝台におかれて、亡請求外1は口では喋れず首を「こくりこくり」とした事実、本件遺言書は横にいた親族中の1人が公証人に語り주면公証人が遺言者にその趣旨を話してあげ「그렇소」（クロッソ）と聞くと、遺言者は話さずに首だけ「こくりこくり」とし、その内容を上公証人の事務員訴外송옥섭（ソンオックソプ）が筆記し公証人が朗読する方式で作成した事実をそれぞれ適法に認定し、公正証書による遺言は、遺言者が公証人に面前で遺言の趣旨を口授しなければならないことを要するが、上記の認定事実によれば本件遺言は遺言者が公証人に「口授」して作成したものとはみられず無効とし

第2章　韓国家族法の概要とその適用

> たとの判断をしているところ，記録に照らしてみれば原審の上記のような
> 事実認定と判断は正当で……」。

3）公証人が作成する証書には国語が使用されるが，嘱託人の求めがあれ
　ば外国語を併記できる（韓国公証人法27条①）。また，公証人は事務所で
　執務しなければならないが，遺言書を作成するときは遺言者の自宅や病
　院にでかけることができる（同法56条ただし書）。なお，一定の要件を備
　えた弁護士法人又は法務組合は公証認可され（同法15条の2），その所属
　弁護士2名以上が公証担当弁護士に指定され（同法15条の3），公証担当
　弁護士は公証人とみなされる（同法15条の4）。

　　④　秘密証書遺言

第1069条（秘密証書による遺言）　①秘密証書による遺言は，遺言者
　が筆者の姓名を記入した証書を厳封捺印して，これを2人以上の証
　人の面前に提出して，自己の遺言書であることを表示した後に，そ
　の封書表面に提出年月日を記載して，遺言者と証人が各自署名又は
　記名捺印しなければならない。
②前項の方式による遺言封書は，その表面に記載された日から5日内
　に，公証人又は法院書記に提出してその封印上に確定日付印を受け
　なければならない。

（対照）日本民法970条，972条

第1071条（秘密証書による遺言の転換）　秘密証書による遺言が，そ
　の方式に欠欽がある場合に，その証書が自筆証書の方式に適した時
　には自筆証書による遺言とみなす。

（対照）日本民法971条

1）秘密証書遺言は，遺言の存在は明らかであるが，その内容は秘密にし
　たいときに有用であるが，秘密証書遺言の成立に争いが生じ易く紛失・
　毀損のおそれがある。

232

第7節　相続法の概要　(6)　遺言の方式・遺言の効力・遺言の撤回

2）秘密証書遺言では遺言者が証書自体に自書する必要はないが，証書に筆者の姓名は必ず記載しなければならず，他人に筆記を付託した場合にはその他人の姓名を記載しなければならない。年月日と住所の記載は必要がない。なお，証書の厳封・捺印は遺言者がすべきかについて，学説は，厳封・捺印共に遺言者自らがすべきとの見解，厳封は遺言者がすべきであるが捺印は必ずしも本人がする必要が無いとの見解，厳封と捺印すべてを他の者にさせても構わないとの見解に分かれる。[109]

3）秘密証書遺言がその方式に欠缺がある場合に，その証書が自筆証書の方式に適合するときは自筆証書による遺言とみなされる（1071条）。

⑤　口授証書遺言

第1070条（口授証書による遺言）　①口授証書による遺言は，疾病その他急迫な事由によって，前4条の方式によることができない場合に，遺言者が2人以上の証人の参与　でその1人に遺言の趣旨を口授して，その口授を受けた者がこれを筆記朗読して，遺言者の証人がその正確であることを承認した後，各自署名又は記名捺印しなければならない。

②前項の方式による遺言は，その証人又は利害関係人が急迫な事由の終了した日から7日内に法院にその検認を申請しなければならない。

③第1063条第2項の規定は，口授証書による遺言に適用しない。

（対照）日本民法976条，986条

1）口授証書遺言は，「前4条の方式によることができない場合に」できると明文化している。その点につき判例は「疾病その他急迫な事由があるかを判断する際に，遺言者の真意を尊重するために遺言者の主観的立場を考慮する必要があるかもしれないが，自筆証書，録音，公正証書及び秘密証書の方式による遺言が客観的に可能な場合まで」許容してはならないとし（大判1999．9．3．98다17800），また本遺言は，「実質において

109）송덕수（ソンドクス）・親族相続法401頁。

233

第2章　韓国家族法の概要とその適用

は普通の方式ではないと判断され」「他の方式の遺言とは異なり遺言要件を緩和して解釈すべきである」とした判例がある（大判1977. 11. 8. 76ㅁ15）。

2）本遺言の「遺言趣旨の口授」につき，判例は「口頭で遺言の内容を相手方に伝達することを意味し，証人が第三者によって予め作成された遺言の趣旨が記された書面に従い遺言者に質問し，遺言者が動作や簡略な答えで肯定する方式は，遺言当時の遺言者の意思能力や遺言に至った経緯等に照らしてその書面が遺言者の真意に従い作成されたことが明らかと認められる等の特別な事情がない限り，民法第1070条所定の遺言趣旨の口授に該当すると解せられない」（大判2006. 3. 9. 2005다57899）とする。

3）被成年後見人が本遺言をする場合には意思能力が回復していなければならないが，医師が心身回復の状態を遺言書に付記して記名捺印する必要はない（1070条③）。

4）本条2項の「利害関係人」とは，具体的には相続人・遺贈を受けた者・遺言執行者に指定された者であり，遺言に関して法的な利害関係のある者である。また本条の「検認」は1091条の検認とは異なる手続であり，判例は「簡易な方式で遺言者の遺言があった後に遺言が遺言者の真意からなされたことを確定する手続」（大決1986. 10. 11. 86스18）とする。

5）検認は，家庭法院で行われ（家訟法2条2. ラ類40），家庭法院は遺言方式に関するすべての事実を調査し（家訟規則①），検認の決定は審判で行い（家訟規則39条①），検認を却下した審判については本条2項の者が即時抗告ができる（家訟規則85条②）。しかし，ここでいう「検認」は遺言者の真実の意思に基くかを一応判定するだけで，遺言の有効・無効を判断するのではない。よって，検認を経たとしても遺言が有効なものと確定したのではない。[110]　なお，「7日以内」の検認申請期間が徒過すれば申請は却下されるとするのが判例の立場である（大決1986. 10. 11. 86스18,

---

110）송덕수（ソンドクス）・親族相続法403頁。

第7節　相続法の概要　(6)　遺言の方式・遺言の効力・遺言の撤回

大決1989.12.13.89스11，大決1994.11.3.94스16)。

2 遺言の効力

> **第1073条（遺言の効力発生時期）**　①遺言は，遺言者が死亡したとき
> からその効力が生ずる。
> ②遺言に停止条件がある場合に，その条件が遺言者の死亡後に成就す
> るときには，その条件が成就したときから遺言の効力が生ずる。

（対照）日本民法985条

1）遺言は遺言者が死亡したときからその効力が生じる（1073条①）。停
　止条件付遺言は，遺言者の死亡後に条件が成就したときから効力が生じ
　る（同条②）。また，遺言も法律行為の一種なので法律行為の無効・取
　消に関する総則編の規定が適用されるが，親族法上の意思表示について
　は原則的に総則編の規定が適用されないと解されている[111]

2）遺言の無効原因は，方式違反の遺言（1060条），17歳未満の者の遺言
　（1061条），意思能力の無い者の遺言，受贈欠格者に対する遺言（1064条），
　社会秩序や強行法規に違反する遺言，法定事項以外の事項を内容とする
　遺言等である。なお，遺言は遺言者の制限能力を理由に取り消すことは
　できないが（1062条），錯誤・詐欺・強迫を理由に取り消すことはできる。

3 遺言の撤回

> **第1108条（遺言の撤回）**　①遺言者は，何時でも遺言又は生前行為で
> 遺言の全部若しくは一部を撤回することができる。
> ②遺言者は，その遺言を撤回する権利を放棄できない。

111）송덕수（ソンドクス）・親族相続法408頁。

第2章　韓国家族法の概要とその適用

第1109条（遺言の抵触）　前後の遺言が抵触若しくは遺言後の生前行
為が遺言と抵触する場合には，その抵触した部分の前の遺言はこれ
を撤回したものとみなす。

第1110条（破毀による遺言の撤回）　遺言者が故意で遺言証書又は遺
贈の目的物を破毀したときには，破毀した部分に関する遺言はこれ
を撤回したものとみなす。

（対照）日本民法1022条以下

1）遺言は人の最終意思を尊重する制度であるから，遺言者が有効に遺言
をしたとしてもその遺言は自由に撤回できなければならない（1108条①）。
そのために遺言者が遺言を撤回する権利は放棄できず（同条②），例え
遺言者が受贈者と遺言を撤回しない内容の契約を締結してもその契約は
無効である（大判2015.8.19.2012다94940（韓判2-48））。

韓国の判例2-48　大判2015.8.19.2012다94940　遺言者の撤回を制限する約定の効力

1）「民法第1108条第1項によれば遺言者は何時でも遺言又は生前行為で
遺言の全部又は一部を撤回でき，遺言後の生前行為が遺言と抵触する場
合には民法第1109条によってその抵触した部分の前遺言はこれを撤回し
たものとみなす（大判2002.6.25.2000다64427等参照）。また民法第
1073条第1項によって遺言は遺言者が死亡した時からその効力が生じ，
遺言者は生前に何時でも遺言を撤回できるので，一旦遺贈をしたとして
も遺言者が死亡するまで受遺者は何らの権利を取得していないと解さな
ければならない。」

2）「記録によれば，本件約定（訳者加入：公正証書）第4条前段は，遺
言者である訴外人が本件公正証書に基づく遺言を修正しようとする場合
原告及び被告らの同意を得ることで民法第1108条等によって認められて
いる訴外人の遺言撤回の自由を制限しているので無効と解され，さらに
本件約定第4条後段及び第5条もまた，仮に訴外人を除いた原告と被告
間の約定であっても遺言者である訴外人の原告及び被告らの同意なく遺
言の全部又は一部を撤回するとかそれに抵触する生前行為をする場合も，
その受遺者である原告と被告間では前遺言のまま協議するかそれによる
分配と解して相互間の持分を認定してあげるとするなど訴外人の上のよ

第7節　相続法の概要　(6)　遺言の方式・遺言の効力・遺言の撤回

> うな行為の効力を否定することで，事実上訴外人の遺言撤回行為を無力化することになり民法第1108条等によって，同じく無効と解するほかない。さらに記録によれば被告らが遺言者である訴外人が死亡して遺言の効力が発生する前にその遺言によって取得する権利の処理に関する事項を先に定めているので，先にみた遺言の性質に照らしてみてもその効力を認定することは難しい。」

2）撤回の方式は，任意撤回（1108条①）と法定撤回（1109条）に分かれる。遺言で撤回する場合の撤回遺言も遺言の方式によらねばならないが，撤回された遺言と同じ方式である必要はない。

3）法定撤回の「抵触」とは，内容上両立できないことをいうので，後にした遺言が先の遺言に条件を付したと解される場合は撤回の問題は生じない。また，1109条は強行規定なので，前の遺言に抵触する遺言をしながら前の遺言を撤回しないという意思表示はその規定から外れるので無効になる[112]。

4）また，遺言後の生前行為が遺言と抵触する場合には，その抵触した部分の前遺言は撤回したものとみなされ（1109条），この「生前行為」は遺言者が生存中に遺言の目的物である特定の財産について行った処分をいい，有償・無償は問わない。これに関連して，判例は「生前行為を撤回権を有する遺言者自身がする時に初めて撤回擬制かどうかが問題になるだけで，他人が遺言者の名義を利用して任意に遺言の目的である特定財産に関して処分行為をしたとしても遺言撤回としての効力は発生しない」（大判1998. 6. 12. 97다38510（韓判 2 -49））とする。さらに，ここでいう「抵触」について，同判例は「前の遺言を失効させないことには遺言後の生前行為が有効にならないことをいい，法律上又は物理的な執行不能だけを意味するのではなく，後の行為が前の遺言と両立できない趣旨で行われたことが明白ならばよいと解される」とする。

---

112) 송덕수（ソンドクス）・親族相続法404頁。

第2章　韓国家族法の概要とその適用

韓国の判例2‑49　大判1998．6．12．97다38510　1109条の「抵触」の意味

「遺言後の生前行為が遺言と抵触する場合には，民法第1109条によってその抵触した部分の前遺言はこれを撤回したとみなすのは所論のとおりであるが，そのような生前行為を撤回権を有する遺言者自身がする時に初めて撤回擬制かどうかが問題になるだけで，他人が遺言者の名義を利用して任意に遺言の目的である特定財産に関して処分行為をしたとしても遺言撤回としての効力は発生せず，またここでいう「抵触」とは，前の遺言を失効させないことには遺言後の生前行為が有効にならないことをいい，法律上又は物理的な執行不能だけを意味するのではなく，後の行為が前の遺言と両立できない趣旨で行われたことが明白ならばよいと解され，そのような抵触かどうか及びその範囲を決定する際には前後の事情を合理的に調べて遺言者の意思が遺言の一部であっても撤回しようとする意思なのか，でなければその全部を不可分的に撤回しようとする意思なのかは実質的にその執行が不可能になる遺言の部分と関連させて慎重に判断すべきである。」

5) 1110条の「破毀」は，遺言者自身が故意でしなければならず，遺言者の意思によらない第三者による破毀や遺言者の過失による破毀又は不可抗力による破毀はここに含まれない。なお，判例は「遺言者が遺言を撤回したとみなされない以上，本件遺言証書がその成立後に滅失したとか紛失したとかの事由だけで遺言が失効するのでなく利害関係人は遺言証書の内容を立証して遺言の有効を主張できる」（大判1996．9．20．96다21119）とする。

6) 遺言が撤回されれば，撤回された遺言又は遺言の撤回された部分は最初から無かったことになる。そこで，撤回の効果は何時発生するのかについて，学説は，遺言者の死亡時という見解と撤回と同時に撤回の効果は発生するという見解に分かれる。[113] また，遺言を撤回した後その撤回を再度撤回する場合に最初の遺言の効力が復活するのかについての明文の規定はなく（日本民法1025条参照），通説は，撤回された遺言が有効に

---

113) 송덕수（ソンドクス）・親族相続法405～406頁。

第8節　相続法の概要　(7)　遺贈・遺言の検認及び開封・遺言の執行

なるという。しかし，前の撤回が法定撤回であれば当初の遺言が復活し
前の撤回が任意撤回であれば当初の遺言が復活しないとの見解，遺言者
の最終の真意が何かに従い決定するという見解がある。[114]

第8節　相続法の概要
(7)　遺贈・遺言の検認及び開封・遺言の執行

1 遺　贈

第1087条（相続財産に属さない権利の遺贈）　①遺言の目的となった
権利が，遺言者の死亡当時に相続財産に属さないときには，遺言は
その効力がない。ただし，遺言者が自己の死亡当時にその目的物が
相続財産に属さない場合でも，遺言の効力を生じさせる意思である
ときには，遺言義務者はその権利を取得して受贈者に移転する義務
がある。
②前項ただし書の場合に，その権利を取得できないかその取得に過大
な費用を要するときにはその価額で弁償することができる。
第1089条（遺贈効力発生前の受贈者の死亡）　①遺贈は，遺言者の死
亡前に受贈者が死亡したときには，その効力が生じない。
②停止条件のある遺贈は，受贈者がその条件成就前に死亡したときに
は，その効力が生じない。

（対照）日本民法996条，997条，994条

1 ）遺贈とは，遺言によって財産上の利益を他人に無償で与える単独行為
である。遺贈の目的となる権利は原則的には相続財産に属していなけれ
ばならないが（1087条①本文），一定のときには相続財産に属さない権利
でも例外的に遺贈の目的となる（同条①ただし書）。積極財産を与えるだ
けでなく債務を免除することも遺贈になるが，受贈者に債務だけを負担

114）송덕수（ソンドクス）・親族相続法406頁。

第 2 章　韓国家族法の概要とその適用

させることは遺贈ではない。また，遺贈には条件や期限を付すことができる（1073条②参照）。

2）　遺贈は，「包括的遺贈」と「特定遺贈」に分かれる。[115]

3）　包括的遺贈は，遺贈の目的の範囲を相続財産の全部又はそれを一定の比率で表示する遺贈であり，特定遺贈は，遺贈の目的が特定される遺贈である。遺贈の客体が特定物の場合だけが特定遺贈ではなく，特定物のほかに金銭又は種類物を目的とする場合も特定遺贈である。この点について，判例は，包括的遺贈か特定遺贈かは遺言に使用する文言等諸般の事情を総合的に考慮し，遺言者の意思に従い決定すべきであるが「通常は相続財産に対する比率の意味で遺贈になる場合を包括的遺贈，そうではない場合は特定遺贈と解せられるが」「遺言公正証書等に遺贈した財産が個別的に表示されているとの事実だけでは特定遺贈とは断定できず，相続財産すべてがどのようになるかを審理し他の財産が無いと認定される場合には，これは包括的遺贈と解される」（大判2003. 5 . 27. 2000다73445）とする。

4）　遺贈を受ける者で遺言で指定されている者を「受贈者」（日本民法では受遺者）と呼ぶ。自然人だけでなく，法人や権利能力無き社団・財団その他の団体や施設も受贈者になれるが，遺言の効力発生時すなわち遺言者が死亡するときに権利能力を備えていなければならない。

5）　遺言者の死亡前に受贈者が死亡した場合には遺贈の効力は生じない（1089条①．ただし1090条参照）。相続欠格事由のある者は受贈者にはなり得ないが（1064条），遺贈者がその事由のあることを知って遺贈した場合は遺贈は有効とする見解もある。[116]

6）　遺贈を実行する義務のある者が「遺贈義務者」である。原則的に相続人が遺贈義務者になるが，包括的受贈者（1078条）・相続人の存否が不

115）　김주수（キムチュス）＝김상용（キムサンヨン）・親族相続法第12版780頁では「包括的遺贈」「特定的遺贈」と呼ぶ。
116）　송덕수（ソンドクス）・親族相続法410頁。

第8節　相続法の概要　⑺　遺贈・遺言の検認及び開封・遺言の執行

明な場合の相続財産管理人（1056条）・遺言執行者（1103条，1001条）も
遺贈義務者になる。

7）遺贈は，遺言の一種なので遺言の無効・取消原因によって遺贈が無効
となる。遺贈特有の無効・取消原因には，受贈者が遺言者より先に死亡
した場合の無効（1089条①），停止条件付遺贈で条件成就前に受贈者が
死亡した場合の無効（同条②），があるが，いずれも遺言で別段の意思
を表示していたときはその意思によるので，無効とはならない（1090条
ただし書）。

⑴　包括的遺贈

> **第1078条（包括的受贈者の権利義務）**　包括的遺贈を受けた者は，相
> 続人と同一の権利義務がある。

（対照）日本民法990条

1）包括的遺贈は，先に述べたように，遺言者が相続財産の全部又はその
一定比率を遺贈することである。包括的受贈者は，相続人と同一の権
利・義務がある（1078条）。

　　そこで，「包括的受贈者」は，遺贈が効力を発生すれば相続人と同様
に遺贈の事実を知っていても知らなくても相続分に該当する遺贈者の権
利・義務を法律上当然に包括的に承継する（1005条）。よって，遺贈義
務者の履行行為は必要とならず，物権や債権の場合登記・引渡しや債権
譲渡の対抗要件を備える必要がない。

　　判例は「包括的遺贈を受けた者は民法第187条によって当然に遺贈さ
れた不動産の所有権を取得する」（大判2003．5．27．2000다73445）とする。

2）包括的受贈者の外に他の相続人や包括的受贈者がいれば，共同相続人
の関係と同じ状態になる（1006条，1013条参照）。

3）包括的遺贈の承認・放棄については相続の承認・放棄に関する規定が
適用され（1019条〜1044条），特定遺贈に関する規定は適用されない
（1074条〜1077条）。判例は，包括的遺贈は実質的に受贈分を相続分とす

241

第2章　韓国家族法の概要とその適用

る被相続人（遺贈者）による相続人及び相続分の指定と同じ機能を有するので，相続人の相続回復請求権に関する規定は包括的受贈の場合に類推適用され，「除斥期間に関する規定も……包括的受贈の場合に類推適用される」（大判2001. 10. 12. 2000다22942（韓判2-50））とする。

韓国の判例2-50　大判2001. 10. 12. 2000다22942　包括的受贈者の権利の除斥期間

　「包括的遺贈は実質的に受贈分を相続分とする被相続人（遺贈者）による相続人及び相続分の指定のような機能をしているので，相続人の相続回復請求権に関する規定は包括的受贈の場合に類推適用され，相続回復請求権の除斥期間に関する規定が相続に関する法律関係の迅速な確定のための相続回復請求権の除斥期間の制度的趣旨に照らしてみれば包括的受贈の場合に類推適用されると解せられ，……。」

(2)　特定遺贈

第1074条（遺贈の承認，放棄）　①遺贈を受けた者は，遺言者の死亡後に何時でも遺贈を承認又は放棄をすることができる。
②前項の承認若しくは放棄は，遺言者の死亡したときに遡及してその効力を有する。
第1075条（遺贈の承認，放棄の取消禁止）　①遺贈の承認若しくは放棄は，取消すことができない。
②第1024条第2項の規定は，遺贈の承認と放棄に準用する。
第1076条（受贈者の相続人の承認，放棄）　受贈者が，承認若しくは放棄をしないで死亡したときには，その相続人は相続分の限度で承認又は放棄をすることができる。但し，遺言者が遺言で他の意思を表示をしたときにはその意思による。
第1077条（遺贈義務者の催告権）　①遺贈義務者若しくは利害関係人は，相当の期間を定めて，その期間内に承認又は放棄を確答することを受贈者又はその相続人に催告することができる。
②前項の期間内に，受贈者又は相続人が遺贈義務者に対して催告に対する確答がないときには，遺贈を承認したものとみなす。

（対照）日本民法986条，987条，988条，989条

第8節　相続法の概要　(7)　遺贈・遺言の検認及び開封・遺言の執行

1）特定遺贈は相続財産の中の特定財産を目的とする遺贈である。目的となる財産権は一旦相続人に帰属するので，受贈者は遺贈義務者に対して遺贈の履行を請求する債権だけを取得する（大判2003. 5. 27. 2000다73445）。そこで，不動産の場合は登記の時，動産の場合は引渡しの時，債権の場合は譲渡と対抗要件の具備が必要である。しかし，債務免除のように意思表示だけで効力が生じるものには物権的効力がある。

2）また，遺贈の目的物となる権利が遺言者の死亡当時に相続財産に属さない場合の遺贈は無効であるが（1087条①本文），遺言者が別段の意思表示をしていたときは遺贈義務者はその権利を取得し受贈者に移転する義務がある（同条①ただし書）。さらに，負担付遺贈で受贈者がその負担を履行しない場合には相続人又は遺言執行者は一定の要件で法院に遺言の取消を請求できる（1111条）。

3）包括的遺贈とは別に，特定遺贈には遺贈の承認又は放棄の特則を1074条で定めている。それによれば，特定受贈者は，遺言者の死亡後に何時でも遺贈を承認又は放棄することができる（1074条①）。その承認・放棄は遺言者の死亡時に遡及して効力が生じる（同条②）。その承認・放棄の方法には制限がなく遺贈義務者又は遺言執行者に対する意思表示で行ってよい。また，受贈者が承認や放棄をしないで死亡した時はその相続人は相続分の限度で承認又は放棄ができる（1076条）。なお，遺贈義務者や利害関係人は特定受贈者又はその相続人に相当な期間を定めて承認又は放棄の回答を催告できるが（1077条①），回答がなければ遺贈を承認したものとみなれる（同条②）。この承認・放棄を撤回することは基本的に認められていない（1075条）。

2 遺言の検認と開封

第1091条（遺言証書，録音の検認）　①遺言の証書若しくは録音を保

第2章　韓国家族法の概要とその適用

> 管した者又はこれを発見した者は，遺言者の死亡後遅滞なく法院に
> 提出してその検認を請求しなければならない。
> ②前項の規定は，公正証書若しくは口授証書による遺言に適用しない。
> **第1092条（遺言証書の開封）**　法院が封印した遺言証書を開封すると
> きには，遺言者の相続人，その代理人その他利害関係人の参与がな
> くてはならない。

（対照）日本民法1004条，1005条

1）遺言証書や録音遺言の「検認」は，一種の検証手続又は証書保存手続
で，遺言が遺言者の真意によるものかや適法かどうかを審査するのでは
なく，遺言の有効・無効かを審判するものでもない。判例は「遺言書の
形式その他の状態を確定しその偽造又は変造されるのを予防しその保存
を確実にするための目的でなされる検証手続にすぎず，検認の実質は遺
言書の形式，態様等専ら遺言の方式に関する一切の事実を調査して遺言
書自体の状態を確定してその現状を明確にすることにあり，遺言の効力
を判断するのではない」（大決1980. 11. 19. 83스23）とし，また「適法な
遺言証書は遺言者の死亡によって直ちに効力が発生し，検認や開封手続
の有無によってその効力に影響を受けることはない」（大判1998. 5 . 29.
97다38503（韓判2 -51），大判1998. 6 . 12. 97다38510）とする。よって，検
認を終えた遺言の無効確認を請求できることは勿論，法院は検認を終え
た遺言について自由にその真否と効力を判断できる。

韓国の判例2 -51　大判1998. 5 . 29. 97다38503　遺言書の「検認」と効力発生時期

> 　「民法第1091条第1項に規定する遺言証書に対する法院の検認は，遺言
> の方式に関する事実を調査することで偽造・変造を防止し，その保存を確
> 実にするための手続にすぎず，遺言証書の効力の可否を審判する手続では
> なく，民法第1092条は封印された遺言証書を検認する場合，その開封手続
> を規定したのにすぎないので，適法な遺言証書は遺言者の死亡によって直
> ちにその効力が発生し，検認や開封手続の有無によってその効力に影響を

第8節　相続法の概要　(7)　遺贈・遺言の検認及び開封・遺言の執行

　受けるものではない。」

2）「検認」を請求する際には遺言証書又は録音台を提出しなければならず（家訟規則86条①），封印した遺言証書を開封するときは予め期日を定めて相続人又はその代理人を召喚し，その他の利害関係人に通知しなければならない（1092条，同規則86条②）。家庭法院が定めた期日にそれら関係者が出席しないときはにそれら関係者にその事実を告知しなければならない（同規則88条）。なお，遺言証書又は録音を検認する際には遺言の方式に関するすべてを調査し（同規則86条③），遺言証書の開封に関しては調書を作成しなればらない（同規則87条①）。

3）管轄法院は，相続開始地の家庭法院であるが，民法1070条2項（口授証書遺言の検認）による検認は，相続開始地又は遺言者の住所地の家庭法院である（家訟法44条7号）。

4）なお，在日韓国人が録音遺言をした場合の取扱いとして，日本の家庭裁判所では録音テープの内容を文書化することなく封筒に入れた録音テープのまま検認した取扱いをしている実例を紹介したり，在日韓国領事館の領事が書面化して証明すれば不動産登記法上の相続証明書として添付できると紹介するものがある。[117] [118]

3　遺言の執行

(1)　遺言の執行

　遺言の執行とは，遺言が効力を発生した後にその内容を実現させるために行う行為又は手続である。未成年後見人の指定（931条①）や相続財産の分割禁止（1012条①）のように遺言の効力発生で当然に実現され別に執

117）登記簿「韓国人が録音による遺言をした場合の登記手続」登記研究554号95頁。
118）「実務の視点⑺」登記研究811号212頁～215頁。

第2章　韓国家族法の概要とその適用

行する必要がないこともあるが，親生否認（850条）や認知（859条②）のように訴えの提起又は「家族関係の登録等に関する法律」（家登法）上の申告等の行為など具体的になすべきこともある。後者における遺言の実現行為又は手続が遺言の執行である。「遺言執行者」とは，それら遺言の執行を担当する者である。

(2)　**遺言執行者の決定**

①　指定遺言執行者

第1093条（遺言執行者の指定）　遺言者は，遺言で遺言執行者を指定することができ，その指定を第三者に委託することができる。

第1094条（委託による遺言執行者の指定）　①前条の委託を受けた第三者は，その委託のあることを知った後，遅滞なく遺言執行者を指定して相続人に通知しなければならなず，その委託を辞退するときにはこれを相続人に通知しなければならない。

②相続人その他利害関係人は，相当の期間を定めてその期間内に遺言執行者を指定することを委託された者に催告することができる。その期間内に指定の通知を受けられなかったときには，その指定の委託を辞退したものとみなす。

（対照）日本民法1006条

1) 「指定遺言執行者」とは，遺言により指定された遺言執行者，又は遺言によりその指定を第三者に委託された者により指定された遺言執行者である（1093条，1094条）。遺言執行者指定の委託を受けた第三者はその委託を知った後，遅滞なく遺言執行者を指定して相続人に通知しなければならない（1094条①）。

2) 遺言執行者指定の委託を受けた第三者が指定も辞退もしないときは，相続人らが相当の期間を定めて催告でき，催告してもその期間内に指定の通知を受けない場合は，指定の委託を辞退したとみなす（1094条②）。また，遺言者又は委託を受けた遺言執行者は，遺言者の死亡後遅滞なく承諾するか辞退するかを相続人に通知しなければならないが（1097条①），それら指定遺言執行者が承諾も辞退もしない場合は，相続人らは相当の

246

第8節　相続法の概要　(7)　遺贈・遺言の検認及び開封・遺言の執行

期間を定めて承諾又は辞退の催告ができる（1097条③前段）。それら催告をしても確答がないときは承諾したものとみなされる（同条③後段）。

②　法定遺言執行者

> **第1095条（指定遺言執行者がいない場合）**　前２条の規定によって指定された遺言執行者がないときには，相続人が遺言執行者になる。

（対照）日本民法　該当条項無し

1）「法定遺言執行者」とは，指定遺言執行者がいない場合に法定されている遺言執行者で，遺言者の相続人である（1095条）。指定遺言執行者がいない場合とは，指定遺言執行者が就任を辞退した場合や欠格事由（1098条）を有するときも含まれる。

2）判例は「遺言者が指定又は指定委託によって遺言執行者の指定をした以上，その遺言執行者が死亡・欠格その他の事由で資格を喪失したとしても，相続人は民法第1095条によって遺言執行者にはなれない」「遺贈等のために遺言執行者が指定されていてその遺言執行者が死亡・欠格その他の事由で資格を喪失したときは相続人がいたとしても遺言執行者を選任すべき」（大判2010. 10. 28. 2009다20840）とする。

3）それに関連して，「指定遺言執行者を定める旨の遺言は相続人を遺言の執行から排除しようとする意思があると解すべきで，一旦遺言執行者と指定された者が資格を喪失したときには相続人が遺言執行者になると解すればそれは遺言者の意思に反する結果になり不当」とする見解がある。[119] また，学説の中には，認知や親生否認が遺言内容になっているときは，相続人は遺言を執行をしないと解されるので遺言執行者は法院によって選任すべきとの見解を示すもの，[120] 次いで，一般的に遺言内容と相続人の利害が相反するときは法院により選任をすべきとして立法化を

119）김주수（キムチュス）＝김상용（キムサンヨン）・親族相続法第12版801頁。
120）郭潤直（クァクユンジック）・改訂版相続法271頁。

第2章 韓国家族法の概要とその適用

促す見解がある。[121]

③ 選任遺言執行者

> **第1096条（法院による遺言執行者の選任）** ①遺言執行者がいないか，死亡，欠格その他の事由によっていなくなったときには，法院は利害関係人の請求によって遺言執行者を選任しなければならない。
> ②法院が遺言執行者を選任した場合には，その任務に関して必要な処分を命ずることができる。

（対照）日本民法1010条

1）「選任遺言執行者」とは，遺言執行者がいないか死亡・欠格その他の事由でいなくなったときに，家庭法院が利害関係人の請求によって選任する遺言執行者である。ここでいう「遺言執行者がいないとき」とは，相続人がいない場合である。では，相続人がいたとしても相続人は遺言執行者の選任を家庭法院に申請できるかであるが，肯定する見解がある。[122]

2）また「死亡・欠格その他の事由」の「その他の事由」とは，遺言執行者が任務終了前に辞退したり解任される場合をいうとの見解がある。[123] 判例は「法院の遺言執行者の選任は遺言執行者が全くいなくなった場合だけでなく遺言執行者の死亡・辞任・解任等の事由で共同遺言執行者の追加選任が必要と判断した場合に行われるが，そのとき誰を遺言執行者に選任するかの問題は民法第1098条所定の遺言執行者の欠格事由に該当しない限り法院の裁量に属する」（大決1995.12.4.95△32）とする。

3）なお，選任された遺言執行者は，選任の通知を受けた後遅滞なく承諾するか辞退するかを法院に通知しなければならない（1097条②，家訴法2条①2ラ類事件44）。この通知がなければ利害関係人が催告でき催告に対する確答がないときは就任したものとみなされる（1097条③）。

121）김주수（キムチュス）＝김상용（キムサンヨン）・親族相続法第12版800頁。
122）郭潤直（クァクユンジック）・改訂版相続法271頁。
123）김주수（キムチュス）＝김상용（キムサンヨン）・親族相続法第12版801頁。

248

第8節　相続法の概要　(7)　遺贈・遺言の検認及び開封・遺言の執行

(3)　遺言執行者の欠格

> **第1098条（遺言執行者の欠格事由）**　制限能力者と破産宣告を受けた者は遺言執行者にはなれない。

（対照）1009条

1 ）制限能力者である未成年者・被成年後見人・被限定後見人と破産宣告を受けた者は遺言執行者になれない。なお，欠格者を遺言執行者に指定した場合や家庭法院が欠格者を選任した場合，その指定選任は無効である。また，指定又は選任された後に欠格事由になった場合は遺言執行者の地位を失う。なお，信託会社は，付随業務として「財産に関する遺言の執行」を営むことができる（信託業法13条①6号）。

2 ）親生否認（850条）や認知（859条②）の場合には，遺言執行者の職務と相続人の利害が相反するので，相続人は遺言執行者になれないとの見解がある。[124]

(4)　遺言執行者の法的地位

> **第1099条（遺言執行者の任務着手）**　遺言執行者がその就任を承諾したときには，遅滞なくその任務を履行しなければならない。
> **第1100条（財産目録作成）**　①遺言が財産に関するものであるときには，指定又は選任による遺言執行者は，遅滞なくその財産目録を作成して相続人に交付しなければならない。
> ②相続人の請求があったときには，前項の財産目録作成に相続人を参与させなければならない。
> **第1101条（遺言執行者の権利義務）**　遺言執行者は，遺贈の目的である財産の管理その他遺言の執行に必要な行為をする権利義務がある。
> **第1102条（共同遺言執行）**　遺言執行者が数人の場合には，任務の執行は，その過半数の賛成で決定する。但し，保存行為は各自がこれをすることができる。
> **第1103条（遺言執行者の地位）**　①指定又は選任による遺言執行者は，

124）송덕수（ソンドクス）・親族相続法422頁。

第2章　韓国家族法の概要とその適用

相続人の代理人とみなす。

②第681条乃至第685条，第687条，第691条と第692条の規定は，遺言執行者に準用する。

第1104条（遺言執行者の報酬）　①遺言者が遺言で執行者の報酬を定めなかった場合には，法院は相続財産の状況その他の事情を参酌して指定又は選任による遺言執行者の報酬を定めることができる。

②遺言執行者が報酬を受ける場合には，第686条第2項，第3項の規定を準用する。

第1107条（遺言執行の費用）　遺言の執行に関する費用は，相続財産の中から支給する。

（対照）日本民法1007条，1011条，1012条，1015条，1017条，1018条，1021条

1）民法が，遺言執行者の法律上の地位について「指定又は選任による遺言執行者は相続人の代理人とみなす」（1103条①）と規定していることから，学説では民法が擬制する代理人という見解と独立して遺言内容を実現する私的職務を担当する者という見解がある[125]。後者に関連して遺言執行者の行為の効果は相続人に帰属するという意味であり，実際に相続人の代理人になるのではないとの見解もある[126]。判例は，民法1103条1項の規定は「遺言執行者の行為の効果が相続人に帰属することを規定したもので」「遺言執行者の訴訟遂行権と別に相続人本人の訴訟遂行権も何時も併存することを規定したものではないと解される」（大判2001.3.27.2000다26920）とする。なお，民法は遺言執行者を相続人の代理人とみて，その業務処理に関して委任に関する規定を準用している（同条②）。

2）遺言執行者は，就任を承諾したときには遅滞なく任務に着手し（1099条），財産目録を作成し（1100条），遺贈の目的である財産の管理その他の遺言執行に必要な行為をする権利・義務がある（1101条）。そして，

125）김주수（キムチュス）＝김상용（キムサンヨン）・親族相続法第12版802頁。

126）송덕수（ソンドクス）・親族相続法422頁。

250

第8節　相続法の概要　(7)　遺贈・遺言の検認及び開封・遺言の執行

遺言執行に必要な行為をする際に訴訟の当事者になることもある（法定
訴訟担当）。判例は，遺言執行者は「遺言の執行に妨害となる他の登記
の抹消を求める訴訟においては，いわゆる法定訴訟担当として原告適格
を有するのであり，遺言執行者は遺言の執行に必要な範囲内で相続人と
利害相反する事項に関しても中立的立場から職務を遂行しなければなら
ず」，「遺言執行者がいる場合その遺言執行に必要な限度で相続人の相続
財産に対する処分権は制限され，その制限の範囲内で相続人には原告適
格はない」（大判2010. 10. 28. 2009다20840）とする。

3）遺言執行者には，遺言の執行に必要な限度内で管理処分権が認められ
るので，遺言執行者と衝突する相続人の処分権は制限されるが，その点
について民法には規定がない。そこで，相続人がそれに違反して処分行
為をしてもその処分を無効とはならず，相続人に責任を追及できると解
すべきであるという。[127)]

4）遺言執行者が数人いるときの任務の執行の方法は，1102条が定める。
共同遺言執行に関連して，判例は「遺言執行者が2人いる場合その1人
が他の遺言執行者の賛成乃至意見を聴取しないで単独で法院に共同遺言
執行者の追加選任を申請できると解せられ，そのような単独申請行為が
共同遺言執行方法に違反するとか機会均等の憲法精神に違背していると
は解せられない」（大決1987. 9. 29. 86스11）とし，また，相続人が遺言
執行者になる場合を含めて遺言執行者が数人の場合は，特別の事情がな
い限り「遺贈目的物に関する管理処分権は，遺言の本旨に沿う遺言の執
行には共同の任務を有する数人の遺言執行者に合有的に帰属し，その管
理処分権行使は過半数の賛成で合一して決定すべきであり，遺言執行者
が数人の場合は遺言執行者に遺贈義務の履行を求める訴訟は遺言執行者
全員を被告とする固有必須的共同訴訟と解するのが相当である」（大判
2011. 6. 24. 2009다8435）とする。

---

127)　송덕수（ソンドクス）・親族相続法422頁。

第2章　韓国家族法の概要とその適用

　　なお，遺言執行者の賛否が可否同数の場合には遺言執行者を解任して
新たに遺言執行者を選任するか追加選任するほかないという[128]。
5）相続財産中に不動産がある場合は，遺言執行者は遺言執行のための登
　記義務者として登記権利者である包括的受贈者と共に遺贈を原因とする
　所有権移転登記を共同で申請しなければならないのである（2013.2.22.
　登記例規第1482号「遺贈を受けた者の所有権保存（移転）登記申請手続等に
　関する事務処理指針」）。そこで，これまではその添付情報に検認自筆遺
　言証書がありその検認調書に相続人が「遺言者の自筆でなく捺印でもな
　い」と記載され，添付情報にその相続人による「遺言内容による登記申
　請に異議がない」旨の同意書があれば登記申請を受理する取扱いであっ
　た。しかし，判例が「その相続人を相手にした遺言効力確認の訴えや包
　括的受贈者地位確認の訴えを提起しその確定判決を添付情報として申請
　できる」（大判2014.2.13.2011다74277）としたので，先に述べた登記例
　規は改正されている（2014.4.9.登記例規第1512号（韓先2‐4））。

韓国の先例2‐4　2014.4.9登記例規1512号　遺贈を受けた者の所有権保存（移転）登記申請手続等に関する事務処理指針

5．添付情報
カ．所有権保存登記
　(1)～(3)　（略）
　(4)　遺言証書及び検認調書等
　　①　（略）
　　②遺言証書に家庭法院の検認がなされている場合でも，登記官はその
　　　遺言証書が適法な要件を備えていない場合には，その登記申請を受
　　　理してはならない。
　　③検認期日に出席した相続人らが「遺言者の自筆でなく捺印も遺言者
　　　の使用印ではないと思う」等の争いがある事実が記載されている検
　　　認調書を添付した場合には，遺言内容による登記申請に異議のない

128）김주수（キムチュス）＝김상용（キムサンヨン）・親族相続法第12版806頁。

252

第8節　相続法の概要　(7)　遺贈・遺言の検認及び開封・遺言の執行

> という上相続人らの陳述書（印鑑証明書添付）又は相続人らを相手
> にした遺言有効確認の訴え若しくは受贈者の地位確認の訴えの勝訴
> 確定判決文を添付しなければならない。
>
> (注)　従前の2013.02.22登記例規1482号の上記③の下線部分は，「上相続人らの
> 　　　同意書（印鑑証明書添付)」であった。

6）遺言執行者の報酬は，遺言者が遺言で定めていなかった場合は，法院
　は相続財産の状況その他の事情を参酌して指定又は選任遺言執行者の報
　酬を定めることができる（1104条①)。また遺言執行に要する費用は相
　続財産の中から支給される（1107条)。

(5)　遺言執行者の任務終了

> **第1105条（遺言執行者の辞退)**　指定又は選任による遺言執行者は，
> 　正当な事由があるときには，法院の許可を得てその任務を辞退する
> 　ことができる。
> **第1106条（遺言執行者の解任)**　指定又は選任による遺言執行者に，
> 　その任務を懈怠若しくは適当でない事由があるときには，法院はそ
> 　の相続人その他の利害関係人の請求によって遺言執行者を解任する
> 　ことができる。

（対照）日本民法1019条，1020条

1）遺言執行者の任務終了原因には，遺言執行の完了，遺言執行者の死亡
　又は欠格事由の発生（1098条）のほかに辞退と解任（1106条）もある。
　辞退とは，指定又は選任遺言執行者が疾病や長期療養などの正当な事由
　があるときに家庭法院の許可を得て行うものである（1105条，家訟法2
　条①2.ラ類事件46))。解任は，指定又は選任遺言執行者に任務の懈怠や
　適当でない事由があるときに，相続人その他利害関係人の請求により家
　庭法院が行うものである（1106条，家訟法2条①2.ラ類事件47))。

2）解任に関連して，判例は「遺言執行者が遺言の解釈に関して相続人と
　意見を異にしたり，若しくは遺言執行者が遺言の執行で妨害する状態を
　惹起している相続人を相手に遺言の忠実な執行のために自己の職務権限

第2章　韓国家族法の概要とその適用

の範囲で差押え申請又は本案訴訟を提起し，それにより一部の相続人と
遺言執行者間で葛藤を招いているという事情だけでは遺言執行者の解任
事由」にはならず「一部の相続人にだけ有利に偏頗的な執行をするなど
公正な遺言の実現を期待し難く信頼を得られないことが明白であるなど
遺言執行者としての任務遂行に適当でない具体的な事情が疎明されなけ
ればならない」（大決2011. 10. 27. 2011△108）とする。

3）遺言執行者の辞退又は解任によって遺言執行者がいなくなったときは
利害関係人の請求によって家庭法院が新たに遺言執行者を選任しなけれ
ばならない（1096条①，家訟法2条①2．ラ類事件43））。

第9節　相続法の概要
(8)　遺留分・遺留分返還請求権

1　遺留分

(1)　序

1）韓国民法第4章の「遺留分」は，1977年法律第3051号民法で新設され，
1979年1月1日から施行された。遺留分とは，法律上相続人に帰属する
ことが保障される相続財産に対する一定の比率を示すものである。また，
相続が開始すれば相続人は相続財産に対する一定比率を取得できる地位
を有することになるが，その地位を遺留分権という。

2）また，被相続人の遺産処分の自由を排除しないで，一定の範囲の相続
人には最小限の生活保障や扶養のために遺留分制度を認め，彼らの遺留
分権に基づき遺留分を侵害する贈与又は遺贈の受贈者に対して不足分の
返還を請求できるのが遺留分返還請求権である。

3）遺留分権は相続が開始後に発生しその性質は財産権なので，遺留分権
者（遺留分権利者）は遺留分権の放棄が可能であり，特定の処分行為の
特定の返還請求権を放棄することも一括して遺留分権全体を放棄するこ

254

第9節　相続法の概要　(8)　遺留分・遺留分返還請求権

とも可能である。遺留分の放棄が他の相続人の遺留分にどのように影響するかについて，多数説は遺留分の放棄は相続放棄ではないので他の共同相続人に影響しないとの見解である[129)][130)]（日本民法1043条参照）。

4）相続開始前の遺留分の放棄はできないというのが通説である[131)][132)]（日本民法1043条参照）。その理由は，相続開始前の遺留分放棄を認めれば，被相続人や共同相続人が放棄を強要する可能性があり子女の均分相続と配偶者の相続権を保障する民法の趣旨が没却される恐れがあるばかりか，相続の事前放棄が認められないことと均衡が合うからである，とする。判例は「遺留分を含む相続の放棄は相続が開始した後に一定の期間内にだけ可能で家庭法院に申告するなど一定の手続と方式によって初めてその効力があるが，相続開始前に行った遺留分放棄の約定はそのような手続と方式によらないのでその効力はない」（大判1998．7．24.98다9021，大判2011．4．28.2010다29409（韓判2-52））としている。

韓国の判例2-52　大判2011．4．28.2010다29409　相続開始前の遺留分放棄の約定

> 「遺留分を含んだ相続の放棄は相続が開始した後一定の期間内にだけ可能で家庭法院に申告するなど一定の手続と方式によった時にだけその効力があり，相続開始前に行った遺留分放棄約定はそのような手続と方式によらないもので効力がない（大判1998．7．24.98다9021等参照）。」

(2)　遺留分権者とその遺留分割合

第1112条（遺留分の権利者と遺留分）　相続人の遺留分は次の各号による。
　　1．被相続人の直系卑属はその法定相続分の2分の1

---

129)　송덕수（ソンドクス）・親族相続法427頁。
130)　김주수（キムチュス）＝김상용（キムサンヨン）・親族相続法第12版814頁。
131)　송덕수（ソンドクス）・親族相続法427頁。
132)　김주수（キムチュス）＝김상용（キムサンヨン）・親族相続法第12版814頁。

第2章　韓国家族法の概要とその適用

> 　2．被相続人の配偶者はその法定相続分の2分の1
> 　3．被相続人の直系尊属はその法定相続分の3分の1
> 　4．被相続人の兄弟姉妹はその法定相続分の3分の1
> **第1118条（準用規定）**　第1001条，第1008条，第1010条の規定は，遺留分にこれを準用する。

（対照）日本民法1028条，1044条

1）遺留分を有する者は，被相続人の直系卑属・配偶者・直系尊属・兄弟姉妹であり，4親等以内の傍系血族（1000条①4号）には遺留分はない。遺留分権を行使できるといっても最優先順位の相続人であって相続権がなければならない。よって，被相続人の子女がいる場合，父母は遺留分権を行使できない。

2）被相続人の直系卑属と兄弟姉妹の代襲者（被代襲者の直系卑属と配偶者）も遺留分権者であり（1118条），胎児も遺留分権がある点については通説であり，相続欠格者と相続放棄者は相続人ではないので遺留分権がない。ただし，相続欠格者の代襲者には遺留分権がある。また，包括的受贈者は，相続人と同一の権利義務があるが（1078条），遺留分権はない。判例は相続放棄者について「遺留分は相続分を前提にしているので相続が開始後の一定の期間内に適法に相続放棄申告がなされれば放棄者の遺留分返還請求権は当然に消滅する」（大決2012．4．16．2011스191・192（韓判2-53））とする。

韓国の判例2-53　大決2012．4．16．2011스191・192　相続放棄と遺留分返還請求権

> 　「遺留分は相続分を前提にするもので相続が開始した後一定の期間内に適法に相続放棄申告がなされれば放棄者の遺留分返還請求権は当然に消滅することになるので（大判1994．10．14．94다8334参照），それと異なる前提に立った再抗告理由も受理できない。」

第9節　相続法の概要　(8)　遺留分・遺留分返還請求権

3）遺留分権利者の遺留分割合は，被相続人の直系卑属と配偶者はその法定相続分の2分の1であり（1012条1号・2号），被相続人の直系尊属と兄弟姉妹はその法定相続分の3分の1である（同条3号・4号）。なお，代襲相続人の遺留分は被代襲者の遺留分と同じである。よって代襲相続人が数人いる場合の被代襲者の遺留分は，それら代襲者の法定相続分に従い配分する（1118条で1001条，1010条を準用）。

(3)　遺留分額の算定

> **第1113条（遺留分の算定）**　①遺留分は，被相続人の相続開始時において有する財産の価額に贈与財産の価額を加算し，債務の全額を控除してこれを算定する。
> ②条件付の権利又は存続期間が不確定な権利は，家庭法院が選任した鑑定人の評価によってその価格を定める。
> **第1114条（算入される贈与）**　贈与は相続開始前の1年間になされたものに限り第1113条の規定によってその価額を算定する。当事者双方が遺留分権利者に損害を加えることを知って贈与をしたときには，1年前にしたものも同様である。
> **第1118条（準用規定）**　第1001条，第1008条，第1010条の規定は，遺留分にこれを準用する。

（対照）日本民法1029条，1030条，1044条

1）遺留分算定の基礎となる財産は，被相続人の相続開始時において有していた財産の価額に贈与財産の価額を加算し，債務の全額を控除して決定する（1113条①）。財産評価の方法は相続分の算定のときと同じであるが，条件付き権利又は存続期間が不確定な権利は家庭法院の選任した鑑定人によってその価格を定める（同条②）。

2）上記被相続人の財産の価額や贈与財産の価額の算定は，すべて相続開始当時を基準とする。判例は，「贈与を受けた財産の時価は相続開始当時を基準にして算定しなければならない」（大判2015.11.12.2010다104768（韓判2-54）など）とし，「贈与を受けた財産が金銭の場合にはその贈与を受けた金額を相続開始当時の貨幣価値で換算しそれを贈与財産の価額

第 2 章　韓国家族法の概要とその適用

に加えるのが相当で，そのような貨幣価値の換算は贈与当時から相続開始当時までの間の物価変動率を反映させる方法で算定するのが合理的」
（大判2009. 7. 23. 2006다28126（韓判 2 -55））とする。

韓国の判例 2 -54　大判2015. 11. 12. 2010다104768　遺留分算定の際の贈与財産の価額算定時

1 ）「遺留分返還の範囲は相続開始当時の被相続人の純財産と問題となる贈与財産を加えた財産を評価してその財産額に遺留分返還請求権者の遺留分比率を掛けて得た遺留分額を基準に算定するが，受贈財産の時価は相続開始当時を基準にして算定しなければならない（大判2011. 4. 28. 2010다29409等参照）。

2 ）「ただし，贈与以後に受贈者や受贈者から贈与財産を譲受した者が自己の費用で贈与財産の性能などを変更して相続開始当時にはその価額が増加している場合，そのような変更された性能などを基準に相続開始当時の価額を算定すれば，遺留分権利者に不当な利益を与えるので，そのような場合にはそのような変更を考慮しないで贈与当時の性能等を基準に相続開始当時の価額を算定しなければならない。」

韓国の判例 2 -55　大判2009. 7. 23. 2006다28126　遺留分算定の贈与財産が金銭の場合の算定方法

1 ）「遺留分返還範囲は，相続開始当時被相続人の純財産と問題になる贈与財産を加えた財産を評価してその財産額に遺留分請求権者の遺留分比率を掛けて得た遺留分額を基準にするところ，その遺留分額を算定する際に返還義務者が受贈した財産の時価は相続開始当時を基準にして算定しなければならない（大判1996. 2. 9. 95다17885, 大判2005. 6. 23. 2004다51887等参照）。」

2 ）「したがって，受贈財産が金銭の場合には受贈した金額を相続開始当時の貨幣価値で換算しそれを贈与財産の価額とみるのが相当で，そのような貨幣価値の換算は贈与当時から相続開始当時までの物価変動率を反映する方法で算定するのが合理的と解される。」

3 ）相続開始時に有する財産とは，積極財産だけを意味し，遺贈や死因贈与した財産は相続開始時に現存している財産と扱われ，贈与契約が締結

第9節　相続法の概要　(8)　遺留分・遺留分返還請求権

されたが，いまだ履行されないまま相続が開始した財産もここでいう財産に含まれる。判例は，死因贈与の取扱いについて「遺贈の規定が準用されるだけでなくその実際的機能も遺贈と異なると解する必要がないので，遺贈と同じと解すべきである」（大判2001. 11. 30. 2001다6947）とし，また，「いまだ贈与契約が履行されずに所有権が被相続人である状態で相続が開始した財産は相続財産，すなわち「被相続人の相続開始時において有する財産」に含まれると解すべき」（大判1996. 8. 20. 96다13682，大判2012. 12. 13. 2010다78722（韓判2-56））とする。

韓国の判例2-56　大判2012. 12. 13. 2010다78722　遺留分算定の際の贈与契約と純財産

> 1）「さらに遺留分算定の基礎になる財産の範囲に関して民法第1113条第1項でその対象財産に含まれるとして規定する「贈与財産」は相続開始前にすでに贈与契約が履行され所有権が受贈者に移転した財産をいうのであり，いまだ贈与契約が履行されずに所有権が被相続人に残っている状態で相続が開始した財産は相続財産，すなわち「被相続人の相続開始時において有する財産」に含まれると解すべき点（大判1996. 8. 20. 96다13682参照）等に照らしても，」
> 2）「贈与契約が改正民法施行前に締結されているがその履行が改正民法施行以後になされたとすればその財産は遺留分算定の対象である財産に含ませるのが正しく，それは贈与契約の履行が改正民法施行以後であれば，それが相続開始前になされたのであれ以後であれ，同じことと解される。」

4）なお，民法1008条の3の「墳墓等の所有権」は相続財産を構成しないとみて，ここでいう相続財産から除かれる。[133) 134)]

5）相続開始時の財産に「加算される贈与」とは，相続開始前の1年間になされた贈与であり（1114条前段），その価額は「相続開始時の相続財

133）송덕수（ソンドクス）・親族相続法429頁。
134）김주수（キムチュス）＝김상용（キムサンヨン）・親族相続法第12版816頁。

第2章　韓国家族法の概要とその適用

産」に加算されて遺留分算定の基礎になる。ここでいう贈与は，民法上
の贈与に限らず広く無償処分を意味し，例えば財団法人設立のための出
捐，無償の債務免除，無償の人的・物的担保提供も含まれると解されて
いる。[135) 136) 137)　また，第三者に対する死因処分も算入すべきであるが，
日常生活における儀礼上の贈与は除かれるという。1114条の「1年」と
いう期間は贈与契約の履行時期ではなく締結時期を基準にする。判例は，
ここでいう贈与の財産価額は「その現物返還が不可能で価額返還を命ず
る場合にはその価額は事実審の弁論終結時を基準に算定すべきである」
（大判2005．6．23. 2004다51887（韓判2-57））とする。

韓国の判例2-57　大判2005．6．23. 2004다51887　贈与の現物返還が不可能な場合の価額返還の算定基準時

> 「遺留分返還範囲は，相続開始当時の被相続人の純財産と問題となる贈
> 与財産を合わせた財産を評価してその財産額に遺留分請求権者の遺留分比
> 率を掛けて得た遺留分額を基準とするところ，上のように遺留分額を算定
> するのに被告らが贈与を受けた財産の時価は相続開始同時を基準に算定し
> なければならないが（大判1996．2．9.95다17885参照），当該被告につい
> て返還すべき財産の範囲を確定した後に上でみたようにその現物返還が不
> 可能で価額返還を命ずる場合にはその価額は事実審の弁論終結時を基準に
> 算定すべきである。」

6）次いで，贈与契約の当事者双方が遺留分権者に損害を加えることを知
　りながら贈与をしたときは1年前にした贈与も加算される（1114条後段）。
　この「損害を加えることを知って」とは客観的に損害を加える可能性が
　あるとの事実を認識していればよく，加害の意図までは必要ないとする
　のが通説で，有償行為でも代価が相当しない場合には1114条後段を類推

135）송덕수（ソンドクス）・親族相続法429頁。
136）김주수（キムチュス）＝김상용（キムサンヨン）・親族相続法第12版816頁。
137）곽윤직（クァクユンジック）・改訂版相続法285頁。

260

第9節　相続法の概要　(8)　遺留分・遺留分返還請求権

して実質上の贈与額を算定させるべきとする。[138] 判例は，「第三者に対する贈与が遺留分権利者に損害を加えることを知って行われたと解するためには，当事者双方が贈与当時贈与財産の価額が贈与後の残存財産の価額を超過するという点を知っていたという事情だけでなく，将来の相続開始日に至るまで被相続人の財産が増加しないという点まで予見して贈与を行った事情が認定されるべきであり，そのような当事者双方の加害の認識は贈与当時を基準に判断すべきである」（大判2012. 5. 24. 2010다50809（韓判 2 -58））とする。

韓国の判例 2 -58　大判2012. 5. 24. 2010다50809　1114条の「損害を加えることを知って贈与」の意味

　　「共同相続人でない第三者に対する贈与は，原則的に相続開始前の 1 年間に行ったものに限って遺留分返還請求ができるが，当事者双方が贈与当時に遺留分権利者に損害を加えることを知って贈与をしたときには相続開始 1 年前に行ったことについて，遺留分返還請求が許容される。贈与当時法定相続分の 2 分の 1 を遺留分として持つ直系卑属らが共同相続人として遺留分権利者になると予想できる場合に，第三者に対する贈与が遺留分権利者に損害を加えることを知って行われたと解するためには，当事者双方が贈与当時に贈与財産の価額が贈与して残る財産の価額を超過するという点を知っていただけでなく，将来の相続開始日に至るまで被相続人の財産が増加しないという点まで計算し贈与を行った事情が認められなければならず，そのような当事者双方の加害の意識は贈与当時を基準に判断すべきである。」

7 ）共同相続人の中に被相続人からの財産の贈与によって特別受益を得た者がいる場合は，1114条の規定は適用されず，その贈与が相続開始前の 1 年間に行われたかどうかに関係なく遺留分算定の基礎財産にその全額を算入しなければならない（1118条による1008条の準用，大判1995. 6. 30. 93다11715，大判1996. 2. 9. 95다17885）。ところで，判例は，代襲相続人

---

138) 송덕수（ソンドクス）・親族相続法430頁。

第 2 章　韓国家族法の概要とその適用

が代襲原因発生前に被相続人から贈与を受けた場合は，特別受益に該当
しないとみる立場（大判2014. 5. 29. 2012다31802（韓判 2 -59））である。
また，配偶者への贈与が特別受益に該当するかの判断基準を示した判例
（大判2011. 12. 8. 2010다66644（韓判 2 -60））がある。

韓国の判例 2 -59　大判2014. 5. 29. 2012다31802　遺留分算定の基礎財産と代襲相続人への贈与

　「代襲相続人が代襲原因の発生以前に被相続人から贈与を受けた場合，
それは相続人の地位で受けたものではないので相続分の先給とは見られな
い。そうではなくこれを相続分の先給とみれば，被代襲人が死亡する前に
被相続人が先に死亡し相続になる場合には特別受益に該当しないのに被代
襲人が被相続人より先に死亡したという偶然の事情によって特別受益にな
る不合理な結果が発生する。よって代襲相続人の上のような受益は特別受
益に該当しないと解するのが相当である。それは遺留分制度が相続人らの
相続分を一定部分を保障するという明文の下に被相続人の自由意思に基づ
く自己の財産の処分をその意思に反して制限するのと同様に，その認定の
範囲を可能な限り必要最小限に留めるのが被相続人の意思を尊重するとの
意味で正しいという点からみてもそのようである。」

韓国の判例 2 -60　大判2011. 12. 8. 2010다66644　配偶者への生前贈与と特別受益

　「……，生前贈与を受けた相続人が配偶者で一生の間被相続人の伴侶に
なりその者と家庭共同体を形成し，それを土台に互いに献身し家族の経済
的基盤である財産を獲得・維持し子女らに養育と支援を継続してきた場合，
生前贈与にはそのような配偶者の寄与や努力に対する保障乃至評価，実質
的共同財産の精算，配偶者の余生に対する扶養義務の履行等の意味ともも
に含まれてていると解するのが妥当で，その限度内で生前贈与を特別受益
から除外しても子女ら共同相続人との関係で公平を害するとはいえない。」

8) 憲法裁判所は，共同相続人の贈与財産はその贈与がなされた時期を問
わず全て遺留分算定のための基礎財産に算入することは財産権を侵害し
ないとする（憲裁2010. 4. 29. 2007헌바144（Ⅰ巻末資料 6 . 憲裁判例(6)））。

262

第9節　相続法の概要　⑻　遺留分・遺留分返還請求権

9）相続財産の基礎となる価額から控除すべき債務は，被相続人の相続債
　務である。その債務には私法上の債務だけでなく，公法上の債務（税
　金・罰金等）も含まれるが，相続財産に関する費用（相続税・管理費用・
　訴訟費用）や遺言執行に関する費用（遺言の検認申請費用・財産目録作成
　費用等）のように相続財産が負担する費用も債務に含ませるかについて
　は，学説は分かれる。[139) 140)] 下級審の判例には，「葬礼費，相続税，贈与
　税等は亡人の死亡後に支出された費用なので相続開始当時の財産から控
　除する性質のものではない」（ソウル高判2012. 10. 24. 2012나3168・3175）
　とするものがある。

10）判例は遺留分と寄与分の関係について，「共同相続人間の協議又は家
　庭法院の審判で寄与分が決定されない以上，遺留分返還請求権訴訟で自
　己の寄与分を主張できないのはいうまでもないが，たとえ共同相続人の
　協議又は家庭法院の審判で寄与分が決定したとしても遺留分を算定する
　際に寄与分を控除できず，寄与分によって遺留分に不足が生じたとして
　寄与分について返還を請求することもできない」（大判2015. 10. 29. 2013
　다60753（韓判2 -61））とする。

韓国の判例2 -61　大判2015. 10. 29. 2013다60753　遺留分と寄与分の関係

> 　「寄与分は相続財産分割の前提問題としての性格を有するので，相続人
> らの相続分を一定部分保障するために被相続人の財産処分の自由を制限す
> る遺留分とは相互の関係がないと解される。よって，共同相続人中に相当
> な期間同居・看護その他の方法で被相続人を特別に扶養したか被相続人の
> 財産の維持又は増加に特別に寄与した者がいたとしても，共同相続人の協
> 議又は家庭法院の審判で寄与分が決定されない以上，遺留分返還請求権訴
> 訟で自己の寄与分を主張できないのは勿論であるが（大判1994. 10. 14.
> 94다8334参照），仮に共同相続人の協議又は家庭法院の審判で寄与分が決
> 定されたとしても遺留分を算定する際に寄与分を控除できず，寄与分に

139) 김주수（キムチュス）＝김상용（キムサンヨン）・親族相続法第12版820頁は「反対」。
140) 郭潤直（クァクユンジック）・改訂版相続法286頁は「賛成」。

第2章 韓国家族法の概要とその適用

> よって遺留分に不足が生じたとして寄与分について返還を請求することもできない。」

11）相続人各自の計算上の遺留分の額は，遺留分算定の基礎となる財産額にその相続人の遺留分の比率を掛けたものである。なお，遺留分権者に贈与又は遺贈が行われた場合には，その段階で特別受益としてその額を控除すべき[141]という見解と，それとも遺留分侵害を計算するときに考慮すべき[142]という見解で学説は分かれる。

遺留分＝遺留分算定基礎財産×相続人の遺留分率
遺留分算定基礎財産＝積極相続財産＋１年間の贈与額＋１年前の悪意の贈与額＋共同相続人への全ての贈与額－相続債務

相続人の遺留分率＝当該相続人の法定相続分×その者の遺留分比率

12）遺留分制度は，先に述べたように1977年法律3051号民法で新設され，1979年１月１日施行された。同法附則２項は「従前の法律によって生じた効力については影響を及ぼさない」としながら同法附則５項は「本法施行前に開始した相続に関して本法施行日後でも従前の規定を適用する」としている。そこで，判例は，改正民法施行後に開始した相続において改正民法施行前の贈与契約が改正民法施行前に履行が完了している場合は返還請求の対象にはならず，その贈与契約が改正民法施行前に履行されていない場合は返還請求の対象になる（大判2012. 12. 13. 2010다78722）という。

141）郭潤直（クァクユンジック）・改訂版相続法287頁。
142）송덕수（ソンドクス）・親族相続法431頁。

264

第9節　相続法の概要　(8)　遺留分・遺留分返還請求権

2　遺留分返還請求権

(1)　遺留分返還請求権とは

> **第1115条（遺留分の保全）**　①遺留分権利者が被相続人の第1114条に規定された贈与及び遺贈によってその遺留分に不足が生じたときには，不足した限度でその財産の返還を請求することができる。

（対照）　日本民法1031条

1 ）遺留分権利者が被相続人の贈与又は遺贈によってその遺留分に不足が生じたときには，その者は不足した限度で贈与又は遺贈された財産の返還を請求できる（1115条①）。遺留分を侵害する遺贈や贈与が当然に無効になるのではなく，遺留分権者に遺留分返還請求権が生じることに過ぎず，遺留分権者はその権利を義務的に行使しなければならないというのではなく，それを行使するかを自由に決定できる。

2 ）遺留分の侵害額（不足額）は，遺留分額から相続人の特別受益額（受贈又は遺贈額）と純相続分額を控除した額である。下記のように計算しその数が＋（プラス）になれば不足したことになり，0（ゼロ）又は－（マイナス）であれば不足分がないことになる。[143]

　　　　遺留分不足額＝遺留分額－特別受益額－純相続分額
　　　　特別受益額＝共同相続人が贈与を受けたか遺贈を受けた金額
　　　　純相続分額＝相続された積極財産額－相続債務分担額
　　　　（計算式は，注144）を参照）

　　判例は，金銭債務について「法定相続分相当の金銭債務は遺留分権利者の遺留分不足額を算定するとき考慮すべきであるが，共同相続人の1

---

143) 計算式は，송덕수（ソンドクス）・親族相続法432頁参照。
144) 송덕수（ソンドクス）・親族相続法432頁。

265

第2章　韓国家族法の概要とその適用

人が自己の法定相続分相当の債務の相続債務負担額を超過し遺留分権利者の相続債務額まで弁済した場合には，遺留分権利者を相手に別に求償権を行使して支給されるか相殺をするなどの方法で満足を得るのは別にして，そのような事情を遺留分権利者の遺留分不足額算定時に考慮してはならない」（大判2013. 3. 14. 2010다42624・42631（韓判2-62））とする。

韓国の判例2-62　大判2013. 3. 14. 2010다42624・42631　金銭債務と遺留分の算定

> 「金銭債務のように給付の内容が可分である債務が共同相続された場合，それは相続財産と同時に当然に共同相続人に法定相続分に従い相続されると解するのが妥当なので，法定相続分相当の金銭債務は遺留分権利者の遺留分不足額を算定するとき考慮されるべきであるが，共同相続人中1人が自己の法定相続分相当の相続債務負担額を超過して遺留分権利者の相続債務負担額まで弁済した場合には，遺留分権利者を相手に別途で求償権を行使して支給されるか相殺するなどの方法で満足を得ることは別にして，そのような事情を遺留分権利者の遺留分不足額算定時に考慮してはならない。」

3）遺留分返還請求権の法的性質に関して，学説は「形成権説」と「請求権説」とが対立している。[145]「形成権説」によれば，返還請求権を行使すれば遺贈又は贈与契約は遺留分を侵害する限度で失効し目的物のそれら権利は当然に遺留分権者に復帰し（物権的効力），遺贈又は贈与がいまだ履行されていなかったときには返還請求権者は履行を拒絶する防御権を取得し，すでに履行されていたときには物権的請求権に基づき目的財産の返還を請求できるという。[146][147]それに対して，「請求権説」は，返還請求権が遺贈又は贈与を受けた者に対して遺留分が不足した分の財産の引渡しや返還を求める純粋な債権的請求権というのである。これによれ

145）송덕수（ソンドクス）・親族相続法433頁。
146）송덕수（ソンドクス）・親族相続法433～434頁。
147）김주수（キムチュス）＝김상용（キムサンヨン）・親族相続法第12版820～821頁。

266

第9節　相続法の概要　(8)　遺留分・遺留分返還請求権

ば,返還請求権が行使されても贈与等は効力を失っていないことになる。[148)149)]

4）判例は,両者の説なのか明らかでないという解説[150)]と形成権説を採用しているとの解説がある。[151)]

　例えば,遺留分返還請求権の行使期間を消滅時効期間としたこと（大判1993.4.13.92다3595（韓判2-63））から請求権説に近いとみたり,「遺留分返還請求権の行使によって返還すべき遺贈又は贈与の目的となる財産が他人に譲渡されていた場合,その譲受人が譲渡当時の遺留分権利者を害することを知っていたときには譲受人に対してもその財産の返還を請求できる」（大判2002.4.26.2000다8878（韓判2-64））としたことを形成権説に近いとみる考え方もある。

韓国の判例2-63　大判1993.4.13.92다3595　遺留分返還請求権の性質と消滅時効

　「民法第1117条の規定内容及び形式に照らしてみれば,同条前段の1年の期間は勿論のこと同条後段の10年の期間もその性質を消滅時効期間と解さなければならず,他方で消滅時効期間満了による権利消滅に関することは,消滅時効の利益を受ける者が抗弁をしなければその意思に反して裁判できないので,……。」

韓国の判例2-64　大判2002.4.26.2000다8878　遺留分返還請求権の性質と譲受人への請求

1）「遺留分返還請求権の行使は,裁判上又は裁判外で相手方に対する意思表示の方法ですることができ,その場合その意思表示は侵害を受けた遺贈又贈与行為を指定し,それに対する返還請求の意思を表示すればそれでよく,そのことによって生じた目的物の移転登記請求権や引渡し請求権等を行使するのとは異なり目的物を具体的に特定しなけれはならな

148）송덕수（ソンドクス）・親族相続法434頁。
149）郭潤直（クァクユンジック）・改訂版相続法286頁,292〜294頁。
150）송덕수（ソンドクス）・親族相続法434頁。
151）김주수（キムチュス）＝김상용（キムサンヨン）・親族相続法第12版820頁。

第2章　韓国家族法の概要とその適用

いのではなく，民法第1117条で定める消滅時効の進行もその意思表示で
中断される（大判1995．6．30.93다11715参照）。」
2）「遺留分返還請求権の行使によって返還すべき遺贈又は贈与の目的と
なる財産が他人に譲渡されていた場合，その譲受人が譲渡当時遺留分権
利者を侵害することを知っていたときには譲受人にその財産の返還を請
求できると解すべきである。」

(2)　遺留分返還請求権の行使

第1115条（遺留分の保全）　①遺留分権利者が被相続人の第1114条に
規定された贈与及び遺贈によってその遺留分に不足が生じたときに
は，不足した限度でその財産の返還を請求することができる。
②第1項の場合に贈与及び遺贈を受けた者が数人のときには，各人が
得た遺贈価額に比例して返還しなければならない。
第1116条（返還の順序）　贈与については，遺贈の返還を受けた後で
なければこれを請求することができない。

（対照）日本民法1031条，1033条

1）返還請求権者は，遺留分権利者とその者から返還請求権を承継した包
括承継人と特定承継人である。そして，単純承認した遺留分権者の債権
者は返還請求権の代位行使ができる。しかし，判例は「遺留分返還請求
権はその行使が遺留分権利者の人格的利益のためにその自由な意思決定
に全的に委ねられる権利で行使上の一身専属性を有すると解されるので，
遺留分権利者にその権利行使の確定的意思があると認められる場合でな
ければ，債権者代位権の目的とはならない」（大判2010．5．27.2009다
93992）と限定的に解している。返還請求の相手方は，返還請求の対象
になる贈与又は遺贈の受贈者とその包括承継人，遺言執行者である。判
例は，目的財産の譲受人も悪意のときには相手方になるとしている（大
判2002．4．26.2000다8878（韓判2-64）267頁参照）。
2）返還請求権の行使について，判例は「裁判上又は裁判外で相手方に対
する意思表示で行うことができ，この場合の意思表示は侵害を受けた遺

第9節　相続法の概要　(8)　遺留分・遺留分返還請求権

贈又は贈与行為を指定し，それに対する返還請求の意思を表示すればそ
れでよく，それによって生じた目的物の移転登記請求権や引渡し請求権
等を行使するのと異なりその目的物を具体的に特定しなくてもよい」
（大判2002. 4. 26. 2000다8878（韓判 2 –64）267頁）とする。また，返還請
求権の意思表示の判断基準等について，判例は，「具体的に遺留分返還
請求の意思が表示されているかどうかは法律行為の解釈に関する一般原
則に従いその意思表示の内容と併せて意思表示が行われた動機と経緯，
当事者が意思表示によって達成しようとする目的と真正な意思とそれに
対する相手方の主張・態度等を総合的に考察して社会正義と公平の理念
に合致するように論理と経験の法則，そして社会一般の常識に従い合理
的に判断すべきである」とし，「相続人が贈又は贈与行為が無効であ
ると主張して相続や法定相続分に基づく返還を主張する場合には，それ
と両立しない遺留分返還請求権を行使したものとは解することできな
い」が，「相続人が遺贈又は贈与行為の効力を明確に争わないで受遺者
又は受贈者に対して財産の分配や返還を請求する場合には，遺留分返還
の方法による以外にないので，たとえ遺留分の返還を明示的に主張しな
いとしてもその請求には遺留分返還請求権を行使する意思表示が含まれ
ていると解するのが相当な場合が多いであろう」（大判2012. 5. 24. 2010
다50809）という。

3) 返還請求権は，遺留分が不足した限度で行使し（1115条①），対象と
なる贈与と遺贈が併存するときは，先に遺贈に対して返還を請求し不足
した部分に限って贈与に対して返還を請求しなければならない（1116条）。
このときに，死因贈与は遺贈と同じと解されている（大判2001. 11. 30.
2001다6947）。贈与又は遺贈を受けた者が数人いるときは遺贈・贈与の
順序で各自が受けた価額の比例で返還しなければならない（1115条②）。
なお，遺留分権者が数人いる場合，各自が有する返還請求権は独立して
いるので，別々に行使すべきであり，1人が行使しても他の者に影響を
与えない。

第2章　韓国家族法の概要とその適用

4）返還請求権を行使すると，請求権説によれば，遺留分権者は返還請求
　権又は履行拒絶権を取得するが，形成権説によれば目的物の権利が即時
　遺留分権者に帰属する。そして，財産が返還されれば，一旦相続財産を
　構成し，共同相続人間で相続財産分割の対象になる。

5）返還を請求するものは，原則的に贈与又は遺贈された現物自体である。
　判例は，「現物返還が可能であれば別に特別な事情がない以上，法院は
　原告が請求する方法に従い現物返還を命じなければならない」（大判
　2006. 5. 26. 2005다71949（韓判2 -65））が，「現物返還が不可能な場合に
　はその価額相当額を返還する以外にない」（大判2005. 6. 23. 2004다51887
　（韓判2 -57）260頁参照）とし，「遺留分額を算定する際に返還義務者が
　贈与を受けた財産の時価は相続開始当時を基準にして算定すべきで」
　「現物返還が不可能で価額返還を命ずる場合にはその価額は事実審弁論
　終結時を基準に算定すべきである」（大判2005. 6. 23. 2004다51887（韓判
　2 -57）260頁）とする。

韓国の判例2 -65　大判2006. 5. 26. 2005다71949　遺留分返還方法の原則は現物返還

　　「我が民法は遺留分制度を認め第1112条から第1118条までそれに関して
　規定しているのに遺留分の返還方法に関して別に規定を設けておらず，贈
　与又は遺贈対象財産それ自体を返還するのが通常の返還方法と解されるが
　（大判2005. 6. 23. 2004다51887参照），原告が現物返還の方法によって遺留
　分返還を請求しそのような現物返還が可能であれば，他に特別な事情が無
　い以上法院は原告が請求する方法に従い現物返還を命じなければならな
　い。」

6）なお，判例は「現物返還が可能であっても，遺留分権利者と返還義務
　者間で価額でそれを返還するとの協議が成立したり，遺留分権利者の価
　額返還請求に対してそれを争わない場合には，法院はその価額返還を命
　ずることができるが，遺留分権利者の価額返還請求権に対して返還義務
　者が現物返還を主張し価額返還に反対する意思を表示を表示した場合に

第9節　相続法の概要　(8)　遺留分・遺留分返還請求権

は返還義務者の意思に反して現物返還が可能な財産に対して価額返還を
命ずることはできない」（大判2013. 3. 14. 2010다42624・42631（韓判2 -
66））としたり，また「遺留分権利者は返還義務者を相手に現物返還の
代わりにその価額相当の返還を求めることもできるが，そうであっても
遺留分権利者が自ら危険や不利益を甘受して現物返還を求めることまで
許容されないとは解されないので，その場合でも法院は遺留分権利者が
請求する方法に従い現物返還を命じなければならない」（大判2014. 2. 13.
2013다65963（韓判2 -67））とする。

韓国の判例2 -66　大判2013. 3. 14. 2010다42624・42631　返還義務者が現物返還を主張した時の法院の対応

> 「現物返還が可能であっても遺留分権利者と返還義務者間で価額でそれを返還すると協議が成立したか遺留分権利者の価額返還請求に対して返還義務者がそれを争わない場合には，法院はその価額返還を命ずることができるが，遺留分権利者の価額返還請求に対して返還義務者が現物返還を主張して価額返還に反対する意思を表示した場合には，返還義務者の意思に反して現物返還が可能な財産について価額返還を命ずることはできない。」

韓国の判例2 -67　大判2014. 2. 13. 2013다65963　返還方法は遺留分権利者の選択による

> 「贈与や遺贈後にその目的物に関して第三者が抵当権や地上権等の権利を取得した場合には，現物返還が不可能になったり著しく困難で，返還義務者が目的物を抵当権等の制限がない状態に回復して移転するなどの例外的な事情が無い限り，遺留分権利者は返還義務者を相手に現物返還の代わりにその価額相当の返還を求めることもできるが，そうであっても遺留分権利者が自ら危険や不利益を甘受して現物返還を求めることまで許容されないとは解されないので，その場合でも法院は遺留分権利者が請求する方法に従い現物返還を命じなければならない。」

7 ）返還請求権の行使によって生じる現物返還義務や価額返還義務は履行
期限の定めのない債務（387条②）なので，返還義務者はその義務に対
する履行請求を受けたときに初めて遅滞責任を負う（大判2013. 3. 14.

第2章　韓国家族法の概要とその適用

2010다42624・42631（韓判2-68））。

韓国の判例2-68　大判2013. 3. 14. 2010다42624・42631　返還義務者の履行遅滞

「遺留分返還請求権の行使によって生じる現物返還義務又は価額返還義務は履行期限の定めのない債務なので，返還義務者はその義務についての履行請求を受けたときに初めて遅滞責任を負う。」

8）共同相続の場合に，1人又は数人が過大に贈与又は遺贈を受けているので他の相続人の遺留分を侵害する場合が生じることがある。民法1108条は1008条を準用しているだけであるが，この場合でも遺留分権が認定される。この場合の返還方法について，判例は，「民法が定める遺留分制度の目的と同法第1115条第2項の規定の趣旨に照らし，遺留分権利者はその他の共同相続人の中で贈与又は遺贈を受けた財産の価額が自己固有の遺留分額を超過する相続人を相手にしてその遺留分額を超過した金額の比率に従い返還請求ができると解すべきである」（大判1995. 6. 30. 93다11715（韓判2-69））とする。また，共同相続人と第三者がいる場合について「その第三者には遺留分というものが無いので共同相続人は自己固有の遺留分額を超過した金額を基準にして，第三者はその受贈価額を基準にして，各金額の比率に従い返還請求ができるともものと解すべきである」（大判1996. 2. 9. 95다17885）とする。

韓国の判例2-69　大判1995. 6. 30. 93다11715　共同相続人間の遺留分返還請求

「遺留分権利者が遺留分返還請求をする場合に，贈与又は遺贈を受けた他の共同相続人が数人の時には民法が定める遺留分制度の目的と同法第1115条第2項の規定の趣旨に照らし，遺留分権利者はその他の共同相続人らの贈与又は遺贈を受けた財産の価額が自己の固有の遺留分額を超過する相続人を相手にしてその遺留分額を超過した金額の比率に従い返還請求をすることができると解すべきである。」

272

第9節　相続法の概要　⑻　遺留分・遺留分返還請求権

9）遺留分と寄与分との関係について判例は，「共同相続人間の協議又は
　家庭法院の審判で寄与分が決定されない以上，遺留分返還請求権訴訟で
　自己の寄与分を主張できないのはいうまでもないが，たとえ共同相続人
　の協議又は家庭法院の審判で寄与分が決定したとしても遺留分を算定す
　る際に寄与分を控除できず，寄与分によって遺留分に不足が生じたとし
　て寄与分について返還を請求することもできない」（大判2015. 10. 29.
　2013다60753（韓判2 -61）263頁）とする。

⑶　遺留分返還請求権の消滅時効

> **第1117条（消滅時効）**　返還の請求権は，遺留分権利者が相続の開始
> と返還すべき贈与又は遺贈を行った事実を知ったときから１年内に
> 行わなければ，時効によって消滅する。相続が開始したときから10
> 年を経過したときも同様である。

（対照）日本民法1042条

1）本条の１年の期間及び10年の期間は消滅時効期間であり（大判1993. 4.
　13. 92다3595），この１年の時効期間の起算点は，相続開始と贈与・遺贈
　の事実だけでなくそれが返還しなければならないことであることを知っ
　たとき（大判2001. 9. 14. 2000다66430・66447, 大判2006. 11. 10. 2006다46346
　（韓判2 -70）等）である。

韓国の判例2 -70　大判2006. 11. 10. 2006다46346　遺留分返還請求権の消滅時効の起算点

> 「民法第1117条が規定する遺留分返還請求権の短期消滅時効期間の起算
> 点になる「遺留分権利者が相続の開始と返還すべき贈与又は遺贈を行った
> 事実を知ったとき」とは，遺留分権利者が相続が開始されたという事実と
> 贈与又は遺贈があったという事実及びそれが返還すべきものであることを
> 知ったときを意味する」

2）返還請求権は，相続が開始したときから10年が経過すれば消滅する
　（1117条後段）。判例は「その法理は相続財産の贈与による所有権移転登

記がなされていない場合でも，別にその消滅時効の完成の抗弁が信義誠実の原則に反するなどの特別な事情が存在しない以上」そのまま適用される（大判2008．7．10.2007다9719）。また，この10年の期間も，判例は，消滅時効とするが（大判1993．4．13.92다3595），10年の期間は除斥期間とする学説もある。[152] そして，本条所定の消滅時効の進行は返還請求の意思表示で中断される（大判1995．6．30.93다11715，大判2002．4．26.2000다8878（韓判2-71））。

韓国の判例2-71　大判2002．4．26.2000다8878　遺留分返還請求権の消滅時効の中断事由

「遺留分返還請求権の行使は，裁判上又は裁判外で相手方に対する意思表示の方法ですることができ，その場合その意思表示は侵害を受けた遺贈又は贈与行為を指定しそれに対する返還請求の意思を表示すればそれでよく，そのことによって生じた目的物の移転登記請求権や引渡し請求権等を行使するのとは異なり目的物を具体的に特定しなければならないのではなく，民法第1117条で定める消滅時効の進行もその意思表示で中断される（大判1995．6．30.93다11715参照）。」

3 日本の関連判例

(1) 遺留分の算定

1）1977年改正民法により遺留分制度が施行されたが，施行後に死亡した在日韓国人の遺留分返還請求に関して，1977年改正民法施行前の贈与等については遺留分算定の基礎財産に算入しなかった判例（浦和地判平成3・3・13判タ769-205）がある。

2）北朝鮮在住の相続人が提起した2002年死亡した在日韓国人を相手とした遺留分減殺請求で，遺留分の算定に当たり控除すべき債務は相続債務をいい，相続財産管理費用，遺言執行費用は含まないと解されていると

---

152) 김주수（キムチュス）＝김상용（キムサンヨン）・親族相続法第12版832頁。

して墓石代，墓地使用料及び墓地管理費用は控除すべき債務に該当せず，被相続人が北朝鮮在住相続人への送金等は1008条の特別受益に該当しないとした判例（東京地判平成19・9・7（2007WLJPCA09078022））がある。

(2) 遺留分返還の価額返還と価格算定の基準時

北朝鮮在住の相続人が提起した2002年死亡した在日韓国人を相手とした遺留分減殺請求で，韓国民法には日本民法1042条のような価額による弁償のような規定はないが，「遺留分返還請求権による遺留分権者の保護は要するに価額であり，また，価額の程度にとどまることが公平でもある」として現物返還に代えて価額返還を認め，価額弁償における価格算定の基準時は現実に弁償がなされる時であり，訴訟にあっては「事実審口頭弁論終結の時」とした判例（東京地判平成19・9・7（2007WLJPCA09078022））がある。

第10節　親族法の概要
(1)　婚姻の成立・婚姻の障害・婚姻の無効・婚姻の取消

1　婚姻の成立

婚姻は，1男と1女が夫婦として生活協同体を形成しようとする親族法上の合意であり，一定の方式で申告しなければ成立しない要式行為である。通説・判例は，婚姻申告は婚姻の成立要件と考え，当事者が申告する方式に従って婚姻意思を表示しその意思を合致させることで婚姻が成立すると考える。[153)]

(1)　当事者間の合意

1）婚姻の意思の合致は，1男と1女間でなければならないが，性転換者が法的に転換した性と認定されたときには，その者は他の性の者との間

---

153) 송덕수（ソンドクス）・親族相続法28，29頁。

第2章　韓国家族法の概要とその適用

で婚姻が可能になる。「性転換者の性別訂正許可申請事件等の事務処理指針」（2006. 9. 6. 戸籍例規716号，最終改正2015. 1. 8家登例規435号）がその手続を定めている。本例規は，性転換者について戸籍法120条（家登法）による性別記載の訂正許可を認めた大法院の決定（大決（全員）2006. 6. 22. 2004스42）に沿って制定されたものである。しかし，その後の大法院の判例は「現在婚姻中にあるか又は未成年の子女がいる性転換者の性別訂正は許容できない」（大決（全員）2011. 9. 2. 2009스117）とし，前記家登例規も同判例以後変更されて現在に至っている。

2）ところで，「婚姻する意思の合致」（815条1号）でいう当事者間の「婚姻する意思」（婚姻意思）の意味に関して，学説は①夫婦として精神的・肉体的に結合して生活協同体を営もうする意思とする実質的意思説，②婚姻意思は効果意思の中に申告意思が当然に内包されているとの見解，③社会習俗的類型と法政策的な価値判断を総合的に考慮して婚姻意思を判断すべきとの見解に分かれ，[154] 判例は①の立場である（大判1996. 11. 22. 96도2049（韓判2-72），大判2015. 12. 10. 2014도11533（韓判2-73））。

韓国の判例2-72　大判1996.11.22.96도2049　渉外婚姻と「婚姻の意思の合致」

1）「我が国渉外私法第15条第1項ただし書によれば婚姻の方式は婚姻挙行地の法によるとなっているが，同法第15条第1項本文は婚姻の成立要件は各当事者に関してその本国法によって定めると規定していて，同法第16条第1項は「婚姻の効力は夫の本国法による」と規定しているので，本件婚姻が中国で中国の方式によって成立したとしても婚姻の実質的成立要件を具備したもので有効かどうかは，夫である被告人らの本国法である我が国の法によって定められなければならない。」

2）「ところで我が国民法第815条第1号は「当事者間に婚姻の合意がないとき」には，その婚姻は無効になると規定しており，この婚姻無効事由は当事者間に社会観念上の夫婦と認定される精神的，肉体的結合を生じようとする意思を備えない場合をいうと解されるので，当事者間に仮に

154）송덕수（ソンドクス）・親族相続法31頁。

第10節 親族法の概要 (1) 婚姻の成立・婚姻の障害・婚姻の無効・婚姻の取消

婚姻の届出自体に関して意思の合致があり一応法律上の夫婦という身分関係を設定する意思はあると認定される場合でも，それが単に他の目的を達成する方便にすぎず両者に真の夫婦関係を望む効果意思がないときには，その婚姻は民法第815条第１号の規定によりその効力が無いと解すべきである（大判1985. 9. 10. 85도1481参照）。」

3）「控訴人らと真の夫婦関係を設定する意思なく単に上控訴人らの国内就業のための入国を可能にさせる目的で形式上の婚姻をしたものであれば，被告人らと上控訴人らの間には婚姻の届出に関しては意思の合致があるが真の夫婦関係の設定を望む効果意思は無いと認定され，被告人らの婚姻は我が国の法によって婚姻としての実質的成立要件ほ備えなかったので，その効力は無いといえる。よって被告人らの中国で中国の方式に従い婚姻式を挙行したとしても，我が国の法に照らしてその効力がない婚姻の申告をした以上，公訴事実記載のような被告人らの行為は公正証書原本不実記載及び同行使の罪の罪責を免ずることはできないといえる。」

韓国の判例２-73　大判2015. 12. 10. 2014도11533「婚姻の合意」とは

1）「民法第815条第１号は当事者間に婚姻の合意が無いときにはその婚姻は無効とすると規定し，その婚姻無効事由は当事者間に社会観念上夫婦と認められる精神的・肉体的結合をする意思を持っていない場合をいう。よって仮に当事者間に婚姻の意思があっても，それが単に他の目的を達成するための方便にすぎず，両者間に真の夫婦関係の設定を望む効果意思がないときには，その婚姻は無効と解される（大判2004. 9. 24. 2004도4426等参照）。」

(2) 婚姻申告

第812条（婚姻の成立） ①婚姻は家族関係の登録等に関する法律に定めるところにより申告することによってその効力が生ずる。
②前項の申告は，当事者双方と成年者の証人２人の連署した書面でしなければならない。

（対照）日本民法739条

第 2 章　韓国家族法の概要とその適用

家族関係の登録等に関する法律

第72条（裁判による婚姻）　事実上の婚姻関係存在確認の裁判が確定した場合には，訴えを提起した者は裁判の確定日から 1 か月以内に裁判書の謄本及び確定証明書を添付して第71条の申告をしなければならない。

婚姻申告特例法

第 2 条（婚姻申告）　婚姻申告義務者中のいずれか一方が第 1 条による事由で死亡した場合には，生存する当事者が家庭法院の確認を受けて単独で婚姻申告ができる。

---

1 ）婚姻申告の方法は，大別して①民法による申告（民法812条），②事実上婚姻関係存在確認裁判による申告（家訟法 2 条 1 「ナ」 1 ），家登法72条），③「婚姻申告特例法」（1968年法律第2067号）による申告，がある。

2 ）民法による婚姻申告は，家登法の定めるところにより申告しなければならない（812条①）。民法は，法律婚主義その中でも申告婚主義を採用している。婚姻申告は婚姻の効力発生要件ではなく成立要件であり，婚姻申告は創設的申告である。判例は，旧朝鮮戸籍令（1922. 12. 8. 総督府令15号）施行以後に妻と婚姻式を挙行して事実上の同居をしても「死亡当時まで戸籍令による婚姻申告をしたことがなければ」亡人は相続に関しては既婚者とはならない」（大判2000. 6. 9. 99다54349（韓判 2 -74））とする。

韓国の判例 2 -74　大判2000. 6. 9. 99다54349　旧朝鮮戸籍令の婚姻申告とその効力

　「原告の亡父である訴外 1 が，1950. 9. 30. 死亡当時原告の生母である訴外 2 と婚姻式を挙行し事実上同居していたとはいっても，当時施行中であった朝鮮戸籍令（1922. 12. 8. 総督府令第15号）による婚姻申告をしたことがなく，訴外 1 は相続に関する旧慣習上の既婚者でなく未婚者と解すべきなので戸主として未婚者である訴外 1 が死亡すれば相続に関する旧慣習に従い次弟である訴外 3 が戸主相続と同時に本件土地を含む訴外 1 の財産を全て相続したと判断される……」

（参考）朝鮮戸籍令第84条

278

第10節　親族法の概要　⑴　婚姻の成立・婚姻の障害・婚姻の無効・婚姻の取消

3）また，判例は日本で1990年に韓国人男と日本人女が婚姻挙行地法（渉外私法15条①ただし書）である日本の方式によった婚姻は有効としている（大判1994. 6. 28. 94므413）（韓判2-13））。また，男女ともに韓国民である婚姻申告は，在外公館にすることができる（814条①）。

4）家登法では，戸籍法制定時とは異なり申告により効力が発生する事件の場合に本人が出席しない場合は，本人の身分証明書を提示するか印鑑証明書を添付しなければ受理してはならないとしている（家登法23条②）。また，判例は家族関係登録事務担当公務員の婚姻申告に対する審査は申告人が提出する法定の添付書類のみによって審査するもので，その申告事項の実体的真実との符号性を探知して審査すべきではないという[155]（大判1987. 9. 22. 87다카1164（韓判2-75）参照）。したがって，婚姻申告が一旦受理されれば，仮にそれが法令に違反したとしても婚姻の効力は発生し，単に婚姻の無効・取消の問題が生じるだけである。[156]

韓国の判例2-75　大判1987. 9. 22. 87다카1164　戸籍公務員の審査権

1）「公務員は職務執行上の過失というのは公務員がその職務を遂行する際に当該職務を担当する平均人が普通に通常備えるべき注意義務を果たさないことをいうのであり，他方で市・区・邑・面の戸籍公務員の戸籍申告に対する審査は申告人が提出する法定の添付書類だけによって法定の要件を具備しているか，手続に符合するかどうかをただ形式的に審査することであり（戸籍法第76条の2，同法施行令第50条第1項，第62条第1項），その申告事項の実体的真実との整合性を探知して審査すべきというのではなく，……」

5）事実上婚姻関係存否確認は，家訟法でナ類家事訴訟事件と定められている（2条①나(ナ)類事件，1））。事実上婚姻関係存在確認の審判が確定したときは，訴えを提起した者は裁判確定日から1か月以内に裁判の謄

155）송덕수（ソンドクス）・親族相続法33頁。
156）송덕수（ソンドクス）・親族相続法33頁。

第2章　韓国家族法の概要とその適用

本・確定証明書を添付して婚姻申告の申請をしなければならない（家登法72条）。この申告は報告的申告と解するのが学説の多数説であるが[157]，判例は創設的申告と解する立場である（大決1991.8.13.91ス6）。

なお，この制度は，1963年制定の家事審判法（家訟法の前身）で導入された制度（第2条①3丙類2.）で，事実婚関係にある一方が婚姻申告を回避する場合に相手方当事者が一方的に婚姻申告ができるように整備したものである。当事者双方が生存しているときは，当事者の一方が何時でも事実婚を解消できるので確認の利益はなく，他の当事者が死亡していればそれに基づく婚姻申告もできない。そこで，現状は他の当事者が死亡している場合で，事実婚であった者が死亡した者の年金受給などの受給権者であることを一律に証明するのに実益があるとの理由にあるといわれる[158]。

6）「婚姻申告特例法」（1968年法律第2067号，最終改正2009年法律第9365号）による婚姻申告は，婚姻申告義務者の一方が，戦争又は事変において戦闘に参加するか戦闘遂行のための公務に従事することにより，婚姻申告を当事者双方ができずにその一方が死亡した場合には，生存当事者が「家庭法院の確認」（家訟法2条③ラ類家事非訟事件）を得て単独で婚姻申告ができるというものである（同法1・2条）。本件婚姻申告があるときは申告義務者の一方の「死亡時に申告があった」ものとみなされる（同法4条）。なお，判例は，婚姻申告特例法により婚姻申告した場合，その婚姻当事者が配偶者死亡後に他人と同居してもそれ以前の婚姻関係は有効であるという立場である（大判1986.11.11.86므97）。

7）婚姻申告に関連して，民法781条1項は子は父の姓と本を継ぐとの子の父姓承継の原則をうたいながら「父母が婚姻申告時に母の姓と本を継ぐとの協議をした場合には，母の姓と本を継ぐ」（同項ただし書）と定めている。同項のただし書は，2005年法7427号民法で新設されたものであ

157）송덕수（ソンドクス）・親族相続法34頁。
158）윤진수（ユンジンス）・注解親族法1巻136～137頁，551～553頁。

280

第10節　親族法の概要　(1)　婚姻の成立・婚姻の障害・婚姻の無効・婚姻の取消

る。「母の姓と本を継ぐとの協議」をした場合は婚姻申告書にその旨を記載しその協議書を添附しなければならない（家登法71条本文ただし書，同条３号）。なお，法改正時に発出された例規（2007. 12. 10. 家登例規101号「子女の姓と本に関する家族関係登録事務処理指針」，最終改正2015. 1. 8家登例規414号（Ⅰ巻末資料５. 家登例規(5)）は，この協議は婚姻申告時にしか許されず，その協議を撤回することもできず，出生子ごとに父又は母の姓を変えることも許されない（同例規４条②③④）。婚姻申告時に協議していたか否かは，子の出生申告時に確認される（同例規５条①）。また，外国で婚姻が成立した旨の婚姻証書を提出して韓国で婚姻の報告的申告をする場合にも，婚姻申告書に協議書を添附してその旨を出生申告書に記載することができる（同例規７条）。

8）なお，国際婚姻の手続に関しては，2015. 1. 8家登例規452号「韓国人と外国人間の国際婚姻事務処理指針」が発出されている（Ⅰ巻末資料５. 家登例規(9)）。

2　婚姻の障害

第807条（婚姻適齢）　満18歳になった者は，婚姻することができる。

第808条（同意が必要な婚姻）　①未成年者が婚姻をする場合には父母の同意を得なければならず，父母の一方が同意権を行使できないときには他の一方の同意を得なければならず，父母がすべて同意権を行使できないときには未成年後見人の同意を得なければならない。

②被成年後見人は父母若しくは成年後見人の同意を得て婚姻をすることができる。

第809条（近親婚等の禁止）　①８寸以内の血族（親養子の養子縁組前の血族を含む）の間では婚姻することができない。

②６寸以内の血族の配偶者，配偶者の６寸以内の血族，配偶者の４寸以内の血族の配偶者である姻戚若しくはそのような姻戚であった者との間では婚姻することができない。

第2章　韓国家族法の概要とその適用

③6寸以内の養父母系の血族であった者と4寸以内の養父母系の姻戚であった者との間では婚姻することができない。

第810条（重婚の禁止）　配偶者のある者は重ねて婚姻することができない。

（対照）日本民法731条，732条，734条，735条，736条，737条，738条

1）男女共に満18歳に達すれば婚姻ができる（807条）。本条は，2007年法律第8720号民法で従前の「男子満18歳，女子満16歳」を改正したものである。婚姻適齢に達しない者の婚姻申告は，家族関係登録事務担当公務員は受理してはならないが（813条），申告が受理されれば婚姻は有効に成立し，当事者又はその法定代理人が法院にその取消を請求できるが（816条1号，817条），当事者等の一方的意思表示だけで取り消すことはできない。

婚姻の取消は，家事訴訟事件なので調停を経なければならない（家訟法2条①ナ類事件2）参照），同法50条）。なお，婚姻適齢に達しない者が婚姻申告をした後に，婚姻適齢に達したとき又は妊娠したときには，819条を類推して婚姻の取消請求ができないと解されている。[159) 160)]

2）父母等の同意の欠如があれば，取消しうべき婚姻となる（816条）。ここでいう「父母」とは親権者である必要はないが，父又は母が親権を剥奪されている場合には，同意権を行使できないと解さなければならず，[161)162)]本人が養子の場合は親生父母がいても養父母の同意だけでよい[163) 164)]（2015.1.8.家登例規第417号「未成年者等の婚姻申告に関する事務処理指針」「2」）。なお，父母等の同意が欠如していれば婚姻申告は受理されないが（813条），一旦受理されれば婚姻は成立し，当事者又は法定代理人が

---

159) 송덕수（ソンドクス）・親族相続法35頁。
160) 김주수（キムチュス）＝김상용（キムサンヨン）・親族相続法第12版117頁。
161) 송덕수（ソンドクス）・親族相続法35頁。
162) 김주수（キムチュス）＝김상용（キムサンヨン）・親族相続法第12版90頁。
163) 송덕수（ソンドクス）・親族相続法35頁。
164) 김주수（キムチュス）＝김상용（キムサンヨン）・親族相続法第12版90頁。

第10節　親族法の概要　(1)　婚姻の成立・婚姻の障害・婚姻の無効・婚姻の取消

法院に取消を請求できるだけである（816条１号，817条）。

　　婚姻の取消は，家事訴訟事件なので調停を経なければならない（家訴法２条①ナ類事件２）参照），同法50条）。当事者が19歳になった後又は成年後見終了の審判があった後３か月が経過したか婚姻中に妊娠したときにはその取消を請求できない（819条）。

３）一定の範囲内の近親者間の婚姻が禁止されている（809条①②）。従来，809条１項に規定されていた「同姓同本である血族間では婚姻することができない」との同姓同本婚姻禁止規定は，1999年１月１日から効力を喪失していたが（憲裁1997．7．16.95헌가６等），2005年法律7427号民法では，法文上からも削除された（809条①の改正）。

４）それに代わって809条は，①８寸以内の血族間の婚姻（809条①），親養子の入養前に８寸以内の血族であった者の間の婚姻（809条①），③一定の範囲の姻戚であるか姻戚であった者の間の婚姻（809条②），④６寸以内の養父母系の血族であった者と４寸以内の養父母系の姻戚であった者の間の婚姻（809条③）の禁止を規定している。

　　809条に違反した婚姻申告は受理されてはならないが（813条），一旦受理されれば婚姻は成立するが，場合によってはその婚姻は無効となるか（815条２〜５号），無効でなければその婚姻の取消を請求できる（816条１号817条）。無効事由に該当しない場合には，当事者，その直系尊属又は４寸以内の傍系血族が法院に婚姻取消の請求ができるが（816条１号，817条），婚姻の無効は，カ類家事訴訟事件で（家訴法２条１項カ類事件１）参照）調停前置主義が適用されないが，婚姻取消は，ナ類家事訴訟事件なので調停を経なければならない（家訴法２条①ナ類事件２），同法50条参照）。

５）810条は「配偶者のある者は重ねて婚姻をしてはならない」とし，重婚を禁止している。すでに婚姻申告をしている者が重ねて婚姻申告をすれば，その申告の受理は拒否される（813条）。

　　しかし，婚姻がされているのに重ねて婚姻申告をして，その申告が一

第2章　韓国家族法の概要とその適用

旦受理されれば婚姻は成立し，その婚姻は取消を請求できる婚姻になる（816条1号，818条）。重婚の場合には，当事者及びその配偶者，直系血族，4寸以内の傍系血族又は検事が法院に婚姻の取消請求ができる（816条1号，818条）。なお，従前は，重婚の取消請求権者は「当事者及びその配偶者，直系尊属，4寸以内の傍系血族又は検事」であったが，その「直系尊属」と規定していた点について，憲法裁判所が憲法不合致決定を下したので（憲裁2010.7.29.2009헌바8決定（Ⅰ巻末資料6.憲裁判例(7)），同条の「直系尊属」は，2012年法律11300号民法で「直系血族」に改正されている。

6）従前の811条には「女子は婚姻関係の終了した日から6月を経過しなければ婚姻することができない。但し，婚姻関係の終了後出産したときにはこの限りでない」とする女子の再婚禁止期間の定めがあり，本条に違反した婚姻は取り消しできる婚姻であった（821条）。従前の811条は，父性推定の衝突を防ぐための規定であったが，男女平等の理念と客観的方法（例えばDNA鑑定）による解決が可能として，2005年法律7427号民法で削除されている。

3　婚姻の無効

第815条（婚姻の無効）　婚姻は，次の各号のいずれか一の場合には，無効とする。
1．当事者間に婚姻の合意がないとき
2．婚姻が第809条第1項の規定に違反するとき
3．当事者間に直系姻戚関係があるか若しくはあったとき
4．当事者間に養父母系の直系血族関係があったとき

1）婚姻の無効原因は，当事者間に婚姻の合意がないとき（815条1号），当事者間に8寸以内の血族（親養子の入養前の血族を含む）関係があるとき（815条2号），当事者間に直系姻戚関係があるか若しくはあったとき

第10節　親族法の概要　(1)　婚姻の成立・婚姻の障害・婚姻の無効・婚姻の取消

(815条3号)，当事者間に養父母系の直系血族関係があったとき（815条4号），である。

2）本条1号でいう「婚姻の合意」とは先に述べたように，夫婦として精神的・肉体的に結合して生活共同体を形成する意思と解されている（実質的意思説)[165]判例も同様の立場である（大判1996.11.22.96도2049（韓判2-72）276頁，大判2010.6.10.2010므574，大判2015.12.10.2014도11533（韓判2-73）277頁等）。

3）当事者の一方が婚姻申告をした場合について，判例は一方当事者だけで婚姻の合意を認定したり（大判2000.4.11.99므1329（韓判2-76）等），無効行為の追認理論を適用して婚姻を有効とする（大判1995.11.21.95므731（韓判2-77）等）。他方で事実婚関係が解消されているので婚姻の合意が無いとして無効とする判例がある（大判1989.1.24.88므795（韓判2-78等）。

韓国の判例2-76　大判2000.4.11.99므1329　一方当事者の婚姻申告と婚姻の効力

　「婚姻の合意とは法律婚主義を採択している我が国法制下では，法律上有効な婚姻を成立させる合意をいうので，仮に事実婚関係にある当事者の一方が婚姻申告をした場合でも相手方に婚姻意思が欠如していると認定される限りその婚姻は無効と解され（大判1983.9.27.83므22参照），相手方の婚姻意思が不分明な場合には婚姻の慣行と信義誠実の原則に従い事実婚関係を形成させる相手方の行為に基づきその婚姻意思の存在を推定できるのでそれに反対する事情，すなわち婚姻意思を明白に撤回しているとか当事者間に事実婚関係を解消しようと合意した等の事情が認定されない場合にはその婚姻は無効とはいえない（大判1980.4.22.79므77，大判1994.5.10.93므935等参照）。」

165）송덕수（ソンドクス）・親族相続法38頁。

第2章　韓国家族法の概要とその適用

韓国の判例2-77　大判1995.11.21.95ᄆ731　一方当事者の婚姻申告と追認

「原審は原告と被告が協議離婚した後に原告の承諾なく原告の印章を盗用して一方的に婚姻申告を行ったという原告の主張に対してそれ符合する説示の証拠を信じ難いと排斥した後，挙示証拠によって，原被告は……してきたとの事実を認定した後に，本件婚姻申告当時原告にも被告と婚姻する意思があったと解され，例えそうでなくても原告が上記婚姻申告事実を知りながら上記のように被告と婚姻生活を継続することで無効な婚姻を追認していたと判断した。記録に照らして調べてみれば，……被告が争わない原告の主張事実を看過するか審理不十分又は채증법칙に違背して事実を誤って認定した違法があることも無い。」

韓国の判例2-78　大判1989.1.24.88ᄆ795　事実婚関係の解消と婚姻申告

「事実婚関係は婚姻申告以前に解消されている状態というべきで，そのように事実婚関係が解消された状態で婚姻申告が一方的になされたとすれば，これは当事者間に婚姻の合意が無い場合に該当し無効と解すへきなので…。」

4）婚姻無効の事由がある場合，その婚姻は当然無効なのか無効判決によって初めて無効となるかが問題となる。学説は，①当然無効説と②無効判決によって初めて無効になるとの見解に分かれる。[166]①説によると婚姻無効事由があると婚姻無効確認の訴えを提起できるのはいうまでもないが，そのような訴えが提起されない状態でも利害関係人は他の訴訟で先決問題として婚姻の無効を主張できる。②説によると婚姻無効は訴訟を通した判決によって確定するという。

5）婚姻無効の訴えの提訴権者は，当事者，法定代理人又は4寸以内の親族であり（家訟法23条），この場合には調停前置主義は適用されない。

婚姻無効判決には遡及効があり，第三者にも効力がある（家訟法21条

166）송덕수（ソンドクス）・親族相続法42頁。

第10節　親族法の概要　(1)　婚姻の成立・婚姻の障害・婚姻の無効・婚姻の取消

①）。婚姻無効判決が確定すれば，提訴権者は1か月以内に判決の謄本及びその確定証明書を添付して家族関係登録簿の訂正を申請しなければならない（家登法107条）。

6）なお，中国国籍の朝鮮族女性と婚姻申告をした者が韓国に入国させる目的で婚姻申告をしたとして有罪判決を受けて確定した事案で，婚姻申告の無効が明白として婚姻無効判決によらなくても家登法105条に従い家庭法院の許可を受けて家族関係登録簿を訂正できるとした判例がある（大決2009.10.8.2009ㅅ64（韓判2-79））。また，婚姻の一方当事者が相手方名義の婚姻申告書を偽造して一方的に婚姻申告をするなどで公正証書原本不実記載罪の刑事判決（略式命令）が確定した場合，家登法105条によって家族関係登録簿の訂正が可能とする大法院の先例がある（2009.6.15.家登先例第200906-3号）。

韓国の判例2-79　大決2009.10.8.2009ㅅ64　仮想婚姻で有罪判決を受けた婚姻事項の訂正

1）「家族関係登録簿の訂正申請が親族法上又は相続法上重大な影響を及ぼす事項であれば，家族関係の登録等に関する法律（以下「法」という）第107条に従い確定判決によって訂正できるのが原則であるが，申告によって効力が発生する行為に関する家族関係登録簿上の記載事項の場合にその行為が確定した刑事判決（略式命令含む）によって無効であることが明らかになったときには，法第105条に従い事件本人の登録基準地を管轄する家庭法院の許可を得て家族関係登録簿を訂正することができる（戸籍先例200208-1，家登先例200906-3等参照）。

2）「記録によれば，再抗告人は2003.12.1.中国国籍の朝鮮族である訴外人と婚姻したと申告した事実，その後再抗告人は婚姻する意思が全く無いのに訴外人の韓国入国を目的に婚姻申告をして公電子記録に不実の事実を記載させた等の犯罪事実で起訴され，2006.4.19釜山地方法院2005ㄴ3685号で有罪判決（罰金300万ウォン）が，2006.9.22.大法院2006ㄷ2605号で上告棄却判決が各宣告された事実を知ることができるが，上記事実関係を先にみた法理に照らせば，再抗告人の上記婚姻は婚姻意思の合致が欠如し無効であることが明白といえるので，再抗告人は婚姻無効判決を受けなくても法第105条に従い家庭法院の許可を得て家族関

第 2 章　韓国家族法の概要とその適用

係登録簿の訂正が可能と解される。」

7）婚姻無効判決が確定すると当事者間には最初から婚姻がなかったこと
　になる。しかも，婚姻に基づく相続等の権利変動は無効となり，無効な
　婚姻関係から出生した子は婚姻外の子になる（855条①後段）。そして，
　当事者間では財産分割請求はできないが，当事者の一方は過失ある相手
　方に対して損害賠償請求ができる（825条，806条）。なお，婚姻無効を原
　因として損害賠償を請求するときには調停を経なければならない（家訟
　法 2 条①タ類事件 2），同法50条）。

4　婚姻の取消

第816条（婚姻取消の事由）　婚姻は，次の各号のいずれか一の場合に
は法院にその取消を請求することができる。
　　１．婚姻が第807条から第809条（第815条の規定によって婚姻の無
　　　効事由に該当する場合を除く。以下第817条及び第820条も同じ）
　　　又は第810条の規定に違反したとき
　　２．婚姻当時，当事者の一方に夫婦生活を継続できない悪疾その他
　　　重大な事由のあることを知らなかったとき
　　３．詐欺又は強迫により婚姻の意思表示をしたとき

1）婚姻の取消は，一定の事由がある場合に，取消請求権者が一方的に婚
　姻の効力を消滅させる制度である。取消請求権者の一方的な意思表示だ
　けがあれば取り消されるのではなく取消請求権者が法院に取消を請求し
　なければならず（816条本文），取消判決が確定して初めて婚姻は取り消
　される。婚姻取消の効力は，婚姻が成立したときに遡及しないで将来に
　向かってのみ生じる（824条）。[167]

167）송덕수（ソンドクス）・親族相続法45頁。

288

第10節　親族法の概要　(1)　婚姻の成立・婚姻の障害・婚姻の無効・婚姻の取消

2）取り消しうべき婚姻は，816条に列挙されている。

①　婚姻適齢に達しない者の婚姻である（816条1号・807条）。婚姻適齢
に達した後と妊娠したときは819条が類推適用され取消請求できない
ことは先に述べた。

②　父母等の同意が欠如した婚姻である（816条1号，808条）。取消請求
権は，①と同様であるが，当事者が19歳に達した後又は成年後見終了
の審判があった後3か月が経過したか婚姻中に妊娠したときは取消請
求できない（819条）。

③　809条（近親婚等の禁止）に違反した婚姻である（816条1号，809条）。
815条によって無効とならなかった婚姻は，当事者・直系尊属又は4
寸以内の傍系血族がその取消を請求できるが（816条1号，817条後段），
当事者間で婚姻中に懐胎したときは取消を請求できない（820条）。

④　配偶者のいる者が重ねて行った婚姻（重婚）である（816条1号，
810条）。当事者及びその配偶者，直系血族，4寸以内の傍系血族又は
検事が取消請求権者である（818条）。

2012年に818条の「直系尊属」が「直系血族」に改正された点は，
先に述べた。重婚の場合に取り消される婚姻は後婚であり前婚は取消
請求の対象にならない。重婚になる申告は受理してはならないが（813
条），実際には離婚が無効・取消となる場合のように特別な事情があ
るときに重婚になることがある。重婚は取り消されない限り有効な婚
姻なので婚姻の一般的効力はすべて認められ，重婚者が死亡すれば両
婚姻の配偶者すべてが相続権を有し，重婚者も両配偶者死亡時の相続
権を有する。[168]　そして，重婚中の出生子は婚姻中の出生子である。な
お，重婚の取消請求についての期間の制限はない。なお，制定家族法
以前の重婚の効力について，民法制定以後になって無効婚とみるか取
消婚とみるかの日韓の見解の相違については先に述べた（第2章第1

168）송덕수（ソンドクス）・親族相続法48頁。

第2章　韓国家族法の概要とその適用

節コラム2-1，113頁）。

⑤　婚姻当時，当事者の一方に夫婦生活を継続できない悪疾その他重大な事由があることを知らなかったときで（816条2号），その事由を知ったときから6か月以内に取消請求ができる（822条）。なお，取消請求権者に関して民法には規定がないが，相手方（被告）は原告の配偶者であり，相手方となる者が死亡したときは検事が相手方になる（家訟法24条①③④）。[169]

⑥　詐欺又は強迫により婚姻の意思表示をしたときで（816条3号），詐欺を知った日又は強迫から免れた日から3か月以内の取消請求である（823条）。なお，この詐欺・強迫は相手方だけでなく第三者も含まれ，その場合第三者の善意・悪意，過失・無過失は問われないという。[170]取消請求権者に関して民法には規定がないが，学者は詐欺又は強迫を受けた一方又は双方と解している。[171]相手方は，上記⑤の場合と同様である。

3）重婚による取消について，2012年法律11299号で制定され同年5月11日施行された南北住民特例法は，1953年停戦協定締結前に婚姻し，北朝鮮に配偶者を残した者が，韓国で再婚して重婚が成立した場合には，後婚配偶者双方の間で重婚取消についての合意が成立しない限り，婚姻の取消を請求できないとしている（同法6条①②）。

4）重婚による取消については以下の判例がある。①婚姻申告をしたが二重戸籍に登載された場合の婚姻は有効に成立し，婚姻取消訴訟の対象になる重婚であっても裁判上の離婚の請求ができるとする判例（大判1991. 12. 10. 91ﾑ344），②在日韓国人間の婚姻は挙行地法（渉外私法15条①）である日本方式でも有効に成立するが，それを本籍地に婚姻申告をしないまま，1981年頃に重ねて婚姻する申告を行い1989年重婚者が死亡した事

169）송덕수（ソンドクス）・親族相続法49頁。
170）송덕수（ソンドクス）・親族相続法49頁。
171）송덕수（ソンドクス）・親族相続法49頁。

第10節　親族法の概要　(1)　婚姻の成立・婚姻の障害・婚姻の無効・婚姻の取消

案で，重婚者が死亡した後であっても，その死亡によって重婚に基づき
形成された身分関係が消滅することはないので，前婚の配偶者は生存す
る重婚の一方当事者を相手に重婚の取消を求める利益があると解した判
例（大判1991.12.10.91ㅁ535（韓判2‐80）），また，③重婚の取消請求に
は期間の制限がないことと関連して，Ａの異腹弟であるＣが，全ての事
情を知ってＡの家に４年間起居し婚姻申告後10年間取り消しできたのに,
今になって取消請求権を行使するのは「社会生活上決して容認できない
不当な結果をもたらすか他人に損害を与える目的だけで行うのと同じで
公序良俗に違反し道義上許容できないときには権利の濫用として許容で
きない」として婚姻取消請求を認めなかった判例がある（大判1993. 8.
24. 92ㅁ907）。

韓国の判例2‐80　大判1991.12.10.91ㅁ535　在日韓国人の重婚事 案で，重婚当事者死亡後の重婚取消の訴えの利益

1）「渉外私法第15条第１項は「婚姻の成立要件は各当事者に関して本国
　法によってこれを定める。ただし，その方式は婚姻挙行地の法による」
　と規定しており我が国の者の間の外国における婚姻においては民法第
　812条と戸籍法による本籍地への申告や第814条の公館長への申告による
　方法のほかに挙行地法による婚姻も有効に成立すると規定しており，本
　件における挙行地法である日本国民法によれば，婚姻は同国の戸籍法に
　よって申告することにより成立すると規定しているので原審の認定事実
　のように彼らが日本国法による婚姻申告を終えれば彼らの間の婚姻が有
　効に成立していたと解される。」
2）「また渉外私法第18条本文は「離婚はその原因となる事実が発生した
　当時の夫の本国法による」と規定しているので，彼ら夫婦が日本で離婚
　するとしても我が国の法がその準拠法になるので，我が民法上一旦婚姻
　が有効に成立していれば離婚申告によって協議離婚であれ裁判上でも有
　効に離婚できるのであり，戸籍にその婚姻事実が記載されていないとし
　て離婚の協議だけで離婚するのではないので同趣旨で請求人と上記Ｃ間
　の婚姻が離婚によって消滅するという被請求人の主張は受け入れられな
　いとの原審判決は正しく，……」
3）「重婚者が死亡した後でも，その死亡によって重婚によって形成され

第２章　韓国家族法の概要とその適用

た身分関係が消滅するのではないので配偶者は生存する重婚の一方当事者を相手に重婚の取消を求める利益があると解されるので（大判1986.6.24.86旦9，大判1965.7.27.65旦32参照），請求人が上記亡Ｃと既に事実上離婚状態にあったのであれその婚姻事実を遅くなっても公館長に申告していたという事情があったとはいえ，その事実だけで本件婚姻取消請求が専ら被請求人を苦しめるための訴訟として権利濫用に該当するとか信義則に反して違法になるとは解されず，……」

5）816条２号による婚姻取消に関連して，裁判上の離婚原因を定める840条６号の規定振りと異なることに照らしても「特別な事情のない限り」「妊娠が可能かどうかは」816条２号の事由に該当しないとした判例（大判2015.2.26.2014旦4734・4741（韓判2-81））がある。また，816条３号の取消事由の「詐欺」には，消極的に告知しなかったり沈黙した場合が含まれるとしても，出産経歴を告知しないことが816条３号の婚姻取消事由に該当するかは慎重にすべきとして原審の一部を差し戻した判例（大判2016.2.18.2015旦654・661（韓判2-82））がある。

韓国の判例２-81　大判2015.2.26.2014旦4734・4741　妊娠が可能かどうかは816条２号の婚姻取消事由に該当するか

1）「婚姻は男女が一生の共同生活を目的にして道徳及び風俗上正当視される結合を遂げる法律上，社会生活上重要な意味を有する身分上の契約で，その本質は両性間の愛情と信頼に基づく人格的結合にあると解され，特別な事情がない限り，妊娠が可能かどうかは民法第816条第２号の夫婦生活を継続できない悪疾その他重大な事由に該当するとは解されない（大判1960.8.18.4292민상995，大判1995.12.8.94旦1676，1683参照）。そして「婚姻を継続しがたい重大な事由」に関する民法第840条第６号の離婚事由とは他の文言内容等に照らして民法第816条第２号の「夫婦生活を継続できない重大な事由」は厳格に制限して解釈することによりその認定には慎重を期すべきと解される。」

2）（判決要旨）「甲が配偶者の乙を相手に性機能障害等を理由に民法第816条第２号による婚姻取消を求める事案で，諸般の事情に照らし甲の夫婦生活に乙の性機能障害は大きく問題にならないと解する余地が多く，たとえ乙に性染色体異常とみられる等の問題があるとしてもそれを挙げ

第10節　親族法の概要　(1)　婚姻の成立・婚姻の障害・婚姻の無効・婚姻の取消

> て民法第816条第2号で定める「夫婦生活を継続できない悪疾その他重
> 大な事由」に該当するとは解し難く，これと異なる本原審判決に法理の
> 誤解等の誤りがあったとした事例」

韓国の判例2-82　大判2016．2．18．2015므654・661　出産経歴を告知しなかったことは816条の「詐欺」に該当するか

> 原告は2012．4．9ベトナム国籍女性とベトナムで婚姻申告
> 1)「民法第816条第3号が規定する「詐欺」には婚姻の当事者の一方又は
> 第三者が積極的に虚偽の事実を告知した場合だけでなく消極的に告知を
> したか沈黙した場合も含まれる。しかし，不告知又は沈黙の場合には，
> 法令，契約，慣習又は条理上事前にそのような事情を告知する義務が認
> められるべき場合で違法な欺罔行為と解されよう。慣習又は条理上の告
> 知義務が認められるかどうかは当事者の年齢，初婚かどうか，婚姻に
> 至った経緯とそのときまでに形成された生活関係の内容，当該事項が婚
> 姻の意思決定に及ぼす影響の程度，それに対する当事者又は第三者の認
> 識の可否，当該事項が夫婦が愛情と信頼を形成するのに不可欠かどうか，
> 又は当事者の名誉又は私生活秘密の領域に該当するかどうか，相手方が
> 当該事項に関連する質問をした側であるかどうか，相手方が当事者又は
> 第三者から告知されたか知っていた事情の内容及び当該事項との関係等
> の具体的・個別的事情と併せて婚姻に対する社会一般の認識と価値観，
> 婚姻の風俗と慣習，社会の道徳感・倫理観及び伝統文化まで総合的に考
> 慮して判断しなければならない。」
> 2)「したがって，婚姻の当事者の一方又は第三者が出産の経歴を告知し
> なかった場合に，それが相手方の婚姻の意思決定に影響を与えていたと
> いう事実だけを挙げて，一律的に告知義務を認定して第3号婚姻取消事
> 由に該当するとしてはならず，出産の経緯と出産した子女が生存してい
> るか及びそれに対する養育責任や扶養責任の存否，実際の養育や交流が
> 成されているのかとその時期及び程度，法律上又は事実上も養育者が変
> 更する可能性があるのか，出産経歴を告知しないことが積極的になされ
> たのかそれとも消極的なことだったのか等を綿密に調査して出産の経歴
> や経緯が知れ渡っている場合，当事者の名誉又は私生活秘密の本質的部
> 分が侵害される恐れがあるかどうか，社会通念上当事者や第三者にそれ
> に対する告知を期待できるかどうかとそれを告知しないことが信義誠実
> の義務に照らし非難される程度であるかまで審理した後に，そのような
> 事情を総合的に考慮して慎重に告知義務を認めるかどうかと，それに違

第2章　韓国家族法の概要とその適用

　　反するかどうかを判断することにより，当事者一方の名誉又は私生活秘
　　密の保障と当事者の婚姻意思決定の事由の間に均衡と調和を図らなけれ
　　ばならない。」

　3）「特に当事者が成長過程で本人の意思とは無関係に児童性暴力犯罪等
　　の被害を受け妊娠をして出産までしたが，以後はその子女との関係が断
　　絶して相当な期間の間養育や交流等が全くなされていない場合であれば，
　　そのような出産の経歴や経緯は個人の内密の領域に属するもので当事者
　　の名誉又は私生活秘密の本質的部分に該当する解され，さらに社会通念
　　上当事者や第三者にそれについての告知を期待できるとかそれを告知し
　　ないことが信義誠実義務に照らし非難される程度と断定することはでき
　　ないので，単純に経歴を告知しなかったとしてそれが直ちに民法第816
　　条第3号所定の婚姻取消中に該当するとみてはならない。そして，それ
　　は国際結婚の場合でも同様である。」

6）婚姻の取消請求は，ナ類家事訴事件なので調停前置主義が適用される
　（家訟法2条①ナ類事件2）・50条）。また，婚姻取消の訴えは，形成の訴
　えなので判決によってのみ婚姻が取り消され，他の訴えの前提で婚姻の
　取消を主張できないが，取消判決の効力は第三者にも効力がある（家訟
　法21条①）。

7）婚姻取消の裁判が確定すれば，訴えを提起した者又は相手方は，裁判
　確定日から1か月以内に裁判書の謄本及び確定証明書を添付してその旨
　を申告しなければならない（家登法73条，58条①③）。他方，婚姻取消判
　決が確定すれば，法院事務官等は当事者又は事件本人の登録基準地にそ
　の旨を通知しなければならない（家訟規則7条）。そこで，当事者からの
　申告がなければ市・邑・面の長は催告を行うが（家登法38条①），催告し
　ても申告しないときは監督法院の許可を得て職権で家族関係登録簿を訂
　正することができる（家登法38条③，18条②）。

8）取消原因のある婚姻も法院の判決によって取り消されるまでは有効な
　婚姻として扱われ（大判1991. 12. 10. 91ㅁ344），取消の効力は判決が確定
　した時から発生する。しかも婚姻取消の効力は遡及しないので（824条），
　その婚姻から出生した子は婚姻中の子であり，取り消しされる婚姻中の

294

第10節　親族法の概要　(1)　婚姻の成立・婚姻の障害・婚姻の無効・婚姻の取消

夫婦の一方が死亡し相手方が配偶者として亡人の財産を相続した後にその婚姻が取り消されたとしても相続関係が遡及して無効になったりその相続財産の取得が不当利得とはならない（大判1996.12.23.95다48308（韓判2-83））。

韓国の判例2-83　大判1996.12.23.95다48308　相続開始後の婚姻取消と相続財産の帰趨

> 1）「民法第824条は「婚姻の取消の効力は既往に遡及しない」と規定しているだけで財産相続等に関して遡及効を認定する別途の規定が無いところ，婚姻中に夫婦の一方が死亡して相手方が配偶者として亡人の財産を相続された後にその婚姻が取り消されたという事情だけでその前になされた相続関係が遡及して無効になるとか又はその相続財産が法律上の原因無く取得したとは解されない。」

9）婚姻が取り消されると姻戚関係は終了し（775条①），当事者の一方は過失ある相手方に財産上・精神上の損害賠償を請求できる（825条，806条）。また，婚姻取消の場合，家庭法院は職権で親権者を定め（909条⑤），子の養育責任に関する837条と面接交渉権に関する第837条の2が準用される（824条の2）。

5　日本の関連判例

(1)　韓国制定民法前の重婚について

1）韓国制定民法施行（1960年1月1日）前の日本人と朝鮮人の重婚は無効か取消原因なのかについての判例は先に述べた（第2章第1節コラム2-1，113頁）。

2）高松高判平成3・7・30（判タ770-239）[172]の事実関係は，次のとおり

172）評釈につき，岡野祐子「重婚を無効とする朝鮮民事令下の慣行の適用は公序に反するとした事例」ジュリ1016号133頁。

第 2 章　韓国家族法の概要とその適用

である。昭和23年（1948年）5月12日愛媛県宇和島市に届け出られた日本人女（本籍地愛媛県）と日本人男（本籍地朝鮮慶尚北道）の婚姻届は共通法2条，改正前法例13条と27条3項が適用されるが，日本人男には朝鮮民事令が適用され，それによると慣習法が適用され，慣習では重婚は無効であり，日本人女は改正民法744条732条が適用され取消事由であった。その後，当該日本人男はサ条約発効時の1952年4月28日に日本国籍を喪失し韓国国籍を有することになり，婚姻により日本戸籍から除籍されていた日本人女も外国人登録をしていた。昭和44年（1969年），当該韓国国籍を有した夫は死亡した。そこで日本人女は帰化申請をしたが，愛媛県津島町長は，韓国民法施行前の重婚は無効なので昭和63年（1988年）日本人女の戸籍からの除籍の記載は消除されるとし，国が帰化申請を却下したという事案である。

　判例は，昭和23年当時の重婚を無効とする点につき「宇和島市等をその常居所地としていた……本件婚姻について朝鮮民事令の下での重婚を無効とする慣行，判例を適用することは，わが国の社会（宇和島市等）における私法秩序を乱し公序良俗に反するので，法例30条を準用して，朝鮮民事令の下での右婚姻無効の慣行の適用を排除し，改正後の民法を適用すべきもの」とした。

(2)　**婚姻の意思をめぐって**

1）改正前法例の事案で，婚姻意思は婚姻届書作成から届書受理まで必要との前提で，死亡直前に韓国人男が婚姻届の提出を委託した婚姻届を有効としたもの（盛岡地判昭和41・4・19家月19-4-75）[173]がある。

2）韓国人男女は昭和43年日本で婚姻届をしたが，被告は国籍が朝鮮であって韓国に届出はしないとの意思で韓国には婚姻届をしなかったが，

173）評釈につき，加藤令造「韓国人夫と日本人妻との婚姻において，右夫が婚姻届書の作成および居住地たる日本での婚姻の届出を委託し，被委託者によってその届出がなされるまでの間に右委託者（夫）が昏睡状態に陥り判断力指南力を失った場合の婚姻の効力」ジュリ385号166頁。

第10節　親族法の概要　(1)　婚姻の成立・婚姻の障害・婚姻の無効・婚姻の取消

韓国に婚姻届をする意思のない者は改正前法例13条１項ただし書によっても婚姻成立が否定されるとしたもの（大阪地判昭和51・10・19判タ352-311）[174]がある。

３）原告日本人夫・被告韓国人妻の夫婦間の婚姻届は原告の婚姻意思の欠如（被告の在留期間延長のため）による婚姻届なので改正前法例13条１項により日本法が適用されその婚姻は無効であるとしたもの（東京地判平成３・３・20判タ773-24概説三(7)）がある。

４）同様に婚姻の意思がないにもかかわらず被告の在留資格取得のために偽装した婚姻であるとして無効としたもの（東京地判平成３・３・27判タ773-24概説三(8)）がある。

５）原告日本人女と被告韓国人男は，1992年８月に韓国ソウルで行われた統一教会合同結婚式を終えて同年11月に大牟田市に婚姻届を出したが，その婚姻届は「通常の社会観念からする夫婦としての関係を設定する意思に基づいてなされたものとは到底解し得ない」ので改正法例13条１項により婚姻意思の有無を検討するべく日本民法742条１号で本件婚姻を無効とした判例がある（福岡地判平成８・３・12判タ940-250）。

６）1948年（昭和23年）に愛知県で婚姻届をして1989年に韓国戸籍に報告的届出の記載がされているが，原告は婚姻届をしたことはないとして婚姻無効の確認を求めた事案がある。

　　判決は，昭和23年当時の韓国法の婚姻の成立要件を検討しながら，原被告間には実質的婚姻意思があったが原告には婚姻申告の意思はなかったと認定したが，韓国は1922年の朝鮮民事令の改正により婚姻の成立につき事実婚主義から法律婚主義に転換したが，その法制は当時の韓国社会の実情とは乖離するところが多かったことや1963年の家事審判法や事実上婚姻関係存否確認制度の新設等を鑑みれば，「事実上の婚姻関係を保護しようとする韓国法の伝統に照らすと，昭和23年当時における韓国

174）評釈につき，相澤英孝「韓国人が日本においてする婚姻の成立要件の準拠法，内縁の不当破棄による慰謝料請求の準拠法」ジュリ677号120頁。

第2章　韓国家族法の概要とその適用

法にあっては，事実上の婚姻関係の当事者の一方が全く知らないうちに
他方が婚姻の申告をした場合であっても，その婚姻は常に無効とはいえ
ず，双方に実質的婚姻意思を認めることができ，実質的な夫婦生活が継
続されているような場合には」その婚姻は有効に成立するとして原告の
請求を棄却した（名古屋地判平成2・12・26家月48-10-157）。

　控訴審は，第一審の判断を維持したが（名古屋高判平成4・1・29家月
48-10-151），[175] 最高裁は控訴審（原審）を破棄し，第1審を取り消し，上
記婚姻を無効とした（最二小判平成8・3・8家月48-10-145）。[176] その理
由として，控訴審が婚姻の方式は改正前法例13条により婚姻挙行地法で
ある日本の法を適用し，本件届出は上告人の届出意思を欠くから上告人
と被上告人の婚姻が有効に成立したとはいい難いとしながら，上告人が
「届出意思の不存在を主張することは信義則に反し許されない」とした
点について，婚姻の無効確認請求訴訟に関する判決には第三者対世効が
あり本件婚姻が無効とならない場合の影響を考慮すれば「信義則に反す
るということはできない」として婚姻無効確認請求を認容した。

7）在日韓国人間の婚姻無効確認請求事件において，婚姻届出における届
　出意思の準拠法は法適用通則法24条2項の婚姻の方式である「婚姻挙行
　地法」である日本法であるとし，1998年の大阪市西成区役所への婚姻届
　の提出につき届出意思があったとは認められないが，遅くとも2002年に
　は追認がなされたとして控訴を棄却した判例（大阪高判平成28・11・18判
　時2329-45）[177] がある。

(3)　日本への婚姻届はしたが韓国への報告的申告が未了の場合

1）日本の戸籍法上の届出によってなされた婚姻の効力は韓国戸籍上妻と
　して記載されなくても有効とした判例（広島地判昭和49・5・27判タ310-

175）評釈につき，国友明彦「届出意思」国際私法判例百選（別冊ジュリスト172）102
　頁，同（新法対応）104頁。
176）評釈につき，神前禎「いわゆる婚姻の届出意思の準拠法」ジュリ1151号137頁。
177）評釈につき，北澤安紀「婚姻届に関するいわゆる届出意思および届出の追認の準
　拠法」平成29年重判解308頁。

第11節　親族法の概要　(2)　婚姻の解消・協議離婚・裁判上の離婚

230，大阪高判昭和56・10・14判タ465-186[178]）がある。

２）これに関連して，韓国人男女が日本の市区町村に婚姻届をしたので婚
　姻は有効に成立しているが，韓国にその旨報告せずに韓国戸籍から除籍
　されていない女性につき，昭和41年（1966年）開始した相続について韓
　国民法1009条２項の「同一家籍内にない女子」に当たるとした判例（東
　京高判昭和63・７・20家月40-10-26（本章第３節日本の判例２-２，179頁）
　がある。

(4)　婚姻の方式をめぐって

改正前法例13条１項ただし書は絶対的挙行地法主義を採用しているので，
当事者の少なくとも一方の所在地である日本の婚姻の方式である婚姻届を
していないので婚姻関係は存在しないとした判例（横浜地判平成元・３・
24家月42-12-37）[179]）がある。

第11節　親族法の概要
(2)　婚姻の解消・協議離婚・裁判上の離婚

1　婚姻の解消

(1)　婚姻の解消一般　死亡・離婚・その他

婚姻の解消には，配偶者の死亡と離婚がある。死亡に準ずる場合の婚姻
の解消には，①失踪宣告による場合（28条），②不在宣告を受けた場合
（「不在宣告に関する特別措置法」（1967年法律1867号）４条），それに，③認定
死亡の場合（家登法87条）がある。

178）評釈につき，西賢「財産分与を認めない韓国法の適用と公序」昭和57年重判解278
　頁。
179）評釈につき，山田恒久「大韓民国の婚姻関係存在確認の審判が承認されなかった
　一事例」ジュリ982号117頁。

第2章　韓国家族法の概要とその適用

(2)　死亡に準ずる婚姻の解消

1 ）失踪宣告が確定すれば失踪者は失踪期間満了したときに死亡したもの
と擬制されるので（28条），その者の婚姻も失踪期間満了のときに解消
する。失踪宣告を受けた者の配偶者が再婚した後に失踪者が生きていた
として失踪宣告が取り消された場合の婚姻関係について（29条①ただし
書），多数説は，再婚当事者双方が善意の場合には前婚は復活せずに後
婚だけが有効で，再婚当事者のいずれか1人が悪意の場合には前婚が復
活し離婚原因（840条1号）が生じて後婚は重婚となり取消し得る婚姻と
なる（810条，816条1号，818条）という。[180]

2 ）2012年法律11299号で制定された南北住民特例法7条1項は，停戦協
定成立前に婚姻し北朝鮮に配偶者を残した者がその配偶者について失踪
宣告を受けた後に韓国で再婚した場合には，失踪宣告が取り消されても
前婚は復活しないとしている。

3 ）「不在宣告に関する特別措置法」4条2項は，軍事分界線以北地域の
残留者に対する不在宣告を受けた者は「婚姻に関しては失踪宣告を受け
た者とみなす」と規定しているので，不在宣告があれば婚姻が解消する。
不在宣告とは，残留者（家族関係登録簿に軍事分界線以北地域に居住する
と表示されている者）であることが明らかな者に対しては，家族や検事
の請求があれば法院は不在宣告をしなければならない（同法3条）。なお，
不在宣告が取り消された場合の措置については同法5条が定める。

4 ）認定死亡は，水害・火災やその他の災難により死亡した者がいる場合
に，それを調査した官公署の死亡通報によって家族関係登録簿に死亡の
記録をすることをいう（家登法87条，16条）。認定死亡の場合でも婚姻が
解消する。

180）송덕수（ソンドクス）・親族相続法67頁。

300

第11節 親族法の概要 (2) 婚姻の解消・協議離婚・裁判上の離婚

2 協議離婚

(1) 協議離婚の要件──当事者の離婚の合意と離婚申告

第834条（協議上の離婚） 夫婦は協議によって離婚することができる。

第835条（成年後見と協議上の離婚） 被成年後見人の協議上の離婚に関しては第808条第2項を準用する。

第836条（離婚の成立と申告方式） ①協議上の離婚は家庭法院の確認を受けて「家族関係の登録等に関する法律」の定めるところにより申告することによってその効力が生ずる。

②前項の申告は，当事者双方及び成年者である証人2人の連署した書面で行われなければならない。

（対照）日本民法763条，764条

第836条の2（離婚の手続） ①協議上の離婚をしようとする者は家庭法院が提供する離婚に関する案内を受けなければならず，家庭法院は，必要な場合，当事者に相談に関して専門的な知識と経験を備えた専門相談人の相談を受けることを勧告することができる。

②家庭法院に離婚意思の確認を申請した当事者は，第1項の案内を受けた日から次の各号の期間が経過した後に離婚意思の確認を受けることができる。

1 養育すべき子（懐胎中の子を含む。以下，本条において同じ）がある場合には3か月

2 第1号に該当しない場合には1か月

③家庭法院は，暴力によって当事者の一方に耐え難い苦痛が予想される等，離婚をすべき急迫な事情のある場合には第2項の期間を短縮又は免除することができる。

④養育すべき子がある場合，当事者は第837条による子の養育と第909条第4項による子の親権者決定に関する協議書，又は第837条及び第909条第4項による家庭法院の審判正本を提出しなければならない。

⑤家庭法院は，当事者が協議した養育費負担に関する内容を確認する養育費負担調書を作成しなければならない。この場合，養育費負担

301

第2章　韓国家族法の概要とその適用

調書の効力については「家事訴訟法」第41条を準用する。

家族関係の登録等に関する法律

第75条（協議上の離婚の確認）　①協議上の離婚をしようとする者は登録基準地または住所地を管轄する家庭法院の確認を受けて申告しなければならない。ただし，国内に居住していない場合には，その確認はソウル家庭法院の管轄とする。

②第1項の申告は協議上の離婚をしようとする者が家庭法院から確認書謄本を交付または送達された日から3か月以内にその謄本を添付して行わなければならない。

③第2項の期間が経過したときにはその家庭法院の確認は効力を喪失する。

④家庭法院の確認の手続と申告に関して必要な事項は大法院規則で定める。

第76条（みなし規定）　協議離婚申告書に家庭法院の離婚意思確認書の謄本を添付した場合には，「民法」第836条第2項で定める証人2人の連署があるものとみなす。

1）協議離婚は，当事者間に離婚の合意があることと離婚申告がなければならない（834条，836条①）。離婚申告書には家庭法院の離婚意思確認書を添附しなければならない（836条①，家登法75条②）。協議離婚をするときにそれを添付した場合には民法836条2項の「証人2人の連署」があるとみなされるので（家登法76条），離婚申告書に証人を記載する必要はなくなる。

2）協議離婚をしようとする者は，家庭法院の確認を得なければならない（836条①）。協議離婚申告に家庭法院の確認を必要としたのは，1977年法3051号民法からである。ただし，1963年戸籍法改正では「協議離婚の申告はその書面の真正成立の成否を確認した後に，これを受理しなければならない」（76条の2）を新設し，追い出し離婚を防止するために戸籍公務員の実質審査権を設けていた（第4章第4節2(2)②，484頁参照）。

3）管轄家庭法院は，離婚しようとする者の登録基準地又は住所地の家庭法院であり，国内に居住していない場合の管轄家庭法院は，ソウル家庭

第11節　親族法の概要　(2)　婚姻の解消・協議離婚・裁判上の離婚

法院である（家登法75条①，同規則73条①，75条①②）。当事者は，管轄家庭法院に出席し協議離婚意思確認申請書を提出して，離婚に関する案内を受けなければならず，家庭法院の確認は申請後一定の期間が経過した場合でなければ受けられない。

4）家庭法院の確認手続は，2007年法8720号民法と2009年法9650号民法の二度の改正を経ている（第2章第1節8表(法令)2-7，134頁参照）。現在の流れは以下のようになる。

　　先ず，①離婚に関する案内を受けることが必要な場合には専門相談人の相談を受けること（836条の2①，この相談制度の運営について2008.06.16.裁判例規1234号「家事裁判，家事調停及び協議離婚手続の相談に関する例規」参照）と②離婚熟慮期間を経過することである。熟慮期間は，養育すべき子がいる場合は3か月，その他の場合は1か月で，離婚熟慮期間が経過しなければ離婚意思の確認を受けられない（836条の2②1号・2号）。ただし，離婚をすべき急迫な事情がある場合はその期間を短縮又は免除できる（836条の2③）。

　　次いで，③子の養育と親権者決定に関する協議書等を提出することである。養育すべき子がいる場合は，子の養育と親権者決定に関する協議書を提出するか，又は837条及び909条4項による家庭法院の審判正本を提出しなければならない（836条の2④）。協議書は離婚意思の確認期日の1か月前までに提出でき，審判正本等は確認期日までに提出できる（2016.12.27家登例規507号「協議離婚の意思確認事務及び家族関係登録事務処理指針」（Ⅰ巻末資料5.家登例規⑭）2条③後段）。

　　そして，④家庭法院の離婚意思の確認書と養育費負担調書の作成である。家庭法院は，夫婦双方が離婚に関する案内を受けた日から離婚熟慮期間が過ぎた後に夫婦双方を出席させてその陳述を聞き，離婚意思の有無及び夫婦間に未成年の子女がいるかどうかと未成年の子女がいる場合その子女に対する養育と親権者決定に関する協議書又は家庭法院の審判正本及び確定証明書を確認しなければならない（家登規則74条①）。その

第2章　韓国家族法の概要とその適用

上で，夫婦双方の離婚意思等を確認すれば確認書を作成しなければならず，未成年子女の養育と親権者決定に関する協議を確認すればその養育費負担調書も共に作成しなければならない（家登規則78条①）。この養育費負担調書には，家訟法による執行権原がある（836条の2⑤・家訟法41条）。

5）協議離婚の申告は，家庭法院から確認書謄本が交付又は送達された日から3か月以内にその謄本を添付してしなければならず（836条①，家登法75条②），その期間が経過すればその家庭法院の確認の効力は喪失する（家登法75条③）。なお，家庭法院の確認書を添附した協議離婚申告書は夫婦の一方が提出して行うことができる（家登規則79条）。

6）夫婦双方が在外国民の場合や夫婦の一方が在外国民の場合にどの在外公館の長に申請をすればよいかや，申請を受けた在外公館の長が当事者に離婚に関する案内書面を交付した後の手続や在外公館の長のソウル家庭法院への送付手続などを別に定めている（家訟規則75条・76条，前出家登例規第507号16条・17条）。

7）なお，判例は家庭法院の確認について，法院による協議離婚意思確認手続は確認当時に当事者が離婚する意思を有していたかを明らかにするに留まり（大判1987．1．20.86ㅁ86参照），協議離婚意思確認があったということだけで裁判上の離婚事由にならないのは勿論であり（大判1983．7．12.83ㅁ11参照），その意思確認当時にもはや婚姻を継続できない重大な事由があったとも推定できない（大判1988．4．25.87ㅁ28（韓判2-84））としている。

韓国の判例2-84　大判1988．4．25.87ㅁ28　民法836条1項「家庭法院の確認」の意義

　「協議離婚意思確認手続は，確認当時に当事者が離婚する意思を有していたかを明らかにするのに留まるので（大判1987．1．20.86ㅁ86参照），協議離婚意思確認があったというだけで裁判上の離婚事由にならないのはもちろんのこと（大判1983．7．12.83ㅁ11参照），その意思確認当時にもはや

第11節　親族法の概要　(2)　婚姻の解消・協議離婚・裁判上の離婚

> 婚姻を継続できない重大な事由があったとも推定できないので，……」

8)　被成年後見人は父母又は後見人の同意を得て離婚ができる（835条，808条②）。もし，父母又は後見人の同意を得ないのに離婚申告が受理されたときに如何なる効果が生じるのであろう。民法にはそれに関する規定を置いていないが，協議離婚意思確認手続又は離婚申告書受理手続で解決される可能性が大きいが，そうでないときは被成年後見人保護のために取り消し得るものと解されよう（816条1号，819条類推）[181]。なお，未成年者や被限定後見人は，誰の同意も得ないで単独で有効に協議離婚ができる。

9)　韓国法で協議離婚申告の際に添付する「家庭法院の確認」につき，日本の戸籍先例は，法例（改正前法例）上協議離婚の方式に属すると解して韓国人同士の協議離婚については日本の協議離婚手続でも受理するという立場であるが（昭和53・12・15民二6678号依命通知（日先2-2），平成16・9・8民事局民事第一補佐官事務連絡（日先2-3）），韓国では従前の見解（1976.4.21.戸籍例規322号（韓先2-5））を廃止して（2004.3.17.戸籍例規668号（韓先2-6）），日本の市町村で韓国人同士が協議離婚した旨の受理証明書では韓国の家族関係登録簿には記録しないとし，離婚する在外国民の協議離婚については特別に「家庭法院の確認」手続を定めてその便宜を図っている（家登法75条①ただし書，同規則75条・76条）（コラム2-4，307頁参照）。

日本の先例2-2　昭和53・12・15民二6678号依命通知

1977年韓国改正民法の「家庭法院の確認」の取扱い
　韓国民法が一部改正され，昭和54年1月1日から施行されることになっているところ，改正後の同法第836条第1項の規定によれば，協議上の離婚をするには，あらかじめ家庭法院の確認を要することとされたが，右の

---

181)　송덕수（ソンドクス）・親族相続法75頁。

第2章　韓国家族法の概要とその適用

確認は，法例上，協議離婚の方式に属するものと解されるので，改正法施行後において，夫が韓国人である夫婦につき右の確認を得ることなく協議離婚の届出がなされた場合，従来どおりこれを受理して差し支えないから，この旨貴管下支局長及び市町村長に対し，周知方取り計らい願います。

日本の先例2‑3　平成16・9・8民事局民事第一課補佐官事務連絡

在日韓国人間の日本における協議離婚の届出について（昭和53年12月15日民二第6678号民事局第二課長依命通知関連）（戸時575号37頁参照）

　本年3月17日，日本の方式に従って協議離婚をした在日韓国人夫婦の戸籍上の届出の取扱いを定めた同国の最高裁判所戸籍例規第322号が同例規第668号により廃止され，同例規第668号の施行日である本月20日以降，在日韓国人夫婦が協議離婚をする場合には，日本の方式により協議離婚の届出を我が国の市区町村長に提出し，その受理証明書を韓国の戸籍官署に提出することにより離婚を申告することができた従来の取扱いは認められないこととなり，当事者双方が在日韓国大使館に協議離婚の申告をし，その後同国の家庭法院による離婚意思存否の確認を受けなければ，韓国当局は離婚の成立を認めないとする取扱いとなりました。

　在日韓国人夫婦から日本の方式による適法な協議離婚の届出が我が国の市区町村長に提出されてた場合には，これを法例第22条に基づく行為地法によるものとして受理せざるを得ませんが，当該受理をもっては韓国法上，協議離婚の成立は認められないことから，在日韓国人夫婦の協議離婚につき相談等があった際には，相談者に対し，取扱いの変更の概略を説明し，その詳細については在日韓国大使館等に問い合わせるよう対応することにつき，貴管下支局長及び市区町村長に周知方お取り計らい願います。

韓国の先例2‑5　1976.4.21.戸籍例規322号（1991.7.9.戸籍例規467号）

在日同胞が日本で協議離婚した場合の申告方法
1．在日同胞男女が行為地（日本国）方式によって協議離婚申告を日本当局にしてその受理証明書を得て（作成），その者の1人（夫）が帰国し一人でその協議離婚受理証明書（証書）を直接本籍地に提出（申告）すれば，それは受理されるので妻の本籍地には添付書類（受理証明）の膳本を添付（大法院戸籍例規第13号参照）して送付することになる。
2．記載例　戸籍実務資料集（記載編）参照

第11節　親族法の概要　(2)　婚姻の解消・協議離婚・裁判上の離婚

> （注）外国の国号・人名・地名の表記方法は大法院戸籍例規第405号参照

韓国の先例2‐6　2004.03.17. 戸籍例規第668号　例規322号廃止例規

> 「在日同胞が日本で協議離婚した場合の申告方法（戸籍例規第322号）」
> 例規は，これを廃止する。
> 　**附則**
> 1．（施行日時）本例規は，2004. 9. 20. から施行する。
> 2．（経過規定）本例規施行以前（2004. 9. 19）までの日本戸籍官署で受
> 　理された協議離婚に関して，その受理証明書を添付した戸籍申告は本例
> 　規施行日後でもこれを受理しなければならない。

コラム2-4　韓国「家庭法院の確認」を要する協議離婚は，離婚の方法か離婚の方式か

① **日本の国際私法の議論**

　日本の国際私法の議論では，協議離婚ができるか，協議離婚も裁判離婚も許されるか，裁判離婚のみが許されるかと云う離婚の方法は，離婚の実質的成立要件の問題とされてきた。そこで，韓国の家庭法院による離婚の意思を確認を要する協議離婚については，「理論的には，単なる方式の問題ではなく，実質的成立要件の問題と解される」とする見解があった。[182)183)]

② **韓国の国際私法の議論**

　1）韓国の国際私法の議論では，2001年国際私法の制定以後「法院の離婚意思の確認，協議上離婚又は裁判上離婚はすべて方式ではなく離婚の方法の問題として実質的成立要件に該当すると解される」[184)]「この問題は理論的には単純な方式問題でなく実質的な成立要件の問題と解される」[185)]「注意する点は，法院による離婚意思の確認や協議上の離婚又は裁判上の離婚の許容などはその実質を考慮するとき，離婚の方式に関す

182）溜池良夫『国際私法講義』（有斐閣，1993年）443頁。
183）溜池良夫・国際私法3版467頁。
184）石光現（ソッククァンヒョン）・国際私法解説277頁。
185）金演（キムヨン）・朴正基（パクジョンギ）・金仁猷（キムインユ）『国際私法』（ソウル法文社，2002年）335頁。

307

第2章　韓国家族法の概要とその適用

る問題ではなく，離婚の方法の問題として実質的成立要件に属するもの
と解すべきであり，よって専ら離婚の準拠法によるべきことになる」[186]
との見解に集約されつつある。

2）以上の見解もあって，韓国の戸籍例規（2004.03.17.戸籍例規668号）
が発出されたと推測される。なお，韓国「国際私法」39条は，離婚の
実質的成立要件の規定で準拠法37条（婚姻の一般的効力）を準用し，連
結点の第1段階は夫婦の同一本国法，第2段階は夫婦の同一常居所地法，
第3段階は夫婦の最も密接な関連がある地の法，である。

したがって，在日韓国人同士の離婚には，韓国法が適用され，一方が韓
国人の場合で他方が外国人（日本人）の場合は，第2段階第3段階の連結
点により準拠法が決定する。

③　**韓国の家族関係登録簿への記載方法**

韓国では，外国に居住している韓国人間又は韓国人と外国人間でその居
住国の方式によって身分行為ができるのは，国際私法上その身分行為の方
式の準拠法として行為地法を適用できる場合をいうが（例規486号ナ(2)），
先の家族関係登録先例で，外国に居住している韓国人夫婦が協議離婚する
場合は行為地法である日本法が適用されない。したがって，日本の戸籍窓
口に日本の協議離婚届出を提出し，その証書を在外公館等に提出しても，
韓国の家族関係登録簿には記録されない。在外公館に離婚当事者が出頭し
て韓国のソウル家庭法院による婚姻意思の確認を経て創設的申告である協
議離婚申告をするか，日本の家庭裁判所において調停離婚や審判離婚・裁
判離婚を経てそれら調停調書・判決正本等を添付して離婚の報告的申告を
することになる。離婚は，そのような方法で家族関係登録簿に記録される
ことになる。[187]

(2)　**協議離婚の無効**

1）協議離婚の無効に関する規定は民法には置かれていないが，家訟法は
「離婚無効の訴え」を規定している（家訟法2条1号，家事訴訟事件カ.カ

186）신창섭（シンチャンソプ）『국제사법（国際私法）』（ソウル세창출판사（セチャン
出版社），2007年）301頁。

187）参考文献は，青木清「わが国での韓国・朝鮮人の離婚―国際私法上の観点から―」
国際法外交雑誌96巻2号1頁，櫻田嘉章ほか・注釈国際私法2巻54頁以下（青木清）
など。

第11節　親族法の概要　(2)　婚姻の解消・協議離婚・裁判上の離婚

類事件２))。

2)「当事者間に離婚の合意がないとき」に協議離婚が無効原因になるの
はいうまでもないが（815条１号類推），この場合の離婚の合意，すなわ
ち「離婚意思の合致」の意味に関して学説は以下のように分かれる[188]。

　①婚姻関係を実際に解消しようとする意思とする実質的意思説，②離
婚申告をしようとする意思とする形式的意思説，③協議離婚の類型に従
い別途の理論構成をすべきとする見解である。判例は，初期は明白な実
質的意思説の立場であったが，近年は離婚無効には非常に慎重な態度を
示している[189]（大判1993. 6. 11. 93므171（韓判２-85))。しかし，離婚の
合意がないことが証明される場合まで離婚が有効と解されてはならない。
したがって，仮装離婚は無効であるが，充分に証明されなければ仮装離
婚とは認められない。

韓国の判例２-85　大判1993. 6. 11. 93므171　協議離婚無効の解釈基準

　　「離婚の効力発生の如何に関する形式主義の下での離婚申告の法律上の
　重大性に照らし，協議離婚における離婚の意思は法律上の夫婦関係を解消
　しようとする意思をいうとはいっても，一時的ではあってもその法律上の
　夫婦関係を解消しようとする当事者の合意の下に協議離婚申告がされた以
　上，その協議離婚に他の目的があったといっても両者間に離婚の意思が無
　かったとはいえず，よってその協議離婚は無効ではないと解される（大判
　1976. 9. 14. 76도107，1981. 7. 28. 80므77参照)。」

3)　離婚意思は，離婚申告書作成時にも申告書提出時にも存在しなければ
ならないというのが通説である。なお，夫婦が協議離婚意思確認を受け
ても夫婦の一方が協議離婚意思を撤回すれば（家登規則80条)，協議離婚
申告書は受理されないので，仮に家族関係登録事務担当公務員が錯誤で

---

188)　송덕수（ソンドクス)・親族相続法73頁。
189)　송덕수（ソンドクス)・親族相続法73頁。

309

第2章　韓国家族法の概要とその適用

協議離婚申告書を受理しても協議離婚の効力は生じない（大判1994. 2.
8. 93도2869（韓判2-86））。

韓国の判例2-86　大判1994. 2. 8. 93도2869　協議離婚意思撤回書の提出と協議離婚の効力

「夫婦が離婚しようと協議して家庭法院の協議離婚意思確認を受けたとしても戸籍法の定めるところによって申告することで協議離婚の効力が生じ，その前に夫婦の一方が何時でも協議離婚意思を撤回できるとされるので，協議離婚申告書が受理される前に協議離婚意思の撤回申告書が提出されればその協議離婚申告書は受理されないので，仮に戸籍公務員が錯誤で協議離婚意思撤回申告書が提出された事実を看過したあと，その後に提出された協議離婚申告書を受理したとしても協議上の離婚の効力が生じない。」

4）離婚無効の訴えの性質については，婚姻無効の場合と同じように，当然無効説の立場と無効判決によって始めて離婚無効とする立場に分かれるが，前者の立場であれば確認の訴えになり後者の立場であれば形成の訴えになる。[190]訴えの提訴権者は，当事者，法定代理人又は4寸以内の親族であり，いつでも提起できる（家訟法23条）。相手方は，婚姻無効の訴えと同様であり（家訟法24条），離婚無効の判決が確定すれば最初から離婚がなかったことになり，遡及効がある。判決が確定すれば，訴えを提起した者は判決確定日から1か月以内に家族関係登録簿の訂正を申請しなければならない（家登法107条）。

(3)　協議離婚の取消

第838条（詐欺，強迫による離婚の取消請求権）　詐欺又は強迫に因り離婚の意思表示をした者は，その取消を家庭法院に請求することができる。
第839条（準用規定）　第823条の規定は，協議上の離婚に準用する。

（対照）日本民法764条，747条

190）송덕수（ソンドクス）・親族相続法74～75頁。

310

第11節　親族法の概要　(2)　婚姻の解消・協議離婚・裁判上の離婚

1）協議離婚の取消原因は，「詐欺又は強迫」である。取消は法院の協議
　離婚意思の確認を経たとしても排除されるものではない。詐欺又は強迫
　により意思表示した者は，詐欺を知った日又は強迫を免れた日から3か
　月以内に離婚の取消を家庭法院に請求できる（838条，839条，823条）。
　ここでいう「詐欺又は強迫をした者」には相手方配偶者のほかに第三者
　も含まれ，第三者が詐欺若しくは強迫を行った場合には相手方配偶者が
　第三者の詐欺・強迫事実について善意・無過失であっても取り消しでき
　ると解されている[191]。なお，被成年後見人が父母等の同意を得ないで協
　議離婚した場合の取消については，被成年後見人の保護のために取り消
　しできると解さなければならない（816条1号，819条類推）[192]。

2）協議離婚取消の訴えは，形成の訴えであり（家訟法2条①1号家事訴訟
　事件ナ類家事事件3）），調停前置主義である（同50条①）。判決の確定に
　より離婚は取り消され，取消判決は第三者にも効力がある（同21条①）。
　判決が確定した場合は訴えを提起した者は1か月以内にその旨を申告し
　なければならない（家登法73条，58条①），また相手方も申告できる（家
　登法73条，58条③）。

3）協議離婚取消の場合には婚姻取消と異なりその遡及効を制限する規定
　がないので（824条参照），取消判決が確定すれば離婚は最初から無効で
　あったことになる。よって，婚姻は継続していたことになり，当事者が
　その間に再婚していれば重婚になる（大判1984.3.27.84ロ99）。

4）協議離婚取消の場合に詐欺・強迫を受けた者は詐欺・強迫を行った相
　手方配偶者又は第三者に対して損害賠償を請求できる（750条）。しかし，
　婚姻取消を原因とする損害賠償請求と原状回復請求には調停前置主義が
　適用される（家訟法2条①タ類事件2），50条）。

191）송덕수（ソンドクス）・親族相続法75頁。
192）송덕수（ソンドクス）・親族相続法75頁。

第 2 章　韓国家族法の概要とその適用

3　裁判上の離婚

　裁判上の離婚とは，一定の事由があるときに当事者の一方の請求で家庭法院の判決によって婚姻を解消させることをいう。裁判上の離婚原因を定めるに当たっては有責主義と破綻主義の二種の立法主義があるが，我が民法は有責主義を採っていると理解されている。[193]

(1)　裁判上の離婚原因

第840条（裁判上の離婚原因）　夫婦の一方は，次の各号の事由がある場合には家庭法院に離婚を請求することができる。
　　1．配偶者に不貞の行為があったとき。
　　2．配偶者が悪意をもって他の一方を遺棄したとき。
　　3．配偶者又はその直系尊属から著しい不当な待遇を受けたとき。
　　4．自己の直系尊属が，配偶者から著しい不当な待遇を受けたとき。
　　5．配偶者の生死が 3 年以上分明でないとき。
　　6．その他婚姻を継続し難い重大な事由があるとき。
第841条（不貞に因る離婚請求権の消滅）　前条第 1 号の事由は，他の一方が事前同意若しくは事後宥恕をしたとき又はこれを知った日から 6 月，その事由があった日から 2 年を経過したときは離婚を請求することができない。
第842条（その他の原因による離婚請求権の消滅）　第840条第 6 号の事由は，他の一方が　これを知った日から 6 月，その事由があった日から 2 年を経過すれば離婚を請求することができない。

（対照）日本民法770条

1 ）840条 1 号から 5 号と 6 号の関係について，学説は 1 号から 6 号までの原因はそれぞれ独立しているとする「独立事由説（独立説）」，1 号から 5 号の事由は 6 号を例示したものと解する「独立例示説」，1 号から 5 号の事由は 6 号を前提とする単純な例示と解する「単純例示説」に分

193）송덕수（ソンドクス）・親族相続法77頁。

312

第11節　親族法の概要　(2)　婚姻の解消・協議離婚・裁判上の離婚

かれる。[194] 判例は，民法第840条の離婚原因はそれぞれ別個の独立した離
婚事由を構成しているので，法院は原告が主張する離婚事由に関してだ
け審判すべきであり，原告が主張しない離婚事由に関しては審判をする
必要がなく（大判1963．1．31.62다812），また，民法840条は同条が規定
する各号の事由ごとに各別個の独立した離婚事由を構成しているので，
そのいずれかに該当すれば原告の請求を認容することができるとしてい
る（大判2000．9．5.99므1886（韓判2 -87））。

2 ）なお，840条 6 号に関連して有責配偶者の離婚請求を許容するかに関
して，最近大法院は全員合議体によりその判断を示した（大判（全員）
2015．9.15.2013므568（Ⅰ巻末資料 4 ．大法院判例(7)），後記(2)有責配偶者の
離婚請求権320頁参照）。

韓国の判例 2 -87　大判2000．9．5.99므1886　民法840条 6 号の意味，民法840条の離婚事由の判断順序

> （78歳の妻が92歳の夫を相手に提起した離婚請求について民法第840条第 6
> 号所定の離婚事由である「婚姻を継続しがたい重大な事由」があることを
> 理由に離婚請求を認容した原審の判断を首肯した事例）
> 1 ）「民法第840条第 6 号所定の離婚事由である「婚姻を継続し難い重大な
> 　事由があるとき」とは，夫婦間の愛情と信頼に基礎づけられる婚姻の本
> 　質に相応する夫婦共同生活関係が回復できない程度に破綻し婚姻生活の
> 　継続を強制するのが一方配偶者に著しい苦痛になる場合をいうとされる
> 　（大判1999．2.12.97므612参照）。」
> 2 ）「裁判上の離婚事由に関する民法第840条は同条が規定している各号事
> 　由ごとに各別個の独立した離婚事由を構成するもので，原告が離婚請求
> 　を求めつつ上記各号所定の数個の事由を主張する場合法院はその中のい
> 　ずれか一つを受けて止めて原告の請求を認容することができる。」

3 ）840条 1 号の「配偶者の不貞な行為」とは，姦通を含む広い概念で姦
通までに至らないが夫婦の貞操義務に忠実でない一切の行為を意味し，

194）송덕수（ソンドクス）・親族相続法78頁。

第2章　韓国家族法の概要とその適用

不貞な行為かどうかは具体的事案によりその程度と状況を参酌して評価すべきことになる[195]。不貞な行為を理由にした離婚請求は，他の一方が事前同意若しくは事後宥恕をしたとき又はこれを知った日から6か月，その事由があった日から2年が経過したときには許されない（841条）。「事前同意」とは，自ら不貞行為を教唆又は幇助することをいい，単純に事前に予見することは同意とはいえない。しかし，妾契約に対する本妻の同意は善良な風俗に反するので無効である（大判1998.4.10.96旦1434）。「事後宥恕」とは，配偶者の一方が相手方の不貞行為の事実を知っても婚姻関係を継続させる意思で悪感情を放棄し相手方にその行為に対する責任を問わない旨を表示する一方行為である（大判1991.11.26.91도2049（韓判2-88））。なお，841条の「6か月」「2年」は除斥期間であり，除斥期間が経過したかは権利消滅事由として被告が抗弁で主張して証明しなければならない[196]。

韓国の判例2-88　大判1991.11.26.91도2049　民法841条の事後宥恕の意味

1）「刑法第241条第2項でいう宥恕は，民法第841条で規定されている事後宥恕と同じもので，配偶者の一方が相手方の姦通事実を知っていても婚姻関係を持続させる意思で悪感情を放棄して相手方にその行為に対する責任を問わない旨を表示する一方行為と解されるところ，……」

2）「宥恕は明示的にするのは勿論で，黙示的に行うこともできるが，その方式に制限は無いが，感情を表現するある行動や意思の表示が宥恕と認定されるためには，第1に配偶者の姦通事実を確実に知りながら自発的に行ったものでなければならず，第2はそのような姦通事実にもかかわらず婚姻関係を持続させようとする真実の意思が明白と信じることができる方法で表現されなければならないので，単純な外面的な宥恕の表現（例えば「宥恕はしたにはしたが又会いたくない」という場合など）や宥恕をしようという約束だけでは宥恕とは認め難い。」

3）「そこで本件の場合原審が認定した事実関係に照らしてみれば，控訴

195）송덕수（ソンドクス）・親族相続法79頁。
196）송덕수（ソンドクス）・親族相続法80頁。

第11節　親族法の概要　(2)　婚姻の解消・協議離婚・裁判上の離婚

> 人が行った客観的意思表示，すなわち「宥恕してあげるから自白せよ」
> ということだけでは，控訴人が配偶者の姦通を宥恕したときに該当する
> とは解し難い。」

4）840条2号の「悪意の遺棄」とは，正当な理由なく夫婦としての同
居・扶養・共助義務を履行せずに他の一方を棄てることである。遺棄は
相当な期間にわたり継続していなければならない。「悪意の遺棄」を原
因とした離婚請求権については権利行使期間の制限がない。この点につ
いて，判例は，「悪意の遺棄」を原因とした離婚請求権が形成権で，10
年の除斥期間が経過しても悪意の遺棄が離婚請求当時まで存続している
場合には離婚請求権は消滅しないという（大判1998．4．10.96므1434（韓
判2-89））。

韓国の判例2-89　大判1998．4．10.96므1434　民法840条の「悪意の遺棄」の意味

> 1）「民法第840条第2号所定の配偶者が悪意で他の一方を遺棄したときと
> は，配偶者が正当な理由なく互いに同居，扶養，共助すべき夫婦として
> の義務を放棄し他の一方を棄てる場合を意味するところ（大判1986．5．
> 27.86므26），本件において原審が認定したように被告Bが1970.11頃以
> 来被告Cと夫妾関係を結びソウルで同棲生活をしながら本件離婚請求当
> 時まで20年以上原告をして一人で京畿도쉰郡D所在の家や出嫁した娘ら
> の家等で起居した以上，例えBが原告の生活のために長女の婚と娘の共
> 同名義で住宅を用意したとはいっても，被告Bの上のような夫妾行為自
> 体が不当で同居義務を不履行したもので悪意の遺棄に該当するのに充分
> と解される。」
> 2）「悪意の遺棄を原因とする裁判上の離婚請求権が法律上はその行使期
> 間の制限がない形成権で，10年の除斥期間であるとはいっても，本件に
> おけるように被告Bが被告Cと夫妾関係を継続維持することで民法第
> 840条第2号に該当している場合には，期間経過によって離婚請求権が
> 消滅する余地が無いとされている（大判1996.11.8.96므1243参照）。」

第2章　韓国家族法の概要とその適用

5）840条3号の「配偶者又はその直系尊属から著しい不当な待遇」の
「著しい不当な待遇を受けたとき」とは，婚姻関係の持続を強要するの
が過酷と感じられる程度の暴行や虐待又は重大な侮辱を受けた場合をい
う（大判1999.11.26.99므180（韓判2-90））。「配偶者の直系尊属からの著
しい不当な待遇を受けたか」を判断するときには，その直系尊属と共同
生活をしているかも考慮すべきであるが，同居していなくても840条6
号によって離婚が請求できると考えられるが，[197]　直系尊属からの不当待
遇を離婚原因に入れる点に反対する見解もある。[198]　なお，840条3号を原
因とする離婚請求権については権利行使期間の制限はない。そこで離婚
請求権を形成権と理解し10年の除斥期間と解することもできるが，ここ
では民法総則の失効の原則により，事情によっては10年にならなくても
離婚請求ができないという見解がある。[199]

韓国の判例2-90　大判1999.11.26.99므180　民法840条3号の「不当な待遇」の意義

> 「民法第840条第3号所定の離婚事由である「配偶者からの不当な待遇を
> 受けたとき」とは，婚姻当事者の一方が配偶者から婚姻関係の持続を強要
> することが過酷と思われる暴行や虐待又は重大な侮辱を受けた場合をいう
> が，第6号所定の離婚事由である「その他婚姻を継続しがたい重大な事由
> があるとき」とは夫婦間の愛情と信頼に基づくべき婚姻の本質に相応する
> 夫婦共同生活が回復できない程度に破綻してその婚姻生活の継続を強制す
> るのが一方配偶者に耐えられない苦痛になる場合をいうと解される（大判
> 1999.2.12.97므612参照）。」

6）840条4号の「自己の直系尊属に対する配偶者の著しい不当な待遇」
について，前記5）を参照。

7）840条5号の「生死不明」とは，生存も死亡も証明できないことであ

197）송덕수（ソンドクス）・親族相続法81頁。
198）송덕수（ソンドクス）・親族相続法81頁。
199）송덕수（ソンドクス）・親族相続法81頁。

第11節　親族法の概要　(2)　婚姻の解消・協議離婚・裁判上の離婚

り，この事由に該当するのは，配偶者が３年以上生死不明だけでなく，現在（離婚請求時）も生死不明でなければならない。

8）840条６号の「婚姻を継続し難い重大な事由があるとき」とは，婚姻の本質に当たる夫婦共同生活関係が回復できない程度に破綻し，その婚姻生活の継続を強制することが一方配偶者に耐え難い苦痛になる場合をいうが（大判2010．6．24．2010므1256（韓判２-91），その点を判断するにはその破綻の程度，婚姻継続意思の有無，破綻の原因に関する当事者の責任の有無，婚姻生活の期間，子女の有無，当事者の年齢，離婚後の生活保障その他婚姻関係の諸般の事情をすべて考慮しなければならない（大判1987．7．21．87므24，大判1991．7．9．90므1067（韓判２-92），大判2010．6．24．2010므1256（韓判２-91），大判2010．7．15．2010므1140（韓判２-93））。なお，840条６号の事由による離婚請求権は，一方がそれを知ったときから６か月，その事由があった日から２年を経過すれば許されない（842条）。しかし，その事由が離婚審判請求当時まで継続している場合には除斥期間に関する842条は適用されない（大判2001．2．23．2000므1561（韓判２-94））。

韓国の判例２-91　大判2010．6．24．2010므1256　民法840条６号の意義と有責者の離婚請求を認容した事例

1）「民法第840条第６号所定の離婚原因である「婚姻を継続し難い重大な事由があるとき」とは，婚姻の本質に相応する夫婦共同生活関係が回復できない程度に破綻し，その婚姻生活の継続を強制するのが一方配偶者に耐え難い苦痛になる場合をいい，それを判断するには婚姻継続の意思の有無，破綻の原因に関する当事者の責任の有無，婚姻生活の期間，子女の有無，当事者の年齢，離婚後の生活保障，その他婚姻関係の諸般の事情をすべて考慮しなければならない（大判2009．12．24．2009므2130参照）。」

2）「原告と被告の婚姻関係は約46年間，長期間の別居と原告と訴外人の間の事実婚関係の形成等によって婚姻の実態が完全に解消され原告と被告各自独立した生活関係が固定化している点，原告と被告が別居する頃に原告の父が死亡してその後被告が実家から出て家を買い生活しながら

317

第2章　韓国家族法の概要とその適用

被告と実家との紐帯関係も断絶したとみられる点，原告と訴外人間で出
産した子女も，原告と被告の独立した生活関係を自然と受け止めており，
かえって原告と訴外人を真正な夫婦と受け止めているとみられる点，原
告と被告の婚姻関係が上のように破綻に至ったのは原告に責任があるが，
別居状態が46年間継続するのには被告の責任も全くなかったとはいえな
い点，原告と被告間の夫婦共同生活関係の解消状態が長期化して原告の
有責性も歳月の経過に従い相当程度弱まり原告が直面する状況に照らし
て，それに対する社会的意識や法的評価も異なってきているだけでなく，
現在に至っては原告と被告の離婚を判断する基準として破綻に至ったこ
とに対する責任の軽重を厳密に図ることの法的，社会的意義は著しく減
少しているとみられる点，原告との離婚を拒絶する被告の婚姻継続意思
は一般的に離婚を判断するのに必ず参酌すべき要素ではあるが，原告と
被告が直面する現状況に照らして，そのことは婚姻の実態を喪失した外
形性の法律関係だけを継続維持しようとすることに異ならないとみられ，
被告の婚姻関係継続意思に従い現在のような破綻状況を維持するとすれ
ば，特に原告に耐え難い苦痛を継続させる結果をもたらすとみられる点
等を総合・参酌してみれば，原告と被告の婚姻は婚姻の本質に相応する
夫婦共同生活関係が回復できない程度に破綻し，その婚姻生活の継続を
強制することが一方配偶者に耐えがたい苦痛になると解されるので，婚
姻制度が追及する目的と民法の指導理念である信義誠実の原則に照らし
てみても婚姻関係の破綻に対する有責性が必ず原告の離婚請求を排斥し
なればならないと断定できないので，原告と被告の婚姻では民法第840
条第6号所定の「婚姻を継続し難い重大な事由があるとき」という離婚
原因が存在するものと解される。」

韓国の判例2-92　大判1991．7．9．90ㅁ1067　民法840条6号の意義と離婚請求

「民法第840条第6号所定の離婚事由である婚姻を継続し難い重要な事由
があるときとは，夫婦間の愛情と信頼が基礎となるべき婚姻の本質に相応
する夫婦共同生活関係が回復できない程度に破綻し，その婚姻生活の継続
を強制させることが一方配偶者に耐え難い苦痛となる場合をいうとされる
が，それを判断するに際してはその破綻の程度，婚姻継続の意思の有無，
破綻の原因に関する当事者の責任の有無，婚姻生活の期間，子女の有無，
当事者の年齢，離婚後の生活保障その他婚姻関係の諸般の事情をあまねく
考慮しなければならず，そのような諸般の事情をあまねく考慮しても夫婦

第11節　親族法の概要　(2)　婚姻の解消・協議離婚・裁判上の離婚

の婚姻関係が取り戻せない程度に破綻したと認定がされれば，その破綻の
原因を造成したのが離婚請求人に全的に又は主な責任を取るべき事由によ
る場合であれば，請求人の責任が被請求人の責任より重いと認定されない
限り請求人の離婚請求は認容すべきである（大判1987．7．21.87ㅁ24，
1988．4．25.87ㅁ9，1990．3．27.88ㅁ375各参照)。」

韓国の判例2‑93　大判2010．7．15.2010ㅁ1140　民法840条6号の意義と性機能障害

1）「民法第840条第6号所定の離婚原因である「婚姻を継続しがたい重大
な事由があるとき」とは，夫婦間の愛情と信頼が基礎となるべき婚姻の
本質に相応する夫婦共同生活関係が回復できない程度に破綻し，その婚
姻生活の継続を強制させることが一方配偶者に耐え難い苦痛となる場合
をいい，それを判断するに際してはその破綻の程度，婚姻継続の意思の
有無，破綻の原因に関する当事者の責任の有無，婚姻生活の期間，子女
の有無，当事者の年齢，離婚後の生活保障その他婚姻関係の諸般の事情
をあまねく考慮しなければならず，そのような諸般の事情をあまねく考
慮しても夫婦の婚姻関係が取り戻せない程度に破綻したと認定がされれ
ば，その破綻の原因に対する原告の責任が被告の責任より重いと認定さ
れない限り請求人の離婚請求は認容すべきである（大判1991．7．9.90
ㅁ1067参照)。」

2）「他方夫婦の中に性機能の障害があるとか夫婦間の性的な接触が不存
在だとしても，夫婦が共に専門的な治療と助力を受ければ正常な性生活
に戻れる可能性がある場合には，そのような事情は一時的か短期間に留
まるのでその程度の性的欠陥だけでは「婚姻を継続しがたい重大な事
由」とはならないが，そのような程度を超えて正当な理由なく性交を拒
否するか，性的機能の不完全で正常な性生活が不可能か，その他の事情
で夫婦相互間の性的要求の正常な充足を阻害する事実が存在していれば，
夫婦間の性関係は婚姻の本質的な要素であることを勘案するとき，それ
は「婚姻を継続しがたい重大な事由」になり得る（大判2009.12.24.
2009ㅁ2413参照)。」

第2章　韓国家族法の概要とその適用

韓国の判例2‐94　大判2001. 2. 23. 2000므1561　民法840条6号の除斥期間（842条）が適用されない事例

> 1）「原告が被告の不倫行為を宥恕しただけでなく，被告の不倫行為や各種犯罪行為があったときから2年がすでに経過した1995. 5. 27. になり本件訴えを提起したといっても，原告の本件訴えは原審が判示したところのように被告が婚姻以後原告に暴力を行使し継続的に数次にわたり各種犯罪行為を重ねることにより正常な婚姻関係が維持できないことを理由としたのに……」
> 2）「このような場合には，民法第840条第6号所定の「その他婚姻を継続しがたい重大な事由」が現在までも継続存在するものとみるべきで，そのような場合には離婚請求の除斥期間に関する第842条が適用されない（大判1987. 12. 22. 86므90参照）と解する。」

(2)　有責配偶者の離婚請求権

1）　婚姻関係が回復できない程度に破綻した場合に婚姻の破綻に主たる責任のある配偶者，すなわち有責配偶者が離婚請求をできるかが問題になる。840条6号が破綻主義を規定したものと理解すればそれを根拠に有責配偶者の離婚請求は許容されるが，破綻主義ではなく有責主義を規定したものと解すれば有責配偶者は離婚請求ができないからである。[200] この点に関して，学説はおおむね制限された範囲内ではあるが有責配偶者の離婚請求を許容している。

2）　判例は，有責配偶者の離婚請求を原則的に許容していないが，一定の場合にだけ例外的にこれを認める。判例は，婚姻を継続し難い重大な事由とは，誰にとっても耐え難い程度に婚姻関係が破綻した場合をいうが，婚姻関係の破綻が専ら又は主に離婚を求める配偶者の帰責事由に基づく場合は含めないという（大判1979. 2. 13. 78므34，大判1989. 6. 27. 88므740，大判1993. 4. 23. 92므1078（韓判2‐95））。他方で離婚請求人に全的に又は主たる責任を問うべき事由により破綻に至った経緯又は請求人の責任が

200）　송덕수（ソンドクス）・親族相続法84頁。

第11節　親族法の概要　(2)　婚姻の解消・協議離婚・裁判上の離婚

被請求人の責任より重い場合でない限り離婚請求は認められるべきと云う（大判1988.4.25.87므9，大判1990.3.27.88므375，大判1991.7.9.90므1067（韓判2-92）318頁，大判1994.5.27.94므130（韓判2-96），大判2010.7.15.2010므1140（韓判2-93）319頁）。

韓国の判例2-95　大判1993.4.23.92므1078　有責配偶者の離婚請求(1)

> 「裁判上の離婚に関して有責主義を採択していると解されている我が法制下では民法第840条第1号ないし第5号の離婚事由があると認定される場合であっても，全体的にみて上記各号の離婚事由を生じさせた配偶者よりも相手方の配偶者に婚姻破綻の主たる責任がある場合にはその相手方配偶者は上記離婚事由を挙げて離婚請求ができないと解すべきである」

韓国の判例2-96　大判1994.5.27.94므130　有責配偶者の離婚請求(2)

> 「法第840条第6号所定の「その他婚姻を継続し難い重大な事由があるとき」に該当すると解され，そのように婚姻関係が破綻に至ったことが認められる場合には原告の責任が被告の責任より重いと認定されない限り原告の離婚請求は認容すべきところ（大判1991.7.9.90므1067，大判1990.3.27.88므375各参照），原審が上のような事実関係を認定した後，原告が被告の各責任の有無及び軽重を図らないまま被告に責任がある事由によって婚姻関係が取り戻せない破綻に至ったと解しがたいと判示して原告の離婚請求を排斥したのは民法第840条第6号の適用に関する法理を誤解したか理由を明示しない違法があるといわざるを得ない。」

3）2015年9月15日の大法院の全員合議体判決（大判（全員）2015.9.15.2013므568（I巻末資料4.大法院等判例(7)））の多数意見（13人中7人）（反対意見6人）は，「840条6号の有責配偶者の離婚請求に関して有責配偶者の離婚請求を原則的に許容しない従来の大法院判例を変更するのが正しいとの主張は，その主張が述べる幾多の論拠を勘案しても現時点では賛成し難い」としながら，「大法院判例がすでに許容しているように相

321

第2章　韓国家族法の概要とその適用

手方配偶者も婚姻を継続する意思がなく，一方の意思による離婚又は追い出し離婚の恐れがない場合はいうまでもなく，さらに離婚を請求する配偶者の有責性を相殺する程度に相手方配偶者と子女に対する保護と配慮がなされた場合，歳月の経過により婚姻破綻当時著しかった有責配偶者の有責性と相手方配偶者が受けた精神的苦痛が徐々に弱まり，双方の責任の軽重を厳密に計ることがこれ以上無意味な程度になった場合等のように婚姻生活の破綻に対する有責性がその離婚請求を排斥すべき程度に至らない特別な事情のある場合には，例外的に有責配偶者の離婚請求を許容することができる。このように有責配偶者の離婚請求を例外的に許容できるかどうかを判断するときには，有責配偶者の責任の態様・程度や相手方配偶者の婚姻継続意思及び有責配偶者に対する感情，当事者の年齢，婚姻生活の期間と婚姻後の具体的な生活関係，別居期間，夫婦間の別居後に形成された生活関係，婚姻生活の破綻後の諸事情の変更の有無，離婚が認められる場合の相手方配偶者の精神的・社会的・経済的状態と生活保障の程度，未成年子女の養育・教育・福祉の状況，その他婚姻関係の諸事情をあまねく考慮しなければならない。」（理由中，2. 라）としている。

(3)　裁判上の離婚の手続

1）裁判上の離婚は調停前置主義が適用されるので，離婚をしようとする者は先に家庭法院に調停を申請しなければならない（家訟法2条1　ナ類事件4），50条）。調停手続で当事者間に離婚の合意が成立してそれを調書に記載すれば調停が成立し（家訟法59条①），調停は裁判上の和解と同一の効力があり（同条②本文），直ちに婚姻が解消する。調停が成立すれば調停を申請した者は調停成立の日から1か月以内に離婚申告をしなければならない（家登法78条，58条①）。この場合の離婚申告は報告的申告である。

2）調停が成立しないか，調停を付さないでする決定があるか調停に代わる決定に対して異議申請があるときには，調停申請をしたときに訴えが

第11節　親族法の概要　(2)　婚姻の解消・協議離婚・裁判上の離婚

提起されたものとみなされる（家訟法49条，民事調停法36条①）。判決が
確定すれば離婚申告がなくても婚姻が解消し，判決は第三者にも効力が
ある（家訟法21条①）。訴えを提起した者は判決確定日から1か月以内に
離婚申告をしなければならない（家登法78条，58条①）。これもまた報告
的申告である。

3）裁判上の離婚判決に関連して，外国法院の離婚判決に基づく戸籍事務
に関しては，1981. 10. 14. 戸籍例規第371号があり，その後2007. 12. 10.
家登例規第174号が発せられたが，2015. 1. 8. 家登例規419号「外国法
院の離婚判決による家族関係登録事務処理指針」（Ⅰ巻末資料5. 家登例
規(7)）が発せられ，家登例規174号は廃止された。

4　日本の関連判例

(1)　有責配偶者からの離婚請求について

1）名古屋高判昭和51・6・29（高民集29-2-94）[201] は，「この様に破綻
の程度をさらに著しく進行させた責は，これを控訴人が負担しなければ
ならず，夫の有責性は妻の有責性を上廻るに至ったものと判断されるの
であって，実質を失つて形骸と化した本件婚姻生活に終止符を打つ権利
はこれを妻に認容せざるを得ないのである」として韓国民法840条6号
を根拠に離婚を認容した事例であり，その上告審も，本件が，「本件離
婚訴訟の準拠法である大韓民国民法840条1項6号にいう「婚姻を継続
しがたい事由があるとき」にあたるとした原審の判断は，正当として是
認することができる」「原判決は，被上告人にも落度はあるが，上告人
側により大きな落度があることを認めているのであつて，このような場
合に被上告人の離婚を認めることは違法とはいえない」とした（最一小

201）評釈につき，木棚照一「離婚の際の親権者指定の準拠法と法例30条」法律時報50
巻2号135頁。

第 2 章　韓国家族法の概要とその適用

判昭和52・3・31民集31-2-365)[202]。

2）次いで，東京高判昭和59・9・26（判タ545-262)[203]は，控訴人と被控訴人は昭和14年婚姻届をしたが，控訴人は婚姻当初から家出することが多く暴力を振るうこともしばしばあった。昭和40年ごろからは妻子に行方を告げず転職を繰り返し，複数の女性と同棲するなどで，被控訴人とは約20年間別居状態の事案で，被控訴人には離婚の意思はないので「……両者の婚姻関係は破綻に陥っていると言わざるを得ないが，その主たる原因は，控訴人がその我がままから家庭を省みず単身出奔して妻子を遺棄したことにある」ので，この事情は韓国民法840条6号に該当するが「有責配偶者からの同規定による離婚請求が韓国における判例又は通説上認容されているか否かは明らかでない」として，改正前法例16条ただし書を適用し，日本法の離婚請求に関する解釈に則り本件離婚請求を棄却した事例がある。

3）横浜地判平成6・10・24（家月49-7-65）は，韓国の法理をより仔細に検討したものである。原告と被告は昭和18年婚姻した韓国国籍の者である。その後5人の子をもうけたが，原告である夫は昭和45年頃から他の女性と関係しその間には1人の子がいる。それ以来夫婦は別居状態であるが，被告は原告との婚姻の継続を望み，原告は土木工事業を営んでいるが，被告は昭和26年から同35年まで鉄くずの廃品回収など，36年から52年まで川崎市の就労者事業に従事するなどして子供らの生活を支えている。離婚の話合いも持たれたが不調に終わり，その後被告が愛人宅に押しかけることもあったが，原告が平成4年に家裁に調停を申し立てた。しかし，被告がなおも婚姻関係の継続を求めたので調停は成立しな

202）評釈につき，山田鐐一「韓国人夫婦の離婚にともなう未成年の子の親権者の指定と公序」ジュリ659号114頁，三浦正人「離婚に伴う親権者の決定」渉外百選2版126頁，池原季雄「韓国人夫婦の離婚に伴う未成年の子の親権者の指定と公序」昭和53年重判解273頁。
203）評釈につき，小山昇「有責配偶者からの離婚請求と法例16条但書」ジュリ879号151頁。

324

第11節　親族法の概要　(2)　婚姻の解消・協議離婚・裁判上の離婚

かった。以上により裁判所は原告被告の夫婦関係は既に破綻していると認定した。そこで，韓国では有責配偶者からの離婚請求は近年にいたり「……報復的感情から離婚に応じないできたものの，自らも離婚請求をし，婚姻の維持とは到底両立しえない行為をするなど，離婚の意思が明白な場合には，ごく例外的にいわゆる有責配偶者による離婚の請求を認容した最上級審の裁判所の判決」（同国大法院1987. 4. 14判決86旦28，判例月報202号111頁）もあるが，認定事実から見て「原告の離婚請求を認容することは，婚姻の破綻した原因を作りながら，別居後の妻の生活の維持にも関心を示さず，……との関係を解消すると約束しながらこれを破」る，また一度は離婚に応じた被告との約束も破るなど原告の身勝手さを見て「かような結果は，あまりに，被告の人間性を無視し，社会主義（筆者注：社会正義の誤りか）に反するものというほかなく，原告の請求は，信義誠実の原則に照らして許されず，例外的にいわゆる有責配偶者による離婚請求を認容しうるとする大韓民国民法の解釈の限界を超える」として請求を棄却した。

　その控訴審（東京高判平成7・6・15家月49-7-62）は，各大法院の判例を引用し，例外的に有責配偶者の請求が認められる事例かを検討し，「……被控訴人としては，控訴人・被控訴人の婚姻関係が形骸に過ぎずその修復は到底不可能であることを十分承知し，長年控訴人とは拘わりを待たずに生活を続け，現在においては，夫婦間の財産関係の清算，精神的苦痛の慰謝の点において必要な手当てがされることを求めていると認めるのが相当」とし，被控訴人は表面的な離婚を拒否しているにすぎず「既に実質的な婚姻継続の意思を失っている」ので韓国民法においても控訴人の離婚請求は認められるとした。

　次いで，その上告審（最三小判平成9・2・25家月49-7-56）[204]は，大法院1965年9月21日判例以来韓国では有責配偶者の離婚請求は排斥され

204）評釈につき，中西康「外国法の適用違背と上告」国際私法百選（新法対応）206頁。

第2章　韓国家族法の概要とその適用

ているが，1987年以降，有責配偶者からの離婚請求であっても，「既に
婚姻関係が完全に破綻して形骸化し，かつ，相手方配偶者の実質的離婚
意思の存在が客観的に明白である場合には，例外的に認容する」と判示
した大法院判例が出てきたことを前提にして，「上告人は，表面的には
離婚に応じていないが，実際においては婚姻の継続と到底両立し得ない
行為をするなど，その離婚の意思が客観的に明白であるということがで
きるから，被上告人の本件離婚請求につき，大韓民国民法上有責配偶者
からの離婚請求が例外的に許容されるべき場合に当たるとして，これを
認容した原審の判断は，正当として是認することができる」として離婚
請求を認容した。

(2)　離婚の国際裁判管轄権について

最大判昭和39・3・25（民集18-3-486）[205] は，次のような事案である。
もと日本人である上告人は，昭和15年上海で朝鮮人である被上告人と婚姻
し，終戦後朝鮮に行き，被上告人の家族と同居。その後同居に耐えられず
事実上の離婚の承諾を得て単身昭和21年日本に帰国，その後両者共に音信
はなく，又被上告人の生死も不明の事案で，「離婚の国際的裁判管轄権の
有無を決定するにあたつても，被告の住所がわが国にあることを原則とす
べきことは，訴訟手続上の正義の要求にも合致し，また，いわゆる跛行婚
の発生を避けることにもなり，相当に理由のあることではある」「しかし，
他面，原告が遺棄された場合，被告が行方不明である場合その他これに準
ずる場合においても，いたずらにこの原則に膠着し，被告の住所がわが国
になければ，原告の住所がわが国に存していても，なお，わが国に離婚の
国際的裁判管轄権が認められないとすることは，わが国に住所を有する外
国人で，わが国の法律によつても離婚の請求権を有すべき者の身分関係に
十分な保護を与えないことになり（法例16条但書参照），国際私法生活にお
ける正義公平の理念にもとる結果を招来することとなる。」「上告人が昭和

205）評釈につき，早田芳郎「離婚の裁判管轄権」渉外百選2版188頁，岡野祐子「離婚
　　事件の国際裁判管轄権(1)」国際私法百選2版208頁。

第12節　親族法の概要　(3)　親子関係　親生子・親生子関係存否確認の訴え

21年12月以降わが国に住所を有している以上，たとえ被上告人がわが国に最後の住所をも有しない者であつても，本件訴訟はわが国の裁判管轄権に属するものと解するを相当とする」とした。この判決は，日本の離婚に関する国際裁判管轄に関する基準を示したリーディングケースである。

第12節　親族法の概要
(3)　親子関係　親生子・親生子関係存否確認の訴え

1 親子関係

1）親子関係とは父母と子との身分関係を総称し，民法上の親子関係には親生親子関係と法定親子関係がある。制定民法以来認められていた継母子関係や嫡母庶子関係は1990年法4199号民法で廃止された。

2）親生親子関係は父母と子の関係が血縁に基礎づけられているもので，親生子は「婚姻中の出生子」と「婚姻外の出生子」に区分され，婚姻外の出生子には父に認知された子と認知されない子に区分される。

3）法定親子関係には養親子関係があり，養親子関係には「一般入養」と2005年法7427号民法で導入され2008年1月1日から施行された「親養子入養」と，特別法である「入養特例法」による「入養」がある。

2 親生子(1)婚姻中の出生子

婚姻中の出生子とは，婚姻関係にある父母間から生まれた子をいい，出生時から婚姻中の出生子の地位を取得する生来的な婚姻中の出生子と，出生時には婚姻外の出生子であったが後に父母の婚姻により婚姻中の出生子になる準正による婚姻中の出生子がある。生来的な婚姻中の出生子には，①親生子の推定を受ける婚姻中の出生子，②親生子の推定を受けない婚姻中の子，③親生子の推定が及ばない子がいる。

327

第2章　韓国家族法の概要とその適用

(1)　親生子の推定を受ける婚姻中の出生子

> **第844条（夫の親生子の推定）**　①妻が婚姻中に妊娠した子は夫の子と推定する。
> ②婚姻が成立した日から200日後に出生した子は，婚姻中に妊娠したものと推定する。
> ③婚姻関係が終了した日から300日以内に出生した子は，婚姻中に妊娠したものと推定する。

（対照）日本民法772条

1）本条は，2017.10.31.法14965号で改正された条文である。同条の従前の「懐胎」という文言を「妊娠」にするなどの変更を行い，旧2項を2項と3項に分けるなどの改正を行った。

　本条は旧規定の同条2項中の「婚姻関係終了の日から300日内に出生した子」の部分が憲法裁判所により憲法不合致決定の宣告を受けたので（憲裁2015.4.30.2013헌마623（I巻末資料6.憲裁判例(11)），854条の2と855条の2の新設改正とともに改正され，2018年2月1日から施行された。

2）親生子の推定とは，子が母の夫の親生子に推定されることをいうが，母子関係は妊娠と分娩という外形的事実によって確定するが，父子関係については迅速に確定するために親生子推定規定を設け，親生子推定を覆すには厳格な親生否認制度（846条）を設けている。

3）妻が婚姻中に妊娠した子は夫の子と推定するが（844条①），婚姻成立の日から200日後に出生した子と婚姻関係終了の日から300日以内に出生した子は，婚姻中に妊娠したものと推定され，親生子の推定を受けることになる（同条②③）。

　ここでいう，婚姻成立の日について，通説は事実婚を経て法律婚となる実際の慣行を考慮して事実婚成立の日を含むと解し，[206] 判例も同様で

206）송덕수（ソンドクス）・親族相続法128頁。

第12節　親族法の概要　(3)　親子関係　親生子・親生子関係存否確認の訴え

ある（大判1963. 6. 13. 63다228）。それによれば婚姻申告日から200日に
なる前で事実婚成立日から200日後に出生すれば親生子の推定を受ける
ことになる。なお，「出生申告に関する事務処理指針」（2015. 1. 8. 家登
例規412号）6条は「父が婚姻前の出生子を婚姻後に婚姻中の出生子と
して出生申告をするときには，法第57条に従い認知申告の効力と父母の
婚姻による婚姻中の子の身分取得の効力が同時にあるので，これを受理
しなければならない」としている。[207]

4）親生子の推定は反証が許容されない強い推定であり，その推定を覆す
には父や母が親生否認の訴えを提起しなければならず，親生子関係不存
在確認の訴えによることはできない（大判1992. 7. 24. 91므566，大判2000.
8. 22. 2000므292（韓判2 -97）等）。さらに他人の親生子と推定される子
については親生否認の訴えによる確定判決によってその親生関係の推定
が破れる前には誰も認知することはできない（大判1987. 10. 13. 86므129，
大判1992. 7. 24. 91므566等）。

韓国の判例2 -97　大判2000. 8. 22. 2000므292　844条の親生推定の推定と865条の親生子関係存否確認の訴えの関係

　　「民法第844条第1項の親生推定は反証を許容しない強い推定なので，妻
が婚姻中に懐胎した以上その夫婦の一方が長期間にわたり海外に出ている
とか，事実上の離婚で夫婦が別居している場合など同居の欠如で妻が夫の
子を懐胎できないことが外観上明白な事情がある場合にだけその推定が及
ばないだけで，そのような例外的な事由が無い限り誰もその子が夫の親生
子でないことを主張できないのであり，そのような推定を覆すためには夫
が民法第846条，第847条で定める親生否認の訴えを提起してその確定判決
を受けなければならず，その親生否認の訴えではない民法第865条所定の
親生子関係不存在確認の訴えによってその親生子関係の不存在確認を求め
ることは不適法である（大判1997. 2. 25. 96므1663，大判1992. 7. 24. 91므
566等参照）」

207）なお，家登法57条は「父が婚姻外の子女について親生子出生申告をしたときには
その申告には認知の効力がある。」と定める。

第2章　韓国家族法の概要とその適用

5）なお，婚姻関係の終了から300日以内に出生した子は，2017年法14965
号民法で新設された条項で，親生否認の訴えによらなくても親生推定を
覆すことができるようになった。後に述べる家庭法院による親生否認の
許可審判（854条の2）であり，家庭法院による認知の許可の審判（855
条の2）である。

(2)　親生否認の訴え

> **第846条（子の親生否認）**　夫婦の一方は第844条の場合に，その子が
> 親生子であることを否認する訴を提起することができる。

（対照）日本民法774条

> **第847条（親生否認の訴）**　①親生否認の訴は，夫又は妻が他の一方ま
> たは子を相手として，その事由のあったことを知った日から2年内
> にこれを提起しなければならない。
> ②第1項の場合に，相手方となる者が全て死亡したときには，その死
> 亡を知った日から2年内に検事を相手方として親生否認の訴を提起
> することができる。

（対照）日本民法775条，777条，人訴法41条

> **第854条の2（親生否認の許可請求）**　①母又は母の前夫は第844条第
> 3項の場合に家庭法院に親生否認の許可を請求することができる。
> ただし，婚姻中の子として出生申告がなされた場合にはその限りで
> ない。
> ②第1項の請求がある場合に家庭法院は血液採取による血液型検査，
> 遺伝因子の検査等科学的方法による検査結果又は長期間の別居等そ
> の他の事情を考慮して許可の可否を定める。
> ③第1項及び第2項による許可を得た場合には，第844条第1項及び
> 第3項の推定が及ばない。

1）親生否認の訴えは，一旦成立した父子関係を子の出生時に遡及して消
滅させる形成の訴えである。同訴えは，夫婦の一方がその子の親生子推
定を覆して父子関係を否定するために提起する訴えである（846条参照）。

330

第12節　親族法の概要　(3)　親子関係　親生子・親生子関係存否確認の訴え

親生否認の訴えには，調停前置主義が適用されるので（家訟法2条①나
類事件6），50条），夫が子の親生を承認する調停が成立して当事者間で
協議した事項を調停調書に記せば子は夫の親生子と確定する（家訟法59
条①）。調停が成立しなければ訴えを提起したものとみなされる。

2）否認権者は，原則的に「夫又は妻」である（846条）。2005年法7427号
でそれまでは「夫」だけであったのを「妻」を加えた。なお，遺言で夫
又は妻は親生否認をすることができる（850条）。訴えの相手方は，他の
一方又は子であるが（847条①），それらが全て死亡した場合にはその死
亡を知った日から2年以内に検事を相手にして提起できる（847条②）。

3）提訴期間は，従来は「出生を知った日から1年」であつたが，憲法裁
判所の憲法不合致決定（憲裁1997.3.27.95헌가14等（Ⅰ巻末資料6.憲裁
判例(1)）を受けて，2005年法7427号民法で「知った日から2年内」に改
正された。提訴期間を徒過すると親生否認権は消滅し，また，子の出生
後に親生子であることを承認した者は再び親生否認の訴えはできない
（852条）。その承認は明示的だけでなく黙示的でもよいが[208]出生申告を
しただけでは承認したことにはならない。また，その承認が詐欺又は強
迫によってなされたときには，これを取り消すことができる（854条）。

4）親生否認の判決が確定すれば，子は母の婚姻外の出生子となり，母の
夫とは何らの関係も無くなる。判決は第三者にも効力が生ずるので（家
訟法21条①），その生父が子を認知することができる。判決が確定すれば，
訴えを提起した者は判決確定日から1か月以内に判決の謄本及び確定証
明書を添付して家族関係登録簿の訂正を申請しなければならない（家登
法107条）。

5）親生否認の許可請求を定める民法854条の2の規定は，2017年法14965
号民法で新設された条項である。本条は旧規定844条2項中の「婚姻関
係終了の日から300日内に出生した子」の部分が憲法裁判所による憲法

---

208)　송덕수（ソンドクス）・親族相続法135頁。

第 2 章　韓国家族法の概要とその適用

不合致決定（憲裁2015. 4. 30. 2013헌마623（Ⅰ巻末資料6. 憲裁判例(11)）を受けたので立法化された条項である。その立法趣旨は，親生否認の訴えより簡易な方法として親生否認の方法を定めることにある。ただし，婚姻中の子として出生申告がなされた場合には，本条の許可請求は認められない（同条①ただし書）。同条による許可が認められた場合は，844条1項及び3項の推定は及ばない（同条③）。

6）なお，新設された854条の2の親生否認の許可請求は，認知の許可請求（855条の2）と同様に，家事非訟事件의라類事件で，裁判管轄は子女の住所地であり，同審判をするときには母の前配偶者とその成年後見人（成年後見人がいる場合に限る）に意見を陳述する機会を設けなければならないことなどが定められている（2017. 10. 31. 法律14961号による家訟法改正）。

(3)　親生子の推定を受けない婚姻中の出生子

> **第865条（他の事由を原因とした親生子関係存否確認の訴え）**　①第845条，第846条，第848条，第850条，第851条，第862条と第863条の規定によって訴を提起することができる者は，他の事由を原因とする親生子関係存否の確認の訴を提起することができる。
> ②第1項の場合に当事者の一方が死亡したときには，その死亡を知った日から2年内に検事を相手として訴を提起することができる。

婚姻の成立した日から200日になる前に出生した子は親生子の推定を受けないので，要件の厳格な親生否認の訴えではなく，要件が緩和した親生子関係不存在確認の訴えによって父子関係を否定できる（865条参照）。この訴えは利害関係人であれば誰でも提起でき，提訴期間の制限もない。ただし，訴えの相手方となる者が全て死亡した場合だけは死亡を知った日から2年以内に検事を相手に訴えを提起できる（865条②）。

(4)　親生子の推定が及ばない子

1）夫の子を妊娠する可能性が全く無いにもかかわらず，民法844条の推定によって婚姻中の子とされる子は例外的に親生子の推定は及ばないと

第12節　親族法の概要　(3)　親子関係　親生子・親生子関係存否確認の訴え

する。具体的にどの範囲で親生子推定を排除するかについては見解が分かれる。夫が行方不明又は生死不明の場合，夫が長期間収監・入院・外国滞在等で不在中の場合，婚姻関係が破綻し事実上離婚状態で別居中の場合，夫と子間に明白な人種の差異がある場合には争いがないが，夫と子の血液型が背馳する場合や夫が生殖不能の場合については，①推定否定説（血縁説），②父母が既に離婚した場合のように家庭の平和がこれ以上存在しないときにだけ推定が及ばないという見解，③当事者や関係人の同意がある場合にだけ推定が及ばないという見解，④推定認定説（外観説）に分かれる。[209] 判例は，最初は例外なく親生子の推定をしていたが（大判1968. 2 . 27. 67므34），その後，同棲の欠如で妻が夫の子を懐胎できないことが外観上明白な事情がある場合にはその推定が及ばないとした（大判（全員）1983. 7 . 12. 82므59（韓判 2 -98），大判1988. 5 . 10. 88므85（韓判 2 -99），大判1997. 2 . 25. 96므1663（韓判 2 -100）等）。

韓国の判例 2 - 98　大判（全員）1983. 7 . 12. 82므59　親生推定が及ばない出生子と親生子不存在確認判決との関係（判例変更）

　(1)　（多数意見）
　1 ）「民法第844条は親生子（婚姻中の出生子）の推定に関して，①妻が婚姻中に懐胎した子は夫の子と推定する。②婚姻成立の日から200日後または婚姻関係終了の日から300日内に出生した子は婚姻中に懐胎したものと推定すると規定し，第846条以下でその推定を受けた場合の親生否認の訴えを規定しているが，上記第844条は夫婦が同居し妻が夫の子を懐胎できる状態で子を懐胎した場合に適用されるのであり，夫婦の一方が長期間にわたり海外に出ているとか事実上の離婚で夫婦が別居している場合など同棲の欠如で妻が夫の子を懐胎できないことが外観上明白な事情がある場合には，その推定が及ばないと解される。」
　2 ）「何故なら，上記第844条は第846条以下の親生否認の訴えに関する規定と併せて夫婦が正常な婚姻生活を営為している場合を前提に家庭の平

209）송덕수（ソンドクス）・親族相続法130頁。

第2章 韓国家族法の概要とその適用

　　和のために作ったものである，その前提事実を備えない上記のような場
　　合にまでそれを適用して要件が厳格な親生否認の訴えによらせることは，
　　かえって制度の趣旨に反して真実の血縁関係に沿わない父子関係の成立
　　を促進させるなど不当な結果をもたらすからである。上記見解に抵触す
　　る従前の当院の見解（1968．2．27.67므34，1975．7.22.75다65判決等）
　　は，これを変更することにする。」
　3）「被請求人の母である請求外1が……家を出てそのときから請求人と
　　別居し別居が約2年2か月後に被請求人を出産したというのであるから，
　　そのような場合には上で説示したように第844条の推定が及ばず，よっ
　　て親子関係不存在確認訴訟を提起できると解すべきであり……。」

韓国の判例2‐99　大判1988．5.10.88므85　親生推定が及ばない子と親生子不存在確認判決

　　「民法第844条，第846条，第847条によれば，妻が婚姻中に懐胎した子は
　夫の子と推定され，そのとき親生を否認しようとすれば，夫だけが親生否
　認の訴えを提起できるとされるが，その第844条は夫婦が同居し妻が夫の
　子を懐胎できる状態で子を懐胎した場合に適用され，夫婦の一方が事実上
　の離婚で別居している場合など同棲の欠如で妻が夫の子を懐胎できないこ
　とが外観上明白な事情がある場合には，その推定が及ばないと解すべきと
　され，そのときには民法第865条，第863条によって，子も親子関係不存在
　確認訴訟を提起できると解すべきである（大判1983．7.12.82므59参照）。」

韓国の判例2‐100　大判1997．2.25.96므1663　親生推定を受ける子に対する親生否認の訴え

　　「民法第844条第1項の親生推定は，他の反証を許容しない強い推定なの
　で，妻が婚姻中に懐胎した以上，その夫婦の一方が長期間にわたり海外に
　出ているとか事実上の離婚で夫婦が別居している場合など同棲の欠如で妻
　が夫の子を懐胎できないことが外観上明白な事情がある場合に限ってその
　推定が及ばないだけで，そのような例外的な事由が無い限り誰も夫の親生
　子でないことを主張てきないので，そのような推定を覆すためには夫が民
　法第846条，第847条で規定する親生否認の訴えを提起しその確定判決を受
　けなければならず，その親生否認の訴えの方法ではない民法第865条所定
　の親生子関係不存在確認の訴えの方法によってその親生子関係の不存在確
　認を訴求することは不適法である（大判1985．1.29.84므109，1992．7.24.

第12節　親族法の概要　(3)　親子関係　親生子・親生子関係存否確認の訴え

91므566等参照）。」

2）判例の中には，戸籍上の父母の婚姻中の子と登載されている子でもその者の生父母が戸籍上の父母と異なる事実が客観的に明白な場合にはその親生子推定が及ばず，そのような場合には直ちに生父母を相手に認知請求ができるとするものがある（大判2000．1．28．99므1817（韓判2－101））。

韓国の判例2‐101　大判2000．1．28．99므1817　親生推定が客観的に及ばない子に対する認知請求

　　「民法第844条の親生推定を受ける子は，新生否認の訴えによってその親生推定を覆さないで他の者を相手に認知請求をすることはできないが，戸籍上の父母の婚姻中の子と登載されている子とはいっても，その生父母か戸籍上の父母と異なる事実が客観的に明白な場合には，その親生推定が及ばないと解するのが相当で（大判1992．7．24．91므566，大判1988．5．10．88므85，大判（全員）1983．7．12．82므59等参照），よってそのような場合には直ちに生父母を相手に認知請求がてきるので……。」

3）親生子推定が及ばない子の場合には，夫又は母が親生否認を提起できるのはもちろん，法律上の利害関係のある者は誰でも親生子不存在確認の訴えを提起でき，子は家族関係登録簿上の父が親生否認の訴えを提起しなくても真実の父に対して認知請求の訴えを提起できる[210]。

(5)　父を定める訴え

　第845条（法院による父の決定）　再婚した女子が出産した場合に，第844条の規定によってその子の父を定めることができないときには，法院が当事者の請求によってこれを定める。

（対照）日本民法773条

210）송덕수（ソンドクス）・親族相続法133頁。

第2章　韓国家族法の概要とその適用

1）本条は，2005年法7427号民法で女子の再婚禁止期間の規定（811条）を削除したので，同時に「第811条の規定に違反して再婚した女子」を「再婚した女子」に修正する改正などを行っている。

2）女子が配偶者の死亡又は離婚で婚姻が解消した後に直ちに再婚をして子を出産した場合に，子の出生日が後婚成立日から200日以後であり前婚終了日から300日内のときに父性推定の衝突が起きる。このような場合には当事者の請求によって家庭法院が子の父を決定するが（845条），この訴えを「父を定める訴え」といい，この訴えは形成の訴えである。

3）同訴えは調停前置主義であり，提起できる者は子女，母，母の配偶者又は母の前配偶者である（家訟法27条①）。訴えの相手方は誰が提訴権者になるかで異なる（同法27条②～④）。同訴えの提訴期間の制限は無く，確定判決は第三者にも効力を有する（家訟法21条①）。

3　親生子(2)婚姻外の出生子

　婚姻外の出生子とは父母が婚姻しないで出生した子である。父母の婚姻が無効であるときの出生子も，婚姻外の出生子とみなされる（855条①後段）。婚姻外の出生子は母との間では出産と同時に親子関係が生じるが，生父との関係では認知がなければ親子関係は生じない。他方で婚姻外の出生子は，その父母が後になって婚姻すればそのときから婚姻中の出生子とみなされる（855条②）。それを「準正」という。

(1)　認　知

　認知とは，婚姻外の出生子の生父又は生母が婚姻外の出生子を自己の子と認めて，法律上の親子関係を発生させる一方的な意思表示である。認知には生父又は生母が自ら認知の意思表示をする場合と父または母を相手に認知の訴えを提起して認知の効果を発生させる場合があり，前者を「任意認知」といい，後者を「強制認知」という。なお，生父と婚姻外の子との親子関係は生父の認知によってしか生じないが（大判1966.11.29.66다1251，

第12節　親族法の概要　(3)　親子関係　親生子・親生子関係存否確認の訴え

大判1984. 9. 25. 84므73，大判1997. 2. 14. 96므738（韓判2-102）），生母との
関係は認知や出生申告を待たなくても子の出生で当然に生じるので（大判
1967. 10. 4. 67다791（韓判2-103），大判1986. 11. 11. 86도1982），別に認知を
する必要が無いが，棄児等の場合に認知の必要性が生じる場合がある。

韓国の判例2-102　大判1997. 2. 14. 96므738　婚姻外の子と認知に よる父子関係の成立

> 「婚姻外出生子の場合において母子関係は認知を要せずに法律上の親子
> 関係が認定できるが，父子関係は父の認知によってのみ発生するものなの
> で，父が死亡した場合にはその死亡を知った日から1年以内に検事を相手
> に認知請求の訴えを提起しなければならず，生母が婚姻外の出生子を相手
> に婚姻外出生子と死亡した父との間に親生子関係存在確認を求める訴えは
> 許容されないのである。」

韓国の判例2-103　大判1967. 10. 4. 67다791　婚姻外出生子との母 子関係の成立は分娩の事実

> 「民法第855条第1項本文，同法第859条の規定によれば，婚姻外の出生
> 子はその生父や生母がこれを認知することができ，認知は戸籍法に定める
> ところによって申告することで効力が生じるとなっているが，棄児のよう
> な特殊な場合を除いては婚姻の生母子関係は分娩したという事実で明白で
> あり，生父の婚姻外の出生子に対する認知が形成的であるのに対して生母
> の婚姻外の出生子に対する認知は確認的である点を考慮すれば，婚姻外の
> 出生子と生母間では，その生母の認知や出生申告を待たずに子の出生で，
> 当然に法律上の親族関係が生じると解するのが妥当と解されるので論旨は
> 理由がある。」

①　任意認知

> **第855条（認知）**　①婚姻外の出生子は，その生父若しくは生母がこれ
> を認知することができる。父母の婚姻が無効であるときには出生子
> は婚姻外の出生子とみなす。
> ②　（略）

（対照）日本民法779条，789条

第 2 章　韓国家族法の概要とその適用

> **家族関係の登録等に関する法律**
> **第57条（親生子出生の申告による認知）**　①父が婚姻外の子女に対して親生子出生の申告をしたときにはその申告には認知の効力がある。

1）任意認知は，生父又は生母が行うことができる（855条①）。

　　しかし，①他人の親生子と推定されている子に対しては，親生否認の訴えの確定判決により親子関係が否認される前は誰も認知することができない（大判1968. 2. 27. 67旦34，大判1987. 10. 13. 86旦129）。ただし，2017年法14965号民法で新設された認知の許可請求（855条の2）の審判を受ければ，親生子関係は排除されるので，家登法57条1項でいう認知の効力が発生する出生子申告ができる。②親生子の推定を受けない婚姻中の出生子については親生子関係不存在確認の訴えによって家族関係登録簿上の父と子間に親子関係が存在しないことが確定した後に認知ができる，③他人が先に認知した場合には，認知に対する異議の訴えを提起してその判決が確定した後に認知ができる。

　　なお，子が死亡した後には原則的に認知はできないが，その子に直系卑属がいるときは認知ができ（857条），懐胎中の子に対しても認知ができる（858条）。

2）任意認知は，家登法の定めにより申告することで効力が発生する（859条①）。また遺言で認知することもできるが（859条②），その場合の認知の効力発生時期は遺言者が死亡したときである（1073条①）。

3）また，父が婚姻外の子女について親生子出生申告をしたときにはその申告には認知の効力がある（家登法57条①）。しかしその申告は認知申告ではなく出生申告なので，判例は，そのような申告によって親子関係の外観を排除しようとするときには認知に関連する訴訟ではなく親生子関係不存在確認の訴えを提起しなければならない（大判1993. 7. 27. 91旦306（韓判2-104））という。そして，判例は婚姻申告が違法で無効な場合でも無効な婚姻中に出生した子をその戸籍に出生申告して登載した以

338

第12節　親族法の概要　(3)　親子関係　親生子・親生子関係存否確認の訴え

上その子に対しては認知の効力がある（大判1971.11.15.71다1983）という。

韓国の判例2-104　大判1993.7.27.91므306　出生申告と親生子不存在確認判決との関係

> 1）「認知に対する異議の訴え又は認知無効の訴えは，民法855条第1項，戸籍法第60条の規定によって生父又は生母が認知申告をすることで婚姻外の子を認知した場合に，その効力を争うための訴訟であり，上記各法条による認知申告によることなく一般の出生申告によって戸籍簿上登載された親子関係を争うためには上記各訴訟とは別に民法第865条が規定している親生子関係不存在確認の訴えによらなければならない。」
> 2）「戸籍法第62条で父が婚姻外の子に対して親生子出生申告をしたときには，その申告は認知の効力があると規定しているが，その申告が認知申告ではなく出生申告である以上，そのような申告によって親子関係の外観を排除しようとするときには，認知に関連した訴訟ではなく親生子関係不存在確認の訴えを提起しなければならない。」

4）家登法57条の認知の効力の発生に関連して，日本在住の韓国人が日本官公署に婚姻外の子の出生届を提出した場合に，その出生届謄本を添付しても，韓国戸籍に記録するのには別に認知を証する書面の添付を必要とするという韓国の先例（2003.9.3.戸籍先例5-68号（200309-4号（韓先2-7））があったが，2017年には出生届の謄本は家登法35条1項（認知の効力発生）の書面になり子の家族関係登録簿に父を記録できるとの先例を発している（2017.9.29.家登先例201709-1号（韓先2-8））。

韓国の先例2-7　2003.9.3.戸籍先例第5-68号（200309-4号）日本国居住在外国民の男子が婚姻外の子をその居住地国の方式によって親生子出生申告をした場合，その出生申告は戸籍法第62条による認知の効力があるものと解して別途認知手続や認知を証明する書面の添附が無くても父の家に入籍するか

> 가. 我が国法律の「父が婚姻外の子に対して親生子出生の申告をしたときには，その申告は認知の効力がある（戸籍法第62条）」とは，生父が婚姻外の子に対して戸籍法が定めるところに従い婚姻外の子の本籍地戸籍

官公署の長に出生申告をしてその申告書が受理された場合には，認知の効力があるという意味で，日本国官署で出生申告をしたことは認知申告としての効力がない（大法院判決80다3093）。

4．よって，日本国居住在外国民である生父が婚姻外の子の出生申告をその居住国の方式に従いその国の官公署に提出し作成された出生受理証明書等は，単に出生申告時に提出する出生証明書に代わる書類にすぎないので，その書類だけでは婚姻外の子が生父の戸籍に入籍できず，別に認知の効力発生を証明できる書類を添付しなければならない。したがって，国際私法第41条第1項で定めている現在の子の常居所地法によって，日本国で認知をした事実があれば，日本国官公署が発行した認知の効力発生を証明する証書謄本を提出した場合に限って，可能であるとされる。

（2003．9．3．戸籍3202-361　外交通商部長官対法院行政処長質疑回答）
（筆者注）　大法院 1981．12．22．宣告80다3093判決（判決要旨　認知は戸籍法に定める方法によって申告することでその効力が生じるので，日本国官署で親生子と出生申告をしたことは認知申告としての効力がない）

韓国の先例2‐8　2017．9．29家登先例201709‐1号　日本居住在外国民である父が婚姻外の子に対してその居住地国の方式によって親生子出生申告をした場合，日本戸籍官署作成の出生届謄本を認知の効力発生を証明する証書の謄本と解して別に認知手続や認知を証明する書面の添付が無くても子の家族関係登録簿に父を記録できるかどうか（旧戸籍先例第200309‐4号の変更）

1．婚姻外の子と父の法律上の父子関係は，専ら認知によってだけ生じるが（大法院1985．10．22．宣告84다카1165判決），国際私法第17条第2項によれば認知は行為地法による方式でも可能なので，日本居住在外国民である父が日本法が定める方式に従いその国の戸籍公務員に認知申告をした場合，その認知は韓国でも効力がある（大法院1988．2．23．宣告86다카737判決参照）。

2．さらに，父が非嫡出子に対して嫡出子出生申告又は非嫡出子出生申告をして受理された場合，その出生申告に認知申告としての効力を認定する日本最高裁判所の判例によれば，父が婚姻外の子に対して居住地の日本で日本方式に従って行った親生子出生申告も認知の効力がある。

3．よって，日本の出生届の謄本は認知の効力発生を証明する「家族関係の登録等に関する法律」第35条第1項の証書の謄本と解されるので，父以外の者がその出生届謄本を添付して韓国で証書謄本の提出による認知

第12節　親族法の概要　(3)　親子関係　親生子・親生子関係存否確認の訴え

申告をする場合，認知の準拠法に従い認知の実質的成立要件を審査した
後，認知申告を受理し，子の家族関係登録簿に父を記録することができ
る。そして，その出生届謄本を添付して「在外国民の家族関係登録創設，
家族関係登録簿訂正及び家族関係登録簿整理に関する特例法」による家
族関係登録簿を整理申請をした場合でも，上のような手続に従い子の家
族関係登録簿に父を記録することができる。

(2017.9.29.在外国民家族関係登録事務所-774　質疑応答)
参照条文：国際私法第17条，第14条，家族関係の登録等に関する法律第35条，在
　　　　　外国民の家族関係登録創設，家族関係登録簿訂正及び家族関係登録簿
　　　　　整理に関する特例法第3条
参照例規：家登例規第486号
参照先例：戸籍先例第200312-1号，第200709-4号
参照判例：大法院1988.2.23.宣告86다카737判決，大法院1996.2.9.宣告94다
　　　　　30041判決，日本最高裁判所昭和53.2.24民集32巻1号110頁
(注)　日本居住の在外国民男子が婚姻外の子をその居住地国の方式によって親生
　　　子出生申告をしていた場合，その出生申告は認知申告としての効力がないと
　　　した旧戸籍先例200309-4号は本先例に反するので変更した。

②　認知の許可請求

第855条の2　(認知の許可請求)　①生父は第844条第3項の場合に家
庭法院に認知の許可を請求することができる。ただし，婚姻中の子
として出生申告がなされた場合にはその限りでない。
②第1項の請求がある場合に，家庭法院は血液採取による血液型検査，
遺伝因子の検査等科学的方法による検査結果又は長期間の別居等そ
の他の事情を考慮して許可の可否を定める。
③第1項及び第2項による許可を得た生父が「家族関係の登録等に関
する法律」第57条第1項による申告をする場合には，第844条第1
項及び第3項の推定が及ばない。

1）認知の許可請求を定める民法855条の2の規定は，2017年法14965号民
　法で新設された条項である。本条は旧規定844条2項中の「婚姻関係終
　了の日から300日内に出生した子」の部分が憲法裁判所の憲法不合致決
　定（憲裁2015.4.30.2013헌마623（Ⅰ巻末資料6.憲裁判例⑾）を受けて立
　法化された。その立法趣旨は，認知の訴えより簡易な方法として認知の

第2章　韓国家族法の概要とその適用

方法を定めることにある。ただし，婚姻中の子として出生申告がなされた場合には認められない（同条①ただし書）。同条による許可が認められた場合には，同条の審判だけでは親生推定を排除できないが，同審判に従って家登法57条1項で規定する親生子出生申告が可能であり，その申告をすれば親生推定を排除する効力が生じ，844条1項及び3項の推定は及ばない（同条③）。[211) 212)]

2）なお，新設された855条の2の認知の許可請求は，親生否認の許可請求（854条の2）と同様に，家事非訟事件の라類事件で，裁判管轄は子女の住所地であり，同審判をするときには母の前配偶者とその成年後見人（成年後見人がいる場合に限る）に意見を陳述する機会を設けなければならないことなどが定められている（2017.10.31.法律14961号による家訟法改正）。

　③　認知無効の訴え・認知に対する異議の訴え・認知の取消

　　（i）　認知無効の訴え

家訟法

第2条（家庭法院の管掌事項）　①次の各号の事項（以下「家事事件」という）に対する審理と裁判は，家庭法院の専属管轄とする。
　1．家事訴訟事件
　　가．가類事件　1）～2）（略）3）認知の無効

（対照）日本民法786条

1）認知の無効については民法に規定がないが，家事訴訟法にその規定がある（家訟法2条①가類事件3））。

2）認知がどのような場合に無効になるかについて，通説は①認知が事実

---

211) 金亮完「韓国における嫡出推定制度の改正―婚姻解消後300日以内に出生した子についての親生否認許可・認知許可の新設―」戸時762号20頁（23頁）。
212) 윤진수（ユンジンス）『제2판친족상속법강의（第2版親族相続法講義）』（ソウル・박영사，2018年）176頁。

第12節　親族法の概要　(3)　親子関係　親生子・親生子関係存否確認の訴え

に反する場合，②認知能力（意思能力）を欠いた場合，③認知者（父）の意思によらずに認知申告がされた場合，をいう[213]。また，被成年後見人が成年後見人の同意なく認知した場合を含むという見解もある[214]。

　他方で，判例は親生子でない子に対し行った認知は当然無効であるが，そのような認知でもその申告当時に当事者間で入養の明白な意思がありその他入養の成立要件が全て具備していれば入養の効力があるものと解することができる（大判1992. 10. 23. 92다29399（韓判2 - 105），大判（全員）1994. 5. 24. 93므119（韓判2 - 106））としている。通説・判例は，認知の無効は当然無効なので，訴えその他の手続によらなくても又誰もがその無効を主張できるが，他の訴えで先決問題としても主張できるという[215]。

韓国の判例2 - 105　大判1992. 10. 23. 92다29399　親生子でない子に対する認知申告の無効

　「親生子でない子に対して行った認知申告は当然無効なので，そのような認知は無効を確定するための判決その他の手続によらなくても，また誰によってもその無効を主張できるのである（大判1976. 4. 13. 75다948参照）。そして，上のような認知でもその申告当時当事者間に入養の明白な意思がありその他入養の成立要件が全て具備された場合であれば，入養の効力があるものと解することができるので，本件認知申告がなされた依用民法施行当時（1915. 4. 1. から1959. 12. 31. まで）では，異姓養子制度は認められていなかったので（大判1968. 1. 31. 67다1940参照），姓が異なる者に対する本件認知は入養としての効力を発生することも無い。」

韓国の判例2 - 106　大判（全員）1994. 5. 24. 93므119　1940年当時の出生子申告と入養の効力の有無

　「……であれば，亡訴外1が被告を親生子として出生申告をしたことは入養申告としての機能を発揮するので亡訴外1及び原告と被告間に入養の

---

213)　송덕수（ソンドクス）・親族相続法139頁。
214)　송덕수（ソンドクス）・親族相続法140頁。
215)　송덕수（ソンドクス）・親族相続法140頁。

第2章　韓国家族法の概要とその適用

効力が発生していたと解され（当院1977．7．26宣告77다492全員合議体判決），よって罷養によってその養親子関係を解消する必要があるなどの特別な事情がない限り，上戸籍の記載を抹消して法律上の親子関係の存在を否定させる本件親生子関係不存在確認の訴えは確認の利益がないものであり不適法とならざるを得ない（当院1988．2．23宣告85旦86判決，1990．7．27宣告89旦1108判決，1991．12．13宣告91旦153判決等参照）。」

3）認知無効の訴えを提起できる者は，当事者，法定代理人又は4寸以内の親族であり（家訟法28条，23条），認知者と被認知者は互いに相手方となり（家訟法28条，24条①），認知の当事者でない第三者が訴えを提起するときは当事者双方が相手方となり，当事者の一方が死亡した場合はその生存者を相手方とする。相手方が全て死亡していた時は検事を相手方とする（家訟法28条，24条③）。認知無効の提起期間に制限はない。

　　(ii)　認知に対する異議の訴え

第862条（認知に対する異議の訴）　子その他の利害関係人は，認知の申告があったことを知った日から1年内に認知に対する異議の訴を提起することができる。

（対照）日本民法786条

1）婚姻外の子をその生父でない者が認知した場合には，子その他の利害関係人は認知申告のあったことを知った日から1年以内に認知に対する異議の訴えが提起できる（862条）。また，父又は母が死亡したときには死亡した日から2年以内に検事を相手に訴えを提起できる（864条）。

2）認知無効の訴えと認知に対する異議の訴えは認知の無効を主張する点で本質的に同じであるが，①無効の訴えは家事訴訟事件의가類事件であるが，異議の訴えは나類事件なので（家訟法2条①），後者のみが調停前置主義である。②無効の訴えは当事者（認知者含む）・法定代理人又は4寸内の親族が提起できるが，異議の訴えでは認知者は除かれ子その他の利害関係人だけである。なお，学者の中には無効の訴えと異議の訴えを

第12節　親族法の概要　(3)　親子関係　親生子・親生子関係存否確認の訴え

一つにするべきとの見解がある[216]。

3）異議の訴えの相手方は，子女が訴えを提起する場合は認知者で，子女でない第三者すなわち利害関係人が訴えを提起する場合は認知者・被認知者であり，相手方が全て死亡した場合には検事である（家訟法28条，24条）。

(iii)　認知の取消

> **第861条（認知の取消）**　詐欺，強迫又は重大な錯誤に因り認知をしたときには，詐欺若しくは錯誤を知った日又は強迫を免れた日から6月内に家庭法院にその取消しを請求することができる。

1）本条の訴えを提起できる者は詐欺等により認知した者であり，相手方は誰が詐欺等を行ったかにかかわらず認知された子女であるが（家訟法28条，24条①），子女が死亡した場合は検事が相手方になる（家訟法28条，24条③）。

2）認知を取り消す判決が確定すれば認知は最初から無効となり，その判決は第三者にも効力がある（家訟法21条①）。なお，被成年後見人が認知する場合は成年後見人の同意を得なければならないと定めるが（856条），同意なく認知した場合に関しての規定がないが，その場合には861条を適用して解決すべきである[217]。

④　強制認知（裁判上の認知）

> **第863条（認知請求の訴）**　子とその直系卑属又はその法定代理人は，父又は母を相手にして認知請求の訴を提起することができる。
> **第864条（父母の死亡と認知請求の訴）**　第862条及び第863条の場合に父又は母が死亡したときには，その死亡を知った日から2年内に検事を相手として認知に対する異議又は認知請求の訴を提起することができる。

（対照）日本民法787条

216）송덕수（ソンドクス）・親族相続法141頁。
217）송덕수（ソンドクス）・親族相続法142頁。

第2章　韓国家族法の概要とその適用

1）本条の提訴権者は，子とその直系卑属又はその法定代理人である（863
条）。胎児には認知請求権が無く，その母も胎児を代理して訴えを提起
できない。[218] 相手方は，父又は母であり，父又は母が死亡したときには
検事が相手方になる（864条）。

　なお，親生子推定を受けている場合には，判例は，母の夫又は母が親
生否認の訴えを提起して，親生否認の判決が確定した後に初めて生父を
相手に認知請求ができるとする（大判2000．1．28．99므1817（韓判2‐101）
335頁，大判1968．2．27．67므34）。しかし，判例は，親生子推定を受けな
い婚姻中の出生子や親生推定が及ばない子は，その者が法律上の父の戸
籍に登載されていても親子関係不存在確認の訴えを提起せずに直ちに
生父を相手に認知請求の訴えを提起できるとしている（大判1981．12．22．
80므103（韓判2‐107））。

韓国の判例2‐107　大判1981.12.22.80므103　戸籍上他人の子とし て記載されている子と認知請求

> 「戸籍上，他人の間の親生子と虚偽登録されているとしてもその子は実
> 父母を相手に親子認知請求の訴えを提起できると解されるので，その認知
> を求める前に戸籍上父母と記載されている人を相手に親子関係不存在確認
> の訴えを提起しなければならないとはいえない」

2）認知請求の除斥期間に関しては制限がないので，父又は母が生存して
いる間はいつでも訴えを提起できるが，父又は母が死亡して検事を相手
に提起する場合は，父又は母の死亡を知った日から2年以内である（864
条）。

　判例は，この場合の起算点の「死亡を知った日」について死亡という
客観的事実を知ることを意味し，死亡者と親子関係にあるという事実ま
で知るべきとまではいえないという（大判2015．2．12．2014므4871（韓判

218）송덕수（ソンドクス）・親族相続法143頁。

346

第12節　親族法の概要　(3)　親子関係　親生子・親生子関係存否確認の訴え

2-108))。また，この２年は除斥期間で，父が死亡した場合には提訴権者がこの期間内に検事を相手に認知請求の訴えを提起しなければならず，生母が婚姻外の出生子を相手に婚姻外の出生子と死亡した父間の親生子関係存在確認を求める訴えを提起することはできない（大判1997.2.14. 96ㅁ738）。

韓国の判例２-108　大判2015.2.12.2014ㅁ4871　864条と865条の「死亡を知った日」の意味

1)「民法第864条と第865条第２項は認知請求の訴えと親生子関係不存在確認の訴え（以下「認知請求等の訴え」という）に関して当事者一方が死亡した場合に検事を相手にして訴えを提起できることを規定し，その訴えは死亡を知った日から２年以内に提起しなければならないとの提訴期間を定めている。」

2)「認知請求等の訴えで提訴期間を設けることは親生子関係を真実に符合させようとする者の利益と親生子関係の迅速な確定を通して法的安定をもたらそうとする者の利益を調和させようとする意味があり，⑴当事者が死亡することと同時に相続が開始し身分と財産に対する新しい法律関係が形成されるので，永い時間が過ぎた後に認知請求等の訴えを許容させれば相続により形成される法律関係を不安定化させる恐れがある点，⑵親生子関係の存否に関して知ることになったときを提訴期間の始点に置いた場合には，事実上利害関係人が主張する時期が提訴期間の起算点になり提訴期間を置く趣旨を生かすことが困難になる点などを考慮するとき，認知請求等の訴えの提訴期間の起算点になる「死亡を知った日」とは死亡という客観的事実を知ることを意味し，死亡者と親生子関係にあるという事実まで知らなければならないのでは無いと解釈するのが妥当である。」

3)なお，南北住民特例法（2012年法11299号）では，婚姻外の子として出生した北韓住民とその直系卑属又はその法定代理人は，南韓住民である父又は母を相手に認知請求の訴えを提起できるが（同法９条①），その除斥期間の起算点は「分断の終了，自由な往来，その他の事由によって訴えの提起に障害事由がなくなった日」から２年以内としている（同法９条②）。

347

第2章　韓国家族法の概要とその適用

4）認知請求権は一身専属権なので放棄はできず，例え放棄してもその効
　力は発生しない（大判1987. 1. 20. 85므70（韓判2 -109），大判1999. 10. 8.
　98므1698）という。

韓国の判例2 -109　大判1987. 1. 20. 85므70　認知請求権を放棄する裁判上の和解の効力

　　「認知請求権は本人の一身専属的な身分関係上の権利として放棄できず
　放棄していたとしてもその効力が発生しないので（大判1982. 3. 9. 81므
　10参照），仮に生母請求外人が請求人らの認知請求権を放棄するとする和
　解が裁判上なされていることが和解条項に表示されていても請求外人が請
　求人らの認知請求権を放棄するとした和解はその効力は無い」

5）認知請求の訴えに際しての父子関係の証明は，当事者の証明が充分で
　ないときには法院は可能な限り職権で事実調査や必要な証拠調査をしな
　ければならない（大判2005. 6. 10. 2005므635（韓判2 -110），大判2015. 6.
　11. 2014므8217（韓判2 -111））。

　　そして，判例は，血縁上の親生子関係が認定され確定判決を得れば当
　事者間に親子関係が創設され，さらにこのような認知請求の訴えの目的，
　審理手続と証明方法及び法理的効果等を考慮するとき，認知の訴えの確
　定判決によって一旦父と子間に親子関係が創設された以上，再審の訴え
　で争うことは別にして，その確定判決に対して親生子不存在確認の訴え
　で当事者間に親子関係が存在しないと争うことはできない（大判2015. 6.
　11. 2014므8217（韓判2 -111））という。

韓国の判例2 -110　大判2005. 6. 10. 2005므635　認知訴訟における父子関係証明の職権主義

　　「認知訴訟は，父と子の間に事実上の親子関係の存在を確定し，法律上
　の親子関係を創設することを目的に行う訴訟なので，親族・相続法上重大
　な影響を及ぼす人倫の根本に関することであり，公益に関連する重要な事
　柄であるので，この訴訟では職権主義を採用しているものであり，当事者

348

第12節　親族法の概要　(3)　親子関係　親生子・親生子関係存否確認の訴え

の立証が充分でないときには可能な限り職権で事実調査及び必要な証拠調査をすべきであり，他方で血縁上の親子関係という主要事実の存在を証明するには，父と親生母間の情交関係の存在の有無，他の男子との情交の可能性が存在するかどうか，父と子を自己の子と信ずることを推測させる言動が存在するかどうか，父と子の間に人類学的検査や血液検査又は遺伝子検査をした結果親子関係を排除するのか肯定する要素があるかどうか等の，主要事実の存在や不存在を推認させる間接事実を通して，経験則による事実上の推定によって主要事実を推認する間接証明の方法によるほかにないが，そこでは血液型検査や遺伝子検査等の科学的証明方法がその前提とする事実が全て真実であることが証明され，その推論の方法が科学的に正当で誤謬の可能性が皆無か無視する程度に極小と認められる場合であれば，そのような証明方法は最も有力な間接証明の方法となる（大判2002．6．14．2001므1537参照）。」

韓国の判例2-111　大判2015．6．11．2014므8217　確定した認知判決とそれに対する親生子関係不存在確認訴訟の適否

「認知請求の訴えは，父と子の間に事実上の親子関係の存在を確定し，法律上の親子関係を創設することを目的とする訴訟なので，当事者の証明が充分でなかったときには法院が職権で事実調査と証拠調査をしなければならず，親子関係を証明する際には父と子の間の血液検査や遺伝子検査等の科学的証明方法が使用されるので（大判2002．6．14．2001므1537，大判2013．12．26．2012므5269等参照），そのような証明によって血縁上の親生子関係が認定され確定判決を受けて当事者間に親子関係を創設することになる。このような認知請求の訴えの目的，審理手続と証明方法及び法律的効果等を考慮するとき，認知の訴えの確定判決によって一旦父と子の間に親子関係が創設された以上，再審の訴えで争うことは別にして，その確定判決に対して親生子関係不存在確認の訴えで当事者間に親子関係が存在しないことを争うことはできないと解される。」

⑤　認知の効力

第860条（認知の遡及効）　認知は，子の出生時に遡及して効力が生ずる。但し，第三者の取得した権利を害することはできない。

（対照）日本民法784条

349

第 2 章　韓国家族法の概要とその適用

1）任意認知の場合は認知申告によって（859条①），強制認知の場合には
　認知の訴えの確定によって認知者である父と被認知者である子との間で
　法律上の親子関係が出生時に遡及して発生する（860条本文）。その結果，
　父は子の出生時から子に対する扶養義務を負担しなければならないので，
　認知前に母が子を独りで養育していた場合には母は父に対して過去の養
　育費の償還を請求できる（大決（全員）1994. 5. 13. 92△21（韓判2 -112））。

韓国の判例 2 - 112　大決（全員）1994. 5. 13. 92△21　認知の遡及効 と過去の養育費の請求

> 1）（多数意見）
> 　「一定の事情によって父母のいずれか一方だけが子女を養育することに
> なった場合に，そのような一方による養育がその養育者の一方的で利己
> 的な目的や動機から始まったことであれ，子女の利益のために助けにな
> らないかその養育費を相手方に負担させることが，むしろ公平に反する
> ことになるなどの特別な事情がある場合を除いては，養育する一方は相
> 手方に対して現在及び将来における養育費の適正な金額の負担を請求で
> きることはもちろん，父母の子女養育義務は特別な事情が無い限り子女
> の出生と同時に発生するのであり過去の養育費についても相手方が負担
> することが相当と認められる場合にはその罷養の償還を請求できると解
> すべきである。」
> 2）「一方の養育者が養育費を請求する以前の過去の養育費の全てを相手
> 方に負担させれば，相手方は予想できない養育費を一時に負担し過ぎで
> 過酷であり，信義誠実の原則や衡平の原則間に反することになるので，
> そのような場合には，必ずしも履行請求以後の養育費と同一の基準で定
> める必要は無く，父母の一方が子女を養育することになった経緯とそれ
> に要した費用の額，その相手方が扶養義務を認識していたのかどうかと
> その時期，それが養育に要する通常の生活費なのか，でなければ異例で
> 不可避に要する多額の特別な費用（治療費用）なのかどうか，当事者の
> 財産状況や経済的能力と負担の公平性など諸事情を考慮して適切と認め
> られる負担の範囲を定められると解される。」

2）認知の遡及効によって第三者が取得した権利を害することはできない
　（860条ただし書）。
　　これに関連して，認知された者の父に関して，相続が開始した後に認

第12節　親族法の概要　(3)　親子関係　親生子・親生子関係存否確認の訴え

知された場合の他の共同相続人との関係は民法1014条の価額支給請求権で解決する。この場合他の共同相続人は860条の第三者には該当しないが，共同相続人から財産を譲受した第三者は本条の第三者に該当し，被認知者より後順位の相続人は被認知者の出現で自己が取得した相続権は遡及して無くなるが，判例は，彼らは860条の第三者にも含まれないとするが（大判1974．2．26.72다1739，大判1993．3．12.92다48512（韓判2－113)），通説は1014条を類推適用する。[219]

韓国の判例2－113　大判1993．3．12.92다48512　860条（認知の遡及効）の第三者に後順位相続人は含まれるか

　　「民法第860条は，認知の遡及効は第三者が既に取得した権利によって制限されないという旨を規定しているが，さらに民法第1014条では相続開始後の認知又は裁判の確定によって共同相続人になった者が，その相続分に相応する価額の支給を請求する権利があると規定し，上記第860条所定の第三者の範囲を制限している趣旨に照らしてみれば，婚姻外の出生子が父の死亡後に認知の訴えによってその親生子として認知を受けた場合，被認知者より後順位の相続人である被相続人の直系尊属又は兄弟姉妹等は被認知者の出現と同時に自己が取得した相続権を遡及して失うことになると解すべきで，それが民法第860条ただし書の規定により認知の遡及効制限によって保護される第三者の既得権に含まれるとは解されないのである（大判1974．2．26.72다1739参照）。」

3）婚姻外の子が認知された場合は，父母の協議で従前の姓と本を継続使用することができ（781条⑤本文），協議が整わないときは法院の許可を得て従前の姓と本を継続使用できる（781条⑤ただし書）。

4）それと同様に，婚姻外の子が認知された場合の親権者は父母の協議で定めなければならないが，協議ができないか協議が整わない場合は家庭法院が職権で又は当事者の請求で親権者を指定しなければならない（909条④本文）。父母の協議が子の福利に反する場合は家庭法院は補正を命

219）송덕수（ソンドクス）・親族相続法148頁。

第2章　韓国家族法の概要とその適用

ずるか職権で親権者を定める（909条④ただし書）。

5）養育責任や面接交渉権については離婚の規定が準用される（864条の2，837条，837条の2）。

⑵　準　正

> **第855条（認知）**　①　（略）
> ②婚姻外の出生子は，その父母が婚姻したときにはその時から婚姻中の出生子とみなす。

（対照）日本民法789条

1）準正とは，婚姻外の出生子がその父母の婚姻によって婚姻中の出生子の地位を取得する制度である。民法では「婚姻による準正」だけを規定しているが（855条②），通説は「婚姻中の準正」「婚姻解消後の準正」「死亡した子に対する準正」も認める[220]

2）「婚姻による準正」とは，父母の婚姻前に出生し父から認知を受けていた子が，父母の婚姻によって婚姻中の出生子になることであり，「婚姻中の準正」とは，父母の婚姻前に出生し認知を受けられなかった婚姻外の出生子が，その父母の婚姻後に認知又は父の認知の効果を伴う出生申告（家登法57条）によって婚姻中の出生子になることである。「婚姻解消後の準正」とは，婚姻前に出生した婚姻外の出生子が，父母の婚姻が死亡又は離婚で解消したか取り消された後に，認知されることにより婚姻中の出生子になることである。

3）「死亡した子に対する準正」とは文言通り死亡した子が準正することである。それは，死亡した婚姻外の出生子を認知した後にその父母が婚姻した場合，婚姻外出生子が直系卑属を残して死亡した後に認知されその後にその父母が婚姻した場合，直系卑属を残して死亡した婚姻外出生子をその父母が婚姻中に認知した場合等を指し，注意すべきは子が死亡

220）송덕수（ソンドクス）・親族相続法149頁。

第12節　親族法の概要　(3)　親子関係　親生子・親生子関係存否確認の訴え

した後にはその直系卑属がいるときに限り認知できる点である(857条)[221]。

4）「婚姻による準正」の効果は，婚姻外の出生子がその父母が婚姻した
ときから婚姻中の出生子に擬制されることである（855条②）。その他の
準正についても，通説は同様の効果が生じるとしている[222]。

4 親生子関係存否確認の訴え

> **第865条（他の事由を原因とした親生子関係存否確認の訴）** ①第845
> 条，第846条，第848条，第850条，第851条，第862条と第863条の規
> 定によって訴を提起することができる者は，他の事由を原因とする
> 親生子関係存否の確認の訴を提起することができる。
> ②第１項の場合に当事者の一方が死亡したときには，その死亡を知っ
> た日から２年内に検事を相手にして訴を提起することができる。

1）親生子関係存否確認の訴えとは，特定人の間に親生子関係の存否が不
明確な場合にそれについての確認を求める訴えであり，既存の法律関係
の存否を主張する訴えで，その判決は現在の法律状態を確定する確認判
決であり，その点で将来に向けて新たな法律状態を形成する形成の訴え
ではない[223]。

2）この訴えは，家庭法院に提起しなければならず，調停前置主義は適用
されない（家訟法２条①가類事件４））。

3）なお，本条２項の「死亡を知った日から２年内」は，従前の「死亡を
知った日から１年内」を2005年法7427号民法で改正したものである。

4）親子関係の存否確認の判決が確定した場合の家族関係登録簿の訂正手
続等は，2009．7．17例規300号「親子関係の判決による家族関係登録簿
訂正手続例規」（Ⅰ巻末資料５．家登例規(2)）が定めている。

221）송덕수（ソンドクス）・親族相続法149頁。
222）송덕수（ソンドクス）・親族相続法150頁。
223）송덕수（ソンドクス）・親族相続法150頁。

第2章　韓国家族法の概要とその適用

5）なお，南北住民特例法（2012年法11299号）では，婚姻中の子として出生した北韓住民が南韓住民である父又は母の家族関係登録簿に記録されていない場合には，民法865条1項により訴えを提起できる者が親生子関係存否確認の訴えを提起できるとし（同法8条①），その訴えの提訴期間は「分断の終了，自由な往来，その他の事由により」訴えの提起に障害事由が無くなった日から2年以内に提起できるとしている（同法8条②）。

6）865条の訴えを提起できる場合とは，父を定める訴え（845条），親生否認の訴え（846条，848条，850条，851条），認知に対する異議の訴え（862条），認知請求の訴え（863条）の目的に該当しない他の事由を原因として，家族関係登録簿の記録を訂正することにより身分関係を明確にする必要がある場合である。

　　具体的には，以下のとおりである。[224]

（i）　虚偽の親生子出生申告によって家族関係登録簿上の父母と子の間に親子関係が存在しない場合，例えば父が婚姻外の子を妻との間の親生子と出生申告をした場合である。

　　しかし，虚偽の親生子出生申告が入養申告の機能を発揮していた場合には，罷養によって養親子関係を解消する必要があるなど特別な事情が無い限りその家族関係登録簿の記録自体を抹消し法律上の親子関係の存在を否認させる親生子関係不存在確認請求は許容されない（大判（全員）2001.5.24.2000ㅁ1493（Ⅰ巻末資料4.大法院判例(3)））。次いで，継父が再婚した妻の子を入養の意思で親生子出生申告をして入養の効力が生じた場合も同様である（大判1990.7.27.89ㅁ1108（韓判2-114），大判1991.12.13.91ㅁ153）。また，親生子出生申告が入養の効力を有する場合，養親の夫婦の一方が死亡した後に生存する他の一方が死亡した一方と養子間の養親子関係の解消のため裁判上の罷養に代え

224）송덕수（ソンドクス）・親族相続法150頁以下。

第12節　親族法の概要　(3)　親子関係　親生子・親生子関係存否確認の訴え

て親生子関係不存在確認の訴えは提起できない（大判2001．8．21．99므
2230（韓判２-115））。

韓国の判例２-114　大判1990．7．27．89므1108　再婚した妻の子との養親子関係を解消するための親生子不存在確認の訴えの利益

1）「被請求人らの生父がすでに死亡した状態で被請求人らの生母である
請求外４と再婚した亡請求外２が当時７歳，４歳にすぎない被請求人ら
を親子のように育てると合意し親生子と出生申告した以上，その意思の
中に法律上の親子関係以上の関係を結ぼうとした以上，少なくとも養親
子関係を創設しようとする意思が当然に含まれていたと解することがで
き，その意思は上記出生申告によって確実に表示されていたので，親子
の共同生活関係が持続していることでより確固に保障されていたといえ
る。」

2）「よって，入養当事者間に入養意思の合致があり，入養の他の実質的
要件も備えているみられる本件では，上記出生申告は形式において多少
の過ちがあったとしても入養申告としての機能を発揮していると解され
（大判1977．7．26.77다492参照），亡請求外２と被請求人らの間には，養
親子関係が存在していたと解され，その養親子関係を解消する必要があ
るなどの特別な事情が無い限り，その戸籍記載自体を抹消して法律上の
親子関係の存在を否定することになる本件親生子関係不存在確認の請求
は確認の利益が無く不適法といわざるを得ない（大判1988．2．23.85므
86参照）。」

韓国の判例２-115　大判2001．8．21．99므2230　裁判上の罷養に代わる親生子不存在確認請求はできない。

1）「養父が死亡したときには養母は単独で養子と協議上又は裁判上の罷
養をすることができるが，これは養父と養子間の養親子関係に影響を及
ばないのであり，また養母が死亡した養父に代わるとか又養父のために
罷養はできないと解され，それは親生子不存在確認を求める請求におい
ては，入養の効力はあるが裁判上の罷養事由があり養親子関係を解消す
る必要性がある，いわゆる裁判上の罷養に代わる親生子関係不存在確認
請求に関しても同様と考えられる。」

2）「なぜなら，養親子関係は罷養によって解消される点を除いては親生

第2章　韓国家族法の概要とその適用

子関係とよく似た内容を持っているが，先に見たように本件で真実に符合しない親生子としての戸籍記載が法律上の親子関係である養親子関係を公示する効力を持っているので，亡訴外人と被告の間のそのような養親子関係は解消する方法が無いのでその戸籍記載自体を抹消して法律上の親子関係を否認させる親生子関係不存在確認請求は許容されることは無いからである（大判1988. 2. 23. 85므86）。」

(ii)　親生子推定を受けなかった婚姻中の出生子，つまり婚姻成立の日から200日前に出生した子については本条の訴えを提起できるが，親生子推定を受ける子については親生否認の訴えを提起しなければならない。

(iii)　親生子推定が及ばない子に対しては本条の訴えを提起できる（大判（全員）1983. 7. 12. 82므59（韓判 2 -98）333頁，大判1988. 5. 10. 88므85（韓判 2 -99）334頁）。

(iv)　父が婚姻外の出生子について親生子出生申告をすることにより認知の効力が認められた場合（家登法57条），その申告は認知申告でなく出生申告なのでその申告による親子関係の外観を排除しようとするときにも認知関連訴訟ではなく，親生子関係不存在確認の訴えを提起しなければならない（大判1993. 7. 27. 91므306（韓判 2 -104）339頁）。

(v)　婚姻外の出生子においては父子関係は父の認知に限って生じるので，親生子関係存在確認の訴えによることはできない（大判1997. 2. 14. 96므738（韓判 2 -102）337頁）。

(vi)　家族関係登録簿上で他人間の親生子と虚偽記録されている場合，子は実父母を相手に認知請求の訴えを提起でき，その認知を求める前に先に家族関係登録簿上父母と記載されている者を相手に親生子関係不存在確認の訴えを提起すべきではない（大判1981. 12. 22. 80므103（韓判 2 -116）参照）。

第12節　親族法の概要　(3)　親子関係　親生子・親生子関係存否確認の訴え

韓国の判例２−116　大判1981.12.22.80ㅁ103　戸籍上他人の子として記載されている子の認知請求と親生子関係存在確認訴訟

> 「戸籍上，他人の間の親生子と虚偽登載されているとしてもその子は実父母を相手に親子認知請求の訴えを提起できると解されるので，その認知を求める前に戸籍上父母と記載されている人を相手に親子関係不存在確認の訴えを提起しなければならないとはいえない」

(vii)　判例は，親生子関係存否確認の訴えに準じて養親子関係存在確認の訴えを提起できるという（大判1993.7.16.92ㅁ372（韓判２−117））。

韓国の判例２−117　大判1993.7.16.92ㅁ372　養親子関係存在確認の訴えに準じて親生子関係存否確認の訴えをすることの適否

> 「養親子の一方が原告となり養親子関係存在確認の訴えを提起する場合には，訴訟の場合に準じて養親子の他の一方を被告にしてしなければならない。そして，本件のように被告になるべき他の一方が既に死亡した場合にもまた，親生子関係存否確認訴訟の場合を類推して検事を相手に訴えを提起できる……。」

(viii)　判例は，親生否認の訴えを提起すべき場合に親生子関係不存在確認を訴求することは不適法であるが，法院がその誤りを看過し親生子関係不存在審判を宣告し確定したときは，その審判が当然無効とはいえず，その審判の既判力は第三者にも及ぶ（大判1992.7.24.91ㅁ566）と云う。

7）本条の訴えを提起できる者は，父を定める訴え（845条），親生否認の訴え（846条，848条，850条，851条），認知に対する異議の訴え（862条），認知請求の訴え（863条）を提起できる者である。また，相手方は個々の訴えの相手方である。

8）本条の訴えの提訴期間には制限が無いが，当事者の一方が死亡したと

357

第 2 章　韓国家族法の概要とその適用

きにはその死亡を知った日から 2 年以内に検事を相手にして訴えを提起
しなければならない（865条②）。そして，当事者双方が死亡した場合に
は，当事者双方全ての死亡した事実を知った日から 2 年以内に訴えを提
起しなければならない（大判2004. 2 . 12. 2003므2503（韓判 2 - 118））。

韓国の判例 2 - 118　大判2004. 2 . 12. 2003므2503　第三者が親子関係不存在確認請求を提起する場合で相手方となる者全てが死亡した場合の出訴期間

> 「親生子関係存否確認の訴えの場合，民法第777条所定の親族は，利害関係人として親生子関係存否の確認が必要な当事者双方を相手に，親生子関係存否確認の訴えを求めることができるが，その場合民法第865条第 2 項で規定している「当事者一方が死亡したときにはその死亡を知った日から 1 年内に」というのは，第三者が親生子関係存否確認の訴えを提起する場合は，当事者一方が死亡している場合，残りの生存者を相手に親生子関係存否確認の訴えを提起できるし，その生存者も死亡し相手方となる者全てが死亡した場合は検事を相手にできるという家事訴訟法第24条の規定に照らして，親生子関係存否確認の対象となる当事者双方が全て死亡した場合には「当事者双方全ての死亡した事実を知った日から 1 年以内」という意味と解さなければならない。」（筆者注）2005年改正後は「 2 年内」

9 ）同条の訴えの判決が確定すれば，親生子関係の存否が確定するので，
その判決は第三者にも効力がある（家訟法21条①）。判決が確定すれば判
決の確定日から 1 か月以内に家族関係登録簿の訂正を申請しなければな
らない（家登法107条）。

5　日本の関連判例

⑴　「親生子の推定を受けない婚姻中の出生子」と「親生子の推定が及ばない婚姻中の出生子」と親生子関係存否確認の訴えの関係について

1 ）東京家審昭和40・11・26（家月18- 5 -94）は，韓国民法844条（夫の親
生子の推定）の嫡出推定は，「子の懐胎期間中，夫が失踪宣告を受け失

358

第12節　親族法の概要　(3)　親子関係　親生子・親生子関係存否確認の訴え

踪中とされるとき，または夫が出征中，在監中，外国滞在中などである
とき，あるいは夫婦が事実上離婚状態にあるとき等，夫と妻との間にお
ける同棲交渉が欠如していることが外観的に明瞭である場合には，排除
され，かかる場合には，子と夫との間の関係は嫡出否認の訴でなく，親
子関係不存在確認の訴によって争いうるものと解されている」と判示し
ている。

2）長崎地判昭和45・6・30（判時605-85）の事例は次のとおりである。
原告は昭和43年11月に出生したが，その頃原告の母は，韓国人男と婚姻
中で，昭和41年3月には協議離婚が成立したので，その日より同棲をや
めて別居し以後夫婦間の交渉は一切なかった。しかし，離婚届の提出を
怠り，昭和44年3月に提出した。ところで，原告の母は，被告と昭和42
年3月頃より親しくなり，同43年5，6月頃まで付きあっていたという
事案である。原告は，訴外韓国人男との間の嫡出子となっているが，そ
の場合に嫡出否認の訴えがありその確定を待って初めて認知の訴えが可
能かについて，「……韓民844条，日民772条の規定は，夫婦間の具体的
生活事実の如何にかかわらず，もっぱら形式的な戸籍面に従って，婚姻
中に懐胎した子に嫡出推定を与えることとしたが，夫が行方不明，長期
不在その他離婚の届出に先立つ事実上の離婚状態の継続など，長期間に
わたって夫婦の同棲が失われ，たんに戸籍の上にだけ婚姻の形骸が残っ
ているような場合にまで妻の懐胎した子を戸籍上の夫の子と推定するこ
とはいかにも不合理である。ただかかる子も形式的には，……一応これ
を嫡出子として扱うほかはないが，実質的には同条の適用をうけず（講
学上の推定されない嫡出子），……一般の親子関係不存在確認訴訟をもっ
て足るものと解する」として，原告は韓国人からの嫡出否認の訴えを待
たず，父子関係を否定して被告が父であるとの認知の訴えが可能とした。

3）名古屋家審昭和49・7・8（家月27-7-87）の事例は，次のとおりで
ある。韓国人夫婦は事実上の離婚状態であったが，韓国人母は申立外韓
国人男と同棲し，申立人を昭和49年5月分娩したが，韓国人夫婦の離婚

第2章　韓国家族法の概要とその適用

届は昭和48年11月に提出されたため，韓国人夫婦の嫡出子として推定された。しかし，韓国民法844条は夫婦別居中に懐胎した子は父性の推定をうけず，このような場合，子及び母は，「父子関係を否認するため，親子関係不存在確認の訴を提起できると解するのが相当」として家事審判法23条の審判をした。

4）那覇家審昭和51・2・3（家月29-2-130）は，申立人の母である日本人女は昭和44年韓国人男と知り合い同棲し，昭和45年3月婚姻届を出したが，韓国人男は刑務所に服役している。申立人の母は昭和45年3月頃から相手方と同棲し同46年2月に申立人が出生したが，韓国人男との婚姻が継続中だったので申立人は，844条ににより韓国人男の嫡出子の推定を受けるという事例である。「かかる嫡出推定は，子の懐胎期間中，……夫が出征中，在監中，外国滞在中などであるとき，あるいは夫婦が事実上離婚状態にあるとき等夫と妻との間における同棲交渉が欠如していることが外観的に明瞭である場合には，排除され，かかる場合には，子と夫との間の関係は嫡出否認の訴でなく，親子関係不存在の訴によつて争いうるものと解されている」として認知調停を認容した事案である。

5）山口家審昭和51・8・18（家月29-9-119）は，申立人甲は嫡出推定がなされ，申立人乙は婚姻成立後200日に足りないので当然に夫の子と推定されるともいえず，844条による父性推定は「胞胎可能を前提とするものであるから」両申立人とも父性推定は受けないという事例である。このような場合に韓国民法の解釈としても子は父子関係を否認する親子関係不存在確認の訴えができるとして，父との間に親子関係が存在しないことを確認した。

6）神戸地判昭和60・5・10（家月38-4-111）[225]は，韓国人夫婦の子である原告が，夫婦が離婚した日の昭和45年11月17日から300日以内の昭和46年2月21日に出生したという事例である。親子関係の存否確認の準

225）評釈につき，高島トシ子「表見上の亡父との間の親子関係不存在確認」ジュリ871号108頁。

第12節　親族法の概要　(3)　親子関係　親生子・親生子関係存否確認の訴え

拠法は，条理に従い，「実親子関係の成立に関する法例17条，18条及び22条の規定に則り，当事者双方の本国法を累積的に適用すべきが相当と解する」として韓国法を適用し，韓国民法844条は，「嫡出親子関係の成立には自然的血縁関係の存することを当然の前提としたうえ，生理的つながりの確認が必ずしも容易でない父子関係につき，その蓋然性の特に高い一定の場合に限つて推定による親子関係を認めるものである」「しかしながら，……夫婦の同居という通常の事態を予定しているものであるから，もし妻が婚姻中に懐胎した子であっても，妻の懐胎期に夫婦同棲がまったく欠けており，妻が夫によって懐胎する事が不可能であり，そのことが外見から明白な場合には同条の推定は及ばないものと解されている」として，原告から検事（亡父は昭和47年4月17日死亡）に対して行った親子関係不存在確認の請求を認容した。

7）福岡地判平成6・9・6（判タ876-254）[226]の事例は，韓国人女乙は，昭和36年12月韓国人男1と婚姻したが，昭和38年頃婚姻関係が破綻し別居した。韓国人女乙は，昭和45年3月頃から韓国人男2と同棲し，昭和46年3月には原告甲1を出産した。そこで韓国人男2は，同年4月30日に原告甲1を認知する旨の届出と韓国人女乙との婚姻届を提出した。次いで，韓国人女乙は原告2を昭和47年11月に出産し昭和48年7月に死亡した。そこで，原告甲1・甲2は，韓国人男1との間に父子関係が存在しないことを，原告甲1は，韓国人男2との間に父子関係が存在することを，それぞれ求めて訴えを提起したのが本件事例である。なお，本件訴えは，日本に帰化するために当局から求められたものである。

判例は，原告甲1・2と韓国人男1との父子関係不存在確認請求については，「妻が婚姻中に夫以外の男性との間で懐胎した子で親生子の推定（同法844条）が及ばないときは，当該子は右夫との間の親子関係不存在確認の訴えを提起できる旨を定めているものと解される」として，本

226）評釈につき，青木清「韓国民法による親生子（嫡出）推定を受けない婚姻中の子につき韓国人実父のした認知届の効力」リマークス1996（下）152頁。

第2章 韓国家族法の概要とその適用

件のように韓国人男1の子として懐胎されることが外観上も明白に不可能なので，本件請求は認められるとした。また，原告甲1と韓国人男2との間の父子関係存在確認については，韓国人男2は原告甲1を認知する旨の届出を行い韓国人男2の韓国戸籍にもその旨の記載があるので，認知届が有効であれば原告甲1と韓国人男2の父子関係は明らかであり，訴えでもって原告甲1との間の「父子関係の存在を確認する利益は認められないと解するのが相当である」とし，「子が親生子の推定を受けているときは親生否認の訴えによって否認されない限り認知できないが，子が親生子の推定を受けない婚姻中の出生子である場合には，父子関係不存在確認の訴えによって戸籍上の父が親生父でないことが確認された後でなければ認知届は受理されないと解されている」としつつ，本件では韓国人男1の韓国戸籍からは原告甲1の親生子推定が明らかでなく，韓国人男1との「父子関係不存在確認の請求が認容されるときは，既に認知届が受理された子の利益を保護する趣旨から」，韓国人男2の「認知届は有効なものと解するのが相当である」として，父子関係存在確認の利益はないとして却下した。

⑵ **認知の訴えと父による婚姻外の出生子に対する出生申告の効力**

1）京都家審昭和37・1・31（家月14-7-90）[227] は，次のような事案である。日本人女は，韓国人男との両名の間で申立人両名を昭和22年，同23年出生したものの出生届を出さなかったので，その子らは申立外韓国人男女にできた子として出生届がなされた。その後申立外韓国人男女は昭和30年，同36年死亡したので，申立人両名は真実の母である日本人女を相手に認知を申し立てた事案である。そこで，家事審判法23条にいう合意に相当する審判で認知を認容したものである。

2）秋田家花輪出審昭和35・12・14（家月13-4-115）は，韓国人男が昭和25年になした認知届出による認知は無効であるとした申立人日本人女

227）評釈につき，林脇トシ子「日本人母を相手方とする韓国人子の認知申立に対し，家事審判法23条の審判をした事例」ジュリ263号115頁。

第12節　親族法の概要　(3)　親子関係　親生子・親生子関係存否確認の訴え

の訴えを認めた事案である。そこでは，韓国民法施行前の認知が検討され「同法附則第2条により同法は特別の規定ある場合の外は同法施行日前の事項に対しても適用されることになっており，認知に関して特別の規定がないから同法施行日前になされた本件認知については結局新民法が適用されると解される」とし，韓国民法862条は「子及びその他の利害関係人は認知の申告あるを知つた日より1年以内に認知に対する異議の訴を提起することができる旨」規定していること，相手方である子の日本法は訴えを持って認知無効を主張することができるので，父子関係のない認知は無効であるとして家事審判法23条により審判をした事例である。

3) 京都地判昭和39・10・9（判時397-52）は，昭和38年6月25日死亡した韓国人父に強制認知を求めた事案で，「韓国民法864条は，父又は母が死亡したときは，その死亡を知った日から1年内に」（現行法は2005年法7427号で「知った日から2年内」と改正）となっているが，「強制認知に関する韓国民法の右の規定は，日本民法第787条と異なるが，韓国民法の右の規定は公の秩序又は善良の風俗に反しない」として，昭和39年5月21日に提起した認知の訴えを容認した。

4) 東京家審昭和42・4・17（家月19-11-127）[228]は，次のとおりである。韓国戸籍法62条（現在は家登法57条）は，「父が行った婚姻外の子に対する出生子申告は，認知の効力がある」と定めているが，その点を看過して昭和41年死亡した韓国人の相続人は父母としたが，父母が行方不明なので相続財産管理人選任を求めた事案で，被相続人は内縁の妻との間の子2名の出生届を日本の役場に提出している。そこで我が国の戸籍吏宛なされた出生届にその効力があるかを検討し，その認知を有効として内縁の子2名が相続人になるとして，相続財産管理人選任の申立を却下し

---

228) 評釈につき，欧龍雲「相続の準拠法たる韓国法によって相続人を確定する際，被相続人から戸籍吏宛になされた婚外子の出生届に認知の効力を認めた事例」ジュリ411号181頁。

第2章　韓国家族法の概要とその適用

た事案である。

5）東京家審昭和53・3・17（家月31-7-80）[229]は，次の様な事案である。韓国民法844条の解釈として，婚姻中に懐胎した子は夫の子と推定され子の出生を知ったときから1年以内に嫡出否認の訴えにより否認できるとされるが，「同法の解釈としても，血液型の対照により客観的に父子関係のないことが明らかな場合には右の推定が及ばないと解すべきであ」り，また，非嫡出子の父子関係については，韓国民法859条以下によると，認知により父子関係が形成されるが，「同法の解釈として，仮に認知があったとしても本件の如く血液型の対照によって明らかに父子関係が否定される場合には認知の効力を生ぜず，かつとくに認知の無効の裁判を前提とする必要もないと解すべきである」として，認知無効の判決を経ずに直接父との親子関係不存在確認をした事案である。

⑶　**認知無効の訴えとその出訴期間について**

1）東京地判昭和56・10・9（判時1041-87）[230]の事例は，以下のとおりである。韓国人男と日本人女は昭和21年頃から内縁関係にあり，同25年10月12日夫の氏を称する婚姻をした。同年10月20日原告につき父を韓国人男，母を日本人女として出生届がなされた。ところが，韓国人男の友人は，とある日本人女と内縁関係にあったが，子供が生まれないので原告を引き取り，以来その養育に当たった。そして，昭和34年には婚姻して，同39年には原告を認知した。韓国人男は昭和34年に死亡し，その友人は同42年に死亡したというものである。韓国では認知無効の訴えは韓国民法862条で認知の届けがあることを知ってから1年以内に限り訴えで可能であり，864条では父死亡後1年以内という規定である。本件の場合

229）評釈につき，笠原俊宏「1表見的嫡出父子関係にある者の間の親子関係不存在確認事件に適用すべき牴触規定2大韓民国民法の解釈としても，血液型の対照によって客観的に父子関係のないことが明らかな場合には，嫡出推定が及ばないとされた事例」ジュリ713号134頁。

230）烋場準一「認知無効の訴えにつき出訴期間の制限のある韓国法と公序」昭和57年重判解281頁。

364

第12節　親族法の概要　(3)　親子関係　親生子・親生子関係存否確認の訴え

は10年ほど前に原告は認知の事実を知っており，友人が死亡したのは昭
和42年で死亡してから1年を過ぎている。そこで，韓国民法862条，864
条の規定は公序に反するかについて，韓国民法の認知無効に関する期間
制限は「身分関係の可及的すみやかな確定，時間の経過に伴なう証拠の
散逸と真実に合致した身分関係の発見等の要請に立脚した一つの立法政
策として一応の合理性を有するものと言うべく，右期間制限をもって直
ちに我が国の公序良俗に反するものと断ずることはできない」としなが
らも，真実の親子関係と認知が受理されているという「原告につき重複
した親子関係が併存する結果となるというのであり，わが国の法制度上
あり得べからざる実父子関係の複数存在を許容しなければならない事態
となるのであるから，本件の如き場合に限り，前記期間制限を定めた大
韓民国民法を適用して本件訴えを却下することは我が国の公序良俗に反
するものと言わざるを得ない」として認知無効確認を認容した。

2）大阪地判昭和61・11・17（判時1252-80）の事例は以下のとおりである。
原告の表見上の父は韓国人で1900年生まれである。その父は遅くとも昭
和19年頃大阪市で商売をはじめたが，正妻は朝鮮にいた。日本では，あ
る女性と内縁関係にあり4人の子をもうけ，同年には正妻と協議離婚し，
その女性と正式に婚姻した。ところが，その女性は空襲が激しくなるの
で子供二人を連れて朝鮮に帰国，その時から家政婦であった原告の母と
表見上の父は事実上の夫婦生活をするようになる。昭和30年頃からは夫
婦仲が悪くなり，原告の母は韓国人である他の男性Aと関係を持ち始め
その2人から昭和32年11月5日生まれたのが原告である。表見上の父は
激怒し，母との婚姻届を昭和33年に布施市に提出すると共に原告を認知
する届も提出した。昭和39年には母と表見上の父は協議離婚を行い，母
はある韓国人男性Aとの婚姻届を同47年提出し，同49年には男性Aは母
と原告らと全員で日本に帰化し，原告を養子とする届も為した。表見上
の父は昭和50年に死亡している。
　判例は，昭和33年当時の認知に関する法律は，韓国制定民法の附則2

365

条により新民法が適用され，それによると862条（認知無効の訴え）は認知を知ってから１年以内，864条（認知に対する異議の訴え）は父が死亡した時はその死亡を知ってから１年内に訴えを提起すべきとの規定があるのでいずれも出訴期間を徒過しているのは明白である。そこで，出訴期間の制限は公序には反するかであるが，「……日時の経過に伴って証拠が散逸し不明確になることにより，真実に合致した身分関係の発見が妨げられることを防止するとともに，身分関係の可及的速やかな確定を図るなどの要請に基づく一つの立法政策として，合理性を全く有しないものではないから，それ自体我国の公序良俗に反するものといえないことはもちろん，原告とその血統上の父である……が養子縁組をして親子として生活している本件においては，全証拠によってもいまだ右規定を適用するとわが国の公序良俗に反すると言える程の特別な事情は認められない」として，認知無効確認の訴えを却下した。

　その控訴審（大阪高判昭和62・４・１民集45-7-1170）はその控訴を棄却したが，その上告審（最二小判平成３・９・13民集54-7-1151）[231]では，次のような理由で原判決を破棄し，第一審を取り消した。判例は，改正前法例18条１項の規定について(i)「同条は，国籍を異にする認知者と被認知者との間の身分関係を肯定するのに確実を期するとともに，不確実な身分関係を排除するため，認知者及び被認知者のそれぞれの本国法によって認知の要件を具備する場合に認知の効力を肯定することができるものとした規定であると解すべきである」(ii)「認知者及び被認知者の各本国法の規定する認知の無効要件が異なる場合には，一方の本国法によって認知が無効とされるときは，他方の本国法によって認知が無効とされないときであってもなお，認知の効力を否定することができるとい

---

231) 評釈につき，滝澤孝臣「大韓民国の国籍を有する者から認知された日本国の国籍を有する者が大韓民国民法の規定する出訴期間の経過後に提起した認知無効の訴えの許否」ジュリ997号93頁，早川眞一郎「認知無効の訴の出訴期間制限に関する準拠法」ジュリ1018号134頁など。

第12節　親族法の概要　(3)　親子関係　親生子・親生子関係存否確認の訴え

うべきである」(iii)「……右のような法例18条１項の趣旨にかんがみれば，
子が父に対して認知を求めるにつき，出訴期間の制限がある場合には，
父又は子の一方の本国法の規定する出訴期間を徒過していれば，当該認
知を求める訴えは不適法として却下を免れないが（……），子が父に対
して父がした認知の無効確認を求めるにつき，出訴期間の制限がある場
合には，父及び子の双方の本国法の規定する出訴期間を徒過していない
限り，当該認知の無効確認を求める訴えを適法として，認知の効力の有
無を判断すべきものである。」として，上告人の本国法である日本民法
では認知の効力を争えるので「本件訴えはこれを不適法として却下すべ
きものでは」ないとした。

(4)　死後認知とその出訴期間について

１）最二小判昭和50・6・27（家月28-4-83）[232]の判例の要旨は，１）非
嫡出子認知の要件の準拠法につき「非嫡出子の認知が有効に成立するた
めには，一方において父又は母の本国法による認知の要件を具備すると
ともに，他方において子の本国法による認知の要件を具備することが必
要であるものと解される」ところ，日本国籍を有する上告人は，昭和45
年８月24日死亡した韓国人父を，その死亡を知ってから１年経過した昭
和48年３月２日に本認知請求の訴えを提起した。日本民法787条は「父
又は母の死亡の日から３年内」であり，韓国民法864条は「父又は母が
死亡したときは，その死亡を知った日から１年内」である。「……して
みると，本件認知の訴は，子である上告人らの関係では出訴期間内に提
起されたことになるけれども，父たるべき……の関係で出訴期間を徒過
しており，結局認知の要件を具備していないことが明らかであって，本
件訴は不適法である」「また，大韓民国民法の右規定は，父又は母の死
亡後における認知請求の訴を認めたうえ，出訴期間をその死亡を知った

---

232)　評釈につき，山内惟介「大韓民国法上の法定期間徒過後に提起された死後認知の
訴えの許否と法例30条」ジュリ630号159頁，田村精一「死後認知の出訴期間を１年に
限定する大韓民国法の適用は公序に反しないとした事例」昭和51年重判解256頁など。

第2章　韓国家族法の概要とその適用

日から1年に限定したものであるからといって，これを日本民法787条
の規定と対比してみても，その適用の結果がわが国の公序良俗に反する
ものとは認め難い」として上告を棄却した。

2）　神戸地判昭和55・3・27（判タ417-154）の事例は，原告らは日本人
母と韓国人父との間に生まれたが，原告らの父は昭和51年5月に死亡し
た。その死亡については死亡日に知ったが，昭和53年12月に認知の訴え
を提起したというものである。本案前の抗弁についての判断として，韓
国民法864条は死後認知の出訴期間が1年とされている。その点が公序
に反するかについて，「外国法の適用を公序に反するとして排除すべき
か否かは当該事案との関係において相対的に決せられるべきものであ
る」とし，亡父が出生から死亡まで日本に居住，韓国へは一度も帰らず，
韓国語の読み書きは出来ず，生前日本に帰化して永住する意思を有して
いたなどの事情から日本社会との牽連関係があったこと，認知制度が
「嫡出でない子にとって，法律上その父が定められた親子関係が成立し，
それに伴う権利，利益が保護される唯一の方法であることを鑑みると，
本件に韓国法を適用して訴を不適法として却下することは」法例30条に
いう公序に反する結果となるとして本件認知請求を適法とした。

　その控訴審（大阪高判昭和55・9・24判時995-60）は，死後認知の出訴
期間の定め方において差異があり，一般的には日本民法787条と韓国民
法864条とを比較して「具体的事案によっては死亡を知った日より1年
と定める韓国民法の方が死亡後3年を経過した後においても訴の提起が
許される場合のあることも考えられるのであって，認知請求権者である
子にとっても一概にいずれが利益不利益かを即断し難いものがある」と
し，亡父と日本社会との牽連性が強いといっても「法例が属人法決定の
基準として当事者の国籍に拠っている以上，……の属人法は既述のとお
り韓国法であり，更に死後認知に関する彼我の法制の違いが前記の程度
でむしろ技術的問題にすぎず，これら訴提起期間の制限も身分関係に伴
う法的安定保持のために不合理となし難いことなどを考慮すると」公序

第12節　親族法の概要　⑶　親子関係　親生子・親生子関係存否確認の訴え

に反するとまではいえないとして，控訴を却下した。

3）東京地判平成4・9・25（家月45-5-90）[233]は，韓国民法864条の死後認知の出訴期間の起算点となる「死亡を知った日」について，「右起算点を「認知請求者において死後認知の訴え提起の必要性を認識しうる状態となったとき」と解する余地はないというべきである」とし，「この結論は，仮に，認知請求者が法定の期間内に死後認知の訴え提起の必要性を認識しうる状態とならなかったことにつきやむを得ない事情があるとしても，これによって左右されるものではない」とした。

⑸　**親生子関係存否確認（親子関係存否確認）の訴えの性質について**

東京家審昭和41・2・4（家月18-10-83）[234]は，次の通りである。申立人は韓国戸籍上では韓国人夫婦の子として記載されているが，実際は韓国人父と日本人女との間で昭和9年に日本で生まれた者である。そこで，申立人は日本に帰化する前に日本人女との間に母子関係が存在することを確認するために申立てに及んだ。韓国家事審判法（筆者注：現在の家事訴訟法）によると，認知請求は丙類審判事項（調停の対象），嫡出親子関係存否確認は乙類審判事項（調停の対象では無い）とされ「本件申立の如き非嫡出子の母子関係存在確認がなしうるか否か，またはなしうるとして調停の対象となるのか必ずしも明確でない」「しかしかかる手続法的な問題については，管轄権のあるわが国の裁判所にその申立をする以上，法廷地法であるわが国の法律によるべきもの」として家事審判法23条の手続により審判をした事例である。

⑹　**親生子関係存否確認の訴えの出訴期間について**

1）大阪高判平成18・10・26（判タ1262-311）[235]の事例は下記のとおりで

233）評釈につき，早川眞一郎「日本法上も韓国法上も出訴期間徒過により不適法であるとされた死後認知の訴え」ジュリ1067号142頁，青木清「認知」渉外百選3版142頁，山内惟介「認知」国際私法百選2版136頁など。

234）評釈につき，越川純吉「実母子関係成立の準拠法」ジュリ374号143頁，松岡博「親子関係の存在」渉外百選2版134頁。

235）評釈につき，林貴美「韓国民法上の出訴期間徒過後の親子関係存在確認の訴の提起の可否」リマークス2009（上）142頁，實川和子「公序⑶親子関係存在確認の出訴

369

第 2 章　韓国家族法の概要とその適用

ある。韓国人女 1 ・ 2 は，帰化申請をしたところ，1996年11月死亡した
韓国人男 2 との父子関係が不明確という理由で申請が受理されなかった
ので，韓国人男 2 との親子関係存在確認の訴えを2005年 5 月31日に提起
した。原審は，韓国民法865条 2 項で親子関係存否確認の訴えの出訴期
間は「死亡を知った日から 1 年内」（現行法は 2 年）で不適法として却下
したので，控訴したのが本件である。なお，韓国人女 1 ・ 2 の母である
韓国人女 3 は，1941年韓国人男 1 と婚姻していたが，韓国人男 1 は行方
不明になり，その後は韓国人男 2 と親しくなりその間に1955年と1957年
に生まれたのが韓国人女 1 ・ 2 である。韓国人男 1 とは1976年に離婚判
決がありその旨韓国戸籍に記載され，韓国人女 3 と韓国人男 2 との婚姻
届は1976年 3 月15日提出された。韓国人女 1 ・ 2 は韓国人男 2 を父，韓
国人女 2 を母として韓国戸籍に登載されている。

　韓国戸籍に記載されている点については「韓国という国家が公証した
身分関係であること等考えれば」韓国人女 1 ・ 2 について韓国人男 2 が
死亡した際に後に韓国人男 2 との親子関係を疑う者が出てくるとは，全
く予想することが不可能で，「ことに，韓国という国家が公証した身分
関係である戸籍の記載につき，疑義を挟む他国の公務員が現れることに
ついても全く予想ではなかった事態であることは明らかである」とした。

　次いで，韓国民法865条 2 項の出訴期間については，「本件条文に定め
る出訴期間の定めは，親ないし子の一方が死亡した場合，法律関係の混
乱を長引かせないために，戸籍上の親子関係と異なる親子関係を主張す
る場合には，死亡の日から一定期間内に検察官を相手に，親子関係の存
否確認を提起しなければならないとの趣旨を定めた規定と考えられる」
ので，「本件条文の出訴期間の定めは，戸籍の記載と異なる親子関係の
存否の確認請求について適用があり，戸籍の記載どおりの親子関係確認
を求める場合には，適用されないと解釈することができる」とし，韓国

期限を 1 年とする韓国法」国際私法百選 2 版24頁。

370

第12節　親族法の概要　(3)　親子関係　親生子・親生子関係存否確認の訴え

の条文を上記のように解することができないとすれば「本件事例に，本件条文を適用することは，我が国の公序良俗に反するものであり，法例33条の規定により，本件事例については，本件条文が適用されないといわざるをえない」が，「我が国では，親子関係の確認の訴は，確認の利益が肯認される限り原則として許され，その出訴期間を定めた規定は存在しない」として，訴えの適法性を認容して，親子関係存在確認請求を認容した。

2）京都家審平成25・11・25（判時2231-57）は，韓国戸籍上で原告は亡Ａ女（1987年死亡）の子となっているが，実際は亡Ｃ男と亡Ｂ女（2000年死亡）との間で生まれた子であるとして，亡Ａ女との間には親子関係が存在しないこと（第１の訴え）と亡Ｂ女との間には親子関係が存在すること（第２の訴え）を求めた事例である。なお，亡Ｂ女は1966年原告を出産し出生届を提出したこと，亡Ｃ男は1971年頃亡Ｂ女と婚姻を解消して1980年に亡Ａ女と婚姻し，原告を亡Ａ女と亡Ｃ男との間の子として韓国戸籍に登載させている。原告は，亡Ａ女の死亡の事実は，1987年頃に，亡Ｂ女の死亡の事実は2012年頃に知った。

　本件訴えは2013年３月７日である。

　判例は，親生子関係存否確認の訴えの出訴期間である韓国民法865条２項「死亡を知った日から２年内」（筆者注：2005年改正前は１年内）を検討し，第１の訴えは却下し，第２の訴えは認容した。その理由中で「確かに，本邦においては，親子関係不存在確認の訴えについて，特段の出訴期間をもうけてはいないが，」「韓国民法の立法趣旨は，それ自体が合理性を欠くとまではいえず，韓国民法865条２項自体が，直ちに我が国の公序良俗に反するものということはできない」と判示している。

　その控訴審（大阪高判平成26・5・9判時2231-53）[236]は，第１の訴え

236）評釈につき，佐藤やよひ「実親子関係存否確認につき出訴期間制限を定める韓国法の適用と公序」平成26年重判解298頁，櫻田嘉章「韓国民法865条２項と通則法42条」戸時724号41頁。

第2章　韓国家族法の概要とその適用

について却下した点について検討を加え，韓国民法865条2項の出訴期間を徒過して不適法な訴えではあるとしつつ，同法を適用することが通則法42条の公序良俗に反するかを検討する。

　まず，本件が我が国との関連性があり，実親子存否確認請求は我が国では出訴期間の制限をもうけていないことを踏まえながら「本件では，本件第2の訴えにおいて，控訴人と，その実母である亡Bとの親子関係の存在が確認されており，既に原判決の本件第2の訴えに係る部分は，これに対する不服申立てがされなかったことによって確定しているのであるから，仮に，本件第1の訴えの提起が不適法で許されないものであるとされた場合には，控訴人には実母が2名存在することになってしまうところ，このような二重の実母子関係の存在は，我が国の法制度上，許容することができないものというべきである。」として，法適用通則法42条を適用して韓国民法の適用を排除し，第1の訴え（亡Aとの親子関係不存在）を認容した。

⑺　**親生子関係不存在確認請求と韓国民法の権利濫用の法理**

　最三小判平成20・3・18（判タ1269-127）[237]の事例は以下のとおりである。韓国人A・Bは1944年婚姻した韓国人夫婦である。被上告人X$_1$（1947年生）と被上告人X$_2$（1950年生）は韓国人A・Bの長女・次女である。韓国人A・B夫妻は男の子が欲しかったので，福祉施設から上告人を引き取り，1957年に夫婦間で出生したとの出生届を1960年に提出した。韓国人Aは，1993年死亡し，同年12月にAの遺産について上告人・被上告人・Bの間で遺産分割協議を終えた。2003年になって被上告人らは上告人とAとの間に親子関係は存在せず遺産分割は無効と主張し，Aの遺産の返還を求める訴えを提起した。その前提として，上告人と父親（A）との間の実親子関係不存在の確認を求めたのが本件上告審である。なお，Bと上告人の

237）評釈につき，金汶淑「韓国法上の親子関係不存在確認請求と権利濫用の上告」平成20年重判解336頁，道垣内正人「韓国法の適用違背による破棄差戻し」リマークス2009〈下〉134頁，西谷祐子「外国法の適用違背と上告」国際私法百選2版238頁など。

372

間に実親子関係が存在しないことは2006年4月20日に判決が確定している。

上告審は，被上告人らが実親子関係不存在確認請求をすることが韓国民法2条2項の権利濫用に当たるかについて審理を尽くさせるために原審に差し戻した。

その理由について「戸籍上の両親以外の第三者である丙が，乙とその戸籍上の父である甲との間の実親子関係が存在しないことの確認を求めている場合において，甲乙間に実の親子と同様の生活の実体があった期間の長さ，判決をもって実親子関係の不存在を確定することにより乙及びその関係者の受ける精神的苦痛，経済的不利益，改めて養子縁組届出をすることにより乙が甲の実子としての身分を取得する可能性の有無，丙が実親子関係の不存在確認請求をするに至った経緯及び請求をする動機，目的，実親子関係が存在しないことが確定されないとした場合に丙以外に著しい不利益を受ける者の有無等の諸般の事情を考慮し，実親子関係の不存在を確定することが著しく不当な結果をもたらすものといえるときには，当該確認請求は，韓国民法2条2項にいう権利の濫用に当り許されないものというべきである」とした。

本件の差戻審（名古屋高判平成20・7・3（平20(ネ)289号（最高裁HP））では，上記の見解に基づいて検討を加え，原判決を取消し請求を棄却している。

第13節　親族法の概要
(4)　養親子関係
一般入養・親養子入養・「入養特例法」による入養

1 養親子関係

養親子関係制度について，民法では，従来からの「一般入養」制度と

第 2 章　韓国家族法の概要とその適用

2005年法7427号民法で導入され2008年 1 月 1 日から施行された「親養子入養」制度があり，ほかに特別法である「入養特例法」（2011年法11007号）による入養制度がある。

2　一般入養

入養とは養親子関係を創設することを目的とする養子と養親間の合意であり，入養は広い意味の契約で親族法上の契約なので債権契約とは異なる特殊性が認められる[238]。そして，入養は家登法によって一定の方式で申告して成立する要式行為である（878条）。

(1)　入養の実質的要件

民法881条でいう入養申告の審査の内容は，家族関係登録事務担当公務員が入養申告を受理してはならない事項にすぎないという見解があるが，通説はそれらについても実質的成立要件の問題と捉えている[239]。

　　①　当事者間に入養の合意があること（883条 1 号）。

第883条（入養無効の原因）　次の各号のいずれか一に該当する入養は無効とする。
1．当事者間に入養の合意がない場合
2．（略）

---

1 ）入養が成立するためには当事者間に入養意思の合致がなければならない。入養の意思は自由に決定されなればならず，詐欺又は強迫による入養は取消原因となる（884条①3号）。
2 ）入養の意思は自己の独立意思によらねばならないが，被成年後見人は成年後見人の同意を得て入養当事者になれるが（873条①），養子になる

238）송덕수（ソンドクス）・親族相続法159頁。
239）송덕수（ソンドクス）・親族相続法160，163頁。

第13節　親族法の概要　(4)　養親子関係　一般入養・親養子入養・「入養特例法」による入養

者が13歳未満の場合は法定代理人の代諾によってのみ入養が成立する（869条②）。

３）入養の意思は，申告書面作成時と申告を受理されるときに存在しなければならない。また入養の意思のない申告は，誤って受理されても無効である（883条１号）。

　　②　養父母は成年者であること（866条）

> **第866条（養子をする能力）**　成年に達した者は，入養をすることができる。

（対照）日本民法792条

１）未成年者は入養ができず，成年者であれば，既婚・未婚・子女の有無などは問題にならないが，未成年者が婚姻して成年に擬制されている場合（826条の２）には，入養可能という見解と入養できないという見解に分かれる。[240]

２）本条に反した入養は受理されないが（881条），誤って受理された場合は家庭法院に入養の取消を請求できる（884条①１号）。

　　③　未成年者入養の場合　(1)家庭法院の許可を受けること

> **第867条（未成年者の入養に対する家庭法院の許可）**　①未成年者を入養しようとする者は家庭法院の許可を得なければならない。
> ②家庭法院は養子となる未成年者の福利のためにその養育状況，入養の動機，養父母の養育能力，その他の事情を考慮して第１項による入養の許可をしないことができる。

（対照）日本民法798条

１）本条は，入養児童の保護のために国家機関が後見的介入をしなければならないという先進国の傾向などを勘案するとともに，[241]近年の深刻な

240）송덕수（ソンドクス）・親族相続法164頁。
241）김주수（キムチュス）＝김상용（キムサンヨン）・親族相続法第12版330頁。

第2章　韓国家族法の概要とその適用

社会問題となっている不適格者による入養を防ぐために2012年法11900号民法で新設され，2013年7月1日から施行された条項である。

2）本条の許可は，養子となる者が13歳未満であれ，13歳以上であれ，全ての未成年者の場合に求められ，家庭法院の許可書は，入養申告書に添付しなければならない（家登法62条②）。これに違反した申告は受理されないが（881条参照），例え受理されても入養は無効になる（883条2号）。

3）これに関連して，大法院は，2013年，韓国人と日本人の国際的な入養事件の家庭法院の許可とは，日本の家庭裁判所の許可ではなく韓国家庭法院の許可であり，もし日本の家庭裁判所の許可であれば入養に関する創設的申告も報告的申告も受理できないとの先例を発した（2013. 10. 17. 家登先例201310-1号（韓先2-9））。

韓国の先例2-9　2013. 10. 17. 201310-1号　韓国人と日本人間の国際的な入養事件で韓国家庭法院の許可を要する範囲及び入養決定及び罷養判決における日本の家庭裁判所の裁判で韓国家庭法院の裁判に代わることができるかどうか（制定2013. 10. 17）

가.「国際私法」上，入養は入養当時の養親の本国法により，入養による親子関係の成立に関して子の本国法が子又は第三者の承諾や同意等を要件とするときには，その要件も備えなければならないと規定しているところ，未成年者の場合家庭法院の許可を得るとの趣旨が子の保護要件であることを勘案するとき，養親が韓国籍，養子が日本籍の場合だけでなく，養親が日本籍，養子が韓国籍の場合（養親の配偶者の子の場合を含む）でも家庭法院の許可を得なければならない。

나. そのとき，上記許可は韓国家庭法院の許可を意味し，日本の家庭裁判所は韓国家庭法院の役割を代行できない。

다. したがって，上記のような国際的な未成年者入養における入養当事者が大韓民国の家庭法院の許可を受けていなければ，入養当事者が大韓民国登録官署に入養の創設的申告をする場合はもちろん，証書謄本による報告的申告をする場合でも登録官署はこれを受理できない。

（2013. 10. 17家族関係登録-3516）[242]

242）李春熙「養子縁組の要件」在日コリアン弁護士協会編『第2版Q&A新・韓国家族法』（日本加除出版，2015年）222頁（226頁）で引用。

第13節　親族法の概要　(4)　養親子関係　一般入養・親養子入養・「入養特例法」による入養

④　未成年者入養の場合　(2)13歳以上の未成年者の場合—法定代理人の同意を得て入養の承諾をすること

第869条（入養の意思表示）　①養子になる者が13歳以上の未成年者である場合には法定代理人の同意を得て入養を承諾する。

②（略）

③家庭法院は次の各号の一に該当する場合には第１項による同意又は第２項による承諾が無くても第867条第１項による入養の許可をすることができる。

　１．法定代理人が正当な理由なく同意又は承諾を拒否する場合。ただし，法定代理人が親権者の場合には第870条第２項の事由がなければならない。

　２．法定代理人の所在を知ることができない等の事由で同意又は承諾を得ることができない場合

④第３項第1号の場合家庭法院は法定代理人を尋問しなければならない。

⑤第１項による同意又は第２項による承諾は第867条第１項による入養の許可がある前まで撤回することができる。

１）養子が13歳以上の未成年者の場合は，法定代理人（親権者又は未成年後見人）の同意を得て入養を承諾する（869条①）。なお，同意を要する未成年者の年齢は，2012年法11300号民法で「15歳」から「13歳」に改正された。

２）ただし，家庭法院は，法定代理人が正当な理由なく同意を拒否する場合（869条③１号）や法定代理人の所在が分からないとき（869条③２号）は法定代理人の同意が無くても867条１項の入養の許可ができる（869条③本文）。

３）法定代理人が同意を拒否する場合で法定代理人が親権者の場合は，870条２項の事由（父母が３年以上扶養義務を履行しないときや子女を虐待等をして子女の福利を著しく害した場合）でなければならない（869条③１号ただし書）。その場合は，法定代理人を尋問しなければならない（869条④）。

第2章　韓国家族法の概要とその適用

4）法定代理人の所在が分からないときで入養の同意を得られない事由に
　は，長期間の意識不明や不治の精神病で意思表示ができないことも含ま
　れる。[243]

5）なお，以上の法定代理人の同意は家庭法院の入養許可（867条①）が
　あるときまでは，撤回することができる（869条⑤）。

　　⑤　未成年者入養の場合　(3)13歳未満の未成年者の場合—法定代理
　　人の入養代諾

第869条（入養の意思表示）　①　（略）
②　養子になる者が13歳未満の場合には法定代理人がその者に代わり
　入養を承諾する。
③　（略）
④　（略）
⑤　（略）

（対照）日本民法797条

1）養子になる者が13歳未満の場合には，法定代理人（親権者又は未成年
　後見人）がその者に代わって入養を承諾しなければならない（869条②）。
　代諾は養子になる者の法定代理人が行う。なお，法定代理人が代諾する
　未成年者の年齢は，2012年法11300号民法で「15歳」から「13歳」に改
　正された。

2）869条の3項から5項までで，13歳未満の未成年者の「同意」で述べ
　た点と同様な規定が置かれている。

3）これに違反した入養申告は受理されないが（881条参照），受理されて
　も入養は無効である（883条2号）。2012年法11300号民法の改正前の判
　例では，子が15歳になり無効な入養を追認すればその入養は遡及して有
　効になるとするものがあった（大判1990.3.9.89므389，大判1997.7.11.
　96므1151（韓判2-119））。

243）송덕수（ソンドクス）・親族相続法165頁。

378

第13節　親族法の概要　⑷　養親子関係　一般入養・親養子入養・「入養特例法」による入養

韓国の判例2‐119　大判1997. 7. 11. 96므1151　15歳になった養子の入養の追認

「被告が入養の承諾能力が生じた15歳以後でも継続して上記亡人を母と呼び生活するなど入養の実質的な要件を備えている以上，被告は15歳になった以後も上記亡人が行った入養に代わる出生申告を黙示的に追認していたと解するのが相当と考えられ，一旦追認によって形成された養親子関係は罷養によらなくてはこれを解消させられないと考えられる（大判1990. 3. 9. 89므389参照）。」

⑥　未成年者入養の場合　⑷父母の同意を受けること

第870条（未成年者入養に対する父母の同意）　①養子となる未成年者は父母の同意を得なければならない。ただし，次の各号のいずれか一に該当する場合にはその限りでない。
　1．父母が第869条第1項による同意をするか同条第2項による承諾をした場合
　2．父母が親権喪失の宣告を受けた場合
　3．父母の所在を知ることができない等の事由で同意を得ることができない場合
②家庭法院は次の各号のいずれか一に該当する事由がある場合には父母が同意を拒否しても第867条第1項による入養の許可をすることができる。この場合家庭法院は父母を尋問しなければならない。
　1．父母が3年以上子女に対する扶養の義務を履行しなかった場合
　2．父母が子女を虐待又は遺棄するかその他子女の福利を著しく害した場合
③第1項による同意は第867条第1項による入養の許可がある前まで撤回することができる。

（対照）日本民法797条

1）養子になる未成年者は父母の同意を受けなければならない（870条①本文）。この場合の父母は親権者に限定されない。ただし，①父母が13歳以上の未成年者の入養承諾に対する同意をしたか13歳未満の者に入養代諾をしていたとき（870条①1号），②父母が親権喪失の宣告を受けた

379

第2章　韓国家族法の概要とその適用

場合（同条①2号），③父母の所在を知ることができない等の事由で同意
を得られない場合（同条①3号），は父母の同意を受けなくてもよい。

2）そして，家庭法院は一定の事由がある場合には，父母が同意を拒否し
ても入養の許可を行うことができる（870条②本文前段）。その事由とは，
①父母が3年以上子女に対する扶養義務を履行していないとき（同条②
1号），②父母が子女を虐待又は遺棄するかその他子女の福利を著しく
害した場合（同条②2号）である。この場合は家庭法院は父母を尋問し
なければならない（870条②本文後段）。

⑦　養子になる成年者も父母の同意を受けること

第871条（成年者入養に対する父母の同意）　①養子となる者が成年の
　場合には父母の同意を得なければならない。ただし，父母の所在を
　知る子ができない等の事由で同意を得ることができない場合にはそ
　の限りでない。
②家庭法院は父母が正当な事由なく同意を拒否する場合に養父母とな
　る者や養子となる者の請求に従い父母の同意に代わる審判をするこ
　とができる。この場合家庭法院は父母を尋問しなければならない。

（対照）日本民法　無し

1）成年者入養の父母の同意に関する本条の規定は，2012年法11300号民
法で新設された。成年者も父母の同意を受けるようにしたのは，韓国社
会の法感情（又は情緒）に照らしてみれば子女が父母の意思を問わずに
養子になるのはよくないと考えられたからである。[244] なお，この場合で
も所在不明等の事由で父母の同意を受けられない場合には，父母の同意
が無くても入養が可能である（871条①ただし書）。

2）また，父母が正当な事由が無いのに同意を拒否した場合は，養父母に
なる者や養子になる者の請求により父母の同意に代わる審判をすること
ができる（871条②本文前段）。ただし，この場合は家庭法院は父母を尋

244）김주수（キムチュス）＝김상용（キムサンヨン）・親族相続法第12版339頁。

380

第13節　親族法の概要　(4) 養親子関係　一般入養・親養子入養・「入養特例法」による入養

問しなければならない（871条②本文後段）。同意を拒否する場合として
想定されるのは，①父母が幼い子女を置き去りにして委託父母が子女を
事実上養育していたが，歳月が経って委託父母が成年になった子女を入
養させようとしたときに父母が反対する場合，②離婚後子女を直接養育
しない父又は母が養育費も支給せず面接交渉をしないのに，子女を養育
した来た継父（又は継母）が成年になった子女を入養させようとしたの
にそれに反対する場合等が考えられる[245]。

3）父母の同意がなければ申告は受理されないが（881条），誤って受理さ
れた場合は家庭法院に入養の取消を請求できる（884条①１号）。

⑧　被成年後見人が入養当事者になる場合　成年後見人の同意・家庭
法院の許可・同意権者が正当な理由なく同意を拒否した場合の家庭
法院の入養許可

第873条（被成年後見人の入養）　①被成年後見人は成年後見人の同意
を得て入養をすることができ養子になれる。
②被成年後見人が入養をするか若しくは養子となる場合には第867条
を準用する。
③家庭法院は成年後見人が正当な理由なく第１項による同意を拒否す
るか被成年後見人の父母が正当な理由なく第871条第１項による同
意を拒否する場合にその同意がなくても入養を許可することができ
る。この場合家庭法院は成年後見人又は父母を尋問しなければなら
ない。

（対照）日本民法799条，738条

1）被成年後見人が入養をするか養子になる場合には，成年後見人の同意
を得なければならない（873条①）。さらに，成年者が養子になるときに
は父母の同意を受けなければならないので（871条），被成年後見人も養
子になろうとすれば成年後見人の同意の外に父母の同意も受けなければ
ならない。

245）김주수（キムチュス）＝김상용（キムサンヨン）・親族相続法第12版339頁注）106。

第2章　韓国家族法の概要とその適用

２）また，被成年後見人が入養をするか養子になる場合には，成年後見人
　の同意に加えて家庭法院の許可を受けなければならない（873条②，867
　条①）。このとき，家庭法院は，養子になる被成年後見人の福利のため
　にその養育状況，入養動機，養父母の養育能力，その他の事情を考慮し
　て入養の許可をしないことができる（873条②，867条②）。この家庭法院
　の許可も必要としたのは，成年後見人と父母の同意だけでは，被成年後
　見人が充分に保護されるとは解し難いからである[246]。
　　なお，未成年者入養と同様に家庭法院の許可を受けて入養申告をする
　ことにより入養が成立する（873条②，867条）。

３）成年後見人や父母が正当な理由なく同意を拒否する場合で，客観的に
　入養が被成年後見人の福利の実現に寄与すると判断した場合には，家庭
　法院は入養を許可することができる（873条③前段）。その場合は，家庭
　法院は成年後見人又は父母を尋問しなければならない（873条3項後段）。

４）成年後見人の同意がなければ入養申告は受理されないが（881条），
　誤って受理された場合は家庭法院に入養の取消を請求できる（884条①
　1号）。ただし，家庭法院の許可がないときは，入養申告は無効である
　（883条2号）。

⑨　配偶者がいる場合の共同入養

> **第874条（夫婦の共同入養等）**　①配偶者のある者は配偶者と共同で入
> 養しなければならない。
> ②配偶者がある者はその配偶者の同意を得たときに限り養子になるこ
> とができる。

（対照）日本民法795条，796条

１）配偶者のある者は配偶者と共同で入養しなければならない（874条①）。
　そして配偶者がいる者がその配偶者の同意を得た時にだけ養子になるこ
　とができる（874条②）。

246）김주수（キムチュス）＝김상용（キムサンヨン）・親族相続法第12版340頁。

第13節　親族法の概要　(4) 養親子関係　一般入養・親養子入養・「入養特例法」による入養

２）夫婦の一方が，意思能力の欠如や行方不明等によって，共同入養でき
ないか養子になるのに同意できない場合には，他の一方が単独で入養し
たり又は養子になれるか，という点について学説は，肯定説と否定説に
分かれている。[247)]

　判例は，妻のいる者が独りだけの意思で夫婦双方名義の入養申告をし
て受理された場合に関して，妻と養子になる者の間では入養の合意が無
かったので無効になるとしながら，妻がいる者と養子になる者の間では
夫婦共同入養の要件を備えていないので，妻がその入養の取消を請求で
きるが，その取消がなされない限りその者との間の入養は有効に存続す
るとする（大判1998．5．26.97므25，大判2006．1．12.2005도8427（韓判２-
120))。

韓国の判例２-120　大判2006．1．12.2005도8427　夫婦の一方がした入養は他方が取り消すまでは有効

　「妻がいる者が入養をする際に独りだけの意思で夫婦双方名義の入養申
告をして受理された場合，妻の不在その他の事由によって共同でできない
ときに該当する場合を除いては，妻と養子になる者の間では入養の一般要
件の一つである当事者間の入養合意が無いので無効になり，妻がいる者と
養子になる者との間では入養の一般要件を全て備えていても夫婦共同入養
の要件を備えていなかったので，妻がその入養の取消を請求できるが，そ
の取消がなされない限りその者の間の入養は有効に存続しており（大判
1998．5．26.97므25等参照），当事者が養親子関係を創設する意思で親生子
出生申告をして，そこに入養の実質的要件がすべて具備されていればその
形式に多少の誤りがあっても入養の効力が発生し養親子関係は罷養によっ
て解消できる点を除いては法律的に親生子関係と全く同じ内容を持つが，
その場合の虚偽の親生子出生申告は法律上の親子関係である養親子関係を
公示する入養申告の機能を発揮するというのが大法院の見解（大判（全
員）1977．7．26.77다492，大判1988．2．23.85므86等参照）であり，この
場合でもまた同様の法理によるべきである。」

３）夫婦の一方が，相手方配偶者の婚姻中の出生子を入養しようとすると

---

247) 송덕수（ソンドクス）・親族相続法168頁。

383

きは，874条１項の規定にかかわらず親生子関係が無い配偶者の一方が単独で入養できるとされる[248]（2007.12.10家登例規「親生子入養に関する事務処理指針」130号６項）（Ｉ巻末資料５.家登例規(1)）。次いで，夫婦の一方の婚姻外の出生子を入養する場合には，①夫婦が共同でできる，すなわち自己の婚姻外の出生子も入養できるという見解，②その場合には共同入養をしなくても一方の入養で法定親子関係が創設されれば他の一方の婚外親子関係についても準正類似の効果を認定できるという見解が対立している[249]家族関係登録行政は，①説の立場である（上記家登例規130号１項）。

４）夫婦の共同入養に違反した入養申告は受理されないが（881条），誤って受理された場合は家庭法院に取消を請求できる（884条①１号）。

⑩　養子は養親の尊属又は年長者でないこと

第877条（入養の禁止）　尊属若しくは年長者を入養することはできない。

（対照）日本民法793条

１）ここでいう尊属は直系と傍系を含み，夫婦が共同で入養する場合には夫婦全てについて本条の要件が備えなればならない。判例は「昭穆之序」（養子になれる者は養親になる者と同一のハンヨルにいる男系血族男子の子でなければならないという原則）[250]に反してなされた入養も公序良俗に反しないという（大判1991.5.28.90ㅁ347（韓判２‐121））。

韓国の判例２‐121　大判1991.5.28.90ㅁ347　「昭穆之序」に反する入養でも有効

「亡請求外１が請求人の재종조부から「소목지서」（昭穆之序）に反しそ

248）송덕수（ソンドクス）・親族相続法168頁。
249）송덕수（ソンドクス）・親族相続法168～169頁。
250）송덕수（ソンドクス）・親族相続法169頁。

第13節　親族法の概要　⑷　養親子関係　一般入養・親養子入養・「入養特例法」による入養

のような死後養子の選定は公序良俗に違背して無効と主張するが，民法は尊属又は年長者を養子としてはならないと規定しているだけで，「소목지서」を求めていないので違法とはいえず，死後養子が「소목지서」に反することが我が従来の慣習に反するとしても，民法は上記のように養子の要件を緩和しているので，それが公序良俗に違反して無効とは解されない。」

２）本条に違反した申告は受理されないが（881条），誤って受理された入養は無効となる（883条２号）。

⑵　入養の形式的要件

①　入養申告

第878条（入養の成立）　入養は「家族関係の登録等に関する法律」で定められたところに従い申告することによりその効力が生じる。

（対照）日本民法799条，739条①

第881条（入養申告の審査）　第866条，第867条，第869条から第871条まで，第873条，第874条，第877条，その他の法令に違反しない入養申告は受理しなければならない。

（対照）日本民法800条

１）入養は家登法で定められたところに従い申告してその効力が生じる（878条）。また，親養子入養は法院の許可審判で入養が成立するが（親養子入養申告は報告的申告），一般入養の場合は家庭法院の許可を受けて申告をすることで入養が成立する（一般入養の申告は創設的申告）。2012年法11300号民法は，入養申告の際の証人２人の連署を廃止した（878条②の削除）。

２）入養の申告は，養子が13歳未満の場合には民法869条２項により入養を承諾した法定代理人が申告し（家登法62条①），入養の申告書には民法867条により未成年者を入養する場合や民法873条により被成年後見人が入養するか養子になる場合は家庭法院の許可書を添付し（同法62条②），民法871条２項の父母の同意に代わる家庭法院の審判がある場合はその

第２章　韓国家族法の概要とその適用

審判書を添付しなければならない（同法62条③）。

３）なお，家族関係登録簿の記録事項に基づき発行される「家族関係証明書」の一般証明書には，父母の姓名等の欄には養父母を単に「父母」と記録することにしている（家登法15条②１号ナ.括弧書き，第４章第５節３⑤①−１（コメント）２）510頁）。これは「入養」の事実を外部に表したくない国民感情に配慮したものといわれる。

４）入養申告が881条で定める各条項とその他の法令に違反しなければ入養申告は受理しなければならない。

②　虚偽の親生子出生申告による入養の成立

１）韓国では従来から入養をするとき入養の事実を外部に知られないために，入養申告に代わって親生子出生申告をする場合が多かった。このような社会現実を考慮して虚偽の親生子出生申告によって親生子関係は生じないが，養親子関係は発生すると解する学説と判例が形成されている[251]。

２）判例は，当初は虚偽の親生子出生申告によって入養の効力の発生を認定していたが（大判1947.11.25.4280민상126（韓判２−122）），その後態度を変えてこれを否定した（大判1967.7.18.67다1004（韓判２−123））。しかし，その後，再び全員合議体判決で入養の効力を認定したのである[252]（大判（全員）1977.7.26.77다492（Ⅰ巻末資料４．大法院判例(1)）。

韓国の判例２−122　大判1947.11.25.4280민상126（判例集掲載）制定民法前の虚偽の嫡出子出生申告による入養の効力

　　「入養はこれを市長又は邑面長に申告してその効力が発生することは朝鮮民事令第11条第２項に規定しているところであるが，いまだ出生子申告をしない幼児を養子とする入養において他の要件が全部具備している場合に，当事者間の合意で入養申告に代わって，養父となる当事者が養子となる子を妻との間に出生した嫡出子として出生申告をしたときには，これに

251）김주수（キムチュス）＝김상용（キムサンヨン）・親族相続法第12版345頁。
252）김주수（キムチュス）＝김상용（キムサンヨン）・親族相続法第12版345頁。

第13節　親族法の概要　(4)　養親子関係　一般入養・親養子入養・「入養特例法」による入養

より入養の効力が発生したと解するのが相当である。」

韓国の判例 2 - 123　大判1967. 7. 18. 67다1004（判例集掲載）　虚偽の嫡出子出生申告による入養の効力を否定した判例

　　「申告によって初めて入養の効力を発生させ，その入養に多くの無効要件の定めがある要式行為である入養申告を，養子となる他人の実子を養親となる夫婦間の嫡出子と申告された者が，その申告による処分に従い養親を相続した後に一家親戚からの何らの異議もなく多年の間その身分上の地位を維持してきた事実があったとはいえ，同人をその嫡出子申告によって養親の養子に入養したものとみることはできないと解される。」

3）そして，虚偽の親生子出生子申告であっても，入養の実質的要件が備えられているためには，入養の合意があること，15歳（現行13歳）未満の者は法定代理人の代諾があること，養子は養父母の尊属又は年長者ではないことなどの民法883条各号所定の入養の無効事由がないことはもちろん，監護・養育等の養親子としての身分的生活事実が必ず随伴しなければならないこと，入養の意思として親生子出生申告をしたことであるとし，上記のような要件を備えなかった場合には入養申告としての効力は生じないとした[253]（大判2000. 6. 9. 99므1633・1640（韓判 2 -124），大判2004. 11. 11. 2004므1484（韓判 2 -125））。しかし，入養の意思をはじめ入養の実質的要件を全て備えていても，入養しようとする子を自己と内縁関係にある男子の戸籍に自己を生母とする婚姻外の子として出生申告をさせた場合，養親子関係の成立は否定する（大判1995. 1. 24. 93므1242）。

253）송덕수（ソンドクス）・親族相続法161頁。

第2章　韓国家族法の概要とその適用

韓国の判例2‑124　大判2000.6.9.99ㅁ1633・1640（判例集掲載）　親生子出生申告が入養の効力を持つためには入養の要件と入養としての生活実態が必要

（主文）原審判決を破棄する。事件を太田地方法院合議部に差し戻す。

（理由）「当事者が入養の意思で親生子出生申告をなし，そこに入養の実質的要件が具備していればその形式に多少の誤りがあっても入養の効力が発生し，その場合の虚偽の親生子出生申告は法律上の親子関係である養親子関係を公示する入養申告の機能を有することになるので（大法院1977.7.26宣告77다492全員合議体判決，1988.2.23宣告85ㅁ86判決，1993.2.23宣告92다51969判決等参照），そこで入養の実質的要件が具備されているためには入養の合意があること，15歳未満の者は法定代理人の代諾があること，養子は養父母の尊属又は年長者でないことなど民法第883条各号所定の入養の無効事由がないことはもちろん，監護・養育等の養親子としての身分的生活事実が必ず随伴すべきもので，入養の意思で親生子出生申告をしたとしても上のような要件を備えなかった場合には入養申告としての効力が生じないと解される。」

韓国の判例2‑125　大判2004.11.11.2004ㅁ1484（判例集掲載）　親生子出生申告が入養の効力を持つための要件と入養の追認

（主文）原審判決中の亡訴外人と被告間の親生子関係不存在確認の訴えに関する部分を破棄し，その部分事件を釜山地方法院法院合議部に差し戻す。

（理由）

1）「当事者が養親子関係を創設する意思で親生子出生申告をなし，そこで実質的要件すべて具備されていれば，その形式に多少の誤りがあっても入養の効力が発生し，養親子関係は罷養によって解消できる点を除いては法律的に親子関係と同様の内容を持つことになり，その場合の虚偽の親生子出生申告は法律上の親子関係である養親子関係を公示する入養申告の機能を発揮するが（大法院2001.5.24宣告2000ㅁ1493全員合議体判決，2004.5.27宣告2003ㅁ2688判決等参照），そこで入養の実質的要件が具備されるためには入養の合意があること，15歳未満の者は法定代理人の代諾がいること，養子は養父母の尊属又は年長者でないことなど民法第833条各号所定の入養の無効事由がないことはもちろん，監護・養育等の養親子としての身分的生活事実が必ず随伴すべきであるから，入養の意思で親生子出生申告をしたとしても上のような要件を備え

第13節　親族法の概要　(4)　養親子関係　一般入養・親養子入養・「入養特例法」による入養

なかった場合には入養申告としての効力が生じない（大法院2006. 6. 9
宣告99므1633，1640判決参照）。」
2）「ただ，親生子出生申告当時に入養の実質的要件を備えずに入養申告
としての効力が生じなかったとしても，その後に入養の実質的要件を備
えるようになった場合には無効な親生子出生申告は遡及的に入養申告と
しての効力を持つと解される。民法第139条本文が無効な法律行為は追
認してもその効力が生じないと規定しているにもかかわらず，入養等の
身分行為に関してその規定を適用せずに追認によって遡及的効力を認め
るのは，無効な身分行為の後にその内容に合致する身分関係が実質的に
形成され双方当事者が異議なくその身分関係を継続してきたならば，そ
の申告が不適法という理由で，すでに形成されている身分関係の効力を
否認するのは当事者の意思に反し，その利益を害するだけでなく，その
実質的身分関係の外形と戸籍の記載を信じる第三者の利益も害するおそ
れがあるために，追認によって遡及的に身分行為の効力を認めることで
身分関係の形成という身分関係の本質的要素を保護するのが妥当とする
ところにその根拠があると解され，当事者間に無効な申告行為に相応す
る身分関係が実質的に形成されていない場合には無効な身分行為に対す
る追認の意思表示だけでその無効行為の効力を認められないのである
（大法院1991.12.27.宣告91므30判決，上99므1633，1640判決等参照）」

4）虚偽の親生子出生申告により養親子関係が成立したときには罷養の事
由が無い限り，親生子関係不存在確認の訴えを提起しても確認の利益が
ないという理由で却下するというのが判例の態度である（大判（全員）
1994. 5. 24. 93므119（韓判2 -106）343頁）。よって，養親子の一方が死亡
した後では親生子関係不存在確認の訴えを提起しても当然に却下され
る[254]（大判2001. 8. 21. 99므2230（韓判2 -126）390頁）。

254）김주수（キムチュス）＝김상용（キムサンヨン）・親族相続法第12版346頁。

第2章　韓国家族法の概要とその適用

韓国の判例2‐126　大判2001．8．21．99ム2230　虚偽の親生子出生申告が入養の効力を持つ場合で，夫婦の一方が死亡したときの罷養に代わる親生子関係不存在確認の訴えの適否

1）「民法第874条第1項は「配偶者のいるものが養子をするときには配偶者と共同でしなければならない」と規定してることで夫婦の共同入養原則を宣言しているところ，罷養に関しては別に規定を設けていないが，夫婦の共同入養原則の規定の趣旨に照らせば養親が夫婦の場合上告理由主張のように，罷養をするときにも夫婦が共同でしなければならないと解する余地が無くはないが（養子が未成年者の場合には養子制度を設けた趣旨に照らしてそのように解釈すべき必要性が大きい），そのように解釈したとしても夫婦の一方が死亡したとか又は養親が離婚したときには夫婦の共同罷養の原則が適用する余地が無いのである。」

2）「よって，養父が死亡したときには，養母は単独で養子と協議上又は裁判上の罷養ができるが，それは養父と養子間の養親子関係に影響を及ぼさず，また養母が死亡した養父に代わるとか又は養父のために罷養はできないと解されるので，それは親生子不存在確認を求める請求において入養の効力はあるが，裁判上の罷養事由があって養親子関係を解消する必要性があるいわゆる裁判上の罷養に代わる親生子関係不存在確認請求に関しても，同様と考える。」

3）「何故なら，養親子関係は罷養によって解消される点を除いては，親生子関係と全く同じ内容なので，先に見たように本件で真実に符合しない親生子としての戸籍記載が法律上の親子関係である養親子関係を公示する効力を有していたので，亡訴外人と被告間のそのような養親子関係は解消する方法がないので，その戸籍記載自体を抹消して法律上の親子関係を否認させる親生子関係存否確認請求は許容できないからである（大判1988．2．23．85ム86参照）」

5）また，親生子出生申告当時は入養の実質的要件を備えずに入養申告としての効力が生じなかったが，その後に入養の実質的要件を備えた場合には無効な親生子出生申告は遡及的に入養申告としての効力を持つとの判例がある（大判2004.11.11.2004ム1484（韓判2‐125）388頁）。例としては，15歳（現行13歳）未満の子を入養の意思で出生申告して養育してきた場合に，子が15歳（現行13歳）になった後に入養が無効であることを

390

第13節　親族法の概要　⑷　養親子関係　一般入養・親養子入養・「入養特例法」による入養

知りながら何らの異議をせずにその母を「オモニ」と呼び生活する場合には，少なくとも黙示的でも入養を追認したものと解せられるが（大判1990．3．9.89旦389，大判1997．7.11.96旦1151），当事者間で無効な申告行為に相応する身分関係が実質的に形成されない場合には追認の意思表示だけではその無効行為の効力を認定できない（大判1991.12.27.91旦30（韓判2‐127），大判2000．6．9.99旦1633・1640（韓判2‐124）388頁，大判2004.11.11.2004旦1484（韓判2‐125）388頁）という。

韓国の判例2‐127　大判1991.12.27.91旦30（判例集掲載）　追認により親生子出生申告が入養の効力を持たなかった事例

（主文）原審判決を破棄し事件を光州高等法院に差し戻す。

（理由）

　上告理由第1をみる。（中略）

　民法第139条本文が無効な法律行為は追認されてもその効力が生じないと規定しているにもかかわらず，婚姻，入養等の身分行為に関してはその規定を適用しないのに，追認によって遡求的効力を認めるのは，身分行為は身分関係を形成することを目的とする法律行為として身分関係の形成がその本質的な内容であり，申告等の手続はその身分行為の創設を外形的に確定させる副次的な要件であるだけで，無効な身分行為があった後にその内容に合致する身分関係が実質的に形成され，双方当事者が何らの異議なくその身分関係を継続してきたならば，その申告が不適法という理由ですでに形成されている身分関係の効力を否認するのは，当事者の意思に反しその利益を害するだけでなく，その実質的身分関係の外形と戸籍の記載だけを信ずる第三者の利益も害するおそれがあるので，追認によって遡及的に身分行為の効力を認めることにより身分関係の本質的要素を保護するのが妥当であることにその根拠があると解され，当事者間に無効な申告行為に相応する身分関係が実質的に形成されておらず，また今後もそのような望みがないという場合には無効の身分行為に対する追認の意思表示だけでその無効行為の効力を認められないと解される。

6）先に述べたように，虚偽の親生子出生申告により入養の効力が生じたときは罷養の事由が無い限り親生子関係不存在確認請求は許容されない

第2章　韓国家族法の概要とその適用

（大判1990．7．27．89므1108（韓判2-114）355頁），大判（全員）2001．5．24．2000므1493）（Ⅰ巻末資料4．大法院判例(3)）。

7）それでは，罷養の事由が存在する場合には親生子関係不存在確認請求は認められるのであろうか。その点について，判例は従前は否定的であったが（大判1989．10．27．89므440），近年は肯定する態度をみせているものの[255]（大判2001．8．21．99므2230（韓判2-126）390頁），結局は，裁判上の罷養か協議上の罷養によるが，協議上の罷養をする場合には先に家族関係登録簿上の親生子の記載を入養に訂正した後，罷養申告をしなければならない。

8）これに関連して，家登例規301号は「虚偽の出生申告で記録した「親生子関係を養親子関係に訂正するためには，養親子関係存在確認判決がなければならず，罷養判決等で家族関係登録簿を訂正できない」としている」（2009．7．17．家登例規301号6条）（Ⅰ巻末資料5．家登例規(3)）。その具体的な訂正手続は，家登先例が定めている（2009．5．8．家登先例200905-1号）。

9）なお，2012年法11300号民法で改正され，2013年7月1日から施行された改正法は，未成年者を入養する場合や被成年後見人の入養等には必ず家庭法院の許可を受けなければならず（867条①，873条②），家庭法院の許可がなければ入養は無効になると定める（883条2号）。そこで，改正法施行以後に家庭法院の許可を得ないで虚偽の親生子出生申告をした場合には，入養効力の認定は「否定的に解釈される可能性が高く」[256]また「入養としての効力を有さないと考える。……万が一その場合入養の効力を認めたならば事実上入養許可制を導入した立法趣旨が没却される恐れがあるからである」[257]と述べる研究者もいる。

255）김주수（キムチュス）＝김상용（キムサンヨン）・親族相続法第12版347頁。
256）김주수（キムチュス）＝김상용（キムサンヨン）・親族相続法第12版345頁注)115。
257）윤진수（ユンジンス）・注解親族法1巻764頁（772頁）（현소혜（ヒョンソヘ））。

第13節　親族法の概要　⑷　養親子関係　一般入養・親養子入養・「入養特例法」による入養

⑶　入養の無効

①　無効の原因

第883条（入養無効の原因）　次の各号のいずれか一に該当する入養は
無効とする。
　　１．当事者間に入養の合意がない場合
　　２．第867条第１項（第873条第２項によって準用する場合を含む），
　　　第869条第２項，第877条に違反した場合

（対照）日本民法802条

１）当事者間に入養の合意が無い場合は入養は無効である（883条１号，大
　　判1995．９．29．94ム1553・1560，大判2004．４．９．2003ム2411（韓判２‐128））。
　　入養の合意は申告書を作成するときと申告書が受理されるときの全てに
　　存在しなければならないので，一方当事者が入養意思を撤回した後に相
　　手方が一方的に入養申告をした場合は無効である（大判1991.12.27.91ム
　　30（韓判２‐127）391頁参照）。

韓国の判例２‐128　大判2004．４．９．2003ム2411　仮装入養の無効

　　「民法第883条第１号の入養無効事由である「当事者間に入養の合意がな
　いとき」とは，当事者間に実際に養親子として身分的生活関係を形成する
　意思を有していない場合をいうが，入養申告が戸籍上形式的にだけ入養す
　るように仮装しようとしてなされただけで当事者間に実際に養親子として
　の身分的生活関係を形成しようとする意思の合致が無かったとすれば，そ
　れは当事者間に入養の合意が無いときに該当して無効と解すべきである
　（大判1995．９．29．94ム1553，　1560，　大判2000．６．９．99ム1633，　1640等参
　照）。」

２）未成年者を入養しようとする者が家庭法院の許可を得ないで入養した
　　場合（867条①）や被成年後見人が入養をするか養子になるのに，家庭
　　法院の許可を得ないで入養した場合（873条②）には，その入養は無効
　　である（883条２号）。また，養子が13歳未満の場合に法定代理人の入養
　　承諾がないの入養した場合（869条②）や養子が養親の尊属や年長者の

393

第2章　韓国家族法の概要とその適用

場合の入養（877条）も無効である（883条2号）。

　　②　入養無効の訴え

家訟法

2条①（略）　1．家事訴訟事件가．가類事件　5）入養の無効

1）入養に無効事由がある場合に，入養は当然無効ではないという見解と
　当然無効という見解に分かれる。[258]　当然無効でなければ，入養無効判決
　によって初めて入養が無効になり，入養無効の訴えは形成の訴えとなる。

2）入養無効の訴えは，当事者・法定代理人又は4寸以内の親族が提起で
　きるが（家訟法31条，23条），訴えの相手方は，養親と養子は互いに相手
　方となり，第三者が訴えを提起するときは養親と養子すべてを相手方と
　し，いずれかが死亡した場合にはその生存者を相手とし，全てが死亡し
　たときは検事を相手方とする（家訟法31条，24条①②③）。

3）入養無効の判決は第三者にも効力があり（家訟法21条①），判決が確定
　すれば訴えを提起した者は，判決確定日から1か月以内に判決の謄本及
　び確定証明書を添付して家族関係登録簿の訂正を申請しなければならな
　い（家登法107条）。

4）入養が無効となれば最初から養親子関係はなかったことになり，入養
　によって発生した親族関係が消滅し（776条参照），当事者の一方は過失
　ある相手方に対してこれによる財産的・精神的損害の賠償を請求できる
　（897条，806条）。

　⑷　**入養の取消**

　　①　取消の原因

第884条（入養取消の原因）　①入養が次の各号のいずれか一に該当す
　る場合には家庭法院にその取消を請求することができる。
　1．第866条，第869条第1項，同条第3項第2号，第870条第1項，

258）송덕수（ソンドクス）・親族相続法170頁。

第13節　親族法の概要　(4)　養親子関係　一般入養・親養子入養・「入養特例法」による入養

> 　　第871条第1項，第873条第1項，第874条に違反した場合
> 　2．入養当時養父母と養子のいずれかが悪疾若しくはその他重大な
> 　　事由があることを知らなかった場合
> 　3．詐欺又は強迫により入養の意思表示をした場合
> ②入養の取消に関しては第867条第2項を準用する。

（対照）日本民法803条

1）入養の取消は，一定の事由がある場合に取消請求権者が一方的に入養
　の効力を消滅させる制度である。入養の取消は，取消請求権者の一方的
　な意思表示だけで取り消されるのではなく，取消請求権者が家庭法院に
　取消を請求し，取消判決が確定して初めて取り消される。

2）未成年者が入養をした場合は，養父母，養子とその法定代理人又は直
　系血族は入養の取消請求ができるが（884条①1号，885条），養父母が成
　年者になれば取消請求はできない（889条）。

3）養子になる者が13歳以上の未成年者で法定代理人の同意を受けないで
　入養承諾をした場合は（884条①1号，870条①），養子又は同意権者が取
　消請求ができるが（886条），養子が成年になって3か月が過ぎるか死亡
　すれば取消請求はできず（891条①），その事由があることを知った日か
　ら6か月，その事由があった日から1年を過ぎれば取消請求はできない
　（894条）。

4）法定代理人が所在不明等を理由に同意又は承諾を受けられないとして，
　法院が法定代理人の同意又は承諾なく入養の許可をしたが，事実は法定
　代理人の同意又は承諾をできる状態であった場合[259]（884条①1号，869
　条③2号）の取消権者は，養子又は同意権者である（886条）。ただし，
　養子が成年になった後3か月が過ぎるか死亡すれば取消請求はできず，
　その事由を知った日から6か月，その事由があった日から1年が経過す
　れば取消請求できない（894条）。

259）김주수（キムチュス）＝김상용（キムサンヨン）・親族相続法第12版352頁。

第 2 章　韓国家族法の概要とその適用

5）養子になる未成年者が父母の同意を受けなかった場合は（884条①1号,
870条①），養子又は同意権者が取消請求ができるが（886条），養子が死
亡したときや（891条②）その事由を知った日から6か月，その事由が
あった日から1年が経過すれば取消請求できない（894条）。

6）養子になった成年者が父母の同意を受けなかった場合（884条①1号,
871条①）は，取消請求権者は同意権者だけである（886条）。養子が死亡
した場合は取消請求できず（891条②），その事由を知ってから6か月,
事由があった日から1年が経過すれば取消請求できない（894条）。

7）被成年後見人が入養をするか養子になるのに成年後見人の同意を受け
なかった場合（884条①1号, 873条①）は，被成年後見人や成年後見人
が取消請求できるが（887条），成年後見開始の審判が取り消されてから
3か月が経過したときは取消請求できず（893条），その事由を知ってか
ら6か月,事由があった日から1年が経過すれば取消請求できない（894
条）。

8）配偶者がいる者が配偶者と共同で入養しなかったか配偶者がいる者が
養子になるのに配偶者の同意を受けなかった場合（884条①1号, 874条）
は，配偶者が取消請求ができるが（888条），その事由を知ってから6か
月,事由があった日から1年が経過すれば取消請求できない（894条）。

9）入養当時養父母と養子のいずれかが悪疾若しくはその他「重大な事
由」があることを知らなかった場合（884条①2号）は，養母と養子のい
ずれか一方がその事由があったことを知った日から6か月が過ぎればそ
の取消を請求することができない（896条）。

10）詐欺又は強迫により入養の意思表示をした場合（（884条①3号）は,
詐欺又は強迫によって意思表示をしたものが取消請求できるが，詐欺を
知った日又は強迫を免れた日から3か月が経過すれば取消請求できない
（897条, 823条）。

　　②　家庭法院の取消の不許
家庭法院は入養の取消原因が存在する場合でも，養子になった未成年

396

第13節　親族法の概要　⑷　養親子関係　一般入養・親養子入養・「入養特例法」による入養

者[260]（又は養子や養父母になった被成年後見人）の福利のために諸事情を考慮して入養取消請求を棄却することができる（884条②，867条②）。

③　入養取消の訴え

> **家訟法**
>
> **2条**①（略）　１．家事訴訟事件나．나類事件　10）入養の取消

１）入養取消の訴えは先に家庭法院に調停を申請しなければならないが（家訟法50条），調停の成立だけでは入養が取り消されず（同法59条②ただし書），判決があってはじめて取消の効力が生じる。

２）入養取消の訴えの相手方は，養父母と養子は互いに相手方となり（同法31条，24条①），相手方が死亡したときは検事を相手方とする（同法31条，24条③）。第三者が訴えを提起するときには，養父母と養子全てを相手方とし，そのいずれかが死亡したときは生存者を相手にし，全てが死亡したときは検事を相手にする（同法31条，24条②③）。

３）入養取消の訴えは形成の訴えであり，その判決は第三者にも効力かある（同法21条①）判決が確定すれば，訴えを提起した者は裁判の確定日から１か月以内に申告しなければならない（家登法65条，58条①）。また，申告書には裁判確定日を記載しなければならない（同法65条②，58条②）。この申告は，報告的申告である。

④　入養取消の効果

１）入養取消の効力は，既往に遡及しない（897条，824条）。よって，取消判決が確定したときから入養は無効になり，入養によって発生した親族関係も終了する（776条）。

２）なお，養子が未成年の場合で入養が取り消されたときは，親生父母の親権は当然に復活するのではなく，その場合の親権者の指定については民法909条の２第２項が定めている。

260）김주수（キムチュス）＝김상용（キムサンヨン）・親族相続法第12版354頁。

第2章 韓国家族法の概要とその適用

3）入養が取り消されたときには，過失ある相手方に財産的・精神的損害
の賠償を請求できる（897条，806条）。

⑸ **養親子関係存否確認の訴え**

養親子関係存否確認の訴えについて，判例は「その地位に法的不安定が
発生しているならば，たとえ養親子関係存否確認訴訟が民法や家事訴訟法
等に規定されていなくても，自ら原告となり養親子関係存在確認の訴えを
提起できる」としている（大判1993. 7. 16. 92旦372（韓判2-129））。

韓国の判例2-129　大判1993. 7. 16. 92旦372　養親子関係存在確認の訴えの適法性と一方が死亡した場合の出訴期間の制限

1）「養親子の一方が原告になり養親子関係存在確認の訴えを提起する場
合には，親生子関係存否確認訴訟の場合に準じて，養親子の他の一方を
被告としなければならない。そして本件のように被告となるべき他の一
方が既に死亡した場合にもまた親生子関係存否確認訴訟の場合を類推し
て検事を相手に訴えを提起できる……。」

2）「養子と死亡した養父母間に養親子関係が存在したことを確認する判
決が確定しても現行戸籍関係法令上その事実を戸籍簿に登載する方法が
無いという趣旨の原審判断も適切でない。そのような確定判決がある場
合その提訴者は戸籍法123条の定めるところに従い，戸籍訂正の申請が
できるのであり，養父母が死亡していたとして戸籍訂正をできない理由
はない。」

3）「民法第864条と第865条第2項は，認知請求の訴えと親生子存否確認
の訴えに関して当事者の一方が死亡した場合に検事を相手にして訴えを
提起できることを規定し，その訴えの提起は死亡事実を知った日から1
年内にしなければならないと出訴期間を定めているところ，養親子関係
存在確認の訴えにおいて上記各法条の類推適用によって検事を相手に訴
え提起を許容する場合でも，その各法条が定める出訴期間の適用を受け
るものと解するのが妥当である。」。

第13節　親族法の概要　⑷　養親子関係　一般入養・親養子入養・「入養特例法」による入養

⑹　入養の効果

①　法定血族関係の創設

第882条の2（入養の効力）　①養子は入養されたときから養父母の親
生子と同一の地位を有する。
②養子の入養前の親族関係は存続する。

（対照）日本民法809条

第772条（養子との親系と寸数）　①養子と養父母及びその血族，姻戚
間の親系と寸数は入養したときから婚姻中の出生子と同一なものと
みなす。
②養子の配偶者，直系卑属とその配偶者は前項の養子の親系を基準に
して寸数を定める。

（対照）日本民法727条

1）882条の2は，それまでの実務と学説の態度を立法化したもので2012
年法11300号民法で新設された。[261] 一般入養では，養子は入養した日から
養父母の親生子と同一の地位を有すること，入養前の親族関係は消滅し
ないことを明文化した。なお，判例は，養父母が離婚して養母が養父の
家を出た場合でも養母子関係は消滅しないという（大判（全員）2001. 5.
24. 2000旦1493）（Ⅰ巻末資料4. 大法院判例⑶）。

2）養子と養父母及びその血族，姻戚間の親系と寸数は，入養したときか
ら婚姻中の出生子とみなされ（772条①），養子の配偶者，直系卑属とそ
の配偶者は養子の親系を基準にして寸数を定める（同条②）。そこで，
養子と養父母及びその血族間では互いに扶養関係，相続関係が生じ，養
子が未成年者の場合は養父母の親権に服する（909条①後段）。よって，
親生父母の親権は消滅する。

261）김주수（キムチュス）＝김상용（キムサンヨン）・親族相続法第12版352頁。

第2章　韓国家族法の概要とその適用

②　養子の生家親族との関係

1）養子の入養前の親族関係は存続するので（882条の2第2項），生家の親族に対する扶養関係，相続関係等の親族的効果はそのまま存続する。

2）よって，養子は親生父母・養父母の相続人になることができ，養子が直系卑属・配偶者なく死亡すれば，親生父母・養父母が共同相続人になる。

③　養子の姓と本

入養後でも養子の姓と本は変更しないというのが学説の多数説であるが[262]，養子の姓と本を変更する必要があるときは，養父・養母又は子の請求によって法院の許可を受けて子の姓と本を変更できる（781条⑥）。

(7)　罷　養

①　協議上の罷養

> **第898条（協議上の罷養）**　養父母と養子は協議して罷養することができる。ただし，養子が未成年者又は被成年後見人の場合にはその限りでない。

（対照）日本民法811条①

> **第902条（被成年後見人の協議上の罷養）**　被成年後見人の養父母は成年後見人の同意を得て罷養を協議することができる。

1）養父母と養子は協議して罷養することができるが，養子が未成年者又は被成年後見人の場合は，協議上の罷養は認められず裁判上の罷養に限られる（898条ただし書）。この点は2012年法11300号民法で改正された点である。なお，養父母が被成年後見人の場合には成年後見人の同意を得て罷養を協議することができる（902条）。

2）協議上の罷養をするには，当事者の罷養の合意が必要であり，その合意は外形的な意思の一致で充分であり，その意思表示と当事者の一致し

262）舍덕수（ソンドクス）・親族相続法176頁。

400

第13節　親族法の概要　(4) 養親子関係　一般入養・親養子入養・「入養特例法」による入養

た合意は罷養申告があるときまで必要である。[263]

3）協議上の罷養は，家登法によって申告することで効力が生じ（904条，878条）。この申告は創設的申告である。なお，罷養申告は898条，902条，その他法令に違反しなければ受理しなければならない（903条）。

4）協議上の罷養の当事者である養親が夫婦である場合には共同で罷養しなければならないか，という点について学説は分かれる。[264] ①契約型養子は原則として協議上の罷養を認めている成年者入養の構造上単独で可能との見解，②原則的に夫婦共同ですべきであるが，夫婦の一方が死亡したか離婚したとき，意思表示ができないときには単独で罷養できるとの見解，③民法874条の趣旨により共同でしなければならないとの見解，に分かれる。判例は，夫婦の一方が死亡したとか離婚したときには共同罷養の原則が適用される余地がないという（大判2001. 8. 21. 99므2230（韓判 2 - 126）390頁）。

5）養子に配偶者がいる場合に養子は配偶者の同意なく協議上の罷養ができるか，という点については，874条 2 項を類推して配偶者の同意を得なければならないという見解と明文規定が無いことに加え養子の意思を尊重する必要があるとして配偶者の同意は必要ないという見解に分かれる。[265]

6）協議上の罷養の無効については民法上に規定がないが，家訟法上で規定している（家訟法 2 条①1. 家事訴訟事件가類事件 6 ））。

7）協議上の罷養の取消については，詐欺又は強迫によって罷養の意思表示をした者は詐欺を知った日又は強迫を免れた日から 3 か月以内に家庭法院に罷養の取消を請求しなければならないとする（904条，823条）。しかし，902条（被成年後見人の協議上の罷養）に違反した場合の規定はないが，それについて，通説は取消規定が無いので罷養が継続して有効と

263）송덕수（ソンドクス）・親族相続法177頁。
264）송덕수（ソンドクス）・親族相続法178頁。
265）송덕수（ソンドクス）・親族相続法179頁。

第 2 章　韓国家族法の概要とその適用

いうが，それは立法上の不備で，誤りとして，入養取消の規定を類推して取消請求できるとの見解もある[266]。

　なお，協議上の罷養の取消は家庭法院に訴えを提起しなければならない（家訟法 2 条①1. 家事訴訟事件나類事件11）。罷養取消の訴えは形成の訴えであり，罷養取消の効果は遡及する。

　②　裁判上の罷養

第905条（裁判上の罷養の原因）　養父母，養子又は第906条による請求権者は，次の各号のいずれか一に該当する場合には，家庭法院に罷養を請求することができる。
　1. 養父母が養子を虐待又は遺棄するかその他養子の福利を著しく害した場合
　2. 養父母が養子から甚だしい不当な待遇を受けた場合
　3. 養父母若しくは養子の生死が 3 年以上分明でない場合
　4. その他養親子関係を継続し難い重大な事由がある場合

（対照）日本民法814条①

第906条（罷養請求権者）　①養子が13歳未満の場合には第869条第 2 項による承諾をした者が養子に代わって罷養を請求することができる。ただし，罷養を請求できる者がいない場合には第777条による養子の親族若しくは利害関係人が家庭法院の許可を得て罷養を請求することができる。
②養子が13歳以上の未成年者の場合には第870条第 1 項による同意をした父母の同意を得て罷養を請求することができる。ただし，父母が死亡したかその他の事由で同意できない場合には同意が無くても罷養を請求することができる。
③養父母若しくは養子が被成年後見人の場合には成年後見人の同意を得て罷養を請求することができる。
④検事は未成年者若しくは被成年後見人の養子のために罷養を請求することができる。

266）송덕수（ソンドクス）・親族相続法180頁。

402

第13節　親族法の概要　(4)　養親子関係　一般入養・親養子入養・「入養特例法」による入養

1）裁判上の罷養原因は905条の1号から4号に規定され，同条3号以外
の場合には，その事由があったことを知った日から6か月，その事由が
あった日から3年が過ぎれば罷養を請求できない（907条）。そして，離
婚の場合と同様に故意や過失で養親子関係を破綻に至らせた有責当事者
の罷養請求は許容されないと解すべきであるという[267][268]（大判2002. 12.
26. 2002ㅁ852）。

2）罷養請求訴訟の当事者は，養父母と養子であり，第三者は原則として
罷養を請求できない（大判1983. 9. 13. 83ㅁ16（韓判2‐130））。民法は，
例外として養子が13歳未満の場合の代諾権者が罷養請求できない場合に
は養子の親族や利害関係人が家庭法院の許可を受けて罷養請求ができる
とし（同条①ただし書），検事も未成年者や被成年後見人である養子のた
めに罷養請求ができるとする（同条④）。

韓国の判例2‐130　大判1983. 9. 13. 83ㅁ16　裁判上の罷養請求権者

「裁判上の罷養請求権者は，民法第905条及び第906条によって準用され
る第899条によって養親と養子に限定されるが，ただ養子が15歳未満の場
合に限って入養を承諾した者がそれに代わって罷養を請求できるようにし
ているだけで，人事訴訟法第37条によって準用される同法第26条は婚姻無
効の訴えの当事者に関する規定で入養の無効に関する訴えに準用されるが，
それと性質が異なる罷養の訴えには適用できない（大判1970. 5. 26. 68ㅁ
31）。
　よって同じ理由で被請求人の養祖父である請求人に裁判上の罷養請求権
が無いと解した原審の判断は正当であり，」

3）民法は，罷養請求権者に関して906条に特別規定を設けた。1項ただ
し書の「利害関係人」とは，入養機関の長，児童保護専門機関の長など
が想定されている[269]。

267）송덕수（ソンドクス）親族相続法181頁。
268）김주수（キムチュス）＝김상용（キムサンヨン）・親族相続法第12版368頁。
269）김주수（キムチュス）＝김상용（キムサンヨン）・親族相続法第12版363頁。

403

第 2 章　韓国家族法の概要とその適用

4）夫婦で共同入養した場合には罷養請求をするときに夫婦が共同でしな
　ければならないという見解があるが,[270] 判例は，養親が夫婦の場合で罷
　養をするときにも夫婦が共同でしなければならないと解する余地がある
　が，養父母の一方が死亡したとか離婚したときには共同罷養の原則が適
　用される余地が無いという（大判2001. 8. 21. 99므2230（韓判 2 -126）390
　頁）。

③　罷養の効果

1 ）罷養によって養父母と養子間の養親子関係を初めとする親族関係は全
　て消滅する（776条）。ただし，養子が未成年者の場合に罷養が成立すれ
　ば親生父母の親権が当然に復活するのではなく，一定の者が親権者指定
　請求を家庭法院に行うことになる（909条の 2 ②）。
2 ）裁判上の罷養をしたときにも，過失ある相手方に対して，それによる
　財産的・精神的損害賠償を請求できる（908条，806条）。

3　親養子入養

　親養子入養制度は，2005年法7427号民法で新設され，2008年 1 月 1 日か
ら施行された。それまでの養子制度では，養子は養父の姓と本を継ぐこと
ができず，入養の事実も戸籍にそのまま公示されることもあって活用され
ることが少なく，虚偽の親生子出生申告が利用されることもあった。それ
を受けて学説や判例も入養の意思を持って虚偽の親生子出生申告した場合
は入養の効力を認めていた。

　親養子入養制度は，養子と養父母の関係を親生子と同じようにして養子
の福利を達成するために導入された完全養子制度であり，宣告型養子制度
である。[271]

270）김주수（キムチュス）＝김상용（キムサンヨン）・親族相続法第12版364頁。
271）송덕수（ソンドクス）・親族相続法183頁。

第13節　親族法の概要　(4)　養親子関係　一般入養・親養子入養・「入養特例法」による入養

(1)　親養子入養の成立とその要件

> **第908条の２　（親養子入養の要件等）**　①親養子を入養しようとする者
> は次の各号の要件を備えて家庭法院に親養子入養を請求しなければ
> ならない。
> 　１．３年以上婚姻中の夫婦で共同で入養すること。ただし，１年以
> 　　上婚姻中の夫婦の一方がその配偶者の親生子を親養子とする場合
> 　　にはその限りでない。
> 　２．親養子となる者が未成年者であること。
> 　３．親養子となる者の親生父母が親養子入養に同意すること。ただ
> 　　し，父母が親権喪失の宣告を受けたか所在を知ることができない
> 　　かその他の事由で同意できない場合にはその限りでない。
> 　４．親養子となる者が13歳以上の場合には法定代理人の同意を得て
> 　　入養を承諾すること。
> 　５．親養子となる者が13歳未満の場合には法定代理人が本人に代
> 　　わって入養を承諾すること。
> ②家庭法院は次の各号のいずれか一に該当する場合には第１項第３
> 　号・第４号による同意又は同条第５号による承諾が無くても第１項
> 　の請求を認容することができる。この場合家庭法院は同意権者又は
> 　承諾権者を尋問しなければならない。
> 　１．法定代理人が正当な理由なく同意又は承諾を拒否する場合。た
> 　　だし，法定代理人が親権者である場合には第２号又は第３号の事
> 　　由がなければならない。
> 　２．親生父母が自己の責任のある事由で３年以上子女に対する扶養
> 　　義務を履行せず面接交渉をしなかった場合
> 　３．親生父母が子女を虐待又は遺棄したかその他子女の福利を著し
> 　　く害した場合
> ③家庭法院は親養子となる者の福利のためにその養育状況，親養子入
> 　養の動機，養父母の養育能力，その他の事情を考慮して親養子入養
> 　が適切でないと認定する場合には第１項の請求を棄却することがで
> 　きる。

（対照）日本民法817の２から817条の７

　親養子入養が成立するには，親養子を入養しようとする者が一定の要件
を備えて家庭法院に親養子入養を請求しなければならず（908条の２①本文），

405

第2章　韓国家族法の概要とその適用

家庭法院がその請求を認容する裁判をしなければならない。

　　①　一定の要件を備えること

1）3年以上婚姻中の夫婦が共同で入養することである（908条の2①1号）。

　　普通養子の場合には配偶者がいる者が入養するときにだけ夫婦が共同で入養するものとしているが（874条），親養子の場合は3年以上婚姻中の夫婦だけが入養することができる。ただし，1年以上婚姻中の夫婦の一方がその配偶者の親生子（前婚で出生した子又は婚姻外の子）を親養子にする場合には単独でも入養することができる（908条の2①1号ただし書）。

　　なお，婚姻期間が3年以上かどうかは，請求時を基準にしなければならない。[272] しかし，請求時に3年が経過していても審判当時に夫婦としての関係が解消されていれば入養は許可してはならない。原則は夫婦で共同で請求しなければならないが，908条の2第1項1号ただし書の例外を除いては一切の例外を認めないとの見解と具体的事情によっては認めるべきとの見解がある。[273] [274]

2）親養子になる者は未成年であること（908条の2①2号）

　　2012年法11300号民法改正前は，15歳未満の子であったが，改正法で未成年者（19歳未満の者）に対象を拡大した。

　　未成年者であるか否かを決定する基準時については，①家庭法院に請求したときと，②親養子入養裁判の確定したときで学説は対立している。[275]

3）親養子になる者の親生父母が親養子入養に同意すること（908条の2①3号本文）

　　ただし，父母が親権喪失の宣告を受けているか所在が知ることができないその他の事由で同意できない場合には同意は要しない（同号ただし書）。なお，ここでいう父母は離婚して親権者に指定されなかった一方

272）송덕수（ソンドクス）・親族相続法184頁。
273）송덕수（ソンドクス）・親族相続法184頁。
274）김주수（キムチュス）＝김상용（キムサンヨン）・親族相続法第12版372頁。
275）송덕수（ソンドクス）・親族相続法184頁。

406

第13節　親族法の概要　(4) 養親子関係　一般入養・親養子入養・「入養特例法」による入養

も含まれるが，認知されない婚姻外の子の親養子入養の場合には親権者
の生母の同意があればよく生父の同意は必要ない。[276)]

４）親養子になる者が13歳以上の場合は法定代理人の同意を得て入養を承
諾すること（908条の２①４号）

５）親養子になる者が13歳未満の場合は法定代理人が入養を承諾すること
（908条の２①５号）

　　② 家庭法院の入養裁判

１）家庭法院は，下記の一定の事由があれば，上記①３）４）の「同意」や
５）の「承諾」が無くても，親養子入養請求を認容することができる
（908条の２②本文前段）。ただし，その場合は，家庭法院は同意権者や承
諾権者を尋問しなければならない（908条の２②本文後段）。

　(ⅰ)　法定代理人が正当な理由なく同意又は承諾を拒否する場合（908条
の２②１号本文）。ただし，法定代理人が親権者である場合には，第２
号又は第３号（下記(ⅱ)又は下記(ⅲ)）の事由がなければならない（908条
の２②１号ただし書）。

　(ⅱ)　親生父母が自己の責任のある事由で３年以上子女にする扶養義務を
履行せず面接交渉をしなかった場合（908条の２②２号）

　(ⅲ)　親生父母が子女を虐待又は遺棄したかその他子女の福利を著しく害
した場合（908条の２②３号）

２）家庭法院は親養子となる者の福利のためにその養育状況，親養子入養
の動機，養父母の養育能力，その他の事情を考慮して親養子入養が適切
かどうかを決定し，適切でないと認定する場合にはその請求を棄却する
ことができる（908条の２③）。

３）大法院は，親養子入養裁判による事務手続について，2013. 6. 7. 家
登例規373号「親養子入養裁判による事務処理指針」（Ⅰ巻末資料５. 家登
例規(4)）を発出している。

---

276) 송덕수（ソンドクス）・親族相続法185頁。

第2章　韓国家族法の概要とその適用

③　親養子入養申告

1）　家庭法院の請求を認容する裁判が確定すれば，請求者は裁判確定日から1か月以内に申告しなければならない（家登法67条）。

2）　この申告は報告的申告である。親養子入養は家庭法院の裁判が確定したときに成立する。

3）　親養子入養申告の具体的手続は，上記2013．6．7家登例規373号に定められている。

(2)　親養子入養の効力

> **第908条の3（親養子入養の効力）**　①親養子は，夫婦の婚姻中の出生子とみなす。
> ②親養子の入養前の親族関係は，第908条の2第1項の請求による親養子の入養が確定したときに終了する。ただし，夫婦の一方がその配偶者の親生子を単独で入養した場合における配偶者及びその親族と親生子間の親族関係はその限りでない。

（対照）日本民法809条，817条の9

1）　親養子は夫婦の婚姻中の出生子とみなされるので（908条の3①），親養子は養親の姓と本を継ぐことになり，親養子と養父母の親族間にも親族関係が発生するので扶養・相続関係も生じることになる。

2）　親養子は家族関係証明書に養親の親生子と記載され（家登法15条②1号ㄴ号参照），入養関係証明書にも養子という事実が表れないので，外部に養子と云う事実が公示されない。親養子入養の事実は親養子入養関係証明書だけを通して知られるだけである（同法15条②4号ㄴ号，第4章第5節(4)⑤-1，519頁参照）。親養子入養関係証明書の交付請求は一定の場合だけしか許容されず（同法14条②），他の証明書の公開よりも厳格に制限されている。

3）　親養子に入養すれば，親養子の入養前の親族関係は親養子入養請求による親養子入養が確定したときに終了する（908条の3②本文）。

　なお，認知されない婚姻外の子が親養子として入養した場合には，生

408

第13節　親族法の概要　(4) 養親子関係　一般入養・親養子入養・「入養特例法」による入養

父は認知できないと考えられ，親養子に対しては親生否認もできないと
考えられる。その理由は親生子でないのに厳格な要件審査の下で親生子
と擬制することが無意味になるからである。[277]

4）親養子入養の効力発生時期は，親養子入養が確定したときなので（908
条の3②）。親養子の出生時には遡及しない。[278] よって親養子入養前に養
父母が扶養義務を負担していたことにはならない。

(3)　親養子入養の取消

第908条の4　（親養子入養の取消等）　①親養子となる者の親生の父又
は母は自己の責任の無い事由によって第908条の2第1項第3号た
だし書きによる同意ができなかった場合に親養子入養の事実を知っ
た日から6か月内に家庭法院に親養子入養の取消を請求することが
できる。
②親養子入養に関しては第883条，第884条を適用しない。

1）親養子入養は家庭法院の厳格な審査を通して行われるためにその審査
で見落とされる点が極めて少ないので，民法は一般入養の無効（883条）
や取消（884条）に関する規定を親養子入養には適用していない（908条
の4②）。ただし，親養子になる者の親生父母は，自己に責任のない事
由で親養子入養に同意できなかった場合にだけ，親養子入養の事実を
知った日から6か月以内に家庭法院に取消請求ができるだけである（908
条の4①）。この場合の「父または母の責任の無い事由」とは，子が第
三者に誘拐されたり迷子になったり親生父母が心神喪失の状態になった
場合が挙げられる。[279]

2）取消事由があっても家庭法院は，親養子の福利のために取消請求を棄
却することができる（908条の6，908条の2③）。

3）親養子入養が取り消されれば，親養子関係は消滅し，入養前の親族が

277）송덕수（ソンドクス）・親族相続法187頁。
278）송덕수（ソンドクス）・親族相続法187頁。
279）송덕수（ソンドクス）・親族相続法187頁。

第 2 章　韓国家族法の概要とその適用

復活する（908条の7①）。そこで，子は親生父母の姓と本を継ぐことになるが，親生父母が親権者になるかについては，肯定説と909条の2第2項から第4項を適用する説とが対立している。[280]

4）親養子入養取消の効力は取消の裁判が確定してときから生じ，その効力は遡及しない（908条の7②）。

⑷　親養子の罷養

> **第908条の5（親養子の罷養）**　①養親，親養子，実父又は実母若しくは検事は，次の各号の1の事由ある場合には家庭法院に親養子の罷養を請求することができる。
> 　1．養親が親養子を虐待又は遺棄若しくはその他親養子の福利を著しく害したとき
> 　2．親養子の養親に対する悖倫行為によって，親養子関係を維持させることができなくなったとき
> ②第898条及び第905条の規定は，親養子の罷養に関してこれを適用しない。

1）罷養原因は，二つである。1は，養親が親養子を虐待又は遺棄若しくはその他親養子の福利を著しく害したときであり（908条の5①1号），2は，親養子の養親に対する悖倫行為によって，親養子関係を維持させることができなくなったときである（908条の5①2号）。

2）家庭法院は罷養事由があると認めたときは罷養請求を認容しなければならないが，908条の5第1項2号の事由のときは，諸事情を考慮して罷養が適切でないと認定すれば罷養請求を棄却することができる（908条の6，908条の2③）。

3）親養子の罷養請求ができる者は，養親，親養子，実父又は実母若しくは検事である（908条の5①本文）。相手方は，養父母と親養子が互いになり，相手方が死亡した場合には検事である（家訟法31条，24条①③）。

4）親養子入養が罷養されたときは親養子関係は消滅し，入養前の親族関

280）송덕수（ソンドクス）・親族相続法188頁。

410

第13節　親族法の概要　⑷　養親子関係　一般入養・親養子入養・「入養特例法」による入養

係が復活する（908条の7①）。そこで，罷養された場合に，親権は親生
父母に当然復活すると考えるのか，姓と本は親生父母に従うのかという
問題が生じる。罷養された親養子の親権は909条の2第2項から第4項
を適用して親権者指定を行い，罷養された親養子の姓と本は781条6項
を活用して養親の姓と本を維持できるようにしなければならないという
見解が示されている。[281]

5）　親養子罷養裁判が確定すれば，訴えを提起した者は，1か月以内に裁
判書の謄本及び確定証明書を添付して申告しなければならない（家登法
69条①）。この申告は報告的申告である。

6）　親養子入養の場合は，協議上の罷養（898条）や一般入養における裁
判上の罷養原因に関する規定（905条）のいずれもが適用されない（908
条の5②）。

4 「入養特例法」による入養

⑴　「入養特例法」制定までの経緯

①　「孤児入養特例法」（1961. 9. 30. 法731号）

「孤児入養特例法」は，1961年に制定され，同年9月30日に施行された。
この法律は，外国人が韓国人を養子にする際の手続等を定めるもので，こ
の法律で養子になる資格のある「孤児」とは，扶養義務者を知ることがで
きないか又は扶養義務者の同意を得た18歳未満の子である（同法2条7）。
養親は一定の要件を備えた外国人であり（同法3条），外国人が孤児を養
子にするには法院の認可が必要であった（同法4条）。

②　「入養特例法」（1976. 12. 31. 法2977号）

その後，「入養特例法」が新たに制定され，「孤児入養特例法」はその施
行により廃止された。同法は，1977年1月31日に施行され，従前は国外入

281）　송덕수（ソンドクス）・親族相続法189頁。

411

第2章　韓国家族法の概要とその適用

養に特化していた内容を国内入養にも広げたもので，保護施設で保護を受けている者の入養を促進して養子になる者の安全と福利の増進を図り（同法1条），養子になる者は児童福利法による児童福利施設と生活保護法による保護施設にいる一定の要件を備えた18歳未満の子であった（同法2条）。

③　「入養促進及び手続に関する特例法」（1995.1.5.法4913号）

その後，国外入養・国内入養を問わず国家の入養政策についての積極的な関与がうたわれ，従前の「入養特例法」は名称が変更され，内容も大幅に改正した本法が制定された。同法は，1996年1月6日に施行されている。養子になる者は児童福祉法で定める「要保護児童」で一定の要件を備えた18歳未満の子である（2条，4条）。入養の効力は戸籍法が定める申告で効力が発生し，国内での国外入養は家庭法院に入養認可を受けること（16条），外国での国外入養は保険社会部長官に海外移住許可を申請することであった（17条①）。なお，養子の姓と本は養親が望めば養親の姓と本を継ぐことができた（8条①）。

(2)　「入養特例法」（2011.8.4.法11007号，最終改正2017.9.19.法14890号）の主な内容

第1条（目的）　本法は要保護児童の入養に関する要件及び手続等に対する特例と必要な事項を定めることで養子になる児童の権益と福祉を増進することを目的とする。

従前の法を全部改正した本法は，国及び地方自治団体の国内入養の優先推進義務を掲げるとともに（7条，8条），中央入養院の設置や入養情報公開制度の導入など国家・地方自治体等の積極的な入養政策への関与を特徴とする。本法は，2012年8月5日から施行され，その後若干の改正を経て今日に至っている。

①　養子になる資格・養親になる資格

養子になる者は，18歳未満の要保護児童であり（2条9条），養親になる資格は制限されている（10条）。養子を扶養するのに充分な財産がある

第13節　親族法の概要　⑷　養親子関係　一般入養・親養子入養・「入養特例法」による入養

こと（10条①１号）や児童虐待・家庭暴力・性暴力・麻薬等の犯罪やアル
コール等の薬物中毒がないこと（10条①３号），大韓民国国民でない場合は
当該国の法律により養親になる資格があること（10条①４号）などであり，
養親になるには一定の教育が義務付けられている（10条③）。

　　②　家庭法院の許可と入養の同意

　入養をするのには家庭法院の許可を得なければならない（11条）。また，
親生父母の同意や13歳以上の児童の入養の場合は本人の同意も得なければ
ならない（12条）。しかも，親生父母の同意は児童の出生日から１週間を
経過してからでなければならず，入養同意の対価の授受を約束してはなら
ない（13条①②）。

　　③　入養の効果と入養の効力発生

> **第14条（入養の効果）**　本法により入養した児童は「民法」上の親養
> 　子と同一の地位を有する。
> **第15条（入養の効力発生）**　本法による入養は家庭法院の認容審判の
> 　確定で効力が発生し，養親又は養子は家庭法院の許可書を添付して
> 　「家族関係の登録等に関する法律」で定めるところにより申告しな
> 　ければならない。

　本法により入養した児童は「民法」上の親養子と同一の地位を有し（14
条），本法による入養の効果発生時期は，「家庭法院の認容審判確定日」で
あり，養親又は養子は家庭法院の許可書を添付して家登法の定めるところ
により申告しなければならない（15条，2012．7．25．家登例規353号「入養特
例法による家族関係登録事務処理指針」）。

　なお，本法による養子は，「民法」上の親養子と同一の地位を有するの
で，養子は養父の姓と本を継ぐが，養父母が婚姻申告時に子が母の姓と本
を継ぐと協議していた場合は母の姓と本を継ぐ（同指針４条）。

　　④　罷養の制限

　本法による入養の協議罷養は認められず，一定の事由があるときに限っ
て裁判上の罷養ができるだけである（17条）。

第 2 章　韓国家族法の概要とその適用

5 日本の関連判例

⑴ 未成年者を養子縁組（入養）する際の家庭法院の許可の規定がないこと（2012.2.10.法11300号民法改正前）との関連で

1）改正前法例の事案で，神戸家姫路支審昭和35・4・20（家月12-6-157）[282]は，韓国人夫婦が，北朝鮮帰国に関する「日赤の取扱方針として16歳未満の孫は養子縁組をしたうえでなければ帰国が認められないので」その長女の子である韓国人の未成年者を養子にするために家庭裁判所の許可申立を求めたが，韓国法は自己の直系卑属を養子にする場合には法院その他の国家機関の許可等を必要としていないとして申立を却下した。同じく，大阪家審昭和36・9・26（家月14-1-121）も同様の事案で申立を却下している。

2）高知家審昭和37・1・8（家月14-4-221）[283]は，改正前法例の事案で日本人夫婦には日本民法を適用し，朝鮮人未成年者には韓国民法の縁組要件に適合するとして養子縁組の許可を行った事例である。また，大阪家堺支審昭和37・6・12（家月14-12-151）は，日本人男と内縁関係にある日本人女が韓国人未成年者を養子縁組をするのに家庭裁判所に許可を申し立てた事案である。韓国法の適用について，法院その他国家機関の許可が要件になっていないが「未成年者の養子のために必要とされる裁判所その他の国家機関の許可の如きは，近代文明諸国における養子縁組制度の趣旨にてらし，単に養子の一方のみに関する要件ではなく養親養子双方に関する要件とみるのが相当であるから」として，「韓国民法にその規定がなくても，わが民法にその旨の規定がある以上，」家裁の許可を受けなければならないとして，養子縁組の許可申立を認容した。

282）評釈につき，鳥居淳子「北鮮（ママ）に帰還する朝鮮人間の養子縁組につき大韓民国法を適用した事例」名古屋大学法政論集23号136頁。
283）評釈につき，鳥居淳子「北鮮（ママ）に本籍を有する朝鮮人未成年者の本国法決定につき法例27条3項の類推適用により本人の意思を基準として韓国法を適用した事例」愛知学院大学論叢法学研究5巻1・2号161頁。

第13節　親族法の概要　⑷　養親子関係　一般入養・親養子入養・「入養特例法」による入養

3）改正前法例の事案で，韓国人夫婦が日本人未成年者を養子縁組するのに許可を申し立てた東京家審昭和40・12・28（家月18-8-80）は，韓国法には未成年者につき裁判所の許可を要しないが，裁判所の許可を要するかは「養親たるべき者の側，養子たるべき者の側双方に関する成立要件と解され，養子が日本人である本件養子縁組については，日本民法によって家庭裁判所の許可が必要であると解され，したがって当家庭裁判所が本件養子縁組を審査して許可不許可を決することは適法である」として，申立を認容した。

⑵　**未成年者入養（養子縁組）の承諾・代諾について**

1）改正前法例の事案で，日本人夫婦が韓国人未成年者を養子縁組するのに許可を申し立てた事案で，福岡家小倉支審昭和51・3・5（家月29-1-111）[284]は，養子になる者が15歳未満の場合は韓国民法（1990年法4199号による改正前）は，父母の同意，父母がいないときは後見人の同意，後見人が同意するときは親族会の同意などが定められているが「本件の場合には未成年者の父母の所在，親族の存否は不明であり，その承諾又は同意を得ることはできないので，一見積極的要件が存在せず縁組の実質的要件を欠くようにみえるのであるが父母の承諾，親族会の同意を要するとする規定の立法趣旨を考えるに，いずれも養子となる者の福祉と韓国に特有の家の維持がその根底にあるものと解されるので，本件の未成年者のようにその親族の存否不明の場合には家について考慮する必要はなく，ただ未成年者の福祉のみを考えればよいことになる。そして本件養子縁組が未成年者の将来の福祉につながるものかどうかの判断は家庭裁判所がすることが最も適当である」として申立を認容した。

2）改正法例の事案で，日本人夫妻が韓国人未成年者との日本の特別養子縁組を求めた福島家会津若松支審平成4・9・14（家月45-10-71）[285]で

284）評釈につき，林脇トシ子「韓国民法上親族会の同意を要する後見人，被後見人間の養子縁組につき，家庭裁判所が許可の審判をした事例」ジュリ679号141頁。

285）評釈につき，長田真里「日本人夫婦が韓国人の子供との特別養子縁組を申し立て

第 2 章　韓国家族法の概要とその適用

は，日本法上の特別養子縁組の要件中の「父母の同意」（日本民法上817
条の6）は父母ともに所在が不明なので同条ただし書が適用されること，
また，子の保護要件にあたる韓国民法（1990年法4199号改正後）870条で
は「父母の同意」が必要であるが，父母が同意できない場合には直系尊
属（最近尊属が先順位）の同意が必要であるが，母が行方不明で同意を
得られないが祖母の書面による同意があるとして，特別養子縁組の成立
を認容した。

3）また，改正法例の事案で，千葉家審平成11・4・14（家月51-11-102）
は，日本人夫婦が韓国人未成年者との特別養子縁組を求めた申立てを却
下した事案である。事件本人は，韓国人未成年者で妻とその前夫との間
に生まれた子の婚外子（妻の孫，1992年生）であり，生後6か月から申
立人である日本人夫婦に継続して日本で養育され，1999年には地元の小
学校に入学する予定である。そこで，判例は，特別養子に関する日本民
法の要件と子の保護要件（韓国民法869条，870条等）を検討し，子の保護
要件は満たしているが，実方の母と養親となろうとする夫婦との間に親
族関係がある場合は複雑な人間関係が生じることや超過滞在者である韓
国人未成年者にとって特別養子縁組を成立させることが事件本人の利益
になるとはいえず，総合的にみて日本民法817条の7「父母による養子
となる者の監護が著しく困難又は不適当であること……」の成立要件を
欠くとして申立てを却下した。

(3)　死後の罷養（離縁）について

申立人を日本人男性とする亡養親韓国人女性との離縁を求めた改正前法
例の事案で，東京家審昭和49・3・18（家月27-3-90）は，亡養親との離
縁制度のない韓国民法に「亡養親との離縁の制度がないからといって離縁
の制度を認めている大韓民国民法全体の趣旨に照すとこれを禁止している
ものではなく，養子縁組は養親または養子の死亡により終了するとの解釈

た事件」ジュリ1127号141頁。

416

第13節　親族法の概要　(4)　養親子関係　一般入養・親養子入養・「入養特例法」による入養

をとつていることによると解されるので，大韓民国民法に亡養親との離縁
の規定のないのはいわゆる法の欠缺の場合に該当し，この場合は大韓民国
民法に最も近似する法を基準として具体的妥当な解釈をはかるべきものと
解される」とし，日本民法811条6項による家庭裁判所における許可を
「大韓民国民法に規定の欠ける部分を，養子縁組届出によって養親子関係
を成立せしめる点および戸籍制度等多くの近似点をもつわが民法の上記法
条に準拠して解決しても大韓民国民法全体の法秩序と矛盾しないと解され
る」として離縁を許可した。

(4)　養親が異国籍夫婦の場合の準拠法

　日本人男・韓国人女の夫妻が韓国人未成年者を養子縁組をするのに，日
本人男が許可を申立てた改正法例の事案で，札幌家審平成4・6・3（家
月44-12-91）[286]は，法例20条1項の解釈として，申立人には日本法，妻に
は韓国法が適用され，各別に適用するとともに，いずれも夫婦共同縁組を
定めているので，共に未成年者と養子縁組する必要があるとした。

(5)　虚偽の親生子出生申告による入養の成立との関連で

　最三小判平成20・3・18（判タ1269-127）[287]は，「韓国民法2条2項は，
権利は濫用することができない旨定めているところ，韓国大法院1977年7
月26日判決（……）が，養子とする意図で他人の子を自己の実子として出
生の届出をした場合に，他の養子縁組の実質的成立要件がすべて具備され
ているときは，養子縁組の効力が発生することを肯定した趣旨にかんがみ
ても，同項の解釈に当たって，」と述べ，虚偽の親生子出生申告が入養の
効力があるとする大法院の全員合議体判決を韓国民法の権利濫用条項と関
連付けて検討している。

286）評釈につき，熊谷久世「養子縁組の成立(2)」渉外百選3版148頁，西島太一「養子
　縁組事件の国際裁判管轄権」国際私法百選2版214頁。
287）評釈につき，金汶淑「韓国法上の親子関係不存在確認請求と権利濫用の上告」平
　成20年重判解336頁，道垣内正人「韓国法の適用違背による破棄差戻し」リマークス
　2009（下）134頁，西谷祐子「外国法の適用違背と上告」国際私法百選2版238頁など。

417

北朝鮮家族法の概要とその適用

はじめに

　在日韓国・朝鮮人の相続準拠法が北朝鮮法となったときは，法適用通則法41条の反致規定により相続関係には基本的に日本法が適用され，相続の先決問題である婚姻関係や親子関係の成立の成否に関しては北朝鮮の親族法が適用される場合を想定することができる。

　そこで，本章では，まず，北朝鮮の家族法制の経緯をたどり，次に北朝鮮「家族法」の諸点を確認・整理し，最後に2002年に制定された北朝鮮「相続法」について若干触れることにしたい。なお，北朝鮮「家族法」と「相続法」の条文の拙訳は，「Ⅰ巻末資料3(3)(4)」に掲載している。

第1節　北朝鮮の家族法制

1　1990年「家族法」の制定まで

1）北朝鮮は，1948年9月に政府を樹立した。政府樹立を前にした1946年には「男女平等権に対する法令」(1946.7.30北朝鮮臨時人民委員会決定第54号）を制定した。その9条では「本法令の発表と同時に朝鮮女性の権利に関する日本帝国主義法令と規則は無効になる」と規定し，続いて「男女平等権に対する法令施行細則」(1946.9.14北朝鮮臨時人民委員会決定第78号）を制定している。いずれの法令も，儒教文化に基づく大家族制度を基礎とする家族法との断絶を図り，古い封建的男女関係を改革し

第3章　北朝鮮家族法の概要とその適用

女性の社会生活への参与を促すことが目的であったといわれる[1]。

2）1948年憲法制定以後の家族法関連の立法措置には「後見人又は保佐人
　　選定及び監督について」（1949.11.15内閣指示第23号）と「立養の設定に
　　関して」（1949.12.31内閣指示第473号）があり，前者の後見人と保佐人の
　　規定は，包括的な民事法規である1982年「民事規定（暫定）」施行まで
　　の規定で，後者の立養の規定は「家族法」施行までの規定であったとの
　　ことである[2]。

3）1950年からはじまった朝鮮戦争下では臨時的な法制が施行されていた
　　といわれるが，休戦後の1955年には，「公民の身分登録に関する規則」
　　（1955.3.5内閣指示第28号）が制定されていたとのことである[3]。

4）1982年「民事規定（暫定）」制定までの重要な改正は，協議離婚を廃
　　止し裁判離婚に限定する改正である。1956年には「離婚手続を一部変更
　　することについて」（1956.3.8内閣決定第24号）や「離婚事件審理手続
　　に関する規定」（1956.3.15司法局規則第5号）が制定されている。同規
　　定は，1962年の「離婚事件処理に関する規定」（1962.3.21最高人民会議
　　常任委員会政令第740号）に引き継がれている[4]。

5）1972年社会主義憲法の制定以後では，1982年「民事規定（暫定）」（1982.
　　12.7中央人民委員会政令第247号）の採択，同年の「民事規定（暫定）施
　　行細則」（1983.3.19中央裁判所指示第2号）の制定があり，当時の法実
　　務を支えていたといわれる。「民事規定（暫定）」の詳細は明らかでない
　　が[5]，1986年になってその名称から「暫定」が除去され，「民事規定」（1986.
　　1.30中央人民委員会政令第2424号）として採択されている[6]。

1）法務資料第319号・北韓家族法注釈13頁(신영호（シンヨンホ))。
2）法務資料第319号・北韓家族法注釈14頁(신영호（シンヨンホ))。
3）法務資料第319号・北韓家族法注釈15頁(신영호（シンヨンホ))では，「その内容は
　一部だけ知られている」。
4）法務資料第319号・北韓家族法注釈16頁(신영호（シンヨンホ))。
5）法務資料第319号・北韓家族法注釈17頁(신영호（シンヨンホ))，大内憲昭・「研究」
　23頁注）31参照。
6）法務資料第319号・北韓家族法注釈17頁(신영호（シンヨンホ))，大内憲昭・「研究」

420

第 1 節　北朝鮮の家族法制

6）なお，「民事規定」の第 2 章の題目は「婚姻および家族関係」（10条か
　　ら26条）で，結婚の成立要件及びその禁止事由，結婚の無効，夫婦の人
　　格的・財産的関係，離婚事由とその手続，法定相続人と相続欠格事由及
　　び相続財産の国家帰属等，が規定されていたといわれる[7]。

2　1990年「家族法」の制定とその後の改正

⑴　1990年「家族法」と付属決議 3 項の内容

1）北朝鮮最高人民会議常設会議は，1990年10月24日決定第 5 号で「朝鮮
　　民主主義人民共和国家族法」（以下，「家族法」（括弧付き）と略記する場合
　　がある）を採択した。

2）全文54条で章の区分は，第 1 章　家族法の基本（ 1 条から 7 条），第 2
　　章　結婚（ 8 条から14条），第 3 章　家庭（15条から39条），第 4 章　後見
　　（40条〜45条），第 5 章　相続（46条〜53条），第 6 章　罰則（54条）である。
　　特に，第 3 章は，夫婦の人格的・財産的関係，離婚事由・手続，父母と
　　子女の成立要件，子女の姓，子女の養育義務，継父母継子女関係の成立，
　　立養・罷養の成立と養父母・養子関係，祖父母・孫子女間と兄弟姉妹間
　　の関係，扶養などの規定を設けている。

3）なお，北朝鮮は「家族法」制定の際に， 4 項の付属決議を行っている。
　　その 1 項では同法を採択したこと， 2 項では同法は「12月 1 日から施行
　　する」こと， 3 項では同法は「外国で永住権を有している朝鮮公民には
　　適用しない」こと， 4 項では「当該機関では，本法を執行するための対
　　策を立てる」ことである。

　229頁。
　7）法務資料第319号・北韓家族法注釈17頁(신영호（シンヨンホ）)，その内容は大内憲
　　昭・「研究」229〜238頁参照。

第3章　北朝鮮家族法の概要とその適用

コラム3-1　1990年制定　北朝鮮「家族法」決議3項の意味

　「家族法」制定時の決議3項の文言をどのように解するかにつき，この規定を「永住権を取得し生活している当該他国の法律を適用する」とみて，在日の北朝鮮籍の人の相続には日本法が適用される」という見解，「在日の相続については日本に所在する財産の相続については原則として日本法への反致が成立するみることができる」とする見解などが示され，後になって「この時期までは共和国の相続法が不明ということで準拠法適用について諸説紛々でした」と述べる著作もみられた（第1章補節2(1)2）103頁参照）。
　なお，神戸地判平成14・5・28（LEX/DB文献番号28072290）は，付属決議3項を引用して在日朝鮮人の相続準拠法は日本法に反致するとしている（コラム3-2参照）。

コラム3-2　相続につき北朝鮮「家族法」決議3項で「日本法」を適用した日本の判例

　神戸地判平成14・5・28（LEX/DB文献番号28072290）は，「北朝鮮家族法は他の国で永住権を取得して暮らす朝鮮公民には適用されないものとされている（北朝鮮最高人民会議常設会議が1990年10月24日に行った決定第5号）。」と紹介し，その意義について「そうすると，本件においては準拠法が欠缺していることになるが，上記規定は，他の国で永住権を取得して暮らす朝鮮公民についてはその国の法律が適用されることを前提としていると解されるから，反致に関する規定である法例32条本文を適用して，日本国民法によるべきである」との解釈をして，1998年死亡した北朝鮮法を本国法とする在日朝鮮人の相続準拠法を論じている。なお，判例は1995年制定の北朝鮮「対外民事関係法」には触れていない。

---

(2)　「家族法」のその後の改正

「家族法」は，その後4度の改正を経ている[8]。

8）改正経緯は，法務資料第319号・北韓家族法注釈19頁（신영호（シンヨンホ））を参照。

①　1993年改正（1993.9.23最高人民会議常設会議決定第35号修正補充）

そこでは，(i)子女の養育費に関して当事者の意思を反映する改正（23条①），(ii)子女に対する父母の教養義務の文言に関する修正（27条②），(iii)父母の子女に対する法定代理人としての地位の明文化（28条1項），(iv)未成年者と労働無能力者の家族成員に対する扶養義務の文言の修正（37条1項2項），(v)未成年後見と身体上の欠陥者への後見開始要件の文言の修正（40条），(vi)未成年後見人を「父母」とした誤りを削除する修正（41条①），(vii)相続拒否を相続放棄に修正する用語の改正（47条②），(viii)「相続は6か月内にしなければならない」を「公民は，相続の承認，放棄を6か月内にしなければならない」と修正する改正（52条①）及び相続人不存在の場合における相続の承認・放棄期間の延長規定が設けられ（52条③），(ix)相続人不存在の国庫帰属の規定を修正・新設する改正（52条②），(x)第6章の標題「罰則」を「制裁」に修正して54条（制裁）の文言を修正する，などの改正を行った。

②　2004年改正（2004.12.7最高人民会議常任委員会政令第808号修正補充）

そこでは，離婚について定める20条2項「離婚は裁判によらなければ行うことはできない」に続けて，3項に「離婚判決は，確定したときから3か月まで効力を有する」を新設する改正をした。

③　2007年改正（2007.3.20最高人民会議常任委員会政令第2161号修正補充）

そこでは，「家族法」の各条文に題目を付し，25条（父母と子女の関係）に2項「父母と子女の関係は，身分登録機関に登録したときから法的効力を有する」を新設し，従前の2項を3項に繰り下げ，1993年に修正した37条2項の未成年者と労働無能力者の家族成員に対する扶養義務の文言を再修正した。

④　2009年改正（2009.12.15最高人民会議常任委員会政令第520号修正補充）

そこでは，近親婚の制限の規定である10条「8寸までの血族，4寸まで

第3章　北朝鮮家族法の概要とその適用

の姻戚の間では，結婚できない」の規定を「……，４寸までの姻戚か姻戚
であった者の間では，……」とし，「か姻戚であった者」を挿入する改正
を行った。

コラム3-3　北朝鮮法の経過規定と裁判所の法制定権

　北朝鮮では，法の制定や改正があっても法の遡及・不遡及や施行日が明文
化されない場合が多かった。そこで，2012年制定の北朝鮮「法制定法」
(2012.12.19.最高人民会議常任委員会政令第2847号) 52条は[9]，施行日は
原則その法律で示すが，施行日を明らかにしていない場合は「公布後15日
が経過した翌日から効力が発生する」と定めている。

　また，「法制定法」では，1950年「裁判所構成法」52条②や1976年「裁
判所構成法」44条で示されていた最高裁判所の指導的指示についての明文
規定はなく，現行の2011年「裁判所構成法」18条でも裁判活動の「監督統
制」に止まっている。[10] [11]

第2節　「家族法」の概要
(1)　使命・原則・規制対象

第1条（家族法の使命）　朝鮮民主主義人民共和国家族法は，社会主
義的結婚，家族制度を強固発展させ，全社会を仲睦まじく団結した
社会主義大家庭とするのに寄与する。

第7条（家族法の規制対象）　本法は，社会主義的結婚関係と家族，
親戚間の人格的及び財産的関係を規制する。

---

9)「法制定法」の条文は，大内憲昭・法制度と社会体制285頁。
10) 法務資料第319号・北朝鮮家族法注釈23頁(신영호 (シンヨンホ))，조일호 (チョイル
　ホ)・朝鮮家族法 (初版) 45～46頁。
11) 2011年「裁判所構成法」の条文は，大内憲昭・法制度と社会体制434頁，法務資料第
　319号・北韓家族法注釈23頁(신영호 (シンヨンホ))。

424

第3節 「家族法」の概要 (2) 結婚の成立要件・結婚の無効及び子女の養育

1）第1条は，「家族法」の使命を示したもので，社会主義生命体論に立脚した家族国家感を如実に反映したものと指摘されている。[12]北朝鮮在の研究者の中には，家族法の使命とは，1．社会主義的結婚制度を強固発展させる力になる手段に服すること，2．新世代を我が革命の頼もしい継承者に，主体型の革命家に保育教養する力になる手段に服すること，3．家庭の革命化を通じて全社会の革命化を促し，全社会を仲睦まじく団結した社会主義大家庭，首領の廻りに一身団結した社会になるのに貢献すること，という。[13]

2）また，先の北朝鮮在の研究者は，家族法の基本原則として，1．男女平等の原則，2．結婚を保護する原則，3．家庭を強固にする原則，4．子どもと母の利益を特別に保護する原則，5．行為無能力者を保護する原則を挙げている。[14]その点は「家族法」の条文では，1．結婚の保護原則（2条），2．家庭強固化の原則（3条），3．行為能力のない公民の保護原則（4条），4．相続権の保障原則（5条），5．子どもや母の保護原則（6条）として列挙されている。

3）「家族法」の規制対象は「社会主義的結婚生活と家族，親戚間の人格的及び財産的関係」（7条）である。

第3節 「家族法」の概要
(2) 結婚の成立要件・結婚の無効及び子女の養育

「家族法」8条から10条までの規定は，結婚（婚姻）の実質的成立要件の規定である。北朝鮮在の研究者によれば，実質的成立要件は結婚の成立条件といい，1．当事者の自願的な合意，2．結婚年齢，3．1人の男子

12）法務資料第319号・北韓家族法注釈18頁(신영호（シンヨンホ))。
13）리송녀（リソンニョ)・家族法制度12〜20頁。
14）리송녀（リソンニョ)・家族法制度20〜31頁。

425

第3章　北朝鮮家族法の概要とその適用

と1人の女子間の結婚（二重婚禁止），4．近親結婚の禁止，を挙げている[15]。「家族法」11条，12条は，形式的成立要件としての結婚登録とその効果や海外公民の結婚登録手続を定め，「家族法」13条は，実質的成立要件違反の結婚は無効であることを定め，無効の効果は14条が定める。

1 結婚の成立要件

(1)　実質的成立要件①　自願的合意と一夫一婦制

> **第8条（自由結婚と一夫一妻制）**　公民は自由結婚の権利を有する。
> 　結婚は，ただ1人の男子と1人の女子の間でだけ行うことができる。

1）　8条1項は，結婚は当事者の自願的な合意で行われるのであり，当事者本人の意思と要求が合致してこそ結婚が成立することを述べ，「当事者の自願的な合意は結婚成立の最も重要な条件」であるという[16]。この点は，過去の強制結婚や売買結婚，仲介結婚，寡婦の再婚禁止などの風習を排除することを示している。

2）　家族法では，結婚に父母の同意の要件を定めていない。その点について北朝鮮在の研究者は，「それは決して父母の意見や忠告を排除するのではなく，むしろ子女の利益のために必要と認められる。……，父母がそれに反対する場合，父母の同意がないという理由で結婚を禁止させないことを予見している。家族法は，そのような場合に当事者の本人の意思に決定的意義を付与している」という[17]。

3）　結婚は，当事者本人の自願的合意により成立するが，当事者が自己の行為を分別でき，自己の行為の結果を判断できる意思表示能力，民事行

15）리숭녀（リソンニョ）・家族法制度48〜67頁。
16）리숭녀（リソンニョ）・家族法制度48〜49頁。
17）리숭녀（リソンニョ）・家族法制度51頁。

第3節 「家族法」の概要 (2) 結婚の成立要件・結婚の無効及び子女の養育

為能力を有することが前提になる。北朝鮮の民法20条は「公民の成人年齢は17歳」と定め「17歳以上の公民は民事法律行為を独自的に行う能力を有する」としているので，17歳以上の公民は後に述べる婚姻年齢に達すれば婚姻が可能となる。しかし，17歳に達しても「知能の発達程度，健康状態等で民事法律行為を独自に遂行できない場合は民事法律行為を有しないので，民事行為無能力者は結婚するのが困難である」[18] しかも，「精神薄弱者」[19] を含めて，行為無能力者である精神障害者は結婚できない。そこで，後見人による意思補充制度や法院の関与による精神障害者の結婚の成立制度等を全く認めない北朝鮮「家族法」の態度は独特ではないかと指摘する識者もいる。[20]

4）8条2項は，従来の一夫多妻制を排斥するものであり，1950年刑法では「畜妾」（256条）は処罰の対象とされていた経緯がある。[21]

5）それに関連して，「国家身分登録機関は，二重結婚の登録を拒否し，万が一諸種の原因によって身分登録機関が，既に結婚関係が存在していたことを知らずに，新たな結婚を登録していたとしても第2の結婚は破棄させ，既に登録している最初の結婚を保護させる」との指摘がある。[22]

(2) 実質的成立要件② 結婚年齢

第9条（結婚年齢） 朝鮮民主主義人民共和国における結婚は，男子18歳，女子17歳から行うことができる。
　　国家は，青年が祖国と人民のために，社会と集団のために，貢献した後に結婚する社会的気風を奨励する。

1）9条1項は，結婚適齢を1946年制定の「男女平等権に対する法令」6条と同じく「男子18歳」「女子17歳」とした。北朝鮮在の研究者は，結

18）法務資料第319号・北韓家族法注釈103頁(이은정（イウンジョン）)。
19）리송녀（リソンニョ）・家族法制度51頁。
20）法務資料第319号・北韓家族法注釈103～104頁(이은정（イウンジョン）)。
21）리송녀（リソンニョ）・家族法制度61頁。
22）리송녀（リソンニョ）・家族法制度61頁。

第3章　北朝鮮家族法の概要とその適用

婚年齢の規制は「我が国の人（ヒト）の肉体的成熟度と精神的発展度を最も正確に反映した合理的で進歩的な結婚制度」と評し[23]，男女間で年齢を異にしたのは，「一つは相対的成熟度と，もう一つは女子に比べて男子の結婚年齢が日政下に早くなった民族的風習を考慮した」という[24]。

2）　9条2項の立法趣旨について，北朝鮮在の研究者は「青年が祖国と人民のために，社会と集団のために貢献した後に結婚する社会的気風を奨励するという道徳的要求」と指摘するが[25]，韓国の研究者は，北朝鮮が晩婚を奨励する実際の理由は「男子の場合軍務服務期間が永いだけでなく服務中は結婚が許されず，女子の場合も政治的・経済的理由で嫁ぐことを遅らせるように奨励し，女性を労働階級化・革命化して女性の労働力を確保」するためではないかと指摘している[26]。

(3)　実質的成立要件③　近親婚の禁止

> **第10条（結婚寸数）**　8寸までの血族，4寸までの姻戚か姻戚であった者の間では，結婚できない。

1）　10条は，近親婚の禁止規定である。「8寸までの血族」「4寸までの姻戚か姻戚であった者」の間の結婚を禁止する。2009年改正前は「姻戚であった者」との間の婚姻を禁止していなかったので，同改正で近親婚の禁止範囲は拡大された。

2）　近親婚を禁止することについて，北朝鮮在の研究者は「健康な後代を産み育てるための問題，つまり我が民族の将来の運命と関連する重要な問題」とし，次いで「民族の固有な美風良俗を活かすための問題」とする[27]。

　　なお，最近の北朝鮮の文献では，血族，姻戚についての言及は無く，

---

23)　리송녀（リソンニョ）・家族法制度56頁。
24)　리송녀（リソンニョ）・家族法制度57頁。
25)　리송녀（リソンニョ）・家族法制度56頁。
26)　法務資料第319号・北韓家族法注釈110頁(이은정（イウンジョン）)。
27)　리송녀（リソンニョ）・家族法制度63〜64頁。

428

第3節 「家族法」の概要 (2) 結婚の成立要件・結婚の無効及び子女の養育

初期の家族法の教科書は血族と姻戚の概念を説明していたとの指摘がある。[28]

(4) 形式的成立要件

> **第11条（結婚登録）** 結婚は，身分登録機関に登録して初めて法的に認められ，国家の保護を受ける。
> 　結婚登録をしないで，夫婦生活をすることはできない。
> **第12条（在外公民の結婚登録）** 外国で暮らす共和国公民の結婚登録は，朝鮮民主主義人民共和国の領事代表機関で行い，領事代表機関がない場合にはその国の当該機関にすることができる。

1）北朝鮮は，登録婚のみを法定結婚と定め，登録婚だけに夫婦間の法律関係を生じさせ，登録をしたときから夫婦としての権利義務を認める。登録婚だけを認めその場合にだけ国家的保護を提供するのである。なお，1953年「最高裁判所全員会議決定第39号」で一部の事実婚に法律婚としての効力を認めた時期があったとの指摘がある。[29]

2）北朝鮮在の研究者は，北朝鮮の登録婚の措置は1946年9月14日「男女平等権に対する法令施行細則」からであるとし，その8条「……結婚は当事者の自由意思による結婚証を当事者が所管市・面人民委員会に提出し受理することで成立する」を紹介する。[30] 結婚登録は，当事者双方が身分登録機関に直接行って登録しなければならず，当事者の一方のみが行ったり，代理人を通じて行うことはできない。[31]

3）そして，婚姻の法律的効果を確認することのできる基本的文件は，身分登録機関の公民登録台帳で，婚姻登録申請書には，婚姻する本人の婚姻回数及び子どもの数も記載しなければならないという。[32] また，登録

28）法務資料第319号・北韓家族法注釈115～116頁(이은정（イウンジョン))。
29）리송녀（リソンニョ)・家族法制度44～46頁，法務資料第319号・北韓家族法注釈124～126頁(이은정（イウンジョン))。
30）리송녀（リソンニョ)・家族法制度40頁。
31）大内憲昭・北朝鮮の社会192頁。
32）大内憲昭・北朝鮮の社会192頁。

429

第 3 章　北朝鮮家族法の概要とその適用

後の手続について，北朝鮮在の研究者は，「身分登録機関は結婚登録を
した後に当事者が所持する身分証（市民証，公民証）の該当欄に結婚事
項を記入する。また，一方の当事者が身分証を所持できない公民の場合
には，身分登録機関の結婚登録台帳と相手方当事者の身分証に登録すれ
ば，結婚が登録されたものと認められる。よって，当事者間に結婚が成
立しているか，つまり法律婚かそうでないかを確認できる基礎文件は身
分登録機関にある結婚登録台帳である」という[33]。

コラム**3-4** 北朝鮮「公民登録法」で身分証を所持できない公民とは誰か

　「公民が朝鮮人民軍，朝鮮人民警備隊と人民保安，安全保衛機関に入隊し
た場合に，出生証，公民証，平壌市民証等を，居住する地域の人民保安機関
に提出し，裁判所の判決によって労働教化刑を受けた場合には，出生証，公
民証，平壌市民証を回収するので（公民登録法第13条），公民であっても身分
証を持てなくなる場合があり得る」[34]

---

4 ）なお，家族法は具体的な結婚登録手続に関する規定を置いていない。
　1955年「公民の身分登録に関する規定」（1955．3．5内閣決定第53号）に
　は手続規定があったが，それ以後に改正されたかは確認できないという[35]。
　また，身分登録機関については，1946年「男女平等権に対する法令施行
　細則」8条では「市・面人民委員会」，1955年「公民の身分登録に関す
　る規定」10条では「居住地身分登録所」，1986年「民事規定」では「社
　会安全機関」であるが，1997年制定の「公民登録法」では「居住地域の
　人民保安機関」が出生・居住・退去登録をする機関なので，身分登録機

---

33) 리송녀（リソンニョ）・家族法制度42頁。
34) 法務資料第319号・北韓家族法注釈123頁注）221（이은정（イウンジョン））。
35) 法務資料第319号・北韓家族法注釈122頁（이은정（イウンジョン））。

430

第 3 節 「家族法」の概要 (2) 結婚の成立要件・結婚の無効及び子女の養育

関もそこではないかと推測されている[36]。

5）12条は，外国に居住する共和国公民の結婚登録をすべき機関を規定した。北朝鮮の領事代表機関があればそこで行い，領事代表機関がなければその国の当該機関にすることができるとしている。この規定は，外国に居住する共和国公民間の結婚登録に限ると考えてよいのか。共和国公民間の結婚と共和国公民と外国人が結婚する場合とを分けて考えれば，1995年北朝鮮「対外民事関係法」では，「結婚の方式については，当事者が結婚を行う国の法を適用する」（35条 2 項）としているので，例えば，共和国公民間であれ，共和国公民と外国人の間であれ，日本の地で婚姻する場合は日本の方式（日本民法739条）であれば有効で，北朝鮮国内で共和国国民と外国人が婚姻する場合は北朝鮮が定める婚姻手続によれば有効である。したがって，「家族法」12条前段の規定は，外国に居住する朝鮮公民間が結婚する場合の特則と考えられ，12条後段の規定は，北朝鮮「対外民事関係法」35条 2 項の法理を述べたにすぎないと考えられる。

6）なお，1986年「民事規定」13条では，外国人と結婚する場合は，身分登録機関を経て中央人民委員会の承認を受けなければならないと規定していたとのことである[37]。

2 結婚の無効と子女の養育

第13条（結婚の無効） 本法の第 8 条から第10条に違反する結婚は，無効である。
  結婚の無効認定は，裁判所が行う。
第14条（無効とされた結婚における子女の養育） 無効と認定された結婚は，初めからなかったものとする。ただし，子女の養育問題は，

36）法務資料第319号・北韓家族法注釈124頁（이은정（イウンジョン））。
37）大内憲昭・北朝鮮の社会192頁。

431

第3章　北朝鮮家族法の概要とその適用

> 本法第22条，第23条によって解決する。

1)「家族法」では，結婚の無効に関する問題について，有効な結婚を前
提にさらに持続させるかどうかに関する問題とは考えず，結婚の成立そ
れ自体を否定することで，結婚としての効力を当初から除去する問題と
考え，違反の性質に従い取消か無効かとを区別して考えるのではなく，
結婚を一律に無効にさせる制度を採用した[38]。しかも「無効の認定は裁
判所が行う」(13条②) ので，一度法的に確定した結婚は，その結婚を
無効と認定する裁判所の判決があるまでは有効である。

2) 当事者の自願的合意のない結婚は無効である (8条①違反)。ただし，
欺罔，暴行，脅迫又は錯誤によって結婚し，その後そのような状態から
脱した後は自願的意思に基づき結婚関係を継続してきた者らが，その後
他の原因で結婚関係を断絶させる意図で結婚当初の自願的合意の欠如を
理由に結婚の無効を主張する場合には，無効認定が制限される，という。
その場合は，欺罔，暴行，脅迫又は錯誤の事実を知って結婚の無効が主
張できる自由な状態に置かれたときから一定の期間，例えば6か月が経
過した後は自願的合意の欠如の理由でその結婚を無効と認定することは
できず，たとえ精神病者との結婚であっても同様との指摘がなされてい
る[39]。なお，1986年「民事規定」当時は「本人の錯誤によって婚姻が成
立した場合には，婚姻関係をさらに継続させることを困難にする事由と
して離婚の問題となり得るが，婚姻を無効と認定されるような独立的な
根拠とならない」と紹介されている[40]。

3) 重婚は無効である (8条②違反)。韓国の研究者は，前婚と後婚が同時
に併存するなかで，前婚が離婚又は相手方の死亡で解消された場合，後
婚を有効にするかに関して北朝鮮の解釈論は否定的であると述べる。す

---

38)　리송녀 (リソンニョ)・家族法制度69頁。
39)　리송녀 (リソンニョ)・家族法制度135頁。
40)　大内憲昭・北朝鮮の社会194頁。

432

第 3 節 「家族法」の概要 (2) 結婚の成立要件・結婚の無効及び子女の養育

なわち，後婚を有効にしても再び合法的に結婚登録ができるので大きな意味はなく，後婚を無効とすることが一夫一妻制の原則の保護に徹し前婚を人為的に解消させようとする副作用を防止できるので，後婚の効力を結婚成立時から有効とすることにより発生する複雑な問題を避けるためにも後婚の有効性を認定していないと紹介する[41]。

4）結婚の適齢に違反した結婚も無効である（9条①違反）。男子18歳，女子17歳に達しない者の結婚は無効である。ただし，結婚の無効理由が結婚登録当時に法定結婚年齢に至らなかったり，結婚の無効確認当時に法定結婚年齢に至らなかった場合に限るのであり，例えば，法定結婚年齢に到達する前に結婚登録をしたが，一定の期間が経過して法定結婚年齢に到達していた場合には結婚無効の問題は提起されない，と韓国の研究者は紹介する[42]。なお，1986年「民事規定」当時の解説として「無効認定に関する事件審理時に……またたとえ法定年齢に至らなかったがすでにその婚姻において子どもが出生していたり，妊娠中である場合には」無効認定ができないと紹介するものがある[43]。

5）近親婚に違反した結婚は無効である（10条違反）。

6）裁判所の判決により結婚が無効と認定されれば，その結婚は当該判決が確定したときからではなく，結婚が登録されたときから無効となる（14条本文）。したがって，その結婚関係は結ばれた者の間では夫婦としてのいかなる権利義務も最初から発生しなかったことになる[44]。なお，結婚中に取得した財産に対する分割問題は，民法上の共同所有分割規範が適用され，結婚関係から出生した子女には法律的に何らの影響も与えず，子女は有効な結婚関係から出生した子女と同一の権利を有する[45]。したがって，子女の養育問題は，離婚後の子女の養育に関する規定によって

41）法務資料第319号・北韓家族法注釈135～136頁(이은정（イウンジョン））。
42）法務資料第319号・北韓家族法注釈136頁(이은정（イウンジョン））。
43）大内憲昭・北朝鮮の社会193頁。
44）리송녀（リソンニョ）・家族法制度70頁。
45）리송녀（リソンニョ）・家族法制度70～71頁。

第3章 北朝鮮家族法の概要とその適用

解決する（22条，23条の準用）[46]。

第4節 「家族法」の概要
(3) 離婚の効果・裁判離婚の効力と判決の効力・離婚事由

1 離婚の効果

> **第20条（夫と妻の関係の解消）** 夫と妻の関係は離婚すれば解消する。
> （以下，略）

1） 夫婦の関係は，夫婦の一方の死亡又は離婚で解消するが，20条1項は，離婚による夫婦関係の解消を規定した。離婚で夫婦の人格（身分）関係が解消され，夫婦の人格関係に基づいて発生したすべての権利義務関係も消滅する[47]。裁判所は離婚によって離婚配偶者の相手方配偶者の一方の経済生活が困難な地位に置かれることが明白な場合には，相手方配偶者に法が定めた期間の範囲内で扶養料の支払義務を課すことがある[48]。

2） また，夫婦間で結婚生活中に形成された財産の分割は家族法39条に定めがある。さらに，離婚による子女の養育問題は家族法22条から24条が定める。また，韓国の研究者は，結婚関係が配偶者一方の死亡で終了した場合，生存配偶者が他の者と再婚しない状態では依然として姻戚関係は消滅しないが，離婚で夫婦関係が解消すれば姻戚関係は消滅すると紹介する[49]。なお，離婚した当事者は，何時でも再婚することがが可能で，女子の再婚禁止期間（待婚期間）の規定もないと紹介する[50]。

46） 法務資料第319号・北韓家族法注釈143頁(이은정 （イウンジョン）)。
47） 法務資料第319号・北韓家族法注釈218頁(문흥안 （ムンフンアン）)。
48） 法務資料第319号・北韓家族法注釈218頁(문흥안 （ムンフンアン）)。
49） 法務資料第319号・北韓家族法注釈218頁注) 370 (문흥안 （ムンフンアン）)。
50） 法務資料第319号・北韓家族法注釈218頁注) 371 (문흥안 （ムンフンアン）)。

第4節 「家族法」の概要 (3) 離婚の効果・裁判離婚の効力と判決の効力・離婚事由

2 裁判離婚と判決の効力

(1) 裁判離婚のみによる離婚

第20条（夫と妻の関係の解消） （略）

　離婚は，裁判によってのみ行うことができる。

（略）。

1）20条2項は，離婚は裁判でしか許されないことを示している。しかし，
北朝鮮は当初から裁判離婚しか認めていなかったのではない。1946年
「男女平等権に対する法令」に続く「男女平等権に対する法令施行細則」
（1946.9.14北朝鮮臨時人民委員会決定第78号）10条は，裁判離婚とともに
協議離婚を認め，夫婦双方が結婚の解消について協議が成立すれば，
市・面人民委員会に離婚証を提出し受理されることにより離婚が可能と
し，11条では当事者間で協議離婚が成立しなければ，離婚を求める一方
の配偶者が人民裁判所に離婚訴訟を提起できる権利を認めていた。その
一方で同法施行細則は，軽率な離婚を認めず当事者間の和解を実現させ
るための訴訟手続を整えていた。[51] しかし，離婚の急激な増加や6.25戦
争で多くの家庭が破壊され非道徳的で軽率な離婚が乱発したことを背景
に，1950年に「離婚訴訟を解決することに関する指導的指示」（1950.3.
7最高裁判所全員会議）が出された。その内容は裁判実務で表れていた
軽率に離婚を申告する傾向を克服し，国家的立場から家庭を強固にし，
子女の利益を保障することにあったといわれる。[52]

2）その後，協議離婚制度を残すことは，国家的立場から家庭を強固にし
離婚を抑制し，ひいては本人の利益と子女の利益に障害をもたらすとの
理由から，1956年「離婚手続を一部変更することに関して」（1956.3.

51）法務資料第319号・北韓家族法注釈192～193頁(문흥안（ムンフンアン）)。

52）法務資料第319号・北韓家族法注釈194～195頁(문흥안（ムンフンアン）)。

第3章　北朝鮮家族法の概要とその適用

8内閣決定第24号）を制定し，同年4月1日から協議離婚手続を廃止し，裁判所の判決によらなければ離婚できないことにした。

　なお，上記内閣決定による裁判規則は「離婚事件審理手続に関する規定」（1956. 3 . 16司法省規則第9号）として制定され，離婚手続を厳格化するとともに，離婚後の生活が困難になる配偶者への扶養料支払義務などを定めたといわれ，1953年5月31日には，今後の夫婦生活を維持できない場合などでは，欠席審理であっても離婚が可能とする規定を設けるなどして先の1950年最高裁判所指導的指示を補充したといわれている[53]。

3）その後，1962年に「離婚事件処理に関する規定」（1962. 3 . 21最高人民会議常任委員会政令第740号）が制定され，離婚訴訟ができない事例や管轄裁判所を被告住所地とするなどの包括的な定めを置き，それらが1986年「民事規定」の離婚規定に繋がったとのことである[54]。

　なお，1976年制定の民事訴訟法（1976. 1 . 10最高人民会議決定第18号）は，離婚訴訟に関連する規定を定め，同法の制定で1962年「離婚事件処理に関する規定」を廃止した。その後の1994年民事訴訟法改正（1994. 5 . 25最高人民会議常設会議決定第47号）では離婚訴訟に関連する規定は大幅に削除され，民事訴訟法から分離された離婚規定は，1999年「離婚訴訟規定」（1999. 7 . 14最高人民会議常任委員会政令）によって運営されることになった，といわれる[55]。

(2)　離婚判決の効力発生とその存続期間

第20条（夫と妻の関係の解消）　（略）

　（略）

　離婚判決は，確定したときから3か月まで効力を有する。

53）法務資料第319号・北韓家族法注釈195〜196頁(문흥안（ムンフンアン))。
54）法務資料第319号・北韓家族法注釈196頁(문흥안（ムンフンアン))。
55）法務資料第319号・北韓家族法注釈199〜204頁(문흥안（ムンフンアン)），同規定の全文は未入手とのことである（同200頁注）326)。

436

第4節 「家族法」の概要 (3) 離婚の効果・裁判離婚の効力と判決の効力・離婚事由

1) 20条3項は，離婚判決の効力は法が定めた一定の期間（3か月）に限って効力を有すると規定している。本項は2004年改正により新設された条項である。

2) 本項の意味は，離婚判決だけでは直ちに離婚の成立には至らず，離婚判決は，離婚の成立を宣言するが，離婚を義務づけるのでなく，単に当事者に離婚を許容することだけにすぎないからという[56]。離婚は，それを承認する裁判所の判決が確定し，当事者が身分登録機関にそれを登録して初めて成立する[57]。裁判離婚により離婚の効力が生じ，その旨を身分登録機関に報告的申告をするというのではなく，登録して初めて離婚の効力が生じるのである。

そこで，離婚判決が確定した後に一方の当事者だけが離婚登録をした場合，離婚登録の効力はどのようになるのであろうか。仮に他の当事者の公民証に離婚に関する登録がされていなかったとしても，身分登録機関の公民登録台帳に離婚が登録されているので，離婚は成立しており結婚の解消に何らの影響を及ぼさない，とのことである[58]。

3) 次に，離婚判決はいつまでその効力が存続するのかという問題がある。これは，配偶者が離婚判決を受けた後，相当な期間にわたり正常な結婚生活をし，再度結婚生活を解消しようとするときに問題になるという。その点は，2004年改正で20条3項を新設して立法的解決を図った。離婚判決は特別な理由なく3か月が過ぎて離婚登録をしない場合には，判決の執行力は喪失すると規定した[59]。

---

56) 리순녀（リソンニョ）・家族法制度100頁。
57) 리순녀（リソンニョ）・家族法制度100頁。
58) 리순녀（リソンニョ）・家族法制度100～101頁。
59) 法務資料第319号・北韓家族法注釈216～217頁（문흥안（ムンフンアン）），리순녀（リソンニョ）・家族法制度101頁。

第3章　北朝鮮家族法の概要とその適用

3 離婚事由

> **第21条（離婚条件）**　配偶者が夫婦の愛情と信頼を甚だしく背反するか，その他の事由で夫婦生活を継続できない場合には，離婚することができる。

1 ）「家族法」は，離婚の事由について21条で定めるだけである。北朝鮮在の研究者は，我が社会では，前段の「夫婦の愛情と信頼を背反する」場合でも互いに理解し教養し，家庭の和睦を成し遂げるのが一般的な要求と提起し，やむを得ない場合には本人が求めれば離婚を承認できるように規制化し，夫婦生活を継続できない場合には離婚が承認される，という[60]。また，後段の「夫婦生活を継続できない場合」について，夫婦関係を維持し強固にするには，愛情と信頼以外にも政治思想的側面，物資経済的側面，道徳的側面等種々の側面があるとし，家族法が離婚事由について包括的な規範をもうけた理由は，離婚事由の多様性，離婚問題の特性と関連し具体化できないからとしている[61]。

2 ）なお，家族法制定前の1986年「民事規定」21条も，「夫婦の信頼にひどく違反するとき，その他婚姻を維持することができない事情があるとき，判決を通じて離婚する」とする包括的な規定に留まっていたが[62]，「民事規定施行細則」では「夫婦生活を継続できない場合」を具体的に計6個列挙していたとのことである[63]。その後の1999年「離婚訴訟規定」（1999. 7 .14最高人民会議常任委員会政令）でも離婚訴訟を提起できる具体的な事由を明示していたといわれる。なお，離婚提起中止事由について

60）리송녀（リソンニョ）・家族法制度78頁。
61）리송녀（リソンニョ）・家族法制度79頁。
62）大内憲昭・法制度と社会体制186頁。
63）崔達坤『北朝鮮の民法・家族法』（日本加除出版，2001年）219頁。

438

第4節 「家族法」の概要 (3) 離婚の効果・裁判離婚の効力と判決の効力・離婚事由

は，北朝鮮「女性権利保障法」47条が定めている。[64][65]

3） 北朝鮮在の研究者は，離婚の解決原則として，①革命の利益を堅持する原則，②政治事業を先行する原則，③慎重に処理する原則，を挙げている。[66]

4 日本の関連判例

(1) 改正前法例の事案で北朝鮮では協議離婚を認めず判決離婚しか認めない点について

①調停に代る審判をしたもの（東京家審昭和59・3・23家月37-1-120），②家事審判法24条審判をしたもの（札幌家審昭和60・9・13家月38-6-39），③協議離婚では離婚の効力を発生しないとしたもの（東京地判昭和61・11・17判タ655-27概説(三)23），④判決離婚をしたもの（大阪地判昭和63・4・14判タ687-218）,[67] がある。

(2) 改正前法例16条「夫の本国法」である北朝鮮法の離婚原因を適用した判例

① 法不分明として，日本民法を適用した事例（東京地判昭和29・9・28下民集5-9-1640）。

② 法不分明として風俗伝統習慣が近似する韓国法を適用した事例（福岡地判昭和33・1・14下民集9-1-15）。

③ 法不分明として条理により日本民法を適用した事例（東京地判昭和

64） 法務資料第319号・北韓家族法注釈225頁(문흥완（ムンフンアン））。

65） 北朝鮮「女性権利保障法」47条（離婚提起中止事由）「夫婦間に離婚問題が発生した場合，男性は妻が妊娠中であったり，出産後1年以内であるならば，離婚を提起することがてきない。
　　女性が夫を相手に離婚を提起する場合には，前項の影響を受けない。」

66） 리송녀（リソンニョ）・家族法制度80～91頁，1986年「民事規定」の処理原則は，大内憲法・法制度と社会体制187頁参照。

67） 評釈につき，三井哲夫「北朝鮮の国籍を有する夫婦の離婚及び長女の養育者の指定」ジュリ974号107頁。

第3章　北朝鮮家族法の概要とその適用

33・8・12下民集9-8-1573)[68]

④　法不分明として法系説によりソ連邦などの社会主義法を参照した事例（千葉地松戸支判昭和40・8・11家月18-9-53)。

⑤　法不分明として条理によった事例（静岡地判昭和46・2・12下民集22-1・2-160)[69]（甲府地判昭和51・10・29判タ352-309)[70]。

⑥　北朝鮮離婚法を直接適用した事例に以下の判例がある。札幌地判昭和43・4・16（下民集19-3・4-190)[71] 東京地判昭和44・4・30（判時567-63)，札幌地判昭和44・11・24（判時590-71)，名古屋地判昭和49・4・16（判時749-92)，札幌地判昭和50・5・29（判タ327-308)，東京家審昭和59・3・23（家月37-1-120)，札幌家審昭和60・9・13（家月38-6-39)，東京地判昭和61・4・22（判タ640-43概説㈡4)，東京地判昭和63・3・25（判タ669-28概説㈣2)，大阪地判昭和63・4・14（判タ687-218)[72] である。

第5節　「家族法」の概要
(4)　親生子関係・継親子関係・養親子関係

1　親生子関係

第25条（父母と子女の関係）　父母と子女の関係は，血縁的関係であ

---

68)　評釈につき，桑田三郎「いわゆる北朝鮮人（ママ）の夫に対する離婚請求の準拠法」ジュリ189号72頁。

69)　評釈につき，加藤令造「準拠法である北朝鮮の法令は明らかではない。しかし，離婚請求は条理によって認容できるが，財産分与の請求および未成年者の子の親権者の指定の申立は，条理によって裁判すべきものとは認められないとして，申立を棄却した事例」ジュリ529号142頁。

70)　評釈につき，林脇トシ子「北朝鮮に本籍を有する夫に対する離婚請求および子の監護に関する事件—管轄裁判所，準拠法の内容」ジュリ661号129頁。

71)　評釈につき，島内乗統「称氏者がない夫婦の離婚の特別管轄。離婚及び親権者指定の準拠法としての北鮮法（ママ）の指定と解釈例」ジュリ432号156頁。

72)　評釈につき，三井哲夫「北朝鮮の国籍を有する夫婦の離婚及び長女の養育者の指定」ジュリ974号107頁。

440

第 5 節 「家族法」の概要 (4) 親生子関係・継親子関係・養親子関係

> る。
> 　父母と子女の関係は，身分登録機関に登録したときから法的効力を有する。
> 　結婚生活をしない男女間で出生した子女とその父母の関係は，結婚生活過程で出生した子女とその父母の関係と同じである。

1) 親生子には，結婚関係にある父母から出生した婚中子（婚生子）と結婚関係にない男女間から出生した婚外子に分けられる。

2) 第1に母子関係成立の問題であるが，それはその子がその女性から出生したという事実さえあればよく，その血縁的関係が存在するという事実は産院の証明書や人民班長の確認のような資料に依拠して出生登録を行い，その子の出生証や住民登録台帳にその女性が母と登録することにより，母子関係は確定的となる。[73]

3) 次に，父子関係成立の問題は，結婚中に出生した子なのか，結婚生活外で出生した子なのか区別する必要があるが，結婚中に出生した子についてはその母の夫（登録された結婚関係にある配偶者）がその子の父と認定される。しかし，母の夫がその子の父となり得ない事実が証明される場合（例えば長期出張等でその子を妊娠した当時その母と一緒ではなかった等）は，父子関係の存在は否定される。その手続は裁判手続を通して行われる。[74] 北朝鮮の家族法は，結婚成立後の親生推定を無条件に認める立場であり，結婚が無効であったり結婚解消後に出生した子であっても，懐胎当時の母と結婚関係にあった父の子と推定する立場である。[75] なお，再婚した女子が前婚の解消後に子を出生した場合の父性の衝突に関しては，明白な証拠によって親生推定が覆る場合を除いて後夫の子として認める立場である。

4) 婚外子が実父の子となるには認知を必要とする法制が多いが，「家族

---

73) 리송녀（リソンニョ）・家族法制度121頁。
74) 리송녀（リソンニョ）・家族法制度121頁。
75) 法務資料第319号・北韓家族法注釈262頁(김영규（キムヨンギュ))。

第3章　北朝鮮家族法の概要とその適用

法」には何らの規定も置かれていない。初期の北朝鮮では，認知に関しては「母による父の指定」によって認める立場であり，婚外子の母の意思を尊重する態度を採用していた[76]それに関連して，当初は「仮に登録された結婚関係にない女性が出産した子であっても，その者の事実上の父親が自己の子女であると承認するときは勿論，母親が一方的にその子女の父親（母親と登録した夫婦関係にない男性）を指名し，出生登録を申告するときも実務はそれを許容し，指名された男性が父親と記載される」としていた[77]このときの「母による父の指名」が真実に反する場合は法院に訴えるが，提訴権者は母で父を相手方とする「親子関係存在確認の訴え」であり，争いの判断においては「父母の確認のための鑑定」を重要視していた，とのことである。最近の文献では，「家族法の実務では，出生した子女の父を知り得なくても知り得ても，種々の理由で母が子の父を明らかにするのを希望しない場合があるが，そのときには出生証に父を登録するのは難しい。しかし，登録された結婚関係にない女性が産んだ子の場合でも，その事実上の父が自己をその子の父と認めれば父子関係は生ずる。子の父を確定するには母の主張が最も重要で，万が一父がそれを否認する場合には民事訴訟を提起して裁判所の判決に従わなければならない」という[78]

5）本条2項は「父母と子女の関係は，身分登録機関に登録したときから法的効力を有する」と定める。本項は，家族法制定当初にはなかった規定で，2007年改正で新設した規定であり，従来の2項を3項に繰り下げて2項に新設したものである。

　これに関連して北朝鮮公民登録法9条1項は「出生登録は生まれた日から15日内に行う。この場合，出生登録申請書を居住地域の人民保安機関に提出する」とし，同条2項は「出生登録申請書には，姓名，性別，

76）法務資料第319号・北韓家族法注釈263頁（김영규（キムヨンギュ））。
77）조일호（チョイルホ）・朝鮮家族法（初版）153頁。
78）리송녀（リソンニョ）・家族法制度122～123頁。

442

第5節 「家族法」の概要 (4) 親生子関係・継親子関係・養親子関係

生年月日，出生地，住所，民族別等を明らかにする」と規定し，これに
違反した場合には行政的又は刑事的責任が加えられる（同法19条）。[79]

　韓国の研究者は，出生登録に関して次のように解説している。婚生子
についての出生登録と婚外子についての出生登録についての法的性格が
問題になるが，婚生子は，父母との間に血縁的関係が存在するとの事実
によって親子関係は生じるので，出生登録をしなかったとしても出生の
事実と親子関係が否定されることはないので，その法的性格は報告的登
録である。それに反して，婚外子は「母による父の指定」等の過程を通
して，父との親子関係の効力が出生登録によって認知の効果が表れるの
で，その法的性格は創設的登録であると理解すべきであるという。[80]

2 継親子関係

> **第29条（継父母と継子女の関係）**　継父母と継子女の関係は，親父母
> と親子女の関係と同じである。
> 　継父又は継母と継子女の関係が生じれば，継子女と親父又は親母
> の関係は消滅する。

1）北朝鮮は法定親子関係としての継親子関係を認める。韓国で1990年法
　4199号民法前まで認められていた継母子関係に限定せず，継父と継子女，
　継母と継子女いずれにも法定親子関係を認めるものである。[81]

　　継父母と継子女関係は，既に子女のいる公民が他の公民と結婚するこ
　とにより発生する。継父母と継子女関係は，子女の親父（又は親母）が
　その子女の親母（又は親父）以外の女性（又は男性）と結婚した事実と
　ともに継父母と継子女が同一の家庭成員になっているか又はなっていた

79）条文は，大内憲昭・法制度と社会体制296頁。
80）法務資料第319号・北韓家族法注釈266頁（김영규（キムヨンギュ））。
81）리송녀（リソンニョ）・家族法制度131頁。

443

第3章　北朝鮮家族法の概要とその適用

という条件が備えられなければならないという見解がある。

コラム3-5　北朝鮮「家族法」の継親子関係の成立には同一家庭成員であることが要件か

「法定親子関係としての継親子関係は，再婚の場合に発生する。すなわち，再婚当事者と各自の前婚出生子との間に形成されるのであるが，これらの関係を一律的に法定親子関係として把握することはできないと考える。……継親子関係を法定親子関係とみる主たる理由が，最高指導者の教義にも現われているように，未成年者である継子に対する継親の保護・教養の権利義務を認めるためのものであることを考慮するとき，継子となる者が既に成年である場合にも法定親子関係が成立するということはできない。したがって，継親子関係が法定親子関係として成立するためには，少なくとも継親と未成年の継子が同一家族を形成しなければならないと解釈しなければならないのである。継親と継子が同一家族を形成しない場合や，継子が成年である場合にまで，法定親子関係を成立させ，それによって継子と実親との親子関係を消滅させると考えることはできない。」[82]

2）なお，北朝鮮在の研究者は，以下のように述べる。継父母と継子女関係を正しく規制することは，人を最も大事にする共産主義者の本性から提起される要求で，継父母と継子女関係の特性と家庭強固化の要求と関連し，継子女が青少年犯罪，不良者の少なくない比重を占める法務生活の現実と関連し，継子女を立派に育てるのは革命の切実な要求，であるという。[83]

3）「家族法」29条1項は，継父母と継子女関係は親父母と親子女間の関係と同一とする。継父母は，親父母のように継子女を養育し（27条），子女の利益のための法定代理権を行使する（28条①）。反対に継子女は，

82）申榮鎬「北朝鮮家族法上の法定親子制度」『中川淳先生古稀祝賀論集　新世紀へ向かう家族法』（日本加除出版，1998年）688頁〜689頁。

83）리송녀（リソンニョ）・家族法制度131頁。

444

第5節 「家族法」の概要 (4) 親生子関係・継親子関係・養親子関係

継父母が子女の扶養を受けるべき場合には，親父母と同じく扶養する義務を有する。[84]

　そして，継父母と継子女は互いに第一順位の相続人になり（相続法17条①），継子女は一般的には親父の姓をそのまま継ぐが，継父母と継子女の親父母，又は継子女が意思表示できる年齢に達したときには，継子女との互いの合意で，継父母の姓を継ぐこともできる。また，継父母の姓を継いだ継子女が，親父母の姓を継ぎたいと求める場合には親父母の姓に変えるのが当然という指摘もなされている。[85]

コラム3-6　北朝鮮「家族法」の継父母と継子女の姓は同一か

　「現行家族法上では継子の姓が継親すなわち継父の姓に変更されるものと解さなければならないのである。継親子関係を法定親子関係ととらえようとした主たる理由が，継子の利益保護という点にあるので，継子の利益のためにも姓の変更は肯定されなければならない。しかしながら，当然に変更されるものとは解されない。北朝鮮でも姓不変の観念はとても強固たるものだからである。家族法典が制定される前の解釈論の一つとして，継親と継子の実親との合意があり，また継子が自分で意思表示ができる場合には姓変更に対する継子の同意が無ければならないとする見解も存在した。現行法下においても同じように考えなければならないと思われる。継子が自分の姓変更に対する意思表示をできる場合とは，養子縁組の成立要件のところで述べたように，養子となる者の同意権が認められる年齢が6歳である点を勘案すると，継子の年齢が6歳に達する場合であると解釈するのが妥当であると考える。」[86]

4）「家族法」29条2項は継父母と継子女関係の成立により，継子女と親
　父母関係は消滅する，という。継父母と継子女関係の成立は，いわゆる

84）리송녀（リソンニョ）・家族法制度133頁。
85）리송녀（リソンニョ）・家族法制度133頁。
86）申榮鎬・前掲注82）695～696頁。

第 3 章　北朝鮮家族法の概要とその適用

実親子関係を断絶させる「断絶」型の親子関係であることを示している。
ところで，継父母継子女関係は，何らかの理由があれば解消するのか。
その場合には継子女と親父母との関係は復活するのかについて，北朝鮮
「家族法」は何らの規定も設けていない。

コラム3-7　北朝鮮「家族法」の継親子関係の終了と親生子関係復活の有無

　「北朝鮮の家族法典では継親子関係を法定親子関係として，継親子関係が
成立するならば，実親子関係は断絶するものとしている。父母の離婚が子ど
もとの関係においては，養育関係を除いては影響を及ぼさないとすることが，
一般的な法理である点に照らしてみるならば，婚姻の取消しとは異なり離婚
によって継親子関係が当然に消滅し，一律的に実親との関係が再び復活する
とすることはできない。継親，実親，継子の具体的な事情を基礎にして，継
子が未成年である場合には継子の利益を最優先に考慮し，成年者である場合
には継親の利益をあわせて考慮し，裁判所がこれに関して決定をしなければ
ならないのである。北朝鮮の離婚制度は，裁判離婚だけを認めていることを
考慮した解釈論であるが，実務の立場はまだ明らかでない。」「一方，継親子
の一方が死亡した場合，継親子関係が消滅するのは当然であり。親子関係と
しての相続が問題になるだけである。」[87]

5）なお，継親子関係のように出生以外の事由により嫡出性を取得する場
　合の嫡出親子関係の成立についての準拠法は，法適用通則法30条（準正）
　を類推適用すべきとの見解が有力である（第1章第1節コラム1-2（61
　頁）参照）[88]であれば，「父若しくは母又は子の本国法により」継親子関
　係の成立の有無を判断することになり，父若しくは母又は子の本国法が
　「北朝鮮法」であれば継親子関係が成立することになる。

87）申榮鎬・前掲注82）689〜690頁。
88）青木清「親子関係の成立」国際私法百選2版132頁（133頁），櫻田嘉章ほか注釈国際
　私法2巻103頁（佐野寛）。

第5節 「家族法」の概要 (4) 親生子関係・継親子関係・養親子関係

3 養親子関係

⑴ 養親子関係の成立

> **第30条（立養の権利）** 公民は，他人の未成年子女を立養することが
> できる。
> 　選挙権を剥奪された者，養子女の健康に害を与える疾病のある者，
> その他養子女を保育教養する能力がない者は，立養することはでき
> ない。
> **第31条（立養の同意）** 立養しようとする公民は，養子女になる者の
> 親父母又は後見人から立養についての同意を得なければならない。
> 　養子女になる者が6歳以上の場合には，その者の同意も得なけれ
> ばならない。
> **第32条（立養の登録）** 立養は，養父母となる者の申請によって該当
> 住民行政機関の承認を得て身分登録機関に登録すれば成立する。

1）北朝鮮在の研究者によれば，北朝鮮の養子制度は，父母を失ったか父
母の世話を受けられなくなった未成年の養育と教養のための素晴らしい
家庭的環境と条件を備えることが目的であるという[89]。「家族法」30条は，
養親・養子の入養適格を定める。まず，養子側については，未成年であ
ること（17歳に達していないこと，民法20条），男女を問わず「独自的に
生きて行ける能力の無い未成年であれば誰でも養子になれ」「親父母を
失った子が養子女になるのが一般的であるが，実父母の一方がいる場合
でも養子女になれる」とされる[90]。養親側については，成年になった公
民であれば，夫婦であれ，独身者であってもよいといわれる[91]。ただし，
「家族法」30条2項は，選挙権を剥奪された者，養子女の健康に害を与
える疾病のある者，その他養子女を保育教養する能力がない者には，養
親の適格者とは認めていない。なお，「児童権利保障法」（2010.12.22最

89）리송녀（リソンニョ）・家族法制度135頁。
90）리송녀（リソンニョ）・家族法制度135〜136頁。
91）法務資料第319号・北韓家族法注釈317頁（김영규（キムヨンギュ））。

447

第 3 章　北朝鮮家族法の概要とその適用

高人民会議常任委員会政令）45条 3 項も「家族法」30条 2 項と同様の規定
を置いている。なお，「家族法」30条 2 項の「その他養子女を保育教養
する能力がない者」については，親権を剥奪された者，行為無能力者な
どが含まれるとの指摘がある[92]。

2 ）養親子関係成立の実質的要件は，上記 1 ）で述べた以外に当事者間の
合意と一定の者の同意が必要である。養父母と養子女間に入養意思の合
意がなければならない。それについて家族法には特段の規定は設けてい
ないが，韓国の研究者は，「立養が成立するためにはまず関係者が立養
を自発的に希望しなければならない」と強調していると指摘する[93]。次
いで，一定の者の同意については，「家族法」31条は，養子に親父母が
いれば親父母の同意，養子になる者が後見を受けている場合は後見人の
同意が必要で，養子が 6 歳以上の場合は養子本人の同意も得なければな
らない，と定めている。なお，親父母が親権を剥奪されているか，長期
間行方不明の場合や精神病等の疾病で同意できない場合には，入養の成
立に父母の同意は必要ではない，との指摘がある[94]。また，国家児童機
関にいる子を養子とする場合に，父母の消息が分からなければ父母の同
意に代わり該当機関の責任者の同意が必要である，という[95]。

3 ）養父母と養子女関係が成立するためには，「立養設定」に関して権限
のある機関の承認を受けなければならない（32条）。「立養」は，該当住
民行政機関が立養を承認する決定によって成立するのであり，身分登録
機関による立養登録は住民行政機関による立養を承認する決定がなけれ
ば不可能である[96]。

　入養申請を承認する住民行政機関は，道（直轄市）・市（区域）・郡人
民委員会であり，申請内容を具体的に審査して許可（承認）又は否決決

92）法務資料第319号・北韓家族法注釈317頁（김영규（キムヨンギュ））。
93）法務資料第319号・北韓家族法注釈326頁（김영규（キムヨンギュ））。
94）法務資料第319号・北韓家族法注釈327頁（김영규（キムヨンギュ））。
95）리송녀（リソンニョ）・家族法制度136頁。
96）리송녀（リソンニョ）・家族法制度137頁。

第5節 「家族法」の概要 (4) 親生子関係・継親子関係・養親子関係

定を下す権限を有する。[97]「家族法」32条の文言は,「身分登録機関に登録すれば入養が成立する」とあるが,入養承認が住民行政機関によって承認されれば入養の効力は発生しているので,入養登録は創設的効力を有するのではなく,報告的効力を有する登録ではないかとの指摘がある。[98]なお,入養登録は養父母の居住地の身分登録機関に登録することにより入養登録証明書の交付がなされ,入養を確認する手続がなされる。ここでいう,身分登録機関とは,市・郡(区域)安全部である「社会安全機関」であり,[99] 社会安全機関は居住地の人民保安機関である(児童権利保障法14条2項参照)。

4)ところで,北朝鮮の従来の家族法理論では,住民行政機関の承認もなく社会安全機関への入養登録もしていないが,養父母に該当する者が他人の未成年子女を抱えて育てる場合を「収養子」と呼んで保護している。[100]この点について現行法には何らの規定もないが,「児童権利保障法」45条(児童の収養,立養)は「①公民は他人の児童を収養するか立養できる。この場合収養・立養した児童を親子女のように教育し教養しなければならない。②児童の収養・立養権は法的に保護される。③選挙権を剥奪された者,児童の健康を害するおそれのある疾病がある者,その他保護教養能力がない者は児童を収養若しくは立養できない」と規定している。[101]

(2) 養親子関係成立の法的効果

第33条(養父母と養子女の関係) 養父母と養子女の関係は,親父母と親子女の関係と同じである。
養父母と養子女の関係が成立すれば,立養以前の父母との関係は消滅する。

---

97) 法務資料第319号・北韓家族法注釈334頁(김영규 (キムヨンギュ))。
98) 法務資料第319号・北韓家族法注釈334頁(김영규 (キムヨンギュ))。
99) 法務資料第319号・北韓家族法注釈334頁注)493 (김영규 (キムヨンギュ))。
100) 法務資料第319号・北韓家族法注釈335頁(김영규 (キムヨンギュ))。
101) 法務資料第319号・北韓家族法注釈335頁注)498 (김영규 (キムヨンギュ))。

449

第3章　北朝鮮家族法の概要とその適用

1）「家族法」33条1項は，養父母と養子女間には親父母と親子女間の関
係と同一の権利義務が生ずると定める。具体的には，姓については，養
子女は養父の姓を継ぎ，独身女性が養子女を迎え入れる場合には養母の
姓を継ぎ，名については，養父母は養子女の名を新たに付けるか親父母
が付けた本来の名を改める権利がある。また，養父母は養子女を教養す
る義務があり，養子女の利益を保護するための法定代理権を有し，養子
女の健康と身体の発育の責任を負い日常的に関心を払うなどの扶養義務
を有する。養子女は労働能力を喪失した養父母を扶養する義務を負う。
さらに，養子女は養父母の財産の相続を受けられ，養父母もまた養子女
から財産を相続する権利がある（相続法17条）。[102]

2）同条2項は，立養以前の父母との関係が断絶することを明示している。
その理由は，子の養育と教養によくない影響を与えるからといわれ，養
子女とその親父母間，さらに養子とその親父母圏の親族間の法的関係を
断絶するというのである。[103]

(3)　養親子関係の解消とその効果

> **第34条（罷養）**　罷養は，養子女と養父母又は養父母と養子女の親父
> 母若しくは後見人が合意して該当住民行機関の承認の下に，身分登
> 録機関に登録すれば，成立する。
> 　　罷養についての合意が成立しない場合には，裁判所が解決する。

1）罷養には二つの根拠が提起されるとし，その一は立養条件に違反した
場合であり，その二は立養関係を存続させるのが立養の目的に反する場
合である。その上で，罷養をするには，行政的又は裁判的手続があると
いう。[104]

2）行政的手続とは，養子女と養父母又は養父母と養子女の親父母若しく

102）리송녀（リソンニョ）・家族法制度137頁。
103）리송녀（リソンニョ）・家族法制度137〜138頁。
104）리송녀（リソンニョ）・家族法制度138頁。

第5節 「家族法」の概要 ⑷ 親生子関係・継親子関係・養親子関係

は後見人が合意し，該当住民行政機関の承認の下に身分登録機関に登録
することである。住民行政機関に申請できる者は養父母と養子女（立養
後成人となった場合）及び養子女の親父母（養子女が未成年の場合）である。
もし罷養を提起する時に養子女が自己の意思を表示できる年齢（6歳以
上）に達していれば，養子女本人の同意が必要である，という。[105]

　なお，行政的手続による罷養では，当事者の合意が決定的意義を有す
るのではなく，罷養申請を受け付けた住民行政機関は当事者の意思にか
かわらず罷養に根拠があるか否かを審査し，その申請を承認若しくは拒
否する決定を下さなければならないという。[106] 以上の行政手続からみれ
ば，住民行政機関に実質的審査権があることが伺われる。

3）裁判的手続とは，当事者の合意がない場合の罷養の方法である。提訴
権者は，養父母と養子女（成年に達した場合），養子女の親父母だけでな
く，その他の任意の者，国家機関，企業所，社会協同団体等も養子女の
利益のために必要と認める場合にはなり得る。当事者に直接利害を持つ
者だけに限定しない理由は，「成長する子を一層素晴らしく教育教養し
ようとの我々革命の要求から出たものである」といわれ，裁判所は子を
特別に保護するのに共和国家族法の基本原則を徹底して具現し，常に養
子女の利益の見地からこの問題を解決しなければならない，という。[107]

4）住民行政機関の承認や裁判所の判決があれば，罷養登録をするが登録
すれば出生証が再度交付される。罷養と同時に立養によって生じていた
権利義務関係はすべて消滅する。罷養は，立養によって断絶していた親
父母との親子女間の法律関係を回復させる。[108]

---

105) 리송녀（リソンニョ）・家族法制度138頁。
106) 리송녀（リソンニョ）・家族法制度138頁。
107) 리송녀（リソンニョ）・家族法制度139頁。
108) 리송녀（リソンニョ）・家族法制度139頁。

第3章　北朝鮮家族法の概要とその適用

4 日本の関連判例

(1) 改正前法例の親子関係の成立に関連する判例

① 母が夫以外の男性との間に前夫との離婚後120日しか経過しないで子をもうけたが，その子は前夫の嫡出子と推定されるので相手方の認知を得て嫡出推定を排除したいとする認知調停の事案で，北朝鮮の法律は不分明として条理で認容した事例（浦和家審昭和37・6・5家月14-12-154）。

② 認知について真実の父でない男からの認知についての北朝鮮の法は不分明として条理によるが，認知は当事者間に真実の親子関係の存在することが最も重要として，認知無効の訴えを認めた事例（宇都宮家審昭和34・8・10家月11-11-134）。

③ 嫡出でない子に法律上の父を定める点についての北朝鮮の法は不分明なので条理によるとし，嫡出でない子に法律上の父を定めることは子について重大な意義を有し，風俗・伝統・習慣等で最も近似している韓国である韓国法を適用して父子の親子関係を認めた事例（大阪地判昭和39・3・17判タ162-197）。

④ 朝鮮人男と昭和22年婚姻したが同男は昭和29年から行方不明で昭和35年北朝鮮に帰国した。一方で同人は昭和34年に日本人男との間に子を出産したが朝鮮人男との間の子として出生届をした。そこで子と朝鮮人男との父子関係不存在確認で，北朝鮮の法は不分明であるが，夫婦間に肉体関係の発生し得る客観的可能性のない場合には条理により父子関係を認めないとした事例（東京地判昭和41・1・13判タ188-177）。

⑤ 死後認知の事案で，北朝鮮の法制は不分明として，北朝鮮と類似する社会主義法系の法律でも認めているとして死後認知請求を認容した事例（東京地判昭和51・3・19下民集27-1〜4-125）や条理によって判断するとして認容した事例（東京地判昭和62・1・28判タ655-27概説㈢24，東京地判平成1・6・30判タ713-33概説㈤22，東京地判平成1・

第5節 「家族法」の概要 ⑷ 親生子関係・継親子関係・養親子関係

7・28判夕概説713-33概説㈤23）がある。

⑥　虚偽の出生届により血縁的親子関係のない者が実親子関係と外国人登録原票に記載されているとして親子関係不存在を求めた事案で，北朝鮮の法制は不分明とし条理により不存在確認を認容した事例（大阪地判昭和60・9・27判時1179-94）。

⑦　原告は父が再婚した女の子として韓国戸籍に記載されているが，実際は父の離婚した女の子であるとした母子関係存在確認請求事案で，北朝鮮の法は不分明なので条理によるとし，母子関係の存否を明らかにすることはいかなる法制度の下においても，その母子にとって重大な意義を有するのでその母が分娩した事実が認められる場合には，親子関係存在確認請求をすること及び母の死亡後にも検察官を被告として提起できるとして認容した事例（東京地判平成2・7・4判夕767-35概説㈦6）。

⑵　**改正前法例（19条1項）の事案で養子縁組の成立に関する判例**

①　申立人は，北朝鮮に帰国しようとする朝鮮人男で，10数年間日本人未成年者を養育してきたが，その子と帰国するのには養子縁組しなければならないのでその子を事件本人とする養子縁組許可事件で，申立人には北朝鮮法を適用し事件本人には日本法を適用した事案で，北朝鮮法は不分明なので条理によるとし，同一民族である韓国法を適用した事例（大阪家審昭和37・8・22家月15-2-163）。[109]

②　申立人は，朝鮮人夫婦で，事件本人は申立人長男の非嫡出子の日本人子であり，申立人は事件本人を出生して以来養育している。申立人らは北朝鮮に帰国するのに事件本人との親子関係が要求されたので家庭裁判所に本件養子縁組の申立てをなしたところ，申立人の本国法である北朝鮮の養子法は調査を尽くしたが不分明なので，従前に施行さ

109）評釈につき，欧龍雲「北鮮（ママ）に帰還の意思をもつ南鮮（ママ）に本籍を有する者と日本人未成年者との養子縁組の準拠法の決定およびその内容」ジュリ293号107頁。

第3章　北朝鮮家族法の概要とその適用

れていた朝鮮民事令や現行韓国法，さらには影響を受けるソ連法の養子法では公的機関が関与すべきものと推測されるが，公的機関の関与が不要であっても事件本人の準拠法である日本民法798条で家庭裁判所の許可が必要として許可の審判をした事例（東京家審昭和38・6・13家月15-10-153）。[110]

～●～ 第6節　北朝鮮相続法制の概要 ～●～

1 1990年「家族法」から2002年「相続法」制定まで

1 ）北朝鮮最高人民会議常任委員会は，2002年 3 月13日の決定2882号で「朝鮮民主主義人民共和国相続法」（以下，「相続法」（括弧付き）と略記する場合がある）を制定した。

2 ）全文 4 章で57条で構成されている。各章の題目は，第 1 章「相続法の基本」，第 2 章「法定相続」，第 3 章「遺言相続と贈与」，第 4 章「相続の執行」である。

3 ）これまでの相続に関連する規定は，「家族法」の第 5 章相続（46条〜53条）で扱われているが，その条文は僅か 7 個条にすぎず，1993年改正では相続放棄に関する47条 2 項や相続の承認・放棄の期間を定める52条が改正されたが，2007年改正は条文に題目を付した改正に留まり内容上の変更はなされなかった。

4 ）憲法の規定では，1992年憲法が24条の個人所有の 4 項に「国家は個人所有を保護し，それに対する相続権を保障する」とし，1998年憲法が個人所有権の源泉についての改正（24条 3 項）を行い，[111] それら規定は2013年憲法にも引き継がれている。[112]

---

110) 評釈につき，怺場準一「北鮮（ママ）への帰属意思を持つ・北鮮（ママ）に本籍を有するものの属人法，及びその内容の確定」ジュリ299号125頁，同「外国法の内容不明の場合の処置」渉外百選 2 版32頁。
111) 法務資料第319号・北韓家族法注釈506頁(신영호（シンヨンホ))。
112) 大内憲昭・法制度と社会体制257頁。

454

第6節　北朝鮮相続法制の概要

5）他方，民法では，1990年民法63条が「国家は，個人所有財産に対する
　相続権を保障する」（1項）「公民の個人所有財産は，法に従い相続され
　る」（2項本文）とし，その規定は2007年民法でも変更されていない。
　他方で，1990年民法61条は家庭財産と個別財産の概念を区分して規律し
　ていたが，2007年民法61条では単に「家庭成員となった公民は，家庭の
　財産に対する所有権を共同で有する」と規定するだけで，それら区分を
　法文から削除している。[113]
6）韓国の研究者は，2002年の「相続法」の制定の意義について「資本主
　義社会に暮している海外公民のための配慮という説明に説得力がある」
　とし「海外公民の相続関係が国際私法的観点から被相続人の本国法と定
　められた場合，家族法上の相続関係規定の不備により条理による補充が
　行われ，そのまま法廷地法が適用される状況を勘案するとき，より体系
　的な相続法が必要になったと理解したようである」と評している。[114]

2　2002年「相続法」の概要

　ここでは，北朝鮮「相続法」の特色の一つである「相続人の範囲」「相
続人の順位」「相続分」の規定を北朝鮮「家族法」と対比して紹介し，次
に「家族法」と「相続法」で異なる法制を採用した相続財産の承継制度を
比較検討し，北朝鮮法を本国法とする在日にも適用される「遺言の方式」
について検討してみたいと思う。

113）1990年民法と2007年民法の条文は，大内憲昭「朝鮮民主主義人民共和国の民法・条
　文と解説」関東学院大学文学部紀要63号129頁（140頁），大内憲昭・法制度と社会体
　制343頁参照。
114）法務資料第319号・北韓家族法注釈507頁(신영호（シンヨンホ）)。

455

第3章 北朝鮮家族法の概要とその適用

(1) 相続人の範囲，相続人の順位，相続分

表（法令）3‐1　北朝鮮　1990年「家族法」と2002年「相続法」の対比

1990年「家族法」	2002年北朝鮮「相続法」
第46条（相続順位） 公民が死亡すれば，その者の財産は配偶者と子女，父母に相続される。 　配偶者，子女，父母がいない場合には，孫子女と祖父母，兄弟姉妹に相続される。 　前項で指摘した相続人がいない場合には，近い親戚の順位で相続される。	**第17条（法定相続の順位）** 相続人には，配偶者，子女，養子女，継子女，出生する子女，父母，養父母，継父母がなる。 　配偶者，子女，養子女，継子女，出生する子女，父母，養父母，継父母がいない場合には，孫子女，祖父母，外祖父母，兄弟姉妹，養兄弟姉妹，継兄弟姉妹がなる。 　前項で指摘された相続人がいない場合には，4寸内の血族がなる。
第47条（相続分） 同順位の相続人が数人の場合，その者に与えられる持分は同じである。 　相続人の中の一部が相続を放棄した場合，その者に与えられる持分は他の相続人に相続される。	**第19条（法定相続の持分）** 同順位にある相続人が複数人の場合，その者に与えられる相続持分は同じである。ただし，被相続人の生存期間その者に対する扶養義務を直接履行したか労働能力が不足して収入が少ない者の相続持分は増やすことができ，扶養能力がありながら扶養義務を全く履行しなかった者の相続持分は減らすことができる。
	第26条（放棄した法定相続分の移転） 同順位の相続人の中で相続を放棄した者の持分は，同順位の他の相続人に移転する。 　同順位にあるすべての相続人が相続を放棄した場合，その持分は次順位の相続人に移転する。

① 相続人の範囲

1）北朝鮮の相続法は，血族相続人の順位を定める基本原理として相続類

別主義を採用しているといわれる。[115)]

2）北朝鮮「相続法」17条が規定する法定相続人の種類は，[116)] (i)被相続人の配偶者，(ii)被相続人の子女，(iii)被相続人の養子女，(iv)被相続人の継子女，(v)胎児，(vi)被相続人の直系尊属である父母，(vii)被相続人の祖父母，孫子女，兄弟及び4寸以内の血族，である。

② 相続人の順位

1）「家族法」46条は，第1順位の相続人に配偶者と子女及び父母，第2順位は孫子女と祖父母及び兄弟姉妹で，第3順位に「近い親戚」とし，それまで被相続人と一つの家庭を成して暮らしていた者らにも認めていた法定相続人の地位を廃止した。[117)] また，被相続人と血族関係や法定親子関係が無くても被相続人の扶養を受けてきた労働無能力者にも相続を認めていたが，家族法も相続法もそれらの考え方を廃止している。[118)]

2）「相続法」17条は，相続人の範囲と順位に関して，「家族法」46条の規定をより具体化して規定している。

第1順位の相続人「配偶者と子女及び父母」→「配偶者，子女，養子女，継子女，出生する子女（胎児），父母，養父母，継父母」（17条①）であり，第2順位の相続人「孫子女と祖父母及び兄弟姉妹」→「孫子女，祖父母，外祖父母，兄弟姉妹，養兄弟姉妹，継兄弟姉妹」（17条②）であり，第3順位の相続人「近い親戚」→「4寸内の血族」（17条③）である。

3）相続人の範囲に属する者が数名の場合は，前順位にいる者が先に被相続人の財産と財産権を相続し，前順位にある者がいない場合にだけ，次順位にある者が被相続人の財産と財産権を相続する。なお，第3順位の「4寸以内の血族」の「血族」には父系血族だけでなく母系血族も含み，

115）法務資料第319号・北韓家族法注釈583頁(문홍완（ムンフンアン))。相続類別主義とは，被相続人との血縁の親疎によって血族を数個の「グループ」又は群に分け，先順位の「グループ」が後順位の「グループ」を排除するものである（郭潤直（クァクユンジック)・改訂版相続法48頁)

116）法務資料第319号・北韓家族法注釈589頁以下(문홍완（ムンフンアン))。

117）法務資料第319号・北韓家族法注釈589頁(문홍완（ムンフンアン))。

118）法務資料第319号・北韓家族法注釈597頁(문홍완（ムンフンアン))。

第3章　北朝鮮家族法の概要とその適用

４寸以内の血族には近親者優先の原則が適用されるといわれる。[119]

③　相続分

１）「家族法」47条１項と「相続法」19条１項は，同順位にある相続人らは同じ持分を受ける均等相続を採用している。第１順位の相続人である配偶者，子女，父母の相続分も同一である。配偶者に対する法定相続分についての特別な配慮は見られない。

２）なお，北朝鮮の理論では，子女が被相続人から生前に贈与（例えば子女が出嫁するとき）された持分があれば，相続財産分割で相当の考慮をしなければならず，既婚子女と未婚子女がいる場合には，既婚子女が結婚するときに被相続人から贈与された財産があれば既婚子女の相続持分は被相続人から相続された財産の価格と既に贈与された財産の価格を合算する方法で定められるという。[120]

３）「家族法」47条２項の放棄した相続持分の帰属の規定は，「相続法」26条に引き継がれている。

４）「相続法」19条ただし書は相続分の調整の規定である。その一つは「被相続人に対する扶養義務を履行したかどうか」を基準にして相続分を増減する規定である。扶養義務を直接履行した者の相続持分は増加することができ，扶養能力がありながら扶養義務を全く履行しなかった者の相続持分を減らすことができる，というものであり，他の一つは「労働能力が不足している者に対する相続分」を増加させることである。労働能力不足者とは，父母の世話を受けられない未成年者と身体上の欠陥又は肉体的老化により自己の生活上の要求を充足できない者をいう。[121]

119）法務資料第319号・北韓家族法注釈596頁(문흥안（ムンフンアン))。
120）法務資料第319号・北韓家族法注釈610頁(문흥안（ムンフンアン))。
121）法務資料第319号・北韓家族法注釈612頁(문흥안（ムンフンアン))。

第6節　北朝鮮相続法制の概要

(2)　限定承継原則から包括承継原則への転換

表（法令）3-2　北朝鮮　1990年「家族法」と2002年「相続法」の
　　　　　　　　対比（相続財産の承継）

1990年「家族法」	2002年「相続法」
第51条（死亡者の債務に対する責任）　相続人は，相続を受ける財産の範囲内で死亡者が有した債務について責任を負う。	**第21条（財産，権利義務の相続）**　相続が承認された場合，被相続人の財産と財産上の権利義務は制限なく相続される。ただし，相続人が相続を放棄するか限定して相続する場合，被相続人の財産と財産上の権利義務は継承できなくなるか制限される。

1 ）「家族法」51条は，社会主義相続法が採用している限定承継原則を
　　採っていた。しかし，「相続法」21条は限定承認制度を導入しながら限
　　定承継原則を採用せずに，「相続が承認された場合，被相続人の財産と
　　財産上の権利義務を制限なく相続」するとする包括承継原則に転換した。
　　「相続法」21条の導入により限定承継原則が失効した点について，北朝
　　鮮の書籍では言及していないとの指摘がある。[122]

2 ）その上で「相続法」20条は，相続の承認と放棄の規定を設け，承認に
　　は単純承認と限定承認があることを明示し（21条），同法22条で限定承
　　認の規定を設けている。

(3)　遺言の方式

表（法令）3-3　北朝鮮　2002年「相続法」（遺言の方式）

第37条（遺言の方式）　遺言の方式は次のとおりである。 　1．書面遺言は，遺言書を自筆で作成し，そこに署名するか印鑑を押して，作成日を書く。 　2．口頭でする遺言は，遺言者が2名以上の立会人を参加させて行う。その場合，立会人1名は遺言内容を書いた後に遺言者と立会人にその内容を確認させ，遺言者と立会人が署名するか印鑑を押し遺言日を書く。

122）法務資料第319号・北韓家族法注釈463頁(신영호 (シンヨンホ))。

第3章　北朝鮮家族法の概要とその適用

> 3．口頭でする遺言を録音する場合には，2名以上の立会人の言葉と遺言日も録音する。
> 4．公証遺言は，遺言者が2名以上の立会人を参加させ，公証人の面前で行う。その場合，公証人は，遺言内容を記録し，遺言者と立会人に確認させ，遺言者と立会人が署名するか印鑑を押し，公証機関の公証を受け遺言日を記録する。

1）2002年「相続法」制定以前の北朝鮮では，書面方式の遺言と口述方式の遺言が認められていたといわれるが,[123]「相続法」37条は4種の遺言の方式を列挙している。書面遺言，口頭遺言，録音遺言，公証遺言の4種の方式であるが，検認その他の規定はなく，立会人資格は38条で定め，遺言が無効かどうかの認定は利害関係者と検事の申請によって裁判機関が行う（39条）とされる。

2）なお，北朝鮮法を本国法とする在日は，「相続法」37条による遺言の方式は，日本では遺言方式準拠法2条3号により有効な方式となる。しかし，その遺言の方式の規定の解釈は不明で，方式の有効性の可否については不明な点が多い。

3　日本の関連判例

　名古屋地判平成26・6・6（2014WLJPCA06066004）は，交通事故により2008年1月29日死亡したDの相続人らの損害賠償請求事件で，Dは「朝鮮大学校を卒業し，玩具店」を経営し，また，パチンコ店を経営する有限会社の取締役を務めていた。「第2　事案の概要1」「前提事実(3)」では，「(3)法の適用に関する通則法36条，朝鮮民主主義人民共和国家族法46条，47条により」として，「Dの相続人は，その妻である原告X₁，その子である原告X₂（……），及び原告X₃（……）であり，その法定相続分は各3分の1である」として，北朝鮮「家族法」46条・47条をダイレクトに適用し

123）法務資料第319号・北韓家族法注釈708頁(김영규（キムヨンギュ))。

ている。しかし，1995年制定の北朝鮮「対外民事関係法」や2002年制定の
北朝鮮「相続法」には何ら触れてはいない。[124]

---

124) 評釈につき，織田有基子「交通事故により死亡した北朝鮮人の損害賠償請求権の
相続」戸時744号51頁，「結局，本件は，前出の対外民事関係法45条1項ただし書によ
り，狭義の反致の成立が認められるべき事案と言えよう」(55頁) として，北朝鮮
「家族法」を適用した結論を批判している。

第4章

在日韓国・朝鮮人の身分変動に関する記録と身分登録簿

はじめに

　ここでは，在日韓国・朝鮮人の身分変動に関する記録と身分登録簿を述べることにする。

　第1節は，朝鮮半島が日本の植民地統治下にあった時代の朝鮮の身分登録法制の概要である。第2節は，日本の敗戦により朝鮮の領土は日本領土から分離したが，その間の身分変動記録はどのように取り扱われたのか。第3節は，在日韓国・朝鮮人は1952年に日本国籍を喪失したが，その後の日本における身分変動の記録である。

　第4節は，韓国の身分登録簿である戸籍法の変遷を振り返り，第5節では，2008年施行の家族関係登録法の歩みと家族関係登録簿の公開方法を述べ，第6節は，在日韓国人の家族関係登録簿への申告手続の概要を把握し，最後に北朝鮮の身分登録制度を瞥見したい。

第4章　在日韓国・朝鮮人の身分変動に関する記録と身分登録簿

第1節　日本の敗戦までの身分変動の記録簿
―民籍簿・戸籍簿[1]

1 「民籍簿」(「民籍法」)への記録

1）日本の保護国下にあった大韓帝国は，1909年に従前の「戸口調査規則」を廃止し，新たに「民籍法」を制定し同年4月1日に施行した。「民籍法」は，1910年の韓国併合条約締結・発効から1922年制定の「朝鮮戸籍令」施行までは朝鮮「地域」に属する者の身分を公証する機能を有していた。

2）「民籍法」は，全文8か条からなる基本事項だけを定めた法律であったが，「民籍簿」という身分登録簿を府及び面に備置して各種申告に基づき登載することを定めていた。

3）1921年になって「民籍法」の付属法規である「朝鮮人ト内地人トノ婚姻ノ民籍手続ニ関スル件」(大正10年朝鮮総督府令17号) が制定され，朝鮮の地で「朝鮮」地域に属する者と「内地」地域に属する者が婚姻したときの連絡規則を設けている。

2 「戸籍簿」(「朝鮮戸籍令」)への記録

⑴　「共通法」の制定―「地域」間の民事法適用ルールと「地域」戸籍間の連絡規則

1）1918年4月17日には「共通法」(大正7年勅令144号) が制定された。「内地」「朝鮮」などの「地域」間の連絡ルールを設けた法律で，同年7

1）この間の経緯は，坂元真一「敗戦前日本国における朝鮮戸籍の研究」青丘学術論集第10集231頁，向英洋『詳解　旧外地法』(日本加除出版，2007年)，趙慶済「「共通法」2条3項に関する小考」同・在日の本国法145頁 (初出立命館法学352号289頁) などを参照されたい。

464

月1日に施行された。

2）「共通法」2条では「地域」に適用される法令のルールを定め，1項で「一の地域」で「他の地域」の法令を「依用」すると定めたときはその法令を適用するとし，2項ではそのような定めがないときは「当事者の属する地域の法令」を「本国法」として「法例」（改正前法例）を準用すると定めた。

3）「共通法」3条は「一の地域」の法令で「その地域」の家に入る者は「他の地域」の家を去り，「一の地域」の法令で家を去れない者は，「他の地域」の家に入れないことなど「地域」の戸籍間の連絡規則を定めている。

4）「共通法」は，先に述べた「朝鮮人ト内地人トノ婚姻ノ民籍手続ニ関スル件」（大正10年朝鮮総督府令17号）と同時に1921年7月1日に施行された。

(2) 民事法の基本法としての「朝鮮民事令」

1）「朝鮮」地域の民事法の基本法である「朝鮮民事令」（明治45年制令7号）は1912年に制定され，同年4月1日に施行された。

2）改正は，第1次改正（大正10年制令14号）から第3次改正（昭和14年制令19号）まであるが，親族法関係については日本「民法」を徐々に依用していったが，相続法関係は一貫して朝鮮の慣習に依っていた（11条）。

(3) 「戸籍簿」（「朝鮮戸籍令」）への記録

1）1922年には，改正「朝鮮民事令」（大正11年制令13号）11条の9に基づいて，「朝鮮戸籍令」（大正11年朝鮮総督府令154号）が制定され，1923年7月1日に施行された。「朝鮮戸籍令」は，全文133条に及ぶ内容で，当時施行されていた日本「戸籍法」（大正3年法律26号）を模したといわれる。

2）朝鮮人の出生から死亡までの身分変動の記録は，府又は面の区域内にある本籍にある「戸籍」に戸主を本として一戸ごとに編製され（3条），「戸籍簿」の閲覧や謄抄本の交付がなされた（8条）。

第４章　在日韓国・朝鮮人の身分変動に関する記録と身分登録簿

３）戸籍には「戸主及び家族の姓名「及本貫」と前戸主の姓名」（11条1号）「戸主の本籍」などその記載順序が法定され（11条，12条），戸籍の記載は届出，報告・申請・証書などや，裁判によってなされた（14条）。

（記載例４‐１）　「戸籍法」の縦書き「戸籍」のモデル（翻訳文）
（入手した原本（一部日本文字・一部ハングル文字）を基に作成）

事由	事由	事由	本籍
父金本人届出大正四年拾弐月弐拾参日○番地で出生	親父金清南道公州郡公州面○里○番地戸主朴本人と婚姻出長女明治四拾弐年九月拾七日金本人と婚姻届出同日入籍	大正弐年拾月拾日忠清南道公州郡公州面○○里○番地に移居　西紀壱九参年拾月弐拾四日午後拾弐時忠清南道公州郡龍面○○里○番地に於て死亡同居者金道本人届出同年拾月弐拾五日受附届出ありたるに因り本戸籍を抹消す　金本人の戸主相続	忠清南道公州郡鶏龍面○○里○○番地

	戸主	妻（身位）	長男（身位）
姓名	金本人	朴女人	一男
生年月日	明治弐拾年八月拾四日	明治弐拾年五月拾五日	大正四年拾弐月弐拾壱日
父	金親父（出生別　長男）	朴親父（出生別　長女　本密陽）	金本人（出生別　長男　本）
母	李親母（出生別　長男）	李氏	朴女人
本	金海金		
前戸主	金親父		
戸主トナリタル原因及其ノ年月日	明治四拾弐年拾壱月弐拾参日戸主金親父死亡に因り戸主となる		

第1節 日本の敗戦までの身分変動の記録簿―民籍簿・戸籍簿

① 「地域」間戸籍の移動の規定

1）「朝鮮」地域から他の地域への移動や他の地域から「朝鮮」地域への移動の根拠は，「共通法」３条の身分変動による戸籍の移動規定にある。例えば，「朝鮮」地域の男が「内地」地域の女と日本の市町村で婚姻届を提出すれば，共通法３条１項で，内地「地域」の女は夫の朝鮮「地域」の戸籍である「朝鮮戸籍」に入籍する。その入家・去家手続は，「朝鮮戸籍令」の32条が定め，日本「戸籍法」（大正10年法律48号）も，その42条の２で地域間の戸籍連絡規則を設けて1921年７月１日から施行している。

　　日本の市町村で受理された婚姻届の一通は夫の「朝鮮戸籍」所在の府・邑の本籍地に送付され（日本戸籍法44条の２，32条），朝鮮で婚姻届を提出した場合も同様の手続が成された（朝鮮戸籍令32条，22条）。

2）認知による戸籍の移動は，日本人父が朝鮮人の男子を認知した場合には，その子は内地人父の「日本戸籍」に入籍し，朝鮮人父が内地人の男子を認知した場合には，その子は朝鮮人父の「朝鮮戸籍」に入籍するのが原則であるが（大正12・10・22民3975号回答，昭和５・８・27民940号回答など），兵役義務の関係で17歳未満の日本戸籍法の適用を受ける内地人男子は朝鮮戸籍に移動できなかったが（昭和４・９・11民6555号回答，昭和５・８・27民940号回答，昭和12・９・27民1322号回答），1943年の「共通法」（昭和18年法律５号）の改正で朝鮮戸籍登載の男子も兵役義務が課されたので，そのような移動の制限も無くなった（Ⅰ巻末資料１. 年表(1)1945年以前の日本・朝鮮の民事法・戸籍法関連法参照）。

② 「地域」間戸籍の「分家・転籍・就籍等」による移動の禁止

なお，朝鮮人は「朝鮮」戸籍から「内地」戸籍に分家・転籍・就籍・一家創立・廃絶家再興等をすることは許されず（大正５・７・２民1061号法務局長回答・大正６・１・18民58号法務局長回答，大正10・12・28民4030号回答，大正11・１・16民4177号回答など），内地人も「内地」戸籍から「朝鮮」戸籍に分家・転籍・就籍・入籍をすることは許されなかった（大正11・５・

467

第4章　在日韓国・朝鮮人の身分変動に関する記録と身分登録簿

16民3236号回答，大正13・6・14民8490号回答，大正15・6・29民5407号回答
など）。その理由は，兵役との関係などによるといわれる。

第2節　敗戦から平和条約発効までの身分変動の記録
—市区町村での留置

1 戸籍届書類の本籍地への送付の停止等

1）「共通法」が敗戦後も依然存続しているとの前提であれば，朝鮮戸籍
　に入籍する場合は朝鮮の本籍地に通知又は戸籍届書類を送付する建前が
　とられていたことになる。

2）そこで，民事局は，市町村宛に1945年10月の回答（昭和20・10・15民
　特甲452号回答）で，朝鮮の本籍地に送付又は通知すべき書類は，当分の
　間その発送を留保する旨を指示し，次いで1948年10月の回答（昭和23・
　10・11民甲3097号回答）では，「内地人女と朝鮮人男より夫の氏を称する
　婚姻届出があった場合」は，妻の戸籍の身分事項欄に記載した上で除籍
　し，夫の本籍に送付すべき届書は「当分受理市町村に留め置く」とした。

3）次いで，1948年の11月の民事局長通達（昭和23・11・2民甲3486号通達）
　では，「朝鮮人，台湾人等から届出のあった戸籍及び寄留に関する書類
　は」「別に指示するまで，送付できる状態のまま留め置くよう」指示し，
　1949年の回答（昭和24・1・12民甲4090号民事局長回答）でも同趣旨の回
　答を発出している。

2 「共通法」の存続を前提とする身分変動記録の取扱い

(1)　建前としての「朝鮮民事令」の適用と戸籍間移動

1）1945年8月を境に朝鮮地域は，日本領土から分離したが，日本では
　1918年制定の共通法が存続しているとの前提で身分関係の変動を取り

第2節　敗戦から平和条約発効までの身分変動の記録―市区町村での留置

扱っていた。占領下の1947年5月3日に日本国憲法が施行され，新憲法が個人の尊厳と両性の本質的平等をうたっていたので，1947年4月19日「日本国憲法の施行に伴う民法の応急的措置に関する法律」（昭和22年法律74号）が急遽制定され，新憲法施行時から新「民法」制定までの1947年12月31日まで施行された。

2）それに関連して，法務省は民法の応急的措置に伴う戸籍の取扱いは「朝鮮人には適用されないから」「朝鮮人の婚姻又は養子縁組に関する能力については，目下のところ，従前の例によって処理する」との回答（昭和22・12・27民甲1751号回答）を発した。次いで，旧法を全面改正した新「民法」（昭和22年法律222号）が1948年1月1日施行されたが，それと同時に施行された新「戸籍法」（昭和22年法律224号）についても，「朝鮮人，台湾人等と内地人間の婚姻届及びこれに基く戸籍の記載は，夫となるべき前者が不法入国者にあらざる限り，総て従前通り取り扱う」との通達（昭和23・1・29民甲136号通達）を発している。

3）なお，1951年には，「終戦後引き続き日本に居住する朝鮮人は，日本の国籍を保有するものとして取り扱われ」るので，在日朝鮮人の親族相続事件は「現在も共通法2条および法例により朝鮮民事令が適用され」「朝鮮民事令1条にいう民法とは旧民法」との見解を示した先例がある（昭和26・2・7最高裁判所家庭甲18号回答）。

4）次いで，1950年7月1日には，婚姻等による身分変動に伴う国籍変動条項を廃止した新「国籍法」（昭和25年法律147号）が施行されたが，それに伴い発出された通達（昭和25・6・1民甲1566号通達）でも「朝鮮人及び台湾人に関する国籍，及び戸籍の取扱については，新国籍法施行後も従前と異るところはない」としていた。

⑵　**戸籍間移動取扱いの変更と戸籍基準による国籍の決定**

　①　渉外認知による戸籍間移動の取扱いの変更（昭和25・12・6民甲3069号通達）

1）ところが，新「国籍法」施行から約5か月経過後の1950年12月6日，

第4章　在日韓国・朝鮮人の身分変動に関する記録と身分登録簿

法務省は，「朝鮮又は台湾と内地間における父子の認知について」と題する通達を発出して，認知によっては子の戸籍に変動を生じないこととして，従前の戸籍の取扱いを変更した（序章第4節コラム序-5，28頁参照）。

2）次いで，法務省は，1951年3月6日に，「内地人子を朝鮮人父が認知した場合」であってもその子の戸籍には「認知事項を記載し除籍」せずに「引き続き戸籍法の適用を受け」，「朝鮮人子を内地人父が認知」した場合は内地に戸籍編製がされないので，その朝鮮人子は「外国人登録」の対象になるとの回答を発している（昭和26・3・6民甲408号回答）。

3）また，「朝鮮人，台湾人の終局的な国籍の帰属が決定しない現在においては，朝鮮人，台湾人はなお日本国籍を有するものと解する外ないので，右認知は，直接国籍法の対象となるべき事項でなく，ただこれに関する戸籍の処理について同法の趣旨を考慮に入れてその取扱が定められているに過ぎない」とし「新国籍法施行後前記通達前に右の認知について従前の指示によって処理した戸籍の記載を訂正する必要はない」との回答（昭和26・3・6民甲409号回答）や「今般の変更通達は認知の場合だけで，縁組，婚姻等については，従前通り除籍して差支えない」との回答（昭和26・3・6民甲423号回答）を発している。

4）なお，民事局は，本通達の効力発生日について，改正国籍法が施行された1950年7月1日ではなく通達発出日である「昭和25年12月6日」であることや，本通達以後の取扱い事件の訂正方法などを示す回答（昭和26・3・9民甲425号回答）や内地人女が認知された場合の戸籍記載例等についての回答（昭和26・4・20民事甲第839号回答）を発出している。

5）ところで，最一小判平成16年7月8日（民集58-5-1328）は，本通達の効力発生日は昭和25年12月6日ではなく「国籍法施行の同年7月1日以降の認知についても，同様の取扱いを行うべきである」と判示し，昭和25年9月8日朝鮮人父から認知された子は戸籍の変動は生じないので，

第2節　敗戦から平和条約発効までの身分変動の記録—市区町村での留置

日本国籍を喪失することはないとした[2]。

　②　内地戸籍に登載されない朝鮮人の日本国籍喪失に関する通達（昭和27・4・19民甲438号通達）

1）当時の法務府は，平和条約発効日直前の1952年4月19日，「平和条約の発効に伴う朝鮮人，台湾人等に関する国籍及び戸籍事務の処理について」と題する通達（昭和27・4・19民甲438号通達）を発出した（序章第4節コラム序-4，27頁参照）。

2）そこでは，「朝鮮及び台湾は，条約の発効の日から日本国の領土から分離することとなるので，これに伴い，朝鮮人及び台湾人は，内地に在住している者を含めてすべて日本の国籍を喪失する」とし，1918年制定の「共通法」秩序の存続を前提に，朝鮮人の国籍は，戸籍が内地にあるか朝鮮にあるかを基準に，内地戸籍に「入籍すべき事由」があれば日本国籍とし，内地戸籍から「除籍すべき事由」があれば日本国籍を喪失することを明らかにしたのである。

3）この通達に関連して，民事局は「平和条約は，1952年4月28日午後10時30分に発効し」「同時刻前に受理した朝鮮人，台湾人等に関する戸籍届出等の処理は，すべて従前通りである」との通達（昭和27・5・22民甲715号通達）を発し，上記通達（昭和27・4・19民甲438号通達）第一(二)について「平和条約の発効前に内地人との婚姻，縁組等の身分行為により，同条約発効当時内地の戸籍に登載されていた者のほか，同条約発効前に前記身分行為に関する戸籍の届出が本籍地外の市町村長又は朝鮮若

2）評釈につき，大村芳昭「新国籍法施行後平和条約発効前に朝鮮人男性により認知された者の日本国籍」平成16年重判解304頁，野村美明「国籍法施行後に朝鮮人父から認知された子の平和条約発効後の国籍」リマークス2005（下）130頁，織田有基子「新国籍法施行後平和条約発効前に朝鮮人父に認知された内地人母の子の国籍」ジュリ1304号202頁，林俊之「内地人女性の嫡出でない子であって国籍法の施行後に朝鮮人男性により認知されたものの平和条約発効後の国籍」法曹時報58巻11号206頁，横溝大「内地人女性の嫡出でない子であり国籍法の施行後に朝鮮人男性により認知された者の日本国籍の有無」法学協会雑誌123巻10号248頁，西谷祐子「平和条約と国籍」国際私法百選2版250頁，など。

471

第4章　在日韓国・朝鮮人の身分変動に関する記録と身分登録簿

しくは台湾の戸籍行政機関において適法に受理され，効力が生じていた
が，戦時中又は終戦後における交通事情等のためその届書が内地の市町
村長に未送付であって，同条約発効当時に内地の戸籍に登載されていな
かった者等をも含む」こと，「平和条約発効前に内地戸籍に入籍すべき
事由が発生していた者であれば足り，旧戸籍法当時の届出に基づいて入
籍した者のみに限られるものではない」との回答（昭和28・7・22民甲
1261号回答）を発出している。

4）本通達は，その後幾度となく合憲か違憲かが問われたが，1961年最高
裁大法廷（最大判昭和36・4・5民集15-4-657）は，本通達が合憲であ
ることを判示した。[3]

～第3節　日本における身分変動の記録～

1945年以後は「内地」「朝鮮」間戸籍の連絡規則は事実上雲散霧消し，
平和条約発効後は「共通法」は法的にも失効したので，身分変動の形式的
成立要件の準拠法は，日本の国際私法である「法例」（改正前法例）が直接
適用されることになった。そこで，創設的身分変動の形式的成立要件の準
拠法である「行為地」が日本であれば（改正前法例8条②本文参照），日本
「戸籍法」の「届出」によって身分変動が成立することになる可能性が多
くなる。

もし，在日韓国・朝鮮人が本国の身分登録簿にそれら身分変動を記録し
ようと思えば，在日韓国・朝鮮人自らが，それら身分変動に関する「届
出」を証する書面を添付して，本国の身分登録簿に登載する手続を経なけ

3）評釈につき，桑田三郎「朝鮮人男子と婚姻した内地人女子の平和条約発効後の国
　籍」民商法雑誌45巻5号655頁，澤木敬郎「平和条約と国籍」ジュリ228号22頁，江川
　英文「朝鮮人の妻となった日本人の平和条約発効後における国籍の帰属」ジュリ231
　号92頁，田中真次「朝鮮人男子と婚姻した内地人女子の平和条約発効後の国籍」法曹
　時報13巻3号64頁，溜池良夫「朝鮮人男と婚姻した元内地人女の国籍」渉外百選3版
　252頁など。

第3節　日本における身分変動の記録

ればなければならない。

1　日本「戸籍法」に基づく届出書類

(1)　「法例」の直接適用と準拠実質法の要件具備の審査

1）先に述べたように，1952年4月28日の平和条約発効までは日本「戸籍法」により受理されていた朝鮮人に関する婚姻や養子縁組等の届出等は，共通法秩序を前提にして「共通法」2条2項（改正前法例）と「朝鮮民事令」に依拠して取り扱われていた。

2）しかし，平和条約発効後は，共通法秩序は法律上も事実上も存在しないことになり，韓国・朝鮮人にはダイレクトに日本の国際私法である「法例」（改正前法例）により準拠法が決定され，その決定された準拠法が「本国」であれば韓国等の法律が準拠実質法として適用されることになった。

3）それに関連して，法務省は，朝鮮人は日本国籍を喪失したので，他の外国人の場合と同様に「法例の規定に」基づくが「朝鮮人の親族及び相続については」別段の立法がなされていないので「もっぱら朝鮮の慣習による外ない」とする回答（昭和27・5・29民甲756号回答），「朝鮮人たる当事者が婚姻又は離婚をするについて，その本国法上必要とされる実質的要件を具備している限り，これを証明させた上受理して差し支えない」との回答（昭和27・9・12民甲203号電報回答，同趣旨昭和27・9・24民甲322号電報回答・昭和27・12・19民甲855号回答）を発出した。

4）次いで，1955年には，「在日朝鮮人又は台湾人を当事者とする婚姻届又は養子縁組届等を受理する場合においては，他の外国人を当事者とする場合と同様に，その者の本国当該官憲発給の婚姻又は縁組の要件具備の証明書をて提出させ」るが，このような証明書の添付が困難な場合は「同証明書を提出することができない旨の当事者の申述書及びその身分関係を証する戸籍謄抄本（本国当該官憲発給の身分関係の証明書を含む。）

473

第4章　在日韓国・朝鮮人の身分変動に関する記録と身分登録簿

又は本人の外国人登録済証明書（発行の日から1月以内のもの）を提出させ」て要件の有無を審査し「届出を受理して差し支えない」との通達を発している（昭和30・2・9民甲245号通達）。

(2)　日本「戸籍法」上の届出—外国人としての届出

①　届出書類の届出地

外国人に関する届出地は，届出人の所在地である（25条2項）。ここでいう所在地とは，一時の滞在地をも含むとする考え方である（明治32・11・15民刑1986号回答）。

②　戸籍法の適用と出生・死亡の届出義務

1）戸籍法は「内地にある外国人」にも適用がある（明治32・8・5民刑1442号回答）。

2）外国人が日本国内において出生・死亡した場合には届出義務があり（昭和5・3・20民275号回答，昭和24・3・23民甲3961号回答），朝鮮人等が内地における出生，死亡等の届出を怠ったときは罰則規定が適用されるので，市町村長は住所地の簡易裁判所への届出違反の通知義務を負う（昭和24・11・10民甲2616号通達）とされ，外国人がその者の所属する国の駐日公館にその国の法律に基いて出生又は死亡に関する登録をした場合でも戸籍法による届出義務が消滅するものではないとしている（昭和27・9・18民甲274号回答）。

日本の領土内で行われる身分行為に関しては戸籍法が適用されることを明らかにし，出生・死亡のような事実に関する報告的身分事項には届出義務を課して行政事務の円滑化を図っている。なお，日本政府は，領事関係に関するウィーン条約（昭和58年条約第14号）の締結によって締約国の国民が死亡した場合には当該国の領事機関に通報する義務を課せられている（昭和58・10・24民二6115号通達）。

③　戸籍法に基づく届出と届出書類の保存期間

1）戸籍法に基づく届出には，一般的に，婚姻届・協議離婚届・認知届・養子縁組届・離縁届のような創設的届出と裁判による離婚の届出・裁判

第3節　日本における身分変動の記録

による認知の届出など及び事実証明としての出生届・死亡届を含めた報告的届出に二分される。

2）前者の創設的届出は，外国人と日本人間のものには届出義務が課せられ，外国人間のものでも届出は可能である。しかし，後者の裁判による離婚の届出のように裁判によって身分変動が既に生じている報告的届出の場合は，その管轄裁判所が日本であれ外国であれ，外国人と日本人間のものには届出義務は課せられるが，外国人間のものには届出義務はない。届出があったときでも，市町村長は受理すべきでないという説と受理すべきという説，さらに市町村は受理しても良いのではないかとの説がある[4]。ただし，出生届・死亡届のような事実を証する報告的届出は，先に述べたように日本の領土内で生じたものである限り届出義務がある。

3）「戸籍の記載を要しない」外国人間の「届出によって効力を生ずべき行為に関する」創設的届出の書類の保存期間は，当該年度の翌年から50年であり（戸籍法施行規則50条②），外国人の出生届・死亡届のような「その他のものは」当該年度の翌年から10年である（同条同項）。なお，「戸籍の記載を要しない」事項につき受理した書類の保存期間は，大正3年戸籍法施行規則では「10年」（45条②），昭和22年司法省令94号では「当該年度の翌年から15年」（50条②）であったが，昭和32年法務省令32号で現行の保存期間に改正された。

4）市区町村に備え付けられている届出事件の「受附帳」の保存期間は，「当該年度の翌年から150年」である（戸籍法施行規則21条③）。大正3年戸籍法施行細則46条では「当該年度ノ翌年カラ五年」，昭和22年司法省令94号では「10年」，昭和36年法務省令57号では「20年」に伸長され，昭和59年法務省令40号で「50年」に伸長されたが，平成22年法務省令22号で現行の「150年」に改正された。

4）西山慶一「在留外国人の身分登録の記録を考える(1)」市民と法94号7頁（9頁（注24，25，26)），鈴木次男「外国人同士の夫婦について，日本の裁判所において裁判離婚が成立した場合の離婚届出の要否について」戸時759号104頁。

第 4 章　在日韓国・朝鮮人の身分変動に関する記録と身分登録簿

5）また，法務省は，1959年の回答（昭和34・2・16民甲199号回答）では，敗戦後から受理した朝鮮人にかかる戸籍届書類は「当分の間従来どおり」保管するように指示し，続いて1966年には，平和条約発効後に受理した朝鮮人に関する戸籍届出書類は「戸籍法施行規則第50条による保存期間が経過したものについても，当該外国人の日本国における協定永住権などの特別の地位に付随してその資格要件の審査の資料として必要とされる向もあるので，当分の間そのまま保管する措置をとられたい」との通達（昭和41・8・22民甲2431号通達）を発している。

6）なお，届出事項の申出書について「外国人については戸籍法により届出がなされても戸籍の記載をせず，かわりに届書を一定期間市町村に保管し届書自体によって身分関係を証明することとされている。とすれば届書保存期間中あるいは廃棄手続前において身分関係証明資料たる届書が紛失したことを発見した場合に，届出人から届書にかわるべきものとして届出事項の申出書を提出するならこれを受理し，当該届書編てつ箇所につづっておく取扱いはさしつかえない」との回答を発している（昭和39・7・4民甲2303号回答）。

④　届出書類の公開（戸籍法48条）

1）届出人は，戸籍法上の規定に基づき届けられた届出書類について「届出の受理又は不受理の証明書」を請求できる（48条①）。また，利害関係人は「特別の事由がある場合に限り」「届書その他市町村長の受理した書類の閲覧」を請求し，又は「その書類に記載した事項について証明書」（届出事項記載証明書）を請求することが可能である（同条②）。

2）法務省は，戸籍法48条2項の届書の閲覧又はこれに記載した事項の証明書の交付の利害関係人について，1947年に，出生，婚姻，離婚及び死亡の届書については，1．届出事件の本人又は届出人，2．届出事件本人の家族又はその親族，3．官公吏（職務の執行に関係ある場合に限る），が請求する場合に限って認める旨の通達を発した（昭和22・4・8民甲277号通達）。その後も，法務省は，48条2項の「特別の事由」の有無は

476

第3節　日本における身分変動の記録

同通達によって処理するとの通達等を発している（昭和23・1・13民甲17号通達，昭和37・3・28民甲849号回答など）[5]。

2 「外国人登録原票」から「外国人住民票」へ

⑴　外国人登録法の廃止と外国人住民票の創設

1）2012年7月9日に「出入国管理法及び難民認定法」（以下「入管法」という）と「日本国との平和条約に基づき日本の国籍を離脱した者等の出入国管理に関する特例法」（以下「入管特例法」いう）の改正と「住民基本台帳法」（以下「住基法」という）の改正が行われ，「外国人登録法」（以下「外登法」という）は廃止された。

2）入管法の改正では，外国人には中長期在留者（入管法19条の3）に限ってそれまでの「外国人登録証明書」に代わって「在留カード」を発行すること，入管特例法の改正では，「特別永住者」にはそれまでの「外国人登録証明書」に代わって「特別永住者証明書」を発行することが定められた。また，住基法の改正では，外登法で定められていた外国人が居住する地の市町村に個人ごとに備置されていた「外国人登録原票」に代わって，外国人の住所地の市町村には中長期在留者と特別永住者らに限って世帯別に「外国人住民票」（新設30条の45）が設けられることになった。

表（法令）4‑1　日本　2012年「外国人登録原票」から「外国人住民票」への移行

「外国人登録原票」の記載事項 （外登法4条）	「外国人住民票」の記載事項 （改正住基法30条の45）
1　登録番号 2　登録の年月日	1　氏名 2　出生の年月日

5）大西勇「戸籍法第48条第2項の特別の事由について」戸籍898号1頁（民事月報69巻3号8頁）は，48条2項の「利害関係人」と「特別の事由」の検討を促している。

477

3　氏名 4　出生の年月日 5　男女の別 6　国籍 7　国籍の属する国における住所又は居所 8　出生地 9　職業（永住者，特別永住者不要） 10　旅券番号 11　旅券発行の年月日 12　上陸許可の年月日 13　在留資格 14　在留期間 15　居住地 16　世帯主の氏名 17　世帯主との続柄 18　（世帯主である場合）世帯構成員の氏名，出生の年月日，国籍及び世帯主との続柄（1年未満在留者不要） 19　本邦にある父母及び配偶者の氏名，出生の年月日及び国籍（1年未満在留者不要） 20　勤務所等の名称及び所在地（永住者，特別永住者不要）	3　男女の別 4　世帯主についてはその旨，世帯主でない者については世帯主の氏名及び世帯主との続柄 7　住所及び一の市町村の区域内において新たに住所を変更した者については，その住所を定めた年月日 8　新たに市町村の区域内に住所を定めた者については，その住所を定めた旨の届出の年月日（職権で住民票の記載をした者については，その年月日）及び従前の住所 8‐2　個人番号 10～13　（略） 14　その他政令で定める事項（通称・通称の記載及び削除に関する事項，令30条の25）
	15　国籍等 16　外国人住民となつた年月日 17　以下の者の事項（事項略） ・中長期在留者 ・特別永住者 ・一時庇護許可者又は仮滞在許可者 ・出生による経過滞在者又は国籍喪失による経過滞在者

(2)　「外国人登録原票」の身分変動に関連する記載事項と開示請求等

①　「外国人登録原票」の身分変動関連事項とその保存期間

1）外登法4条では「外国人登録原票」の記載事項を定めていた。

　本人の同定事項とは別に，1.「国籍の属する国における住所又は居所」（韓国人であれば韓国戸籍法の「本籍地」又は韓国家族関係登録法の「登

第3節　日本における身分変動の記録

録基準地」）,⁶⁾ 2.「出生地」（出生地が朝鮮半島であれば，その道・郡・面・里など），3.「世帯主の氏名」，4.「世帯主との続柄」，5.世帯主である場合には「世帯構成員の氏名，出生年月日，国籍及び世帯主との続柄」それに6.「本邦にある父母及び配偶者の氏名，出生の年月日及び国籍」などが身分変動に関連する事項である（表(法令) 4 - 1 参照）。

2 ）また，備考欄には，申請年月日，申請事由，その他参考事項（申請人が世帯主の場合は家族等）を記載するとされていた。⁷⁾

3 ）次いで，在日の中で頻用されている通称名は，備考欄にその変遷履歴とともに記載されていた。

4 ）「外国人登録原票」は個人別に編製されると共に，居住地が変更されるとその登録原簿は，新居住地の市町村に送付されたので，過去に改製された「外国人登録原票」の記載事項の記録も現在の居住地の市町村で閲覧・取得することが可能であった。

5 ）先に述べたように，外登法は2012年 7 月に廃止され，居住地の市町村に備置されていた「外国人登録原票」は全て法務省に送付された。法務省は「当面，期限を設けず保有することとしている」が「保存期間については，「法務省行政文書管理規則」に定める保存期間として最長の「30年（延長可）」の指定を行い，保存期間経過後は10年ごとの延長手続を執る」とのことである。⁸⁾

　　② 法務省への「外国人登録原票」の開示請求について

1 ）「外国人登録原票」の開示請求ができる者は，1.本人，2.本人が未成年者又は被成年後見人の場合には，その法定代理人（親権者，成年後見人など）のいずれかで，任意代理人による請求はできない。

---

6) 平成20・ 4 ・25法務省管登5857号通知「大韓民国家族関係の登録等に関する法律の施行に伴う外国人登録事務の取扱いについて」，平成20・ 5 ・31法務省入国管理局登録管理官事務連絡。

7) 外国人登録事務協議会・外国人登録事務必携347頁。

8) 法務省入国管理局「中長期在留者の在留管理制度等の施行状況に係る検証結果について」（2018. 5 ）23頁注32）（法務省HP平成30年 5 月23日報道発表資料）

479

第4章　在日韓国・朝鮮人の身分変動に関する記録と身分登録簿

2）請求ができる対象は，1．開示請求者本人の外国人登録原票，2．開示請求者以外の者の外国人登録原票（開示請求者以外の個人情報は開示されない）。

3）その他の手続は，法務省のHPで確かめる必要がある。

　　③　法務省への「死亡した外国人に係る外国人登録原票の写し」の交付請求について

1）「死亡した外国人に係る外国人登録原票」の交付は，法務省入国管理局が，行政機関個人情報保護法の開示請求ではなく，請求できる者を限定して行う行政サービスの一環としての情報提供である。

2）交付請求ができる者は，

　　1．請求に係る死亡した外国人の死亡の当時における同居の親族

　　2．請求に係る死亡した外国人の死亡の当時における配偶者（婚姻の届出をしていないが事実上婚姻関係と同様の事情にあった者を含む），直系尊属，直系卑属又は兄弟姉妹

　　3．1又は2が，未成年者または被成年後見人の場合には，その法定代理人（親権者），成年後見人など）である。なお，任意代理人による請求はできない。

3）その他の手続は，法務省のHPで確かめる必要がある。

(3)　「外国人住民票」の身分変動関連事項とその保存期間

1）「外国人住民票」には，「外国人登録原票」にあった身分変動に関連する「国籍の属する国における住所又は居所」「出生地」，世帯主である場合には「世帯構成員の氏名，出生年月日，国籍及び世帯主との続柄」「本邦にある父母及び配偶者の氏名，出生の年月日及び国籍」などは記載事項とされず，身分変動に関連する事項は「世帯主の氏名」「世帯主との続柄」などに縮減されることになった（表（法令）4-1，477頁以下参照）。

2）通称名に関連して「通称」と「通称の記載及び削除に関する事項」が記載事項として明文化され（住基法施行令30条の25），住所地が変更されてもその記載は新住所地の住民票に移記されることになった（住基法施行令30条の27）。

480

３）なお，2012年７月に作成された「外国人住民票」には，従前の住所など
の記載がなされず，「通称」については「外国人登録原票」に記載されていた最後の通称名などが記載されるに留まり，住所や「通称」の変遷は「外国人登録原票」でしか確認できない（平成24・２・10総行住19号「仮住民処理要領」第４，2(5)(6)(12)(13)参照）。

４）「外国人住民票」は「外国人登録原票」と異なり，住所の変更があれば「転出」「転入」の手続の後，旧住所地の市町村では消除され，消除された住民票の保存期間は，「消除された日から５年間」であり（住基法施行令34条①），過去の「世帯主の氏名」「世帯主との続柄」は５年間で日本の公簿上から消失することになる[9]。

～第４節　韓国の身分登録簿(1)─「戸籍簿」～

1 「在外国民登録法」の制定と在外国民の把握

１）韓国政府は1948年８月15日に樹立された。政府は外国に在留する自国民を把握することを目的に1949年８月に「在外国民登録令」（外務部令４号）を制定し，続いて同年11月24日には「在外国民登録法」（法70号）を公布・施行した[10]。

　　日本には，既に1949年１月29日に「駐日韓国代表部」を設置していたが，「在外国民登録法」では「大韓民国駐日代表団」は在外国民登録業務を行う大使館とみなされ（附則13条），在外国民登録業務は旅券手続と同様に「駐日韓国代表部」から当時の「在日本大韓民国居留民団」（現在の韓国民団）に委嘱されていた[11]。

２）「在外国民登録法」は，外国で一定の場所に住所又は居所を定めた者

9）所有者不明地対策に絡んで，不動産登記簿上の所有者の現住所が分からない場合などが多いとして，総務省は，除かれた住民票の保存期間を「５年から150年」にするとの報道がある（2018. 8.23朝日新聞朝刊）。

10）李瑜煥・在日韓国人60万315頁。

11）李瑜煥・在日韓国人60万315頁。

第4章　在日韓国・朝鮮人の身分変動に関する記録と身分登録簿

又は20日以上滞留している者を対象（3条）に「本籍・住所，居所又は
滞留場所，姓名，性別，生年月日等」（4条）を，在外公館の長に申告
させ（5条），公館の長はそれら申告事項を公館に備置する登録簿に記
載し，登録を終えれば公館の長は本人の希望により登録謄本を交付した
（6条）。

3）これに関連して，1950年10月1日発足し日本の出入国管理業務の主務
官庁であった出入国管理庁は，「「朝鮮」から「韓国」又は「大韓民国」
への書換えは，韓国在外国民登録法による大韓民国国民登録証の提示を
まって行うべきこと」を指示する通達を発している（序章第4節1(1)3）
25頁参照）。

2　「戸籍法」の制定と改正経緯

(1)　「戸籍法」（1960. 1 . 1 . 法535号）の制定

①　主な内容

1）「戸籍法」（1960. 1 . 1 . 法535号）は，民法（1958. 2 .22. 法471号）の施
行と同日の1960年1月1日にに公布・施行された。その内容は「父系血
統中心の抽象的な家を戸籍編製の単位と設定し，戸主を中心にしてその
家に属する個人の身分関係を登録する文書という点で日帝強占期の戸籍
と異ならなかった」[12] という評価がある。

2）戸籍は，市・邑・面の区域内に本籍を定める者について，戸主を基準
にして家別に編成され（8条），戸主相続などで同一戸籍内の全員がそ
の戸籍から除かれたときは，その戸籍は除籍簿として保存される（14条）。

3）戸籍には，本籍，前戸主の姓名，戸主及び家族の姓名と本，戸主及び
家族の出生年月日，戸主及び家族となった原因と年月日等が記載され
（15条），戸籍内の各人の記載順序は，戸主，戸主の直系尊属，配偶者，

12）김주수（キムチュス）＝김상용（キムサンヨン）・親族相続法第12版47頁。

482

第4節　韓国の身分登録簿(1)—「戸籍簿」

戸主の直系卑属とその配偶者等である（16条①）。

4）新戸籍の編製事由は，戸主相続，分家等がある場合であるが（18条），新戸籍を編製する場合には前戸籍の記載事項についての重要な事項が移記される（15条参照）。

5）なお，同附則137条は，「旧法とあるのは，本法によって廃止される法令又は法令中の条項」と述べ，「旧法の規定による戸籍及び仮戸籍は」本法の規定による戸籍又は仮戸籍と「みなす」と規定し，廃止される法令に「朝鮮民事令中，戸籍に関する規定」や「朝鮮戸籍令」「戸籍臨時措置に関する軍政法令」等を列挙している（142条）。したがって，朝鮮戸籍令による戸籍は，本法の規定による戸籍として取り扱われることになる。

　　② 在外国民の申告

1）また，同法39条では「外国に在る大韓民国国民は」本法の定めるところによってその地域を管轄する大韓民国の在外公館の長に「申告又は申請ができる」とし，「外国に在る大韓民国国民がその国の方式によって申告事件に関する証書を作成した場合」には1か月以内にその地域を管轄する在外公館の長に「その証書の謄本を提出しなければならない」としている（41条①）。

2）「在外公館の長」は39条・41条に基づく書類を受理したときには，1か月以内に外務部長官を経由して，それらを「本人の本籍地の市・邑・面の長，法院その他当該官公署に発送しなければならない」としていた（41条）。

(2)　「戸籍法」の主な改正

　　①　1962年改正法（1962. 12. 29. 法1238号）

1963年3月1日施行され，主な内容は仮戸籍制度を廃止すること，民法改正法（1962. 12. 29法1237号）に備えて法定分家制度の手続と入養等の場

483

第4章　在日韓国・朝鮮人の身分変動に関する記録と身分登録簿

合に新戸籍を編製すること，であった。[13]

　②　1963年改正法（1963. 7. 31. 法1377号）

　1963年10月1日施行され，その主な内容は裁判による婚姻（事実上婚姻関係存在確認の請求）の場合の申告手続と戸籍公務員に協議離婚の実質的審査権を付与することであり（79条の2の新設），[14]後者の施行は協議離婚を激減させたとのことである。[15]本改正は，1977年民法（1977. 12. 31. 法3051号）で「家庭法院の確認を受ける」（79条の2①）ことを定めるまで安易な協議離婚を抑止する効果を発揮したといわれる。

（記載例4‒2）　「戸籍法」の横書き「戸籍」（戸主の用紙）のモデル（翻訳文）（入手した原本（ハングル）を基に翻訳して作成）

							No.1
本籍	忠清南道 公州郡 鶏龍面 ○○里 ○○番地						
西紀壱九弐壱年参月拾八日戸主相続申告により編製							
西紀壱九七参年弐月拾壱日一部滅失憂慮につき再製							
前戸主との関係		亡金親父の子			前戸籍	忠清南道 公州郡 鶏龍面 ○○里 ○○番地 戸主 金 親父	
父	金 親父	性別	男	本			
母	李 親母			金海			
戸主	金 本人				入籍又は新戸籍		
					出生	西紀壱九○○年	
						拾壱月弐拾八日	
西紀壱九弐壱年参月拾八日前戸主死亡により戸主相続							
西紀壱九弐五年八月参日朴女人と婚姻申告							
父	朴 親父	女		本	前戸籍	忠清南道 公州郡 公州面 ○○里 ○○番地 戸主 朴親父	
母	李 氏			密陽			
妻	朴 女人				入籍又は新戸籍		
					出生	西紀壱九○参年	
						弐月弐拾壱日	
西紀壱九弐五年八月参日金本人と婚姻申告							

13)　金容漢・韓国の戸籍制度15頁。
14)　金容漢・韓国の戸籍制度17頁。
15)　金容漢・韓国の戸籍制度18頁。

484

第4節　韓国の身分登録簿(1)──「戸籍簿」

③　1978年改正法（1978.12.6.法3157号）

1）本改正法は，1979年1月1日施行された。その内容は，1977年民法
（1977.12.31.法3051号）で，協議離婚申告は家庭法院の確認を受けるこ
とになったことに伴う改正である。

2）具体的には，戸籍法79条の2第1項を「協議上の離婚をしようとする
者は本籍地を管轄する家庭法院の確認を受けて申告しなければならない。
ただし，国内に居住しない場合にはその確認はソウル家庭法院の管轄と
すること」，同条2項で協議離婚の申告は「家庭法院の確認を受けた日
から3月以内に確認書の謄本を添付しなければならず」，同条3項では
2項の期間が経過したときには「家庭法院の確認は効力を喪失するこ
と」を規定した。

3）本改正法に関連して，大法院は1979.1.9.戸籍例規347号「協議離婚
の意思確認事務及び戸籍事務の処理方法」（現在の例規507号（Ⅰ巻末資料
5.家登例規(14)）を決裁して，「4.在外国民の場合　가.在外公館の長が
協議離婚申請を受けたときには，当事者双方を出席させてその陳述を聞
き規則第88条第2項による陳述要旨書（別紙第5号書式）を作成し申請
書及び口述申請調書に添付して……ソウル家庭法院に送付する」とした。

4）次いで，同例規は「5.その他　協議離婚制度のある日本国で離婚挙
行地である日本方式による離婚申告を終えた離婚証書の謄本を提出した
ときには，渉外私法第10条2項，戸籍法第40条によって受け付けなけれ
ばならない」としていた（後に2004.3.17.戸籍例規668号で変更）。続いて，
大法院は，1981.10.14.戸籍例規371号「外国法院の離婚判決に基づく戸
籍事務処理指針」（現在の例規419号（Ⅰ巻末資料5.家登例規(7)）を決裁し，
外国法院の離婚判決は民事訴訟法217条の条件を具備すれば韓国でも効
力があるとした。

④　1981年改正法（1981.12.17.法2463号）

1）本改正法は公布日に施行された。戸主相続申告は前戸主の本籍地でだ
け許されていたが，前戸主の本籍地に加えて，戸主相続人の住所地でも

485

第4章　在日韓国・朝鮮人の身分変動に関する記録と身分登録簿

よいことにし（96条④），協議離婚時の家庭法院の確認は本籍地の家庭法院に限られていたが，住所地の家庭法院でもよいことにした（79条の2①）。

2）在日関連の戸籍先例では，日本国に居住し日本国の外国人登録簿の国籍が「朝鮮」となっている者が韓国で就籍する場合には，在外国民登録簿に登録された韓国国民で本籍を有しないことが明らかでないときは，在外国民就籍・戸籍訂正及び戸籍整理に関する臨時特例法3条及び4条で就籍できるが，その者が韓国国民であるが日本国の外国人登録簿に国籍が朝鮮と記載されているか在外国民登録簿に登録されていないときは「その者が無籍者であるときには戸籍法116条に従い管轄家庭法院の就籍許可決定」でも就籍が可能としている（1987.1.20.戸籍先例2-380号）。

3）なお，大法院は，「在外国民の戸籍申告等に関する事務処理指針」（1987.9.12.戸籍例規399号，後の2015.6.10.家登例規467号であったが，2018.9.12.家登例規527号により廃止された）を決裁し，「在日同胞の申告の場合に，その添付書類中に日本国官公署発行の戸籍申告謄本，戸籍謄・抄本その他の証明書（裁判書は除く）には翻訳文が添付されていなくても構わない」（7条②）としていた。

4）また，大法院は，「国際離婚事件に対して外国法院の裁判管轄権が認定されるための要件」（1989.7.13.戸籍例規418号，後の2007.12.10.家登例規175号）を決裁し，外国法院に裁判管轄権があるためには，その離婚請求の相手方が行方不明その他これに準ずる事情があるか，相手方が積極的に応訴してその利益が不当に侵害させるおそれがないとみられる例外的な場合を除いて，相手方の住所がその国に在ることを要件にすると解さなければならないとした。

⑤　1990年改正法（1990.12.31.法4298号）

1）本改正法は，1990年民法（1990.1.13.法4199号）の施行日である1991年1月1日から施行された。

2）1990年民法関連規定とは，(i)婚養子，死後養子，遺言養子，胎児戸主相続及び強制分家に関する規定を削除すること，(ii)婚姻解消した妻は親

第4節　韓国の身分登録簿(1)―「戸籍簿」

家復籍又は一家創立が選択できるようにすること，(iii)婚姻外の子が認知された場合と父母が離婚した場合の親権行使者を定める申告手続を定めること，(iv)戸主相続制度から戸主承継制度への転換に伴う関連規定を整備すること，などである。

3）なお，大法院は1992年に「身分関係を形成する渉外身分行為をする際に身分行為の成立要件具備有無の証明手続に関する事務処理指針」(1992. 3. 28. 戸籍例規472号（現在の例規427号（Ⅰ巻末資料5. 家登例規(8)）を決裁し，「1. 韓国人と外国人の間又は韓国人の間で外国で当該国の方式によって身分関係を形成する身分行為をする場合の韓国人の当該身分行為の成立要件具備証明書の発給」についての手続を示している。

⑥　1995年改正法（1995. 12. 6. 法5008号）

1996年1月7日に施行され，その改正内容は，在外国民の便宜を考慮して，協議上の離婚の場合の家庭法院の確認書謄本の有効期間の起算点を「交付又は送達を受けた日から」としそれから3か月以内とすること（79条の2②の改正），などである。

⑦　1998年改正法（1998. 6. 3. 法5545号）

1）本改正法は，父系優先血統主義から父母両系血統主義に転換した1997年国籍法（1997. 12. 13. 法5431号）の施行に合わせた改正で，国籍法改正法の施行と同時に1998年6月14日に施行された。

2）なお，大法院は1998年に「外国に居住している韓国人の戸籍申告手続等に関する事務処理指針」(1998. 11. 27. 戸籍例規572号（現在例規486号）（Ⅰ巻末資料5. 家登例規⑽）を決裁し，「1. 戸籍申告の義務及び申告の要否」で「가. 外国に居住している韓国人は，韓国に居住している者と同一の報告的申告事項について戸籍法による戸籍申告の義務を有する。나. 報告的申告対象の身分変動事実について居住地国の法により，その国の官公署等に戸籍申告をした場合にも同一の申告事項に対する戸籍法上の申告義務が免除されるのではない」とする。

3）また，「다. 申告義務が賦課される報告的申告事項には，出生，死亡

第4章 在日韓国・朝鮮人の身分変動に関する記録と身分登録簿

のような固有の報告的申告と裁判上の認知申告，裁判上の離婚申告，外
国の方式による申告事件についての証書を作成する場合のような伝来の
報告的申告が全て含まれる。라．入籍，分家，転籍等のような手続的な
創設的申告事項と，婚姻・入養等のような実体的な創設的申告で国際私
法上その方式の準拠法が韓国法の場合には戸籍法が定めた手続に従いそ
れらの申告ができる。」ことなどを示した。

⑧　2000年改正法（2000. 12. 29. 法6308号）

1）本改正法は，公布日と同日に施行されたが，その主な改正点は，戸籍
謄・抄本の発給及び閲覧を制限することと戸籍事務を電算情報処理組織
によって処理するための根拠規定を整備することである。

2）なお，大法院は戸籍簿の公開制限に関連して，「戸籍簿の閲覧及び
謄・抄本発給等に関する事務処理指針」（2003. 10. 20. 戸籍例規659号）（そ
の後2005. 10. 18. 戸籍例規704号で全面改正して条文化，以後の引用は704号か
らのもの）を決裁している。

3）上記戸籍例規704号に関連して，下記の内容の戸籍先例（2006. 2. 21.
戸籍先例200602-1号）が決裁されている。

　　「在日韓国人である司法書士や行政書士は韓国国籍を有する者なので，
不当な目的がない限り韓国の戸籍等抄本についての交付を請求できるが，
日本国籍の司法書士や行政書士は外国人なので韓国人の委任状を持って
いても韓国人を代理して戸籍謄・抄本の交付を請求することはできない。」
とし，[16]さらに「戸籍簿の閲覧及び謄抄本発給等に関する事務処理指針」
（戸籍例規第704号）第17条で規定する「外国官公署」とは「外国の国家
機関，地方自治団体及びそれに準ずる公共機関を意味するので，日本国
籍の司法書士や行政書士は日本国の官公署に含まれない。」としている。

16）本先例は，戸籍例規704号3条1項本文が「外国人は戸籍簿の閲覧及び謄抄本の交
付等を請求することはできない」と規定していたことから，韓国人の委任状によって
も「日本国籍の司法書士や行政書士は外国人なので」交付請求できないとしていたが，
現在では戸籍例規704号も失効し（2007. 12. 10. 家登例規274号，第4章第5節1(3)⑨
5）495頁），家族関係登録法上もそのような交付に関する制限条項はない。

488

第4節　韓国の身分登録簿(1)―「戸籍簿」

4）大法院は，1976年の「在日同胞が日本で協議離婚した場合の申告方
法」（1976. 4. 21. 戸籍例規322号）では「行為地（日本国）方式によって
協議離婚申告を日本当局に行いその受理証明書を得て，その者の1人
（夫）が帰国し一人でその協議離婚受理証明書（証書）を直接本籍地に提
出（申告）すれば，それは受理され妻の本籍地には添付書類（受理証明）
の謄本を添付（大法院戸籍例規第13号参照）して送付することになる。」
としていたが，本例規の廃止例規（2004. 3. 17. 戸籍例規668号）が決裁さ
れ，2004年9月20日から施行した。

　つまり，韓国人夫婦が日本で協議離婚を行い，その受理証明書を添付
して韓国の本籍地に申告を行っても受理しないとのことである。その理
由については明らかにされていないが，渉外離婚には，2001年に制定さ
れた韓国「国際私法」39条（37条の準用）で韓国人間の離婚には「夫婦
の同一本国法」である韓国法が適用されたので，「家庭法院の確認」（韓
国民法836条1項）が必要と解釈したと推測される（第2章第11節2. 9）
305〜308頁参照）。

　⑨　2005年改正法（2005. 3. 31. 法7427号）

1）本改正法は，主として戸主制の廃止を中心とする2005年民法（2005. 3.
31. 法7427号）に伴う改正で，戸主制に関連する規定は2008年1月1日か
ら施行され，その他は公布した日から施行された。

2）大法院は，改名許可の基準についての大法院判例（大決2005. 11. 16.
자2005스26）に沿って「改名許可申請事件の事務処理指針」（2005. 12. 23.
戸籍例規707号，現在の2009. 7. 17. 家登例規307号）を発し，次いで性転換
者の性別訂正を認容した大法院判例（大判（全員）2006. 6. 22. 2004스42）
を受けて「性転換者の性別訂正許可申請事件等の事務処理指針」（2006.
9. 6. 戸籍例規716号，現在の2015. 1. 8. 家登例規435号）を発している。

3）前者の戸籍先例707号では，外国人との身分行為によってその外国の
法によって改名した場合でも，韓国法院で改名許可決定を受けない限り，
「外国で改名した名を韓国戸籍に記載することはできない」として，改

489

第4章　在日韓国・朝鮮人の身分変動に関する記録と身分登録簿

名許可については韓国法院が専属管轄を有していることを示した。

3 「在外国民就籍に関する臨時特例法」の制定と改正経緯

(1) 主な内容——在外国民の就籍と戸籍整理の促進

1）「在外国民就籍に関する臨時特例法」（1967. 1 . 16. 法1865号）は，1965年12月締結された日韓法的地位協定に基づく「協定永住」の申請は「韓国」国籍の者だけに許容されていたので，その国籍を証する戸籍が具備されていない状況を打開するために立法化されたものである。

2）本法は公布日に施行され，1970年12月31日までの時限立法であったが，その後は，1970. 12. 31. 法2251号で1973年12月31日まで延長されている。

3）本法でいう「在外国民」とは「大韓民国国民として在外国民登録法の規定によって登録した者」（2条①）である。

(2) 同法の主な改正

① 　1973年改正法（1973. 6 . 21. 法2622号）

　名称を「在外国民就籍・戸籍訂正及び戸籍整理に関する臨時特例法」に変更

1）本改正法は，公布日に施行された。その理由は，「約70万に達する世界各地に居住する在外国民」の本籍地に戸籍登載がなされておらず，「登載された者でも姓名や生年月日等が実際と一致しない者が現在約50％以上に達すると推定され」るので戸籍を実際に合わせるようにするためといわれ，[17]法の名称を「在外国民就籍・戸籍訂正及び戸籍整理に関する臨時特例法」に改正した。

2）本法は1980年法3285号で施行期間を1985年12月31日までに延長し，次いで1985年法3791号で施行期間をさらに1990年12月31日まで5年間延長し，さらに1990年法4267号で施行期間をさらに2000年12月31日までの10

---

17) 大法院HP「大法院総合法律情報」参照。

490

年間延長している。

　　②　2000年改正法（2000. 12. 29. 法6309号）

　　　名称を「在外国民就籍・戸籍訂正及び戸籍整理に関する特例法」に

　　　変更

　本改正法は，在外国民に対する戸籍事件が一定の水準で推移しているこ

と，就籍等の手続が戸籍法で定める手続より簡易であること，それにより

在外国民に実質的な助けとなっているという点を踏まえて，同法のこれま

での時限立法規定を改正して，名称中の「臨時」を削除する改正である。

第5節　韓国の身分登録簿(2)―「家族関係登録簿」

1 「家族関係の登録に関する法律」の制定

　戸主制廃止を伴う民法改正法（2005. 3. 31. 法7427号）が成立し，戸主制

廃止関連の条項の施行日は2008年1月1日と定められた。戸籍は戸主を中

心とする編製方式を採用しているため，それに代わる新たな身分登録制度

の確立に迫られていた。戸籍法を廃止して（附則2条本文），新たに制定さ

れたのが「家族関係の登録等に関する法律」（2007. 5. 17. 法8435号。以下

「家族関係登録法」という）であり，その施行は民法改正法施行日の2008年

1月1日とされた（附則1条本文）。

(1)　制定までの経緯

1) 戸主制廃止の民法改正を前にして2005年1月韓国法務部は「身分登録

　　制度委員会」を編成し「本人基準の家族記録簿」の政府案を国会に提出

　　した。他方で，同年3月には戸主制廃止等の民法改正案が国会で可決さ

　　れ，同月31日に公布・施行されている。

2) その後，政府の予告案である「国籍及び家族関係の登録等に関する法

　　律案」や議員立法の法案も示されていた。それら法案の主たる争点の1

　　は，管掌機関を「法務部」とするか「大法院」にするかであり，その2

　　は，新しい身分登録の編製方式を夫婦と未婚子女とで構成される家族単

第4章　在日韓国・朝鮮人の身分変動に関する記録と身分登録簿

位で編製する「家族別編製方式」とするか，個人別に編製する「個人別
編製方式」とするか，目的別（事件別）に編製方式を異にする「目的別
（事件別）編製方式」にするかであった。

3）管掌機関については，曲折を経て最終的に「大法院」にすることで決
着し，編製方式については，家族別編製方式では「基準人」が必要にな
るので男女平等の問題が再燃する恐れがあるとの理由から，個人別編製
方式が優れているとした。しかし，「家族解体」を憂慮する国民感情な
どを考慮して，個人別編製方式を採用しながら適正な範囲の家族事項が
公示されるような家族別編製方式を加味するのが適切ではないかという
指摘がなされていた。

4）最終的に，2007年4月，国会内の法制司法委員会は，それまで提出さ
れていた3案を廃棄して，同委員会の小委員会で作成した「代案」であ
る「家族関係の登録等に関する法律案」を可決し，同法律案を国会に提
出した。同法律案は，同月27日第17代第267回国会で可決され，同年5
月17日法律8435号として公布された。[18]

(2)　制定から施行までの経緯

1）法律が公布された5月17日から施行日の2008年1月1日まで，残され
た期間は約6か月であった。

2）大法院は，同年5月31日Q&Aを公表した。巷間流布されていた家族
解体の不安を打ち消すと同時に，同年10月29日には，システムを構築す
る過程で諸種の問題点が表れ，約150～300万名の家族関係証明書に父母，
配偶者又は子女が表記できない可能性を表明した。そこで，同年11月2
日から11月22日までの3週間にわたり全国の市・区・邑・面事務所で家
族関係証明書（父母・配偶者・子女だけを表記）を無料で配布するので，

18）趙慶済「2005年2月3日戸主制憲法不合致決定に関して」立命館法学302号36頁（46
頁），趙慶済「韓国の新しい身分登録法─『家族関係の登録等に関する法律』」ジュリ
1340号86頁，申榮鎬・裵薫『韓国家族関係登録法─戸籍に代わる身分登録法対応と実
務』（日本加除出版，2009年）10頁以下。

第5節 韓国の身分登録簿(2)─「家族関係登録簿」

遺漏した家族がいる場合には11月2日から11月22日までに「家族追加申請書」を提出してほしいと呼びかけた。[19]

(3) 制定法の主な内容

① 管掌者の変更　市・邑・面の長から大法院へ

戸籍法では，戸籍事務の管掌者は市・邑・面の長であったが（戸籍法2条），家族関係登録法では大法院が登録事務の管掌者と規定された（2条）。ただし，大法院長は，市・邑・面の長に登録事務の処理に関する権限を委任している（3条①）。

② 電算情報処理組織による事務処理─「家族関係登録簿」の導入

家族関係の発生及び変動事項に関する登録とその証明に関する事務（登録事務）は電算情報処理組織によって処理され（11条），電算化環境に適した家族関係登録簿（以下「登録簿」という）を導入し（9条），電算システムで各種家族関係の発生及び変動事項の作成と処理がなされる。

③ 登録事務処理方式の変更─本籍地処理原則から受付地処理原則へ

戸籍法によれば，本籍地外の戸籍官署で申告書を受理した場合には，受付地官署がそれを本籍地の戸籍官署に送付し，本籍地の戸籍官署がそれを受け取って処理するものとしていたが，家族関係登録法では，家族関係登録事務の電算化で申告等を受付又は受理した地の市・邑・面の長が処理することになった（4条）。

④ 「本籍」の代替機能としての「登録基準地」概念の導入

戸主制の廃止に伴い家の単位としての「本籍」は廃止されたが，在外国民の登録事務を処理したり登録簿を検索する場合に本籍の機能に代わる新たな概念が必要として，[20]「登録基準地」概念が導入された（10条）。

⑤ 電算資料としての個人別「家族関係登録簿」の編製

１）戸籍は市・邑・面の区域内に本籍を定める者について，戸主を基準に家別に作成されていたが（戸籍法8条），登録簿は家族関係登録事項に関

---

19) 2007. 10. 29. 大法院報道発表資料。
20) 김주수（キムチュス）＝김상용（キムサンヨン）・親族相続法第12版48頁。

493

第4章　在日韓国・朝鮮人の身分変動に関する記録と身分登録簿

する電算情報資料を個人別に区分して作成する（9条①）。

2）戸籍電算化の法的整備は，2000年改正戸籍法（2000.12.20.法5308号）でなされ，2002年には戸籍電算化が完了し電算戸籍の原簿は存在していた。一方で登録簿は登録事項に関する電算情報資料を個人別に区分・作成した電算上の資料に過ぎないので，原簿というものは存在せず，登録簿自体の閲覧も観念されない。

　⑥　5種類の目的別証明書の発給と個人情報保護の強化

1）家族関係登録法は，証明する目的に従い5種の証明書（家族関係証明書，基本証明書，婚姻関係証明書，入養関係証明書，親養子入養関係証明書）を発給することとし（15条），個人情報が証明の目的ごとに必要な範囲内で公示される。

2）不必要な個人情報の公開を防止するために，証明書の交付申請権者は，原則として「本人又は本人の配偶者，直系血族，兄弟姉妹」に限られることとした（14条①。2017年改正法で兄弟姉妹は除かれた。）。特に，親養子入養関係証明書は，親養子が成年になって申請する場合に限るなど発給要件を厳格化して個人情報保護の強化に努めている（14条②）。

　⑦　民法改正法（2005.3.31.法7427号）施行に伴う法の整備

　親養子制度を新設した民法改正法（908条の2から908条の8）による具体的手続（67条から70条）を整備し，父母が婚姻申告時に母の姓と本を継ぐとした場合には子女が母の姓と本を継ぐことにできることにした民法改正条項（781条①）や，父母の知れない子が姓と本を創設した後に父又は母を知るに至った場合や婚姻外の子が認知された場合には従前の姓と本を継続使用できるとした民法の改正条項（781条④⑤），それに，子女の福利のために子女の姓と本を変更できるとした民法改正条項（781条⑥），それら改正に備えた手続条項の整備を整えた（71条3号，44条②5号，55条①4号）。

　⑧　法務部長官による国籍通報制度の導入

　戸籍法下では，韓国国籍を取得した場合には戸籍官署に国籍取得等を本人が申告することで戸籍が編製されたが，家族関係登録法は国籍業務の管

掌機関である法務部長官が登録基準地の市・邑・面の長にそれを直接通報するものとした。つまり，登録基準地の市・邑・面の長が通報によって家族関係登録簿を作成するものとし（93条〜95条），国籍変動事項を申告制から通報制に転換して国民の便宜を図った。ただし，システムの連携等の関係もあって，施行は2008年9月1日とされた（附則1条ただし書）。

⑨　その他の内容

1）申告場所について，戸籍法25条は，「現住地」と規定していたが，家族関係登録法では「現住地」に代わる「現在地」を導入した（20条①）。現在地は現住地より広い概念で，国民は国内のどこでも自由に申告できる[21]。

2）民法836条2項は，協議離婚申告書には成年の証人2名の連署した書面を必要としているが，家庭法院の離婚意思確認書謄本を添付すれば，証人2名の連署があるものとみなすという規定を置いた（76条）。

3）創設的申告の場合には，不実登記を防止するために，申告事件本人が市・邑・面に出席しない場合には，申告事件本人の住民登録証・運転免許証・旅券その他大法院規則で定める身分証明書を提示させるか（規則32条②），申告書に事件本人の印鑑証明書を添付させるとともに（23条②前段），それら書面の提示又は添付がなければ受理してはならないと定めた（23条②後段）。

4）「在外国民就籍・戸籍訂正及び戸籍整理に関する特例法」を「在外国民家族関係登録創設・家族関係登録簿訂正及び家族関係登録簿整理に関する特例法」に名称を変更するとともに関係規定を整備し，次いで「「在外国民家族関係登録創設・家族関係登録簿訂正及び家族関係登録簿整理に関する特例法」による家族関係登録事務の処理指針」（2007. 12. 10例規273号，現在は例規480号）を制定した。

5）2007年12月10日，家族関係登録法の制定に伴い273個の家登例規を制

21）김지후（キムチフ）・家族関係登録法第8版5頁。

第 4 章　在日韓国・朝鮮人の身分変動に関する記録と身分登録簿

定するとともに，戸籍法の下で決裁された戸籍例規を廃止する例規
（2007. 12. 10. 家登例規274号）を制定した。

2 家族関係登録法の主な改正経緯

(1)　2009年改正法（2009. 12. 29. 法9832号）
家族関係証明書の父母欄の表記の変更と一部事項証明書の発給など

１）家族関係証明書には，親父母と養父母が共に記録されるので，入養事
　実が容易に知られ入養家庭の私生活保護に欠けるとの理由から，入養関
　係がある場合は，家族関係証明書には養父母だけを父母と記録し，親父
　母と養父母は入養関係証明書だけに記録して入養関係を確認できるよう
　にした（15条①１号ㄴ目改正）。

２）離婚等の過去の記録事項を全部示す（現出する）全部証明方式とは別
　に個人の私生活保護のために一部の記録事項だけを示す（現出する）「一
　部事項証明書」を新設した（15条②の新設）。

３）証明書の提出を求める者は，使用目的に必要な最小限の家族関係登録
　事項が記録された証明書を求めなければならないことに加えて使用目的
　外に使用することを禁止したこと（14条⑤新設），などである。

４）本改正法は，2010年６月30日から施行されたが（附則①本文），一部事
　項証明書に関する15条２項の改正は2011年12月30日から施行された（附
　則①ただし書）。一部事項証明書の施行に関連して，大法院は「一部事項
　証明書の作成及び登録簿の訂正方法に関する業務処理指針」（2011. 12. 5.
　例規342号，現在は，2016. 11. 25. 例規498号で内容を大幅に改正）を制定した。

(2)　2013年改正法（2013. 7. 30. 法11950号）
記録事項の閲覧制度，電子申告・申請の導入，2013年7月1日施行民
法改正法関連規定の整備

１）本改正法は，記録事項の閲覧やインターネット等による証明書発給に
　関する根拠規定の整備など家族関係登録法固有の改正と2013年７月１日

に施行される民法改正法（2011. 3. 7. 法10429号，2011. 5. 19. 法10645号，2012. 2. 10. 法11300号）に係る改正である。

2）前者の改正条項は，主として2014年7月31日に施行され，後者の改正条項は，公布日である2013年7月30日に施行された（附則1条）。

(3) 2014年10月改正法（2014. 10. 15. 法12774号）

2014年民法（親権喪失・一部停止等）関連規定の整備

本改正法は，2014年民法（2014. 10. 15. 法12777号）による親権喪失や一部停止，一部制限に関連する条項の整備であり（79条②改正），2015年10月16日に施行された（附則1条）。

(4) 2014年12月改正法（2014. 12. 30. 法12878号）

増加する無縁故死亡者の職権処理規定の整備等

本改正法は，災難死亡や登録不明者等の死亡とは別に，毎年増加する無縁故死亡者の死亡処理についての根拠規定を設けたもので（88条の2の新設），2015年7月1日から施行された（附則1条）。

(5) 2015年2月改正法（2015. 2. 3. 法13124号）

在外国民の登録事務処理に関する特例制度の導入（在外国民家族関係登録事務所の新設）

1）本改正法は，法院行政処に在外国民家族関係登録事務所を設けて，在外国民家族関係登録事務所に勤務する家族関係登録官に在外公館経由の在外国民申告事件を統合処理させることと，在外国民が在外国民登録事務所に直接訪問するか若しくは郵便等によって在外国民の申告事件を処理できるようにするものである。その理由は，在外国民の申告事件が国際私法等の高度な法律知識が求められるのに，全国1600余の市・区・邑・面で分散処理され，効率性と正確性を欠く状況なので，それを打開する方策として編み出されたものである。

2）具体的には，在外国民の登録事務は，在外公館に派遣された在外国民家族関係登録事務所所属の家族関係登録官に処理させることとし（4条の2新設），同時に在外国民家族関係登録事務所でもすることができる

第4章　在日韓国・朝鮮人の身分変動に関する記録と身分登録簿

こと（20条①但書の新設）などである。

3）なお，本改正法で，外国での韓国人間の婚姻申告に関する送付書類の
送付先を「登録基準地を管轄する家族関係登録官署」から「在外国民家
族関係登録事務所」に改正し（民法814条2項の改正，2015．2．3．法13124
号附則3条），同時に「在外国民家族関係登録創設・家族関係登録簿訂
正及び家族関係登録簿整理に関する特例法」の3条・5条の改正も行っ
ている。

4）本改正法は，2015年7月1日施行された。それに関連して，大法院は
「在外国民家族関係登録事務所の業務及び家族関係登録官の登録事務処
理に関する指針」（2015．6．10．例規461号，現在は例規527号）を発している。

(6)　**2015年5月改正法（2015．5．18．法13285号）**

　　母の人的事項が知れない場合の父の親生子出生申告規定の整備

1）現行法では，婚姻外の出生子の出生申告は原則として母がしなければ
ならないが（46条②），法57条では「父が婚姻外の子女について親生子
出生申告をしたときにその申告は認知の効力がある」と規定している。
この規定は「母の人的事項」が記載できる場合に限定されている。それ
とは別に「母の人的事項」を記載できない場合には，「後見人指定申請，
家族関係登録創設及び姓本創設・認知」という複雑な手続を経た場合に
だけ父子関係が確定できるのが実情である。そこで，本改正法は，産ま
れてくる子らの生命権を保障するという趣旨で，母の人的事項が知れな
い場合でも，家庭法院の確認を得て親生父が出生申告ができることに改
正したものである。[22]

2）具体的には，現行57条を1項とし，2項以下に，母の姓名・登録基準
地及び住民登録番号が知れない場合には，父の登録基準地又は住所地管
轄の家庭法院の確認を得て（2項から5項の新設），父が認知の効力を有
する親生子出生申告ができることにしたのである。

22）김지후（キムチフ）・家族関係登録法第8版163頁。

498

第5節　韓国の身分登録簿(2)─「家族関係登録簿」

3）本改正法は，2015年11月19日に施行されたが，大法院は「「家族関係
の登録等に関する法律」第57条による家庭法院の確認手続及び申告等に
関する事務処理指針」（2015.10.23. 例規482号）を発している。

⑺　**2016年改正法（2016.5.29. 法14169号）**

　　**登録事項別証明書の発行形態の改編（一般・詳細・特定），出生証明書
に代わる家庭法院の確認書**

1）改正法は，登録簿の記録事項別証明書を通して個人情報が容易に公開
されている問題を改善するために，5種の登録事項別証明書ごとに必須
な情報だけが記載される証明書（「一般証明書」）の発行を原則とし，そ
れとは別に詳細な情報が記載される証明書（「詳細証明書」）も発給でき
ることにし，さらに使用目的に従い申請人が選択した事項だけを記録し
た証明書（「特定証明書」）も発給できることにした。

2）次いで，改正法は，出生申告の際に医師や助産師の出生証明書を添付
できない場合には，原則として家庭法院の出生確認を得て出生申告をす
ることにして出生申告手続を強化することにした。

3）本改正法は，登録事項別証明書の「特定証明書」関連条項は公布後5
年以内の施行とし，その他は2016年11月30日から施行した（附則）。

4）本改正法に関連して，大法院は2016年11月25日に「登録事項別証明書
の書式に関する例規」（例規491号（Ⅰ巻末資料5家登例規⑾)），「特定証明
書の作成に関する業務処理指針」（例規492号（Ⅰ巻末資料5家登例規⑿)），
「一般証明書の作成及び登録簿の訂正方法に関する業務処理指針」（例規
498号（Ⅰ巻末資料5家登例規⒀)）「「家族関係の登録等に関する法律」第
44条の2による家庭法院の出生確認手続及び申告等に関する事務処理指
針」（例規500号）を発している。

⑻　**2017年改正法（2017.10.31. 法14963号）**

　　各種証明書の交付請求権者から「兄弟姉妹」を削除

1）本改正法は，憲法裁判所が，「兄弟姉妹」が家族関係登録簿上の各種
証明書を本人の同意が無くても発給を受けられるとする（法14条）のは，

499

第4章　在日韓国・朝鮮人の身分変動に関する記録と身分登録簿

個人情報の自己決定権を侵害するとの理由で違憲決定を宣告（憲裁2016.
06.30.2015헌마924（Ⅰ巻末資料6.憲裁判例⑿）したので，法14条から「兄
弟姉妹」を削除したものである。

2）本改正法は，公布日に即日施行された。なお，法の改正は，違憲決定
日から相当遅れてなされたが，交付請求者の関連規定である規則19条は，
2016年8月1日に改正され（2016.8.1.規則2671号），大法院例規「登
録事項別証明書の発給等に関する事務処理指針」は，2016年8月3日に
改正されていた（2016.8.3.家登例規488号（2018.4.30.家登例規517号
（Ⅰ巻末資料5家登例規⒂，現在は2018.6.15.例規524号に）。

3 登録簿・閉鎖登録簿（以下「登録簿等」）の公開

⑴　登録簿等の公開方法

1）第1に家族関係登録官署において公開するものには，1．登録簿及び
閉鎖登録簿（以下「登録簿等」）の記録事項に関して発給できる証明書
（家族関係証明書・基本証明書・婚姻関係証明書・入養関係証明書・親養子入
養関係証明書）の一般・詳細・特定証明書（14条，15条），2．申告書類
の閲覧又は記載事項証明（42条②），3．除籍簿の閲覧又は謄抄本（2007.
5.17.法8435号附則4条）がある。第2に監督法院で公開されるものには，
法院に保管されている申告書類と従前の戸籍用紙で作成された戸籍・除
籍副本の閲覧（42条④，規則72条）がある。

2）なお，家族関係登録法の施行と同時に除籍は，1．戸籍用紙で作成さ
れた除籍，2．電算除籍，3．イメージ化された除籍として存在し（法附
則3条③），最初の家族関係登録簿は，電算戸籍の法施行当時の記録事
項を基準に，従前の本籍を最初の登録基準地として作成された（法附則
3条①④）。

3）次の記載例4-3は，大法院が公表した電算化した戸籍のモデル（原
文A4版）である。

第5節　韓国の身分登録簿(2)──「家族関係登録簿」

(記載例4‐3)　電算化された「戸籍」(戸主イチョルス)のモデル(2007．5．31．大法院報道資料)(翻訳文)[23]

本　籍	全北群山市羅浦面玉昆里1番地	
戸籍編製	[編製日]1968年12月31日	
電算移記	[移記日]2002年05月20日	
	[移記事由]戸籍法施行規則附則第2条第1項	

前戸主との関係				前戸籍	全北群山市羅浦面玉昆里
父	イイルナム	性	男	本	0番地　戸主イイルナム
母	キムスンヒ	別		全州	入籍又は新戸籍	
戸主	イチョルス(李鐵水)				出　生	西紀1968年12月31日
					住民登録番号	681231-1******

出　生	[出生場所]群山市ナウン洞20番地	
	[申告日]　1968年12月31日	[申告人]　父

国籍回復	[国籍回復許可日]1991年12月10日
	[国籍回復前国籍]米国
	[申告日]1991年12月20日
	[申告人]イチョルス

改　名	[改名許可日]1998年10月05日
	[許可法院]全州地方法院群山支院
	[申告日]1998年10月12日　　　[申告人]イチョルス
	[記載日]1998年10月12日
	[改名前名前]イムンドン　　[改名後名前]イチョルス

婚　姻	[婚姻申告日]2001年07月01日
	[配偶者]チョチョンヒ
	[法定分家日]1968年12月31日

訂　正	[職権訂正書作成日]2002年01月20日
	[訂正日]2002年01月20日
	[訂正内容]配偶者の名前「趙종희」を「趙정희」に職権訂正

父	チョヨンス	性	女	本	前戸籍	金海郡サンドン面ブックパ
母	パクミジャ	別		豊穣		ン里100番地　戸主チョヨンス
妻	チョチョンヒ(趙禎禧)				入籍又は新戸籍	
					出　生	西紀1972年10月20日
					住民登録番号	721020-2******

出　生	[出生場所]金海郡金海邑オバン洞30番地	
	[申告日]　1972年10月30日	[申告人]　父

婚　姻	[婚姻申告日]2001年07月01日
	[配偶者]イチョルス

父	イチョルス	性	女	本	前戸籍	
母	チョチョンヒ	別		全州		
子	ヨンヒ(英熙)				入籍又は新戸籍	
					出　生	西紀2003年05月12日
					住民登録番号	030512-2******

出　生	[出生場所]端草区端草3洞200番地	
	[申告日]　2003年05月20日	[申告人]　父

上記謄本は戸籍の記録事項と相違ないことを証明する。

見　本	西紀2007年5月11日	端草区庁長　(印)

---

23)　김지후(キムチフ)・家族関係登録法第8版353頁参照。

第4章　在日韓国・朝鮮人の身分変動に関する記録と身分登録簿

4）法院行政処が定める在外公館では，登録事項別証明書の交付申請の受付と交付事務を行うことができ（規則24条），在外公館が電算情報処理組織によって，除籍・謄抄本及び登録事項別証明書の発給をする場合には，当初は電算運営責任官がその発給者となったが（家登例規499号16条），現在では在外公館に派遣された家族関係登録官名義で行う（家登例規523号4条，家登例規524号16条②，2018．9．12．家登例規527号「在外国民家族関係登録事務所の業務及び家族関係登録官の登録事務処理に関する指針」2条②2号）。

5）1）とは別に，韓国国内であれば，登録簿等の記録事項の一部又は全部について，本人又は配偶者，父母，子女に限ってインターネットによる閲覧ができ（14条⑦，規則25条の2），登録事項別証明書の受給も可能で（14条の2，規則25条の2），また，本人に限って無人証明書発給機による登録事項別証明書の受給も可能である（14条の3，規則25条）。

(2)　登録事項別証明書　5種の証明書につき　一般・詳細・特定各証明書

1）現行法は，登録事項別証明書の種類として，家族関係証明書・基本証明書・婚姻関係証明書・入養関係証明書・親養子入養関係証明書の5種類を定め（15条①），5種の証明書別に，必要な情報だけが記載された証明書である一般証明書（15条②）と一般証明書の記載事項に一定の事項を追加した詳細証明書を発行することにした（15条③）。

2）1）とは別の証明書として，各種詳細証明書の記載事項で申請人が大法院規則で定めるところにより選択する事項を記載した特定証明書を発給できるようにした（15条④）。特定証明書は，2016年5月29日から5年内の大法院規則で定める日から施行されるが（2016．5．29．法14169号附則），現在は基本証明書に限って発給できるようにしている（規則21条の2）。

3）各種証明書の提出を要求する者は，使用目的に必要な最小限の記録事項が記録された一般証明書又は特定証明書を要求しなければならず，詳

502

第5節　韓国の身分登録簿(2)—「家族関係登録簿」

細証明書を要求する場合にはその理由を説明しなければならない（14条⑤）。

⑶　登録事項別証明書の交付請求権者と交付制限

１）４種の証明書（家族関係・基本・婚姻関係・入養関係）の交付申請ができる者は，本人又は本人の配偶者，直系血族（以下「本人等」）及び本人等から委任を受けた代理人である（14条①本文）。なお，先に述べたように，従前は本人の「兄弟姉妹」も含まれていたが，憲法裁判所の違憲決定で，請求権者から除かれた（第4章第5節2(8)，499頁参照）。

　なお，委任代理人が請求する場合に代理人が提出する書類等は，規則19条1項ただし書（委任状は記載例4-4（504頁），4-5（505頁）を参照）と家登例規517号（Ⅰ巻末資料5．家登例規⒂，現在は，2018.6.15.家登例規524号）2条3項前段で定められ，代理人の身分も確認される（家登例規517号7条②）。

503

第4章　在日韓国・朝鮮人の身分変動に関する記録と身分登録簿

（記載例4‐4）　委任代理人が登録事項別証明書を請求する場合の委任状
2017. 10. 20. 家登例規512号「家族関係登録事務の文書様式に関する例規」
別紙第12号書式（原本，委任状）

[별지 제12호 서식]

접수공무원의 수임인 신분확인　　㊞

위　임　장

위임받은 사람

　　성　　　명:
　　주민등록번호:
　　주　　　소:

위임인 _____는(은) 아래행위에 관한 권한을 위 _____에게 위임합니다.

- 아　　래 -

　「가족관계의 등록 등에 관한 법률」제14조 및 「가족관계의 등록 등에 관한 규칙」
제19조에 따라 등록부 등의 기록사항 등에 관한 증명신청서 제출 및 수령 등에 관한
일체의 행위

20　　　년　　　월　　　일

위임인 성　　　명:　　　　서명 또는 ㊞
주　　　소:
전 화 번 호:

○ 첨부서류
　1. 위임인의 신분증명서 사본 1부.

※ 유의사항
1. 타인의 서명 또는 인장의 도용 등으로 허위의 위임장을 작성하여 증명서의 신청 또는 수령한
　경우에는 「형법」제231조 또는 제237조의2에 따라 5년 이하의 징역 또는 1천만원 이하의 벌
　금형에 처해집니다.
2. '접수공무원의 수임인 신분확인란'은 접수공무원이 수임인인 출석자의 신분증을 통하여 수임인
　의 인격사항을 확인한 후 접수공무원이 날인을 하여야 합니다.

第5節　韓国の身分登録簿⑵─「家族関係登録簿」

（記載例4‐5）　**上記委任状の翻訳文**
　　　　　　　　　2017.10.20.家登例規512号「家族関係登録事務の文
　　　　　　　　　書様式に関する例規」
　　　　　　　　　別紙第12号書式（翻訳文，委任状）

〔別紙第12号書式〕

　　　　　　　　　　　　　受付公務員の受任者　身分確認㊞

委 任 状

受　任　者
姓　　　名：
住民登録番号：
住　　　所：

委任者　　　　　は下記行為に関する権限を上　　に委任する。

　　　　　　　　　　　─ 以 下 ─

「家族関係の登録等に関する法律」第14条及び「家族関係の登録等に関する規則」第19条により登録簿等の家族事項等に関する証明申請書提出及び受領等に関する一切の行為。

　　　　　　　20　年　　月　　　日
　　　　　　　委任者　姓　　名：　　　　　　署名又は㊞
　　　　　　　　　　　住　　所：
　　　　　　　　　　　電話番号：

　○　添付書類
　　１．委任者の身分証明書の写し　１部

※　留意事項
１．他人の署名又は印章の盗用等で虚偽の委任状を作成して証明書の申請又は受領した場合には，「刑法」第231条又は第231条の２に従い５年以下の懲役又は１千万ウォン以下の罰金刑に処されます。
２．受付公務員の受任者の身分確認欄は，受付公務員が受任者である出席者の身分証を通して受任者の人的事項を確認した後に受付公務員が捺印をしなければなりません。

505

第4章　在日韓国・朝鮮人の身分変動に関する記録と身分登録簿

表（法令）4‐2　韓国　登録事項別証明書を委任代理人が申請する場合の提出書類

> **家族関係登録規則19条①ただし書**「本人等の委任状と住民登録証・運転免許証・旅券等の身分証明書の写し」
> ・**家登例規517号2条③前段**「「家族関係登録事務の文書様式に関する例規」別紙第12号書式により本人等が署名又は捺印した委任状と身分証明書（住民登録証，運転免許証，旅券，外国人登録証，国内居所申告書，住民登録番号及び住所が記載された障害人登録証）の写し」

2）親養子入養関係証明書は，本人の場合でも成年になるまで発給が制限されるなど，発給は限定的であり，1）で述べた証明書の発給制限よりも厳格である（法14条②）。

3）1）の証明書の交付請求につき，本人等でない場合にも交付申請ができる場合がある。それは，1.国家又は地方自治団体が職務上の必要に従い文書で申請する場合，2.訴訟・非訟・民事執行の各手続で必要な場合，3.他の法令で本人等に関する証明書の提出を求められる場合，4.その他大法院規則で定める正当な利害関係を有する者が申請する場合，である（法14条①ただし書各号）。

表（法令）4‐3　韓国　本人等の委任がなくても登録事項別証明書を請求できる場合

> (1)　**家族関係登録法14条1項ただし書き4号の「正当な利害関係を有する者」についての規定（規則19条②）**
>   1.民法上の法定代理人
>   2.債権・債務の相続に関して相続人の範囲を確認するために登録事項別証明書の交付が必要な者
>   3.その他公益目的上合理的な理由のある場合で大法院例規が定める者
> (2)　**本人等の委任がなくても交付請求できる場合の規定（家登例規517号2条⑤）**
>   1.国家，地方自治団体が職務上の必要に従い文書で申請する場合で，根拠法令と事由を記載した申請機関の公文及び関係公務員の公務員証を添付したとき
>   2.訴訟，非訟，民事執行・保全の各手続で必要な場合でそれを疎明す

る資料を添付したとき

3．他の法令で本人等に関する登録事項別証明書を提出するように求める場合でそれを疎明する資料及び関係法令により正当な権限がある者であることを確認できる資料を添付したとき

4．「民法」上の法定代理人（未成年後見人，成年後見人，代理権を授与された限定・特定後見人，遺言執行者，相続財産管理人，不在者財産管理人等）がそれを疎明する資料と申請人の身分証明書を添付したとき

5．債権・債務等の財産権の相続に関して，相続人の範囲を確認するために登録事項別証明書が必要な場合で，それを疎明する資料と申請人の身分証明書を添付したとき

6．保険金又は年金の受給権者を決定するために申請対象者についての登録事項別証明書が必要なとき

7．「公益事業のための土地等の取得及び補償に関する法律」により公益事業を遂行するときに土地等の所有者の相続人を確認する必要があるとき

4）外国人は，韓国国籍である配偶者及び直系血族の登録事項別証明書の交付を請求することができ，韓国人との身分関係が解消されていても，外国人本人又はその配偶者又はその直系血族は，外国人本人の記録事項が記載された登録事項別証明書の交付を請求することができる（家登例規517号4条①）。現在では，外国国籍を取得し，韓国国籍を喪失したか，過去に出生等を原因として韓国の除籍又は家族関係登録簿に記録された外国人本人又は配偶者，直系血族も，登録事項別証明書の交付を請求することができる（同条②）。

5）3）4）に関連して，大法院は，日本の各弁護士会が日本外務省を経由することなく直接登録事項別証明書の交付請求ができるかについて，「日本の各弁護士会やその所属弁護士は，登録事項別証明書の交付を請求する正当な事由がある外国人若しくは韓国人との身分行為で韓国人の家族関係登録簿に記録された外国人又は国籍喪失で過去に出生等を原因として家族関係登録簿に記録された外国人ではないので，本人の資格で直接日本国駐在韓国領事機関に登録事項別証明書の交付を請求すること

第4章　在日韓国・朝鮮人の身分変動に関する記録と身分登録簿

はできない」（2008．8．18．家登先例200808‐5）と回答した。

6）また，大法院は，在日同胞に対する債権回収のために日本国の裁判所
　に詐害行為取消の訴えを提起した場合に日本国の裁判所の命令等を疎明
　資料にして登録事項別証明書を受給できるかについて，「訴訟手続で必
　要な場合」とは「大韓民国の領土高権に従い国家の排他的支配力が及ぶ
　大韓民国領土内で進行する訴訟手続で必要な場合のみを意味するものと
　解される」ので発行できない（2009．7．23．家登先例200907‐8）と回答し
　ている。

7）なお，外国との司法共助に関しては，両国の外交当局を経由して行わ
　れるのが通例であるが，2018．4．30．家登例規517号「登録事項別証明
　書の発給等に関する事務処理指針」（Ⅰ巻末資料5．家登例規⒂）13条2項
　は，日本国の官公署から，日本国大使館領事館や大阪・福岡各日本国総
　領事館に「登録事項別証明書の交付を請求された場合には，日本国の外
　務省を経由したものに限り使用用途を審査した後，外交部を経ることな
　く直接日本国の外務省に登録事項別証明書を送付する」との規定を設け
　ている。

⑷　登録事項別証明書の作成方法

1）市・邑・面の長は登録事項別証明書に記録される住民登録番号（外国
　人の場合には外国人登録番号）中の一部を公示しないことができる（規則
　23条①，例規517号10条11条）。

2）5種類の登録事項別証明書の書式及びその他必要な事項は大法院例規
　で定めている（規則21条⑨，2016．11．25．家登例規491号）（Ⅰ巻末資料5．家
　登例規⑾）。

3）本人，父母（養父母含む），配偶者，子女（養子女含む）の家族関係登
　録簿に死亡（失踪宣告・不在宣告・国籍喪失含む）事実が記録された場合
　には，登録事項別証明書の死亡した姓名欄には「死亡（失踪宣告・不在
　宣告・国籍喪失はそれぞれ失踪宣告，不在宣告，国籍喪失）」を表示しなけ
　ればならない（規則21条⑤）。

第5節　韓国の身分登録簿(2)──「家族関係登録簿」

4）家族関係証明書は，3）の事項を除いて証明書交付当時の有効な事項
だけを集めて発給するが（規則21条⑥本文），家族関係証明書の一般証明
書には，姓名欄に死亡（失踪宣告・不在宣告を含む）が表示されている子
女（養子含む）の特定事項欄を除いて発給する（規則21条⑥ただし書）。

(5) 登録事項別証明書の種類及び記録事項

1）登録事項別証明書の記録事項は，「家族関係登録簿事項」，「特定登録
事項」「一般登録事項」に区別される（規則2条3号～5号）。

2）「家族関係登録簿事項」とは，登録基準地の指定又は変更，訂正に関
する事項，家族関係登録簿作成又は閉鎖に関する記録事項をいう（規則
2条3号）。

3）「特定登録事項」とは，本人・父母（養父母含む）・配偶者・子女（養
子含む）欄に記録された姓名，出生年月日，住民登録番号，性別，本に
関する記録事項をいう。ただし，家族として記録する者が外国人である
場合には，姓名，出生年月日，国籍，外国人登録番号（外国人登録番号
をしていない外国国籍同胞の場合には国内居所申告番号をいう。以下同じ），
性別に関する記録事項をいう（規則2条4号）。

4）「一般登録事項」とは，出生から死亡に至るまで法と規則に従い本人
の登録簿に記録される家族関係登録簿事項・特定登録事項以外のすべて
の身分変動に関する記録事項をいう（規則2条5号）。

5）なお，以下の登録事項別証明書の記載例の原文（A4版）は，2016.11.
25.家登例規491号「登録別事項証明書の書式に関する例規」（Ⅰ巻末資
料5.家登例規⑾）に掲載されている。

①‐1　家族関係証明書（一般証明書）の記録事項　第1号書式

（記載例4‐6）　家族関係証明書（一般証明書）（翻訳文）（例規491号2条）

[別紙　第1号書式]

家族関係証明書（一般）

登録基準地	ソウル特別市永登浦区ウンヘン路1234

区分	姓　名	出生年月日	住民登録番号	性別	本
本人	キムボニン(金本人)	1975年01月01日	（略）	男	金海

509

第4章　在日韓国・朝鮮人の身分変動に関する記録と身分登録簿

	家族事項				

区分	姓　名	出生年月日	住民登録番号	性別	本
父	キムヤンブ(金養父)	1953 年 01 月 01 日	(略)	男	金海
母	イヤンボ（李養母）	1954 年 01 月 01 日	(略)	女	全州

配偶者	パクヨイン(朴女人)	1978 年 01 月 01 日	(略)	女	密陽

子女	ユンヤンジャ(尹養子)	2009 年 01 月 01 日	(略)	女	坡平
子女	キムチュンサム(金中三)	2012 年 01 月 01 日	(略)	男	金海

上記家族関係証明書(一般)は家族関係登録簿の記録事項と相違ないことを証明する。
　　　　年　　　　月　　　　日
　　　　○○市(邑・面)長　　　○　○　○　　□職印□
※上記証明書は「家族関係の登録等に関する法律」第15条第2項による登録事項を現出した一般証明書である。

（コメント）

1）「登録基準地欄」と「特定登録事項欄」だけ存在するのが原則である。そして，「登録基準地欄」と「特定登録事項欄」は，他の登録事項別証明書についての一般・詳細・基本証明書にも共通して存在する。

2）「特定登録事項欄」には，父母（入養の場合は養父母を父母と記録する。ただし，単独入養した養父が親生母と婚姻関係にあるときには養父と親生母を記録し，単独入養した養母が親生父と婚姻関係あるときには養母と親生父をそれぞれ父母と記録する）（法15条②1号나），配偶者，生存する現在の婚姻中の子女が記録される（第1号書式の養子である「윤양자（尹養子）」，婚中子である「김중삼（金中三）」に該当する）（15条②1号다）。そして，それら特定登録事項にいる者の姓名・性別・本・出生年月日及び住民登録番号（ただし，外国人の場合は姓名・性別・出生年月日・国籍及び外国人登録番号（外国人登録番号のない外国国籍同胞の場合には国内居所申告番号）をいう（規則2条4号ただし書））が表示される（15条②1号）[24]。

---

24)「このように「特定登録事項欄」に記録される各事項にたいする変動がある場合には，各家族の家族関係登録簿で訂正又は変更してアップデートされることで本人の家族関係登録証明書を発給するときの連結情報によって該当アップデートされた情報が現出され証明書として発給される。よって，「特定登録事項欄」は証明書が発給される当時を基準に有効な情報だけが証明されると云えよう。」（김지후（キムチフ）・家族関係登録法第8版47頁注9）。

510

第5節　韓国の身分登録簿(2)—「家族関係登録簿」

3）記録される各家族は，証明書交付当時の有効な事項（現在有効な家族関係がある者）だけを集めて発給することを原則としている（規則21条⑤本文）。例えば，配偶者の場合は婚姻の無効・取消又は離婚した場合，養父母の場合は入養の無効・取消又は罷養した場合，その配偶者，養父母は家族関係登録簿の「特定登録事項欄」から抹消され，家族関係証明書の一般証明書の「特定登録事項欄」には記録されていない（第8号書式の前婚配偶者「전여인」（チョンヨイン），第9号書式の罷養された「정양자」（チョンヤンジャ）が該当する）。

4）家族が死亡，国籍喪失，失踪宣告に該当する場合には，その家族はそのまま残しておき「姓名欄」に死亡等の事由を表示して発給する（第4号書式の「이친모（李親母）」が該当する）。ただし，家族関係証明書の一般証明書には生存する現在の婚姻中の子女だけが記録されるので，姓名欄に死亡等が表示される子女（養子含む）の「特定登録事項欄」を除いて発給される（規則21条⑥ただし書）。

5）家族関係証明書の一般証明書には他の登録事項別証明書にある「一般登録事項欄」がないのが原則である。その理由は家族関係証明書の一般証明書に記録される家族は現在有効な家族だけであり，その変動事項を記録する必要が無く，その詳細な変動事項は他の各証明書の「一般登録事項欄」に記録されているからである。ただし，例外的に家族関係登録簿を作成する過程で発生する錯誤遺漏等を訂正する場合には「一般登録事項欄」を作成し，そこに訂正事由等を記録することにした。

①-2　家族関係証明書（詳細証明書）の記録事項　第6号書式

（記載例4-7）　家族関係証明書（詳細証明書）（翻訳文）（例規491号2条）

［別紙　第6号書式］

家族関係証明書（詳細）

登録基準地	ソウル特別市永登浦区ウンヘン路 1234				

区分	姓　　名	出生年月日	住民登録番号	性別	本
本人	キムボニン（金本人）	1975 年 01 月 01 日	（略）	男	金海

511

第4章　在日韓国・朝鮮人の身分変動に関する記録と身分登録簿

家族事項

区分	姓　　名	出生年月日	住民登録番号	性別	本
父	キムヤンブ（金養父）	1953年01月01日	（略）	男	金海
母	イヤンボ（李養母）	1954年01月01日	（略）	女	全州

配偶者	パクヨイン（朴女人）	1978年01月01日	（略）	女	密陽

区分	姓　　名	出生年月日	住民登録番号	性別	本
子女	キムウェイル（金外一）	1998年01月01日	（略）	男	金海
子女	キムチュンイ（金中二）	2006年01月01日	（略）	男	金海
子女	ユンヤンジャ（尹養子）	2009年01月01日	（略）	女	坡平
子女	キムチュンサム（金中三）	2012年01月01日	（略）	男	金海
子女	キムヤンジャ（金養子）死亡	2014年01月01日	（略）	女	金海

上記家族関係証明書（詳細）は家族関係登録簿の記録事項と相違ないことを証明する。

　　　　　　　　　　年　　　　月　　　　日
　　　　　　　　○○市(邑・面)長　　○　○　○　　職印

※上記証明書は「家族関係の登録等に関する法律」第15条第3項による登録事項を現出した詳細証明書である。

（コメント）

　詳細証明書の記載事項は，一般証明書の記載事項に「全ての子女」の「特定登録事項欄」を追加したものである（15条③1号）。ここでいう「全ての子女」とは親生子（婚中子・婚外子），養子，親養子を含む。もちろん，死亡した子女も含まれる（規則21条⑤⑥ただし書）。

②-1　基本証明書（一般証明書）の記載事項　第2号書式

（記載例4-8）　基本証明書（一般証明書）（翻訳文）（例規491号2条）

［別紙　第2号書式］

基本証明書（一般）

登録基準地	ソウル特別市永登浦区ウンヘン路1234

区分	詳　細　内　容
作成	［家族関係登録簿作成日］　2008年01月01日 ［作成事由］　家族関係の登録等に関する法律附則第3条第1項

区分	姓　　名	出生年月日	住民登録番号	性別	本
本　人	キムチュンイ（金中二）	2006年01月01日	（略）	男	金海

一般登録事項

区分	詳　細　内　容
出生	［出生場所］ソウル特別市麻浦区マンウォン洞100番地の1234 ［申告日］2006年01月20日 ［申告人］父

第5節　韓国の身分登録簿(2)―「家族関係登録簿」

	[申告人] 父

上記基本証明書(一般)は家族関係登録簿の記録事項と相違ないことを証明する。

年　　　月　　　日
○○市(邑・面)長　　○　○　○　　職印

※上記証明書は「家族関係の登録等に関する法律第15条第2項による登録事項を現出した一般証明書である。

(コメント)

1）基本証明書には他の4種の登録事項別証明書には無い「家族関係登録簿事項欄」がある。「登録基準地欄」以下にある部分で基本証明書の一般証明書には家族関係登録簿の作成又は閉鎖に関する事項，登録基準地の指定に関する事項が記録される（規則2条3号）。

2）基本証明書の一般証明書には，本人の出生，死亡，国籍喪失に関する事項が記録される（15条②2号）。

②-2　基本証明書（詳細証明書）の記載事項　第7号書式

（記載例4-9）　基本証明書（詳細証明書）（翻訳文）（例規491号2条）

［別紙　第7号書式］

基本証明書(詳細)

登録基準地	ソウル特別市永登浦区ウンヘン路1234

区分	詳　細　内　容
作成	[家族関係登録簿作成日] 2008年01月01日 [作成事由] 家族関係の登録等に関する法律附則第3条第1項
訂正	[道路名住所記録日] 2011年12月10日 [改訂前] ソウル特別市永登浦区汝矣島洞1番地の1234汝矣島洞1番地の1234 [改訂後] ソウル特別市永登浦区ウンヘン路1234 [改訂事由] 道路名住所法第20条

区分	姓　　名	出生年月日	住民登録番号	性別	本
本人	キムチュンイ(金中二)	2006年01月01日	(略)	男	金海

一般登録事項

区分	詳　細　内　容
出生	[出生場所] ソウル特別市麻浦区マンウォン洞100番地の1234 [申告日] 2006年01月20日 [申告人] 父
親権	[親権者指定協議日] 2007年01月20日 [親権者] 母 [母の本籍] ソウル特別市麻浦区(中略)戸主チョンチンプの子 [申告日] 2007年02月20日 [申告人] 父母

513

第4章　在日韓国・朝鮮人の身分変動に関する記録と身分登録簿

親権	[親権者死亡日] 2007 年 12 月 10 日 [親権者] 母 [職権記載書作成日] 2007 年 12 月 20 日 [親権者指定記載職権抹消日] 2007 年 12 月 20 日
親権	[親権喪失宣告審判確定日] 2010 年 01 月 02 日 [審判法院] ソウル南部地方法院 [親権喪失となった者] 父　金本人 [申告日] 2010 年 01 月 20 日 [申告人] キムチンジョク [処理官署] ソウル特別市永登浦区
後見	[法定後見人の就任日] 2010 年 01 月 02 日 [法定後見人] キムチンジョク [法定後見人の住民登録番号] 800101‐2345678 [申告日] 2010 年 01 月 20 日 [申告人] キムチンジョク [処理官署] ソウル特別市永登浦区

上記基本証明書(詳細)は家族関係登録簿の記録事項と相違ないことを証明する。

　　　　　　　　　　　年　　　月　　　日
　　　　　　　　　○○市(邑・面)長　　○　○　○　　職印

(以下、略)

（コメント）

１）　詳細証明書の「家族関係登録簿事項欄」には，家族関係登録簿の作成
　　又は閉鎖に関する事項，登録基準地の指定に関する事項が記録される
　　（規則２条３号）。

２）　詳細証明書の記載事項は，基本証明書の一般証明書の記載事項に，
　　「国籍取得及び回復等に関する事項」を追加したものである（15条③２号）。

３）　詳細証明書は，本人に関する基本的な登録事項が記録される証明書で，
　　婚姻・入養・親養子入養に関する事項を除いた他の法律と規則が規定す
　　る本人の一般的な記録事項に関する事項である出生，死亡，国籍の得喪，
　　親権・後見（2013．7．1以前の後見），改名等を記録する証明書である。

②‐3　基本証明書（特定証明書）の記載事項　第11号書式

（記載例４‐10）　基本証明書（特定証明書）（翻訳文）（例規491号２条）

[別紙　第11号書式]	

基本証明書（特定‐親権・後見）

登録基準地	ソウル特別市永登浦区ウンヘン路 1234

区　分	詳　細　内　容
作　成	[家族関係登録簿の作成日] 2008 年 01 月 01 日 [作成事由] 家族関係の登録等に関する法律附則第３条第１項

514

第5節　韓国の身分登録簿(2)―「家族関係登録簿」

区分	姓　　名	出生年月日	住民登録番号	性別	本
本人	キムチュンイ(金中二)	2006年01月01日	(略)	男	金海

一般登録事項

区分	詳　細　内　容
後見	[法定後見人の就任日] 2010年01月02日 [法定後見人] キムチンジョク [法定後見人の住民登録番号] 800101‐2345678 [申告日] 2010年01月20日 [申告人] キムチンジョク [処理官署] ソウル特別市永登浦区

上記基本証明書(特定‐親権・後見)は家族関係登録簿の記録事項と相違ないことを証明する。

年　　月　　日
○市(邑・面)長　　○　○　○　　職印

※上記証明書は「家族関係の登録等に関する法律」第15条第4項による親権後見に関する事項を現出した特定証明書である。

（コメント）

　基本証明書の特定証明書の記載事項は「登録基準地欄」及び「特定登録事項」に本人を記載する以外に「申請人が選択した現在の親権・後見（2013.7.1以前の後見）に関する事項」を記載して作成する（法15条④，規則21条の2，2016.11.25.例規492号2条（Ⅰ巻末資料5.家登例規⑫））。

③‐1　婚姻関係証明書（一般証明書）の記載事項　第3号書式

（記載例4‐11）　婚姻関係証明書（一般証明書）（翻訳文）（例規491号2条）

[別紙　第3号書式]

婚姻関係証明書（一般）

登録基準地	ソウル特別市永登浦区ウンヘン路1234

区分	姓　　名	出生年月日	住民登録番号	性別	本
本人	キムボニン(金本人)	1975年01月01日	(略)	男	金海

婚姻事項

配偶者	パクヨイン(朴女人)	1978年01月01日	(略)	女	密陽

区分	詳　細　内　容
婚姻	[申告日] 2009年03月20日 [配偶者] 朴女人 [配偶者の住民登録番号] 780101‐2345678 [処理官署] ソウル特別市永登浦区

上記婚姻関係証明書(一般)は家族関係登録簿の記録事項と相違ないことを証明する。

年　　月　　日
○○市(邑・面)長　　○　○　○　　職印

515

第4章　在日韓国・朝鮮人の身分変動に関する記録と身分登録簿

> ※上記証明書は「家族関係の登録等に関する法律」第15条第2項による登録事項を現出した一般証明書である。

（コメント）

1）　婚姻関係証明書の一般証明書には「登録基準地欄」の外に「特定登録事項欄」に本人と現在有効な婚姻関係にある配偶者の特定事項を記録する（法15条②3号）。したがって，離婚や婚姻の取消又は無効となった配偶者であった者は記録されない（③-2第8号書式の前婚配偶者「전여인」（チョンヨイン）がそれに該当する）。

2）　一般証明書の「一般登録事項欄」には本人の現在の婚姻に関する事項と配偶者の姓名訂正又は改名に関する事項が記録される（法15条②3号，規則54条）。

3）　なお，配偶者が死亡，国籍喪失，不在（失踪）宣告を受けその配偶者の家族関係登録簿が閉鎖されても，本人の婚姻関係証明書の「特定登録事項欄」はそのままにして「姓名欄」にその旨を記録する（規則21条⑤，規則54条）。その理由は，そのような事由では配偶者との親族関係は終了しないので，そのことを公示・公証する必要があるからである。

③-2　婚姻関係証明書（詳細証明書）の記載事項　第8号書式

（記載例4-12）　婚姻関係証明書（詳細証明書）（翻訳文）（例規491号2条）

［別紙　第8号書式］

婚姻関係証明書（詳細）

登録基準地	ソウル特別市永登浦区ウンヘン路1234

区分	姓　名	出生年月日	住民登録番号	性別	本
本人	キムボニン(金本人)	1975年01月01日	（略）	男	金海

婚姻事項

配偶者	パクヨイン(朴女人)	1978年01月01日	（略）	女	密陽

区分	詳　細　内　容
婚姻	[申告日] 2000年01月20日 [配偶者] チョンヨイン
離婚	[協議離婚申告日] 2007年02月20日 [配偶者] チョンヨイン
	[申告日] 2009年03月20日

第５節　韓国の身分登録簿(2)──「家族関係登録簿」

| 婚姻 | [配偶者] 朴女人
[配偶者の住民登録番号] 780101‐2345678
[処理官署] ソウル特別市永登浦区 |

上記婚姻関係証明書(詳細)は家族関係登録簿の記録事項と相違ないことを証明する。

　　　　　　　　　年　　　月　　　日

　　　　　　　　　○○市(邑・面)長　　　○　○　○　　[職印]

※上記証明書は「家族関係の登録等に関する法律」第15条第３項による登録事項を現出した詳細証明書である。

(コメント)

１）詳細証明書の記載事項は，婚姻関係証明書の一般証明書の記載事項に「婚姻及び離婚に関する事項」を追加したものである（法15条③３号）。

２）離婚か婚姻の無効・取消で従前の配偶者であった者は婚姻関係証明書の一般証明書には記載されないが，詳細証明書の「一般登録事項欄」にその事由とともに姓名が記録される。

④‐１　入養関係証明書（一般証明書）の記載事項　第４号書式

（記載例４‐13）　入養関係証明書（一般証明書）（翻訳文）（例規491号２条）

[別紙　第４号書式]

入養関係証明書 (一般)

| 登録基準地 | ソウル特別市永登浦区ウンヘン路 1234 |

区分	姓　　名	出生年月日	住民登録番号	性別	本
本人	キムボニン(金本人)	1975 年 01 月 01 日	(略)	男	金海

入養事項

区分	姓　　名	出生年月日	住民登録番号	性別	本
親生父	キムチンブ(金親父)	1950 年 01 月 01 日	(略)	男	金海
親生母	イチンモ(李親母)死亡	1951 年 01 月 01 日	(略)	女	全州
養 父	キムヤンブ(金養父)	1953 年 01 月 01 日	(略)	男	金海
養 母	イヤンモ(李養母)	1954 年 01 月 01 日	(略)	女	全州
養 子	ユンヤンジャ(尹養子)	2009 年 01 月 01 日	(略)	女	坡平

区分	詳　細　内　容
入養	[申告日] 2008 年 02 月 20 日 [養父] キムヤンブ [養父の住民登録番号] 530101‐1234567 [養母] イヤンモ [養母の住民登録番号] 540101‐2345678 [処理官署] ソウル特別市麻浦区
入養	[申告日] 2011 年 03 月 20 日 [養子] ユンヤンジャ [養子の住民登録番号] 090101‐4345678 [入養承諾者] 父　ユンチンブ、母　コンチンモ

第4章　在日韓国・朝鮮人の身分変動に関する記録と身分登録簿

```
　　　　　　[処理官署] ソウル特別市江南区
　　上記入養関係証明書(一般)は家族関係登録簿の記録事項と相違ないことを証明する。
　　ただし、親養子入養関係は親養子入養関係証明書にだけ表示する。
　　　　　　　　　　　年　　　　月　　　　日
　　　　　　　　　　　○○市(邑・面)長　　○　○　○　　職印
　　※上記証明書は「家族関係の登録等に関する法律」第15条第2項による登録事項を現
　　　出した一般証明である。
```

（コメント）

1）入養関係証明書の一般証明書には「登録基準地欄」の外に「特定登録事項欄」に本人と親生父母・養父母又は養子の各特定事項が記録され，「一般登録事項欄」に現在の入養に関する事項が記録される（法15条②4号）。罷養，入養の無効・取消の場合の相手方当事者は一般証明書の特定事項欄に記録されない（④-2第9号書式の協議罷養した「정양자」（チョンヤンジャ）がそれに該当する）。

2）養子である本人の家族関係証明書には養父母を父母と記録し，入養関係証明書（一般証明書）には親生父母と養父母すべてが記録される。養父母本人の家族関係証明書（一般証明書）には，生存する現在の婚姻中の子であれば，親生子と養子の区別なくすべて子女と記録され入養関係証明書には養子と記録される。

④-2　入養関係証明書（詳細証明書）の記載事項　第9号書式

（記載例4-14）　入養関係証明書（詳細証明書）（翻訳文）（例規491号2条）

[別紙　第9号書式]

入養関係証明書（詳細）

| 登録基準地 | ソウル特別市永登浦区ウンヘン路1234 | | | | |

区分	姓　　名	出生年月日	住民登録番号	性別	本
本人	キムボニン(金本人)	1975年01月01日	(略)	男	金海

入養事項

区分	姓　　名	出生年月日	住民登録番号	性別	本
親生父	キムチンブ(金親父)	1950年01月01日	(略)	男	金海
親生母	イチンモ(李親母)死亡	1951年01月01日	(略)	女	全州
養父	キムヤンブ(金養父)	1953年01月01日	(略)	男	金海
養母	イヤンモ(李養母)	1954年01月01日	(略)	女	全州
養子	ユンヤンジャ(尹養子)	2009年01月01日	(略)	女	坡平

第5節　韓国の身分登録簿(2)―「家族関係登録簿」

区分	詳　細　内　容
入養	[申告日] 2005 年 01 月 20 日 [養子] チョンヤンジャ [入養承諾者] 父母
入養	[申告日] 2008 年 02 月 20 日 [養父] キムヤンブ [養父の住民登録番号] 530101‐1234567 [養母] イヤンモ [養母の住民登録番号] 540101‐2345678 [処理官署] ソウル特別市麻浦区
入養	[申告日] 2011 年 03 月 20 日 [養子] ユンヤンジャ [養子の住民登録番号] 090101‐4345678 [入養承諾者] 父　ユンチンブ、母　コンチンモ [処理官署] ソウル特別市江南区
罷養	[協議罷養申告日] 2013 年 04 月 20 日 [養子] チョンヤンジャ [養子の住民登録番号] 040101‐3345678 [罷養協議者] 父　チョンチンブ、母　ソンチンモ [処理官署] ソウル特別市江南区

上記入養関係証明書(詳細)は家族関係登録簿の記録事項と相違ないことを証明する。

ただし、親養子入養関係は親養子入養関係証明書にだけ表示する。

年　　　月　　　日

○○市(邑・面)長　　○　○　○　　職印

※上記証明書は「家族関係の登録等に関する法律」第15条第3項による登録事項を現
出した詳細証明書である。

(コメント)

1）　入養関係証明書の詳細証明書の記載事項は一般証明書の記載事項に
「入養及び罷養に関する事項」を追加したものである（法15条③4号）。

2）　罷養，入養の無効・取消の場合，相手方当事者は詳細証明書の「特定
登録事項欄」に記録されず，詳細証明書の「一般登録事項欄」にその事
由が記録される。

⑤‐1　親養子入養関係証明書（一般証明書）の記載事項　第5号書式

（記載例4‐15）　親養子入養関係証明書（一般証明書）（翻訳文）（例規491号2条）

[別紙　第5号書式]

親養子入養関係証明書（一般）

登録基準地	ソウル特別市永登浦区ウンヘン路1234

区分	姓　名	出生年月日	住民登録番号	性別	本
本人	キムボニン(金本人)	1975 年 01 月 01 日	(略)	男	金海

親養子入養事項

区分	姓　名	出生年月日	住民登録番号	性別	本

第4章　在日韓国・朝鮮人の身分変動に関する記録と身分登録簿

親養子	キムヤンジャ(金養子) 死亡	2014年01月01日	（略）	女	金海

区分	詳　細　内　容
親養子入養	[親養子入養裁判確定日] 2014年10月05日 [審判法院] ソウル西部地方法院 [親養子] チェヤンジャ [親養子の住民登録番号] 14101‐4345678 [申告日] 2014年10月20日 [申告人] 金本人 [処理官署] ソウル特別市瑞草区

上記親養子入養関係証明書(一般)は家族関係登録簿の記録事項と相違ないことを証明する。

年　　月　　日

○○市(邑・面)長　　○　○　○　　職印

※上記証明書は「家族関係の登録等に関する法律」第15条第2項による登録事項を現
　出した一般証明書である。

（コメント）

1）親養子入養関係証明書の一般証明書には「登録基準地欄」のほかに
「特定登録事項欄」に本人と親生父母・養父母又は親養子の各特定登録
事項が記録され，「一般登録事項欄」に現在の親養子入養に関する事項
が記録され（法15条②5号），罷養，親養子入養が取り消された相手方当
事者は，親養子入養関係証明書の特定登録事項欄には記録されない。

2）親養子入養が成立した場合，親養子の従前の親族関係は全て断絶する
ので，親養子の家族関係証明書の「特定登録事項欄」の「父母欄」には
親養父母が父母と表示され，親養子入養関係証明書の「特定登録事項
欄」に親生父母と親養父母を全て表示して親養子入養前後の変動事項を
分かるようにした（法15条②5号）。

3）養父母の家族関係証明書（一般証明書）には，生存する現在の婚姻中
の子であれば親生子と親養子の区別なく全て子女と記録され，親養子入
養関係証明書には親養子と記録される。

第5節　韓国の身分登録簿(2)—「家族関係登録簿」

⑤-2　親養子入養関係証明書（詳細証明書）の記載事項　第10号書式

（記載例4-16）　親養子入養関係証明書（詳細証明書）（翻訳文）（例規491号2条）

[別紙　第10号書式]

親養子入養関係証明書（詳細）

登録基準地	ソウル特別市永登浦区ウンヘン路1234

区分	姓　　名	出生年月日	住民登録番号	性別	本
本人	キムボニン(金本人)	1975年01月01日	(略)	男	金海

親養子入養事項

区分	姓　　名	出生年月日	住民登録番号	性別	本
親養子	キムヤンジャ(金養子) 死亡	2014年01月01日	(略)	女	金海

区分	詳　細　内　容
入養	[入養特例法による入養裁判確定日] 2012年08月05日 [審判法院] ソウル南部地方法院 [養子] カンヤンジャ [養子の住民登録番号] 120101-4345678 [申告日] 2012年08月20日 [申告人] 金本人 [処理官署] ソウル特別市永登浦区
入養 取消	[入養特例法による入養取消裁判確定日] 2013年09月05日 [審判法院] ソウル南部地方法院 [養子] カンヤンジャ [養子の住民登録番号] 120101-4345678 [申告日] 2012年08月20日 [申告人] カンチンブ [処理官署] ソウル特別市江西区
親養子 入養	[親養子入養裁判確定日] 2014年10月05日 [審判法院] ソウル西部地方法院 [親養子] チェヤンジャ [親養子の住民登録番号] 14101-4345678 [申告日] 2014年10月20日 [申告人] 金本人 [処理官署] ソウル特別市瑞草区

上記親養子入養関係証明書(詳細)は家族関係登録簿の記録事項と相違ないことを証明する。
　　　　　　　年　　　　月　　　　日
　　　　　○○市(邑・面)長　　○　○　○　　[職印]
※上記証明書は「家族関係の登録等に関する法律」第15条第3項による登録事項を現出した
　詳細証明書である。

（コメント）

　詳細証明書の記載事項は，一般証明書の記載事項に「親養子入養及び罷養に関する事項」を追加したものである（法15条③5号）。

521

第4章　在日韓国・朝鮮人の身分変動に関する記録と身分登録簿

第6節　韓国の身分登録簿(3)
—在外国民の「家族関係登録簿」への申告手続の概要

　家族関係登録法は，在外国民である在日韓国人の申告についても基本的に申告義務を課している（法122条参照）。その理由は，在外国民の身分変動や国籍の変動を把握することにより，在外国民の人的範囲を確定することにある。ここでは，在外国民が家族関係登録簿に記録する申告手続の概要を把握することにする。

1 在外国民の申告手続の概要（一般）

⑴　申告事項

1）家族関係登録法が定める申告事項は，家族法関連では，出生申告（44条～54条），認知申告（55条～60条），入養申告（61条～62条），罷養申告（63条，66条），入養取消の申告（65条），親養子の入養申告（67条，68条），親養子の罷養申告（69条），親養子の入養取消の申告（70条），婚姻申告（71条，72条），婚姻取消の申告（73条），離婚申告（74条），離婚取消の申告（77条），親権者指定及び変更の申告等（79条），未成年後見人・未成年後見監督人関連申告（80条～83条の5），死亡申告（84条～91条），失踪宣告の申告（92条），改名申告（99条）姓・本の変更申告（100条）があり，そもそも家族関係登録がない者に対する家庭法院の許可による家族関係登録創設申告（101条～103条）と違法な家族関係登録記録の訂正等がある（104条～108条）。

2）申告事項は，報告的申告事項と創設的申告事項に分かれ，報告的申告事項には，出生，死亡のような固有の報告的申告と，裁判上の認知申告，裁判上の離婚申告，外国の方式による申告事件についての証書を作成した場合等のような伝来の報告的申告がある（2016. 2 .17. 家登例規486号「外国に居住している韓国人の家族関係登録申告手続き等に関する事務処理指

522

第6節　韓国の身分登録簿(3)―在外国民の「家族関係登録簿」への申告手続の概要

針」（Ⅰ巻末資料5．家登例規⑽）1．다）。また，創設的申告事項には，登録基準地変更のような手続的申告事項と婚姻，入養，認知等のような実体的申告事項があり，実体的申告事項の中で国際私法上でその方式の準拠法が韓国法の場合には，家族関係登録法が定める手続に従って申告できる（家登例規486号1．라）。

(2)　申告場所

1 ）在外国民は，在外国民が居住する地域を管轄する在外公館の長（法34条）又は在外公館に勤務する在外国民家族関係登録事務所の家族関係登録官（以下「家族関係登録官」という）に申告することができる（家登例規486号2．가.(2)）。

2 ）また，郵送であれば，申告事件本人の登録基準地の市（区）・邑・面の長又は家族関係登録官に直接申告でき，韓国に帰国すれば登録基準地又は現在地の市（区）邑・面の長又は在外国民家族関係登録事務所に申告することもできる（家登例規486号2．가.(1)）。

(3)　申告人等の確認（法23条②，規則32条）

1 ）市・邑・面の長又は在外公館の長は申告書類を受け付ける場合，出席した申告人又は提出人の身分証明書によってその身分を確認しなければならない。

2 ）在外国民が韓国国内で在外国民家族関係登録事務所に郵送又は直接訪問して申告書を提出する場合，必要な在外国民である疎明資料は，在外国民登録簿の謄本や居留国の外国人登録又は居留資格を証する資料等である（2018．9．12．家登例規527号「在外国民家族関係登録事務所の業務及び家族関係登録官の登録事務処理に関する指針」4条①）。

(4)　証書の謄本を提出する方法による家族関係登録簿への記録

1 ）証書の謄本提出方式により家族関係登録簿に記録できる場合とは（法35条，36条），外国居住韓国人がその居住地国方式により実体的な創設的身分行為（婚姻，入養，認知，離婚，罷養等）を行って身分行為が成立する場合に限られ（前出例規486号2．나.(1)），居住地国によって身分行

第4章　在日韓国・朝鮮人の身分変動に関する記録と身分登録簿

為を行うことができる場合とは，国際私法上その身分行為の方式の準拠法で行為地法が適用できる場合である（家登例規486号2．나．(2)）。

2）外国居住韓国人が，出生，死亡等のような固有の報告的申告を行う場合には，家族関係登録申告書に添付すべき出生証明書や死亡証明書等に代えてその居住地国の方式によって申告した事実を証明する書面（例:受理証明書等）を添付してもよい（前出例規486号2．다．(3)）。

3）しかし，居住地国の法が定める方式によってその国の官公署等で行った身分変動事項についての報告的申告は，家族関係登録法による有効な家族関係登録申告とみなされず（家登例規486号2．다．(1)），その「受理証明書」等では家族関係登録簿の記録はできない（家登例規486号2．다．(2)）。これは，日本において韓国人と日本人の離婚について日本人の戸籍に届け出た報告的申告の受理証明書等ではその離婚の記録はできないという趣旨と考えられる。

4）外国居住韓国人が外国法院の確定判決を得て，裁判上の離婚申告，裁判上の認知申告のような報告的申告を行う場合，居住地国の方式によって申告した事実を証する書面では家族関係登録申告書に添付すべき確定判決と執行判決に代えることはできない（家登例規486号2．다．(4)）。

(5)　添付書類の通則

1）申告書の添付書面が外国語で作成されているときは，翻訳文（ハングル）を添付しなければならない（規則30条②）。

2）なお，申告書には，法定の添付書面のほかに他の資料（例:財産証明，在日居留民団の保証書等）の添付を求めてはならない（2018．9．12．家登例規527号5条）。

第6節　韓国の身分登録簿(3)—在外国民の「家族関係登録簿」への申告手続の概要

2 「在外国民の家族関係登録創設，家族関係登録簿訂正及び家族関係登録簿整理に関する特例法」（以下「在外国民家族関係登録法」という）による申告手続の概要[25]

(1)　本法でいう「在外国民」とは

1）本法でいう「在外国民」とは，大韓民国国民で「在外国民登録法」に従い登録された者をいう（法2条1号）

2）「在外国民登録法」は，外国に90日以上居住するか滞留する意思を持って滞留する大韓民国国民は，住所や居所を管轄する大韓民国大使館・領事館・分館又は出張所（登録公館）に姓名・生年月日・性別等を登録しなければならないと定める（同法2，3条）。在外国民の登録をした者は外交部長官や登録公館の長に申請して「在外国民登録簿謄本」（登録簿謄本）の交付が受けられる（同法7条）。

(2)　「在外国民家族関係登録法」による家族関係登録の創設許可，訂正許可，整理申請等

①　申告場所

1）「在外国民」で登録基準地がないか不明の者は，登録基準地を定めて，住所地を管轄する在外公館の長に「家族関係登録創設許可申請」を提出することができる（同法3条①本文）。ただし，申請人の便宜に従い申請人が定めた登録基準地を管轄する家庭法院又は市・区・邑・面の長に直接申請することもできる（同法3条①本文ただし書）。

2）また，利害関係人は，登録基準地のある「在外国民」で家族関係登録簿の記録に錯誤又は遺漏があるときは，住所地を管轄する在外公館の長に「家族関係登録簿訂正許可申請書」を提出することができ，申告と申請に関する事項で家族関係登録簿の整理が行われていないときは，同じ

25）大法院は，2015．6．10．家登例規480号で，「「在外国民の家族関係登録創設，家族関係登録簿訂正及び家族関登録簿整理に関する特例法」による家族関係登録事務の処理指針」を発している。

525

第4章　在日韓国・朝鮮人の身分変動に関する記録と身分登録簿

く住所地を管轄する在外公館の長に「家族関係登録簿整理申請書」を提
出することができる（同法3条②本文）。また，登録基準地を管轄する家
庭法院又は市・区・邑・面の長に直接申請することもできる（同法3条
②本文ただし書）。

　②　申請書の様式と添付書類

1）創設許可申請書，訂正許可申請書，整理申請書等の様式は，大法院例
　規で定められている（例規480号2条）。

2）創設許可申請書には，身分表・登録簿謄本・居留国の永住権の写し又
　は外国人登録簿謄本を添付し（同法4条①），訂正許可申請書・整理申請
　書には，登録簿謄本・居留国の永住権の写し又は外国人登録簿謄本及び
　訂正許可申請書には事由書を添付しなければならない（同法4条②）。な
　お，居留国の外国人登録簿謄本及び永住権の写しは，その一つだけ添付
　すればよく，それら書類の国籍が「朝鮮」と記載されていても可能であ
　る（例規480号4条⑥）。

3）法定の添付書面の外に他の資料（例：財産証明，在日居留民団の保証書
　等）の添付を求めてはならない（例規480号4条①）。また，申請人と事
　件本人が異なる場合は事件本人についての書類を添付しなければならな
　いが（例規480号4条②本文），事件本人の家族関係登録簿整理が自己の
　家族関係登録簿整理の前提となるときは，申請人でない事件本人につい
　ての書類中の登録簿謄本や外国人登録簿謄本は添付しなくてよい（例規
　480号4条②本文ただし書）。

4）訂正又は整理事項が死亡者に関するときは，他の添付書書類で訂正又
　は整理事項が疎明される以上，登録簿謄本は添付しなくてよい（例規
　480号4条⑤）。

5）整理申請書には，行為地法である外国法によって婚姻，認知，入養等
　行った場合又は出生地，死亡地である外国で出生，死亡申告等を行った
　ときには，その外国官公署発行の婚姻等の受理証明その他それを証明す
　る証書を添付しなければならない（例規480号12条①）。

526

第6節　韓国の身分登録簿(3)─在外国民の「家族関係登録簿」への申告手続の概要

3 在外国民の身分行為に関する準拠法の決定[26]

1）国際登録事務の対象には，韓国の領土外（外国）における，①韓国人同士で発生した身分行為に関する申告（婚姻，離婚，認知，入養，罷養等），②韓国人と外国人間で発生した身分行為に関する申告（婚姻，離婚，認知，入養，罷養等），③発生した韓国人の身分変動事実に関する申告（出生，死亡等），が数えられる[27]。

2）③を除いた①②の身分行為にに関する申告は，その前提としてそれら個々の身分行為の準拠法はいずれの国の法なのかという韓国「国際私法」上の準拠法の決定という問題がある（2015.01.08.家登例規427号「身分関係を形成する国際身分行為をする際に身分行為の成立要件具備の証明手続に関する事務処理指針」（Ⅰ巻末資料5.家登例規(8)）「別表」参照）。

3）韓国人と外国人の間又は韓国人同士で，外国でその国の方式により身分行為をする場合に，その外国の官公署から要求される成立要件具備証明書の発給手続は，大法院例規が定めている（前出家登例規427号1.別紙第1号書式等）。

4）また，大法院例規は，韓国「国際私法」上の準拠法を決定する際の連結点の一つである「常居所」について（第1章第2節コラム1‐8，75頁参照），「事実上の生活の中心地で一定の期間持続した場所」としながら，我が国に常居所があるかどうかと外国に常居所があるかどうかに区分して，認定の判断基準を示している（前出家登例規427号3.가・나）。後者の判断基準では，事件本人が韓国人の場合は「適法に5年間継続して滞留しているか」を軸にすることを示している。次いで，連結点の一つである「最密接な関連がある地」の認定についてもその判断基準を示して

26）2015.01.08.家登例規427号「身分関係を形成する国際身分行為をする際に身分行為の成立要件具備の証明手続に関する事務処理指針」は，Ⅰ巻末資料5.家登例規(8)を参照。

27）김지후（キムチフ）・家族関係登録法第8版253頁。

527

第4章　在日韓国・朝鮮人の身分変動に関する記録と身分登録簿

いるが，判断が難しいときは，監督法院に質疑することとしている（前出家登例規427号4.）。

～第7節　北朝鮮の身分登録簿について～

1）北朝鮮では，解放後に朝鮮戸籍令による「戸籍簿」は廃止され，身分登録の規定としては，1955年採択された「公民の身分登録に関する規定」（1955.3.5内閣決定53号）が知られている。しかし，その改正の有無は確認されていない。[28]

2）北朝鮮の住民は，法的に制定された期日内に身分登録機関に身分を登録する義務があり，身分上の変化が生じれば，様式化された申請書を身分登録機関に提出し台帳に登録し当該証明書を交付され，公民証に身分関係の変動事項を記録するか，公民証又は出生証を交付する方法で身分登録を行い，身分登録の法律的効果を確認できる基本文件は身分登録機関の公民登録台帳であるといわれる。[29]公民の身分登録を掌握して取り扱う機関は，市・郡安全部下の分駐所といわれる。[30]

3）また，身分登録の際には「公民登録法」[31]（1997.11.26.最高人民会議常設会議決定102号，最終改正2010.5.11.同常任委員会政令835号修正補充）に基づき発行される身分証（市民証・公民証）が必要とのことである[32]（結婚登録は第3章第3節1(4)429頁以下参照）。

4）在外公民の結婚登録は，北朝鮮「家族法」では北朝鮮の領事代表機関で行うと定めているが（12条），在日朝鮮人同士が同法により結婚登録をした上で，北朝鮮に身分登録を行ったとの情報に筆者は接したことはない。

28）法務資料第319号・北韓家族法注釈122頁(이은정（イウンジョン））。
29）法務資料第319号・北韓家族法注釈577頁(문흥안（ムンフンアン））。
30）法務資料第319号・北韓家族法注釈577頁(문흥안（ムンフンアン））。
31）大内憲昭・法制度と社会体制296頁。
32）法務資料第319号・北韓家族法注釈123頁(이은정（イウンジョン））。

528

在日韓国・朝鮮人の相続，その相続を証する情報

はじめに

　序章では，国籍や在留資格の視点から在日韓国・朝鮮人を捉え，第1章は，在日の相続を考える際に必須となる法適用通則法などの日本の国際私法の議論を韓国・北朝鮮の国際私法も加えて検討し，第2章と第3章は，日本の国際私法のスクリーンを通した後に適用されるであろう準拠実質法としての韓国と北朝鮮の家族法の概要を整理し，第4章では，在日の身分変動を記録した情報が日本ではどこにどのように残されているのか，在日が日本で行われた身分行為を韓国に届け出ていれば，韓国の身分登録簿にどのように記録・保存されているのかについて，そのアウトラインを整理した。

　本章では，以上の整理を前提に，在日韓国・朝鮮人が死亡した場合にその相続を証する情報とは何かを検討することにしたい。

第1節　被相続人の相続準拠法の決定を証する情報

　在日韓国・朝鮮人の死亡事件は，当然にして渉外相続事件である。そこで，日本で問題になる限り在日の相続事件には法適用通則法が適用される。そこで，同法36条の「被相続人の本国法」とはどこか，つまりどこの国家の法域の法が適用されるかを説明する必要がある。順を追って説明するこ

終　章　在日韓国・朝鮮人の相続，その相続を証する情報

とにしたい。

1 本国法が「韓国法」か「北朝鮮法」かを証する情報

⑴　死亡時の「国籍・地域」欄は「韓国」か「朝鮮」かを証する情報

1）法適用通則法36条の「被相続人の本国法」とは，被相続人の「死亡当時の本国法」と考えるのが定説である（第1章第2節2⑵67頁参照）。

2）そこで，被相続人の「在留カード」や「特別永住者証明書」等又は被相続人の「死亡診断書」や死亡により除かれた「外国人住民票」の写しの「国籍・地域」欄の記載を調べ，それらの記載が「韓国」か「朝鮮」かを点検する。

3）それらカードや書面の写しにより，死亡時の「国籍・地域」欄が「韓国」か「朝鮮」かが特定されることになる。

⑵　被相続人の本国法が「韓国法」か「北朝鮮法」かを証する情報

1）被相続人の本国法が「韓国法」かそれとも「北朝鮮法」のいずれであるかが，「在日」の相続を考える上での最初の関門である。

2）朝鮮半島の国家・政府の分立状態に関連して様々な議論があるが，いずれにしてもこの議論の対象者は，おおむね「特別永住者」という在留資格を有する在日韓国・朝鮮人に限られる（第1章第2節3，67頁参照）。

3）日本の国際私法では，被相続人の本国法が「韓国法」「北朝鮮法」のいずれであるかを決定する根拠条文は，現在では法適用通則法38条1項の「最密接関係国法」か同条3項の「最密接関係地法」かであると考えられている（第1章第2節3⑵69頁）。

4）「最密接関係国法」「最密接関係地法」を決定する諸要素とは，本国における出身地や本籍地（登録基準地）が南北のいずれに在るか，交流する親族は南北のいずれに居住しているか，被相続人は，生前，韓国系の在日団体に所属していたか，それとも北朝鮮系の在日団体に所属していたか，国籍・地域欄の表記は「韓国」か「朝鮮」か，何時から国籍欄の

530

第1節　被相続人の相続準拠法の決定を証する情報

表記は「朝鮮」から「韓国」に変更されているか，などの諸要素から決定することになる。

5）しかし，三世・四世・五世と世代が下るに従って，それら指標となる諸要素が少なくなる傾向は否めず，本国との親疎の程度は測り難く，「韓国」「北朝鮮」にさえ何らの関心も示さなかったり「在日」であるとの意識さえも希薄化している傾向は否めない[1]。その場合には，承認国の法域の法を本国としたり国籍欄の表記を重視する考え方も参考にすべきであろう（第1章第2節3(2)2)69頁参照）。

6）ただ，被相続人の親族の中には，韓国・北朝鮮のいずれに密接かという講学上の議論には何らの関心もなく，本国は南北のいずれであるかを当然視している者がいるのも事実である。本国法を「韓国法」「北朝鮮法」のいずれかに決定した場合には[2]，その理由を被相続人の親族に説明する必要があろう。

2 本国法が「韓国法」で相続準拠法が「韓国法」か「日本法」かを証する情報

1）被相続人の本国法が「韓国法」になった場合には，遺言の有無を調べ，遺言がある場合には，その中に相続準拠法を指定する条項があるかないかを確かめる必要がある。

2）なお，遺言により相続準拠法を指定できるのは，「韓国法」を本国法とする在日韓国人であるが，この場合の在日韓国人は「特別永住者」に限定されることはない。

---

1) 一世の生き様に触れる機会が少なく，出生以来日本に居住する三世・四世・五世については，本国との密接な関係を測る尺度に困難がつきまとうのは当然である。それは，韓国・北朝鮮・日本それぞれの国籍法が血統主義を採用していることに加え，相続準拠法が本国法主義を採用している結果ともいえる。
2) この決定は諸要素から導いた法律実務家の判断である。

531

終　章　在日韓国・朝鮮人の相続，その相続を証する情報

(1)　相続準拠法が「日本法」であることを証する情報　─相続準拠法を日本法に指定する遺言がある場合

1 ）この場合は，遺言作成時から死亡時まで被相続人の常居所地が継続して日本にあり，被相続人が遺言で相続準拠法を「日本法」に指定していれば（韓国「国際私法」49条②1号），相続準拠法は，日本法に反致して，「日本法」が適用される（法適用通則法41条本文，第1章第2節4(2)73頁以下参照）[3]。

2 ）準拠法指定の遺言の方式は，通例は日本の方式による遺言（日本民法967条以下）が多いと思われるが（遺言方式準拠法2条4号参照），日本の自筆証書遺言（日本民法968条）であれば日本の家庭裁判所への「検認」手続が必要となるが（日本民法1004条①。なお，2020年7月10日施行される「法務局における遺言書の保管等における法律」（平成30年法律73号）によって法務局に保管される要件を備えた自筆証書遺言には，「検認」は不必要である。），日本の公正証書遺言（日本民法969条）であれば「検認」手続は必要とされていない（日本民法1004条②）。

3 ）そこで，被相続人の遺言が遺言の方式として有効であり，その準拠法指定の要件をも充足していれば，その遺言により相続に適用される準拠実質法は，日本民法等所定の相続法となる。

4 ）書面としては，法適用通則法36条や韓国「国際私法」49条1項・2項の内容を記した書面，準拠法を日本法に指定した遺言書，常居所地が遺

---

3 ）山北英仁『渉外不動産登記の法律と実務　相続，売買，準拠法に関する実務解説』（日本加除出版，2014年）223〜224頁では，遺言による準拠法の選択条項の採用は「後妻に遺産をたくさん相続させたい場合」や「相続させる旨の遺言」の受理不明の場合ににメリットがあると指摘しているが，法律実務家は，相続準拠法を日本法に指定する遺言をするか否かの相談を受けたときには，その指定により「相続」の適用範囲が全て日本法になることを説明する姿勢を堅持すべきである。
　なお，相続準拠法を日本法に指定した文例を紹介するものに，「遺言者は，相続の準拠法として遺言者の常居所地法である日本法を指定する。」（日本公証人連合会編著『新版　証書の作成と文例　遺言編［改訂版］』（立花書房，2013年）189頁）や「私の相続準拠法として常居所地法である日本法を指定します。」（木棚照一監修・「在日」第3版30頁（西山慶一））がある。

532

第1節　被相続人の相続準拠法の決定を証する情報

言作成時から死亡時まで継続していたことを証する廃止「外国人登録原票」の写しや除かれた「外国人住民票」の写し及びそれらにより日本法に反致する旨（法適用通則法41条本文）の説明が必要になろう。[4]

⑵　**相続準拠法が「韓国法」であることを証する情報─相続準拠法を指定する遺言がない場合**

この場合は，相続に適用される準拠実質法は，韓国民法等所定の相続法が適用される。その点についての説明は，法適用通則法36条と韓国「国際私法」49条1項の条文で示すことになる。

3　本国法が「北朝鮮法」で相続準拠法が「日本法」であることを証する情報

1）　被相続人の本国法が「北朝鮮法」になった場合は，日本に不動産があり，被相続人の最後の居住地が日本であれば，不動産相続・動産相続いずれにも日本法が適用されるので（北朝鮮「対外民事関係法」45条①），相続に適用される準拠実質法は，日本法に反致して「日本法」になる（法適用通則法41条，第1章第2節4⑶76頁以下参照）。

2）　書面としては，法適用通則法36条と北朝鮮「対外民事関係法」45条1項の内容を記した書面，最後の居住地が日本であることを証する除かれた「外国人住民票」の写しなどである。そして，それらにより日本法に反致する旨（法適用通則法41条本文）の説明が必要になろう。

4）カウンター相談「渉外相続に適用される法律と登記手続における添付書面について」登記研究643号95頁参照。なお，本カウンター相談の説明では，「遺言書のほか，遺言書の作成当時から死亡時まで遺言者の常居所が日本に継続していたことを証する書面」を添付すべきとするが，それらを根拠づける法律の説明は不要としているかのようである。疑問である。

533

終　章　在日韓国・朝鮮人の相続，その相続を証する情報

〜第2節　被相続人を取り巻く親族関係を証する情報〜

　在日韓国・朝鮮人が死亡した場合，その相続人が誰かを特定する必要が生じる。その前提として，その被相続人をめぐる親族関係を証する書面の収集の必要性に迫られる。つまり，配偶者や親子（実親子関係・法定親子関係），兄弟姉妹などを同定する作業である。

　以下では，「在日」の親族関係を証する記録は基本的に日本の市町村に存在すること，在日韓国人は，韓国の身分登録簿である「家族関係登録簿」等にもそれら記録が存在する蓋然性が高いことを順次説明することにする。なお，法実務の現場では，それら日本・韓国の記録収集の順序は前後しながら進行し，当事者がそれら記録の全部又は一部を所持している場合もある。

1　日本の官公署に保存されている身分変動に関する記録

⑴　市町村に保存されている届出事項の受理証明書・届出事項記載証明書

1）国際化の流れの中で，在日韓国・朝鮮人の若い世代を中心にその生活関係の領域が日本国内に限られないこともまれではなくなった。しかしながら，在日韓国・朝鮮人の生活関係のほとんどが日本国内で営まれるのが常態であることも確かである。そのように考えれば，出生から死亡までの身分関係の成否に関する記録のほとんどは，日本国内に存在することになる。

2）よって，被相続人を取り巻く親族関係の記録は，当事者などが届出等を行った届出市町村に存在しているので，その届出等の受理証明書・届出事項記載証明書が被相続人の身分関係を証する記録の一部となる（第4章第3節1⑵474頁以下参照）。なお，受理証明書の書式は，法定されて

第2節　被相続人を取り巻く親族関係を証する情報

いるが（戸籍法施行規則66条），届出事項記載事項証明書は証明を記載した書面（添付書面含む）を複写するなどして発行している[5]。

3）他方で，外国人間で行った裁判による離婚等に関する戸籍上の報告的届出等は，基本的に市町村では受理されないので（第4章第3節1⑵③2）475頁参照），管轄裁判所等に保存されている。その様な場合には，それら裁判の判決等の記録が必要になる場合もある。

4）ところで，外国人間の婚姻等に関する創設的届出は，基本的に「届出人の所在地」（日本戸籍法25条②）になされるが，「所在地」とは「一時の滞在地」も含まれるので（第4章第3節1⑵①474頁参照），それら届出を受理した市町村が何処かを調査するのに困難な場面に遭遇することもまれではない。関係者の聞き取りや廃止「外国人登録原票」の存在した居住地等を手掛かりにして「届出人の所在地」を調査する場合も出てこよう[6]。

⑵　**法務省に保存されている廃止「外国人登録原票」の身分関係関連事項**

1）2012年7月8日までは，全ての外国人登録者の「居住地」市町村には「外国人登録原票」が備置されていたが（外登法4条），同年の「外国人登録法」の廃止に伴い，中長期在留者と特別永住者らに限ってそれらの「住所地」市町村には，「外国人住民票」が備えられている（第4章第3節2，477頁参照，同頁の表（法令）4-1も参照）。

2）日本で出生（上陸）してから死亡までの「外国人登録原票」は，2012

5）島野穹子「渉外戸籍法(6)」戸籍706号1頁（4〜6頁）。
6）在留外国人の身分情報が散在している現状を打開するために，身分情報を在留外国人の住所地市町村に集積させるか，別に在留外国人の身分情報を集積する記録簿を創設することを提案するものに，西山慶一「在留外国人の身分登録の記録を考える(2・完)」市民と法95号21頁（26頁），趙慶済「入管法改正と在留外国人の身分記録—「身分関係」関連事項の記録簿の必要性をめぐって」大久保史郎ほか編著『人の国際移動と現代日本の法』（日本評論社，2017年）367頁。髙宅茂＝瀧川修吾『外国人の受入れと日本社会』（日本加除出版，2018年）305頁は，「在留外国人の身分関係を明らかにする継続的な台帳制度」を提案している。

535

終　章　在日韓国・朝鮮人の相続，その相続を証する情報

年7月8日までは改製前のものも含めて「居住地」市町村に備え置かれているのが通例であった。

3）廃止された「外国人登録原票」の記載事項は，「世帯主の氏名」「世帯主との続柄」「（世帯主である場合）は世帯構成員の氏名，出生の年月日，国籍及び世帯主との続柄」「本邦にある父母及び配偶者の氏名，出生の年月日及び国籍」であり，備考欄には家族に関する事項が記載されていることもあった（第4章第3節2⑵478頁以下参照）。

4）そこで，被相続人については「死亡した外国人に係る外国人登録原票の写し」を請求し，推定相続人が在日外国人であれば，推定相続人の「外国人登録原票」の開示請求も行って，その身分関係の相互関係を確かめる必要があるかと思われる（第4章第3節2⑵②③479～480頁参照）。

⑶　除かれた「外国人住民票」の身分関係関連事項

1）「外国人住民票」で親族関係を知るのに参考になる事項は，「世帯主の氏名」「世帯主との続柄」であるが，転入前の除かれた「外国人住民票」の写しなどを請求すれば，身分関係の参考になる事項をトレースすることが可能になることもある（第4章第3節2⑶480頁以下参照）。

2）ただし，死亡した者の除かれた「外国人住民票」の保存期間は「除かれた日から5年」であること（第4章第3節2⑶4481頁参照）に加えて，[7] 2012年7月9日以後に出生した在日韓国・朝鮮人の「外国人登録原票」は法務省に存在しないので，それらの者には「外国人住民票」だけが親族関係の参考記録になる点は留意すべきである。

7）所有者不明地対策に絡んで，不動産登記簿上の所有者の現住所が分からない場合などが多いとして，総務省は，除かれた住民票の保存期間を「5年から150年」にするとの報道がある（2018．8．23朝日新聞朝刊）。

第2節　被相続人を取り巻く親族関係を証する情報

2 韓国の身分登録簿に記録されている身分変動に関する記録

⑴　除籍簿の「除籍謄本」・家族関係登録簿の「登録事項別証明書」

1）朝鮮人の身分登録簿としては，日本の敗戦前の朝鮮半島には，「民籍法」による「民籍簿」の記録，「朝鮮戸籍令」による「戸籍簿」の記録があった（第4章第1節1，2，464頁参照）。

2）それら「民籍簿」や「戸籍簿」の身分登録簿を土台に，韓国では，韓国政府樹立（1948年）後の1960年から「戸籍法」による「戸籍」が作製され，2008年から「家族関係の登録等に関する法律」（家族関係登録法）による「家族関係登録簿」という電算情報資料が作製されている（第4章第4節481頁，第5節491頁等を参照）。

3）そこで，在日韓国人が日本の市町村に存在する身分関係の記録を添付して韓国に身分登録事項を申告していれば，それら身分記録は韓国の身分登録簿に登載・記録されている（第4章第6節522頁参照）。

4）ところで，家族関係登録簿は電算情報資料で「登録基準地」に従い個人別に区分されているので（第4章第5節1⑶④⑤493頁），本人又は代理人が韓国の除籍謄本や登録事項別証明書を請求するには，その検索キーとして，本人の氏名は勿論であるが，韓国国内の場所を表示した「登録基準地」（従前の「本籍」の機能の代替）の所在地を具体的に示す必要がある。

5）「登録基準地」の所在地に関連して，「外国人登録原票」の記載事項（同法4条）であった「国籍の属する国における住所又は居所」には，韓国の家族関係登録法上の「登録基準地」を記入することになっていたので（第4章第3節2⑵①478頁以下参照），当事者本人が「登録基準地」を全く知らないか又は正確に知らないときは，本人の「外国人登録原票」を取得する必要がある場合も出てくる。

6）被相続人を取り巻く親族関係の記録は，基本的に被相続人及び推定相続人の除籍簿の「除籍謄本」若しくは被相続人又は相続人の家族関係登

終　章　在日韓国・朝鮮人の相続，その相続を証する情報

録簿の「登録事項別証明書」等を収集すれば，それらは明らかになる
（第4章第5節3，500頁以下参照）。

7）韓国では，第1順位の相続人がいる場合（例えば，配偶者及び直系血族
（子）2人が相続人）の不動産相続登記申請では，被相続人の出生以後の
身分変動事項を明らかにできる被相続人の「除籍謄本」を添付し，被相
続人が2008.1.1.以後に死亡した場合には被相続人の「除籍謄本」だ
けでなく，「基本証明書，家族関係証明書，親養子入養関係証明書」を
添付するとのことである[8]。また，登録事項別証明書を「一般証明書」「詳
細証明書」に区分した2016年改正法（第4章第5節2(7)499頁参照）を施
行した2016年11月30日以降は，家族関係証明書の詳細証明書，基本証明
書の詳細証明書，親養子入養関係証明書の詳細証明書を受給して明らか
にするとのことである[9]。また，相続人は，家族関係証明書の詳細証明書
と基本証明書の詳細証明書を添付するとのことである[10]。

8）なお，親父母と養父母がいても家族関係証明書には養父母だけを父母
と記録し親父母と養父母は入養関係証明書にだけ記録するとした2009年
改正法（第4章第5節2(1)496頁参照）を施行した2010年6月30日からは，
第2順位以下の相続人（例えば直系尊属）が登記権利者になって相続登
記を申請するときは相続人（直系尊属中親生父母と養父母）を確認するた
めに，追加して被相続人の入養関係証明書を添付しなければならない
（韓国2010.6.28.不動産登記先例第201006-4号）。

8）유석주（柳錫柱）『신정8판부동산등기　신청서작성실무（新訂8版不動産登記申請
書作成実務）』（ソウル三潮社，2017年）665頁。なお，親養子入養関係証明書を添付
するのは，相続人の中で被相続人の家族関係証明書に記録されていない子女で被相続
人の死亡以後に親養子に入養していた子女がいるかどうかを確認するためとのことで
ある（同上1389頁）。しかし，常に親養子入養関係証明書が必要かは疑問である。
9）유석주（柳錫柱）・前掲注8）665頁。
10）徳原千恵「在日韓国人の不動産相続登記における相続証明書の取得と実務上の留意
点」市民と法96号96頁では「相続人を特定するに足りる証明書の取得」で「相続人の
生存を確認する書類は，相続人の基本証明書を添付するのが相当と考える」（98頁）
と述べる。

第2節　被相続人を取り巻く親族関係を証する情報

(2)　韓国の身分登録簿の記録で留意すべき点

①　身分登録の申告がなされていない可能性

1）先に述べたように「在日」の身分変動行為はほとんどが日本の地で行われる。そこで，婚姻等の創設的届出や裁判上の離婚等の報告的届出を在日韓国公館の窓口や韓国に出かけて申告していれば，それはほぼ自動的に韓国の身分登録簿に反映されている。しかし，先に述べたように，在日韓国人の中には身分変動行為の一部しか韓国に申告していない例も存在する点は留意しておくべきである。

2）日本の地で行われた婚姻等や裁判上の離婚等は，当事者が韓国本国に申告しない限り，韓国の身分登録簿に反映されることはない。韓国からみれば自国民の身分変動行為が反映されないこのような記録の欠如は，日本の戸籍でも生じることである。[11) 12)]

②　韓国・日本の身分登録行政機関の取扱いが異なる点

1）さて，当事者らが日本で行った身分変動行為を韓国に申告しても，韓国の身分登録行政機関ではその申告を受理しない例がある。[13)]

ここでは，協議離婚と入養（養子縁組）事件の例で説明してみよう。

（i）韓国人間の日本方式による協議離婚は，日本の見解では日本の市町村で受理されるが，韓国人がその旨の市町村の受理証明書を添付して韓国に協議離婚の申告を行っても，韓国の見解では韓国人間の協議離婚には「家庭法院の確認」が必要なので韓国では受理されない（第2

---

11) 日本人の場合でも，日本人と外国人間または日本人間で行為地法の方式で婚姻したが，在外公館又は当事者の本籍地に報告的申告を行わない場合がある。それについての判例に，東京地判平成24・9・28（LEX/DB文献番号25496948）がある，その評釈につき，織田有基子「外国で婚姻し日本に報告的届出がなされていない日本人夫婦間の相続」戸時723号46頁。

12) 戸籍のみから法定相続人を証明する「法定相続証明情報」制度を新設した不動産登記規則が2017年5月29日から施行されたが，同制度には幾多の疑問があるとしたものに，西山慶一「法定相続情報証明制度の疑問—渉外家族の視点から—」市民と法104号111頁がある。

13) 韓国の1960年制定民法以前の重婚をめぐっても韓国行当局と日本の行政当局の見解は対立している（第2章第1節1(3)コラム2‐1，113頁参照）。

終　章　在日韓国・朝鮮人の相続，その相続を証する情報

章第11節9）305頁，韓先2-6及びコラム2-4，307頁参照）。

(ⅱ)　入養（養子縁組）に必要な韓国人未成年者に対する「家庭法院」の許可は，韓国の見解では，日本の家庭裁判所ではその役割を代行できないとする。そこで，日本人親が韓国人未成年者を入養（養子縁組）をするのに日本の家庭裁判所の許可を得た後に，日本人親が日本戸籍法上の養子縁組の届出を行い戸籍に養子縁組成立の記載がなされ，その旨を記載した戸籍謄本等を添付して韓国人未成年者の家族関係登録簿に入養の報告的申告をしても韓国では受理されない（第2章第13節2(1)③3）及び韓先2-9，376頁参照）と思われる。

2）　1）の(ⅰ)であれば，日本の地では協議離婚の受理証明書が離婚したことを証する書面になるが，韓国の身分登録簿では離婚の記録はなされないまま，婚姻状態が継続していることになる。1）の(ⅱ)の場合も，日本の地では，日本人親の戸籍謄本を示すか日本の市町村に養子縁組の創設的届出を行った旨の受理証明書等を示せば，養子縁組の成立を証することになるが，韓国人未成年者の韓国の身分登録簿には何らの記録もなされないことになる。

3　身分変動に関する記録から親族関係を証する情報の取得

1）　被相続人を取り巻く親族関係を証する情報は，「在日」の相続を考える上で必要不可欠である。在日に適用される相続法が決定して，韓国の相続法や日本の相続法の内容により相続人や相続の順位が法定されていても，被相続人の親族で誰が相続人であるかを同定する必要があるからである。

2）　しかし，在日韓国人の場合で韓国の身分登録簿に自己の身分変動行為を申告しているか否かを基準にして分類すると，(ⅰ)身分登録簿に全て申告している者，(ⅱ)身分登録簿に一部しか申告していない者，(ⅲ)身分登録簿に申告する意思がないか，申告そのものに全く関心がない者，となる。

また，在日朝鮮人の場合には，そもそも本国の身分登録簿に申告することは考えにくい。

3）そこで，被相続人の親族関係が本国の身分登録簿に記録されているとは限らないので，在日韓国人の場合は，まず，本国の家族関係登録簿等の「登録事項別証明書」等（本章第2節2(1)537頁以下）を取得し，次いで，廃止された被相続人の「外国人登録原票」や除かれた「外国人住民票」を取得し（本章第2節1(2)(3)535～536頁），それらに記載・記録されている身分事項を確かめることになる。

4）次いで，それら身分事項の記録に整合性があればそれでよいが，整合しない場合には，日本の市町村に保存されている届出事項証明書等（本章第2節1(1)534頁以下）を取得して親族関係を確かめる必要が生じる場合がある。なお，本国の身分登録簿に全く申告していない在日韓国人や在日朝鮮人の場合は，日本の市町村に保存されている届出事項証明書等を集める以外に親族関係を確かめる術はない。[14)]

5）そのようにして収集した書面により，被相続人の親族関係を確かめ，適用された相続準拠法が法定している相続人の同定を行うことになる。[15)]

第3節　相続準拠法や先決問題の
準拠法の内容を証する情報

　ここでは，まず，相続準拠法が韓国法になった場合の韓国相続法の内容を証する情報を述べ，次に，被相続人の「本国法」は韓国法であるが，韓

14）日本の裁判所等に保存されている判決文等が必要になる場合や市町村に保存されている届出事項証明書等を収集する際の困難性は，本章第2節1(1)4）535頁参照。

15）なお，身分変動行為を日本の市町村にしか届け出ていない場合には，相続の先決問題となる婚姻や親子関係の成否の準拠法が，韓国親法や北朝鮮親族法になる場合でも，それら法のスクリーンを通していないので配偶関係や親子関係の成否に重大な影響をもたらす場合がある（本章第2節2(2)②539頁以下，本章第3節3(1)(2)547頁以下参照）。

541

終　章　在日韓国・朝鮮人の相続，その相続を証する情報

国「国際私法」により相続準拠法が日本法に反致する場合であっても，反致しない場合であっても，相続の先決問題の準拠法が韓国親族法になった場合の韓国親族法の内容を証する情報について述べ，最後に被相続人の「本国法」が北朝鮮法であり，相続準拠法は北朝鮮「対外民事関係法」により日本法に反致した場合でも，先決問題の準拠法が北朝鮮親族法になる場合の北朝鮮親族法の内容を証する情報について述べることにする。

　以上の情報の必要性は，一定の事例を挙げて述べることにしたい。

　いずれにしても韓国法も北朝鮮法も外国法であり，その解釈は韓国で又は北朝鮮で解釈されているとおりに解釈するのが原則である（第1章第4節1，91頁参照）。

1 韓国相続法の内容を証する情報

　第1節で述べたように，被相続人の本国法が韓国法の者は，韓国「国際私法」49条2項でいう準拠法選択の遺言を遺していなければ，「相続」については韓国相続法が適用される。ここでは各ケースごとに，第2節で述べた親族関係を証する情報と照らし合わせて，韓国相続法の内容を確認するが，その内容の情報は相続を証する情報の一部になる。

　⑴　ケース①　相続人・相続分・相続放棄について

1）被相続人の韓国の家族関係登録簿や廃止「外国人登録原票」・除かれた「外国人住民票」等をみると，被相続人は配偶者（妻）と子二人を残して2018年9月に死亡している。

2）相続人は，配偶者（妻）と直系卑属（子）であり（第2章第2節2⑴⑵148頁以下参照），相続分は妻7分の3であり，子は各7分の2である（第2章第3節1⑴⑵162頁以下参照）。

3）このケースで，相続人である妻と子全員が相続放棄をすれば，もし子らに直系卑属（孫）がいれば孫が本位相続する。また，相続人である子全員が相続放棄をして，孫と直系尊属がいれば，妻は被相続人の孫又は

第3節　相続準拠法や先決問題の準拠法の内容を証する情報

直系尊属と共同で相続し，孫も直系尊属もいなければ配偶者が単独で相続人になる（第3章第4節2(4)6）209頁以下参照）。

4）相続の放棄は家庭法院に申告しなければならないが，相続放棄をする者が日本に住所があれば日本の家庭裁判所でもその手続は代行される可能性が高いので（第1章第2節2(1)(2)65・67頁，第1章第2節5(3)①80頁参照），家庭裁判所に相続放棄の手続を行い，その相続放棄申述受理証明書を取得して相続放棄した事実を証明することになる。

5）2）の相続人・相続分や相続放棄ができるか，相続放棄をした結果誰が相続人となるかは，韓国民法の該当条項や韓国の判例等の情報が必要であり，相続放棄したことを証するために家庭裁判所の申述受理証明書等も必要になろう。

(2)　ケース②　相続人・相続分・寄与分

1）被相続人の韓国の家族関係登録簿や廃止「外国人登録原票」・除かれた「外国人住民票」をみると，被相続人は，2018年9月に死亡し，配偶者（夫）はいるが直系卑属（子）は無く，父母は既に死亡し兄と妹がいる。

2）相続人は，配偶者（夫）だけであり，兄と妹は相続人にはならない（第2章第2節2(2)152頁参照）。

3）このケースで，数年前から被相続人と配偶者（夫）とは事実上別居状態であり，その間は妹が被相続人の療養看護に努めていたので，妹は韓国民法の寄与分を主張して家庭裁判所に請求したが，共同相続人ではないとの理由でその請求は認められなかった（第2章第3節3・2）176頁参照）。

4）夫だけが単独相続人になることや相続人にだけ寄与分が認められることは韓国民法の該当条項を示し，その内容等が相続を証する情報の一部である。

(3)　ケース③　遺言・遺言の検認・遺留分・遺言の執行

1）被相続人の韓国の家族関係登録簿や廃止「外国人登録原票」・除かれた

543

終　章　在日韓国・朝鮮人の相続，その相続を証する情報

た「外国人住民票」をみると，被相続人は2018年9月に死亡したが，被相続人Xは婚姻したことはなく，姉と弟がいるだけで父母は共に死亡している。

2）被相続人は遺言を書き遺していたので家庭裁判所に検認の申立を行ったところ（第2章第8節2，243頁参照），遺言には準拠法指定の記載も遺言執行者の指定も無く，単に「全ての財産は弟に相続させる」とのみ記されていた。

3）この場合の相続人は，姉と弟であり（第2章第2節2⑴③151頁参照），その法定相続持分は姉・弟ともに各2分の1である（第2章第3節1⑴156頁参照）。

4）また，「全ての財産は弟に相続させる」との遺言は弟に全財産を取得させる包括的遺贈になると思われ（第2章第6節2，221頁，第8節1⑴241頁参照），姉は遺留分権者になりその遺留分割合は法定相続分（2分の1）の3分の1である（第2章第9節1⑵255頁参照）。

5）遺贈のための遺言執行者の選任の準拠法は韓国民法に準拠するが，韓国民法では指定遺言執行者がいなければ，相続人である姉と弟が遺言執行者になる（第2章第8節3⑵②247頁参照）。

6）姉と弟が相続人であることやその法定相続分の根拠は，韓国民法1000条や1009条等であり，包括的遺贈や遺留分権者とその遺留分割合の根拠は，韓国民法1074条等や1112条以下であり，法定遺言執行者の根拠については1095条等になり，それら条文の内容等が相続を証する情報の一部である。

2　韓国親族法の内容を証する情報

　被相続人の本国法が韓国法の場合で，「相続」の準拠法が韓国相続法になるか，日本法に反致して日本民法所定の相続法になるかは別にして，相続の先決問題の準拠法が韓国法になるケースがある。そこで，親族関係を

第3節　相続準拠法や先決問題の準拠法の内容を証する情報

証する情報と照らし合わせて，韓国親族法の内容が情報として必要な場合が生じる。

　なお，ここでは，相続の先決問題の準拠法は法廷地国際私法説（法適用通則法の適用）の見解に立って検討することにする（第1章第3節2，83頁参照）。

(1)　ケース①　重婚の場合

1）被相続人Xは2018年9月に死亡したが，その韓国の除籍簿の「除籍謄本」や家族関係登録簿の「登録事項別証明書」では，1995年に妻Y_2（国籍韓国）と婚姻をし，1996年にY_2との間にZ_2が産まれたと記録されている。しかし，廃止「外国人登録原票」で親族関係を調べてみると1990年に妻Y_1（国籍日本）と婚姻しその間には1991年子Z_1（国籍日本）が産まれ，1995年にはY_2と婚姻し，1996年にはZ_2が産まれたとの記載があった。

2）そこで，届出市町村に赴き，1990年のY_1との婚姻届，1991年のZ_1の出生届，1995年のY_2との婚姻届と1996年のZ_2の出生届について，それらの「届出事項記載証明書」を取り寄せたところ，その事実を確認できた。

3）関係者からの聞き取りによると，被相続人Xは，Y_1・Z_1とは1993年に別居し，それから死亡するまではY_2・Z_2と同居していたとのことである。

4）ところで，重婚は許されるのか，許されないとしてその効果については，法適用通則法24条の適用範囲とされ，重婚は夫婦の双方的要件とされる。[16]

5）法適用通則法24条1項の連結点は「各当事者の本国法」なので，反致の可否が問われるが，韓国「国際私法」の連結点も「各当事者の本国法」なので反致することはない（第1章第3節表（法令）1-1，86頁参照）。

6）そこで，後婚の当事者である被相続人Xには韓国親族法が適用され，Y_2は日本国籍なので日本親族法が適用されるが，いずれの親族法でも

16）櫻田嘉章ほか・注釈国際私法2巻12頁（横溝大）。

545

重婚は「取消しうべき婚姻」であり（韓国民法816条1号，日本民法744条），取り消されるまでは婚姻は有効である。

7）したがって，被相続人の相続人は，その子であるZ₁・Z₂であり（韓国民法1000条①1号），かつ，Y₁・Y₂両者も相続人である（韓国民法1003条①）（第2章第2節2(2)4）153頁参照）。

8）この場合では，法適用通則法24条や韓国親族法や相続法の該当条文等の情報が必要になる。

(2) ケース② 死後認知の場合

1）被相続人は2018年9月に死亡したが，妻（日本国籍）Y₁と子Z₁（日本国籍）が日本の廃止「外国人登録原票」や韓国の除籍簿の「除籍謄本」や家族関係登録簿の「登録事項別証明書」に記載・記録されているだけである。

2）しかし，死後に，被相続人が他の女性との間で設けた子Z₂（日本国籍）が被相続人との親子関係の存在を求めて，死後認知の訴えを提起してその相続分を請求している。

3）相続の先決問題の準拠法となる認知による親子関係の成立は，法適用通則法29条後段によるが，「認知」については子の出生当時の認知者の本国法と認知当時の認知者又は子の本国法のいずれかの法で認知が認められるかによる。[17) また，同条の反致の可否については否定的な見解もあるが，反致が適用されるとの見解が多数説である。[18)

4）次いで，韓国「国際私法」41条2項をみれば，その連結点は「子の出生当時の父の本国法」「現在の子の常居所地法」又は「認知当時の認知者の本国法」であるが，このケースでは日本法への反致の可否を検討するまでもない。なぜなら，被相続人は子の出生から死亡まで「韓国国籍」であり，認知請求をする子は出生以来「日本国籍」なので，韓国親族法又は日本親族法のいずれもが適用されるからである。

---

17) 櫻田嘉章ほか・注釈国際私法2巻91頁（佐野寛）。
18) 櫻田嘉章ほか・注釈国際私法2巻99頁（佐野寛）。

第3節　相続準拠法や先決問題の準拠法の内容を証する情報

5）「認知請求」について，韓国民法は，父が死亡すれば「その死亡を
知った日から2年内」に訴えることが可能で（第2章第12節3(1)④345頁以
下，863，864条），日本民法は，父が死亡すれば「死亡の日から3年を経過
したときはその限りでない」（787条）としている。韓国・日本共に死後認
知請求を認めるが，提訴期間に相違があるだけであり，認知請求権者に
とってより認知に有利な親族法により認知請求をすればよいことになる。

6）　なお，この場合にZ_2の死後認知請求の審判が確定した時が，相続人
（Y_1とZ_1）がその相続財産を処分した後であれば，Z_2は相続分相当の価
額支給請求権を有することになる（韓国民法1014条，第2章第4節1(4)
189頁以下参照）。

7）　このケースで，韓国法を適用して子が認知請求をしたのであれば，韓
国民法863条等の内容の情報が必要になる。

3　北朝鮮親族法の内容を証する情報

　被相続人の本国法が北朝鮮法の場合であれば，「相続」の準拠法は日本
法に反致して日本民法所定の相続法が適用されるが，相続の先決問題の準
拠法が北朝鮮法になるケースが存在する。そこで，親族関係を証する情報
とを照らし合わせて，各事例ごとに北朝鮮親族法の内容を確認し，その内
容に関する情報が必要かを検討してみよう。

　なお，ここでは，相続の先決問題の準拠法は法廷地国際私法説（法適用
通則法の適用）の見解に立って検討することにする（第1章第3節2，83頁
以下参照）。

(1)　ケース①　重婚の場合

1）北朝鮮法を本国法とする被相続人Xは，2018年9月に死亡したが，日
本における身分変動行為を韓国に申告していないので，廃止「外国人登
録原票」と除かれた「外国人住民票」で親族関係を調べてみた。それに
よると「婚姻」した旨の記述が，1995年（Y_1（国籍日本）との婚姻）と

547

終　章　在日韓国・朝鮮人の相続，その相続を証する情報

2005年（Y₂（国籍日本）との婚姻）の２回あるので，届出市町村にY₁とY₂との「婚姻届記載事項証明書」を請求したところ，その事実を確認することができた。

２）ところで，重婚は許されるのか，許されないとしてその効果については，法適用通則法24条の適用範囲とされ，重婚は夫婦の双方的要件とされる。[19] また，その要件が欠缺している場合の効果はその要件が欠缺している当事者の本国法とされ，夫婦の一方が「取消し」で他方が「無効」としているときは「より厳重な効果を求める法」が適用される。[20]

３）法適用通則法24条１項の連結点は「各当事者の本国法」なので，日本法への反致の可否が問われるが，被相続人と配偶者Y₂の婚姻は，北朝鮮「対外民事関係法」15条によっても反致することはなく（第１章補節２⑷①108頁参照），同法35条でいう「結婚当事者各自の本国法」が連結点となる（Ⅰ巻末資料３⑴参照）。

４）そこで，被相続人の婚姻には，北朝鮮「家族法」８条２項が適用されその重婚は無効である（第３章第３節１⑴４）５）427頁，第３節２・３）431頁以下参照，同法13条）。他方，日本国籍である配偶者Y₂には，日本民法732条，744条等が適用され「取消し得べき婚姻」に該当する。

５）よって，被相続人の重婚である後婚は「取消し得べき婚姻」ではなく，「より厳重な効果を求める」無効婚となり，裁判所の判決により婚姻が無効と認定されれば，結婚は当初から無効となる（第３章第３節２⑹433頁，北朝鮮「家族法」14条本文）。後婚が無効と認定されれば，配偶者Y₂は相続人にはならず，配偶者としてはY₁だけが相続人になる（日本民法890条）。

６）以上のあらましを説明するには，法適用通則法24条や北朝鮮「家族法」８条２項や同法14条等の内容の情報などが必要になろう。

⑵　ケース②　継親子関係成立の場合

１）北朝鮮法を本国法とする被相続人Ｘは，2018年９月に死亡した。被相

19）櫻田嘉章ほか・注釈国際私法２巻12頁(横溝大)。
20）櫻田嘉章ほか・注釈国際私法２巻17～18頁(横溝大)。

第3節　相続準拠法や先決問題の準拠法の内容を証する情報

続人Ｘは，日本における身分変動事項を韓国に申告していないので，廃
止「外国人登録原票」や除かれた「外国人住民票」でその親族関係を調
べてみた。

２）それによるとY₁（日本国籍）とは1995年に「婚姻」を行い1998年には
「離婚」した旨の記述があり，2003年には在日朝鮮人と思われる「金何
某（Y₂）」と婚姻をした旨の記載があるので，届出市町村にY₁とY₂との
「婚姻届記載事項証明書」を請求したところ，その事実を確認すること
ができた。

３）なお，Y₁との間には子供ができなかったが，再婚したY₂は再婚前に
既に二人の子供（Z₁・Z₂）をもうけていた。Y₂・Z₁・Z₂はＸが死亡する
までＸと同居していた。北朝鮮親族法はこのような場合には，被相続人
ＸとZ₁・Z₂との間に継親子関係を成立させている（北朝鮮「家族法」29
条）（第3章第5節2，443頁以下，コラム3－5，444頁参照）。

４）ところで，相続の先決問題である継親子関係成立のような「出生以外
の事由により嫡出性を取得する場合の親子関係の成立」の準拠法には，
法適用通則法30条の類推適用説が大勢である（第1章第1節2⑵コラム1－
2，61頁参照）。[21]

５）法適用通則法30条は「事実が完成した当時」の母と父の本国法又は子
の本国法が準拠法なので，Y₂と再婚した当時の被相続人ＸとZ₁・Z₂の
本国法を検討すると全て北朝鮮法が本国法なので北朝鮮法が準拠法にな
る。

６）北朝鮮「対外民事関係法」39条の「親父母，親子女の確定」が親生子
（実親子）関係（継親子関係を含む）の成立を適用範囲にしていると解す
れば，被相続人ＸがY₂と再婚した2003年当時の連結点は，「子女が出生
した国の法」なので（表（法令）1－3，106頁参照），本事例では「子女が
出生した国の法」である「日本法」に反致し日本親族法が適用され，Ｘ

21）櫻田嘉章ほか・注釈国際私法2巻103頁（佐野寛）。

549

終　章　在日韓国・朝鮮人の相続，その相続を証する情報

とZ₁・Z₂との間には継親子関係は成立しない。したがって，Z₁・Z₂は
被相続人Xの子とはならない（第1章補節2⑷107頁も参照）。

7）しかし，法適用通則法30条の反致の可否については多数説は反致を肯
定するが，[22]選択的連結という理由で反致しないという見解に立てば，北
朝鮮親族法が適用され，被相続人XとZ₁・Z₂との間には北朝鮮「家族
法」29条によって継親子関係が成立する。したがって，Z₁・Z₂は被相続
人Xの子になる。

8）よって，6）の解釈に立てば，再婚した配偶者Y₂だけが相続人になり，
再婚した配偶者Y₂の子であるZ₁・Z₂はXの相続人にはならない（日本民
法889条890条等）。7）の解釈に立てば，再婚した配偶者Y₂はZ₁・Z₂とと
もにXの相続人になる（日本民法887条890条）。

9）いずれにしても，北朝鮮「家族法」29条や法適用通則法41条，北朝鮮
「対外民事関係法」39条等の内容が情報として必要になろう。

第4節　相続関係の変更を証する裁判所等や相続人らの情報

　相続の準拠実質法によれば，相続人や相続分の変更等は，官公署に対す
る届出（申告）や裁判所等の判決（審判）又は相続人らの一定の法律行為
によって可能とする例がある。

　ここでは，そのような届出（申告）や判決（審判）の結果を証する情報
や相続人らの法律行為を証する情報を例示し，それら情報の必要性につい
て述べることにする。

22）櫻田嘉章ほか・注釈国際私法2巻105頁（佐野寛），第1章第2節4⑴5）73頁も参照。

第4節　相続関係の変更を証する裁判所等や相続人らの情報

1 裁判所等の情報

1）韓国法が相続準拠法であっても，家事手続法別表第一に掲げられている，相続の承認及び放棄，相続人の不存在，遺言等に関する審判等に類似又は相似した事件類型で，日本に国際裁判管轄があれば，日本の家庭裁判所でそれら事件は受理され，かつ，審判がなされる可能性が高い（第1章第2節5⑶79頁以下参照）。

2）また，韓国法が相続準拠法であっても，例えば，家事手続法別表第二「十二」「十四」に掲げられている遺産の分割・寄与分を定める処分は，韓国民法1013条2項と同法1008条の2第2項に類似しているので，日本に国際裁判管轄があれば，日本の家庭裁判所で受理される。その場合は，まず調停に付され，調停が不成立になれば審判がなされる。

3）家事手続法別表第一に掲げる事件について審判等がなされた場合は，申立書や申述書に受理する旨が記載され，同法別表第二に掲げる事件について，調停による合意が成立すれば調停調書にその旨が記載され，審判に移行して審判が確定すれば審判書が作成される（同法268条①）。

4）そこで，それらの書面は，相続人や相続財産の処分に関して必要な情報になる。

2 相続人らの情報

1）韓国法が相続準拠法であれば，例えば，共同相続人の協議による相続財産の分割に関する処分（韓国民法1013条①）や同じく共同相続人の協議による寄与相続人の寄与分の決定（韓国民法1008条の2①）が可能である（第2章第4節1⑵②182頁以下，第2章第3節3，175頁以下参照）。

2）そこで，それら処分や決定を証するためには，共同相続人全員の合意（協議）を証する情報が必要になる。

551

終　章　在日韓国・朝鮮人の相続，その相続を証する情報

第5節　渉外相続事件の「相続を証する情報」と法律実務家の姿勢

　これまでは，在日韓国・朝鮮人の「相続を証する情報」を具体的に述べてきた。ここでは渉外相続事件の「相続を証する情報」の限界とそれに対応する法律実務家の姿勢を述べてみたい。

1　渉外相続事件における「相続を証する情報」の限界

1）東京法務局の横山氏は，最近の論文中[23]の「八外国人の相続を証する情報」で「1本国法の内容を明らかにする情報」「2相続人の範囲を明らかにする情報」ほかを取りあげ，「2相続人の範囲を明らかにする情報」で「相続人を明らかにする情報が必要となる」と述べ，その上で「第1に，当該外国人の本国の身分公証制度を前提とした本国政府（日本駐在公館を含む。）の証明に係る情報を提供することとなる」と論述している。[24]

2）横山氏の1）の論述からは，韓国であれば韓国の「身分登録簿」（家族関係登録簿等）の記録から被相続人の親族関係（直系卑属（又は子）は誰々であり配偶者は誰々である）の証明を求めていると推測できよう。決して「誰々が相続人でありそれ以外に相続人はいない」旨の本国政府機関等の証明書の提供[25]に言及しているとは思えない。

3）ところで，在外国民の相続に関連して，本国政府機関等が，その相続

23）横山亘「渉外不動産登記手続総論（5・完）」登記研究843号1頁。
24）横山・前掲注23）11頁。
25）登記行政当局は，在日韓国朝鮮人の「相続証明書」に承認国である韓国の政府発給機関等の「相続証明書」の発行を求めていた。昭和27・8・28民甲127号回答，昭和28・2・26民甲293号回答，昭和31・7・27民甲1709号回答，昭和36・10・5民甲2473号指示，昭和37・12・20民甲3626号回答などを参照。

552

第5節　渉外相続事件の「相続を証する情報」と法律実務家の姿勢

が問題になっている外国の国際私法の相続準拠法が「本国法」なのか「常居所地法」なのか，また，当該外国国際私法が不動産・動産同則主義なのか異則主義なのか，反致主義を採用しているのか，当該国では相続の先決問題についてどこの準拠法を適用するのかを確認するであろうか。さらに，それらを確認した上で本国政府機関は「誰々が相続人でありそれ以外に相続人はいない」旨の証明書を発行するのであろうか。もし，発行するとすれば，外国法の解釈を公権的に他国が解釈できないという公理に反するのではないか。そのことは，本国出先機関が「財産相続人の認証」をすること[26]や在日の団体が発行する「相続証明書」[27][28][29]でも同様なはずである。

4）よって，本国政府機関等が証明できるのは，自国の身分登録簿を公開して被相続人の親族とは誰であるかを示すことにとどまるのではなかろうか。

26）在日韓国領事館が，在日韓国人の相続に関連して，被相続人の親族が，推定相続人の本籍・住所・氏名と被相続人との続柄を記した「遺産相続者認証願」を在日韓国総領事宛に提出すれば，総領事が認証するとの慣行である。いつから何故そのような慣行が行われたかは定かではないが，それら慣行は現在では廃止されている。

27）北朝鮮系の在日団体である「在日本朝鮮人総連合会」（朝鮮総連）が，被相続人の氏名・住所・生年月日・性別と死亡年月日を記載し，「本会にて確認している上記の者の相続人は下記の通りである」と，相続人（氏名・住所・生年月日・性別・続柄）を記載して，朝鮮総連中央常任委員会名で発行するとのことである（西山國顕・渉外相続法502～505頁）。なお，本証明書は2000年（平成12年）以降は発行していないとの記述がある一方で（高山完圭「朝鮮総連の証明書」日本司法書士会連合会渉外身分登録検討委員会編『渉外家族法実務からみた在留外国人の身分登録』（民事法研究会，2017年）84頁），現在もなお発行されているとの情報もあり，その真偽は不明である。

28）朝鮮総連の相続証明書に関連して，河萬得「在日朝鮮人と家族法（下）」統一評論223号（1983.12）108～109頁に，「日本と国交のない共和国を準拠法とする在日同胞が私法上必要とする公文書（戸籍証明書等）は，1956年11月から，正式な外交代表機関に代えて，在日朝鮮人総連合会（略称，総連）の発行する証明書でもそれに当てるとの合意が，総連と日本法務省との間で成されている」との記述がある。

29）また，在日本朝鮮人人権協会・暮らしの法律273頁は，「相続に戸籍謄本は必要？」に対して，「また，被相続人が朝鮮表示の場合の相続関係を証明する一資料として，在日本朝鮮人総聯合会発行の証明書が考えられます。在日本朝鮮人総聯合会は，現在日本と共和国の国交がないため共和国政府に代わり，日本国内における共和国政府の準公的機関と認識されているとの考え方からすれば，在日本朝鮮人総聯合会発行の証明書は相続関係を証する資料として考えられるでしょう」という。

終　章　在日韓国・朝鮮人の相続，その相続を証する情報

2 法律実務家の実践と求められる姿勢

(1)　法律実務家の「相続を証する情報」取得の実践

1）先の横山氏は，「十公的証明の限界」で，[30] 1963年当時の民事局長の発言[31] や登記研究356号掲載の「登記簿」の記述[32] を引用している。その上で「この問題は不正事件の現出の防止と表裏の関係にあり，登記官には高度なバランス感覚を備えることと，個別具体的な事案に応じた，適切かつ妥当な判断が求められている」と述べる。登記行政官の立場からの率直かつ真摯な発言である。

2）親族関係に関する公的な記録の情報とは，日本の官公署に記録されている情報と，本国（韓国）の身分登録簿に記載・記録されている情報である。法律実務家としては，関係当事者からの聞き取りによる情報と公的な記録から得た情報とを突き合わせ，それら情報の間に整合性があるかを解析して得た情報が親族関係を証する情報である。その上で，相続準拠法や先決問題に適用される準拠法を解釈して，相続人は誰であるかという結論にたどり着くのである。法律実務家にとっては，「練磨された経験知」と「高度なバランス感覚」が求められる作業である。

(2)　求められる法律実務家の姿勢

1）私は，かつて司法書士の渉外相続登記の執務姿勢に絡んで「申請人

30）横山・前掲注23）29頁。

31）「質疑応答」登記先例解説集 3 巻12号（1963.12）78頁。要約すれば，韓国人の相続登記の申請は「戸籍謄本等の添付ができないときは，外国人登録証明書には「続柄から相続人になるべき者が書いてあり」「外国人登録証明書の中に載っている相続人と見られる者全員の誓約書があれば」よい，との趣旨である。

32）「登記簿」（登記研究356号（1977.7）の表紙裏面）。要約すれば「いわゆる北朝鮮から戸籍謄本等を取り寄せることは，現在でもかなり困難な状況にあるようだと聞いていますが，…，例えば朝鮮国籍を有する人々については，外国人登録済証明書に被相続人との続柄が記載されている場合だってあるだろう。その様な場合当該証明書と，その者以外に相続人となるべき者がない旨をあらわす書面などは検討に価するのではないだろうか，もちろんこの場合の被相続人は日本に居住している者でなければならない…。」なお，同「登記簿」の記述につき，藤原勇喜『新訂渉外不動産登記』（テイハン，2014年）373頁は何らのコメントを付けずに引用している。

第5節　渉外相続事件の「相続を証する情報」と法律実務家の姿勢

（依頼者本人ら）との協同作業を踏まえたうえで，申請人（依頼者本人ら）に申請に至るまでの「あらまし」を説明するとともに，司法書士自らもそのあらましを示した「説明書」を添付情報として提供」すべきであると述べたことがある。[33]

2）その上で，「申請人らによる「私以外に相続人はいない旨」の上申書や誓約書を添付情報とする慣行が一部で見受けられる」と述べ，「それを登記官が慫慂することも稀ではない」と指摘し，「自らの法律的知見に基づき一定の判断を行う技法を試みることこそが，法律実務家である司法書士の本分である」と述べた。[34] 申請人らの「上申書」（印鑑証明書付）を添付させて，それでこと足りるとする姿勢は，[35] 法律実務家としての知見を放棄し当事者にその説明責任を帰責させることになるからである。

3）司法書士は，渉外相続事件に関わる場合には，受託するか否かから出発し，国際私法の理解，外国法の入手・翻訳，外国身分登録書面の入手・翻訳などのプロセスをたどる。そのプロセスは戸惑いの連続である。私は，かつてそれらの戸惑いは「登記申請を審査する側の登記官も同様ではなかろうか」「司法書士と登記官は同一の平面に位置するのではないか」と述べたことがある。[36]

4）在日韓国・朝鮮人の相続を証する情報を取得するには，練磨された経験知が必要である。依頼者である「在日」の視点に寄り添いつつ，依頼者である「在日」との相対的距離感を維持する。そのような営為を自覚

33）西山慶一「渉外相続不動産登記の執務指針(3)─通則法の適用プロセスと添付情報を中心に─」市民と法106号20頁（27頁）。

34）西山・前掲注33）27頁。

35）上申書・宣誓書に関連して，在日本朝鮮人人権協会・暮らしの法律は，「相続に戸籍は必要？」の質問に対して，「次に被相続人が朝鮮表示の場合です。…，日本の法制度を利用して日本で提出された婚姻届や死亡届，外国人登録原票記載事項証明書等で相続関係を証明します。相続人全員による宣誓書も当然に必要になります」（273頁）と述べる。なお，筆者は，在日朝鮮人に限らず在日韓国人の場合でも上申書を添付している現状も問題視したい。

36）西山・前掲注33）27頁。

555

終　章　在日韓国・朝鮮人の相続，その相続を証する情報

的に実行することが，法律実務家に求められているのではないか。

I 巻末資料

1．年 表 ──────────────────────────────────── 559
- (1) 1945年以前の日本・朝鮮の民事法・戸籍法関連法 ················· 559
- (2) 在日韓国・朝鮮人の家族法 関連年表（1945年～2018年）············· 561

2．統 計 ──────────────────────────────────── 569
- (1) 国籍別外国人登録者数（2011年まで），在留外国人数（2012年～）の推移 ·········· 569
- (2) 国籍別・在留資格（在留目的）別 在留外国人数（2017年12月末現在）········· 570
- (3) 日本における「帰化許可者総数」と国籍「韓国・朝鮮」の「帰化許可者数」の年次推移（各年末）（1967年～2017年）··········· 571

3．北朝鮮 関連法令 ────────────────────────── 572
- (1) 朝鮮民主主義人民共和国 対外民事関係法（抄）············· 572
- (2) 朝鮮民主主義人民共和国 民法（抄）················ 574
- (3) 朝鮮民主主義人民共和国 家族法（抄）·············· 576
- (4) 朝鮮民主主義人民共和国 相続法··················· 579

4．韓国 大法院判例 ────────────────────────── 583
- (1) 大判（全員）1977.07.26. 77다492 ················· 583
  （虚偽の親生子出生申告に入養の効力を認定した判決）（判例集掲載）
- (2) 大判（全員）1990.02.27. 88다카33619 ················ 584
  （旧法下の戸主でない家族が死亡した時の財産相続人は同一戸籍内にいる直系卑属である子女らに均等に相続されるのが当時の我が国の慣習であった）判例変更
- (3) 大判（全員）2001.05.24. 2000므1493 ················· 584
  （虚偽の出生子申告により入養の効力が生じたときは罷養の事由が無い限り親生子関係不存在確認請求は認められない）
- (4) 大判（全員）2005.07.21. 2002다1178 ················· 585
  （宗中構成員を成年男子に制限する慣習の法的効力の喪失）
- (5) 大判（全員）2008.11.20. 2007다27670 ··············· 587
  （祭祀主宰者の決定方法等）
- (6) 大判 2015.05.14. 2013다48852 ················· 589
  （死亡した者に配偶者と子がいる場合に子全員が相続放棄したときの相続人は配偶者と被相続人の孫子女又は直系尊属が共同相続人となり，被相続人の孫子女と直系尊属がいなければ配偶者が単独で相続する）
- (7) 大判（全員）2015.09.15. 2013므568 ················· 590
  （有責配偶者からの離婚請求は例外的な特別な事情が無い限り許容されない）
- (8) 大判（全員）2016.10.19. 2014다46648 ··············· 591
  （北韓住民の相続回復請求権の除斥期間には民法999条2項が適用される）

5．韓国 家族関係登録（戸籍）例規 ────────────── 597
- (1) 2007.12.10. 例規130号「親生子入養に関する事務処理指針」················· 597
- (2) 2009.07.17. 例規300号「親子関係の判決による家族関係登録簿訂正手続例規」········ 597
- (3) 2009.07.17. 例規301号「養親子関係存在確認判決による家族関係登録簿訂正手続例規」··········· 599
- (4) 2013.06.07. 例規373号「親養子入養裁判による事務処理指針」··············· 599
- (5) 2015.01.08. 例規414号「子女の姓と本に関する家族関係登録事務処理指針」··········· 602

557

Ⅰ　巻末資料

(6)　2015. 01. 08. 例規418号「重婚に関する家族関係登録事務処理指針」 ················ 605
(7)　2015. 01. 08. 例規419号「外国法院の離婚判決による家族関係登録事務処理指針」 ······· 607
(8)　2015. 01. 08. 例規427号「身分関係を形成する国際身分行為をする際に身分行為の成
　　　立要件具備の証明手続に関する事務処理指針」（抄） ················ 607
(9)　2015. 01. 08. 例規452号「韓国人と外国人間の国際婚姻事務処理指針」 ·············· 611
⑽　2016. 02. 17. 例規486号「外国に居住している韓国人の家族関係登録申告手続等に関
　　　する事務処理指針」 ················ 612
⑾　2016. 11. 25. 例規491号「登録事項別証明書の書式に関する例規」 ··············· 613
⑿　2016. 11. 25. 例規492号「特定証明書の作成に関する業務処理指針」 ··············· 625
⒀　2016. 11. 25. 例規498号「一般証明書の作成及び登録簿の訂正方法に関する業務処理
　　　指針」 ················ 625
⒁　2016. 12. 27. 例規507号「協議離婚の意思確認事務及び家族関係登録事務処理指針」 ····· 628
⒂　2018. 04. 30. 例規517号「登録事項別証明書の発給等に関する事務処理指針」 ·········· 634

6．韓国　憲法裁判所　民事関連判例（憲裁判例）——————————— 639
(1)　憲裁1997. 03. 27. 95헌가14等 ················ 639
　　　（民法第847条第1項（親生否認の訴えの除斥期間）違憲提請）（憲法不合致）
(2)　憲裁1998. 08. 27. 96헌가22等（併合）················ 640
　　　（民法第1026条第2号（相続の法定単純承認）違憲提請・違憲訴願）（憲法不合致）
(3)　憲裁2001. 07. 19. 99헌가9・26・84等 ················ 640
　　　（民法第999条第2項等（相続回復請求権の除斥期間）違憲提請）（違憲）
(4)　憲裁2008. 03. 27. 2006헌바82 ················ 641
　　　（民法第1066条（自筆証書遺言の「捺印」部分）違憲訴願）（合憲）
(5)　憲裁2008. 12. 26. 2007헌바128 ················ 642
　　　（民法第1066条第1項（自筆証書遺言の「住所」と「捺印」部分）違憲訴願）（合憲）
(6)　憲裁2010. 04. 29. 2007헌바144 ················ 643
　　　（民法第1113条第1項等（遺留分算定で贈与財産価額を加算する部分）違憲訴願）（合憲）
(7)　憲裁2010. 07. 29. 2009헌가8 ················ 644
　　　（民法第818条（重婚の取消請求権者）違憲提請）（憲法不合致）
(8)　憲裁2010. 07. 29. 2005헌바89 ················ 645
　　　（民法第999条等（相続回復請求権の除斥期間）と民法第1014条（分割後の認知価額請
　　　求権）による準用）違憲訴願）（合憲）
(9)　憲裁2011. 02. 24. 2009헌바89・248 ················ 646
　　　（旧民法附則第4条（継母子関係消滅部分）違憲訴願）（合憲）
⑽　憲裁2014. 08. 28. 2013헌바119 ················ 647
　　　（民法第1003条第1項（事実婚配偶者を「配偶者」の相続順位に入れない部分）違憲
　　　訴願）（合憲）
⑾　憲裁2015. 04. 30. 2013헌마623 ················ 648
　　　（民法第844条第2項等（夫の嫡出子の推定「婚姻関係終了の日から300日以内に出生
　　　した子」部分）違憲訴願）（憲法不合致）
⑿　憲裁2016. 06. 30. 2015헌마924 ················ 649
　　　（家登法第14条第1項（登録事項別交付請求権者に「兄弟姉妹」を入れる部分）違憲
　　　訴願）（違憲）

7．「在日の相続」関連　不動産登記先例集（登記研究誌「質疑応答」「登記簿」「カウン
ター相談」含）———————————————————————————— 651

8．韓国家族法・北朝鮮家族法　主要日本語文献（発行年順，論文は除く）————— 657

558

I 巻末資料

1．年　表

(1)　1945年以前の日本・朝鮮の民事法・戸籍法関連法

	日　　本	朝　　鮮		
		民事実体法	身分登録（戸籍）	戸籍連絡規則
1898 （明31）	7/16　旧「民法」（明31・6・21法9号），旧「法例」（明31・6・21法10号），「戸籍法」（明31・6・15法12号）（明治31年式戸籍），「外国人ヲ養子又ハ入夫ト為スノ法律」（明31・7・9法21号）各施行			
1898	4/1　旧「国籍法」（明32・3・16法66号）施行			
1909			4/1　「民籍法」（隆熙3・3・4法律8号）施行	
1910 （明43）	8/29　韓国併合条約（明43・8・29公布）韓国を併合　朝鮮総督府設置 8/29　「韓国ノ国號ヲ改メ朝鮮ト称スルノ件」（明43・8・29勅令318号）施行 8/29　「朝鮮ニ施行スヘキ法令ニ関スル件」（明43・8・29緊急勅令324号）施行　朝鮮総督に制令公布権を授与	8/29　「朝鮮ニ於ケル法令ノ効力ニ関スル件」（明43・8・29制令1号）公布施行		
1911	3/24　「朝鮮ニ施行スヘキ法令ニ関スル法律」（明44・3・24法30号）施行　1910年の勅令と同趣旨 3/24　「明治43年勅令第324号ノ効力ヲ将来ニ失ハシムルノ件」（明44・3・24勅令30号）			
1912 （明45） （大1）	4/1　「法例ヲ朝鮮ニ施行スル件」（明45・3・27勅令21号）施行	4/1　「朝鮮民事令」（明45・3・18制令7号）施行　朝鮮人の親族・相続法には慣習を適用（11条）		
1915 （大4）	1/1　大正三年「戸籍法」（大3・3・31法26号）施行 1/1　「寄留法」（大3・3・31法27号）施行			

559

Ⅰ　巻末資料

1918 (大7)	6/1「共通法」(大7・4・17法39号)施行		
1921 (大10)	7/1　共通法(大7・4・17法39号)第3条施行(入家・去家ルール等) 7/1　改正大正三年「戸籍法」(大10・4・8法48号)施行　42条の2を追加(共婚規則)	12/1　改正「朝鮮民事令」(大10・11・14制令14号)施行　11条の改正(親族会規定の特則,朝鮮人の「能力」について内地民法を依用)	6/7　改正「民籍法」(大10・6・7総督府令98号)施行　5条の2以下の新設(朝鮮国内の連絡規則) 12/1　改正「民籍法」(大10・11・26総督府令150号)施行　能力に関する申告規定の新設	7/1　「朝鮮人ト内地人トノ婚姻ノ民籍手続ニ関スル件」(大10・6・7総督府令99号)施行(朝鮮における婚姻届等の方式,9条で入家・去家ルール,民籍法準用) 12/28　大正10・12・28民事4030号民事局長回答(転籍・就籍禁止の原則)
1923 (大12)		7/1　改正「朝鮮民事令」(大11・12・7制令13号)施行　11条改正(婚姻の届出主義等),11条の3の新設(戸籍法の依用等)	7/1　「朝鮮戸籍令」(大11・12・18総督府令第154号)施行　民籍法,明治44年府令148号,大正10年府令99号,の廃止	7/1　「朝鮮戸籍令」(大11・12・18総督府令154号)施行(32条で共婚規則)
1940 (昭15)		2/11　改正「朝鮮民事令」(昭14・11・10制令19号)施行　創氏改名制度,11条改正(氏,婚養子,異姓養子を導入)	2/11　改正「朝鮮戸籍令」(昭14・12・26総督府令220号)施行　11条(氏)	
1942	2/18　改正「共通法」(昭17・2・28法16号)施行(3条3項で戸籍法適用者の兵役義務者の入去家の禁止)		10/15　「朝鮮寄留令」(昭17・9・26制令32号)施行	
1943 (昭18)	8/1　改正「兵役法」(昭18・3・2法4号)施行　朝鮮戸籍入籍者も兵役義務 8/1　改正「共通法」(昭18・3・2法5号)施行(戸籍法・朝鮮戸籍適用者の入去家の禁止の3条3項改正) 10/30　改正「兵役法」(昭18・11・1法110号)施行　台湾戸籍入籍者も兵役義務			
1944	9/1　改正「共通法」(昭18・11・1法110号)施行(3条3項の削除)			

I 巻末資料

(2) 在日韓国・朝鮮人の家族法 関連年表（1945年〜2018年）

（注1） 大韓民国は（韓），朝鮮民主主義人民共和国は（北）と略す。

（注2） 朝鮮民主主義人民共和国法の場合で，法制定日と法施行日が同一の場合は法制定日は省略した。

	日　本	大韓民国　朝鮮民主主義人民共和国
1945 (昭20)	8/14　ポツダム宣言受諾 9/2　降伏文書調印	（韓）11/2　米軍軍政令21号　親族相続法は旧法下の法令適用 （北）11/16　司法局布告2号　植民地法の廃止を宣言
1946	1/19　連合国軍最高司令官覚書　日本の領域は北海道，本州，四国，九州と対馬諸島，北緯30度以北の琉球諸島等	（韓）10/23　「朝鮮姓名復旧令」（軍政法令122号）施行　創氏改名を含む氏制度の無効 （北）7/30　「男女平等権に関する法令」（北朝鮮臨時人民委員会決定54号） （北）8/9　「公民証に関する決定書」（北朝鮮臨時人民委員会決定57号） （北）9/14　「男女平等権に関する法令施行細則」（北朝鮮臨時人民委員会決定78号）
1947	5/2　「外国人登録令」（昭22・5・2勅令207号）公布・施行　昭和27年「外国人登録法」で廃止 5/3　「日本国憲法」（昭21・11・3公布）施行 5/3　「日本国憲法の施行に伴う民法の応急的措置に関する法律」（昭22・4・19法74号）昭和23・1・1失効	（韓）9/2　大法院，妻の訴訟行為能力を認める
1948	1/1　「民法」（昭22・12・22法222号）改正法施行　第4編・第5編全改 1/1　「戸籍法」（昭22・12・22法224号）改正法施行	（韓）2/26　大法院，婿養子制度を無効 （韓）5/11　南朝鮮過渡政府，「国籍に関する臨時条例」施行（法11号） （韓）8/15　大韓民国政府樹立 （韓）12/20　「国籍法」（1948.12.20法16号）制定・施行　初の国籍法典 （北）9/9　朝鮮民主主義人民共和国政府樹立
1949		（韓）11/24　「在外国民登録法」（1949.11.24法70号）制定・施行
1950	7/1　「国籍法」（昭25・5・4法148号）施行	
1951	11/1　「出入国管理令」（昭26・10・4政令319号）施行	
1952	4/28　「昭和27・4・19法務府民甲438号民事局長通達」発効　朝鮮人・中国人の国籍を戸籍主義により処理 4/28　「日本国との平和条約」（昭27・4・28条約5号）発効　日本国の独立と支配領域の確定 4/28　「外国人登録法」（昭27・4・28法125号）制定・施行	

561

I　巻末資料

年		
	4/28　「ポツダム宣言の受諾に伴い発する命令に関する件に基く外務省関係諸命令の措置に関する法律」（昭27・4・28法126号）施行　出入国管理令（入管令）に法律としての効力を付与．法2条6号の在留者	
1955 (昭30)	4/27　外国人登録者について指紋押捺の開始	（北）3/5　「公民の身分登録に関する規定」（内閣指示28号）
1956	12/18　国連に加盟	（北）3/8　「離婚手続を廃止して裁判離婚だけにする規定」（内閣決定24号） （北）3/15　「離婚事件審理手続に関する規定」（司法省規則9号）
1960	1/19　昭35・1・19人事院任用局長回答（外国人の現業公務員の就任）	（韓）1/1　「民法」（1958.2.22法471号）施行　初の民法典 （韓）1/1　「戸籍法」（1960.1.1法535号）制定・施行
1961	・最大判昭36・4・5民集15巻4号657頁（朝鮮人男子と婚姻した元日本人の国籍喪失）	（韓）9/30　「孤児入養特例法」（1961.9.30法731号）施行
1962	・最大判昭37・12・5刑集16巻12号1661頁（中国（台湾）人男と婚姻した元内地人女の国籍）	（韓）1/15　「渉外私法」（1962.1.15法966号）施行　初の国際私法典 （北）3/21　「離婚事件審理に関する規定」（常任委員会政令740号）
1963		（北）10/9　「国籍法」（常任委員会政令242号）制定・施行　初の国籍法典
1964	8/2　「遺言の方式の準拠法に関する法律」（昭39・6・10法100号）施行	
1965 (昭40)	12/18　「日本国と大韓民国との間の基本関係に関する条約」（日韓基本条約）昭40・12・28条約25号）発効	
1966	1/17　「日本国に居住する大韓民国国民の法的地位及び待遇に関する日本国と大韓民国との間の協定の実施に伴う出入国管理特別法」（昭40年法146号）施行　協定永住資格の創設	
1970	7/26　「民事訴訟手続に関する条約」（昭45・6・5条約6号）発効 7/27　「民事又は商事に関する裁判上及び裁判外の文書の外国における送達及び告知に関する条約」（昭45・6・5条約7号）発効	
1972	5/15　「琉球諸島及び大東諸島に関する日米協定」（昭47・3・21条約2号）発効　沖縄の本土復帰 9/29　中国と国交樹立（日中共同声明）	
1973	5/28　昭48・5・28自治省公務員第一課長回答（公権力の行使と地方公務員）	（韓）6/21「在外国民就籍・戸籍訂正及び戸籍整理に関する臨時特例法」（1973.6.21法2622号）施行（その後2000.12.31まで延長）

I 巻末資料

1975 (昭50)		
1977	9/19 「子に対する扶養義務の準拠法に関する条約」（昭52・8・17条約8号）発効	（韓）1/1 改正「民法」（1977.12.21法3051号）施行 協議離婚は家庭法院の確認要，相続分の改正，遺留分の新設など （韓）1/31 「入養特例法」（1976.12.31法2977号）施行 1961年「孤児入養特例法」を改正 （韓）7/26 大法院 虚偽の親生子出生申告に入養の効力を認定（判例変更）
1978	4/28 「ベトナム難民の定住許可について」（閣議了解） ・最大判昭53・10・4民集32巻7号1223頁（マクリーン事件，外国人の政治活動の自由）	
1979	7/13 「インドシナ難民の対策の拡充・強化について」（閣議了解） 9/21 「経済的，社会的及び文化的権利に関する国際規約」（社会権規約）（昭54・8・4条約6号）発効 9/21 「市民的及び政治的権利に関する国際規約」（自由権規約）（昭54・8・4条約7号）発効	
1980	8/27 昭55・8・27民二5217号回答及び民二5218号民事局長通達（外国人と婚姻した日本人の氏） ・京都地判昭55・5・6判タ431号143頁（韓国併合後に朝鮮人父母から出生した子の国籍）	
1982	1/1 「難民の地位に関する条約」（昭56・10・15条約21号）及び「難民の地位に関する議定書」（昭57・1・1条約1号）発効 1/1 「難民の地位に関する条約等への加入に伴う出入国管理令その他関係法律の整備に関する法律」（昭56・6・12法86号）施行「出入国管理令」の名称を「出入国管理及び難民認定法」（入管法）に変更，難民認定の法制化（7章の2），一時庇護上陸（18の2），附則7条で特例永住制度を新設。	
1983		（北）12/7 「民事規定（暫定）」（中央人民委員会政令247号）
1985 (昭60)	1/1 改正「国籍法」・改正「戸籍法」（昭59・5・25法45号）施行 出生の国籍取得につ父母両系血統主義，国籍選択制度の導入ほか 1/1 昭59・11・1民二5500号民事局長通達（国籍法及び戸籍法の一部を改正する法律等の施行に伴う……に関する取扱について）	

563

Ⅰ　巻末資料

	7/25　「女子に対するあらゆる形態の差別の撤廃に関する条約」（女子差別撤廃条約）（昭60・7・1条約7号）発効	
1986	9/1　「扶養義務の準拠法に関する法律」（昭61・6・12法84号）施行	（北）1/30　「民事規定」（中央人民委員会政令2424号）
1988	1/26　昭63・1・26基発50号，職発31号（外国人労働者の労働法関連法の適用）・最三小判昭63・2・16民集42巻2号27頁（外国人の氏名呼称）	（韓）2/25　現行「憲法」（1987.10.29公布）施行　第6章で憲法裁判所を設置（韓）9/1　「憲法裁判所法」（1988.8.5法4017号）施行
1989（平元）	9/12　「いわゆるボートピープル対策について」（スクリーニングの実施）（閣議了解）・最一小判平1・3・2訟月35巻9号72頁（塩見訴訟，外国人の社会保障）	
1990	1/1　「法例の一部を改正する法律」（改正法例）（平1・6・28法27号）施行　婚姻・離婚・親子等について連結点の男女平等と常居所の導入1/1　平1・10・2民ニ3900号民事局長通達「法例の一部を改正する法律の施行に伴う戸籍事務の取扱について」6/1　改正「入管法」（平1・12・15法79号）施行　在留資格の整備と細分化（別表の創設，28種），上陸審査基準の公表（省令），在留資格認定証明書の新設（7②），資格外活動の禁止（19），就労資格証明書制度の新設（19の2），不法就労助長罪の新設（73の2）6/1　「入管法」第7条第1項2号の規定に基き同法別表第2の定住者の項の下欄に掲げる地位を定める件（平2・5・24法務省告示132号）施行	（北）9/5　「民法」（常設会議決定4号）制定　初の民法典（北）12/1　「家族法」（1990.10.24常設会議決定5号）制定・施行　初の家族法典
1991	11/1　「日本国との平和条約に基づき日本の国籍を離脱した者等の出入国管理に関する特例法」（入管特例法）（平3・5・10法71号）施行　在日韓国・朝鮮人，中国（台湾）人への特別永住資格の付与	（韓）1/1　改正「民法」（1990.1.13法4199号）施行　骨格を変更する大改正（韓）1/1　「家事訴訟法」（1990.12.31法4300号）施行
1992	3/31　平4・3・31厚生省保険局国民保険局国民健康保険課長通知（外国人の国保適用）6/1　改正「外登法」（平4・6・1法律第66号）施行　永住者，特別永住者の指紋押捺廃止，家族関係事項の登録と署名7/28　第7次雇用対策基本計画（平成4年7月28日労働省告示，外国人労働者の受入れ）12/10　「入管法」第7条1項2号の基準を定める省令の研修の在留資格に係る基準の7号の特例を定める件（平4・12・10法務省告示第569号）施行	
1993	4/5　技能実習制度に係る出入国管理上の	

Ⅰ　巻末資料

	取扱いに関する指針（平 5・4・5 法務省告示141号）施行	
1994	3月　インドシナ難民を特別扱いすることを停止（閣議了解） 5/22　「児童の権利に関する条約」（平 6・5・16条約 2 号）発効	
1995	・最二小判平 7・1・27民集49巻 1 号56頁（国籍法 2 条 3 号の「父母がともに知れないとき」） ・最三小判平 7・2・28民集49巻 2 号639頁（外国人の地方参政権）	（北）3/23　改正「国籍法」（1995. 3. 23常設会議決定57号）施行 （北）9/6　「対外民事関係法」（常設会議決定62号）制定施行　初の国際私法典
1996	1/12　第 8 次雇用対策基本計画（平成 8 年 1 月12日労働省告示 2 号，外国人労働者の受入れ） 1/14　「あらゆる形態の人種差別の撤廃に関する国際条約」（人種差別撤廃条約）（平 7・12・20条約26号）発効 ・最二小判平 8・7・12判時1584号100頁（難民不認定処分と退去強制）	（韓）1/6　「入養促進及び手続に関する特例法」（1995. 1. 5 法4913号）施行　1977年「入養特例法」を改正
1997	5/11　改正「入管法」（平 9・5・1 法42号）施行　集団密航に係る罪の新設等（74～74の 5 ） 7/1　「アイヌ文化の振興並びにアイヌの伝統等に関する知識の普及及び啓発に関する法律」（平 9 年 5 月14日法52号）施行，明治32年北海道旧土人保護法廃止 ・最三小判平 9・1・28民集51巻 1 号78頁（労働災害の逸失利益の算定基準） ・最二小判平 9・10・17民集51巻 9 号3925頁（生後認知と国籍取得） ・最一小判平 9・11・17刑集51巻10号855頁（登録事項の確認義務と憲法13条）	（韓）7/16　憲裁　同姓同本禁婚規定を憲法不合致決定 （北）11/26　「公民登録法」（常設会議102号採択）制定
1998 （平10）	8/13　第 9 次雇用対策等基本計画（平成11年 8 月13日閣議決定，外国人労働者の受入れ） ・最判平10・3・12民集52巻 2 号342頁（国籍法施行前の認知と朝鮮人の国籍） ・最二小判平10・3・13裁時1215号 5 頁（外国人の被選挙権と憲法15条） ・最二小判平10・4・10民集52巻 3 号677頁（再入国不許可取消訴訟）	（韓）6/14　改正「国籍法」（1997. 12. 13法5431号）施行　国籍の出生取得を父系優先から父母両系への変更など （北）12/10　改正「対外民事関係法」（常任委員会政令251号）施行
1999		（韓）12/3　「在外同胞の出入国と法的地位に関する法律」（1999・9・2 法6015号）施行　在外国民と外国国籍同胞の韓国内の法的処遇
2000	4/1　改正「外登法」（平11・8・18法134号）施行　全ての外国人の指紋押捺廃止と家族関係事項の登録，登録原票の開示制限（ 4 の 2 ，4 の 3 ）等 4/1　改正「入管法」（平11・8・18法135号）施行　不法残留罪の新設（70②等）	（韓）12/29「在外国民の就籍・戸籍訂正及び戸籍整理に関する特例法」（2000. 12. 29法6309号）施行

I 巻末資料

2001	3/1 改正「入管法」（平13・11・30法136号）施行 フーリガン対策（5①5号の2），偽造変造文書作成に係る退去強制（24条3号）等 ・最一小判平13・4・5判時1751号68頁（在日韓国人元軍人と援護法） ・最三小判平13・9・25判時1768号47頁（不法在留外国人の生活保護の適用）	（韓）7/1 「国際私法」（2001.4.7法6466号）施行「渉外私法」を全部改正
2002	6/21 「日韓犯罪人引渡条約」（平14・6・7条約4号）発効 11/30 シンガポール共和国とのEPA協定（平14・11・12条約16号）発効 ・最二小判平14・11・22判時1808号55頁（国籍法2条1号と憲法14条）	（韓）1/14 改正「民法」（2002.1.14法6591号）施行 特別限定承認など （北）3/13 「相続法」（常任委員会政令2882号 採択）制定 家族法の相続規定の単行法化
2003	6/1 「刑を言い渡された者の移送に関する条約」（受刑者移送条約）（平15・2・18条約第1号）発効 ・最一小判平15・6・12判時1833号37頁（生後認知と国籍取得）	
2004	9/2 改正「入管法」（平16・6・2法73号）施行 精神障害者に所定の補助者同伴（5条2号） 12/2 改正「入管法」（平16・6・2法73号）施行 出国命令制度（24条の2）と在留資格取消制度の新設（22条の4） ・最一小判平16・1・15民集58巻1号226頁（不法残留外国人の国保適用） ・最二小判平16・11・29判時1879号58頁（韓国人戦争犠牲者補償請求，戦後補償） ・最一小判平16・7・8民集58巻5号1328頁（国籍法施行後の認知と朝鮮人の国籍）	
2005	4/1 日韓社会保障協定（平17・2・2条約4号）発効 4/1 改正「民法」（平16・12・1法147号）施行 民法の現代語化他 5/16 改正「入管法」（平16・6・2法73号）一部施行 難民認定申請期間（60日）の廃止，仮滞在許可，審査参与員制度。 7/12 改正「刑法」等（平17・6・22法66号，人身取引罪の新設等）一部施行 ・最大判平17・1・26民集59巻1号128頁（外国人の公務就任権）	（韓）2/3 憲裁 戸主制を憲法不合致決定 （韓）3/31 改正「民法」（2005.3.31法7427号）施行 戸主制廃止，父姓継承の修正，親養子制度等の大改正，戸籍等関連事項は2008.1.1施行） （韓）12/22 憲裁 父姓強制主義を憲法不合致決定 （韓）12/29 改正「民法」（2005.12.29法7765号）施行 特別限定承認の経過規定等
2007	1/1 「法の適用に関する通則法」（平18・6・21法78号）施行 改正法例の全面改正 不法行為，契約等の改正と現代語化 11/20 改正「入管法」（平18・5・24法43号）施行 入国審査ゲートの導入（指紋・顔写真）	（韓）6/28 憲裁 在外国民選挙権制限を憲法不合致決定 （韓）12/21 改正「民法」（2007・12・21法8720号）施行 婚姻適齢男女とも18歳，夫婦の財産分割保全の詐害行為取消権など，離婚手続等の改正等は2008.6.22施行
2008	12/21 外国人台帳制度に関する懇談会報	（韓）1/1 「家族関係の登録等に関する

Ⅰ　巻末資料

(平20)	告書（外国人登録の廃止と外国人住民基本台帳の整備など） ・最大判平20・6・4民集62巻6号1367頁（国籍法3条1項違憲判決）	法律」（家族関係登録法）（2007.5.17法8435号）施行　戸籍法の廃止，個人別編製，コンピューター化，目的別証明書，交付制限等 （韓）1/1　「在外国民の家族関係登録創設，家族関係登録訂正並びに家族関係登録簿整理に関する特例法」（2007.5.17法8435号）施行
2009	1/1　改正「国籍法」（平20・12・12法88号）施行　3条1項の婚姻要件を削除	（韓）2/12　改正「公職選挙法」（2009.2.12法9466号）等施行　在外国民に大統領・国会比例区選挙権等を付与
2011		（韓）7/29　憲裁，重婚の取消請求権者の中に直系卑属を除いた民法818条について憲法不合致決定
2012	4/1　改正「民事訴訟法等」（平23・法36号）施行　財産関連事件の国際裁判管轄権の制定 4/1　改正「民法」（平23・6・3法61号）施行　親権停止，法人又は複数未成年後見人の選任 7/9　改正「入管法」・改正「入管特例法」（平21・7・15法79号），改正「住基法」（平21・7・15法77号）施行　外国人登録法の廃止，中長期在留者概念の新設，外国人住民票の創設など	（韓）5/1　「南北住民間の家族関係と相続等に関する特例法」施行（2012.2.10法11299号）南北間住民の重婚・親子関係および相続財産返還請求の特例と北韓住民が相続・遺贈で取得した財産には法院で選任された財産管理人の管理下におくことなど （韓）8/5　「入養特例法」（2011.8.4法11007号）施行　1996年「入養促進及び手続に関する特例法」を改正 （韓）12/1「本人の署名事実確認等に関する法律」（2012.2.1法11245号）一部施行
2013	1/1　「家事事件手続法」（平23・5・25法52号）施行　家事審判法の全面改正 12/11　改正「民法」（平25・12・11法94号）施行　民法900条4号ただし書の改正（嫡出子と非嫡出子の相続分の平等）	（韓）3/1　ヘーグ「国際的な子の奪取の民事的側面に関する条約」（条約2128号）発効 （韓）7/1　改正「民法」（2011・7・1法10429号）施行　成年年齢19歳に，成年後見，限定後見，特定後見，後見契約等の制度化，未成年後見人制度，後見契約は登記記録に （韓）7/1　改正「民法」（2011・5・19法10645号）施行　単独親権者死亡等の際の家庭法院による法定代理人選任，親権喪失の際の家庭法院による親権者選任，など。 （韓）7/1　改正「民法」（2012・2・10法11300号）施行　未成年者の入養は家庭法院の許可に，未成年者の罷養は裁判上だけ可能とする，夫婦関係約取消権の条項を削除，親養子入養可能年齢を緩和（15歳未満から未成年者に） （韓）7/1　「後見登記に関する法律」（2011.4.5法11732号）施行 （北）7/1　「法制定法」（2012.12.19常任委員会政令2647号）施行
2014	2/19　国連「障害者の権利に関する条約」（平26・1・22条約1号）発効	（韓）9/29　「児童虐待犯罪の処罰等に関する特例法」（2014.1.28法12341号）

567

Ⅰ　巻末資料

	4/1　「国際的な子の奪取の民事面の側面に関する条約」（平26・1・29条約2号）発効 12/26　第6次出入国管理政策懇談会報告書公表 ・最二小判平26・7・18判例自治386号78頁（永住外国人の生活保護受給権）	施行
2015	4/1　改正「入管法」（平成26・6・18法74号）一部施行　在留資格に「高度専門職」を加える等	（韓）4/30　憲裁　民法第844条第2項「婚姻関係終了の日から300日内に出生した子」の部分憲法不合致（改正まで継続適用） （韓）10/16　改正「民法」（2014.9.15法12777号）施行　親権の喪失，一部停止，一部制限等
2016	6/3　「本邦外出身者に対する不当な差別的言動の解消に向けた取組の推進に関する法律」（ヘイトスピーチ対策法）（平28・6・3法68号）公布・施行	（韓）6/30　憲裁「家族関係登録法」第14条の登録事項別証明書請求権者の「兄弟姉妹」の部分の違憲決定 （韓）11/30　改正「家族関係登録法」（2016.5.29法14169）一部施行　一般証明書・詳細証明書・特定証明書と出生証明書の厳格化等
2017	9/1　改正「入管法」（平28・11・28法88号）在留資格に「介護」新設部分施行 11/1　「外国人の技能実習の適正な実施及び技能実習生の保護に関する法律」（平28・11・28法89号）施行	（韓）6/3　改正「民法」（2016.12.2法14278）施行　養育しない父母の一方ができない場合の直系尊属に面接交渉権を付与 （韓）10/31　改正「家族関係登録法」（2017.10.31法14963号）施行　各種証明書の交付請求権者から「兄弟姉妹」を削除（2016.6.30憲裁の違憲決定に伴う法的措置）
2018	4/25　「人事訴訟法等の一部を改正する法律」（平30.4.25法20号）公布（人事訴訟事件，家事事件等の国際管轄権の規定の新設）（2019.4.1施行） 7/13　「民法及び家事事件手続法の一部を改正する法律」（平30.7.13法72号）公布（2019.7.1施行，一部は2019.1.13，2020.4.1施行） 7/13　「法務局における遺言書の保管等における法律」（同日法73号）公布（2020.7.10施行） 12/14　改正「入管法」ほか（平成30.12.14法102号）公布（在留資格「特定技能1号」「同2号」の創設，「入国管理局」を「出入国在留管理庁」に改編）（2019.4.1施行）	（韓）2/1　改正「民法」（2017.10.31法14985号）施行　親生子推定規定（844条）の大幅改正（2015.4.30憲裁の憲法不合致決定の法的対応）

568

Ⅰ　巻末資料

2．統　計

(1) 国籍別外国人登録者数（2011年まで），在留外国人数（2012年〜）の推移
（毎年の外国人登録統計，在留外国人統計から作成，各年末現在）

年次	総数			
1948	658,292	韓・朝 611,758		
1950 (昭和25)	598,696	韓・朝 544,903	中 40,481	米 4,962
1955 (昭和30)	641,482	韓・朝 577,682	中 43,865	米 8,566
1960 (昭和35)	650,566	韓・朝 581,257	中 45,535	米 11,594
1965 (昭和40)	665,989	韓・朝 583,537	中 49,418	米 15,915
1970 (昭和45)	708,458	韓・朝 614,202	中 51,481	米 19,045
1975 (昭和50)	751,842	韓・朝 647,156	中 48,728	米 21,976
1980 (昭和55)	782,910	韓・朝 664,536	中 52,896	米 22,401
1985 (昭和60)	850,612	韓・朝 683,313	中 74,924	米 29,044
1989 (平成元)	984,455	韓・朝 681,838	中 137,499	フ 38,925
1990	1,075,317	韓・朝 687,940	中 150,339	フ 56,429
1991	1,218,891	韓・朝 693,050	中 171,071	フ 119,333
1992	1,218,644	韓・朝 688,144 (585,170)	中 195,334	フ 147,803
1993 (平成5)	1,320,748	韓・朝 682,276 (578,741)	中 210,138	フ 154,650
1994	1,354,011	韓・朝 676,793 (573,485)	中 218,585	フ 159,619
1995	1,362,371	韓・朝 666,376 (557,921)	中 222,991	フ 176,440
1996	1,415,136	韓・朝 657,159 (548,968)	中 234,264	フ 201,795
1997	1,482,707	韓・朝 645,373 (538,461)	中 252,164	フ 233,254
1998 (平成10)	1,512,116	韓・朝 638,828 (528,450)	中 272,230	フ 222,217
1999	1,556,113	韓・朝 636,548 (517,787)	中 294,201	フ 224,299

年次	総数			
2000	1,686,444	韓・朝635,269 (507,429)	中 335,575	ブ254,394
2001	1,778,462	韓・朝632,405 (495,986)	中 381,225	ブ265,962
2002	1,851,758	韓・朝625,422 (485,180)	中 424,282	ブ268,332
2003 (平成15)	1,915,030	韓・朝613,791 (471,756)	中 462,396	ブ274,700
2004	1,973,747	韓・朝607,419 (461,460)	中 487,570	ブ286,557
2005	2,011,555	韓・朝598,687 (447,805)	中 519,561	ブ302,080
2006	2,084,919	韓・朝598,219 (438,974)	中 560,741	ブ312,979
2007	2,152,973	中 606,889	韓・朝593,489 (426,207)	ブ316,967
2008 (平成20)	2,217,426	中 655,377	韓・朝589,239 (416,309)	ブ312,582
2009	2,186,121	中 680,518	韓・朝578,495 (405,571)	ブ267,456
2010	2,134,151	中 687,156	韓・朝565,989 (395,234)	ブ230,552
2011	2,078,508	中 674,879	韓・朝54,5401 (385,232)	ブ210,032
2012	2,033,656	中 652,595	韓・朝530,048 (377351)	ブ202,985
2013 (平成25)	2,066,445	中 649,078	韓・朝519,740 (369,249)	ブ209,183
2014	2,121.831	中 654,777	韓・朝501,230 (354,503)	ブ217,585
2015	2,232,189	中 665,847	韓・朝491,711 (344,744)	ブ229,595
2016	2,382,822	中 695,522	韓・朝485,557 (335,163)	ブ243,662
2017	2,561,848	中 730,890	韓・朝481,522 (326,069)	ベ262,405
2018. 6 (平成30)	2,637,251	中 741,656	韓・朝482,882 (322,447)	ベ291,494

(注)
(1)　「韓・朝」は韓国・朝鮮，「中」は中国，「米」はアメリカ，「フ」はフィリピン，「ブ」ブラジル，「ベ」はベトナム。
(2)　2012年以降の統計数字について
　　①　「在留外国人」とは，中長期在留者（入管法19条の3）と特別永住者（入管特例法3，4，5条）該当者である。
　　②　2011年までは「中国」には「台湾」地域の者も含むが，2012年からは「台湾」地域の者は別に集計されている。
(3)　「韓・朝」の（　）内は特別永住者数。
(4)　2012年からは「韓・朝」は「韓国」「朝鮮」別に公表しているが，本表では合算している（統計序-2，序-3，3頁参照）。

(2) 国籍別・在留資格（在留目的）別 在留外国人数（2017年12月末現在）

(注)「在留外国人」とは「中長期在留者」（入管法19条の3）と「特別永住者」（入管特例法3、4、5条）の在留資格を有する者である。（2018年6月29日公表統計より b）

	総数	教授	芸術	宗教	報道	高度専門職1号イ	高度専門職1号ロ	高度専門職1号ハ	高度専門職2号	経営・管理	法律・会計業務	医療	研究	教育	技術・人文知識・国際業務	企業内転勤	介護	興行
中国	730,890	1,448	59	80	44	585	4,327	95	135	12,447	10	1,301	426	78	75,010	5,807	4	101
韓国	450,663	911	41	891	46	70	183	22	3	3,095	8	134	155	98	21,603	1,689	1	254
ベトナム	262,405	151	1	232	9	55	107	3	3	265	—	12	48	7	22,045	909	7	3
フィリピン	260,553	94	—	248	2	18	15	1	1	71	—	42	19	717	5,924	1,287	—	494
ブラジル	191,362	41	5	139	2	4	9	2	—	14	—	—	12	42	394	88	—	126
ネパール	80,038	55	5	83	1	14	6	—	1	1,392	—	3	15	15	5,426	71	4	—
台湾	56,724	181	8	83	8	39	229	13	9	818	1	27	67	42	9,210	574	1	39
米国	55,713	978	73	1,595	26	41	239	48	3	679	67	6	71	5,812	8,626	697	—	375
タイ	50,179	128	—	143	—	9	30	—	—	133	—	3	35	3	1,810	842	—	89
インドネシア	49,982	129	—	64	—	12	19	1	—	25	—	104	37	6	2,072	392	1	13
ペルー	47,972	18	—	9	—	2	2	—	—	5	—	—	2	2	38	1	—	1
朝鮮	30,859	—	—	—	—	—	—	—	—	1	—	—	—	—	—	—	—	—
総数	2,561,848	7,403	426	4,402	236	1,194	6,046	257	171	24,033	147	1,653	1,596	11,524	189,273	16,486	18	2,094

	技能	技能実習1号イ	技能実習1号ロ	技能実習2号イ	技能実習2号ロ	技能実習3号イ	技能実習3号ロ	文化活動	留学	研修	家族滞在	特定活動	永住者	日本人の配偶者等	永住者の配偶者等	定住者	特別永住者
中国	15,537	1,394	30,701	1,170	44,302	—	—	1,024	124,292	209	74,962	10,947	248,873	31,911	14,551	28,033	1,027
韓国	895	13	—	—	—	—	—	254	15,912	24	12,211	3,961	69,391	13,490	2,192	7,291	295,826
ベトナム	403	1,175	57,618	853	63,909	—	—	49	72,268	247	11,112	5,627	14,913	3,164	1,752	5,448	2
フィリピン	603	1,198	11,122	573	14,916	—	8	26	2,375	99	3,104	8,547	127,396	26,401	5,440	49,773	47
ブラジル	45	9	—	—	—	—	—	32	483	28	609	57	112,876	16,631	3,211	56,475	28
ネパール	12,706	10	81	—	95	—	—	13	27,101	11	21,873	5,005	4,139	709	545	745	3
台湾	77	—	—	—	—	—	—	133	10,237	26	2,047	4,600	21,044	4,296	240	1,582	1,083
米国	125	—	—	—	—	—	—	186	2,928	16	4,167	266	16,922	9,497	247	1,228	795
タイ	1,258	963	2,964	249	4,254	—	—	76	4,551	192	751	273	19,719	7,144	687	3,861	12
インドネシア	187	831	8,689	482	11,892	—	—	48	6,492	175	2,688	5,171	6,200	1,991	251	2,002	8
ペルー	32	—	21	—	25	—	—	3	131	8	29	44	33,891	1,691	1,607	10,406	4
朝鮮	—	—	—	—	—	—	—	—	—	—	—	—	452	44	7	112	30,243
総数	39,177	5,971	118,101	3,424	146,729	—	8	2,859	311,505	1,460	166,561	64,776	749,191	140,839	34,632	179,834	329,822

Ⅰ 巻末資料

⑶ 日本における「帰化許可者総数」と国籍「韓国・朝鮮」の「帰化許可数」の年次推移（各
年末）（1967年～2017年）

（注1） 以下の表の「割合」とは，「帰化許可者総数」における国籍「韓国・朝鮮」の割合を示
したものである（小数点2桁以下切り捨て）。

（注2） 本表は，法務省から公表された統計表を基に作成した。

	1967	1968	1969	1970	1971	1972	1973	1974
帰化許可者総数	4,150	3,501	2,153	5,379	3,386	6,825	13,629	7,393
韓国・朝鮮	3,391	3,194	1,889	4,646	2,874	4,983	5,769	3,973
割合（%）	81.7	91.2	87.7	86.3	84.8	73.0	42.3	53.7

	1975	1976	1977	1978	1979	1980	1981	1982	1983	1984
帰化許可者総数	8,568	5,605	5,680	7,391	6,458	8,004	8,823	8,494	7,435	6,169
韓国・朝鮮	6,323	3,951	4,261	5,362	4,701	5,987	6,829	6,521	5,532	4,608
割合（%）	73.7	70.4	75.0	72.5	72.7	74.8	77.3	76.7	74.4	74.6

	1985	1986	1987	1988	1989	1990	1991	1992	1993	1994
帰化許可者総数	6,824	6,636	6,222	5,767	6,089	6,794	7,788	9,363	10,452	11,146
韓国・朝鮮	5,040	5,110	4,882	4,595	4,759	5,216	5,665	7,244	7,697	8,244
割合（%）	73.8	77.0	78.4	79.6	78.1	76.7	72.7	77.3	73.6	73.9

	1995	1996	1997	1998	1999	2000	2001	2002	2003	2004
帰化許可者総数	14,104	14,495	15,061	14,779	16,120	15,812	15,291	14,339	17,633	16,336
韓国・朝鮮	10,327	9,898	9,678	9,561	10,059	9,842	10,295	9,188	11,778	11,031
割合（%）	73.2	68.2	64.2	64.6	62.4	62.2	67.3	64.0	66.7	67.5

	2005	2006	2007	2008	2009	2010	2011	2012	2013	2014
帰化許可者総数	15,251	14,108	14,680	13,218	14,785	13,072	10,359	10,622	8,646	9,277
韓国・朝鮮	9,689	8,531	8,546	7,412	7,637	6,668	5,656	5,581	4,331	4,744
割合（%）	63.5	60.4	58.2	56.0	51.6	51.0	54.5	52.5	50.0	51.1

	2015	2016	2017
帰化許可者総数	9,469	9,554	10,315
韓国・朝鮮	5,247	5,434	5,631
割合（%）	55.4	56.8	54.5

1 ） 1952年4月27日以前の「帰化許可者総数」は333人であり，国籍「韓国・朝鮮」の「帰化許
可者数」は公表されていない。

2 ） 1952年4月28日から1966年の間の「帰化許可者総数」は46,932人であり，国籍「韓国・朝鮮」
の「帰化許可者数」は41,151人である（割合87.6%）。

Ⅰ　巻末資料

3．北朝鮮　関連法令

（筆者注）　関連法令の最近の原文は，韓国統一部HPから入手したか，関東学院大学教授大内憲昭氏からご提供いただいた。大内教授に深甚の謝意を表する。

⑴　**朝鮮民主主義人民共和国　対外民事関係法（抄）**（1995年9月6日最高人民会議常設会議決定第62号で採択，最終改正1998年12月10日最高人民会議常任委員会政令第251号で修正）（各条文に題目を付す修正年月日は不明）

第1章　対外民事関係法の基本

第1条（対外民事関係法の使命）　朝鮮民主主義人民共和国対外民事関係法は，対外民事関係において当事者の権利と利益を擁護保障し，対外経済協力と交流を強固発展させることに寄与する。

第2条（対外民事関係法の規制対象）　本法は，我が国の法人，公民と外国の法人，公民間の財産家族関係に適用する準拠法を定め，民事紛争に対する解決手続を規制する。

第3条（自主的権利の尊重原則）　国家は，対外民事関係において当事者の自主的権利を尊重するものとする。

第4条（平等，互恵の原則）　国家は，対外民事関係において平等と互恵の原則を具現するものとする。

第5条（共和国法律制度の基本原則の堅持）　国家は，対外民事関係において朝鮮民主主義人民共和国の法律制度の基本原則を堅持するものとする。

第6条（対外民事関係関連条約の効力）　対外民事関係と関連して，我が国が外国と締結した条約で，本法と異にする規定をしていた場合には，それによる。ただし，対外民事関係に適用する準拠法を定めたものがない場合には国際慣例または朝鮮民主主義人民共和国の法を適用する。

第7条（2重国籍者の本国法）　二つ以上の国籍を有する当事者については，次の法を本国法とする。

　1．当事者が有する国籍の中の一つが我が国の国籍の場合には，朝鮮民主主義人民共和国の法

　2．当事者が有する国籍が外国の国籍である場合には，国籍を有する国の中で居住している国の法

　3．当事者が国籍を有する国のすべてに居住しているか，いずれの国にも居住していない場合には，最も密接な関係のある国の法

第8条（無国籍者の本国法）　国籍を有しない当事者が，ある一つの国に居住している場合には，その国の法を本国法とする。ただし，当事者がどの国にも居住していないか又は複数の国に居住している場合には，その者が居処としている国の法を本国法とする。

第9条（地方別に異なる法を適用する国の国籍者の本国法）　地方により内容を異にする法を適用する国の国籍を有する当事者の本国法は，その国が定める法によって定める。ただし，その法がない場合には，その者が所属している地方若しくはその者と最も密接な関係のある地方の法とする。

第10条（居住地法の認定）　我が国に居住しながら外国にも居住している当事者については，朝鮮民主主義人民共和国の法を居住している国の法とする。

　　当事者が二つ以上の外国に居住している場合には，その者が居処としている国の法を居住している国の法とする。

第11条（居住地が無い者の居住地法）　いずれの国にも居住していない当事者については，その者が居処としている国の法を居住している国の法とする。

第12条（外国法の内容を確認できない場合の準拠法）　本法に従い準拠法と定められた外国法の内容を確認できない場合には，当事者と最も密接な関係のある国の法を適用する。ただし，当事者と最も密接な関係のある国の法がない場合には，朝鮮民主主義人民共和国の法を適用する。

572

I 巻末資料

第13条（外国法が我が国の法律制度の基本原則に反する場合の準拠法） 本法に従い準拠法と定められた外国法または国際慣例を適用して設定された当事者の権利，義務が我が国の法律制度の基本原則に反する場合には，朝鮮民主主義人民共和国の法を適用する。

第14条［反致（戻る）］本法に従い外国法を準拠法として適用する場合，その国の法が朝鮮民主主義人民共和国の法に戻るとしているときには，それによる。

第15条（海外公民の家族関係法律行為の効力） 外国に居住している我が国の公民が，本法施行日前に行った結婚，離婚，立養，後見などの法律行為は，それを無効とする事由がない限り，わが国の領域では効力を有する。

第2章　対外民事関係の当事者

第16条（対外民事関係の当事者） 対外民事関係の当事者には，対外民事関係に参加する朝鮮民主主義人民共和国の法人，公民と外国の法人，公民がなる。

第17条（法人の権利能力についての準拠法） 法人の権利能力については，法人が国籍を有する国家の法を適用する。ただし，朝鮮民主主義人民共和国の法で異なる規定をしている場合には，それによる。

第18条（公民の行為能力について準拠法） 公民の行為能力については，本国法を適用する。

本国法により未成年となる外国の公民が朝鮮民主主義人民共和国の法によって成人となる場合，我が領域でその者が行った行為は効力を有する。

家族，相続関係と外国に在る不動産に関連する行為については，前項を適用しない。

外国に居住しているわが国公民の行為能力については，居住している国の法を適用する。

第19条〜第21条　（略）

第3章　財産関係　（略）
第4章　家族関係

第35条（結婚条件と方式の準拠法） 結婚条件については，結婚当事者各自の本国法を適用する。ただし，本国法により結婚条件が認定されたとしても，朝鮮民主主義人民共和国の法によって現在存続している結婚関係や当事者間の血縁関係が認定されるなどの結婚障害がある場合には，その結婚を許容しない。

結婚の方式については，当事者が結婚を行う国の法を適用する。

第36条（結婚の効力についての準拠法） 結婚の効力については，夫婦の本国法を適用する。

夫婦の国籍が異なる場合には夫婦が共に居住している国の法を，夫婦の居住地が異なる場合には夫婦と最も密接な関係のある国の法を適用する。

第37条（離婚とその方式の準拠法） 離婚については，当事者の本国法を適用する。

離婚当事者の国籍が異なる場合には，離婚当事者が共に居住している国の法を，離婚当事者の居住地が異なる場合には離婚当事者と最も密接な関係のある国の法を適用する。

離婚の方式は，当事者が離婚する国の法によっている場合でも効力を有する。

第38条（共和国公民が一方の離婚当事者である場合の準拠法） 離婚当事者の中の一方当事者がわが国に居住しているわが国公民の場合には，本法第37条にかかわらず朝鮮民主主義人民共和国の法を適用することができる。

第39条（父母，子女関係の確定についての準拠法） 親父母，親子女関係の確定については，父母の結婚関係にかかわらず子女が出生した国の法を適用する。

第40条（立養，罷養とその方式についての準拠法） 立養と罷養については，養父母の本国法を適用する。ただし，養父母が国籍を異にする場合には養父母が共に居住している国の法を適用する。

立養に関連して，養子女となる者の本国法で養子女となる者又は第三者の同意若しくは国家機関の承認を立養の条件とする場合には，それらの条件を備えなければならない。

立養と罷養の方式は，当事者が立養と罷養を行う国の法によっている場合でも効力を有する。

573

Ⅰ　巻末資料

第41条（父母と子女関係の効力についての準拠法）　父母と子女の関係の効力については，子女の本国法を適用する。

　　父母と子女の中で一方の当事者が我が国に居住している我が国公民の場合には，朝鮮民主主義人民共和国の法を適用する。

第42条（後見とその方式についての準拠法）　後見については，後見を受ける者の本国法を適用する。

　　後見の方式は，後見人が後見を行う国の法によっている場合でも効力を有する。

第43条（後見人がいない外国公民の後見人選定の場合の準拠法）　我が国に居住，滞留している外国公民に後見人がいない場合には，朝鮮民主主義人民共和国の法により後見人を定めることができる。

第44条（扶養関係についての準拠法）　扶養関係については，扶養を受ける者が居住している国の法を適用する。

　　扶養を受ける者が居住している国の法が，扶養を受ける権利を認めない場合には，その者の本国法または朝鮮民主主義人民共和国の法を適用することができる。

第45条（不動産の相続についての準拠法）　不動産相続については，相続財産のある国の法を，動産相続については，被相続人の本国法を適用する。ただし，外国に居住している我が国公民の動産相続については，被相続人が最後に居住していた国の法を適用する。

　　外国にいる我が国公民に相続人がいない場合，相続財産はその者と最も密接な関係のあった当事者が承継する。

第46条（遺言，遺言取消とその方式についての準拠法）　遺言と遺言取消については，遺言者の本国法を適用する。

　　遺言と遺言取消の方式は，朝鮮民主主義人民共和国の法，遺言行為のあった国の法，遺言者が居住している国の法，不動産のある国の法によっている場合でも効力を有する。

第47条（海外公民の家族関係についての準拠法）　外国に居住している我が国公民の立養，罷養，父母と子女の関係，後見，遺言については，居住している国の法を適用することができる。

第5章　紛争解決　（略）

⑵　**朝鮮民主主義人民共和国　民法（抄）**（1990. 9. 5. 最高人民会議常設会議決定第4号で採択，1993. 9. 23. 最高人民会議常設会議決定第34号で修正，1999. 3. 24. 最高人民会議常任委員会政令第540号で修正補充，2007. 3. 20. 最高人民会議常任委員会政令第2161号で修正補充）

第1編　一般制度

第1章　民法の基本

第1条（民法の使命）　朝鮮民主主義人民共和国民法は，財産関係に対する民事的規制を通して社会主義経済制度と物質技術的土台を強固にし，人民の自主的で創造的な生活を保障するのに寄与する。

第2条（民法の規制対象）　朝鮮民主主義人民共和国民法は，機関，企業所，団体，公民の間で互いに同等の地位で形成される財産関係を規制する。

　　国家は機関，企業所，団体と公民に民事法律関係で当事者としての独自的な地位を保障する。

第3条～第10条　（略）

第2章　民事法律関係の当事者

第11条～第18条　（略）

第19条（公民の民事権利能力）　公民の民事権利能力は，出生と同時に生じ死亡とともに消滅する。

すべての公民は，民事権利能力を平等に有する。法が別に定めない限り何人も公民の民事権利能力を制限できない。

第20条（公民の民事行為能力）　公民の成人年齢は，17歳である。

17歳に達した公民は，民事法律行為を単独で行うことができる民事行為能力を有する。

16歳に達した者は，自己が受ける労働報酬の範囲内で民事法律行為を独自で行うことができ，その範囲を超える範囲は父母や後見人の同意を得て行うことができる。ただし，6歳以上の未成年者は，学用品または些細な日用品等を買う行為を行うことができる。

第21条（民事行為無能力者，身体機能障害者の民事法律行為）　民事行為無能力者，身体機能障害者は，父母や後見人を通して民事法律行為を行う。

成人の民事行為無能力者の認定は，裁判手続で行う。

第22条〜第23条　（略）

第3章　民事法律行為　（略）

第2編　所有権制度

第1章　一般規定　（略）
第2章　国家所有権　（略）
第3章　社会協同団体所有権　（略）
第4章　個人所有権

第58条（個人所有の性格と源泉）　個人所有は，勤労者の個人的で消費的な目的のための所有である。

個人所有は，労働による社会主義的の分配，国家及び社会の追加的恵沢，自家敷地経営を初めとする個人副業で得た生産物，公民が買ったり相続，贈与された財産その他の法的根拠によって生じた財産で構成される。

第59条（個人所有権の対象）　公民は住宅と家庭生活に必要な種々の家庭用品，文化用品，その他の生活用品と乗用車等の機材を所有することができる。

第60条（個人所有権の担当者とその権限）　個人所有権の担当者は，個別的公民である。

公民は，自己所有の財産を社会主義的生活規範と消費的目的に応じて，自由に占有したり利用，処分することができる。

第61条（家庭財産に対する共同所有権）　家庭成員となった公民は，家庭の財産に対する所有権を共同して有する。

第62条（個人所有財産の返還請求）　公民は，自己所有の財産を権限の無い者から譲り受けたことを知りながら所持する公民を相手にその返還を求めることができる。

失くした物件については，その事実を知らずに所持する場合でも返還を求めることができる。

第63条（相続権）　国家は，個人所有財産に対する相続権を保障する。

公民の個人所有財産は，法に従い相続される。

公民は遺言によっても自己所有の財産を家庭成員やその他の公民又は機関，企業所，団体に譲り渡すことができる。

第3編　債権債務制度　（略）
第4編　民事責任と民事時効制度　（略）

（注）　20条3項ただし書以下は，出典によっては存在しないものがある。58条2項の自家敷地経営の原文は「터밭경리」である。

Ⅰ　巻末資料

(3)　**朝鮮民主主義人民共和国　家族法（抄）**（1990年10月24日最高人民会議常設会議第5号
　　制定，最終改正2009年12月15日最高人会議常設会議決定第520号で修正補充）（最終改正は，
　　出典によっては「常任委員会政令520号修正補充」になっている）

第1章　家族法の基本

第1条（家族法の使命）　朝鮮民主主義人民共和国家族法は，社会主義的結婚，家族制度を強固
　　発展させ，全社会を仲睦まじく団結した社会主義大家庭とするのに寄与する。
第2条（結婚の保護原則）　結婚は，家庭形成の基礎である。
　　国家は，結婚を法的に保護する。
第3条（家庭強固化の原則）　家庭は，社会の基層生活単位である。
　　国家は，家庭を強固にするのに深い配慮を払う。
第4条（行為能力のない公民の保護原則）　人間の尊厳と権利を保障することは，人を最も貴重
　　に考える社会主義制度の本性的要求である。
　　国家は，後見制度を通して行為能力のない公民の権利と利益を保護する。
第5条（相続権の保障原則）　相続は，個人財産に対する法的保護の継続である。
　　国家は，個人財産に対する相続権を保障する。
第6条（子供や母の保護原則）　子供や母の利益を特別に保護するのは，朝鮮民主主義人民共和
　　国の一貫した施策である。
　　国家は，母が子供を健全に養育し教養できる条件を保障するのに一次的な関心を払う。
第7条（家族法の規制対象）　本法は，社会主義的結婚関係と家族，親戚間の人格的及び財産的
　　関係を規制する。

第2章　結婚

第8条（自由結婚と一夫一妻制）　公民は，自由結婚の権利を有する。
　　結婚は，ただ1人の男子と1人の女子の間でだけ行うことができる。
第9条（結婚年齢）　朝鮮民主主義人民共和国における結婚は，男子18歳，女子17歳から行うこ
　　とができる。
　　国家は，青年が祖国と人民のために，社会と集団のために，貢献した後に結婚する社会的気
　　風を奨励する。
第10条（結婚寸数）　8寸までの血族，4寸までの姻戚か姻戚であった者の間では，結婚できな
　　い。
第11条（結婚登録）　結婚は，身分登録機関に登録して初めて法的に認められ，国家の保護を受
　　ける。
　　結婚登録をしないで，夫婦生活をすることはできない。
第12条（在外公民の結婚登録）　外国で暮らす共和国公民の結婚登録は，朝鮮民主主義人民共和
　　国の領事代表機関で行い，領事代表機関がない場合にはその国の当該機関にすることができる。
第13条（結婚の無効）　本法の第8条から第10条に違反する結婚は，無効である。
　　結婚の無効認定は，裁判所が行う。
第14条（無効とされた結婚における子女の養育）　無効と認定された結婚は，初めからなかった
　　ものとする。ただし，子女の養育問題は，本法第22条，第23条によって解決する。

第3章　家庭

第15条（家庭の強固化）　家庭を強固にするのは，社会の健全な発展のための重要な担保である。
　　公民は，家庭を仲睦まじく明朗に築かなければならない。
第16条（夫と妻の関係の成立）　夫と妻の関係は，結婚によって生じる。
第17条（夫と妻の自由活動事項）　夫と妻は，自己の姓と名をそのまま保持し，希望と才能に従
　　い職業を選択し社会政治生活に参加することができる。

576

Ⅰ　巻末資料

第18条（夫と妻の平等権）　家庭生活において夫と妻は同一の権利を有する。

第19条（配偶者の扶養義務）　夫と妻は，労働能力を失った配偶者を扶養する義務を有する。

第20条（夫と妻の関係の解消）　夫と妻の関係は，離婚すれば消滅する。

　　離婚は，裁判によってのみ行うことができる。

　　離婚判決は，確定したときから３か月まで効力を有する。

第21条（離婚条件）　配偶者が夫婦の愛情と信頼を甚だしく背反したか，その他の事由で夫婦生活を継続できない場合には，離婚をすることができる。

第22条（離婚時の子女養育当事者の決定）　夫と妻が離婚する場合，子女を養育する当事者は，子女の利益の見地から当事者が合意して定める。合意ができない場合には，裁判所が定める。

　　止むを得ないむ事由がない限り，３歳未満の子女は母が養育する。

第23条（子女養育費）　子女を養育しない当事者は，子女を養育する当事者にその者が労働する年齢に至るまでの養育費を支払わなければならない。ただし，子女を養育する当事者が養育費を受け取らない場合には，支払わないことができる

　　養育費は，子女の数に従い，月収入の10〜30％の範囲内で裁判所が定める。

第24条（養育費免除申請）　養育費を支払っていた当事者が労働能力を失ったり，子女を預かり育てていた当事者が再婚し，その子女が継父又は継母の扶養を受ける場合，利害関係者は養育費を免除させることについて裁判所に求めることができる。

第25条（父母と子女の関係）　父母と子女の関係は，血縁的関係である。

　　父母と子女の関係は，身分登録機関に登録したときから法的効力を有する。

　　結婚生活をしない男女間で出生した子女とその父母の関係は，結婚生活過程で出生した子女とその父母の関係と同じである。

第26条（子女の姓）　子女は，父の姓と本を継ぐ。

　　父の姓を継ぐことができない場合には母の姓を継ぎ，父母が知れない子女の姓は住民行政機関が定める。

第27条（子女の教養義務）　子女の教養は，父母の重要な義務である。

　　父母は，子女の教養を立派に行い，その者を知徳体を備えた自主的人間に育てなければならない。

第28条（未成年子女の代理）　父母は，子女を養育し未成年子女の代理人になる。

　　子女は，父母を愛し尊敬し，労働能力を失った父母の生活を責任を持って世話をしなければならない。

第29条（継父母と継子女の関係）　継父母と継子女の関係は，親父母と親子女の関係と同じである。

　　継父又は継母と継子女の関係が生じれば，継子女と親父又は親母の関係は消滅する。

第30条（立養の権利）　公民は，他人の未成年子女を立養することができる。

　　選挙権を剥奪された者，養子女の健康に害を与える疾病のある者，その他養子女を保育教養する能力がない者は，立養することはできない。

第31条（立養の同意）　立養しようとする公民は，養子女になる者の親父母又は後見人から立養についての同意を得なければならない。

　　養子女になる者が６歳以上の場合には，その者の同意も得なければならない。

第32条（立養の登録）　立養は，養父母となる者の申請によって該当住民行政機関の承認を得て身分登録機関に登録すれば成立する。

第33条（養父母と養子女の関係）　養父母と養子女の関係は，親父母と親子女の関係と同じである。

　　養父母と養子女の関係が成立すれば，立養以前の父母との関係は消滅する。

第34条（罷養）　罷養は，養子女と養父母又は養父母と養子女の親父母若しくは後見人が合意して該当住民行機関の承認の下に，身分登録機関に登録すれば，成立する。

　　罷養についての合意が成立しない場合には，裁判所が解決する。

577

Ⅰ 巻末資料

第35条（祖父母と孫子女の関係） 祖父母は，父母のない孫子女が健全に育つように養育し教養しなければならない。

成人年齢に達した孫子女は，子女のない祖父母の健康と生活を責任を持って世話をしなければならない。

第36条（兄弟姉妹関係） 兄弟姉妹は，肉親として互いに愛し尊敬して導かなければならない。

世話をする者がいない兄弟姉妹は，扶養能力がある兄弟姉妹が扶養する義務を有する。

第37条（未成年者，労働能力のない者の扶養） 未成年者と労働能力のない者は，扶養能力がある家族成員が扶養する。

扶養能力がある家族成員がいない場合には，別に暮す父母や子女が扶養し，それらがいない場合には祖父母や孫子女，兄弟姉妹が扶養する。

第38条（国家の扶養対象者） 本法第37条で指摘された扶養者がいない未成年者と労働能力のない者は，国家が世話をする。

第39条（財産分割） 離婚又はその他の事由で家庭成員が別れる場合，家庭に入ってきたとき持参してきたり相続，贈与を受けたり，その他の個人的性格を帯びる個別財産は各自が取得し，暮らしで共同で利用するために取得した家庭財産は，当事者が合意して分けることとする。

合意が成立しない場合には，裁判所が解決する。

第4章　後見 （略）

第5章　相続

第46条（相続順位） 公民が死亡すれば，その者の財産は配偶者と子女，父母に相続される。

配偶者，子女，父母がいない場合には，孫子女と祖父母，兄弟姉妹に相続される。

前項で指摘した相続人がいない場合には，近い親戚の順位で相続される。

第47条（相続分） 同順位の相続人が数人の場合，その者に与えられる持分は同じである。

相続人の中の一部が相続を放棄した場合，その者に与えられる持分は他の相続人に相続される。

第48条（相続権の剥奪） 法が定めた相続人であっても，死亡者を生前に酷い虐待をしたか，意識的に世話をしない者，故意的に相続条件を作った者には相続権は与えられない。

第49条（相続権者が死亡した場合の相続） 相続人が被相続人より先に死亡した場合，その者の子女は死亡者の相続順位を有する。

第50条（遺言相続） 公民は，自己の財産を遺言で相続させることができる。ただし，遺言が遺言者の扶養を受けていた公民の利益を侵害した場合には無効である。

遺言の無効認定は，利害関係者又は検事の申請によって裁判所が解決する。

第51条（死亡者の債務に対する責任） 相続人は，相続された財産の範囲内で死亡者が有した債務について責任を負う。

第52条（相続期間） 公民は，相続の承認，放棄を，6か月内にしなければならない。

6か月内に相続人が現れないか相続権を全部放棄する場合，その財産は国庫に納める。

裁判所は，相続人が現われない場合，利害関係者の申請により，判定で相続の承認，放棄の期日を6か月さらに延長させることができる。

第53条（相続紛争の解決） 相続に関連する紛争は，裁判所が解決する。

第6章　制裁

第54条（行政的又は刑事的責任） 本法に反した個別的公民には，情状により行政的又は刑事的責任を与える。

行政的又は刑事的責任の追及は，裁判所の判定，判決で行う。

I　巻末資料

⑷　**朝鮮民主主義人民共和国　相続法**（2002年3月13日最高人民会議常任委員会政令第2882号で採択）（各条文に題目を付す修正年月日は不明）

第1章　相続法の基本

第1条（相続法の使命）　朝鮮民主主義人民共和国相続法は，相続と贈与，相続の執行における制度と秩序を厳格にうち立て，相続問題を正確に解決するのに寄与する。

第2条（個人所有財産の相続権保障）　個人所有財産を保護することは，朝鮮民主主義人民共和国の一貫した政策である。
　　国家は，個人所有財産に対する相続権を保障する。

第3条（相続人の権利平等保障原則）　国家は，相続人の権利を平等に保障する。ただし，遺言で相続分を別に定めるか法で相続権を制限する場合には，それによる。

第4条（独自的生活能力不足者の利益優先保障原則）　国家は，相続において独自的な生活能力が不足する者の利益を優先的に保障するのに感心を払うようにする。

第5条（当事者の意思尊重原則）　国家は，相続において当事者の意思を尊重し，その者の中で理解と譲歩，協力等の民族の固有な美風を具現するものとする。

第6条（相続における客観性，公正性の保障原則）　国家は，相続問題の取扱処理において客観性と公正性を保障するものとする。

第7条（相続の開始）　相続は，被相続人の死亡によって開始する。
　　被相続人の死亡に対する公証機関の認証によっても相続は開始する。

第8条（相続の手続場所）　相続の手続は，被相続人の住所地で行う。
　　被相続人の住所地が相続手続場所として不合理な場合には，被相続人の財産所在地又は死亡地でも相続手続を行うことができる。

第9条（相続できない者）　相続人であっても，被相続人を生前に激しく虐待したり意識的に世話をしない者，遺言を偽造したりその根拠を無くしたり詭計や強迫で遺言をさせたり相続条件を故意的に作った者，遺言によって相続できなくなった者は，相続人とはならない。

第10条（行為無能力者の相続権代理行使）　行為無能力者の相続又は受贈の権利は，その者の代理人が行使する。

第11条（被相続人の財産上の権利義務の相続）　相続人は，相続が開始したときから被相続人の個別財産と財産上の権利義務を相続する。
　　扶養料を受ける権利等の被相続人の人格と不可分に連関した権利は相続できない。

第12条（分割できない財産の共同所有事由）相続人が複数の場合，個人生活住宅のように分けられない財産については，彼らの共同所有にすることができる。

第13条（相続できる財産）　相続できる財産は次のとおりである。
　1．労働による分配によって生じた財産
　2．国家又は社会の追加的恵沢によって生じた財産
　3．個人副業経営によって生じた財産
　4．住宅，図書，貨幣，貯金，家庭用品，文化用品，生活用品と乗用車等の輪転機材
　5．各種財産上の請求権と債務
　6．その他，他の公民から贈与された財産等の合法的に取得した財産

第14条（相続権の時効）　相続人は，相続権が侵害されたことを知ったときから1年内にそれを回復させる請求を裁判機関に行うことができる。ただし，時効期間に関して別に定められている場合には，それによる。
　　相続回復に対する請求は，相続が開始したときから10年が過ぎれば行うことはできない。

第2章　法定相続

第15条（法定相続の基本要求）　死亡した者の財産は，法が定めるところに従い相続される。
　　相続人の身分は，当該機関に登録されているところに従う。

579

I　巻末資料

第16条（法定相続の条件）　法定相続をする場合とは次のとおりである。
　1．遺言がないか無効となった場合
　2．遺言に従い相続又は贈与された者がそれを放棄した場合
　3．遺言に従い相続又は贈与された者が遺言者より先に死亡した場合
　4．遺言で指摘されない財産がある場合
第17条（法定相続の順位）　相続人には，配偶者，子女，養子女，継子女，出生する子女，父母，養父母，継父母がなる。
　　配偶者，子女，養子女，継子女，出生する子女，父母，養父母，継父母がいない場合には，孫子女，祖父母，外祖父母，兄弟姉妹，養兄弟姉妹，継兄弟姉妹がなる。
　　前項で指摘された相続人がいない場合には，4寸内の血族がなる。
第18条（相続人が死亡した場合の相続順位）　相続人となる子女や兄弟姉妹が，相続が開始する前に被相続人より先に死亡していた場合，その者の子女が当該相続順位を占める。
第19条（法定相続の持分）　同順位にある相続人が複数人の場合，その者に与えられる相続持分は同じである。ただし，被相続人の生存期間にその者に対する扶養義務を直接履行したか労働能力が不足して収入が少ない者の相続持分は増やすことができ，扶養能力がありながら扶養義務を全く履行しなかった者の相続持分は減らすことができる。
第20条（法定相続の承認，放棄）　相続人は，相続が開始したことを知ったときから6か月内に裁判機関に書面若しくは口頭で相続の承認又は放棄を申請することができる。
　　6か月内に相続の承認又は放棄の申請をしなければ，相続を承認したものと認定する。
第21条（財産，権利義務の相続）　相続が承認された場合，被相続人の財産と財産上の権利義務は制限なく相続される。ただし，相続人が相続を放棄するか限定して相続する場合，被相続人の財産と財産上の権利義務は継承できなくなるか制限される。
第22条（債務，贈与の履行）　限定相続人は，相続を受けた財産の範囲内で被相続人の債務と遺言による贈与を履行することができる。
　　裁判機関は，限定相続人に相続財産目録を求めることができる。
第23条（債務履行と贈与財産の移管）　限定相続人は，被相続人の該当する債務を履行し，贈与された者に財産を引き渡さなければならない。
第24条（債権比率による債務の履行）　限定相続人は，被相続人に債権者が複数いる場合，それらの者の債権比率に従い債務を履行しなければならない。ただし，国家や社会協同団体の債務については，優先的に履行しなければならない。
　　相続財産で被相続人の債務を全部履行できない場合には，遺言による贈与を履行してはならない。
第25条（法定相続の放棄）　相続人の相続放棄の効力は，相続が開始したときから発生する。
第26条（放棄した法定相続分の移転）　同順位の相続人の中で相続を放棄した者の持分は，同順位の他の相続人に移転する。
　　同順位にあるすべての相続人が相続を放棄した場合，その持分は次順位の相続人に移転する。

第3章　遺言相続と贈与

第27条（遺言による相続，贈与の基本要求）　公民は，相続，贈与と関連して遺言をすることができる。
　　遺言した公民が死亡すれば，その者の財産は遺言に従い相続，贈与される。
第28条（遺言相続，受贈者の権利）　遺言により相続人に指定された者は，相続権を有する。
　　遺言により贈与される者に指定された者は，相続権を有する者から当該財産を譲り受ける権利を有する。
第29条（遺言相続，贈与の持分）　遺言者は，相続又は贈与される者に相続，贈与持分をそれぞれ別に定めることができる。
第30条（遺言の効力）　遺言の効力は，遺言者の死亡と同時に発生する。

I　巻末資料

条件付き遺言の効力は，その条件が整った場合に発生する。

第31条（遺言の効力喪失条件）　遺言により相続又は贈与される者が遺言者より先に死亡した場合，その遺言の効力は喪失する。

遺言相続では，代位相続をすることはできない。

第32条（遺言相続，贈与の承認，放棄）　遺言で相続又は贈与される者は，それを承認するか放棄することができる。

遺言で相続又は贈与されることになったことを知ったときから6か月が過ぎても，承認又は放棄をしない場合には，承認したものと認定する。

遺言による相続又は贈与について放棄した財産の処理は，法定相続手続に従う。

第33条（贈与される権利義務の移転）　遺言により被相続人の財産を包括的に贈与された者は，被相続人に該当する権利義務を譲り受ける。

第34条（遺言者の資格）　遺言者には，行為能力のある公民がなる。ただし，16歳に達した職業を有する者は，自己の収入で蓄えた財産の範囲内で遺言をすることができる。

第35条（遺言の効力）　遺言は，明白で真実の意思が反映されていなければならない。

詭計，強迫によって作成された遺言は，効力を有しない。

第36条（相続人でない者に対する贈与）　遺言者は法の定めるところに従い相続人でない者に財産の全部又は一部を贈与することができる。その場合，相続する財産を，扶養していた配偶者，子女，父母には2分の1以上，孫子女，祖父母，兄弟姉妹には3分の1以上，残しておかなければならない。

第37条（遺言の方式）　遺言の方式は次のとおりである。

　1．書面遺言は，遺言書を自筆で作成し，そこに署名するか印鑑を押して，作成日を書く。

　2．口頭で行う遺言は，遺言者が2名以上の立会人を参加させて行う。その場合，立会人1名は遺言内容を書いた後に遺言者と立会人にその内容を確認させ，遺言者と立会人が署名するか印鑑を押し遺言日を書く。

　3．口頭で行う遺言を録音する場合には，2名以上の立会人の言葉と遺言日も録音する。

　4．公証遺言は，遺言者が2名以上の立会人を参加させ，公証人の面前で行う。この場合，公証人は，遺言内容を記録し，遺言者と立会人に確認させ，遺言者と立会人が署名するか印鑑を押し，公証機関の公印を受け遺言日を記録する。

第38条（遺言の立会人になることができない者）　遺言の立会人になれない者は，次の通りである。

　1．相続又は贈与される者

　2．相続又は贈与される者と親戚になる者

　3．行為無能力者

　4．相続又は贈与について利害関係を有している者

第39条（遺言の無効認定）　遺言の無効認定は，利害関係者又は検事の申請により，裁判機関が行う。

第40条（遺言の取消し，変更）　遺言者は，自己の遺言について取消したり変更することができる。

複数の遺言の内容が互いに異なる場合には，最後に行った遺言が優先的な効力を有する。

第4章　相続の執行

第41条（相続執行の基本要求）　被相続人の死亡について知った相続人は，相続財産を処理するために直ちに他の相続人に知らせなければならない。

全ての相続人が被相続人の死亡について知ることができない場合，被相続人が居住していた地域の住民行政機関が相続人に知らせる。

第42条（相続執行者の指定）　公民は遺言で相続執行者を指定することができる。ただし，遺言で相続執行者を指定しなかった場合には，相続人が執行者になる。

相続人が複数いる場合には，相続人が合意して相続執行者を定めて住民行政機関に知らせる。

Ⅰ　巻末資料

相続執行者を合意できなかった場合には，利害関係者の申請に従い住民行政機関が選定する。
　　相続執行者には，行為能力のある者がなる。
第43条（相続財産の管理）　相続執行者は，相続財産を適正に管理し，相続執行に必要な行為を
　行うことができる。
　　相続人と利害関係者は，相続の執行を妨害する行為をしてはならない。
第44条（相続執行に対する意見提起）　相続人と利害関係者は，相続の執行状況について調べる
　ことができる。
　　相続の執行について意見がある場合には，裁判機関に該当する請求をすることができる。
第45条（相続の通知）　相続執行者は，相続財産を分配する前に被相続人の個別財産とその者と
　同居した家庭成員が共同で築いた財産や個別財産を区分して相続人らに知らせなければならな
　い。
第46条（相続の手続）　相続財産は，被相続人の債権者から債権を接収し債務を履行した後でな
　ければ分配することはできない。
　　被相続人の債務を履行しないで相続財産を分配した場合には，相続を受けた財産の持分に従
　い債務を履行する。
第47条（債権の証明）　相続執行者は，被相続人の債権者に債権を証明するように求めることが
　できる。その場合，債権者が証明できなかった債権については債務の履行を拒絶できる。
第48条（出生する者の相続分）　相続執行者は，相続財産を分配する場合出生する者の持分を残
　しておかなければならない。その場合，医療機関の確認文件で根拠づけなければならない。
第49条（出生する者の相続分処理）　出生する者の持分を残さずに相続を執行した場合，相続人
　は出生する子の持分を返済しなければならない。
　　出生すべき者が死亡した場合には，その者の持分は他の相続人に相続される。
第50条（相続財産管理者の選定）　相続人が現れないか資格のない場合，住民登録行政機関は財
　産管理者を選定する。
　　被相続人が遺言で，財産管理者を指定した場合には，それに従う。
　　財産管理者は，行為能力のある公民若しくは機関，企業所，団体がなることができる。
第51条（相続財産の管理）　財産管理者は，相続財産を自己の財産のように管理しなければなら
　ない。
　　相続財産管理を円滑にできずに生じた損害に対する責任は，財産管理者が負う。
第52条（相続財産管理者の権利）　財産管理者は相続財産の管理に必要な行為ができ，被相続人
　の債権を行使若しくは債務を履行することができる。ただし，被相続人の債権者，遺言に従い
　贈与される者を全て確定できなかった場合には，相続財産を引き渡してはならない。
第53条（債権，贈与遺言の接受）　財産管理者は相続人が現れない場合，被相続人の債権若しく
　は贈与についての遺言を受付けることができる。
　　債権若しくは贈与についての遺言を受付けたときから6か月が過ぎても相続人が現れなかっ
　た場合には，債務を履行するか贈与をすることができる。
第54条（相続財産処理文件の提出）　財産管理者は相続財産処理を終えた場合，その状況を文件
　で該当機関に提出しなければならない。
　　財産管理費用は相続財産から支払いを受けてもよい。
第55条（相続財産の国庫納付）　相続，贈与される者がいないか又は全ての相続人が相続を放棄
　したか若しくは相続を受ける資格がない場合には，相続財産は国庫に納付する。
第56条（縁故者の選定に従う相続財産分配）　裁判機関は，被相続人と同居しながら扶養したか
　又は扶養を受けたか若しくは被相続人と密接な関係にあった者の申請により，相当の根拠のあ
　る場合，相続財産を分配することができる。
第57条（意見相違の解決方法）　相続と関連生じた意見の相違は，協議の方法で解決する。
　　協議の方法で解決できない場合には，裁判機関に提起して解決することができる。

Ⅰ　巻末資料

4．韓国　大法院判例

⑴　**大判（全員）1977. 07. 26. 77다492**
　　（虚偽の親生子出生申告に入養の効力を認定した判決）（判例集掲載）
（理　由）
1）「原告訴訟代理人の上告理由をみる。
　　　原判決理由によれば原審は本件林野の元来の所有者である訴外1はその妻訴外2との間に子
　　がなく9寸甥の訴外3を連れて養子にしていたが入養申告をせずに入養申告に代わって親生長
　　男として出生申告をした事実，その後訴外1は訴外4を妾とし同居していたところ訴外5を出
　　産し訴外2が死亡したので訴外4と婚姻申告をしたが訴外5が戸籍上の親生長男となった事実，
　　訴外1は訴外5が出生した後になり訴外3を子息（養子）と考えておらず訴外3自身も子息と
　　して立ち振舞わずに互いに別に生活してきて訴外1の法要を訴外5が任され訴外1が1944. 5.
　　2死亡し訴外5とともに訴外3も喪主の職をして訴外3が戸主相続申告まで終え服喪祭祀等は
　　訴外5だけが単独で行い，その遺産も事実上訴外5が管理していた事実等を確定した後，その
　　ような入養関係の際は仮に訴外1が訴外3を養子にする意図で親生子として出生申告をしたと
　　しても上申告当時施行の朝鮮民事令11条2項によれば入養を所定の申告によって法律上の効力
　　を有する要式行為と規定しその規定は強行法規と解されるので入養申告の要式を具備しない親
　　生子出生申告で入養申告をなるとはみなされず，また本親生子出生申告で入養申告の効力を認め
　　るのは身分関係の公証のための公簿である戸籍の信用性を大きく害させ身分関係の混乱を招く
　　ので許されないとし訴外3は訴外1の親生子でも養子でもなく訴外1の戸主相続人として本件
　　林野を相続できず，むしろ訴外5が訴外1の親生長男として戸主相続人でありまた本件林野を
　　相続するので訴外5が仮に関係文書を偽造して不法に自己に所有権移転登記を終えたとしても
　　その登記は実体的権利関係に符合する有効なものなので原因無効という理由を前提に原告の請
　　求を排斥した。」
2）「しかしながら身分行為の申告という形式を要求する実質的理由は当事者間に申告に対応す
　　る意思表示があったことを確実にしてまたそれを外部に公示するためのもと解される。
　　　入養申告つまり当事者の入養に関する合意の存在とその内容を明白にして実質的要件を備え
　　ない入養を事前に防ごうとのするのがその基本と解すれば当事者間に養親子関係を創設しよう
　　とする明白な意思があるかその他入養の成立要件がすべて具備された場合に入養申告に代わる
　　親生子出生申告があれば形式に多少の誤りがあっても入養の効力があると解するのが妥当とい
　　える。換言すれば，虚偽の親生子出生申告であっても当事者間に法律上の親子関係を創設しよ
　　うとする意思表示が明白に示されており，養親子関係が罷養によって解消される点を除いて法
　　律的に親子関係と同じ内容を有するのであるから虚偽の親生子申告は法律上の親子関係の存
　　在を公示する申告となり入養申告の機能を発揮させたものと解されるものである。」
3）「このような解釈は婚姻申告が違法で無効の場合にも無効な婚姻中に出生した子をその戸籍
　　に出生申告して登載した以上その子に対する認知の効力があるとの当院判決（1971. 11. 15. 宣
　　告71다1983判決）と対比してみれば一層明白になろう。そうであれば未成年子を養子とする本
　　件において正に入養の実質的成立要件が完備しているかに関して更に審理した後にその要件が
　　すべて具備されていれば親生子出生申告に入養申告としての効力があるとみなし入養が成立し
　　たものと解すべきであるにもかかわらず原審は入養申告の要式性だけを重視したあまりに양경
　　석が양재일の相続人とはならないと判断したのは入養の効力に関する法理を誤解したといえる
　　のであり審理を尽くし判決に影響を与える違法があったと解されるのでこの点を批判する趣旨
　　の上告の論旨は理由がある。」
4）「本判決に抵触する従前の当院判例（1967. 7. 18. 宣告67다1004判決）は廃棄するものとする。
　　したがって原審において再度，審理判断させるために，関与した大法院判事주재황，한환진，
　　안병수，이일규，김용철を除いた他の法官の一致した意見で主文のように判決する。」

583

Ⅰ　巻末資料

大法院判事　주재황, 한환진, 안병수, 이일규, 김용철の反対意見は次の通りである。(以下, 略」

　　大法官　민복기（裁判長）　이영섭　주재황　김영세　민문기　양병호　한환진　임항준　안병수　김윤행　이일규　강안희　라길조　김용철　유태흥　정태원

⑵　**大判（全員）1990. 02. 27. 88다카33619**
　（旧法下の戸主でない家族が死亡した時の財産相続人は同一戸籍内にいる直系卑属である子女らに均等に相続されるのが当時の我が国の慣習であった）判例変更
（主　文）　上告を棄却する。上告費用は被告の負担とする。
（理　由）
　　被告訴訟代理人の上告理由を検討する。
　　1960. 1. 1. 民法が公布施行される前では, 朝鮮民事令第11条の規定によって親族及び相続に関しては慣習に委ねられていたところ, 戸主でない家族が死亡した場合にその財産は配偶者である夫や妻ではなく同一戸籍内にいる直系卑属である子女らに均等に相続されるのが当時の我が国の慣習であった（朝鮮高等法院1944. 8. 15. 宣告소화19민상249判決；当院1955. 3. 31. 宣告4287민상77　判決；当院1960. 4. 21. 宣告4292민상55判決；当院1967. 2. 28. 宣告　66다492　判決；当院1969. 3. 18. 宣告65도1013判決, 当院1970. 4. 14. 宣告69다1324判決；当院1978. 6. 27. 宣告77다1185判決；1979. 12. 11. 宣告79다1741　判決；当院1980. 1. 15. 宣告79다1200判決；当院1984. 9. 25. 宣告83다카1423判決各参照）。
　　当院は従前, 上と異なり戸主でない家族が妻と娘を残して死亡した場合, 妻だけが財産相続をするのが旧慣習であるとの見解を表明したことがあるが（1981. 6. 23　宣告80다2621判決；1981. 8. 20　宣告80다2623判決；1982. 12. 28宣告81다카545判決；1983. 9. 27宣告83다414. 415判決参照）, そのような見解は廃棄する。
　　原審が適法に確定した事実によれば, 本件林野の元の所有者である訴外亡김우영は, 民法施行前の1949. 6. 27. 死亡し, 死亡当時上亡人には妻の訴外유봉순と同一戸籍内にいた娘らである原告らがいたところ, 上亡人の死亡当時の我が国慣習によれば同一戸籍内にいた娘ら原告らが本件林野を共同相続したと解されるので, そのように判断した原審判決は正当として所論のように旧慣習に関する解釈を誤ったり当院判例と反する法律解釈をした違法がなく論旨には理由がない。
　　そこで上告を棄却し, 訴訟費用は敗訴者の負担とするものと関与法官全員の意見が一致主文の様に判決する。
　　大法院長　이일규（裁判長）　大法官　김덕주　이회창　박우동　윤관　배석　이재성　김상원　배만운　안우만　김주한　윤영철　김용준

⑶　**大判（全員）2001. 05. 24. 2000므1493**
　（虚偽の出生子申告により入養の効力が生じたときは罷養の事由が無い限り親子関係不存在確認請求は認められない）
1）「当事者が養親子関係を創設する意思で親子出生申告をなしそこに入養の実質的要件がすべて具備されていれば, その形式に多少の誤りがあっても入養の効力が発生し, 養親子関係は罷養によって解消できる点を除いては法律的に親生子関係と全く同じ内容を有するので, その場合の虚偽の親生子出生申告は法律上の親子関係である養親子関係を公示する入養申告の機能を発揮させることとなり, そのような場合は罷養によってその養親子関係を解消する必要があるなど特別な事情がない限り戸籍記載自体を抹消して法律上の親子関係の存在を否認させる親生子関係不存在確認請求は許されないのである（大法院1977. 7. 26宣告77다492全員合議体判決, 1988. 2. 23宣告85다86判決, 1991. 12. 13宣告91ム判決, 1994. 5. 24宣告93ム119判決等参照）。」
2）「そして, 民法第776条は「入養による親族関係は入養の取消又は罷養により終了する」と規

Ⅰ　巻末資料

定しているだけで養父母の離婚を入養による親族関係の終了事由としてはおらず，旧慣習時代には専ら家系継承のためであったが，養子と認められるためには入養をするとき妻は全く入養当事者とならなかったので養父母が離婚して養母が父の家を出たときには入養当事者でなくなった養母と養子の親族関係が消滅するのは論理上可能であったが，妻を夫とともに入養当事者とする現行民法のもとでは（1990.1.13改正前民法第874条第1項は「妻のいる者は共同でしなければ養子をすることができず，養子になることはできない」と規定しており，改正後の民法第874条第1項は「配偶者のいる者が養子をするときには配偶者と共同でしなければならない」と規定している。）夫婦共同入養制になり妻も夫と同様に入養当事者となるために養父母が離婚したとしても養母を養父と異なって取り扱って養母子関係だけを消滅させると解することはできない。」

3）「親生子出生申告当時入養実質的要件を備えず入養申告としての効力が生じなかったとしてもその後に入養の実質的要件を備えるようになった場合には無効な親生子出生申告は遡及的に入養申告としての効力を備えると解される。しかし，民法第139条本文が無効な法律行為は追認してもその効力が生じないと規定しているにもかかわらず，入養等の身分行為に関してその規定を適用せずに追認によって遡及的効力を認めるのは無効な身分行為の後にその内容に合致する身分関係が実質的に形成され双方の当事者が異議なくその身分関係を継続してきたならば，その申告が不適法という理由ですでに形成されている身分関係の効力を否認するのは当事者の意思に反しその利益を害するだけでなく，その実質的身分関係の外形と戸籍の記載を信じる第三者の利益も害するおそれがあるので，追認によって遡及的に身分行為の効力を認めることにより身分関係の形成という身分関係の本質的要素を保護するのが妥当であるところにその根拠があると解され，当事者間に無効な身分行為に相応する身分関係が実質的に形成されていない場合には無効な身分行為に対する追認の意思表示だけでその無効行為の効力を認められないと解される（大法院1991.12.27宣告91ム30判決参照）。」

そこで，上告を棄却し，上告費用は敗訴者の負担とし関与大法官全員の一致した意見で主文の様に判決する。

大法院長　崔鍾英（裁判長）　大法官　宋鎮勳　徐晟　趙武濟　柳志潭（主審）　尹載植　李容　ウ　裴基遠　姜信旭　李揆弘　李康國　孫智烈　朴載允

(4)　大判（全員）2005.07.21.2002다1178
（宗中構成員を成年男子に制限する慣習の法的効力の喪失）

（主　文）　原審判決を破棄し，事件をソウル高等法院に差し戻す。

（判示事項）

(1)　慣習法の意義と効力及び「社会の繰り返された慣行として生成した社会生活規範」が法的規範に承認されるに至ったというための要件

(2)　慣習法として承認された「社会の繰り返された慣行として生成した社会生活規範」がその法的規範としての効力を喪失することになった場合

(3)　宗中構成員の資格を成年男子に制限する従来の慣習法の効力

(4)　共同先祖と姓を本を同じくする後孫は性別の区別なく成年になれば当然に宗中の構成員になるか（積極）及びその根拠

(5)　宗中構成員の資格に関する大法院の変更された見解が本件判決宣告以前の宗中構成員の資格とそれに関連する法律関係について遡及適用されるか（消極）

(6)　宗員地位の確認を求める本件請求に限って宗中構成員資格に関する大法院の変更した見解が遡及適用される根拠

（判決要旨）

(1)　慣習法とは社会の繰り返された慣行として生成した社会生活規範が社会の法的確信と認識によって法的規範と承認・慣行されるに至ることを云い，そのような慣習法は法源として法令に抵触しない限り法としての効力を有し，また社会の繰り返された慣行に生成した一定の社会生

585

Ⅰ　巻末資料

活規範が法的規範と承認されるに至ったとするためには，憲法を最上位規範とする全体の法秩序に反するものでないとの正当性と合理性があると認定されなければならず，そうでない社会生活規範は仮にそれが社会の固い慣行に生成したとしても法的規範として慣習法として効力は認められない。

(2)　社会の繰り返された慣行として生成した社会生活規範が慣習法と承認されているとはいっても，社会の構成員らがそのような慣行の法的拘束力について確信を持たなくなったのか，社会を支配する基本的理念や社会秩序の変化によってそのような慣習法を適用すべき時点における全体の法秩序に符合しなくなったのであれば，そのような慣習法は法的規範としての効力が否定される外ない。

(3)　【多数意見】

宗員の資格を成年男子だけに制限して女性には宗員の資格を付与しない従来の慣習について我が社会の構成員らが有していた法的確信は，相当部分ぐらついたり弱まっており，何よりも憲法を最上位の規範とする我々の全体法秩序は，個人の尊厳と両性の平等を基礎にした家族生活を保障して，家族内の実質的な権利と義務における男女の差別を置かず，政治・経済・社会・文化等すべての領域で女性に対する差別を撤廃して男女平等を実現する方向で変化して来たが，今後もそのような男女平等の原則はさらに強化されているところ，宗中は共同先祖の墳墓守護と奉祭祀及び宗員相互間の親睦を目的に形成される宗族団体として共同先祖の死亡と同時にその後孫によって自然発生的に成立するものであっても，共同先祖の後孫中の成年男子だけを宗中の構成員として女性は宗中の構成員にはなれないとする従来の慣習は，共同先祖の墳墓守護と奉祭祀など宗中の活動に参与する機会を出生から生じる性別だけによって生来的に付与するか原則的に剥奪するものであり，そのように変化した我々の全体の法秩序に符合しなくなり正当性と合理性があると解されないので，宗中構成員の資格を成年男子だけに制限する従来の慣習法は，現在これ以上法的効力を有しなくなった。

【別個意見】

男系血族中心の思考が再吟味・再評価されるべきという点については首肯するとしても，宗中の始祖又は中始祖が男子であることを考慮するとき，宗中における男女平等の貫徹の範囲と限界についてはより慎重な検討が必要で，特に宗中は他国からの由来を探すのが困難な我が国で独特な伝統の産物なので，憲法第9条に照らして我々の伝統文化が現代の法秩序と調和しながら継承・発展させるように努力しなければならないところ，固有な意味の宗中における宗員の最も重要な任務は共同先祖に対する祭祀を継続実践することで，よって宗員は기제・묘제의 제수，제기 구입，묘산・선영 수호，제각 수리 등を始めとする祭祀に要する物資を調達・負担するのが主たる任務であり，宗員のこのような負担行為は法律的に強制されるのでなく道徳的・倫理的義務に過ぎず，彼らの権利が実質的に侵害されることが無いので法律が干渉しなくても構わないとみるために従来の慣習法上成年男子はその意思とは関係なく宗中の構成員になるという部分は現在でも問題にならず，結局慣習法と伝統の力によって従来の宗中慣習法中今まで容認される部分もあるとの理由で，そのような破綻もなく新たに形成される法律関係についてまで多数意見が男女平等の原則を文字そのままに貫徹するのは余りに機械的であるので賛成できない。

(4)　【多数意見】

宗中とは，共同先祖の墳墓守護と祭祀及び宗員相互間の親睦などを目的として構成される自然発生的な宗族集団であるので，宗中のそのような目的と本質に照らしてみるとき共同先祖と姓と本を同じくする後孫は性別の区別なく成年になれば当然にその構成員になると解するのが条理に合う。

【別個意見】

一般的にある私的自治団体の構成員の資格を認定するには構成員として包括される者の信念や意思に関係なく任意的・強制的に誰もが構成員に編入されるべきとの条理は存在せず存在してもいけないが，周知のように結社の自由は自然人と法人などに対する個人的自由権であり，

I　巻末資料

同時に結社の成立と存続に対する結社制度の保障を意味し，その具体的内容には組織強制や強制的・自動的加入の禁止，即ち脱退の自由が保障されることを云い，特に宗中も同じように個人の良心の自由・宗教の自由が保障されるべき私法的結社においてはさらにそのような点などから共同先祖と姓と本を同じくする後孫を性別の区別なく成年になれば条理により当然にその構成員になると解する多数意見の見解には反対で，成年女子が宗中への加入意思を表明した場合，その成年女子が当該宗中始祖の後孫でないなどその加入を拒否する正当で合理的な理由がない以上加入意思を表明することにより宗中構成員になると解すべきである。

【多数意見に対する補充意見】

　別個意見が本人の意思と関係なく宗中構成員になる点について，結社の自由と良心の自由等を挙げて不当と批判するのは，宗中の本質と宗中が通常の社団法人又は非法人団体と区別される特性を考慮しないことだけでなく，本人の意思と関係なく宗中構成員になる点が何故成年男子には問題とならず成年女子だけに問題となるか納得し難く，性別によって宗員資格を異なって取扱いをするのは正当性と合理性がない。

(5)　宗中構成員の資格に関する大法院の見解の変更は，慣習上の制度として大法院判例によって法律関係が規律されてきた宗中制度の根幹を変えることであるが，大法院が本判決で宗中構成員の資格に関して，「共同先祖と姓と本を同じくする後孫は性別の区別なく成年になれば当然にその構成員になる」と見解を変更するのは，その間宗中構成員に対する我が社会一般の認識の変化と併せて全体の法秩序の変化によって成年男子だけを宗中の構成員とする従来の慣習法がこれ以上我々の法秩序が志向する男女平等の理念に符合しなくなったので，その法的効力を否定することになっただけでなく，上の様に変更した見解を遡及して適用すれば，最近に至るまでの数十年の間維持されてきた従来の大法院判例を信頼して形成された数多くの法律関係の効力を一瞬にして左右することなり，それは法的安定性と信義誠実の原則に基づく当事者の信頼保護を内容とする法治主義の原理にも反することになるので，上の様に変更した大法院の見解は本判決宣告以後の宗中構成員の資格とそれに関連する新しく成立する法律関係に対してだけ適用することが相当である。

(6)　大法院が「共同先祖と姓と本を同じくする後孫は性別の区別なく成年になれば当然にその構成員になる」と宗中構成員の資格に関する従来の見解を変更するのは，結局従来の慣習法の効力を排除して当該事件を裁判するのにその趣旨があり，原告らが自身らの権利の救済を受けるために従来の慣習法の効力を争いながら自身らが被告宗会の会員（宗員）資格があることを主張している本件についても上の様に変更した見解が適用されなければ，それは具体的な事件において当事者の権利救済を目的とする司法適用の本質から外れるだけでなく，著しく正義に反するので，原告らが被告宗会の会員（宗員）の地位の確認を求める本件請求に限っては上の様に変更した見解が遡及して適用されるべきである。

　本判決には，

　大法院長崔鍾栄，大法官柳志潭，大法官裵基遠，大法官李圭鴻，大法官朴載潤，大法官金容潭の　別個意見（６人）がある以外には関与大法官の意見が一致し，大法官　高鉉哲の多数意見に対する補充意見がある。

　　大法院長　崔鍾栄（裁判長）　大法官　柳志潭　尹載植　李容雨　裵基遠　姜仁旭　李圭鴻　李強国　朴載潤　高鉉哲（主審）　金容潭　金英蘭　梁承泰

(5)　**大判（全員）2008. 11. 20. 2007다27670**
　　（祭祀主宰者の決定方法等）
（主　文）　上告を棄却する。上告費用被告らの負担とする。
（判示事項）
１．祭祀主宰者の決定方法
２．亡人の遺体・遺骨の承継権者及び被相続人が生前行為又は遺言で自己の遺体・遺骨の処分方法を定めたか埋葬場所を指定した場合のその効力

587

Ⅰ　巻末資料

3．祭祀主宰者の地位を維持できない特別の事情の意味
（判決要旨）
1．［多数意見］
　　祭祀主宰者は，優先的に亡人の共同相続人間の協議によって定められるが，協議が成立しない場合には祭祀主宰者の地位を維持できない特別の事情が無い限り，亡人の長男（長男が既に死亡した場合には長男の男子，即ち長孫子）が祭祀主宰者になり，共同相続人に男子がいない場合には，亡人の長女が祭祀主宰者になる。
　　［大法官박시환，大法官전수안　の反対意見］
　　祭祀主宰者は先ず共同相続人の協議の定めによって定められるが，協議が整わない場合には多数決によって定めるのが妥当である。
　　［大法官김영란，大法官김지형の反対意見］
　　民法第1008条の3で定める祭祀主宰者というのは条理に照らして祭祀用財産を承継される祭祀を主宰するのに最も適切な共同相続人を意味するが。共同相続人の誰が祭祀主宰者として最も適切なのかを判断する際には共同相続人間で協議が整わず祭祀主宰者の地位に関する紛争が発生した場合には，民法第1008条の3の文言解釈とその立法趣旨に忠実であっても人格の尊厳と男女の平等を基本にして家庭平和と親族相助の美風良俗を維持・向上しようとする家事に関する訴訟の理念及び多様な関連要素を総合的に考慮して個別事件で当事者の主張の当否を審理・判断して決定しなければならない。
2．［多数意見］
　　（가）人の遺体・遺骨は埋葬・管理・祭祀・供養の対象になる有体物で，墳墓に安置されている先祖の遺体・遺骨は民法第1008条の3所定の祭祀用財産である墳墓とともにその祭祀主宰者に承継され，被相続人自身の遺体・遺骨もまたそれら祭祀用財産に準じてその祭祀主宰者に承継される。
　　（나）被相続人の生前行為又は遺言で自身の遺体・遺骨を処分するとか埋葬場所を指定した場合に，善良な風俗その他社会秩序に反しない以上，その意思は尊重すべきでありそのことは祭祀主宰者としても同様であるが，被相続人の意思を尊重すべき義務は道義的なものに留まり，祭祀主宰者が無条件にそれに拘束される法律的義務まで負担すると解することはできない。
　　［大法官박시환，大法官전수안の反対意見］
　　被相続人の遺体・遺骨は祭祀用財産である墳墓とともに祭祀主宰者がそれを承継すると解する多数意見には賛成する。しかし，祭祀主宰者が被相続人の遺体・遺骨に対する管理・処分権を有しているとしても，正当な事由無く被相続人の意思に反して遺体・遺骨を処分したり埋葬場所を変更することまで許容されていると解することはできない。
　　［大法官안대희，大法官양창수の反対意見］
　　（가）葬礼の方式が多様化し墳墓のない葬礼が頻繁になり，また埋葬又は墳墓開設を強行する根拠が無い以上，遺体の帰属は墳墓の帰属と分離して処理すべきである。
　　（나）亡人が，自身の葬礼その他遺体をその本来的性質に従い処理することに関して生前に終局的な意思を明確に表現した場合には，その意思は法的にも尊重すべきであり一定の法的効力を有するとするのが妥当である。さらに，亡人の意思のままに葬礼や墳墓開設その他遺体の処理が行われた場合，他の特別な事情が無い限り遺体の所有者であってもその所有権に基づいてその墳墓を掘り返し遺体を自身に引き渡すことを請求することはできない。
3．如何なる場合に，祭祀主宰者の地位を維持できない特別な事情があると解されるかに関しては，祭祀制度も慣習に基礎をおくものなので慣習を考慮するが，ここでいう慣習は過去の慣習ではなく社会の変化により新しく形成され継続している現在の慣習を云い，我が社会を支配する基本的理念や社会秩序の変化とそれに伴い新たに形成される慣習を考慮すべきところ，重大な疾病，著しい浪費や放蕩な生活，長期間の外国居住，生計が混乱する程の深刻な経済的窮乏，平素父母を虐待するとか甚だしい侮辱又は危害を加える行為，先祖の墳墓に対する守護・管理をしないとか祭祀を拒否する行為，合理的な理由なく父母の意志または遺訓に著しく反する行

Ⅰ　巻末資料

為等によって，正常に祭祀を主宰する意思や能力がないと認められる場合がそれに該当すると解するのが相当である。

　　大法院長　李容勲（裁判長）　大法官　高現哲　金英蘭　梁承泰　朴時煥（主審）　金知衡　李
　　　　　洪薫　朴一煥　金能煥　全守安　安大熙　車漢成　梁彰洙

⑹　**大判　2015. 05. 14. 2013다48852**
　　（死亡した者に配偶者と子がいる場合に子全員が相続放棄したときの相続人は配偶者と被相続人の孫子女又は直系尊属が共同相続人となり，被相続人の孫子女と直系尊属がいなければ配偶者が単独で相続する）

（原審判決）　ソウル高等法院2013. 5. 29. 宣告　2012나75262判決
（主　文）　上告をすべて棄却する。上告費用は被告らの負担とする。
（理　由）
　　上告理由について判断する。
　　相続を放棄した者は相続が開始したときから相続人ではないのと同様の地位におかれるので（大法院2006. 7. 4. 자2005마425決定等参照），被相続人の配偶者と子の中で子の全部が放棄した場合には，配偶者と被相続人の孫又は直系尊属が共同で相続人となり，被相続人に孫と直系尊属がいなければ配偶者が単独で相続人になる。
　　原審が適法に確定した事実によれば，①亡訴外1は，2010. 8. 6. 死亡したが，死亡の当時遺族として配偶者である訴外2と子である訴外3，訴外4がいたという事実，②訴外3，訴外4は2010. 9. 27. 水原地方法院安山支院　2010느단1107号で相続放棄申告をして，2010. 11. 19. その申告が受理された事実，③訴外3の子には被告1被告2，訴外4の子は被告3がいるとの事実を知ることができる。
　　このような事実関係を上で述べた法理に照らせば，訴外3，訴外4が相続を放棄した以上，亡訴外1の孫である被告らは訴外2と共同で亡訴外1の財産を相続したことになるので，被告らが亡訴外1の相続人とした原審の判断は正当で，相続放棄に関する法理を誤ったものとは云えない。
　　他方で，相続人は相続が開始したことを知った日から3月内に相続放棄ができるが（民法第1019条第1項），相続開始のあったことを知った日とは相続開始の原因となる事実の発生を知りそれにより自己が相続人となったことを知った日を意味するが（大法院　1986. 4. 22. 자86스10決定参照），結果的には相続人が誰かを知る過程に法律上の困難な問題があり，相続開始の原因事実を知っただけでは自己が相続人となった事実まで知るのには困難な特別の事情がある場合には，自己が相続人となった事実まで知ってはじめて相続が開始していたことを知っていたと解される。そこで，被相続人の配偶者と子女中の全部が相続を放棄したときには被相続人の孫が配偶者とともに相続人になることは，相続の順位に関する民法第1000条，配偶者の相続順位に関する民法第1003条，相続放棄の効果に関する民法第1042条等の規定を総合的に解して初めて導かれるが，この点に関する明示的な規定が存在しないので，一般人の立場から，被相続人の子が相続を放棄した場合に，自己の子である被相続人の孫が被相続人の配偶者と共同で相続人になるとの事実まで知りうることは異例に属する（大法院　2005. 7. 22. 宣告2003다43681判決参照）。
　　本件で，被告らは，亡訴外1の孫として，既に述べたような過程を経て相続人になるが，被告らの親権者である訴外3，訴外4としては自己の相続放棄の事実等が被告らに対する相続開始の原因事実になることを知っただけでは，被告らが相続人になるとの事実まで知るには困難な特別の事情がある場合と解するのが相当である。さらに，相続放棄で債務相続を免れようとする者がその債務が誰かの彼らの子に相続されることを知っていればそれを放置しなかったと解するのが経験則にも合致する点，実際に訴外3，訴外4は被告らが相続人ではないと一貫して争い，本件控訴及び上告に及んでいる点などを考慮すれば，被告らの親権者である訴外3，訴外4は遅くとも判決が宣告される前には被告らが相続人になるとの事実を知り得なかったと

Ⅰ 巻末資料

認定するのに充分で，その場合は被告らについては未だ民法第1019条第１項で定める期間が徒過していなかったと述べる。

しかし，被告らがそれらを理由に相続放棄をした後に請求異議の訴えを提起することは段段，先のような事情だけでは原告の被告らに対する請求を排斥する事由にはならない。

よって，上告をすべて棄却し上告費用は敗訴者らが負担することにし，関与した大法官の一致した意見で主文のように判決する。

　　大法官　박보영（裁判長）　민일영　김신　권순일（主審）

(7)　大判（全員）2015. 09. 15. 2013므568
　　　（有責配偶者からの離婚請求は例外的な特別な事情が無い限り許容されない）

（主　文）上告を棄却する。上告費用は原告が負担する。

（判決要旨）

（多数意見）

　　（가）離婚に関して破綻主義を採用する多くの国の離婚法制は我が国と異なり裁判上の離婚だけを認めているだけで，協議上の離婚を認めていない，我が国では有責配偶者であっても相手方配偶者と協議を通して離婚できる道が開かれている。これは有責配偶者でも誠実な心と充分な保障で相手方を説得することで離婚できる方法があることを意味し，有責配偶者の幸福追求権のために裁判上の離婚原因にまで破綻主義を導入すべき必然的な理由があるとは云えない。

　　我が国では破綻主義の限界や基準，そして離婚後の相手方に対する扶養的責任等に関して何らの法律条項を設けていない。よって，有責配偶者の相手方を保護する立法的な措置が整わない現段階で破綻主義を採って有責配偶者の離婚請求を広く認める場合有責配偶者の幸福のために相手方が一方的に犠牲となる結果となる恐れが大きい。

有責配偶者の離婚請求を許容するのには重婚関係に当たって法律上配偶者の追い出し離婚を防止する意図もあったが，多くの国で姦通罪を廃止する代わりに重婚に対する処罰規定を設けていることに照らしてみれば，それに対する何らかの対策無しに破綻主義を導入すれば法律が禁止する重婚を客観的に認められる恐れがある。

　　家族と婚姻生活に関する我が社会の価値観が大きく変化し女性の社会進出が大幅に増加しているとしても，我が社会が就業，賃金，子女養育等の社会経済の全ての領域で両性平等が実現したとみるのは未だ不十分なのが現実である。しかも，わが国で離婚率が急増し離婚についての国民の認識が大きく変化したことが事実であっても，それは逆説的に婚姻と家庭生活に対する保護の必要性がそれほど大きいという傍証で，有責配偶者の離婚請求によって深刻な精神的苦痛を受けたり生計の維持が困難な場合が厳然として存在する現実を無視してはならない。

　　（나）以上の論議を総合してみれば，民法第840条第６号の離婚事由に関して有責配偶者の離婚請求を原則的に許容しないという従来の大法院判例を変更するのが正しいとの主張は賛成しがたい。

　　有責配偶者の離婚請求を許容しないのは，婚姻制度が求める道徳性に背馳し信義誠実の原則に反する結果を防止することにあるが，婚姻制度が追求する以上の信義誠実の原則に照らしてみても，責任が必ずしも離婚請求を排斥すべき程度を超えていない場合にはそのような配偶者の離婚請求は婚姻と家族制度を形骸化する恐れはなく社会の道徳的・倫理観にも反しないので許容される。

　　そこで，相手方配偶者も婚姻を継続する意思がなく一方の意思による離婚や追い出し離婚の恐れがない場合は勿論のこと，離婚を請求する配偶者の有責性を相殺する程度の相手方配偶者及び子女に対する保護と配慮がなされている場合，歳月の経過に伴い婚姻破綻当時顕著であった有責配偶者の有責性と相手方配偶者が被った精神的苦痛が徐々に弱まり，双方の責任の軽重を厳密に図るのが最早無意味な程度になった場合など，婚姻生活の破綻についての有責性が離婚請求を排斥すべき程度を超えていない特別な事情がある場合には，例外的に有責配偶者の離婚請求を許容することができる。

590

Ⅰ　巻末資料

　　有責配偶者の離婚請求を例外的に許容するか否かを判断するときには，有責配偶者の責任の態様・程度，相手方配偶者の婚姻継続意思及び有責配偶者に対する感情，当事者の年齢，婚姻生活の期間と婚姻後の具体的な生活関係，別居期間，夫婦間の別居後に形成された生活関係，婚姻生活の破綻後の諸事情の変更の有無，離婚が認められた場合の相手方配偶者の精神的・社会的・経済的状態と生活保障の程度，未成年子女の養育・教育・福祉の状況，その他婚姻関係の諸事情を全て考慮しなければならない。

　　（大法官민일영，大法官김용덕，大法官고영한，大法官김창석，大法官김신，大法官김소영の反対意見）

　　（가）離婚に対する社会一般の認識，社会・経済的環境の変化と併せて離婚法制及び実務の変化などを総合して見れば，有責配偶者の離婚請求という理由だけで民法第840条第6号の離婚事由による裁判上の離婚請求を制限すべき必要は非常に減少した。

　　相手方配偶者の婚姻継続意思は，夫婦共同生活関係が破綻して客観的に回復できない程度に至っているかなどを判断するときに参酌すべき重要な要素と云えよう。しかしながら，そのような意思を参酌するとしても夫婦共同生活関係が客観的に回復できない程度に破綻していると認められる場合に，相手方配偶者の主観的な意思だけを挙げて形式に過ぎない婚姻関係を解消する離婚請求が許されないと断定するのは不合理であり，協議が成立しないときの婚姻解消手続を規定する裁判上の離婚制度の趣旨にも合致しない。

　　姦通罪は，過去の姦通行為自体に対する刑事的な制裁である反面，婚姻破綻による離婚は婚姻の実体が消滅することによる将来の婚姻関係の解消なので制度の目的と法的効果が異なるので，姦通をした有責配偶者に対する刑事的制裁がなかったとしても，民事上の法律行為に該当する姦通行為による損害賠償責任を強化するのは別にして，婚姻の実体が消滅した法律関係を異なって処遇すべき必要はない。

　　（나）上記のような諸事情を総合すれば，婚姻関係が破綻していても有責配偶者が離婚を請求して相手方がそれを拒否するという事情だけで一律的に離婚請求を排斥することは，これ以上離婚をめぐる葛藤解消に適切で合理的な解決とは解せられない。

　　夫婦共同生活関係が回復できない程度に破綻した場合には，原則的に第6号の離婚事由に該当するが，離婚によって破綻に責任の無い相手方配偶者が精神的・社会的・経済的に著しく過酷な状態に置かれる場合，父母の離婚が子女の養育・教育・福祉を著しく害する場合，婚姻期間中に故意に長期間にわたり扶養義務及び婚姻義務を果たさなかった場合，離婚に備えて責任財産を隠匿するなど財産分割，慰謝料の履行を意図的に回避して相手方配偶者を困窮に至らせる場合のように，有責配偶者の離婚請求を認容すれば相手方配偶者や子女の利益を著しく害する結果をもたらし，正義・公平の観念に著しく反する客観的な事情がある場合には，憲法が保障する婚姻と家族制度を形骸化する恐れがあるので，そのような客観的な事情が存在しない場合に限って，第6号の離婚事由があると解するのが婚姻を制度的に保障する憲法の精神に符合する。

　　そして，婚姻破綻に責任のない配偶者に対して離婚を許容する場合でも，婚姻関係の破綻で被った精神的苦痛に対する慰謝料の額を定めるときに，主たる責任のある配偶者の有責性を充分に反映させることで婚姻解消についての責任を負わせ，相手方配偶者に実質的な損害賠償がなされるようにすること，財産分割の比率・額を定めるときにも，婚姻中に作られた財産関係の清算だけでなく扶養の要素を充分に反映して，相手方配偶者が離婚後でも婚姻中に劣らない生活を保障されるようにすること，離婚請求配偶者の帰責事由と相手方配偶者のための保護及び配慮の間に均衡と調和を図らなければならない。

　　大法院長　양승태（裁判長）　大法官　민일영　이인복　이상훈　김용덕（主審）　박보영　고영한　김창석　김신　김소영　조희대　권순일　박상옥

(8)　大判（全員）2016. 10. 19. 2014다46648
　　（北韓住民の相続回復請求権の除斥期間には民法999条2項が適用される）
（原審判決）　ソウル南部地方法院　2014. 6. 19. 宣告　2014나2179判決

591

Ⅰ　巻末資料

（主　文）　上告を棄却する。上告費用は原告が負担する

（理　由）　上告理由を判断する。

1．가．除斥期間は権利者をして当該権利を迅速に行使させることで法律関係を速やかに確定さ
せるのにその制度の趣旨があるので，消滅時効が一定の期間の経過と権利の不行使という事情
によって権利消滅の効果を持たせるのとは異なり，除斥期間の経過それ自体だけで権利消滅の
効果をもたらすので，除斥期間の進行の起算点は特別な事情のない限り原則的に権利が発生し
たときである（大法院1995. 11. 10.宣告94다22682, 22699判決参照）。

　　　民法第999条第2項が「相続回復請求権はその侵害を知った日から3年，相続権の侵害行為
があった日から10年を経過すれば消滅する」と規定し，相続回復請求権の行使に除斥期間を設
けた趣旨もまた相続をめぐる法律関係を速やかに確定させよとするもので（大法院1994. 10. 21.
宣告94다18249判決参照），その10年の長期の除斥期間は3年の短期除斥期間と異なり相続権の
侵害行為により相続回復請求権が発生したときから直ちに進行する。

　　　나．「南北住民間の家族関係と相続等に関する特例法」（以下「南北家族特例法」という）は，
南韓住民と北韓住民間の家族関係と相続等に関連する事項を規律するもので，それらの間の家
族関係と相続等に関する法律関係の安定を図る目的で制定された（第1条）。

　　　よって，南北家族特例法は，南韓住民である父や母の婚姻中の子又は婚姻外の子として出生
した北韓住民が親生子親子関係存在確認の訴えや認知請求の訴えを提起する場合に，民法の関
連規定で定めた除斥期間についての特例を認め，分断の終了，自由な往来，その他の事由に
よって訴えの提起に障害事由が無くなったときから2年内に訴えを提起できるように規定を設
けた（第8条第2項，第9条第2項）。

　　　他方で，南北離散後に南北家族特例法の公布日前に失踪宣告を受けた北韓住民が失踪宣告の
取消審判が確定した場合には，失踪宣告を直接の原因として財産を取得した者を相手にその財
産の返還を請求できるとしながら，悪意の相手方に対する財産の返還範囲を基本的に現存利益
に制限し（第10条第1項，第2項），北韓住民が相続回復請求をする場合には被相続人の財産
の維持・増加に寄与した者の寄与分を控除したものを相続財産とみなし，相続回復請求権者の
相続分を算定するように規定している（第11条第2項）。

　　　このように南北家族特例法の規定と南・北韓住民間の家族関係及び相続等に関する法律関係
に関して特例を認めて，一定の場合には除斥期間を延長することで北韓住民の権利を保護する
一方，その権利行使により南韓住民等に発生する法律関係の不安定を最小化することにより
南・北韓住民間の利害関係を合理的に調整している。

　　　다．ところで，南北家族特例法は相続回復請求と関連しては，第11条第1項で南北離散に
よって被相続人の南韓住民から相続を受けなかった北韓住民（北韓住民であった者を含む）又
はその法定代理人は，民法第999条第1項により相続回復請求ができると規定しているだけで，
親生子関係存在確認の訴えや認知請求の訴えの場合と異なり，民法第999条第2項で定めた除
斥期間に関して特例を認める規定を設けていない。相続回復請求の場合でも親生子関係存在確
認や認知請求の場合と同じように南北分断の長期化・固定化によって北韓住民の権利行使に相
当の障害があることが充分に予測できるにもかかわらず，それら法律関係を区分して相続回復
請求に関して除斥期間の特例を認めなかったのは，立法的な選択と解される。

　　　家族関係は個人的身分関係及び家族共同体の基礎になるだけでなく，私的及び公法的法律
関係も家族関係を前提に成立する場合が多く，社会的にも及ぼす影響が非常に大きい。憲法第
36条が国家に家族生活を維持保障させているので家族に関する権利を保護しているのもそのよ
うな家族関係の重要性を考慮している。それに照らしてみれば，親生子関係存在確認や認知請
求は家族関係の存否又は形成それ自体に影響を及ぼす事項で財産に関する法律関係に留まる相
続回復請求の場合より保護の必要性がより大きいと云えるので，親生子関係存在確認や認知請
求に関する特例を理由にして相続回復請求の場合にも必ず同一または類似の処遇をすべきと断
定し難く，さらにはそのような処遇をしなかったとしても南北家族特例法の立法趣旨に違背す
ると云えない。

592

I　巻末資料

　　라．法律の解釈は，当該法規定が属する法体系全体の論理的脈絡に従い立法目的を考慮し法
律で使用された概念と文言の意味を具体化するものである。
　　南北分断の長期化・固定化により民間次元の南北交流が断絶している現実で南韓住民との家
族関係から排除された北韓住民を保護する必要性があることを否定できず，そのような事情は
南・北韓住民間の家族関係と相続等に関する法律関係の安定を図る目的で制定された南北家族
特例法を解釈・適用するときに適切に反映すべきと解される。
　　とはいっても，南・北間住民間の相続に関する紛争で北韓住民に配慮する必要があっても，
それは民法上の相続回復請求権の行使に除斥期間を設けた趣旨や南北家族特例法の立法目的及
び関連規定を勘案して当該規定に関する合理的な法律解釈の範囲内でなされるべきである。相
続の回復は当該相続人間だけでなくその相続財産を転得した第三者にまで影響を及ぼし，民法
で定めた除斥期間がかなり過ぎてもそれに対する例外を認めるのは，法律関係の安定を大きく
害する恐れがある。相続回復請求の除斥期間がかなり過ぎていてもその特例を認める場合には，
それによる混乱が発生しないように例外的に除斥期間の延長が認められる事由及びその期間等
に関して具体的で明確に規律する必要があり，さらに法律関係の不安定性を解消し多くの当事
者の利害関係を合理的に調整できる制度の補完が伴うべきであり，結局は法律解釈の限界を超
えるもので立法による統一的な処理が必要である。
　　마．このような相続回復請求に関する除斥期間の趣旨，南北家族特例法の立法目的及び関連
規定の内容，家族関係と財産的法律関係の差異，法律解釈の限界及び立法的処理の必要性等の
諸事情を総合してみれば，南北家族特例法第11条第１項は被相続人である南韓住民から相続を
受けられなかった北韓住民の相続回復請求に関する法律関係に関しても，民法第999条第２項
の除斥期間が適用されることを前提にした規定と解すべきであり，したがって南韓住民と同様
に北韓住民の場合にも他に特別な事情がない限り相続権が侵害された日から10年が経過すれば
民法第999条第２項に従い，相続回復請求権が消滅すると解される。
２．原審は判示と同じ理由を述べ，⑴訴外２は1950年９月ソウルで失踪して以来北韓で生存して
いたが2006年12月31日北韓で死亡した北韓住民で，父親訴外３の死亡時点である1961年12月13
日当時正当な相続権を有していた事実，他方訴外３の相続財産である本件不動産に関して1978
年１月23日南韓にいた訴外３の妻及び子女らの訴外４，訴外１，訴外５，訴外６，訴外７，名
義で所有権保存登記が経由されたことにより，訴外２の相続権が侵害された事実等を認定した
後，⑵訴外２の娘の原告が訴外２の相続権が侵害されたときから10年が経過した2011年10月26
日に本件相続回復請求の訴えを提起した事実は記録上明白なので，本件相続回復請求の訴えを
提起した事実は記録上明白で，本件相続回復請求の訴えはそれ以上検討する必要もなく除斥期
間を経過して提起された訴えとして不適法との趣旨で判断した。
　　原審判決の理由を適法に採択した証拠を始めとする記録に照らして検討すれば，上記の原審
の判断は先にみた法理に基づくもので正当であり，そこで上告理由主張のように南北家族特例
法で定めた北韓住民の相続回復請求権及びその除斥期間等に関する法理を誤解した誤りはない。
３．よって上告を棄却し上告費用は敗訴者が負担させるとし，主文のように判決する。
　　本判決には，大法官김창석，大法官김소영，大法官권순일，大法官이기택，大法官김재형の
反対意見がある外には関与法官の意見が一致した。
４．大法官김창석，大法官김소영，大法官권순일，大法官이기택，大法官김재형の反対意見は次
の通りである。
　　多数意見は，南北家族特例法第11条第１項の解釈上特別な事情がない限り南北離散により被
相続人である南韓住民から相続を受けられなかった北韓住民が南韓の僭称相続人によって相続
権を侵害された場合でも，民法第999条第２項に従い相続権が侵害された日から10年が経過す
れば相続回復請求権が消滅するとした。
　　しかし，以下の理由でそのような多数意見の見解に賛成できない。
　　가．⑴我が憲法はその前文で「……我が大韓民国は……平和的統一の使命に立脚して正義・
人道と同胞愛で民族の団結を強固にし……」と規定し，第４条では「大韓民国は統一を志向し，

593

Ⅰ　巻末資料

自由民主的基本秩序に立脚した平和的統一政策を樹立しそれを推進する」と規定している。憲法前文の平和的統一の使命に立脚し，この間離散家族の対面及び南北間の交流・協力が持続的に拡大しており，その過程で南・北韓住民間の身分及び財産関係等に対する多くの法律的な問題が台頭してきた。特に，最近北韓住民が南韓住民を相手に認知請求の訴えや相続回復請求の訴えを提起するなど法的紛争が現実化しているのを契機に，南・北韓住民間の法的紛争を合理的に解決しながら南・北間の和解・協力に資するように南北家族特例法が制定された。したがって，南北家族特例法の法律規定を解釈・適用する際には，平和統一を志向する憲法の精神に照らして南・北韓住民が自然に統合できるように北韓住民に対する保護と配慮がなされなければならない。南北家族特例法第２条もまた「本法を解釈・適用するときには，南韓と北韓の関係が国家間の関係ではない平和的な統一を志向する関係で暫定的に形成される特殊な関係であることを考慮しなければならない」と規定しており，そのような趣旨を反映している。

　(2)　相続権は，被相続人と相続人の血縁関係から自然に形成される尊重と信頼を保護しようとするもので，そのような血縁的紐帯を保護する際には国籍や政治的性向は影響を及ぼさない。現行民法によれば北韓住民の相続権も認められ，大法院も早くから北韓居住相続人の相続権を認めてきた（大法院1982.12.28.宣告81다452，453判決参照）。相続権は財産権の一種で，北韓住民も大韓民国国民なので（大法院1996.11.12.宣告96누1221判決参照），財産権の主体である以上，基本権保障という法治国家の憲法的要請から除かれるべき何らの理由もない。6・25事変により南北離散の痛みを経験してから60年以上が経過した。南北分断の長期化・固定化により民間次元の交流が断絶し北韓社会における居住・移転及び通信の自由が強く統制され，この期間の間北韓住民である真正相続人として自己の相続権が侵害された事実を知りえず，例え知り得ても南韓の僭称相続人を相手に民法による相続回復請求の訴えを提起するなどで権利を行使するのは客観的に不可能であった。今も北韓住民は危険をおかして北韓を離脱するか北韓当局が政策的に相続財産の回復に積極協力するなどの例外的事情のない限り大韓民国の法院に訴えを提起できない。そのような事情は以上の痛みを経験した南韓住民であれば誰もが分かり，本法院にも顕著といえよう。

　法は何人も不可能なことを要求できないので，除斥期間もまた消滅時効と同様に最小の権利者が行使できるとの前提が内在していると解される。南北家族特例法が北韓を離脱して南韓に入国した者（以下「北韓住民であった者」という）に対してまで単純に相続権の侵害行為があった日から10年が経過したので相続権が消滅したものと規定したと解釈するのは除斥期間に内在する前提と符合せず，南・北韓住民間に単一民族としての共感帯を形成しそれを通して包括的統一の基盤を造るとの憲法の精神にも符合しない。

　ㄴ．南北家族特例法第11条は，南韓住民は民法第999条第１項の定める要件と方式に従い相続回復請求ができるとのみ規定し，その除斥期間に関しては明示的な規定を設けていないので，除斥期間の延長に関して法律解釈に委ねていると解される。よって，南北家族特例法第11条に行使期間に関する特例がないとしても，必ずしも民法第999条第２項が北韓住民の相続回復請求にもそのまま適用できないのである。

　その理由は次のとおりである。

　(1)　南北家族特例法第11条第１項は，南北離散により被相続人である南韓住民から相続を受けられなかった北韓住民は「民法第999条第１項」に従い相続回復請求ができると規定している。南北家族特例法の制定過程における論議と資料等によれば，当初の南北家族特例法案は北韓住民の相続回復請求に関して「南北離散により被相続人である南韓住民から相続を受けられなかった北韓住民は，相続回復請求ができる」と規定し，南北分断で民間次元の交流が断絶している現実から相続回復請求権の除斥期間が経過しその権利が消滅した場合が多数発生しているのをதえて「分断の終了，自由な往来，その他の事由で訴えの提起に障害が無くなる前に民法第999条第２項で定めた期間が経過したが，上記事由が発生した日にさらに上記期間が３年未満残っている場合には，上記事由が発生した日から３年間相続回復請求権（民法第1014条の場合を含む）を行使することができる」と規定し除斥期間を延長する特例を設けていたが，そ

Ⅰ　巻末資料

の後の立法過程で除斥期間を延長する特例規定は削除された。その代わり南北家族特例法第11条第１項の内容は，法案の「北韓住民は相続回復請求ができる」から「北韓住民は民法第999条第１項に従い相続回復請求ができる」と修正され制定・施行された。

　南北家族特例法が第11条第１項で「民法第999条」を明示して北韓住民の相続回復請求権にも民法第999条第２項が適用されることは明らかと解したとしても，「民法第999条第１項」だけを明示したのは，民法第999条第２項を適用することで北韓住民が自己の責任と無関係な除斥期間の経過で相続権を剥奪される不当性と，民法上の相続回復請求権の除斥期間を延長することで南韓住民が被る不測の損害及び法的安定性の侵害という相互に相反する利害が衝突する局面でいずれが優越すると断定できないので，除斥期間の延長に関して明示的な規定を設けいずれか一方の犠牲を強要するよりは法律解釈に留保しておき合理的な法律解釈を通して相反する利害が適切に調和ができようとしたのは立法者の意思が表現されたものと理解しよう。

　⑵　北韓住民の相続回復請求権に関して除斥期間を延長しても南韓住民に対して次のように利害関係を調整できる法的手段が整えられる。即ち，南北家族特例法第11条第１項第２分は「この場合他の共同相続人がすでに分割，その他の処分をした場合にはその相続分に相当な価額で支給することができる」と規定している。この規定は相続財産に対する侵害状態を有効なものと信じて相続財産を取得した第三者の信頼を保護するために北韓住民は南韓の他の共同相続人が相続財産をすでに処分した場合に第三者を相手に現物分割を請求できず，南韓の他の共同相続人を相手に相続分相当の価額分割請求権だけを行使できるとする意味と解されるが，それを通して取引の安全を保護することができる。しかも南韓の他の共同相続人は南北家族特例法第11条第２項により北韓住民の相続回復請求に対して寄与分請求ができる。

　多数意見のように北韓住民に対して除斥期間の延長を認めないで相続権侵害時から10年が経過した場合，一律に権利行使ができないと解すれば，大多数の北韓住民はもはや侵害された相続権を回復できる救済手段を有することができない反面，民法上の除斥期間が徒過しなければ北韓住民の場合でも南韓の僭称相続人から相続財産を取得した第三者を相手とする現物返還を請求できず，南韓の他の共同相続人は北韓住民の相続回復請求に対して寄与分請求までできることになる。これは，南韓住民の相続回復請求権に比べて北韓住民の権利をあまりにも制限するので衡平の原則に反すると反すると見られなくはない。

　⑶　多数意見の恐れる南韓住民の信頼と取引の安全は，北韓住民が相続回復請求権を行使する段階で行使期間を制限するか回復請求の相手方や回復範囲を制限するなど権利の内容を制限することで充分に保護ができ，それを通して南・北韓住民間の利害関係を適切に調整できるのである。多数意見は僭称相続人である南韓住民の保護に重きをおきすぎ真正の権利者である北韓住民に対する保護と配慮を無視するものである。

　ㄷ．南北家族特例法第11条第１項の解釈上，北韓住民の相続回復請求権の除斥期間の延長に関して別段の規定がない法律の欠缺が存在するために最も類似した趣旨の規定を類推して欠缺部分を補充する法律解釈が可能である。そのとき類推適用する趣旨は，特定事項に関する他の条項をそのまま適用する意味ではなく規律の内容と性質に反しない範囲内で，その他の条項を適用するという意味であり，どの規定をどの範囲で類推適用するかは北韓住民の相続権行使の障害を除去し実質的な権利保護が成される範囲内で，分断という不可避な事情で正当な手続によって相続を受けるもので信頼する南韓相続人の法的安定性の侵害を最小化するように定めなければならない。

　⑴　北韓住民に対して相続回復請求権の除斥期間を延長すべき理由は，「南北分断の長期化」という国家的・歴史的状況から北韓住民は相続回復請求権を実際に行使できなかったのであるから，「消滅時効は権利を行使できるときから進行する」という民法第166条第１項を除斥期間の起算点に類推適用し「権利を行使できるとき」とは「北韓住民が南韓に入国して南韓内に存在する相続財産に関して相続回復請求権を行使できるとき」と解釈すべきである。

　北韓住民に対する除斥期間の延長に関する論議は北韓住民の相続権保護という具体的妥当性の要請に基づくもので，南・北韓の自由な往来が保障されない現状況では北韓住民の中でも相

595

Ⅰ　巻末資料

続権の保障が現実的に要求する者は南韓に入国して南韓内に存在する相続財産に関して相続権
の回復を主張する者である。

　　南北家族特例法は，北韓住民が南韓内の相続財産を処分して北韓に持って行くにしても私有
財産が認められない北韓の政治現実上その財産が所有者に帰属しないで北韓当局により転用さ
れる可能性が高く，それを防止するために北韓住民が自由な往来等で南韓内の財産を実質的に
管理できるときまで北韓住民の財産を代わって管理する財産管理人制度を設けている。それに
より，北韓に居住する北韓住民が行使する相続回復請求権は，将来の南・北韓の自由な往来や統
一等に備えた権利保全支援と見なければならない。そのような状況で現実的に南韓内の相続財
産を使用できない北韓に居住する北韓住民にまで南韓住民の損害を甘受させ民法上の相続回復
請求権の除斥期間を延長する必要はない。北韓住民は相続権侵害行使があったから10年が経
過したとしても，南韓に入国したときから相続回復請求権の行使ができるとすれば充分である。

　　(2)　次に，権利行使期間に関しては民法第999条第2項の前段を類推適用し，北韓住民が南
韓に入国したときに民法上の除斥期間が経過した場合には「南韓に入国したときから3年」の
除斥期間に留め，民法第999条第2項後段所定の「相続権侵害時から10年」の規定は適用しな
いのが妥当である。

　　北韓住民が南韓の被相続人の家族関係登録簿に登載されていない場合には親生子関係存在確
認判決や認知判決が確定する前では依然として相続人としての地位を取得できないために相続
回復請求権を行使するためには先に身分関係に関する判決を受けなければならず，本人や直
系尊属が失踪宣告を受けた場合には失踪宣告の取消審判を受けなければならない。南北家族特
例法は北韓住民が身分関係を回復かる権利を実質的に保障するため分断の終了，自由な往来，
その他の事由により訴えの提起に障害が無くなった日から2年の期間を付与しているので，見
分関係を回復した後に相続回復請求をするためには2年より長い期間を付与する必要があり，
北韓住民であった者が南韓に入国したときには，まず先に血肉を探し相続関係を把握するかの
事情もあり，民法第999条第2項で相続権が侵害された事実を知った者に対して3年を除斥期
間とすれば北韓住民であった者に対して上記規定を類推適用するのが最も合理的である。

　　라.　以上の理由によれば，南北家族特例法第11条第1項の解釈上南北離散により被相続人で
ある南韓住民から相続を受けられなかった北韓住民であった者は，南韓の僭称相続人によって
相続権が侵害されて10年が経過した場合でも民法上の相続回復請求権の除斥期間が延長され，
南韓に入国したときから3年内に相続回復請求ができる解するのが正しい。

　　他方，北韓住民に対して相続回復請求権の除斥期間を延長しない多数意見のような解釈は，
南北家族特例法の立法過程で除斥期間を延長する特例規定案が提出されたのにそれに関する明
示的な規定を設けていないことから始めた。しかし，今までの論議に照らしてみても北韓住民
であった者の相続回復請求権に関して除斥期間の延長を認める必要があることが確認され，多
数意見もその必要性を否定してないものと解される。ただ，除斥期間の延長と関連する争点を
法律解釈の領域に残して置くよりは立法を通じて明確にする必要があることを明らかにした。

　　마.　原審判決の理由と記録によれば，例え亡訴外2の相続権に対する侵害行為があった1978
年1月23日から10年の期間が経過しているが，原告は南韓に入国した2009年6月11日から3年
が経過する前の2011年10月26日本件訴えを提起しているので，原告の本件相続回復請求の訴え
は適法と解される。しかしながら，原審はその判示の通りの理由を挙げ，南北家族特例法で北
韓住民の相続回復請求権に関する除斥期間を延長する特別規定を設けていない以上，民法第
999条第2項が適用され，亡訴外2の相続回復請求権は10年の除斥期間が経過して消滅したと
判断し，原告の本件訴えを却下すると述べたが，そのような原審判断は，南北家族特例法上の
北韓住民の相続回復請求権の除斥期間に関する法理を誤解し判決に影響を及ぼす違法がある。
それを指摘する上告理由主張は理由があるので，原審判断を破棄するのが正しい。

　　以上のように多数意見に反対する趣旨を述べた。

　　大法院長　양승태（裁判長）이상훈　박병대　김용덕　박보영　김창석　김신　김소영（主審）
　　　조희대　권순일　박상옥　이기택　김재형（13人）

Ⅰ　巻末資料

5．韓国　家族関係登録（戸籍）例規

⑴　2007.12.10.例規130号「親生子入養に関する事務処理指針」

1．入養は婚姻中の出生子と同一の身分を取得させる創設的身分行為なので，自己の親生子女でも婚姻中の出生子でない者は入養することができるが，婚姻中の出生子に対してはそのような家族関係を創設する必要がないので，離婚した母が前婚中に出生した婚姻中の子を入養することはできない。

2．1995.3.22.以前の従前「大法院戸籍例規」によって離婚した生母が婚姻中に出生した子を単独で入養した場合，その入養解消が成されない場合でも生母と再婚した夫がその養子を入養することができる。

3．第2項前段により生母が婚姻中の出生子を入養した後に死亡した場合でも，その入養の解消が無くても第三者がその養子を入養することができる。

4．第3項の場合，家族関係登録公務員は新たな入養申告が受理されれば養子の特定登録事項欄の養父母欄の生母兼養母の姓名を職権抹消した後，その欄に新たな養母の姓名を記録した後，養子の一般登録事項欄に下記の様に記録する。また養子の一般登録事項欄に現在効力のある最初の入養事由外に新たになされた入養事由を記録しなければならない。

その他	［入養　申告日］　　　○年　○月　○日 ［職権　記録　内容］新しい入養申告によって既存養母姓名抹消

5．第3項による新たな養親子関係が罷養された場合には，その罷養の家族関係登録記録がなされた後に第4項によって養母の記録を再度記録しなければならない。

6．配偶者の前婚中に出生した婚姻中の子を入養しようとするときには，「民法」第874条第1項の規定にかかわらず親生子関係のない配偶者の一方が単独で入養することができる。

7．婚姻外の子は生母及び生母と婚姻した外国人配偶者が共に入養することができる。

附　則（2007.12.10.例規130号）本例規は2008年1月1日から施行する。

⑵　2009.07.17.例規300号「親子関係の判決による家族関係登録簿訂正手続例規」

制定　2009.07.17.家族関係登録例規第300号　施行2009.07.17.

第1章　出生申告した父母と親生子関係不存在確認判決が確定した場合

第1条（家族関係登録簿の閉鎖）　①　出生記録がなされている子女が出生申告をした父又は母と親生子関係不存在確認判決が確定した場合には，訴えを提起した者又は相手方が確定判決と鑑定証明書を添付して家族関係登録簿訂正申請を行う。

②　家族関係登録官署は，親生子関係不存在が確定した子女（次から「事件本人」という）の家族関係登録簿の親生子関係が不存在とする父又は母の特定登録事項を抹消した後にその家族関係登録簿を閉鎖する。

③　閉鎖当時の親生子関係が不存在の父又は母の家族関係登録簿には，事件本人に関する特定登録事項を抹消して，親生子関係が存在する父又は母の家族関係登録簿では事件本人の特定事項を抹消してはならない。配偶者と子女がいる場合，配偶者及び子女の家族関係登録簿でも事件本人の特定事項を抹消してはならない。

第2条（出生申告）　①　家族関係登録簿が閉鎖された子女に出生申告義務者がいる場合，出生申告を再びさせて家族関係登録簿を新たに作成しなければならない。申告義務者は出生申告書に閉鎖登録簿上の事件本人の姓名・住民登録番号，登録基準地を記載して申告する。

②　家族関係登録官署は，家族関係登録簿を新たに作成するときに閉鎖登録簿に記録された事項中の婚姻関係，入養関係，子女がいる場合子女の特定登録事項を職権で移記し，その他の記録事項は登録基準地管轄の家庭法院の家族関係登録簿訂正許可を得て移記する。

③　家族関係登録官署は，親生子関係が残っている父又は母，配偶者及び子女の家族関係登録簿

597

Ⅰ　巻末資料

を，事件本人の閉鎖登録簿と連結を絶って新しく作成した家族関係登録簿と職権で連結させる。出生申告で事件本人の特定登録事項が変化してしまえば，配偶者及び子女の家族関係登録簿にその事由を，事件本人の姓と本が変化してしまえば，直系卑属の家族関係登録簿にその事由を職権で記録する。

④　家族関係登録官署は，新たに作成した家族関係登録簿の姓名及び出生年月日が閉鎖登録簿の姓名及び出生年月日と異なれば閉鎖登録簿にその事由を記録し，住民登録法第14条に従い住民登録官署にその事実を通報する。

第３条（家族関係登録創設）　①　家族関係登録簿が閉鎖された子女を出生申告できない場合，家族関係登録創設（父母が知れない場合姓・本の創設含む）によって家族関係登録簿を新たに作成する。抹消した父母の代わりに真正の父母を記録するためには，親子関係の確定判決（判決主文でない理由に説示した判決は該当しない）による。

②　家族関係登録官署は，創設申告で家族関係登録簿を新たに作成するときに，閉鎖登録簿に記録された事項中の親生子関係が存在する父又は母の特定事項，婚姻関係，入養関係，子女がいる場合の子女の特定事項を職権で移記し，その他の記録事項は登録基準地管轄の家庭法院の家族関係登録簿創設許可決定又は訂正許可決定に従い移記する。

③　その他の手続は，第２条第３項及び第４項を準用する。

第２章　出生申告していない父母と親生子関係不存在確認判決が確定した場合

第４条（母の親生子関係が不存在の場合）　①　父が出生申告した子女が母との親生子関係不存在確認判決が確定した場合，訴えを提起した者又は相手方が判決謄本と確定証明書を添付して家族関係登録簿訂正申請をすれば，子女の家族関係登録簿で母の特定事項を抹消する。親生子関係が不存在の母の家族関係登録簿では事件本人の特定登録事項を抹消する。

②　登録簿上の母を抹消した後に事件本人の家族関係登録簿を閉鎖し，閉鎖登録簿に記録された事項中の親生子関係不存在確認判決による抹消事由を除いた記録事項を職権で移記し，新たな家族関係登録簿を作成する。

③　親生母を記録するには，事件本人の出生申告人（申告人が追後補完申告できないときには他の出生申告義務者）が親生母との親子子関係及び出生当時の親生母が人妻でないことを疎明して出生の追後補完申告をするか，申告義務者がいない場合に親子関係を確認する判決（判決主文でない理由に説示した判決は該当しない）による訂正手続を経なければならない。

④　第３項の場合に親生母が人妻であることが確認されれば，婚姻外の子の家族関係登録簿に親生母を記録するためには出生当時の母の法律上の配偶者と親子関係に関する裁判を経なければならない。

第５条（父と親生子関係が不存在の場合）　母が婚姻中の子として出生申告した子女が登録簿上父と親生子関係不存在確認判決が確定した場合の訂正手続は，第４条の規定を準用する。このとき，親生父を記録するためには，認知手続を経なければならない。

第６条（その他の場合）　家族関係登録創設の事由で家族関係登録簿が作成された者の父，母又は父母との間に親生子関係不存在確認判決が確定した場合の訂正手続は，前２条の規定を準用する。

第３章　親生否認の判決が確定した場合

第７条（父が出生申告した場合）　父の子と推定される婚姻中の子に関して，出生申告した父と親生否認判決が確定した場合の家族関係登録簿訂正手続は，第１章の規定を準用する。

第８条（母が出生申告した場合）　父の子と推定を受ける婚姻中の子に関して，母が出生申告をしたが，父と親生否認判決が確定した場合の家族関係登録簿訂正手続は，第５条の規定を準用する。

第９条（その他の場合）　家族関係登録創設の事由として家族関係登録簿が作成された者が父との間に親生否認の判決が確定した場合の訂正手続は，第５条の規定を準用する。

　附　則（2009. 07. 17. 例規第300号）家族関係登録例規第236，239，240，241号は，本例規施行と同時に廃止する。

Ⅰ　巻末資料

(3)　2009. 07. 17. 例規301号「養親子関係存在確認判決による家族関係登録簿訂正手続例規」
制定2009. 7. 17. 家族関係登録例規第301号　施行2009. 7. 17.
第1章　出生申告した父（又は母）と養親子関係存在確認判決が確定した場合
第1条（家族関係登録簿の閉鎖）　①　出生記録がなされている子女が出生申告をした父又は母と養親子関係存在確認判決が確定した場合には，訴えを提起した者又は相手方が判決謄本と確定証明書を添付して家族関係登録簿訂正申請を行う。
②　家族関係登録官署は，養親子関係存在が確認された子女（次から「養子」という）の家族関係登録簿に養親子関係が存在する父又は母の特定登録事項欄を抹消した後，その家族関係登録簿を閉鎖する。
③　養親子関係が存在する父又は母の家族関係登録簿中の養子に関する親生子記録を養親子記録に訂正し，養子の出生申告日付を入養申告日付に記録する。親生子関係が存在する父又は母の家族関係登録簿では，養子の特定登録事項を抹消してはならない。養子に配偶者と子女がいる場合，配偶者及び子女の家族関係登録簿でも養子の特定事項を抹消してはならない。
第2条（出生申告）　①　養親子関係存在確認判決により家族関係登録簿が閉鎖された子女に関して出生申告がある場合，処理手続は家族関係登録例規「親子関係の判決による家族関係登録簿訂正手続」第2条を準用する。
②　新たに作成された養子の家族関係登録簿に養親子関係を職権で記録し，養子の特定事項に変動がある場合には養父又は養母の家族関係登録簿にその事由を職権で記録する。
第3条（家族関係登録創設）　①　家族関係登録簿が閉鎖された子女を出生申告できない場合，家族関係登録創設（父母が知れない場合，姓・本創設を含む）による家族関係登録簿作成等の処理手続は，家族関係登録例規「親子関係の判決による家族関係登録簿訂正手続」第3条を準用する。
②　家族関係登録官署は，養子の家族関係登録簿に養親子関係を記録し，養子の特定事項に変動がある場合には養父又は養母の家族関係登録簿にその事由を記録する。
第2章　出生申告していない父（又は母）と養親子関係存在確認判決が確定した場合
第4条（母と養親子関係が存在した場合）　①　親生父が出生申告した子女が登録簿上親生母と養親子関係存在確認判決が確定した場合，訴えを提起した者又は相手方が判決謄本と確定証明書を添付して家族関係登録簿訂正申請を行う。
②　養親子関係が存在する母と子女の家族関係登録簿を親生子関係から養親子関係に訂正して，養子の登録簿上の出生申告日付を入養申告日付に記録する。養子の家族関係登録簿を閉鎖し，閉鎖登録簿に記録された事項中の養親子関係存在確認判決による抹消事由を除いた記録事項を職権で移記して新しい家族関係登録簿を作成する。
③　養子の家族関係登録簿に親生母を記録する手続は，家族関係登録例規「親子関係の判決による家族関係登録簿訂正手続」第4条第3項及び第4項を準用する。
第5条（父と養親子関係が存在した場合）　親生母が婚姻中の子と出生申告した子女が親生父と養親子関係存在確認判決が確定した場合，本例規第4条の規定を準用する。このとき親生父を記録するためには認知手続を経なければならない。
第3章　罷養判決等による訂正手続
第6条（罷養判決による訂正）　虚偽の出生申告で記録した親生子関係を養親子関係に訂正するためには養親子関係存在確認判決がなければならず，罷養判決等で家族関係登録簿を訂正できない。

(4)　2013. 06. 07. 例規373号「親養子入養裁判による事務処理指針」
第1章　総則
第1条（目的）　（略）
第2章　親養子入養

599

Ⅰ　巻末資料

第２条（入養申告）　「民法」第908条の２に従い親養子入養をしようとする者は親養子入養裁判の確定日から１か月以内に裁判書の謄本及び確定証明書を添付して親養子入養申告をしなければならない。

第３条（親養子の家族関係登録簿）　①　第２条の親養子入養申告がある場合，市（区）・邑・面の長は親養子の家族関係登録簿を閉鎖し親養子について家族関係登録簿を再作成しなければならない。そのとき閉鎖される家族関係登録簿の親養子本人の姓名欄に「親入養」文言が表示されるようにしなければならない。

②　親養子の家族関係登録簿を再作成する際には親養子の閉鎖された家族関係登録簿の家族関係登録簿事項欄及び一般登録事項欄に記録された事項だけを全部移記することを原則とする。ただし，認知，親権，未成年後見，姓本変更，親養子入養をした養父又は養母の配偶者でない親生父母に関する家族関係証明書の訂正事項の記録は移記してはならない。親権者指定又は未成年後見人指定の記録がある場合，親権又は未成年後見終了の記録後に移記してはならない。

③　市（区）・邑・面の長は親養子の家族関係登録簿の父母欄に養父母の姓名等の特定登録事項を記録しなければならず，親生父母欄に親生父母の姓名等の特定登録事項を記録しなければならない。さらに，親生父母欄は親養子入養関係証明書にだけ現出させるようにしなければならない。

④　第１項に従い閉鎖された親養子の家族関係登録簿についての登録事項別証明書の発給は第15条の要件を充足する場合以外には許容されない。

第４条（親養子の姓と本）　第３条に従って親養子の家族関係登録簿を再作成する際には親養子は養父の姓と本を継ぐ。ただし，養父母が婚姻申告時に子女が母の姓と本を継ぐと協議した場合には母の姓と本を継ぐ。

第５条（親生父母の家族関係登録簿についての記録）　①　市（区）・邑・面の長は親生父母の家族関係登録簿の子女欄から親養子入養された子女を抹消し，家族関係証明書に現出させないようにしなければならない。

②　第１項の抹消事由は一般登録事項欄に記録し，親養子入養関係証明書に現出させるようにしなければならない。

第６条（養父母の家族関係登録簿についての記録）　①　市（区）・邑・面の長は親養子入養をした養父母の家族関係登録簿に親養子入養事由を記録し，親養子の姓名等の特定登録事項を記録し家族関係証明書には親養子が子女と，親養子入養関係証明書には親養子と現出させるようにしなければならない。

②　親養子入養事由は親養子入養関係証明書に現出させるようにしなければならない。

第７条（養子が親養子に入養した場合）　①　「民法」第866条から第882条の２までに従い入養（以下「一般入養」という）した養子がさらに親養子に入養された場合には親養子の家族関係登録簿および一般入養をした養父母の家族関係登録簿に入養終了事由を記録し，その事由は入養関係証明書の一般登録事項欄に現出させるようにしなければならない。

②　親養子入養に基づいた入養終了事由を記録するときには，一般入養をした養父母の家族関係登録簿の子女欄及び養子欄から親養子に入養された子女を抹消し家族関係証明書に現出させないようにしなければならない。さらに養子の家族関係登録簿から親生父母と一般入養の養父母の特定登録事項を抹消し，親養子入養の養父母の姓名等の特定登録事項を記録する。

③　親生父母の家族関係登録簿及び親養子入養をした養父母の家族関係登録簿についての記録は第５条と第６条に従う。

④　一般入養された養子が親養子に入養がなされた場合に，親養子の家族関係登録簿は第３条と第４条に従って再作成しなければならず，再作成時に入養事項に関する記録も移記してはならない。

第３章　親養子入養の罷養及び取消

第８条（罷養申告）　「民法」第908条の５に従って罷養の裁判が確定した場合，訴えを提起した者は裁判の確定日から１か月以内に裁判書の謄本及び確定証明書を添付して罷養申告をしなけ

ればならない。

第９条（親養子の家族関係登録簿についての記録）　①　第８条の親養子の罷養申告がある場合，市（区）・邑・面の長は親養子の家族関係登録簿に罷養事由を記録し，親養子入養に基づいた養父母を抹消し親生父母の姓名等の特定登録事項を復活記録しなければならない。罷養事由は親養子入養関係証明書に現出させるようにしなければならない。

②　罷養された親養子の閉鎖された家族関係登録簿に認知，親権，未成年後見，姓本変更，家族関係証明書の親生父母の訂正事項の記録がある場合には移記してはならない。ただし，親養子が罷養申告当時に未成年の場合には，親権終了及び未成年後見終了の記録は移記した後に親権者，未成年後見人又はその任務代行者を指定するか選任する裁判を改めてしなければならない。

第10条（罷養された親養子の姓と本）　親養子の罷養申告に従って親養子の姓と本は元来の姓と本に訂正して記録し，親養子に直系卑属や配偶者がいる場合にはその直系卑属の家族関係登録簿に姓・本変更事由を記録し基本証明書に現出させるようにし，配偶者の場合には婚姻事由に配偶者の姓が変更された旨を記録し婚姻関係証明書に現出させるようにする。

第11条（親生父母の家族関係登録簿についての記録）　第８条の親養子の罷養申告がある場合，市（区）・邑・面の長は親生父母の家族関係登録簿に親養子罷養事由を記録し親養子罷養された子女の姓名等の特定登録事項を復活して記録しなければならず，罷養事由は親養子入養関係証明書に現出させるようにしなければならない。

第12条（養父母の家族関係登録簿についての記録）　第８条の親養子の罷養申告がある場合，市（区）・邑・面の長は親養子入養をした養父母の家族関係登録簿に親養子罷養事由を記録し，罷養された親養子を抹消し家族関係証明書に現出しないようにしなければならず，罷養事由は親養子入養関係証明書に現出させるようにしなければならない。

第13条（親養子の罷養と一般入養の復活の場合等）　①　従前の一般入養がなされた状態で親養子入養がなされて親養子入養が罷養された場合，罷養した親養子の家族関係登録簿の養父母欄に一般入養の養父母の姓名等の特定登録事項を復活して記録しなければならず，その事由を一般登録事項欄に記録し入養関係証明書に現出させるようにしなければならない。

②　第１項の場合，一般入養の養父母の家族関係登録簿の養子欄に罷養された親養子の姓名等の特定事項欄を記録しその事由を一般登録事項欄に記録して，入養関係証明書に現出させるようにしなければならない。

③　第１項と第２項にもかかわらず，親養子罷養の場合に親養子入養前の養父母と親入養の養父母が同一の場合には，親生父母との親族関係だけを復活記録してはならない。

第14条（準用）　第９条から第13条までは親養子入養取消申告の場合に準用する。ただし，第13条第３項はその限りでない。

第４章　親養子入養関係証明書の発給

第15条（親養子入養関係証明書の交付制限）　①　親養子入養関係証明書の発給に関する事務処理手続については「登録事項別証明書の発給等に関する事務処理指針」第３条を準用する。
（2008.06.08. 例規278‐２号で一部改正）

第５章　閉鎖登録簿の記録に関する特例

第16条（閉鎖登録簿についての記録）　死亡・不在（失踪）申告の事由で登録簿が閉鎖され，それ以後登録簿が閉鎖された者の子女が親養子入養されていた場合には，その閉鎖登録簿に親養子入養され子女が抹消された事由を記録しなければならない。

第６章　親養子の家族関係登録簿の再作成に関する特例

第17条（再作成）　親養子入養した子女の家族関係登録簿の記録事項を本例規と異なって移記した場合，市・邑・面の長は別紙書式に従い監督法院から再作成の承認を受けた後本例規に従い再作成をしなければならない。

附　則（2007.12.10. 例規137号）本例規は2008年１月１日から施行される

附　則（2008.06.18. 例規278号）

附　則（2008.11.03. 例規291号）

Ⅰ　巻末資料

附　則（2013.06.07.例規373号）本例規は2013年7月1日から施行する。

⑸　2015.01.08.例規414号「子女の姓と本に関する家族関係登録事務処理指針」

第1章　総則　（略）
第1条（目的）
第2条（子女の姓と本の原則）
第2章　父母が婚姻申告時に母の姓・本を継ぐと協議した場合
第3条（父母が婚姻申告時に協議した場合）　①　父母（父又は母が外国人の場合を含む）が婚姻申告時「民法」第781条第1項ただし書に従い子が母の姓と本を継ぐと協議した場合には，第2条第1項にかかわらず子女は母の姓と本を継ぐ。婚姻申告時に協議しなかった夫婦が離婚後に同一の当事者で再び婚姻する場合にも「民法」第781条第1項ただし書に従って協議ができる。
②　第1項の協議はその協議以後に協議当事者の間で生まれたすべての子女について効力があり，協議当事者が離婚後に同一の当事者で再婚して再び婚姻申告をする場合にも効力がある。
③　第2項の規定にかかわらず出生申告が第1項の協議のある婚姻申告と同時に受付けられた場合にはその子女についても協議の効力が及ぶ。
第4条（協議書の提出及び受付等）　①　第3条第1項の協議があった場合には別紙1様式による協議書を作成し市（区）・邑・面の長に提出しなければならない。
②　第1項による協議書は婚姻申告時に提出できるが，婚姻申告以後には上記協議書は提出できない。
③　婚姻申告時に第1項による協議書を提出する場合，婚姻申告の受理以後には婚姻当事者の合意でその協議内容を撤回できない。
④　婚姻の当事者が婚姻申告時にその間の子女の姓と本について各子女毎に継ぐ姓と本を異なる協議（例：最初の子女は母の姓と本に，二人目の子女は父の姓と本に協議する場合等）をして協議書を提出した場合にはその協議書を返却し，当事者をして父又は母いずれか一つの姓と本を継ぐように統一させて提出させるようにして，その補完された協議書に従い受付・処理しなければならない。
⑤　第1項の協議書が提出された場合に，その協議書は婚姻申告と別に受付し家族関係登録文書件名簿に記録すると同時に特定申告書類等の受付帳に記録し，婚姻申告書に仮綴して保存する。
第5条（出生申告時の事務処理手続）　①　第4条に協議書を提出した場合，父又は母はその子女の出生申告をするときには，出生申告書に「家族関係の登録等に関する法律」第44条第2項第5号（「民法」第781条第1項ただし書に従い婚姻申告時母の姓と本を継ぐ協議をした場合その旨）の事項を記載しなければならず，出生申告書を受付した家族関係登録公務員は電算情報処理組織上の特種申告書類等の受付帳を検索して協議当事者及び協議内容と受付けた出生申告書に記載された内容を綿密に対照・確認しなければならない。
②　「民法」第781条第1項ただし書による協議書を提出しないで婚姻申告をした当事者が出生申告時に初めて母の姓と本を継ぐとの協議書を作成して提出した場合，それは有効な協議とは看做されないのでそのような協議書及び協議書の旨による出生申告を受理してはならない。
第6条（親養子入養と子女の姓と本）　①　夫婦が「民法」第781条第1項ただし書に従い婚姻申告時に子女の姓と本を母の姓と本に継がせると協議した後に親養子入養をする場合，その親養子の入養と本に関する事務処理は第3条第1項及び第5条第1項を準用する。
②　第1項の場合に親養子入養を申告する者は，養父母の婚姻申告時に子女の姓と本を母の姓と本に継がせると協議していたかに関して申告書に記載しなければならない。
第7条（証書謄本提出による婚姻申告）　①　「国際私法」第36条に従い外国の方式により婚姻が許容されその外国の方式に従って婚姻が有効に成立した後，その外国で作成された婚姻証書の謄本を提出して韓国で婚姻申告をする場合，婚姻申告書に子女が母の姓と本を継ぐとの協議をしたときにもその子女の姓と本は母の姓と本を継ぐ。

602

Ⅰ　巻末資料

② 　第１項に関しては第３条から第６条までを準用する。
第３章　婚姻外の子が認知された場合
第８条（婚姻外の子が認知された場合）　① 　婚姻外の子が認知された場合には父の姓と本を継ぐ。ただし，認知申告時に父母の協議によって従前の姓と本を継続して使用するものとする別紙２様式の協議書を提出した場合には従前の姓と本をそのまま使用できるが，その場合子女の家族関係登録簿には従前の姓と本を維持した旨を記録しなければならない。
② 　父母が協議できないか協議が調わなかった場合には子女は「家事訴訟法」第２条第１項ㄴ(ナ)目⑴第４号の２に従い法院の許可を得て従前の姓と本を継続使用できる。
③ 　第２項の場合，市（区）・邑・面の長は子女の家族関係登録簿の子女の姓と本を認知申告の効力により「民法」第781条第１項本文により一旦父の姓と本に変更・記録しなければならず，その後に従前の姓と本継続使用許可審判書謄本及び確定証明書を添付して姓・本継続使用申告があった場合に，父の姓と本に記録した子女の姓と本を再び従前の姓と本に変更・記録する。
第９条（証書謄本提出による認知申告の場合）　① 　「国際私法」第41条に従い外国の方式による認知が許容され，その外国で韓国人父が韓国人の婚姻外の子を認知して外国で認知が成立した後，その外国で作成された認知証書の謄本を提出して韓国で認知申告をする場合にも従前の姓と本を継続使用するとする内容の協議書を韓国における認知申告時に提出したときには従前の姓と本をそのまま使用できるが，その場合子女の登録簿には従前の姓と本を維持する旨を記録しなければならない。
② 　父母が協議できないか協議が調わない場合には第８条第２項から第３項までを準用する。
第10条（協議書等の提出による事務処理）　第８条第１項及び第９条第１項に従って協議書が提出された場合に，家族関係登録公務員は第４条第５項に準じて事務を処理し，第８条第３項及び第９条第２項による審判書を添付した姓・本継続使用申告書が提出されたときには家族関係登録事務事件受付帳に記録すると同時に特定申告書類等の受付帳に記録しなければならない。
第４章　父母の一方が外国人の場合
第11条（父が外国人の場合）　① 　婚姻外出生子の父が外国人で母が大韓民国国民の場合，その子女は母の姓と本を継ぐ。
② 　婚姻中の出生子の父が外国人で母が大韓民国国民の場合，第２条第１項にかかわらず第３条によらないで，「民法」第781条第２項に従いその子女は母の姓と本を継ぐことができる。
③ 　第２項に従い出生申告当時に申告義務者が適法な手続に従い出生子の姓と本を母の姓と本に決定して申告していれば，それ以後は子女が親養子入養するか第５条の手続によらない限りそれを変更することはできず，外国人の父が帰化等を原因として大韓民国国籍を取得した事実又はその後に姓・本を創設した事実に影響を受けない。ただし，その場合に子女の姓を決定することは，父又は母が親権者の立場から親権を行使する範囲にあり親権は民法に従い行使すべきであるから，万一父母の一方が他方の意思に反してその子女の姓を決定して出生申告をしていれば「家族関係登録等に関する法律」第104条に従って管轄家庭法院の許可を得てそれを訂正することができる。
④ 　第２項に従い母の姓と本を継ぐとの決定の効力は母の姓と本を継ぎ出生申告された当該子女に限定される。
第12条（外国人父が婚姻外の子を認知した場合）　外国人の父が韓国人の婚姻外の子を認知した場合にその子女の姓と本に関しては第８条から第10条までの規定を準用する。
第13条（母が外国人の場合）　韓国人父と外国人母の間の婚姻中の子及び父から胎児認知された子女の姓と本を定める手続に関しては第２条から第10条までの規定を準用する。
第５章　子女の福利のための子女の姓と本の変更
第14条（子女の福利のための姓と本の変更）　① 　第２条から第13条までの規定にかかわらず，子女の福利のために子女の姓と本を変更する必要があるときには「民法」第781条第６項に従って父，母又は子女の請求によって法院の許可を得てそれを変更できる。ただし，子女が未成年者で法定代理人が請求できない場合には「民法」第777条に従い親族又は検事が請求する

603

I　巻末資料

ことができる。
② 　婚姻申告前に出生申告され認知等で父の姓と本を継いでいる子女を第3条の協議によって母の姓と本を使用している子女と同一の姓と本を継ぐようにするためには第1項の手続による。
第15条（姓と本の変更手続）　①　第14条に従い子女の姓と本を変更する場合には「家事訴訟法」第2条第1項ナ目(1)第4号の3に従い子女の姓と本を変更する内容の家庭法院の姓・本変更許可審判書及び各位証明書を添付して姓・本変更申告をしなければならない。
② 　第1項の場合，裁判を請求した当事者は申告書に変更前の姓と本，変更した姓と本，裁判確定日を記載して裁判確定日から1か月以内に姓・本変更申告をしなければならず，それを受理した家族関係登録公務員は子女の姓と本を審判書の趣旨のまま変更・記録しなければならない。
　　附　則（2007. 12. 10. 第101号）本例規は2008. 1. 1. から施行する。
　　附　則（2013. 06. 07. 第387号）本例規は2013. 7. 1. から施行する。
　　附　則（2014. 05. 16. 第394号）本例規は2014. 6. 1. から施行する。
　　附　則（2015. 01. 08. 第414号）
第1条（施行日）　本例規は2015年2月1日から施行する。
第2条（他の例規の廃止）　家族関係登録例規第44号，第102号，第106号は本例規施行と同時に廃止する。

[別紙1]　　　　　　　　　　　　　　協議書
父 の 姓 名
登録基準地
住　　　　所
母 の 姓 名
登録基準地
住　　　　所
　上記父と母の間で産まれたすべての子女の姓と本を母の姓と本に定めると協議しました。
　　　　　　　　　　　　　　　父　　　　　　　　　・（署名）
　　　　　　　　　　　　　　　母　　　　　　　　　・（署名）
　添付：
1．提出人の身分を確認できる住民登録証（運転免許証，旅券，公務員証等）写し　各1部
2．出席しない婚姻当事者の一方又は双方の印鑑証明書，署名に対する公証書　　　1部
＊留意事項
1．婚姻当事者の一方又は双方が不出席の場合，出席しない当事者の印鑑証明書又は署名に対する公証書を必ず添付しなければならない。
2．他人の署名又は印章の盗用等で虚偽の協議書を作成して提出する場合には「刑法」第231条から第237条の2までの規定に従って5年以下の懲役又は1千万ウォン以下の罰金刑に処せられる。

[別紙2]　　　　　　　　　　　　　　協議書
父 の 姓 名
登 録 基 準 地
住　　　　　所
母 の 姓 名
登 録 基 準 地
住　　　　　所
被認知者の姓名
登 録 基 準 地
住　　　　　所

I　巻末資料

上婚姻外の子（被認知者）の姓と本を認知前の姓と本で継続使用することを協議しました。

　　　　　　　　　　　　父　　　　　　　　　・（署名）
　　　　　　　　　　　　母　　　　　　　　　・（署名）

添付：
1．提出人の身分を確認できる住民登録証（運転免許証，旅券，公務員証等）写し各1部
2．出席しない婚姻当事者の一方又は双方の印鑑証明書，署名に関する公証書　1部
＊留意事項
1．父母の一方又は双方が不出席の場合，出席しない当事者の印鑑証明書又は署名に対する公証書を必ず添付しなければならない。
2．他人の署名又は印章の盗用等で虚偽の協議書を作成して提出する場合には「刑法」第231条から第237条の2までの規定に従って5年以下の懲役又は1千万ウォン以下の罰金刑に処せられる。

(6)　2015. 01. 08. 例規418号「重婚に関する家族関係登録事務処理指針」

　重婚は，婚姻の無効事由ではなく取消事由に過ぎないので（「民法」第816条，第810条），止むをえない事由で重婚関係が成立していれば，その後の婚姻が取り消されない限り有効な婚姻なので，それと関連する家族関係登録事務は本指針により処理する。

1．重婚関係が成立する各類型別家族関係登録事務処理手続

ガ．二重の婚姻申告が受理された場合

(1)　家族関係登録公務員の誤りで二重の婚姻申告を受理した場合
　　婚姻中の男子（女子）がさらに女子（男子）と行った婚姻申告が誤って受理された場合には，新たな婚姻申告を受けたときの様に男子（女子）の家族関係登録簿の一般登録事項欄に後婚の事由を記録する。

(2)　後婚の婚姻申告が先に記録された後前婚についての婚姻証書が提出された場合と，前婚が先に記録された後，後婚についての婚姻証書が提出された場合でも，上1.ガ.(1)の様に処理する。

ナ．協議婚姻後に他の者と再婚をしていたがその協議離婚が無効又は取り消された場合

　協議離婚をした後，その当事者が再婚をしていたが，その協議離婚が無効であるかその後に取り消されたときには，従前の婚姻関係は最初から解消されていないので，そのときには重婚関係が成立することになる。

(1)　協議離婚後男子だけが再婚をした場合
　　協議離婚の無効又は取消判決による登録簿訂正申請によって夫及び妻の家族関係登録簿の一般登録事項欄に記録された離婚事由をそれぞれ抹消し，両者の家族関係登録簿の特定登録事項欄に抹消された配偶者の姓名・出生年月日等をそれぞれ復活記録する。

(2)　協議離婚後女子だけが再婚をした場合及び協議離婚後男子・女子がそれぞれすべて再婚した場合
　　この場合でも，上1.ナ.(1)のように処理する。

ダ．配偶者の一方が失踪宣告を受け婚姻関係が解消した後，残存配偶者が再婚をしたがその後にその失踪宣告が失踪者の生存を原因にして取り消された場合，重婚関係の成立の可

否と家族関係登録簿の整理手続

(1)　前婚関係は復活しないものと解する。よって，原則的にその場合には重婚関係は成立しないことになる。残存配偶者が失踪宣告の取消前に再婚をした場合には，一旦再婚当事者が全て善意と推定し失踪宣告が取り消されても前婚関係は復活しないものとして処理する。

　　①　失踪者が妻の場合
　　　　婚姻中にある妻について失踪宣告があった後，残存配偶者の夫が再婚をしたが，その後に前妻についての失踪宣告が取り消された場合には，失踪宣告取消申告によって失踪していた者（妻）の家族関係登録簿を復活するが，前婚事由は移記しないこととし，夫の家族関係登

605

Ⅰ　巻末資料

録簿の一般登録事項欄に記録されている前婚関係解消事由も抹消しない。

②　失踪者が夫の場合

　　婚姻中にある夫について失踪宣告があった後，残存配偶者の妻が再婚をしたが，その後に前夫についての失踪宣告が取り消された場合には，失踪宣告取消申告によって失踪していた者（夫）の家族関係登録簿を復活するが，前婚事由は移記しないこととし，再婚した前妻の家族関係登録簿の一般登録事項欄に何らの記録もしない。

(2)　例外的に重婚関係が成立する場合とその家族関係登録簿の整理手続

①　失踪者が妻の場合

　　登録簿訂正申請によって復活記録した失踪していた者（前妻）の家族関係登録簿の一般登録事項欄に前婚事由を記録し，特定登録事項欄に前配偶者の姓名・生年月日等を記録する。さらに，夫の家族関係登録簿の一般登録事項欄に記録されている前婚関係解消事由を抹消し，特定登録事項欄に抹消した配偶者の姓名・出生年月日等をそれぞれ復活記録する。

②　失踪者が夫の場合

　　登録簿訂正申請によって復活記録した失踪していた者（前夫）の家族関係登録簿の一般登録事項欄に前婚事由を記録し，特定登録事項欄に前配偶者の姓名・生年月日等を記録する。さらに，再婚した前妻の家族関係登録簿の一般登録事項欄に記録されている前婚関係解消事由を抹消し，特定登録事項欄に抹消した配偶者の姓名・出生年月日等をそれぞれ復活記録する。

２．重婚の解消と家族関係登録事務処理手続

가．後婚の取消と後婚関係が解消された場合

(1)　男子が重婚の場合，後婚の取消判決が確定しその婚姻取消申告が受理されたときには，夫の一般登録事項欄に後婚の取消事由と後婚の妻の家族関係登録簿の一般登録事項欄に婚姻取消事由をそれぞれ記録し，両者の家族関係登録簿の特定登録事項欄の後婚配偶者の姓名・出生年月日等をそれぞれ抹消する。

(2)　女子が重婚の場合，後婚の取消判決が確定しその婚姻取消申告が受理されたときには，一般登録事項欄に後婚の夫との取消事由と後婚の夫の家族関係登録簿の一般登録事項欄に婚姻取消事由をそれぞれ記録し，両者の家族関係登録簿の特定登録事項欄の後婚配偶者の姓名・出生年月日等をそれぞれ抹消する。

나．後婚関係が離婚によって解消した場合

後婚関係が離婚によって解消しその離婚申告書が受理されたときには，上「가」の各手続に従い処理するが，婚姻取消事由の代わりに離婚事由を記録すればよい。

다．前婚関係が離婚によって解消した場合

(1)　男子が重婚の場合前婚に関する離婚申告書が受理されたときには，夫の一般登録事項欄に前婚の離婚事由を記録し前婚の妻の一般登録事項欄には離婚事由を記録するが，両者の家族関係登録簿の特定登録事項欄に記録された前婚配偶者の姓名・出生年月日等をそれぞれ抹消する。

(2)　女子が重婚の場合前婚についての離婚申告書が受理されたときには，女子の一般登録事項欄に前婚の離婚事由を記録し前婚の夫の一般登録事項欄には離婚事由をそれぞれ記録し，両者の家族関係登録簿の特定登録事項欄に記録された前婚配偶者の姓名・出生年月日等をそれぞれ抹消する。

라．重婚者が死亡した場合

重婚の当事者が死亡した場合には，前婚，後婚関係すべてが解消されるので，重婚者の死亡申告が受理されたときは，重婚者の一般登録事項欄に死亡事由を記録し家族関係登録簿を閉鎖し，重婚者の各相手方の一般登録事項欄に重婚者の死亡事由を記録し，特定登録事項欄の配偶者欄に重婚者の配偶者の姓名の横に 사망 （死亡）と表示する。

마．重婚者の相手方が死亡した場合

重婚者の相手方が死亡しその死亡申告が受理されたときに死亡した者の一般登録事項欄に死亡事由を記録し併せて重婚者の一般登録事項欄に配偶者の死亡事由を記録し，特定登録事項欄の配

I 巻末資料

偶者欄に記録された死亡した配偶者の姓名の横に ┌사망┐（死亡）と表示する。
3．民法施行前に成立した重婚の効力
가．民法施行（1960．1．1．）前の重婚は旧慣習法によって当然無効である。
나．しかし，旧法当時の重婚であっても新法施行当時までその婚姻（後婚）無効審判が無ければ，その婚姻の効力に関しては「民法」附則（1958．2．22．公布第471号）第18条により新法の適用を受けなければならない。従って，重婚は「民法」第810条及び第816条により婚姻取消事由に該当するので，前婚者（本妻）と協議離婚が成立した場合には，重婚による取消事由が解消される。
　　附　則（2007．12．10．例規155号）本例規は，2008年1月1日から施行する。
　　附　則（2015．01．08．例規418号）
第1条（施行日）　本例規は，2015年2月1日から施行する。
第2条（他の例規の廃止）　家族関係登録例規第157号は，本例規施行と同時に廃止する。

(7) 2015. 01. 08. 例規419号「外国法院の離婚判決による家族関係登録事務処理指針」

1．外国法院の離婚判決は「民事訴訟法」第217条が定める条件を具備する限りわが国でもその効力がある。
2．第1項の外国判決による離婚申告は，我が国判決による離婚申告と同様に「家族関係の登録等に関する法律」第78条，第58条による手続に従うが，その申告にはその判決の正本又は謄本と判決確定証明書，敗訴した被告が訴状又はそれに準ずる書面及び期日通知書や命令を適法な方式により防御に必要な時間的余裕を置いて送達されたか（公示送達やそれに似た送達による場合を除く），送達されなかったとしても，訴訟に応ずる書面（判決の正本又は謄本によって以上が明白でない場合に限る）及び上各書類の翻訳文を添付しなければならない。ただし，外国（例：オーストラリア）法院の正本又は謄本とその確定判決書に代えて離婚証明書発給した場合にはその証明書を添付することができる。
3．第2項による離婚申告が提出された場合，家族関係登録公務員は離婚申告に添付された判決の正本又は謄本によって当該外国判決が「民事訴訟法」第217条が定める各条件を具備しているかどうかを審査しそれを受理するかを決定しなければならないところ，その条件の具備が明白でないか，次の各号に該当する場合には，必ず関係書類全部を添付して監督法院に質疑してその回答を受け処理しなければならない。
　가．外国判決が確定しているかどうかが明らかでない場合
　나．送達が適法かどうか明らかでない場合
　다．外国法院の判決手続が進行した当時被告が当該外国に居住していない場合
　라．その他外国判決の効力が疑わしい場合
4　次の場合には，第3号にもかかわらず監督法院の質疑を要しない。
　가．外国判決の被告である大韓民国国民が当該外国判決による離婚申告に同意するか自ら離婚申告をした場合
　나．外国法院の離婚判決に対して「民事執行法」第26条及び第27条による執行判決を受けた場合
　　附　則（2007．12．10．例規173号）本例規は，2008年1月1日から施行する。
　　附　則（2015．01．08．例規419号）
第1条（施行日）　本例規は2015年2月1日から施行する。
第2条（他の例規の廃止）　家族関係登録例規第174号は本例規の施行と同時に廃止する。

(8) 2015. 01. 08. 例規427号「身分関係を形成する国際身分行為をする際に身分行為の成立要件具備の証明手続に関する事務処理指針」（抄）

　身分関係を形成する国際身分行為をする際に身分行為の成立要件具備有無の証明手続に関しては別に他の例規で定めている事項を除いては本指針に従い処理しなければならない。

Ⅰ　巻末資料

1．韓国人と外国人間又は韓国人間で外国でその国の方式によって身分関係を形成する身分行為をする場合，韓国人の当該身分行為成立要件具備証明書の発給
　　가．事件本人である韓国人は，当該身分行為の成立要件具備証明書の発給を別紙第1号書式によって登録基準地の市（区）・邑・面の長に請求するか登録事項別証明書を添付して登録基準地を管轄する地方法院長（支院長）又は居住地管轄の在外公館（大使，領事，公使）に請求することができる。
　　나．上記「가」の請求を受けた市（区）・邑・面の長，地方法院長又は在外公館の領事等は，登録事項別証明書によって事件本人の当該身分行為についての成立要件が具備しているかを審査した後に法律的障害がないと判断した場合には，別紙第2号又は第3号書式による証明書を発給する。
　　다．上記「가」の請求書は閲覧及び証明請求受付簿に受付し「나」の証明書を発給した場合にはその写し1部とともに家族関係登録民願請求書編綴帳に編綴する。
2．韓国人と外国人間又は外国人間で韓国で韓国法の方式に従い身分関係を形成する身分行為をする場合，外国人の当該身分行為の成立要件が具備しているかの証明
　　가．事件本人である外国人が当該身分行為の準拠法とその身分行為当事者との関連を証明する書面（別表参照）及びその準拠法所属国の権限のある機関（当該国家の官公署，在外公館）が発給した当該身分行為の成立要件を具備しているとの証明書を家族関係登録申告書に添付すれば，市（区）・邑・面の長はその要件を具備したものとみなし，その申告書を受理しなければならない。このときその身分行為の準拠法が韓国法であれば上記身分行為の成立要件具備証明書は添付する必要がない。
　　나．外国人がその準拠法上上記「가」の証明書制度が存在しないためにそのような証明書を申告書に添付できない場合には，準拠法所属国の韓国駐在在外公館の領事等の面前で事件本人が宣誓した宣誓書（当該身分行為をする際に準拠法上何らの法律的障害もない旨を具体的に明示して宣誓し在外公館の領事等がそれを証明又は署名した書面）を提出して上記「가」の証明書に代えることができる。
　　다．外国人が上記「가」の証明書若しくは「나」の証明書を添付できない場合（例えば，外交関係がない国家の国民の場合）には，それら書面等を得る事が出来ない旨と準拠法による当該身分行為の実質的成立要件を具備している旨を記載した書面の公証を受け提出するとともに準拠法所属国の権限ある機関から発給された身分関係を証明する書面（例：出生証明書，旅券の写し等）又は外国人登録証明書（外国人登録簿に記載されている身分関係事項を併せて記述）を添付させることにし，それら資料によって準拠法上の当該身分行為の成立要件を具備しているかを審査した後にその受理の適否を決定する。
　　라．上記「다」の公証書面は準拠法上当該身分行為の要件をすべて具備していることを要件別に具体的に記載したものでなければならず，単に「この身分行為をする際に準拠法上のすべての要件を具備している」と形式的，抽象的に記載しただけでは充分とは言えない。
3．常居所の認定
　　常居所とは事実上の生活の中心地で一定の期間持続した場所をいうところ，常居所地法を国際身分行為の準拠法にしようとする場合には，次の基準によって常居所かどうかを判断することができる。
가．我が国における常居所の認定
(1)　事件本人が韓国人の場合
　　事件本人の住所が国内にある場合には外国に常居所があるものと判明しない限り我が国に常居所があるものとみなす。また，事件本人が国外に転出しその住民登録が抹消された場合でも出国日から1年以内であれば，我が国に常居所があるものとみなし，出国日から1年以上5年以内であれば3．の나．(1)のただし書によって常居所が認められる場合を除いて我が国に常居所があるものとみなすことができる。
(2)　事件本人が外国人の場合

608

Ⅰ　巻末資料

事件本人が我が国で滞留する期間及び「出入国管理法」第10条の滞留資格（「出入国管理施行令」別表参照）に従い次のように処理し，その滞留期間及び滞留資格は外国人登録証及び旅券等を資料に判断する。

(가)　次は，我が国に常居所があるものとして処理する。
①　我が国で出生した外国人で出国したことがない者
②　滞留資格が「居住」の外国人で１年以上継続して滞留している者
③「出入国管理法」第31条の外国人登録をした外国人（長期滞留者），その配偶者及び未成年の子女で５年以上継続して滞留している者（ただし，②の要件対象者は除く）

(나)　次は我が国に常居所がない者として処理する。
①　駐韓外交使節，駐韓米軍，短期滞留者等「出入国管理法」第31条ただし書の外国人登録が免除されている者
②　不法入国者及び不法滞留者

나.　外国における常居所の認定
(1)　事件本人が韓国人の場合
　　事件本人が当該国家で適法に５年以上継続して滞留している場合にはその国家に常居所があるものとする。ただし，事件本人が，①複数国籍者の場合に我が国以外の国籍国，②永住資格を有する国家，③配偶者又は未成年の養子で滞留している場合には，その外国人配偶者又は養親の国籍国で１年以上継続して滞留していればその滞留国家に常居所があるとする。
(2)　事件本人が外国人の場合
　　事件本人の国籍国における常居所の認定に関しては３.の가.(1)に準じて処理し，国籍国以外の国家における常居所の認定に関しては３.の가.(2)に準じて処理する。

４．最密接な関連がある地の認定
　　最も密接な関連がある地の法を国際身分行為の準拠法にしようとする場合，当該場所が身分行為当事者と最も密接な関連がある地かどうかは，具体的状況において当事者の滞留期間，滞留目的，家族関係，勤務関係等の関連要素を総合的に考慮して判断すべきで，その判断が難しいときには監督法院に質疑してその回答を受けて処理する。

　　附　　則（2007.12.10.例規33号）本例規は2008年１月１日から施行する。
　　附　　則（2015.１.８.例規427号）本例規は，2015年２月１日から施行する。

［別紙第１号書式］国際身分行為の成立要件具備証明書の発給申請書　（略）
［別紙第２号書式］証明書　（略）
［別紙第３号書式］証明書　（略）

［別表］国際身分行為別　準拠法及びその添付書面

国際身分行為	準拠法	添付書面	備　　考
婚姻	各当事者の本国法	○各当事者の国籍を証明する書面（例：戸籍謄本，出生証明書，旅券写し，登録事項別証明書　等）	
	１．夫婦の同一本国法	○夫婦の国籍を証明する書面	
	２．夫婦の同一の常居所地法	○夫婦の国籍を証明する書面 ○夫婦の常居所を証明する書面（例：住民登録謄本，住民登録写し，在外国民登録簿謄本，国内居所申告証明し，外国人登録事実証明，外国人登録証　等）	夫婦の国籍が異なるときだけ該当

609

I　巻末資料

離婚	３．夫婦と最も密接な関係がある地の法	○夫婦の国籍及び常居所を証明する書面 ○夫婦と最も密接な関連がある地であることを証明する書面（例：住民登録謄本，住民登録証写し，在外国民登録簿謄本，国内居所申告証写し，外国人登録事実証明，外国人登録証　等）	夫婦の国籍が互いに異なるか又は常居所も互いに異なるときだけ該当
	※夫婦の一方が大韓民国に常居所がある大韓民国国民である場合には大韓民国法優先規定	○夫婦の一方が韓国人であることを証明する書面 ○夫婦中の韓国人である一方の常居所が韓国にあることを証明する書面	
認知	子女の出生当時母の本国法（認知者が父又は母の場合）	○子女の出生当時の母の国籍を証明する書面	子女が外国人の場合，その子女の本国法が当該身分行為の成立に子女又は第三者の承諾や同意等を要件とする場合には，その要件を備えていることを証明する書面も添付しなければならない。	これら準拠法中から当該身分行為に適用する準拠法を認知当事者が選択することができる。
	認知当時の認知者の本国法又は認知者が認知前に死亡したときには認知者の死亡当時の本国法（認知者が父又は母の場合）	○認知当時認知者の国籍を証明する書面又は ○認知前に認知者が死亡した日時を証明する書面とその死亡当時の認知者の国籍を証明する書面		
	子女の出生当時の父の本国法又は父が子女の出生前に死亡したときには父の死亡当時の本国法（認知者が父の場合）	○子女の出生当時父の国籍を証明する書面又は ○子女の出生前に父が死亡した事実を証明する書面とその死亡当時の父の国籍を証明する書面		
	現在の子女の常居所地法（認知者が父の場合）	○現在の子女の常居所を証明する書面		
入養	入養当時の養親の本国法	○養親の国籍を証明する書面	〃	
罷養	入養当時の養親の本国法	○養親の国籍を証明する書面		
後見	被後見人の本国法	○被後見人の国籍を証明する書面		被後見人が大韓民国に常居所又は居所がある外国人で「国際私法」第48条第2項各号の事由がある場合は除く

610

Ⅰ　巻末資料

⑼　2015. 01. 08. 例規452号「韓国人と外国人間の国際婚姻事務処理指針」
　韓国人と外国人間で婚姻した場合の婚姻申告及びそれに関連する家族関係登録事務は下記のように処理する。
1．韓国で婚姻申告をする場合
가．外国人の婚姻成立要件具備証明書
　⑴　外国人の婚姻成立要件具備証明書は「大法院家族関係登録例規」第33号による。ただし，米国人が軍人の場合の婚姻能力の証明は，米国法によって公証人の職務を行うことができると指名された米軍将校（法務官）が発行したもので，確認当事者の誓約についての証明書を添付してすることができる。
　⑵　中国人が中国の婚姻法で定める婚姻適齢に至らない場合でも，「民法」第807条で定める年齢に至ったときには，婚姻適齢に到達しないことを理由にしてその婚姻申告の受理を拒否できず，婚姻当事者である中国人が満18歳以上の場合にはその父母等の婚姻同意書の添付を要求できない。
나．婚姻申告の手続及び記録方法
　⑴　韓国人が男子の場合
　　　外国人妻の上記1．가．の証明書面を添付して「家族関係の登録等に関する法律」第71条により婚姻申告をすれば，それを受理した市（区）・邑・面の長は，妻が婚姻申告によって韓国の国籍を取得しないので，夫の家族関係登録簿の一般登録事項欄に婚姻事由だけを記録しておき，後に帰化通報があるときに妻の家族関係登録簿を作成する。
　⑵　韓国人が女子の場合
　　　外国人の夫が上記1．「가」の証明書面を添付して家族関係の登録等に関する法律」第71条による婚姻申告をすれば，妻の家族関係登録簿の一般登録事項欄に婚姻事由を記録し，後に妻が外国国籍を取得し韓国国籍を喪失すれば国籍喪失申告等によって妻の家族関係登録簿を閉鎖する。
　⑶　国際的婚姻申告を受理したときには外国人の本国には婚姻申告書を送付してはならない。
2．外国で婚姻した場合
가．添付書面
　⑴　婚姻を行った外国方式によって婚姻が成立したことを証明する書面（婚姻挙行地国の権限のある機関が発行した婚姻証書謄本及びそれについての翻訳文）
　⑵　中国人と婚姻した場合は中国方式によって婚姻が成立したことを証明する書面に中国外交部又は各省，自治区及び直轄市の外事判公室の認証（確認）を受けた書面（駐中韓国公館の領事確認は不要）
나．婚姻申告の手続及び記録方法
　⑴　韓国人が男子の場合
　　　上記2．가．の書面を添付して，その地域を管轄する韓国在外公館の長に提出するか，婚姻をした外国地域が韓国在外公館の管轄に属さないときには，韓国人夫の登録基準地の市（区）・邑・面の長に婚姻証書の謄本を発送しなければならず，それを受け付けた市（区）・邑・面の長は妻が婚姻申告によって韓国の国籍を取得しないので，夫の家族関係登録簿の一般登録事項欄に婚姻事由だけを記録しておき，後に帰化通報があるときに妻の家族関係登録簿を作成する。
　⑵　韓国人が女子の場合
　　　上記2．가．の書面を受け付けた妻の登録基準地の市（区）・邑・面の長は，妻の家族関係登録簿の一般登録事項欄に婚姻事由を記録し，後に妻が外国国籍を取得して韓国国籍を喪失すれば国籍喪失申告等によって妻の家族関係登録簿を閉鎖する。
다．家族関係登録簿整理上の留意事項
　⑴　在外国民と外国人間に婚姻が成立した場合，婚姻証書謄本上の韓国人当事者の姓名と家族関係登録簿上の姓名が一致していなくても同一人であることが確認できればこれを受理する。

611

Ⅰ　巻末資料

(2)　婚姻証書謄本上の婚姻の実質的要件に欠缺があってもその欠缺が婚姻の無効事由に該当しない場合にはこれを受理する。

(3)　婚姻証書謄本に些少の欠缺があってもこれを受理しなければならず，婚姻証書謄本上の外国人当事者の姓名と申告書上に記載された書面が互いに異なるときには婚姻証書謄本によって家族関係登録簿に記録をする。

３．外交関係のない外国国民との婚姻

　　我が国と外交関係がない外国国民との婚姻も，外交関係がある国民と婚姻した場合に準じて処理する。

４．申告書類に疑問のある場合

　　婚姻申告書類に疑問がある場合には監督法院に意見を求めて処理し，特に中国人の書類の真偽かどうか疑問があるときは，書類の写しを添付して外交部領事課や駐中大韓民国大使館にその書類が真正に作成されたものかを照会して処理する。

５．登録事項別証明書の記載例は家族関係登録執務資料集（記載編）参照。

　附　則（2007. 12. 10. 例規161号）本例規は2008年１月１日から施行する。

　附　則（2009. 07. 17. 例規306号）本例規は2009年７月20日から施行する。

　附　則（2015. 01. 08. 例規452号）本例規は2015年２月１日から施行する。

⑽　2016. 02. 17. 例規486号「外国に居住している韓国人の家族関係登録申告手続等に関する事務処理指針」

１．家族関係登録申告の義務及び申告の要否

　가．外国に居住している韓国人は韓国に居住している者と同様に報告の申告事項について「家族関係の登録等に関する法律」による家族関係登録申告の義務を有する。

　나．報告的申告対象である身分変動事実について居住地国の法に従い，その国の官公署等に家族関係登録申告をした場合でも同一の申告事項について「家族関係の登録等に関する法律」上の申告義務が免除されることはない。

　다．申告義務がある報告的申告事項には，出生，死亡のような固有の報告的申告と裁判上の認知申告，裁判上の離婚申告，外国の方式による申告事件についての証書を作成した場合等のような伝来の報告的申告がすべて含まれる。

　라．登録基準地変更のような手続的創設的申告事項と婚姻，入養と認知等のような実体的創設的申告事項で国際私法上その方式の準拠法が韓国法の場合には「家族関係の登録等に関する法律」が定める手続に従いその申告をすることができる。

２．外国にいる韓国人の家族関係登録申告手続

　가．申告場所

　　(1)　外国に居住している韓国人は，居住している地域に在外公館が設置されている場合でも申告事件本人の登録基準地の市（区）・邑・面の長又は「家族関係の登録等に関する法律」第４条の２の在外国民家族関係登録事務所の家族関係登録官（以下「家族関係登録官」という）に直接郵便の方法で提出するか，帰国して登録基準地又は現在地の市（区）・邑・面又は在外国民家族関係登録事務所に提出する方法で家族関係登録申告（報告的，創設的申告を含む）を行うことができる。

　　(2)　外国に居住している韓国人は，その地域を管轄する在外公館の長又は在外公館に勤務する家族関係登録官に家族関係登録申告を行うことができるが，他の地域を管轄する在外公館の長又は在外公館に勤務する家族関係登録官に家族関係登録申告を行うことはできない。

　나．証書の謄本提出方式による家族関係登録簿の記録手続

　　(1)　証書の謄本提出方式によって家族関係登録簿に記録を行うことができる場合は，外国に居住している韓国人がその居住地国の方式によって実体的な創設的身分行為（婚姻，入養，認知，離婚と罷養等）を行って身分行為が成立する場合に限って可能である。

　　(2)　外国に居住している韓国人間又は韓国人と外国人間でその居住地国の方式によって身分

612

Ⅰ　巻末資料

　　　行為を行うことができるのは，国際私法上その身分行為の方式の準拠法で行為地法を適用
　　　できる場合をいう。
　　(3)　証書の方式は国により相違し多様であるが，官公署等の一定の権限を有する者がその身
　　　分行為が成立した事実を証明した書面があれば，その名称にもかかわらず認定される。
　　(4)　証書の謄本は，身分行為当事者1名がその地域を管轄する在外公館の長や事件本人の韓
　　　国人の登録基準地の市（区）・邑・面の長又は家族関係登録官に郵便の方法を利用するか
　　　直接提出することもできる。
　다.　外国に居住する韓国人が，居住地方式でその官公署等に身分変動事項に関する報告的申告
　　をした場合の家族関係登録申告手続
　　(1)　居住地国の法が定める方式によりその国の官公署等で行った身分変動事項についての報
　　　告的申告は，「家族関係の登録等に関する法律」による有効な家族関係登録申告と看做さ
　　　れないので，別に家族関係登録申告をしなければならない。
　　(2)　外国に居住している韓国人が，身分変動事項について居住地国の方式により報告的申告
　　　を行った後にその「受理証明書」等を交付された場合でも，上記「나」項の証書の謄本提
　　　出方式による家族関係登録簿の記録はできない。
　　(3)　外国に居住している韓国人が，出生，死亡等のような報告的申告（固有の意味）を行う
　　　場合には，家族関係登録申告書に添付すべき出生証明書や死亡証明書等に代えてその居住
　　　地国の方式よって申告した事実を証明する書面（例：受理証明書等）を添付することがで
　　　きる。
　　(4)　外国に居住している韓国人が，外国法院の確定判決を得て裁判上の離婚申告，裁判上の
　　　認知申告のような報告的申告（伝来の意味）を行う場合，居住地国の方式によって申告し
　　　た事実を証明する書面では家族関係登録申告書に添付すべき確定判決と執行判決に代える
　　　事はできない。
　附　　則　（2007. 12. 10. 例規30号）本例規は2008年1月1日から施行する。
　附　　則　（2015. 06. 10. 例規466号）本例規は2015年7月1日から施行する。
　附　　則　（2016. 02. 17. 例規486号）本例規は2016年3月1日から施行する。

⑾　2016. 11. 25. 例規491号「登録事項別証明書の書式に関する例規」

第1条（目的）　本例規は「家族関係の登録等に関する規則（以下，「規則」という）」第21条に
より「家族関係の登録等に関する法律（以下，「法」という）」及び規則の施行に必要な登録事
項別証明書の書式を定めることを目的とする。
第2条（登録事項別証明書の書式）　法及び施行に必要な登録事項別証明書の書式は，別紙書式
の通りとする。

書式目録

書式番号	名　　称	関連法令	備　　考
1	家族関係証明書（一般）	法第15条第2項第1号	
2	基本証明書（一般）	法第15条第2項第2号	
3	婚姻関係証明書（一般）	法第15条第2項第3号	
4	入養関係証明書（一般）	法第15条第2項第4号	
5	親養子入養関係証明書（一般）	法第15条第2項第5号	
6	家族関係証明書（詳細）	法第15条第3項第1号	
7	基本証明書（詳細）	法第15条第3項第2号	
8	婚姻関係証明書（詳細）	法第15条第3項第3号	
9	入養関係証明書（詳細）	法第15条第3項第4号	
10	親養子入養関係証明書（詳細）	法第15条第3項第5号	

I　巻末資料

[別紙　第1号書式]

家族関係証明書（一般）

登録基準地　ソウル特別市永登浦区ヨンヘン路1234

区分	姓名	出生年月日	住民登録番号	性別	本
本人	キムボニン（金本人）	1975年01月01日	（略）	男	金海

家族事項

区分	姓名	出生年月日	住民登録番号	性別	本
父	キムヤンプ（金養父）	1953年01月01日	（略）	男	金海
母	イヤンモ（李養母）	1954年01月01日	（略）	女	全州
配偶者	パクヨイン（朴女人）	1978年01月01日	（略）	女	密陽
子女	ユンヤンジャ（尹養子）	2009年01月01日	（略）	女	坡平
子女	キムチュンサム（金中三）	2012年01月01日	（略）	男	金海

上記家族関係証明書（一般）は家族関係登録簿の記録事項と相違ないことを証明する。

年　月　日
○○市（邑・面）長　○　○　○　　職印

※上記証明書は「家族関係の登録等に関する法律」第15条第2項による登録事項を現出した一般証明書である。

[별지 제1호 서식]

가족관계증명서(일반)

등록기준지　서울특별시 영등포구 운행로 1234

구분	성명	출생연월일	주민등록번호	성별	본
본인	김본인(金本人)	1975년 01월 01일	750101-1234567	남	金海

가족사항

구분	성명	출생연월일	주민등록번호	성별	본
부	김양부(金養父)	1953년 01월 01일	530101-1234567	남	金海
모	이양모(李養母)	1954년 01월 01일	540101-2345678	여	全州
배우자	박여인(朴女人)	1978년 01월 01일	780101-2345678	여	密陽
자녀	윤양자(尹養子)	2009년 01월 01일	090101-4345678	여	坡平
자녀	김중삼(金中三)	2012년 01월 01일	120101-3234567	남	金海

위 가족관계증명서(일반)는 가족관계등록부의 기록사항과 틀림없음을 증명합니다.

년　월　일

○○시(읍·면)장　○○○　직인

※ 위 증명서는 「가족관계의 등록 등에 관한 법률」 제15조 제2항에 따른 등록사항을 현출한 일반증명서입니다.

I 巻末資料

[別紙 第2号書式]

基本証明書(一般)

登録基準地	ソウル特別市永登浦区ウンヘン路1234

区分	詳細内容
作成	[家族関係登録簿作成日] 2008年01月01日 [作成事由] 家族関係の登録等に関する法律附則第3条第1項

区分	姓名	出生年月日	住民登録番号	性別	本
本人	キムチュンイ(金中二)	2006年01月01日	(略)	男	金海

一般登録事項

区分	詳細内容
出生	[出生場所] ソウル特別市麻浦区マウウォン洞100番地の1234 [申告日] 2006年01月20日 [申告人] 父

年 月 日

○○市(邑・面)長 ○○○ 職印

上記基本証明書(一般)は家族関係登録簿の記録事項と相違ないことを証明する。

※上記基本証明書(一般)は「家族関係の登録等に関する法律第15条第2項による登録事項を現出した一般証明書である。

[별지 제2호 서식]

기본증명서(일반)

등록기준지	서울특별시 영등포구 은행로 1234

구분	상세내용
작성	[가족관계등록부작성일] 2008년 01월 01일 [작성사유] 가족관계의 등록 등에 관한 법률 부칙 제3조제1항

구분	성명	출생연월일	주민등록번호	성별	본
본인	김중이(金中二)	2006년 01월 01일	060101-3234567	남	金海

일반등록사항

구분	상세내용
출생	[출생장소] 서울특별시 마포구 망원동 100번지의 1234 [신고일] 2006년 01월 20일 [신고인] 부

년 월 일

○○시(읍·면)장 ○○○ 직인

위 기본증명서(일반)는 가족관계등록부의 기록사항과 틀림없음을 증명합니다.

※ 위 증명서는 「가족관계의 등록 등에 관한 법률」 제15조제2항에 따른 법률 등록사항을 현출한 일반증명서입니다.

Ⅰ　巻末資料

［別紙　第3号書式］

婚姻関係証明書（一般）

登録基準地	ソウル特別市永登浦区クンヘン路1234				

区分	姓　名	出生年月日	住民登録番号	性別	本
本人	キムボニン（金本人）	1975年01月01日	（略）	男	金海

婚姻事項

区分		出生年月日	住民登録番号	性別	本
配偶者	パクヨイン（朴女人）	1978年01月01日	（略）	女	密陽

区分	詳細内容
婚姻	［申告日］2009年03月20日 ［配偶者］朴女人 ［配偶者の住民登録番号］780101-2345678 ［処理官署］ソウル特別市永登浦区

上記婚姻関係証明書（一般）は家族関係登録簿の記録事項と相違ないことを証明する。

年　月　日
○○市（邑・面）長　○　○　○　職印

※ 上記証明書は「家族関係の登録等に関する法律」第15条第2項による登録事項を現出した一般証明書である。

［별지 제3호 서식］

혼인관계증명서(일반)

등록기준지	서울특별시 영등포구 큰행로 1234				

구분	성 명	출생연월일	주민등록번호	성별	본
본인	김본인(金本人)	1975년 01월 01일	750101-1234567	남	金海

혼인사항

구분	성 명	출생연월일	주민등록번호	성별	본
배우자	박여인(朴女人)	1978년 01월 01일	780101-2345678	여	密陽

구분	상세내용
혼인	[신고일] 2009년 03월 20일 [배우자] 박여인 [배우자의주민등록번호] 780101-2345678 [처리관서] 서울특별시 영등포구

위 혼인관계증명서(일반)는 가족관계등록부의 기록사항과 틀림없음을 증명합니다.

년　월　일

○○시(읍·면)장　○○○　직인

※ 위 증명서는「가족관계의 등록 등에 관한 법률」제15조제2항에 따른 등록사항을 현출한 일반증명서입니다.

I 巻末資料

[別紙 第4号書式]

入養関係証明書 (一般)

登録基準地 ソウル特別市永登浦区ウンハク路1234

区分	姓 名	住民登録番号	出生年月日	性別	本
本人	キムボニン (金本人)	(略)	1975年01月01日	男	金海

入養事項

区分	姓 名	住民登録番号	出生年月日	性別	本
親生父	キムチンブ (金親父)	(略)	1950年01月01日	男	金海
親生母	イチンモ (李親母) 死亡	(略)	1951年01月01日	女	全州
養父	キムヤンブ (金養父)	(略)	1953年01月01日	男	金海
養母	イヤンモ (李養母)	(略)	1954年01月01日	女	全州
養子	ユンヤンジャ (尹養子)	(略)	2009年01月01日	女	坡平

区分	詳 細 内 容
入養	[申告日] 2008年02月20日 [養父] キムヤンブ [養父の住民登録番号] 530101-1234567 [養母] イヤンモ [養母の住民登録番号] 540101-2345678 [処理官署] ソウル特別市麻浦区
入養	[申告日] 2011年03月20日 [養子] ユンヤンジャ [養子の住民登録番号] 090101-4345678 [入養承諾者] 父 ユンチンブ, 母 コンチンモ [処理官署] ソウル特別市江南区

上記入養関係証明書 (一般) は家族関係登録簿の記録事項と相違ないことを証明する。
ただし、親養子入養関係は親養子入養関係証明書にだけ表示する。

年　月　日
○○市 (邑・面) 長　○ ○ ○　職印

※上記証明書は「家族関係の登録等に関する法律」第15条第2項による登録事項を現出した一般証明書である。

[별지 제4호 서식]

입 양 관 계 증 명 서(일 반)

등록기준지 서울특별시 영등포구 은학로 1234

구분	성 명	주민등록번호	출생연월일	성별	본
본인	김본인(金本人)	750101-1234567	1975년 01월 01일	남	金海

입양사항

구분	성 명	주민등록번호	출생연월일	성별	본
친생부	김친부(金親父)	500101-1234567	1950년 01월 01일	남	金海
친생모	이친모(李親母) 사망	510101-2345678	1951년 01월 01일	여	全州
양부	김양부(金養父)	530101-1234567	1953년 01월 01일	남	金海
양모	이양모(李養母)	540101-2345678	1954년 01월 01일	여	全州
양자	윤양자(尹養子)	090101-4345678	2009년 01월 01일	여	坡平

구분	상 세 내 용
입양	[신고일] 2008년 02월 20일 [양부] 김양부 [양부의 주민등록번호] 530101-1234567 [양모] 이양모 [양모의 주민등록번호] 540101-2345678 [처리관서] 서울특별시 마포구
입양	[신고일] 2011년 03월 20일 [양자] 윤양자 [양자의 주민등록번호] 090101-4345678 [입양승낙자] 부 윤친부, 모 곤친모 [처리관서] 서울특별시 강남구

위 입양관계증명서(일반)에는 가족관계등록부의 기록사항과 틀림없음을 증명합니다.
단, 친양자입양관계는 친양자입양관계증명서에만 표시합니다.

년　월　일
○○시(읍·면)장　○ ○ ○　직인

※ 위 증명서는 「가족관계의 등록 등에 관한 법률」 제15조제2항에 따른 등록사항을 현출한 일반증명서입니다.

[別紙 第5号書式]

親養子入養関係証明書 (一般)

登録基準地	ソウル特別市永登浦区ウンハン路1234

区分	姓名	出生年月日	住民登録番号	性別	本
本人	キムボニン (金本人)	1975年01月01日	(略)	男	金海

親養子入養事項

区分	姓名	出生年月日	住民登録番号	性別	本
親養子	キムヤンジャ(金養子)[死亡]	2014年01月01日	(略)	女	金海

区分	詳細内容
親養子入養	[親養子入養裁判確定日] 2014年10月05日 [審判法院] ソウル西部地方法院 [親養子の住民登録番号] 14101-4345678 [申告日] 2014年10月20日 [申告人] 金本人 [処理官署] ソウル特別市瑞草区

上記親養子入養関係証明書 (一般) は家族関係登録簿の記録事項と相違ないことを証明する。

年　月　日
○○市(邑・面)長　○○○　職印

※上記証明書は「家族関係の登録等に関する法律」第15条第2項による登録事項を現出した一般証明書である。

[별지 제5호 서식]

친양자입양관계증명서(일반)

등록기준지	서울특별시 영등포구 은행로 1234

구분	성명	출생연월일	주민등록번호	성별	본
본인	김본인(金本人)	1975년 01월 01일	750101-1234567	남	金海

친양자입양사항

구분	성명	출생연월일	주민등록번호	성별	본
친양자	김양자(金養子)[사망]	2014년 01월 01일	140101-4345678	여	金海

구분	상세내용
친양자입양	[친양자입양관계확정일] 2014년 10월 05일 [심판법원] 서울서부지방법원 [친양자의 주민등록번호] 140101-4345678 [신고일] 2014년 10월 20일 [신고인] 김본인 [처리관서] 서울특별시 서초구

위 친양자입양관계증명서(일반)는 가족관계등록부의 기록사항과 틀림없음을 증명합니다.

년　월　일
○○시(읍·면)장　○○○　고인

※ 위 증명서는「가족관계의 등록 등에 관한 법률」제15조제2항에 따른 등록사항을 현출한 일반증명서입니다.

I　巻末資料

[別紙　第6号書式]

家族関係証明書 (詳細)

登録基準地	ソウル特別市永登浦区ケンヘン路1234				

区分	姓名	住民登録番号	出生年月日	性別	本
本人	キムボニン (金本人)	(略)	1975年01月01日	男	金海

家族事項

区分	姓名	住民登録番号	出生年月日	性別	本
父	キムヤンブ (金養父)	(略)	1953年01月01日	男	金海
母	イヤンモ (李養母)	(略)	1954年01月01日	女	全州
配偶者	パクヨイン (朴女人)	(略)	1978年01月01日	女	密陽
子女	キムウェイル (金外一)	(略)	1998年01月01日	男	金海
子女	キムチュンイ (金中二)	(略)	2006年01月01日	男	金海
子女	ユンヤンジャ (尹養子)	(略)	2009年01月01日	女	坡平
子女	キムチュンサム (金中三)	(略)	2012年01月01日	男	金海
子女	キムヤンジャ (金養子) 死亡	(略)	2014年01月01日	女	金海

上記家族関係証明書 (詳細) は家族関係登録簿の記録事項と相違ないことを証明する。

年　月　日
○○市 (邑・面) 長　○　○　○　職印

※上記証明書は「家族関係の登録等に関する法律」第15条第3項による登録事項を現出した詳細証明書である。

[별지 제6호 서식]

가족관계증명서(상세)

등록기준지	서울특별시 영등포구 순행로 1234				

구분	성명	주민등록번호	출생년월일	성별	본
본인	김본인(金本人)	750101-1234567	1975년 이월 이일	남	金海

가족사항

구분	성명	주민등록번호	출생년월일	성별	본
부	김양부(金養父)	530101-1234567	1953년 이월 이일	남	金海
모	이양모(李養母)	540101-2345678	1954년 이월 이일	여	全州
배우자	박여인(朴女人)	780101-2345678	1978년 이월 이일	여	密陽
자녀	김외일(金外一)	980101-1234567	1998년 이월 이일	남	金海
자녀	김중이(金中二)	060101-3234567	2006년 이월 이일	남	金海
자녀	윤양자(尹養子)	090101-4345678	2009년 이월 이일	여	坡平
자녀	김중삼(金中三)	120101-3234567	2012년 이월 이일	남	金海
자녀	김양자(金養子) 사망	140101-4345678	2014년 이월 이일	여	金海

위 가족관계증명서(상세)는 가족관계등록부의 기록사항과 틀림없음을 증명합니다.

년　월　일

○○시(읍·면)장　○　○　○　직인

※ 위 증명서는 「가족관계의 등록 등에 관한 법률」 제15조제3항에 따른 등록사항을 현출한 상세증명서입니다.

619

I 巻末資料

[別紙 第7号書式]

基本証明書（詳細）

登録基準地	ソウル特別市永登浦区ウンペン路1234

区分	詳細内容
作成	[家族関係登録簿作成日] 2008年01月01日 [作成事由] 家族関係の登録等に関する法律附則第3条第1項
訂正	[道路名住所記録日] 2011年12月10日 [改訂前] ソウル特別市永登浦区汝矣島洞1番地の1234 [改訂後] ソウル特別市永登浦区ウンペン路1234 [改訂事由] 道路名住所法第20条

区分	姓名	出生年月日	住民登録番号	性別	本
本人	キムチュンイ（金中二）	2006年01月01日	（略）	男	金海

一般登録事項

区分	詳細内容
出生	[出生場所] ソウル特別市麻浦区マンウォン洞100番地の1234 [申告日] 2006年01月20日 [申告人] 父
親権	[親権者指定協議日] 2007年04月20日 [母の本籍] ソウル特別市麻浦区（中略）戸主キムチョンジウの子 [申告日] 2007年02月20日 [申告人] 父母
親権	[親権者死亡日] 2007年12月10日 [職権記載書作成日] 2007年12月20日 [職権指定記載職権抹消日] 2007年12月20日
親権	[親権喪失宣告審判確定日] 2010年01月02日 [審判法院] ソウル南部地方法院 [親権喪失となった者] 父 金本人 [申告日] 2010年01月20日 [申告人] キムチュンジョウ [処理官署] ソウル特別市永登浦区
後見	[法定後見人の選任日] 2010年01月02日 [法定後見人の住民登録番号] 800101-2345678 [申告日] 2010年01月20日 [申告人] キムチュンジョウ [処理官署] ソウル特別市永登浦区

上記基本証明書（詳細）は家族関係登録簿の記録事項と相違ないことを証明する。

　　年　月　日　　○○市（区・面）長　○○○　職印

（以下、略）

[별지 제2호 서식]

기본증명서 (상세)

등록기준지	서울특별시 영등포구 은행로 1234

구분	상세내용
작성	[가족관계등록부작성일] 2008년 12월 10일 [작성사유] 가족관계의 등록 등에 관한 법률 부칙 제3조제1항
정정	[도로명주소기록일] 2011년 12월 10일 [정정전] 서울특별시 영등포구 여의도동 1번지의 1234 [정정후] 서울특별시 영등포구 은행로 1234 [정정사유] 도로명주소법 제20조

구분	성명	출생연월일	주민등록번호	성별	본
본인	김중이(金中二)	2006년 01월 01일	060101-3234567	남	金海

일반등록사항

구분	상세내용
출생	[출생장소] 서울특별시 마포구 망원동 100번지의 1234 [신고일] 2006년 01월 20일 [신고인] 부
친권	[친권자지정협의일] 2007년 04월 20일 [모의 본적] 서울특별시 마포구 망원동 100번지의 1234 호주 김천지우의 자 [신고일] 2007년 02월 20일 [신고인] 부모
친권	[친권자사망일] 2007년 12월 10일 [직권기재서작성일] 2007년 12월 20일 [직권지정기재직권말소] 2007년 12월 20일
친권	[친권상실선고심판확정일] 2010년 01월 02일 [심판법원] 서울남부지방법원 [친권상실자] 부 김본인 [신고일] 2010년 01월 20일 [신고인] 김중정 [처리관서] 서울특별시 영등포구
후견	[법정후견인선임일] 2010년 01월 02일 [법정후견인의 주민등록번호] 800101-2345678 [신고일] 2010년 01월 20일 [신고인] 김중정 [처리관서] 서울특별시 영등포구

위 기본증명서(상세)는 가족관계등록부의 등록사항과 기록사항이 틀림없음을 증명합니다.

　　년　월　일

○○시・읍・면의장 ○○○ 직인

※ 위 증명서는 「가족관계의 등록 등에 관한 법률」 제15조제3항의 따른 등록사항을 포함한 상세증명서입니다.

I　巻末資料

[別紙　第8号書式]

婚姻関係証明書（詳細）

登録基準地　ソウル特別市永登浦区ウンヘン路1234

区分	姓　名	出生年月日	住民登録番号	性別	本
本人	キムポニン（金本人）	1975年01月01日	（略）	男	金海

婚姻事項

区分	配偶者				
本人	パクヨイン（朴女人）	1978年01月01日	（略）	女	密陽

詳細内容

区分	詳細内容
婚姻	[申告日] 2000年01月20日 [配偶者] チョンヨイン
離婚	[協議離婚申告日] 2007年02月20日 [配偶者] チョンヨイン
婚姻	[申告日] 2009年03月20日　朴女人 [配偶者] 朴女人 [配偶者の住民登録番号] 780101-2345678 [処理官署] ソウル特別市永登浦区

上記婚姻関係証明書（詳細）は家族関係登録簿の記録事項と相違ないことを証明する。

年　月　日

○○市（邑・面）長　○○○　職印

※上記証明書は「家族関係の登録等に関する法律」第15条第3項による登録事項を現出した詳細証明書である。

[별지 제8호 서식]

혼인관계증명서(상세)

등록기준지　서울특별시 영등포구 은행로 1234

구분	성 명	출생연월일	주민등록번호	성별	본
본인	김본인(金本人)	1975년 01월 01일	750101-1234567	남	金海

혼인사항

구분	성 명	출생연월일	주민등록번호	성별	본
배우자	박여인(朴女人)	1978년 01월 01일	780101-2345678	여	密陽

구분	상세 내용
혼인	[신고일] 2000년 01월 20일 [배우자] 전여인
이혼	[협의이혼신고일] 2007년 02월 20일 [배우자] 전여인
혼인	[신고일] 2009년 03월 20일 [배우자] 박여인 [배우자의주민등록번호] 780101-2345678 [처리관서] 서울특별시 영등포구

위 혼인관계증명서(상세)는 가족관계등록부의 기록사항과 틀림없음을 증명합니다.

년　월　일

○○시(읍·면)장　○○○　인

※ 이 증명서는 「가족관계의 등록 등에 관한 법률」 제15조제3항에 따른 등록사항을 현출한 상세증명서입니다.

I　巻末資料

[別紙　第9号書式]

入養関係証明書（詳細）

登録基準地　ソウル特別市永登浦区ハンハン路1234

区分	姓　名	住民登録番号	性別	本
本人	キムボニン（金本人）	（略）	男	金海

出生年月日　1975年01月01日

入養事項

区分	姓　名	出生年月日	住民登録番号	性別	本
親生父	キムチンブ（金親父）［死亡］	1950年01月01日	（略）	男	金海
親生母	イチンモ（李親母）	1951年01月01日	（略）	女	全州
養父	キムヤンブ（金養父）	1953年01月01日	（略）	男	金海
養母	イヤンモ（李養母）	1954年01月01日	（略）	女	全州
養子	ユンヤンジャ（尹養子）	2009年01月01日	（略）	女	坡平

区分	詳　細　内　容
入養	［申告日］2005年01月20日　［養子］チョンヤンジャ　［入養承諾者］父母
入養	［申告日］2008年02月20日　［養父］キムヤンブ　［養父の住民登録番号］530101-1234567　［養母］イヤンモ　［養母の住民登録番号］540101-2345678　［処理官署］ソウル特別市麻浦区
入養	［申告日］2011年03月20日　［養子］ユンヤンジャ　［養子の住民登録番号］090101-4345678　［養子の住民登録番号］父 キムヤンブ、母 コンチンモ　［処理官署］ソウル特別市江南区
罷養	［協議離縁申告日］2013年04月20日　［養子の住民登録番号］040101-3345678　［離縁協議書］父 チョンヤンブ、母 ソンチンモ　［処理官署］ソウル特別市江南区

上記入養関係証明書（詳細）は家族関係登録簿の記録事項と相違ないことを証明する。

ただし、親生父、親養子入養関係証明書には親養子天養関係証明書にだけ表示する。

年　月　日
○○市（邑・面）長　○○○　職印

※上記証明書は「家族関係の登録等に関する法律」第15条第3項による登録事項を現出した詳細証明書である。

[별지 제9호 서식]

입양관계증명서（상세）

등록기준지　서울특별시 영등포구 은행로 1234

구분	성　명	출생연월일	주민등록번호	성별	본
본인	김본인(金本人)	1975년 01월 01일	750101-1234567	남	金海

입양사항

구분	성　명	출생연월일	주민등록번호	성별	본
친생부	김친부(金親父)［사망］	1950년 01월 01일	500101-1234567	남	金海
친생모	이친모(李親母)	1951년 01월 01일	510101-2345678	여	全州
양부	김양부(金養父)	1953년 01월 01일	530101-1234567	남	金海
양모	이양모(李養母)	1954년 01월 01일	540101-2345678	여	全州
양자	윤양자(尹養子)	2009년 01월 01일	090101-4345678	여	坡平

구분	상　세　내　용
입양	［신고일］2005년 01월 20일　［양자］정양자　［입양승낙자］부모
입양	［신고일］2008년 02월 20일　［양부］김양부　［양부의주민등록번호］530101-1234567　［양모］이양모　［양모의주민등록번호］540101-2345678　［처리관서］서울특별시 마포구
입양	［신고일］2011년 03월 20일　［양자］윤양자　［양자의주민등록번호］090101-4345678　［양자의주민등록번호］부 김양부, 모 공친모　［처리관서］서울특별시 강남구
파양	［협의파양신고일］2013년 04월 20일　［양자의주민등록번호］040101-3345678　［파양협의자］부 정양부, 모 송친모　［처리관서］서울특별시 강남구

위 입양관계증명서(상세)는 가족관계의 등록 등에 관한 기록사항과 기재사항에 틀림없음을 증명합니다.
단, 친양자입양관계에도 친양자입양관계증명서에만 표시합니다.

년　월　일
○○시(읍・면)장　○○○　직인

※ 위 증명서는 「가족관계의 등록 등에 관한 법률」 제15조제3항에 따른 등록사항을 현출한 상세증명서입니다.

I 巻末資料

[別紙 第10号書式]

親養子入養関係証明書 (詳細)

登録基準地	ソウル特別市永登浦区クンへン路1234				
区分	姓名	出生年月日	住民登録番号	性別	本
本人	キム・ボニン (金本人)	1975年01月01日	(略)	男	金海

親養子入養事項

区分	姓名	出生年月日	住民登録番号	性別	本
親養子	キム・ヤンジャ (金養子 死亡)	2014年01月01日	(略)	女	金海

区分	詳細内容
入養	[入養特例法による入養裁判確定日] 2012年08月05日 [審判法院] ソウル南部地方法院 [養子] カン・ヤンジャ [養子の住民登録番号] 120101-4345678 [申告日] 2012年08月20日 [処理官署] ソウル特別市永登浦区
入養取消	[入養特例法による入養取消裁判確定日] 2013年09月05日 [審判法院] ソウル南部地方法院 [養子] カン・ヤンジャ [養子の住民登録番号] 120101-4345678 [申告日] 2012年08月20日 [処理官署] ソウル特別市江西区
親養子入養	[親養子入養裁判確定日] 2014年10月05日 [審判法院] ソウル西部地方法院 [親養子] チェ・ヤンジャ [親養子の住民登録番号] 14101-4345678 [申告日] 2014年10月20日 [処理官署] ソウル特別市瑞草区

上記親養子入養関係証明書 (詳細) は家族関係登録簿の記録事項と相違ないことを証明する。

年　月　日
○○市(邑・面)長　○　○　○　職印

※ 正証明書は「家族関係の登録等に関する法律」第15条第3項による登録事項を現出した詳細証明書である。

[별지 제10호 서식]

친양자입양관계증명서(상세)

등록기준지	서울특별시 영등포구 은행로 1234				
구분	성명	출생연월일	주민등록번호	성별	본
본인	김본인(金本人)	1975년 01월 01일	750101-1234567	남	金海

친양자입양사항

구분	성명	출생연월일	주민등록번호	성별	본
친양자	김양자(金養子 死亡)	2014년 01월 01일	140101-4345678	여	金海

구분	상세내용
입양	[입양특례법에따른입양재판확정일] 2012년 08월 05일 [심판법원] 서울남부지방법원 [양자] 강양자 [양자의주민등록번호] 120101-4345678 [신고일] 2012년 08월 20일 [처리관서] 서울특별시 영등포구
입양취소	[입양특례법에따른입양취소재판확정일] 2013년 09월 05일 [심판법원] 서울남부지방법원 [양자] 강양자 [양자의주민등록번호] 120101-4345678 [신고일] 2013년 09월 20일 [처리관서] 서울특별시 강서구
친양자입양	[친양자입양재판확정일] 2014년 10월 05일 [심판법원] 서울서부지방법원 [친양자] 최양자 [친양자의주민등록번호] 140101-4345678 [신고일] 2014년 10월 20일 [처리관서] 서울특별시 서초구

위 친양자입양관계증명서(상세)는 가족관계등록부의 기록사항과 틀림없음을 증명합니다.

년　월　일
○○시(읍·면)장　○○○　印

※ 이 증명서는 「가족관계의 등록 등에 관한 법률」 제15조제3항에 따른 등록사항을 현출한 상세증명서입니다.

I　巻末資料

[別紙　第11号書式]

基本証明書（特定-親権・後見）

登録基準地	ソウル特別市永登浦区ウンヘン路1234

区分	詳細内容
作成	[家族関係登録簿の作成日] 2008年01月01日 [作成事由] 家族関係の登録等に関する法律附則第3条第1項

区分	姓名	出生年月日	住民登録番号	性別	本
本人	キムチュンイ（金中一）	2006年01月01日	（略）	男	金海

一般登録事項

区分	詳細内容
後見	[法定後見人の親任日] 2010年01月02日 [法定後見人] キムチンジョン [法定後見人の住民登録番号] 800101-2345678 [申告日] 2010年01月20日 [申告人] キムチンジョン [処理管署] ソウル特別市永登浦区

上記基本証明書（特定-親権・後見）は家族関係登録簿の記録事項と相違ないことを証明する。

年　月　日
　　　○○市（邑・面）長　○○○　　職印

※上記証明書は「家族関係の登録等に関する法律」第15条第4項による親権後見に関する事項を現出した特定証明書である。

[별지 제11호 서식]

기본증명서(특정 - 친권 · 후견)

등록기준지	서울특별시 영등포구 은행로 1234

구분	상세내용
작성	[가족관계등록부작성일] 2008년 01월 01일 [작성사유] 가족관계의 등록 등에 관한 법률 부칙 제3조제1항

구분	성 명	출생연월일	주민등록번호	성별	본
본인	김중이(金中一)	2006년 01월 01일	060101-3234567	남	金海

일반등록사항

구분	상세내용
후견	[법정후견인의취임일] 2010년 01월 02일 [법정후견인] 김진후 [법정후견인의주민등록번호] 800101-2345678 [신고일] 2010년 01월 20일 [신고인] 김진후 [처리관서] 서울특별시 영등포구

위 기본증명서(특정-친권·후견)는 가족관계등록부의 기록사항과 기록사항과 틀림없음을 증명합니다.

년　월　일
　　　○○시(읍·면)장　○○○　　직인

※ 위 증명서는 「가족관계의 등록 등에 관한 법률」 제15조제4항에 따라 친권 · 후견에 관한 사항을 현출한 특정증명서입니다.

Ⅰ 巻末資料

⑿ **2016. 11. 25. 例規492号「特定証明書の作成に関する業務処理指針」**
第1条（目的） 本例規は「家族関係の登録等に関する法律（以下，「法」という）」第15条第4項，家族関係の登録等に関する規則（以下，「規則」という）」第21条の2により特定証明書の作成することに必要な事項を定めることを目的とする。
第2条（申請人の選択できる事項） 申請人は法第15条第3項第2号の詳細証明書の記載事項中現在の親権・後見に関する事項を選択できる。
第3条（作成方法） 第2条により申請人が選択できる事項を記載した特定証明書は次の各号に関する記録事項を除いて作成する。
　1. 家族関係登録事項欄
　　가. 訂正
　　나. 変更
　　다. その他
　2. 一般登録事項欄
　　가. 親権終了
　　　⑴ 親権が終了した場合の親権者指定及び親権終了に該当する「親権」
　　　⑵ 親権者が変更された場合の親権者指定に該当する「親権」
　　나. 後見終了
　　　⑴ 後見が終了した場合の後見開始及び後見終了に該当する「後見」
　　　⑵ 後見人が変更された場合の後見開始に該当する「後見」
　　다. 未成年後見終了
　　　⑴ 未成年後見が終了した場合の未成年後見開始及び未成年後見終了に該当する「未成年後見」
　　　⑵ 未成年後見人が変更された場合の未成年後見開始に該当する「未成年後見」
　　　⑶ 未成年後見監督が終了した場合の未成年後見監督開始及び未成年後見監督終了に該当する「未成年後見」
　　　⑷ 未成年後見監督人が変更された場合の未成年後見監督開始に該当する「未成年後見」
　　라. ［親権者（父・母）の国内居所申告番号］，［親権者（父・母）の外国人登録番号］
　　마. ［親権者任務代行者の国内居所申告番号］，［親権者任務代行者の外国人登録番号］
　　바. ［（指定・法定）後見人の国内居所申告番号］，［（指定・法定）後見人の外国人登録番号］
　　사. ［後見人任務代行者の国内居所申告番号］，［後見人任務代行者の外国人登録番号］
　　아. ［未成年後見人の国内居所申告番号］，［未成年後見人の外国人登録番号］
　　자. ［未成年後見監督人の国内居所申告番号］，［未成年後見監督人の外国人登録番号］
　　차. ［未成年後見人任務代行者の国内居所申告番号］，［未成年後見人任務代行者の外国人登録番号］
　附　則（2016. 11. 25. 例規492号）本例規は，2016年11月30日から施行する。

⒀ **2016. 11. 25. 例規498号「一般証明書の作成及び登録簿の訂正方法に関する業務処理指針」**
第1条（目的） 本例規は「家族関係の登録等に関する法律（以下「法」という）」第15条第2項により一般証明書を作成し，「家族関係の登録等に関する規則（以下「規則」という）」第66条により登録簿の記録事項を訂正することに必要な事項を定めることを目的とする。
第2条（訂正履歴事項の範囲） 一般証明書作成時に除かれた訂正履歴事項は，事件名が「訂正」であるか事件の内容の訂正・変更である場合又は現在使用していない戸籍記載例の場合で次の各事件を云う。
　1. 家族関係登録簿事項欄の事件名
　　가. 訂正
　　나. 変更

625

Ⅰ　巻末資料

　　다.　その他
　２．一般登録事項欄の事件名
　　가.　事件の内容が訂正・変更の場合
　　　⑴　訂正
　　　⑵　その他
　　　⑶　家族関係登録簿存在申告
　　　⑷　裁判書
　　　⑸　追後補完
　　　⑹　復活
　　　⑺　抹消
　　　⑻　住民登録番号通報
　　나.　現在使用していない戸籍記載例の場合
　　　⑴　その他
　　　⑵　追完
　　　⑶　補完
　　　⑷　本籍申告
　　　⑸　戸籍訂正
　　　⑹　旧記載例
　　　⑺　未変換
　　　⑻　戸籍編製
　　　⑼　分家
　　　⑽　除籍
　　　⑾　婚姻無効
　　　⑿　入養無効
第３条（家族関係証明書中の除外事項）　家族関係証明書（一般）は次の記録事項を除いて作成する。
　１．特定登録事項欄の婚姻外の子女又は前婚中の子女
　２．特定事項欄の死亡した子女
第４条（基本証明書中の除外事項）　基本証明書（一般）は次の事件名及び項目内容を除いて作成する。
　１．棄児発見
　　　法第52条による作成
　２．認知
　　가.　認知
　　나.　従前の姓・本の維持
　　다.　従前の姓と本の継続使用許可
　３．親権・後見
　４．未成年後見
　５．失踪宣告取消
　　가.　失踪宣告取消
　　나.　不在宣告取消
　６．国籍取得
　　가.　帰化
　　나.　国籍取得
　　다.　国籍回復
　　라.　随伴国籍取得
　　마.　国籍判定

Ⅰ　巻末資料

　　바. 国籍選択
　7．姓・本の創設及び変更
　　가. 創姓
　　나. 姓・本変更
　8．改名
　9．家族関係登録創設
　　가. 家族関係登録創設
　　나. 就籍
　10. ［母の本籍］又は［母の国籍］
　11. ［父母婚姻日］
第5条（婚姻関係証明書中の除外事項）　婚姻関係証明書（一般）は次の事件名及び項目内容を除いて作成する。
　1．婚姻が取り消された場合の「婚姻」及び「婚姻取消」
　2．離婚した場合の「婚姻」及び「離婚」
　3．配偶者の死亡（失踪宣告，不在宣告含む）後，生存配偶者が再婚した場合のその再婚以前の「婚姻」
　4．［配偶者の国籍］，［配偶者の外国人登録番号］，「配偶者の国内居所申告番号］
第6条（入養関係証明書中の除外事項）　入養関係証明書（一般）は次の事件名及び項目内容を除いて作成する。
　1．入養が取り消された場合の「入養」及び「入養取消」
　2．罷養した場合の「入養」及び「罷養」
　3．養子が親養子として入養した場合の「入養」及び「入養終了」
　4．［養子の国籍］，［養子の国内居所申告番号］，［養子の外国人登録番号］
　5．［養父（母）の国籍］，［養父（母）の国内居所申告番号］，［養父（母）の外国人登録番号］
第7条（親養子入養関係証明書中の除外事項）　親養子入養関係証明書（一般）は次の事件名及び項目内容を除いて作成する。
　1．親養子入養が取り消された場合の「親養子入養」及び「親養子入養取消」
　2．親養子が罷養した場合の「親養子入養」及び「親養子罷養」
　3．［親養子の国籍］，［親養子の国内居所申告番号］，［親養子の外国人登録番号］
　4．［養父（母）の国籍］，［養父（母）の国内居所申告番号］，［養父（母）の外国人登録番号］
第8条（事件自体の抹消と一般証明書の作成）　①　一般証明書は家族関係登録簿事項欄や一般登録事項欄の事件自体が抹消された場合，それを除いて作成する。
②　該当事件名でない他の事件名を選択して事件自体が誤って記録された場合（例えば「離婚」事件が「婚姻」事件と誤って記録された場合）には，その事件自体を抹消して，訂正内容と事由を記録した後に遺漏した事件を新たに記録する。
第9条（除外するかの変更）　市（区）・邑・面の長は，一般証明書の記録事項の除外するかを変更する場合，家族関係登録情報システムにその変更事由及び内訳を入力しなければならない。
第10条（登録簿の訂正方法）　（略）
第11条（順次的訂正履歴事項の訂正方法）　（略）
第12条（登録電算情報資料の保管・管理）　（略）
　　附　則（2011.12.05. 例規第342号）本例規は，2011年12月30日から施行する。ただし，（以下略）
　　附　則（2013.06.07. 例規第366号）
第1条（施行日）　本例規は，2013年7月1日から施行する。
第2条（禁治産等に関する経過措置）　（略）
　　附　則（2016.11.25. 例規498号）
第1条（施行日）　本例規は，2016年11月30日から施行する。

627

Ⅰ　巻末資料

第2条（他の例規の改正）（略）

⑭　2016. 12. 27. 例規507号「協議離婚の意思確認事務及び家族関係登録事務処理指針」

第1条（確認期日の指定）　①　協議離婚意思確認申請事件の担当者である法院書記官，法院事務官，法院主査，法院主査補（以下「法院事務官等」という）は，毎月20日頃担当判事から次月に実施する協議離婚意思確認の期日を協議離婚意思確認期日指定簿（別紙第1号書式）に予め指定を受けなければならない。

②　夫婦間に未成年の子女（懐胎中の子を含む）がいる場合，確認期日の指定は「民法」第836条の2第2項第1号を遵守するが，離婚に関する案内を受ける日が未成年の子女が成年に到達する前1か月以内に該当する場合は1か月が過ぎた後に確認期日を指定し，成年到達前1ヵ月後から3か月以内の間に該当する場合，成年に到達した日以後に確認期日を指定する。

③　第1項の期日指定をするときに担当判事は，第2項に従い期日指定基準を確認しなければならない。

第2条（申請書の提出）　①　協議離婚をしようとする夫婦は，各自の登録基準地又は住所地を管轄する家庭法院に共に出席し，協議離婚意思確認申請書（別紙第2号書式）を提出しなければならない。ただし，夫婦の中で一方が在外国民であるか収監者で出席が困難な場合には他の一方が出席して提出することができる。

②　第1項の申請書には，夫の家族関係証明書と婚姻関係証明書各1通，妻の家族関係証明書と婚姻関係証明書各1通を添付しなければならない。住所地管轄の家庭法院に申請書を提出する場合には，その管轄を証明できる住民登録票謄本1通も添付しなければならない。

③　未成年の子女（懐胎中の子を含め，離婚に関する案内を受けた日から「民法」第836条の2第2項又は第3項に定められた期間内に成年に到達する子女は除く。以下，本例規で同じ）がいる夫婦は，未成年子女の養育と親権者決定に関する協議書（別紙第3号書式）1通とその写し2通又は審判正本及び確定証明書3通を提出しなければならない。夫婦が共に出席して申請をして離婚に関する案内を受けた場合，協議書は確認期日1か月前までに提出ができるものとし，審判正本及び確定証明書は確認期日までに提出することができる。

④　第1項ただし書の場合，その申請書に在外国民又は収監者である当事者についての管轄在外公館又は教導所（拘置所）の名称と所在地を記載し，第2項及び第3項の添付書面の外に在外国民登録簿謄本若しくは収容証明書等それに関する疎明資料1通を添付しなければならず，送達料2回分（嘱託書，在外国民又は収監者である当事者に対する確認書謄本又は不確認通知書の送達用）を予約しなければならない。

⑤　申請人が送達料を予約した場合には，法院事務官等はその出納状況を事件記録表紙の備考欄に記載しなければならない。

第3条（申請書の受付）　協議離婚意思確認申請書は協議離婚意思確認申請事件簿（別紙第5号書式）で受付けなければならない。ただし，上記事件簿を電算に代える場合には，その事件簿の作成と備置はしなくてもよい。

第4条（離婚に関する案内）　①　法院事務官等又は家事調査官は協議離婚案内書（別紙第6号書式）及び離婚申告書を申請当事者に交付した後，離婚手続，離婚の結果（財産分割，親権，養育権，養育費，面接交渉権等），離婚が子女に及ぼす影響等を案内しなければならない。法院事務官等又は家事調査官は離婚しようとする夫婦に相談委員の相談を受けることを勧告することができ，未成年の子女がいる場合には養育と親権者決定に関して相談委員の相談を受けるように勧告しなければならない。

②　養育及び親権者決定に関する協議が円滑でなく協議書を確認期日1ヵ月前までに提出できないことが予想される場合には，遅滞なく家庭法院に審判を請求することを案内しなければならない。

第5条（期日の告知等）　①　当事者双方が出席して申請書を提出するときには，法院事務官等は離婚に関する案内を受けた夫婦に限って，申請当事者に協議離婚意思確認期日指定簿に予定

628

Ⅰ　巻末資料

された期日中からその期日指定基準による離婚意思確認期日２回を一括して告知した後，申請書の「確認期日」欄に第１回及び第２回期日を記載しなければならない。

②　第２条第１項ただし書の場合には，申請書を受け付けて出席した申請当事者に離婚に関する案内をしなければならない。その場合は離婚意思確認期日は告知してはならない。

③　担当法院事務官等は予め交付した協議離婚案内書（別紙第６号書式）の末尾に離婚意思確認期日を記載し捺印した後に申請当事者双方に交付しなければならない。

④　確認期日，補正命令，不確認結果を電話，ファクシミリ等を利用しした方法で通知する場合には，申請書の適当な余白に次の様に公務印を押した後その通知事実を記載しなければならい。

通知内容		通知日時		通知を受けた者	○○○ 電話 ファックス	通知者	法院主査 ○○○　印

第６条（離婚熟慮期間の短縮・免除）　①　家庭の暴力によって当事者の一方に耐え難い苦痛が予想される等迅速に離婚すべき急迫な事情がある場合，離婚意思確認までに必要な期間の短縮又は免除事由を疎明して事由書（別紙第８号書式）を提出することができる。

②　第１項により事由書を提出するときには，法院事務官等又は家事調査官は相談委員の相談を通して事由書を提出するように勧告し，担当判事は相談委員の意見を参考に離婚意思確認期日を指定できる。相談を受ける日から７日（相談を受けた場合）又は事由書を提出した日から７日（相談を受けなかった場合）以内に新たな確認期日の指定通知がなければ最初の指定された確認期日が維持される。

③　第２項により離婚意思確認期日を再度定める場合には，申請書の確認期日欄にに記載した電話連絡所等に通知することができ，申請書の確認期日欄に斜線を引き第５条第４項で定めた方法で期日を通知する。

第７条（申請に関する民願案内）　①　当事者の一方だけが出席し協議離婚意思確認申請書を提出できない場合でも，出席した当事者がその申請書を作成しようとする場合，法院事務官等は申請書の作成方法を案内しなければならない。当事者の一方が申請書の受付を求めるときには，正式の受付時の時間節約と民願人の便宜のために申請書を検討してあげることにし，申請書に補完する事項がないときには，当事者双方が出席しその申請書を提出して離婚に関する案内を受けるように申請書を返戻する。

②　電話の問い合わせの場合には協議離婚意思確認申請に必要な書類の外に当事者双方が出席して申請をすべきで，離婚に関する案内を受けた日から「民法」第836条の２第２項又は第３項で定める期間が経過した後に離婚意思を確認できるという事実を知らせるようにする。

③　協議離婚意思確認申請事件の担当法院事務官等は，その申請書受付窓口に協議離婚案内書（別紙第６号書式）及び離婚申告書を備え置き，必要とする民願人に交付する。

第８条（確認期日の準備）　①　法院事務官等は，期日に進行する各事件別に陳述調査，確認書（別紙第９号書式）１通及び謄本２通，協議書を提出する場合は協議書１通及びその謄本２通，養育費負担調書１通及びその正本２通を予め準備する。

②　確認書謄本は，法院事務官等の職印で作成しなければならず，その確認書謄本の左側中間の余白に次のような文言を表した公務印を押す。

確認日時　　　年　月　日 この確認書謄本は交付又は送達された日から３か月が経過すれば効力が喪失するので，申告意思があれば双方が姓名又は捺印して作成した離婚申告書に添付して上記期間内に市（区）・邑・面事務所又は在外公館に申告しなければなりません。

③　協議書謄本は，当事者が提出した協議書の写しの末尾に事件番号，「謄本である」という認証の文言と認証年月日を記載して法院事務官等が記名捺印して作成する。

第９条（調書の作成）　①　当事者双方が出席して陳述をした場合には，必ず陳述調書（別紙第

629

Ⅰ　巻末資料

10号書式）を作成しなければならない。その調書には離婚当事者の確認，協議離婚意思の存否の確認，当事者間に未成年の子女がいるかとその子女についての養育と親権者決定に関する協議書又は家庭法院の審判正本及び確定証明書の提出の有無，判事の補正命令要旨と補正の有無，期日指定等をそれぞれ記載する。書面で補正を命じた場合，その写しの添付で補正命令要旨の記載に代えることができる。

②　当事者の一方又は双方が不出席の場合でも，その不出席の事実を記載した期日調書（別紙第11号書式）を作成しなければならない。

③　担当判事が未成年である子女に関する養育費負担の協議を確認した後，離婚確認書を作成すれば，法院事務官等はそれにより協議離婚申告の翌月から未成年の子女が各成年に至るまでの期間に該当する養育費に限って養育費負担調書（別紙第19号書式）を作成しなければならない。

第10条（確認書謄本等の交付）　①　身分証を対照して，当事者双方の出席を確認した後，当事者双方に離婚意思の有無及び夫婦間に未成年の子女がいるかと未成年の子女がいる場合その子女の養育と親権者決定に関する協議書又は家庭法院の審判正本及び確定証明書（次から本例規で「離婚意思等」という）を確認すれば，担当判事は直ちに確認書，法院事務官等が作成した陳述調書，記録表示の左下の「確認」欄に各捺印し，未成年の子女がいてその子女の養育と親権者決定に関する協議書を提出した場合，その協議書の「確認」欄及び養育費負担調書にそれぞれ捺印する。法院事務官等は，遅滞なく当事者双方に確認書謄本に未成年の子女がいる場合，協議書謄本及び養育費負担調書正本又は家庭法院の審判正本及び確定証明書を添付し各1通を交付し，申請書の「確認書謄本及び養育費負担調書正本交付」欄に当事者の受領印を受けなければならない。

②　上記確認書謄本を交付するときに，法院事務官等は当事者に申告意思があれば3か月以内に登録基準地，住所地又は現在地の市（区）・邑・面事務所に離婚申告をすべきことを知らせなければならない。

③　担当判事は協議書を確認期日の1か月前までに提出しない場合，協議書について検討及び補正等のために確認期日を延期できる。

第11条（離婚意思を確認できない場合）　①　当事者双方が出席していたが離婚意思がないことを陳述した場合，担当判事は法院事務官等が作成した陳述調書と記録表紙の左側下部の「不確認」欄にそれぞれ捺印する。

②　当事者の一方又は双方が離婚意思確認期日に2回に亘って不出席の場合には，担当判事は法院事務官等が作成した期日調書捺印して法院事務官等は取下げとして事件を終結処理する。

③　離婚意思確認申請を受け付けた日から3か月が経過しても，当事者の一方又は双方が離婚に関する案内を受けなかった場合には，法院事務官等は取下げとして事件を終結処理する。

第12条（協議書等の未提出）　①　未成年の子女がいる場合，その子女の養育と親権者決定に関する協議書又は家庭法院の審判正本及び確定証明書を提出しないときには，担当判事は次回期日までに提出することを命じ，それに応じない場合法院事務官等がその事由を記載して作成した陳述調書又は期日調書と記録表紙の左側下部「不確認」欄にそれぞれ捺印する。

②　未成年者の子女の養育と親権者決定に関する家庭法院の審判手続が継続中であることを確認したときには，その審判正本及び確定証明書を提出できる機会を設ける。家庭法院の審判終了後指定した確認期日までに協議書又は家庭法院の審判正本及び確定証明書を提出しなければ，担当判事は法院事務官等がその事由を記載して作成した陳述調書又は期日調書と記録表紙の左側下部「不確認」欄にそれぞれ捺印する。

第13条（協議が子女の福利に反する場合）　①　子女の養育と親権者決定に関する協議が子女の福利に反する場合には，担当判事はその子女の意思・年齢と父母の財産状況，その他の事情を参酌して補正を命ずることができる。当事者が補正に応じない場合，担当判事は法院事務官等が作成した陳述調書と記録表紙の右側下部「不確認」欄にそれぞれ捺印する。

②　補正命令により再協議した場合，協議書を再作成して提出させ，法院事務官等は既存の協議書を廃棄する。

I　巻末資料

第14条（協議離婚意思確認の嘱託）　①　協議離婚の当事者の一方が在外国民であるか収監者で，出席するのが困難で他の一方が協議離婚意思確認申請書を提出するとき，法院事務官等は申請対象者に離婚に関する案内を実施し，協議書の提出時に遅滞なく担当判事の補正手続を経て在外国民又は収監者について在外公館又は教導所（拘置所）の長に別紙第12号書式によって離婚意思等の確認を嘱託しなければならない。

②　第１項の嘱託書には離婚離婚案内書，未成年子女がいる場合の養育及び親権者決定についての協議書又は家庭法院の審判正本及び確定証明書の写し，離婚意思確認回報書（別紙第13号書式）各１通を添付する。在外公館長に嘱託するときには外交部領事課に，管轄在外公館の正確な名称と所在地を確認した後に外交部を経ないで直ちに管轄在外公館に送付する。

③　協議書についての補正に応じない場合には嘱託を実施しないで，担当判事は記録表紙の右下部「不確認」欄に捺印する。

第15条（回報書による離婚意思確認）　①　第14条の嘱託の結果，在外国民又は収監者である当事者に離婚意思等がある旨の離婚意思確認回報書が送付されてきた場合には，在外国民又は収監者である当事者が離婚に関する案内を受けた日から「民法」第836条の２第２項又は第３項で定められた期間が経過した後に，申請当事者に２回の確認期日を指定・通知してその離婚意思等を確認する。

②　離婚意思確認書を作成したときには，その謄本１通を未成年の子女がいる場合の協議書謄本，養育費負担調書正本及びその領収書様式（別紙第17号書式）又は家庭法院の審判正本及び確定証明書各１通と併せて即時在外公館長又は教導所（拘置所）長に送付する。申請当事者の離婚意思等を確認できない場合には不確認として処理し不確認通知書（別紙第14号書式）を在外公館長又は教導所（拘置所）長に送付する。

③　第14条の嘱託の結果，在外国民又は収監者である当事者の離婚意思が確認できないとの回報書が送付されたか，嘱託後の相当の期間（在外公館長に対する嘱託の場合に送達日から６ヵ月，教導所（拘置所）の長に対する嘱託の場合送達日から１ヶ月以上）が過ぎても回報書が送付されてこない場合には，申請当事者を法院に出席させる必要はなく直ちに離婚意思が不確認として処理し，申請当事者にその処理結果を通知しなければならない。

④　教導所（拘置所）から当事者に養育費負担調書正本を交付したときには，その領収書（別紙第17号書式）謄本１通を遅滞なく管轄家庭法院に送付しなければならない。

第16条（在外公館の協議離婚意思確認申請）　「在外国民登録法」第３条に従い登録した大韓民国国民に限り，「家族関係の登録等に関する規則」（以下「規則」という）第75条に従いその居住地管轄の在外公館の長（その地域を管轄する在外公館がないときには隣接地域管轄の在外公館の長）に協議離婚意思確認を申請することができる。

第17条（在外公館長の業務）　①　在外公館長が当事者双方若しくは一方から協議離婚意思確認申請を受けたときには，当事者双方（規則第75条第１項の場合）又は一方（規則第75条第２項，第３項の場合）を出席させて離婚に関する案内を書面（別紙第７号書式）でした後に規則第75条第４項により離婚意思の有無と未成年の子女がいるか及び未成年の子女がいる場合その子女に対する養子と親権者決定に関する協議書１通とその写し２通又は家庭法院の審判正本及び確定証明書３通を提出させ確認し，その要旨を記載した陳述要旨書（別紙第15号書式，以下「陳述要旨書」という）を作成する。

②　在外公館長は陳述要旨書と協議書又は審判正本及び確定証明書の内容が一致しているか確認した後，陳述要旨書を申請書に添付して職印で割印した後申請書及び添付書類をソウル家庭法院に送付する。

③　在外公館から交付又は送達した確認書謄本についての送達証明書は，当該在外公館長が別紙第16号書式によってこれを発給する。

④　在外公館から当事者に確認書謄本及び養育費負担調書正本を交付したときには，領収書（別紙第17号書式）によって送達関係を明確にした後，育費費負担調書正本の領収書謄本１通を遅滞なく管轄家庭法院に送付しなければならない。

631

Ⅰ　巻末資料

第18条（ソウル家庭法院の業務）　①　在外公館長から協議離婚意思確認申請書と当事者双方についての陳述要旨書及び添付書類の送付を受けた場合，ソウル家庭法院は陳述要旨書及び添付書類によって申請当事者の離婚意思等を確認する。

②　当事者の一方だけが在外国民の場合に，その者が提出した協議離婚意思確認申請書と陳述要旨書及び添付書類を在外公館長から送付を受けた場合，ソウル家庭法院は国内に居住する当事者を出席させて離婚に関する案内を実施した後に離婚意思等を確認する。

③　協議離婚当事者双方が互いに他の国に居住し，一方がその居住地の在外公館に協議離婚意思確認申請書を提出しその在外公館長から協議離婚意思確認申請書と陳述要旨書及び添付書類の送付を受けた場合，ソウル家庭法院は第14条の規定を準用して他の一方の居住地の在外公館長に協議離婚意思確認の嘱託をして回報書を受け取る。ソウル家庭法院はその回報書の記載と申請当事者についての陳述要旨書及び添付書類によって離婚意思等を確認する。

④　ソウル家庭法院は申請書や添付書類が不備な場合又は協議書が子女の福利に反する場合は補正を命じ，それに応じない場合には在外公館に返送する。

⑤　ソウル家庭法院は上記第1項から第3項までの手続によって離婚意思を確認するときには，当事者双方すべてが案内を受けた日から「民法」第836条の2第2項又は第3項で定められた期間が経過した後に確認しなければならない。

⑥　第1項から第3項までの手続によって離婚意思等を確認するとき，ソウル家庭法院は確認書を作成し，確認書謄本（規則第75条第1項の場合には2通）を未成年の子女がいる場合協議書謄本，養育費負担調書正本及びその領収書様式又は審判正本及び確定証明書と併せて即時当事者在外公館の長に送付するが，規則第75条第2項の場合の国内居住当事者にも交付する。離婚意思等を確認できない場合には，不確認として処理し申請当事者居住地在外公館の長に不確認通知書を送付する。

⑦　確認書謄本や不確認通知書を在外公館に送付するときには，外交部領事課に管轄在外公館の正確な所在地を確認した後，外交部を経ないで直ちに管轄在外公館長に送付する。

⑧　規則第75条第2項の場合，ソウル家庭法院は国内に居住する当事者が住民登録票謄（抄）本を提出して申請すれば，その住所地管轄家庭法院に事件を移送できる。

第19条（協議離婚意思確認書謄本等の紛失）（略）

第20条（申請事件の保存等）（略）

第20条の2（執行文の付与）　養育費負担調書正本の執行文は，当事者が提出した婚姻関係証明書に記録された協議離婚意思確認事件番号と養育費負担調書正本に記載された事件番号が一致する場合，担当判事又は司法補佐官の命令により付与する。

第21条（協議離婚の申告場所等）　離婚意思確認申請の管轄法院が当事者の登録基準地であっても，離婚申告は住所地又は現在地でもできるので，当事者の一方だけが離婚申告書を提出した場合にも申告書に確認書謄本が添付されていれば受理しなければならない。

第22条（協議離婚申告書の受付方法）　協議離婚申告書は家族関係登録事件受付帳で受付けするが，受付帳と離婚申告書に受付年月日と受付時刻（例：2008.12.10.14:25）を明らかにして記録しなければならない。

第23条（協議離婚申告の受理）　①　市（区）・邑・面の長は協議離婚申告の受付時に，家庭法院の確認書謄本が添付されているかとその確認書の有効期間が経過しているかを綿密に調査しなければならず，申告書が家庭法院の確認日から3ヵ月が経過した後に提出された場合には，一旦受付した後に送達証明書を提出するように通知し，追後補完された送達証明書上の送達日時からみて離婚申告が確認書謄本の交付又は送達日から3ヵ月以内であればこれを受理しなければならないが，その期間を経過しているか追後補完期間内に送達証明書を提出しない場合には不受理としなければならない。

②　法院から再交付された確認書謄本によって離婚申告をするときには，確認書謄本の有効期間内に離婚申告書を提出したかどうかを確認しなければならない。

③　離婚する夫婦に未成年の子女（懐胎中の子を除く）がいる場合には，市（区）・邑・面の長

は親権者指定申告を併せて受理しなければならない。市（区）・邑・面の長はこの場合離婚申告書と家庭法院の確認書謄本と親権者決定に関する協議書謄本又は家庭法院の審判正本及び確定証明書が一致するかを確認しなければならない。

④　懐胎中の子についての親権者指定申告は離婚申告時に受理せずに，懐胎中の子の出生申告時に受理する。この場合親権者決定に関する協議書謄本又は家庭法院の審判正本及び確定証明書を確認しなければならない。懐胎中の子の親権者指定申告期間は出生時から起算する。

⑤　協議離婚申告書が適法に審査され受理された後には，当事者の一方が離婚意思がないとしてその申告書の返還を要請してもこれを返還してはならない。

⑥　在外公館長が「家族関係の登録等に関する法律」第34条，第74条，第75条により協議離婚申告書を適法なものと審査して受理した場合であれば，その後に当事者の一方が離婚意思がないとその申告書の返還を要請しても，受理した離婚申告書は「家族関係の登録等に関する法律」第36条による送付手続を採らねばならない。

第24条（離婚証書謄本による申告）　韓国人夫婦が日本国で日本方式による協議離婚申告をして受理された協議離婚に関しては，日本国戸籍官署で2004年9月19日まで受理された場合に限ってその離婚証書謄本を提出した場合，これを受理しなければならない。

第25条（協議離婚意思撤回書面の受付）　①　法院から協議離婚意思確認を受けた後に，その者によって離婚申告前に協議離婚意思撤回の意思表示をしようとするときには，撤回書面（別紙第18号書式）に協議離婚申告意思の確認法院及び確認年月日を記載した後協議離婚意思確認書謄本を添付して，協議離婚意思撤回表示をしようとする者の登録基準地，住所地又は現在地の市（区）・邑・面の長に提出しなければならない。

②　協議離婚意思撤回書面は家族関係登録文書件名簿で受付するが，家族関係登録文書件名簿とその撤回書面に受付年月日と受付時刻（例：2008. 12. 10. 14：25）を明らかにして記録しなければならない。

③　受け付けた協議離婚意思撤回書面は，協議離婚意思撤回書編綴帳に編綴したのちに備え置かなければならない。

第26条（協議離婚意思撤回の効果）　①　協議離婚意思撤回書面が受け付けられた後，協議離婚申告書が提出された場合にはその離婚申告書を受理してはならない。

②　家族関係登録公務員の上記不受理処分に対して不服のある者は「家族関係の登録等に関する法律」第109条により管轄家庭法院に不服申請をすることができる。

③　協議離婚意思を撤回した場合には，離婚意思確認の効力は消滅するので，その撤回意思を撤回したとしても離婚申告を受理することはできない。

第27条（協議離婚意思撤回による業務手続）　①　当事者の一方は「甲」市（区）・邑・面事務所に協議離婚意思撤回書面を提出し，他の一方は「乙」市（区）・邑・面事務所に離婚申告をした場合，協議離婚意思撤回を受け付けた「甲」市（区）・邑・面事務所は電算情報処理組織を通して同一の当事者についての離婚申告書が受け付けられているかを確認し離婚申告書が先に受け付けられ受理された場合には，離婚意思撤回の意思表示をした当事者の一方にその旨を通知する。

②　他の一方の離婚申告書を受け付けた「乙」市（区）・邑・面事務所は申告書の審査の前に電算情報処理組織を通して同一の当事者についての離婚意思撤回書面が受け付けられているかを全国単位で検索し，その受付事実を発見したときには，いずれが先に受け付けられたかを受付年月日と受付時刻までを精密に検討する。

③　「甲」市（区）・邑・面事務所で受理した離婚意思撤回書面が先に受け付けられたものと判明した場合，「乙」市（区）・邑・面事務所は離婚申告書が受け付けられた家族関係登録事件受付帳の備考欄に「離婚意思撤回（例：2008. 12. 10. 14：25）受付」と記録した後に離婚申告書と離婚意思撤回書の受付事実が記録された家族関係登録文書件名簿の当該目録を印刷して併せて不受理申告書類編綴帳に編綴して保存し，離婚申告人に「家族関係登録事務の文書様式に関する例規」別紙第21号書式によって申告不受理通知をする。

633

Ⅰ　巻末資料

④　「乙」市（区）・邑・面事務所で受け付けられた離婚申告が先に受け付けられたものと判明した場合，「乙」市（区）・邑・面事務所は離婚申告によって家族関係登録簿を整理した後に直ちにその旨を電話で「甲」市（区）・邑・面の家族関係登録事務担当者に通知し「甲」市（区）・邑・面事務所の家族関係登録事務担当者は第１項により処理する。

⑤　離婚申告書と離婚意思撤回書面の受付時刻が同じ場合には，離婚意思撤回書面が先に受け付けられたものとして処理する。

　　別紙書式は別紙の通りである。

　　附　則（2008.06.11.例規276号）第１条（施行日）本例規は2008年６月22日から施行する。
　　　第２条（他の例規の廃止）　大法院家族関係登録例規第168号「協議離婚の意思確認事務及び家族関係登録事務処理指針」を廃止する。
　　附　則（2009.04.09.例規295号）第１条（施行日）本例規は2009年４月14日から施行する。
　　　第２条（経過措置）（略）
　　附　則（2009.07.20.例規313号）第１条（施行日）本例規は2009年８月９日から施行する。
　　　第２条（経過措置）（略）
　　附　則（2011.11.10.例規341号）本例規は2011年11月10日から施行する。
　　附　則（2014.05.16.例規395号）本例規は2014年６月１日から施行する。
　　附　則（2015.01.08.例規453号）本例規は2015年２月１日から施行する。
　　附　則（2015.07.06.例規481号）本例規は2015年８月１日から施行する。
　　附　則（2016.12.27.例規507号）第１条（施行日）本例規は即時施行する。
　　　第２条（経過措置）（略）

⒂　2018.04.30.例規517号「登録事項別証明書の発給等に関する事務処理指針」
第１章　総則

第１条（目的）　本例規は「家族関係の登録等に関する法律（以下「法」という）」第14条，「家族関係の登録等に関する規則（以下「規則」という）」第19条に従い登録事項別証明書を発給する手続等に関して必要な事項を定めることを目的とする。

第２条（登録事項別証明書の交付請求等）　①　法第14条と規則第19条に従い本人又は配偶者，直系血族（以下「本人等」という）は，手数料を納付して登録事項別証明書の交付を請求することができる。

②　申請人は「家族関係登録事務の文書様式に関する例規」別紙第11号書式の登録簿等の記録事項等に関する証明申請書（以下「申請書」という）にその事由を記載して提出しなければならない。ただし，本人が請求する場合には申請書を作成しなくてもよい。

③　本人等の代理人が請求する場合には申請書に「家族関係登録事務の文書様式に関する例規」別紙第12号書式により本人等が署名又は捺印した委任状と身分証明書（住民登録証，運転免許証，旅券，外国人登録証，国内居所申告証，住民登録番号及び住所が記載された障害人登録証をいう。以下本例規で同じ）の写しを提出しなければならない。委任状は原本を提出させるが，弁護士の場合は登録事項別証明書の交付請求の委任の趣旨が明確に記載された訴訟委任状の写しを提出してもよい。

④　登録事項別証明書の交付を請求する場合には当事者の姓名と登録基準地を正確に記載しなければならない。ただし，本人等とその代理人の場合には当事者の姓名と住民登録番号でも交付を請求することかできる。

⑤　次の各号のいずれかに該当する場合には本人等の委任がなくても交付を請求することができる。
　１．国家，地方自治団体が職務上の必要に従い文書で申請する場合で，根拠法令と事由を記載した申請機関の公文及び関係公務員の公務員証を添付したとき
　２．訴訟，非訟，民事執行・保全の各手続で必要な場合でそれを疎明する資料を添付したとき
　３．他の法令で本人等に関する登録事項別証明書を提出するように求める場合でそれを疎明す

I　巻末資料

る資料及び関係法令により正当な権限がある者であることを確認できる資料を添付したとき

4．「民法」上の法定代理人（未成年後見人，成年後見人，代理権を授与された限定・特定後見人，遺言執行者，相続財産管理人，不在者財産管理人等）がそれを疎明する資料と申請人の身分証明書を添付したとき

5．債権・債務等の財産権の相続に関して，相続人の範囲を確認するために登録事項別証明書が必要な場合で，それを疎明する資料と申請人の身分証明書を添付したとき

6．保険金又は年金の受給権者を決定するために申請対象者についての登録事項別証明書が必要なとき

7．「公益事業のための土地等の取得及び補償に関する法律」により公益事業を遂行するときに土地等の所有者の相続人を確認する必要があるとき

⑥　市（区）・邑・面の長は第2項の請求が除籍簿又は家族関係登録簿に記録された者についての私生活の秘密侵害等の不当な目的であることが明らかな場合には登録事項別証明書の発給を拒否することができる。

⑦　市（区）・邑・面の長が第1項と第2項により申請書を受付けたときには遅滞なく電算情報処理組織に入力しなければならない。

⑧　申請人がアポスティーユ申請のために外交部に証明書の発給情報の電送を望む場合には申請書に証明書発給情報の電送に関する同意を表示しなければならない。その場合，市（区）・邑・面の長は証明書発給情報を外交部に電送しなければならない。

第3条（親養子入養関係証明書交付請求の特例）　①　第2条第1項及び第5項にかかわらず，親養子入養関係証明書は次の各号のいずれか一に該当する場合に限って交付を請求することができる。

1．成年者が本人の親養子入養関係証明書を申請する場合で成年者であることを身分証明書によって疎明する場合

2．親養子の親生父母・養父母が本人の親養子入養関係証明書を申請する場合には親養子が成年者であることを疎明する場合

3．婚姻当事者が「民法」第809条の親族関係を把握しようとする場合で出席した両当事者及びその身分証明書により家族関係登録事務担当公務員が婚姻意思及び婚姻適齢であることを確認した場合

4．法院の事実照会嘱託があったか，捜査機関が規則第23条第5項により文書で申請する場合

5．「民法」第908条の4に従い入養の取消をするか同法第908条の5に従い罷養をする場合で，それに関する法院の受付証明願が添付された場合

5の2．「入養特例法」第16条に従い入養の取消をするか，同法第17条に従い罷養をする場合で，それに関する法院の受付証明願が添付された場合

6．親養子の福利のために必要なことを親養子の養父母が具体的に疎明資料を添付して申請する場合

7．親養子入養関係証明書が，訴訟，非訟，民事執行・保全の各手続で必要な場合で疎明資料を添付して申請する場合

8．債権・債務等の財産権の相続に関して，相続人の範囲を確認するために死亡した者の親養子入養関係証明書が必要な場合で疎明資料を添付して申請する場合

9．家族関係登録簿が作成されないままで死亡した者の相続人の親養子入養関係証明書が必要な場合で，法律上の利害関係についての疎明資料を添付して申請する場合

10．法律上の利害関係を疎明するために親養子の親生父母・養父母の親養子入養関係証明書を申請する場合で，その該当法令とそれによる具体的な疎明資料及び必要理由を提示して申請する場合

②　第1項の親養子入養関係証明書の交付請求についての制限は，交付請求の対象家族関係登録簿の本人が親養子として入養しているかどうかに関係なく適用する。

第4条（外国人の場合）　①　外国人は，その配偶者，直系血族の登録事項別証明書の交付を請

Ⅰ　巻末資料

求することができ，韓国人との身分関係が解消されていても外国人本人又は配偶者，直系血族
は，外国人本人の記録事項が記載された登録事項別証明書の交付を請求することができる。
②　現在，外国国籍を取得し韓国国籍を喪失したか過去に出生等を原因として韓国の除籍又は家
族関係登録簿に記録された外国人本人又は配偶者，直系血族も登録事項別証明書の交付を請求
することができる。
③　第1項又は第2項に該当する外国人が，海外から郵便で登録事項別証明書の交付を請求する
ときには第8条を準用する。
④　外国人が，第2条第5項に従い登録事項別証明書の交付を請求するときには，直接，市
（区）・邑・面事務所に出席し，外国人登録証や国内居所申告証で国内の居住を疎明した後に申
請書を作成・提出しなければならず，郵便で登録事項別証明書の交付を請求することはできな
い。
第5条（請求事由等の記載及び疎明資料の提出）　①　代理人が請求する場合でも，実際出席し
て請求するその代理人を申請人と記載し，申請人の資格欄には「本人の父」等と表示し，住所
等他の申請人欄も代理人に関する事項を記載する。
②　このときの請求事由は，委任者の交付請求の目的を記載する。
③　第2条第5項に該当する者は，申請書に請求事由を記載しその事由を疎明する資料を提出し
なければならない。
④　第2条第5項に関する疎明資料の例示は別紙第1号の記載の通りである。
⑤　市（区）・邑・面の長は，疎明資料中の原本は，写しに原本対照確認印を捺印する等，原本
と同一であることを確認したのちに返還する。ただし，債権・債務等の正当な利害関係のある
別紙第2号記載の金融機関の場合には，金融機関の原本対照確認印を捺印した写し及び本人の
法人印鑑証明書で原本に代えることができる。
第6条（請求目的の不当性の判断基準）　①　不当な目的の請求とは，婚姻外の出生子である事
実又は離婚経歴等一般的に他人に知られたくないと考えられる事項を正当な事由なく単に好奇
心で知ろうとするか，その家族関係登録簿に記録された身分事項を犯罪に利用するとかして請
求する場合等をいう。
②　不当な目的かどうかの判断は，申請人欄と請求事由欄の記載及び疎明資料の内容で判断する
が，申請人欄の記載をしないとか，請求事由を記載すべき者が請求事由を記載しない場合又は
申請人や請求事由を虚偽で記載した場合には，とりあえず不当な目的があると看做すことがで
きる。
第7条（申請人の身分確認等）　①　市（区）・邑・面の長が申請書を受け付けるときには，申請
人が申請書の申請人欄に記載した者と一致するかどうかを身分証明書によって確認しなければ
ならない。
②　代理人が請求する場合には，委任者及び申請書の申請人欄に記載した申請人（代理人）の身
分を確認しなければならない。
③　第2条第5項により提出された身分証明書及び第1項の確認のために提出された身分証明書
は身分を確認した後に申請人に返還しなければならない。
④　申請書は委任状，委任者の身分証明書の写し，第5条第3項の請求事由を疎明する資料等と
合わせて家族関係登録民願請求書編綴帳に保存する。
⑤　国家，地方自治団体，公共機関が電子政府法に従い電子文書を利用して根拠法令と事由を記
載した公文を送付した場合には，申請書の作成と身分証の提出を省略することができる。
第8条（郵便による請求等）　①　郵便で登録事項別証明書の送付を請求する場合には，申請書
に定められた事項を記載し，法律上正当な請求権者の身分証明書の写しを添付しなければなら
ず，第2条第4項ただし書にかかわらず対象者の登録基準地を記載しなければならない。
②　申請人が身分証明書の写しを添付しないか，登録基準地を記載しないか，請求事由を記載す
べき者が記載しなかった場合又は請求事由が不当な目的であることが明らかな場合に，市
（区）・邑・面の長は申請書にその拒否事由を記載して返送しなければならない。

Ⅰ　巻末資料

第９条（インターネット申請による登録事項別証明書の請求）　（略）
第10条（住民登録番号の公示制限）　登録事項別証明書は，本人又は父母，養父母，配偶者及び子女の住民登録番号欄及び一般登録事項欄に記載された住民登録番号の後の部分６桁の数字を消して（例：080101-3＊＊＊＊＊＊）作成して交付する。
第11条（公示制限の例外等）　（略）
第11条の２（登録事項別証明書の再発給）　（略）

第２章　在外国民及び外国官公署に対する登録事項別証明書の送付方法

第12条（登録事項別証明書の郵便交付請求とその交付方法）　①　海外に居住する在外国民が市（区）・邑・面の長に郵便で登録事項別証明書を交付請求するときには第１章の規定を準用する。
②　第１項の場合にはその登録事項別証明書を申請人に直接送付する。
第13条（外国官公署の登録事項別証明書の交付請求等）　①　外国官公署は使用用途を明示した文書によって外交部又は在外公館を通して市（区）・邑・面の長に登録事項別証明書の交付を請求することができ，その場合市（区）・邑・面の長は使用用途を審査した後に外交部を経て登録事項別証明書を外国官公署に送付することができる。
②　第１項にもかかわらず，日本国駐在韓国領事館（駐日本大韓民国大使館領事部，駐大阪総領事館，駐福岡総領事館等）が日本国官公署から登録事項別証明書の交付を請求された場合には，日本国の外務省を経由したものに限り使用用途を審査した後，外交部を経ることなく直接日本国の外務省に登録事項別証明書を送付することができる。

第３章　除籍簿の閲覧及び謄・抄本，登録事項別証明書の発給事務の特例

第14条（除籍謄・抄本の交付請求）　除籍簿（2008．1．1前に除籍された電算戸籍及び戸籍用紙で作成された除籍をいう。以下同じ）及び簿冊等の閲覧及び謄・抄本の交付請求は，第１章及び第２章の規定を準用する。
第15条（申請の特例）　①　第２条第５項第１号，第２号，第３号，第４号，第６号，第７号，第３条第１項第７号に従い交付を請求する場合，申請人が直接，市（区）・邑・面・洞事務所に出席して申請対象者の姓名と住民登録番号を記載して申請書を作成・提出し，請求事由を疎明する資料と申請人の身分証明書の写しを添付すれば，除籍簿の閲覧及び謄・抄本，登録事項別証明書の交付を請求することができる。相続人が相続関係の確認のために交付を請求する場合も同様である。
②　国家，地方自治団体，公共機関が「電子政府法」に従い電子文書を利用して公文を送付したときには，市（区）・邑・面・同事務所に出席せずに除籍簿の閲覧及び謄抄本，登録事項別証明書の交付を請求することができる。
③　申請人が除籍簿の閲覧及び謄・抄本，登録事項別証明書の交付請求の要件を備えなかった場合には，その除籍簿の閲覧及び謄・抄本，登録事項別証明書の発給を拒否しなければならない。

第４章　法院行政処電算情報中央管理所の所属公務員による登録事項別証明書の発給

第16条（登録事項別証明書の発給についての特則）　①　法第12条第２項に従い，法院行政処電算情報中央管理所の所属公務員に登録事項別証明書（除籍を含む）の発給事務をさせる場合，電算運営責任官がその事務を処理し証明書の発給者となる。
②　在外公館で電算情報処理組織によって除籍，謄・抄本及び登録事項別証明書の発給をする場合には，電算運営責任官がその発給者となる。

　　別紙第１号および別紙第２号をそれぞれ別紙のとおり新設する。

［別紙第１号］　第２条第５項関連疎明資料の例示
Ⅰ．申請対象者の姓名と登録基準地を記載して申請すべき場合
　１．申請対象者が死亡して申請対象者の相続人を把握するための場合
　　①　申請対象者に対する債権を疎明する資料
　　②　申請対象者の死亡事実を疎明する資料又は失踪宣告・不在宣告審判書及びその確定証明書（申請対象者の死亡事実等を発給官署から電算で確認できる場合に提出を免除できる。

Ⅰ　巻末資料

以下，本別紙で同じ）
2．相続代位登記のために債務者の被相続人である申請対象者名義の登録事項別証明書を申請するための場合
①　債務者に対する債権を疎明する資料
②　申請対象者の死亡事実を疎明する資料又は失踪宣告・不在宣告審判書及びその確定証明書
③　申請対象者名義の不動産登記簿謄本
Ⅱ．申請対象者の姓名と登録基準地を記載して申請するか発給官署（洞事務所含む）に出席して登録基準地に代る住民登録番号を記載して申請できる場合
1．訴訟，非訟，民事執行・保全の各手続で申請対象者の登録事項別証明書を提出することを求める法院（登記官等含む）の補正命令書，事実照会書，嘱託書等
2．債務履行を命ずる裁判書を受けるか，債務者が死亡して承継執行のために債務者の登録事項別証明書を申請する場合
①　債務履行に関する確定判決文又は民事執行法第56条の執行権原
②　申請対象者の死亡事実を疎明する資料又は失踪宣告・不在宣告審判書及びその確定証明書
3．相続代位登記のために債務者の被相続人名義の登録事項別証明書を受給するのに債務履行を命ずる裁判書を提出する場合
［別紙第2号］　債権・債務等正当な利害関係がある金融機関の範囲　（略）
附　則（2008.06.18. 例規278号）第1条（廃止例規）大法院家族関係登録例規第12号を廃止する。
第2条（他の例規の改正）　（略）
附　則（2015.01.08. 例規450号）本例規は，2015年2月1日から施行する。
附　則（2016.08.03. 例規488号）本例規は，公布した日から施行する。（第2条，第4条「兄弟姉妹」部分を削除する改正）
附　則（2016.11.25. 例規499号）本例規は，2016年11月30日から施行する。
附　則（2018.04.30. 例規517号）本例規は，2018年5月8日から施行する。

I 巻末資料

6. 韓国　憲法裁判所　民事関連判例（憲裁判例）

⑴　憲裁1997. 03. 27. 95헌가14等
（民法第847条第1項（親生否認の訴えの除斥期間）違憲提請）（憲法不合致）

（主文）

　民法（1958. 2. 22. 法律第471号で制定され1990. 1. 13. 法律第4199号で最終改正されたもの）第847条第1項中の「その出生を知った日から1年内」部分は憲法に合致しない。

가. 事件の背景

　本件は，父が真正な血縁関係に基づかない親子関係を訴訟で争うことができる期間を家族法的身分関係の安定のために子の出生から1年に制限する民法第847条第1項に対して憲法不合致決定をした事件である。

　民法第847条第1項は，民法第844条の親生推定を受けた子に対する親生否認の訴えの提訴期間を「その出生を知った日から1年内」と規定している。その規定について我が国民の真実の血縁関係に対する愛着が非常に強く，また女性の社会活動が目覚しく増大し醸成の情緒観念に多くの変化がある現実にこれ以上符合しないという主張が提起されていた。

　提請申請人は，自己の妻から出生した子が自己の出生子でないとの理由で民法第847条第1項の親生否認の訴えの提訴期間が過ぎた後になって，法院に親生否認の訴えを提起するの訴訟係属中に民法847条第1項の親生否認の提訴期間を制限するのは違憲との理由で法院に違憲法律審判提請を申請したので法院がそれを受けて憲法裁判所に違憲法律審判を提請した。

나. 決定の主要内容

　憲法裁判所は次のとおり，親生否認の訴えの出訴期間を制限している民法第847条第1項の立法目的を確認し同条項について憲法不合致宣言をした。

　上記法律規定は，親生推定を受ける子に対して一定の期間内に親生否認の訴えを提起するように規定することで，その親生性を否認できる道を開きながら，親生否認の訴えに一定の除斥期間を設けその期間の間だけ訴えを提起できるようにして身分秩序の安定を図ろうとしている。

　親生否認の訴えの提訴期間の長短は原則的に立法裁量に属する事項であるが，その提訴期間自体があまりに短期間であるか不合理であると，父が子の親生子かどうかに対する確信を持つ前にその除斥期間が経過してしまい親生を否認しようとする父に提訴を著しく混乱させたり事実上不可能にさせ，真実の血縁関係に反する親子関係を否認できる機会を極端に制限することになれば，それは立法裁量の限界を超えると云えないと解される。

　上記法律条項は，親生否認の訴えの除斥期間を定めるに際し父が子との間に親生子関係が存在しないことを知っているかどうかを全く考慮しないで，むしろ出生を知った日からとだけ規定し父に不利な規定である。さらに1年という除斥期間それ自体も婚姻期間中には貞節が守られるとの伝統観念を背景にした規定であるが，現代社会は女性の社会的活動の増加と価値観念の混沌及び倫理意識の弛緩で伝統観念に大きい変化が生じ又出産過程も病院等の専門機関で多く子が反復して出産し互いに取り違えられる可能性も排除できない点等社会現実の与件も変化し真正な親子関係が存在しない可能性が多くなるなど父に親生否認権を付与する必要性は，かえって増加する反面，我が国は他の国より血統を重要視して血縁に格別の愛着を持つ伝統慣習を維持している点などを総合して考慮すれば提訴できる期間を子の出生を知った日から1年と規定したのは余りにも短いと解される。

　したがって，上記法律条項は立法裁量の範囲を逸脱したもので人間の尊厳と価値，幸福追求権を保障した憲法第10条に違反し，婚姻と家族生活の権利侵害禁止を保障する憲法第36条第1項にも違反すると解される。ただし，上記法律条項について単純違憲決定をする場合に予想される法的空白状態による混乱を予防し立法者の形成裁量を尊重すべき必要があるので憲法不合致宣言を行う。参考にこのような憲法不合致状態の除去のための一応の準拠になる事例として，父が子との間に親生子関係が存在しないことを知った時から1年内に親生否認の訴えを提起できるか，そ

Ⅰ　巻末資料

の場合でも子の出生後５年が経過すれば特別な事情のない限りこれを提起できるとするスイス民法がある。
　これについて，김진우裁判官は，憲法不合致状態の除去方案とし提示されたスイスの立法例は父の一般的な人格権と裁判請求権を深刻に制限していて過剰禁止原則に反して調和するとは言えないという別個意見を提示した。

ダ．事後経過
　憲法裁判所は，本決定を通してその間にあまりに短い提訴期間によって親生否認の訴えの提起可能性を多くの場合事実上封鎖されていた不合理性を除去した。憲法裁判所が同条項の効力を中止させたので，立法者は早い時日内に親生否認の訴えの提訴期間を伸長する法改正が必要になった。

(2) 憲裁1998. 08. 27. 96헌가22等（併合）
　（民法第1026条第２号（相続の法定単純承認）違憲提請・違憲訴願）（憲法不合致）

（主文）
１．民法第1026条第２号（1958. ２. 22. 法律第471号）は憲法に合致しない。
２．上記法律条項は立法者が1999. 12. 31. まで改正しなければ，2000. 01. 01. からその効力を喪失する。
　　法院その他国家機関及び地方自治団体は，立法者が改正するときまで上記法律条項の適用を中止しなければならない，

（判示事項）
１．相続人が相続開始のあったことを知った日から３月内に限定承認若しくは放棄をしなかったときには，単純承認をしたものとみる民法第1026条第２号が財産権と私的自治権を侵害したかどうか（積極）
２．違憲状態の除去方案として憲法不合致決定を宣告した例

（決定要旨）
１．相続人が帰責事由無く相続債務が積極財産を超過する事実を知らないで相続開始を知った日から３月内に限定承認又は放棄をしなかった場合でも，単純承認をしたものとみる民法第1026条第２号は基本権制限の立法限界を逸脱したもので財産権を保障した憲法第23条第１項，私的自治権を保障した憲法第10条に違反する。
２．(1)　民法第1026条第２項について単純違憲決定をして直ちにその効力を喪失させる場合には，相続人が相続開始したことを知った日から３月内に限定承認か放棄をしたいときに相続による法律関係を確定できる法律根拠が無くなるという法的空白状態が予想される。
　　(2)　そこで違憲的な規定を合憲的な調整する義務は原則的に立法者の形成裁量に属する事項と考えられ，上記法律条項の違憲性をどのような方法で除去して新たな立法を行うかに関しては，諸方案があり得るので，その中からどの方案を採択するのかは立法者が我々の相続制度，相続人と相続債権者等の利害関係人の利益，法的安定性等多くの事情を考慮して立法政策的に決定する事項なので，上記法律条項について憲法不合致決定を宣告した。
　　　裁判官조승형の反対意見
３．多数意見が採る憲法不合致決定は，憲法第111条第１項第１号及び第５号，憲法裁判所法第45条，第47条第２項の明文規定に反し，憲法裁判所決定の遡及効を原則的に認定しないドイツの法制と原則的に将来効を認定している我々の法制を混同しドイツの判例を無批判に誤って受容したものなので反対し，本件の場合は単純違憲決定をしなければならない。

(3) 憲裁2001. 07. 19. 99헌바９・26・84等
　（民法第999条第２項等（相続回復請求権の除斥期間）違憲提請）（違憲）

（主文）
民法第999条第２項中「相続が開始した日から10年」部分と旧民法（1990. 1. 13. 法律第4199号

Ⅰ 巻末資料

で改正される前のもの）第999条によって準用された第982条第２項中「相続が開始した日から10年」部分は憲法に違反する。

（判示事項）

民法第999条第２項及び旧民法（1990. 1. 13. 法律第4199号で改正される前のもの）第999条によって準用される第982条第２項中相続回復請求権の行使期間を相続開始日から10年に制限することが財産権，幸福追求権，裁判請求権を侵害し平等原則に違背するか（積極）

（決定要旨）

相続回復請求権は死亡によって包括的な権利義務の承継が成される相続に際して，僭称相続人によって真正相続人の相続権が侵害されるときが少なくないことを考慮し，真正相続人に僭称相続人を排除させて相続権の内容を実現できるもので，真正相続人を保護するための権利であるが，相続回復請求権について相続開始日から10年という短期の行使期間を規定しているので，上記期間が経過した後に真正な相続人相続人としての地位と併せて相続によって承継した個々の権利義務も総括的に喪失し僭称相続人を相手に裁判上それら権利を主張できず，むしろその反射的効果として僭称相続人の地位は確定され僭称相続人が相続開始の時点から遡及して相続人としての地位を取得することになり，そのことは真正相続人の権利を著しく制限しむしろ僭称相続人を保護する規定に機能していると考えられ，基本権制限の限界を超えて憲法上保障された相続人の財産権，幸福追求権，裁判請求権等を侵害して平等原則に違背する。

⑷ **憲裁2008. 03. 27. 2006헌바82**

（民法第1066条（自筆証書遺言の「捺印」部分）違憲訴願）（合憲）

（主文）

民法（1958. 2. 22法律第471号で制定されたもの）第1066条第１項中の「捺印」部分は憲法に違反しない。

（判示事項）

自筆証書による遺言の方式で全文と姓名を自書に当たり「捺印」を求めている民法（1958. 2. 22法律第471号で制定されたもの）第1066条第１項中の「捺印」部分（以下「本件部分」という）が遺言者の財産権と一般的行動自由権を侵害するか（消極）

（決定要旨）

本件法律条項部分は遺言者の死亡後その真意を確保し，相続財産をめぐる利害当事者間の法的紛争と混乱を予防して法的安定性を図り，相続制度を健全に保護するためのもので，その立法目的は正当である。そして，自筆証書による遺言は最も簡易な方式による遺言であるが，偽造や変造の危険性が相対的に大きく，遺言者の死後に本人の真意を客観的に確認することが難しいので，方式を具備することを要求すること自体は上のような立法目的を達成できる適切な手段である。

他方，東洋文化圏のわが国では法律行為において印章を使用する永い法意識や慣行が存在しているが，本件法律条項部分はそのような法意識や慣行に照らして姓名の自書だけでは立法目的を達成するのに附則しているとの考慮に立脚しているので，姓名の自書の外に捺印と云う同一の機能を持つ二つの方式を不必要に重複的に要求するものとは解せられない。さらに，遺言者としては拇印を通して印章を容易に代替でき，民法が整える他の方式の遺言を選択として遺贈ができる機会が幾つかあり，生前に受贈者と諾成・不要式の死因贈与契約を締結することで望むことを達成できるので，捺印を求めるのは基本権侵害の最小性原則に違反しないだけでなく法益均衡性の要件も備えている。

裁判官김종대の反対意見

今日では捺印は，自筆に比して他人による捺印可能性と偽造可能性が大きく意思の最終的完結方法としては不適当になり，各種法律で署名（姓名の自書）だけで処理する傾向が暫時拡大している。自筆証書による遺言で捺印を求める目的は，遺言状の全文の自書と姓名の自書によって充分に達成されるので，その他に捺印を求めるのは不必要で重複的な要件を求めるものであり，憲法第10条によって保障される遺言者の一般的行動の事由を制限するのに最小侵害性の原則を順守

641

Ⅰ　巻末資料

できず，本件法律条項は法益均衡性の原則にも違反するので違憲と宣言すべきである。

⑸　憲裁2008.12.26. 2007헌바128
（民法1066条１項（自筆証書遺言の「住所」と「捺印」部分）違憲訴願）（合憲）

（主文）

　民法（1958.２.22.法律第471号で制定されたもの）第1066条第１項中「住所」及び「捺印」部分は憲法に違反しない。

（判示事項）

１．自筆証書による遺言において「住所の自書」と「捺印」を有効要件としている民法（1958.２.22.法律第471号で制定されたもの）第1066条第１項中「住所」及び「捺印」部分（以下限定した部分を「本件法律条項」という）中で「捺印」部分が遺言者の財産権と一般的行動自由権を侵害するか（消極）

２．本件法律条項中の「住所」部分が遺言者の財産権と一般的行動自由権を侵害するか（消極）

（決定要旨）

１．（略）

２．本件法律条項中「住所」部分もまた遺言者の人的同一性を明確にするので遺言者の死亡後にその真意を確保し，相続財産をめぐる利害当事者間の法的紛争と混乱を予防して法的安定性を図って相続制度を健全に保護するためのものであり，その立法目的は正当で，姓名の自書で遺言者の人的同一性が一次的に特定でき，特に同名異人の場合には遺言者の住所がその人的同一性を確認できる簡便な手段というだけでなく，全文，姓名の自書から住所の自書まで求めることで遺言者に一層慎重に正確に遺言の意思を表示させ立法目的を達成できる適切な手段である。

　　　他方，自筆証書による遺言で自書を求める住所は遺言者の生活の根拠となる場所であり。必ずしも住民登録法によって登録された場所である必要はないので，自筆証書による遺言をする程度の遺言者であれば簡単にそれを記載できるだけてなく，住所の記載は必ずしも遺言全文と同一の紙切れにしなければならないのではなく，遺言証書としての一体性が認められる以上住所は遺言証書を納めた封筒に記載しても構わないので遺言の自由に対する侵害を最小化でき，遺言の要式主義を採る以上，遺言をする者が当然に作成するとして期待される「遺言の全文，遺言者の姓名」のように最小限の内容以外に他の形式的な記載事項を求めるのは，遺言の要式主義を貫徹するために不可避な選択と解することができ，「住所の自書」は他の有効要件とは多少他の側面で依然として遺言者の人的同一性や遺言の真正性の確認に寄与かするので基本権侵害の最小性原則に違反しないだけでなく法益均衡性の要件も備えている。

　　　裁判官조대현の「住所」部分に対する限定違憲意見

　　　民法第1066条第１項が遺言自筆証書に遺言者の住所を記載することを求める理由は，遺言者の姓名と住所によって遺言者が誰かを特定できるとするものである。そこで，姓名と共に遺言者を特定できる要素の外に住民登録番号・生年月日・本籍・家族姓名・社会的身分等を色々と考えられるが，その中から住所の特定機能が最も優越するとは解されず，遺言者の住所記載がなければ遺言者を特定できなくなるとも解せられない。よって，遺言自筆証書に遺言者の住民登録番号その他遺言者を特定できる記載がある場合でも，民法第1066条第１項の「住所」部分を適用して遺言自筆証書の効力を否認するのは憲法に違反する。

　　　裁判官이동흡，裁判官송두환の「住所」部分に対する違憲意見

　　　同名異人の場合に遺言者の住所が記載されていなくても，その遺言の内容等に照らしてみれば通常の遺言なのかを容易に確認できるので，それを確認できない場合は容易と考えられるので本件法律条項が住所を必ず記載することを求めるのは遺言者の人的同一性を確認するための適切な方法とは解し難く，例え住所の記載が遺言者の人的同一性の確認のために適切な方法としても遺言状の全文の自書と姓名の自書，そして遺言の内容によって遺言状の実際の作成者と遺言状の名義者の同一性を確保できることは勿論，遺言がその者の真意によるものかを充分に明らかにできるなど誰が行った遺言なのかを明らかにするのは，それほど困難な問題ではないの

I 巻末資料

で住所を必ず記載するように求めるのは不必要で重複的な要件を課するもので，侵害の最小性原則に違反し，住所の自書が欠けば遺言の無効となり遺言者の真意が貫徹される余地がまったく無くなるので住所の自書を追加して求めるのは，侵害される法益と公益間に著しい不均衡を招くので，法益の均衡性の原則に違反する。

　　裁判官김종대の違憲意見

　本件法律条項中の「住所」部分については先に見た単純違憲意見の理由とその見解を同じくし，「捺印」部分については憲裁2008.3.27.2006헌바82決定で違憲理由を詳細に明らかにしたように，今日は捺印は自筆に比して他人による捺造可能性と偽造可能性が大きく意思の最終的な完結方法としては不適当となり各種法律で署名（姓名の自書）だけで処理する傾向が暫時拡大しており，自筆証書による遺言で捺印を求める目的は遺言状の全文の自書と姓名の自書によれば充分に達成するので，その他に捺印を求めるのは不必要で重複的な要件を求めるもので，憲法第10条によって保障される遺言者の一般的行動の自由を制限することで最小侵害性の原則を順守しないものであり，法益均衡性の原則にも違反するので違憲を宣言すべきである。

(6)　憲裁2010.04.29.2007헌바144
（民法第1113条第1項等（遺留分算定で贈与財産価額を加算する部分）違憲訴願）（合憲）

（主文）
　民法（1977.12.31.法律第3051号で改正されたもの）第1113条第1項中の贈与財産を加算する部分及び第1118条中の第1008条を遺留分に準用する部分は憲法に違反しない。

（判示事項）
1．被相続人の相続開始時において有する財産の価額に贈与財産の価額を加算して遺留分を算定すると規定した民法第1113条第1項中の贈与財産の価額を加算する部分（以下「本件加算条項」という）が財産権を侵害するか否か（消極）
2．本件加算条項が平等権を侵害するか否か（消極）
3．民法第1118条中の民法第1008条遺留分に準用する部分（以下「本件準用条項」という）が財産権を侵害するか否か（消極）
4．本件準用条項が平等権を侵害するか否か（消極）

（決定要旨）
1．遺留分制度は，被相続人の財産処分の自由・遺言の自由を保障しながら被相続人の財産処分行為から遺族の生存権を保護して，相続財産形成に対する寄与，相続財産に対する期待を保障することにその立法趣旨がある。そのような遺留分制度の立法趣旨に照らせば，遺留分権利者の保護と法的安定性を目的とする民法第1113条第1項により遺留分算定の基礎財産に加算される贈与財産の価額を相続開始時を基準に評価することには正当性が認められる。さらに，贈与された目的物が処分されるか消費された場合，受贈者はその処分や消費によって得た金員等の利用機会を享受した点，受贈者が贈与された財産の価額が相続開始時に至り処分当時や消費時より低くなる可能性も排除できない点等に照らしてみれば，遺留分算定の基礎財産に加算される贈与財産の評価時期を贈与財産が被相続人の死亡前に処分されるか消費されたかを問わないで，すべて相続開始時とするのが決して恣意的で基本権制限の限界を超えたものとは云えない。よって，本件加算条項は財産権を侵害しない。
2．遺留分制度の立法趣旨に照らせば，被相続人から財産を贈与された受贈者と遺留分権利者を本質的に同一の比較集団とは考えられない。仮に，両者を同一の比較集団と解することができるとしても，受贈者が自己が得た利益より多くの利益を遺留分として返還すべきとする特別な場合の問題は本件法律条項によって発生するのではなく，相続開始前に処分されるか消費された贈与財産の価額が相続開始時に相乗したという偶然な事情によって発生するので，本件加算条項によって不合理な差別が発生したとは考えられない。
3．遺留分制度の立法趣旨に照らせば，遺留分権利者の保護と共同相続人相互間の公平を立法目的とする本件準用条項の正当性と合理性が認定される。さらに，共同相続人の受贈者が受けた

643

Ⅰ　巻末資料

贈与は相続分の先給と考えられる点，大法院が民法第1008条についての解釈を通して特別受益に該当する贈与の範囲を制限している点，遺留分権利者が返還請求できる贈与が法定相続分の一部でその範囲が制限される点等に照らせば，共同相続人の贈与財産はその贈与がなされた時期を問わずに全て遺留分算定のための基礎財産に算入するとする本件準用条項が著しく恣意的で基本権制限の限界を超えているとは考えられない。よって本件準用条項は財産権を侵害しない。

4．遺留分制度の立法趣旨に照らせば，受贈者と遺留分返還請求を行う遺留分権利者を本質的に同一の比較集団とは考えられない。さらに共同相続人である受贈者の場合に受贈者が受けた贈与財産は，相続分の先給としての性格を有するので，その時期に関係なく遺留分算定のための基礎財産に算入するのが妥当な反面，共同相続人でない受贈者の場合，その贈与財産を遺留分の基礎財産に無制限に算入して死後に返還を可能とすれば取引の安全についての重大な恐れになる。よって，本件準用条項が共同相続人である受贈者と共同相続人でない受贈者を異なって取り扱うことは合理的な理由があるので請求人の平等権を侵害しない。

　　　　裁判官조대현，裁判官송두환の限定違憲意見

民法第1008条を準用し受贈者の遺留分から受贈財産を控除することは，受贈者の遺留分を調整するだけで被相続人の処分結果や他の受贈者の財産権には影響を与えないが，第1113条により遺留分算定の基準財産に含まれる算入財産の範囲を広げれば，それにより被相続人の財産処分権と受贈者の財産権を否認する範囲も大きくなる。そこで民法第1114条によって算入財産の範囲を制限し，民法第1115条によって遺留分請求の対象を制限したのである。さらに，被相続人から財産を贈与されたり遺贈された受贈者が遺留分が遺留分を請求する場合でも民法1113条によって遺留分算定の基準財産に含まれる算入財産の範囲は，民法第1114条により被相続人が相続開始前の１年間贈与した財産と遺留分権利者に損害を加えることを知って贈与した財産に限定すべきで，そのように算出された遺留分から民法第1008条により受贈者の受贈財産を控除して遺留分を定めるべきである。

(7)　**憲裁2010. 07. 29. 2009헌가8**
　　（民法第818条（重婚の取消請求権者）違憲提請）（憲法不合致）

（主文）

1．民法第818条（2005. 3. 31. 法律第7427号で改正されたもの）は憲法に合致しない。

2．上記法律条項は，2011. 12. 31. を時限に立法者が改正するときまで適用する。

（判示事項）

가．重婚の取消請求権者を規定しながら直系卑属を除いた民法第818条（2005. 3. 31. 法律第7427号で改正されたもの，以下「本件法律条項」という）が平等原則に反するか否か（積極）

나．立法空白状態の防止のために暫定適用の憲法不合致決定を宣告した事例

（決定要旨）

가．重婚の取消請求権者を規定する本件法律条項は，その取消請求権者に直系尊属と４寸以内の傍系血族を規定しながら直系卑属を除いているが，直系卑属を除きながら直系尊属だけを取消請求権者に規定するのは，家父長的・宗法的な思考に基づくもので，直系卑属が相続権等と関連し重婚の取消請求を求める法律的な利益関係が直系尊属と４寸以内の傍系血族に劣らず大きく，その取消請求権者の一つに規定される検事に取消請求を求めても検事に請求発動を促すに過ぎない点等を考慮するとき，合理的な理由なく直系卑属を差別しており。平等原則に違背する。

나．ただし，本件法律条項を単純違憲を宣言する場合には，既存の重婚取消請求権者に規定される者までも重婚取消請求を行使できない法的空白状態が発生するので，2011. 12. 31. を時限に立法者の改善立法があるときまで暫定的な適用を命ずる憲法不合致を宣言する。

　　　　裁判官김종대の別個意見

本件法律条項の違憲についての主文は，憲法不合致決定でするのでなく，その審判対象を特

644

I　巻末資料

定し具体的な権利救済が可能な「本件法律条項中直系尊属と傍系血族を重婚取消請求権者と規定しながら直系卑属を規定しないのは憲法に違反する」との限定違憲決定の形式を採るべきである。

　　　裁判官조대현の反対意見
　　重婚状態の実相を見ると，前婚は事実上解消され後婚が実質的な婚姻機能を果たしている場合が多い点も，民法が重婚を婚姻無効事由と規定しないで婚姻取消事由と規定している点等を総合すれば，重婚の取消の可否は重婚によって直接的に法益を侵害される重婚当事者とその配偶者の自己決定権に委ねるべき事項であると解するのが相当である。よって，民法第818条の「直系尊属，4寸以内の傍系血族」を重婚取消請求権者と規定する部分は重婚当事者の婚姻関係上の権利と婚姻関係に対する自己決定権を不当に侵害するものとして憲法に違反すると解すべきである。よって，民法第818条が直系卑属を重婚取消請求権者に規定しないことが違憲であると宣言してはならない。

(8)　憲裁2010. 07. 29. 2005헌바89
　　（民法第999条等（相続回復請求権の除斥期間）と民法第1014条（分割後の認知価額請求権）による準用　違憲訴願）（合憲）
（主文）
　　民法第1014条で民法第999条第2項の「相続権の侵害行為があった日から10年」部分を適用すること及び民法第999条第2項の「相続権の侵害行為があった日から10年」部分は憲法に違反しない。
（判示事項）
1．民法（1958. 2.22法律第471号で制定されたもの）第1014条の価額支給請求権に相続回復請求権の除斥期間である民法（2002. 1.14.法律第6591号で改正されたもの）第999条第2項中の「相続権の侵害行為があった日から10年」部分（以下「本件法律条項」という）を適用することが憲法裁判所による規範統制の対象になるか否か（積極）
2．民法第1014条の価額支給請求権に本件法律条項を適用する場合に除斥期間の起算日である「相続権の侵害行為があった日」の意味
3．民法第1014条の価額支給請求権に本件法律条項を適用することが，相続開始後に共同相続人として確定した者の財産権，裁判請求権を侵害するか平等原則に違背するか否か（消極）
（決定要旨）
1．가．裁判官이강국，裁判官이공현，裁判官민형기の意見
　　法院が民法第1014条の価額支給請求権に本件法律条項を適用することは，民法第1014条及び本件法律条項の適用領域を具体化するものなので，憲法裁判所による規範統制の対象になる。
　　나．裁判官이동흡，裁判官송두환の意見
　　大法院は，民法第1014条の価額支給請求権はその性質上相続回復請求権の一種で，民法第999条第2項所定の除斥期間の適用があると一貫して判示してきたところ，そのように相当期間にわたって形成・集積されてきた法院の解釈によって，本件法律条項は民法第1014条の価額支給請求権にも適用され，結局本件法律条項を民法第1014条の価額支給請求権に適用することが違憲か否かは法院の解釈によって具体化されており，本件法律条項中の価額支給請求権に適用される部分が違憲か否かの問題に帰着する。
2．가．裁判官이강국，裁判官이공현，裁判官민형기の意見
　　民法第1014条の価額支給請求権に本件法律条項を適用する際にその起算点に関して，それを「相続開始に関する登記その他の処分があった日」と解するのか，でなければ「認知又は裁判が確定した日」と解するのかは法文上で明らかでないが，当該事件に関して法院は前者の解釈に立脚して判断しているので，本件においても法院のそのような法律的な見解を尊重しその前提の下に違憲か否かを検討する。
　　나．裁判官이동흡，裁判官송두환の意見

645

Ⅰ　巻末資料

　法律規定の解釈に関して法院の見解が確立していない場合には憲法裁判所が法律規定を独自に解釈し，それに基づいてその法律規定が違憲か否かを判断すべきと考えられるところ，本件法律条項が民法第1014条の価額支給請求権に適用される場合に除斥期間の起算日である「相続権の侵害行為があった日」を「他の共同相続人が相続財産を分割その他処分をした日」と解することになれば，その日から10年が過ぎた以後に認知又は裁判の確定で共同相続人になった者は真正相続人の地位を回復したのに既に10年の除斥期間が経過して価額支給請求権の行使可能性自体を剥奪されることになり，これは認知の遡及効と死後認知制度等を規定した民法の体系や価額支給請求権制度の趣旨にも反するので，「相続権の侵害行為があった日」は憲法合致的法律解釈の原則に従い「認知又は裁判の確定日」と解すべきである。

3．가．裁判官이강국，裁判官이공현，裁判官민형기の意見

　民法第1014条の価額支給請求権に本件法律条項を適用するのは相続をめぐる法律関係を早期に確定することで取引の安全を図り，相続開始当時法的に真正な相続権者の地位にあった既存の共同相続人の信頼を保護しようとする立法目的のための効果的な手段で，相続開始後に共同相続人と確定した者の相続権行使を最初から剥奪するのではなく権利行使の期間だけを制限するもので，相続権侵害行為があった日から10年が経過すれば認知されるか裁判が確定せずに価額支給請求権を行使できない場合は事実上予想し難いだけでなく価額支給請求権行使の相手方である他の共同相続人は一般的に真正な権利者であることから彼らの相続財産やその相当価額に対する法的安定性と信頼を保護する必要性が大きい点から相続開始後に共同相続人に確定した者の財産権を侵害するとは解されず，価額支給請求権の行使期間を他の債権的請求権と異なり設けられているのには合理的理由があるので，平等原則に違背するとか裁判請求権を侵害するとは解せられない。

　나．裁判官이동흡，裁判官송두환の意見

　「認知又は裁判の確定日」を除斥期間の起算点と解する以上，遅れて認知又は裁判の確定で共同相続人になった者でもその権利の行使機会自体が排除される場合は想定できないので，本件法律条項が民法第1014条の価額支給請求権に適用される場合とそれ以外の他の共同相続権に適用される場合にその違憲性審査の基準や結論に有意味な差異が存在すると解せられないが，本件法律条項中の価額支給請求権に適用される部分は取引の安全と既存の共同相続人の信頼保護という立法目的のための効果的な手段として，認知又は裁判の確定によって共同相続人になる者の価額支給請求権の行使の機会を保障しながら，その行使期間を相当な範囲内に制限して価額支給請求権者と他の共同相続人及び第三者の利害関係を合理的に調和させるものであり，憲法第37条第2項で定める基本権制限の限界内の相当な立法権の行使であり，被認知者等の財産権，裁判請求権を侵害することが無いのは勿論，平等原則にも違背しない。

　裁判官조대현，裁判官김희옥，裁判官김종대，裁判官목영준の反対意見

　民法第1014条で規定された価額支給請求権は相続資格を備えた真正な共同相続人間で相続分を適切に分割・分配するために認められた相続財産分割請求権として，権利の相手方が僭称相続人ではなく真正な共同相続人である点，権利の救済方式が民事訴訟手続でなく家事訴訟手続である点，第三者の法律的地位及び取引の安全のために真正相続人の権利行使を制限する必要がない点から，相続回復請求権と明白に区別される。

　「民法第1014条に本件法律条項が適用される」と解釈して10年の除斥期間を適用すれば，認知又は裁判の確定が相続権の侵害があった日から10年が過ぎた後になされた場合には，価額支給請求を原則的にできなくなる結果が発生するが，これは価額支給請求という迂回的・折衷的な形態を通してでも被認知者等の相続権を遅れても保障してあげるとの立法趣旨と被害の最小性原則に反し法益の均衡性も有しないので，結局過剰禁止原則に違反し請求人らの財産権と裁判請求権を侵害するので憲法に違背する。

⑼　憲裁2011. 02. 24. 2009헌바89・248
　　（旧民法附則第4条（継母子関係消滅部分）違憲訴願）（合憲）

Ⅰ　巻末資料

（主文）

　民法（1990.1.13.法律第4199号）附則中「前妻の出生子と継母間の親族関係」に関する部分は憲法に違反しない。

（判示事項）

1. 1990年改正民法の施行日が1991.1.1.からその以前に成立していた継母子間の法定血族関係を消滅させるとした民法（1990.1.13.法律第4199号）附則第4条中「前妻の出生子と継母間の親族関係」に関する部分（以下「本件法律条項」という）が憲法第36条第1項に違反するか否か（消極）
2. 本件法律条項が憲法第13条第2項の遡及立法による財産権侵害に該当するか財産権保障の信頼保護原則に違反するか否か（消極）
3. 本件法律条項が憲法第11条第1項の平等原則に違反するか否か（消極）

（決定要旨）

1. 継母子間の法定血族関係を廃止したのは，継母子関係は当事者の意思を考慮しないで法律で母子関係を擬制し継子が不利益を受ける場合が多く，それは家父長的家族制度の産物で両性平等の原則に反する等の根拠によって社会的公益を維持するための決断によるもので，立法目的の正当性及び手段の適合性が認められる。それは親族関係の内容を形成する法律の改正を通して達成できるので，本件法律条項は手段の適合性も認められる。継母子関係当事者は，入養申告で親生子関係と同一の効果を得ることができ，家族共同生活を維持している場合相互扶養義務が認められるので基本権制限の程度は過度とはいえず，社会全体の家族秩序を形成する観点から，類似する程度の効果を有する適正な代替手段を探すことも困難なので，本件法律条項は，被害最小性の原則にも反せず，さらに法益の均衡性も認められるので，本件法律条項は憲法第36条第1項が保障する未成年である家族構成員が成年の家族から扶養と養育，保護等を受ける権利を侵害しない。

　　他方，本件法律条項は，継子の親父と継母の婚姻意思を一律的に継子に対する入養又はその代理の意思と見做すのは困難なので，継子の親父と継母の婚姻により家族生活を自由に形成する権利を侵害しないで，さらに個人の尊厳と両性平等に反する伝来の家族制度を改善するための立法なので家族制度を保障する憲法第36条第1項に違反するとは解せられない。
2. 本件法律条項は，1990年改正民法施行以前の継母の死亡による相続関係を規律するのではないので憲法第13条第2項が禁ずる遡及立法に該当しない。他方，本件法律条項により1990年改正民法施行以前に成立した継母子関係の場合，以後に継母又は継子が死亡しても相互間に相続が認められないのは，その相続に対する期待が具体的とは解し難く，一律的に相続制度を整備する公益が相対的に大きく著しく恣意的な立法形成とは考えられないので，財産権保障に関する信頼保護原則に違反すると解されない。
3. 養親子関係当事者と継母子関係当事者は平等原則違反になるか否かが問題となる比較集団とは解しがたく，継母の死亡時点が1990年改正民法施行以前か以後かにより継子の相続権が認定されるか否かが異なるのは事実上の差異に過ぎず，仮にそれを法的な差別取り扱いと解しても合理的な差別として平等原則に反するとは解されない。

⑽　憲裁2014.08.28. 2013헌바119

　（民法第1003条第1項（事実婚配偶者を「配偶者」の相続順位に入れない部分）違憲訴願）

　（合憲）

（主文）

　民法（1990.1.13.法律第4199号で改正されたもの）第1003条第1項中の「配偶者」部分は憲法に違反しない。

（判示事項）

1. 事実婚配偶者に相続権を認めない民法（1990.1.13.法律第4199号で改正されたもの）第1003条第1項中の「配偶者」部分（以下「本件法律条項」という）が請求人の相続権を侵害す

647

Ⅰ　巻末資料

るか否か（消極）
2．本件法律条項が請求人の平等権を侵害するか否か（消極）
3．本件法律条項が憲法第36条第1項に違反するか否か（消極）
（決定要旨）
1．本件法律条項が事実婚配偶者に相続権を認めていないのは，相続人に該当するか否かを客観的な基準によって把握できることにして，相続をめぐる紛争を防止し，相続による法律関係を速やかに確定させ，取引の安全を図るためである。事実婚配偶者は婚姻申告することで相続権を有することができるし，贈与や遺贈を受ける方法で相続に準ずる効果を得ることができ，勤労基準法，国民年金法等に基づく給与を受ける権利等が認定されている。よって，本件法律条項が事実婚配偶者の相続権を侵害しているとは考えられない。
2．法律婚主義を採択した趣旨に照らしてみるとき，第三者に影響を与える明確性と画一性が要請される相続のような法律関係では事実婚を法律婚と同一に取り扱えないので，本件法律条項が事実婚配偶者の平等権を侵害しているとは解し難い。
3．法的に承認されない事実婚は憲法第36条第1項の保護範囲に含まれないので，本件法律条項は憲法第36条第1項に違反しない。
　　　　裁判官조용호の補充意見
　　事実婚配偶者の相続に関する権利を全面的に否定するのは，生前に事実婚関係が解消された場合，財産分割請求権を認めることと比較して看過できない不均衡が発生し，事実婚配偶者の財産権や福利を侵害する結果が招来される余地もある。遺族の死後扶養と相続財産についての寄与の清算という相続制度の存在意義に照らしてみるとき事実婚配偶者と法律婚配偶者間に本質的な差異が無いので，事実婚配偶者についても一定の場合相続に関する権利を認定するように立法的改善をすることが必要である。
　　　　裁判官김창종の補充意見
　　配偶者の死亡で事実婚が解消された場合，相続権と財産分割請求権を全て認定しないのは生前中に事実婚が解消された場合に比して余りにも不利な結果を招くことになる。立法者としては生存事実婚配偶者に財産分割請求権を認定する方案等を含めて生存事実婚配偶者の財産権保護と扶養に関連する制度を速やかに整備することが必要である。

⑾　**憲裁2015. 04. 30. 2013헌마623**
　　（民法第844条第2項等（夫の嫡出子の推定「婚姻関係終了の日から300日以内に出生した子」部分）違憲訴願）（憲法不合致）
（主文）
1．民法（1958. 2. 22. 法律第471号で制定されたもの）第844条第2項中「婚姻関係終了の日から300日内に出生した子」に関する部分は憲法に合致しない。
2．上法律条項部分は，立法者が改正するときまで継続適用する。
（判示事項）
1．婚姻終了後300日内に出生した子を前夫の親生子と推定する民法（1958. 2. 22. 法律第471号で制定されたもの）第844条第2項中「婚姻関係終了の日から　300日内に出生した子」に関する部分」（以下「審判対象条項」という）が母が家庭生活と身分関係で享受すべき人格権，婚姻と家族生活に関する基本権を侵害するか否か（積極）
2．暫定適用を命ずる憲法不合致決定をした事例
（決定要旨）
1．今日では，離婚及び再婚が大きく増加し，女性の再婚禁止期間が2005年民法改正で削除されることになり，離婚熟慮期間及び調停前置主義が導入されるのに伴い婚姻の破綻から法律上の離婚までの時間間隔が長くなることで，女性が前夫でない生父の子を懐胎して婚姻終了日から300日以内にその子を出産する可能性が過去に比して増加することになり，遺伝子検査技術の発達で父子関係を医学的に確認するのが容易になった。

Ⅰ　巻末資料

　　ところが，審判対象条項によると婚姻終了後300日以内に出生した子女が前夫の出生子でないことが明白で，前夫が親生推定を望まなくても，生父がその子を認知しようとする場合でも，その子女は前夫の親生子と推定され家族関係登録簿に前夫の親生子と登録され，これは厳格な親生否認の訴えを通さない限り反覆できない。その結果審判対象条項は，離婚した母と前夫が新たな過程を築くのに負担となり，子女と生父が真実の血縁関係を回復するのに障害となっている。
　　このように民法制定以後の社会的・法律的・医学的な事情変更を全く反映しないまま，既に婚姻関係が解消した以後に子が出生し生父が子を認知しようとする場合であっても，例外なくその子を前夫の親生子と推定することで親生否認の訴えを経るべきとする審判対象条項は，立法形成の限界を超え，母が家庭生活と身分関係で享受すべき人格権，婚姻と家族生活に関する基本権を侵害する。
2．審判対象条項を違憲と宣言すれば親生推定の効力が即時喪失し婚姻終了後300日以内に出生した子の法的地位に空白が生じるおそれがあり，審判対象条項の違憲状態を如何なる基準と要件により改善するのかは原則的に立法者の形成裁量に属するので，憲法不合致決定を宣告し立法者の改善立法があるときまで，継続して適用することを命ずる。
　　　裁判官이진성，裁判官김창종，裁判官안창호の反対意見
　　審判対象条項は，子女の出生と同時に安定した法的地位を有することにより法的保護の空白を防止する機能を遂行するという点で合理性が認められるので，立法裁量の限界を順守したもので母の基本権を侵害しない。親生推定は新生否認の訴えと有機的に作用するものであり，多数意見が指摘する問題点を解決する道は，親生否認の訴えを規定する民法第846条及び第847条に審判対象を確定し，その規定が推定を覆すより合理的な方法を規定しない不真正立法不作為が違憲か否かを論ずることが妥当である。

⑿　憲裁2016.06.30. 2015헌마924
　　（家登法第14条第1項（登録事項別交付請求権者に「兄弟姉妹」を入れる部分）違憲訴願）
　　（違憲）
（主文）
　「家族関係の登録等に関する法律」（2007.5.17.法律第8435号制定されたもの）第14条第1項本文中「兄弟姉妹」部分は憲法に違背する。
（判示事項）
　兄弟姉妹に家族関係登録簿等の記録事項に関する証明書交付請求権を付与する「家族関係の登録等に関する法律」（2007.5.17.法律第8435号制定されたもの，以下「家族関係登録法」という）第14条第1項本文中「兄弟姉妹」部分（以下「本件法律条項」という）が過剰禁止原則に違反し請求人の個人情報自己決定権を侵害するか否か（積極）
（決定要旨）
　本件法律条項は，本人が自ら証明書の発給を受けるのに困難な場合，兄弟姉妹を通じて証明書を簡便に発給されるものとし，親族・相続等と関連する資料を収集するのに兄弟姉妹が本人についての証明書を便利に発給されるようにするためのもので，目的の正当性及び手段の適合性が認められる。しかし，家族関係登録法上の各種証明書に記載された個人情報が流出するか誤濫用される場合，情報の主体に加えられる打撃は大きいので証明書交付請求権者の範囲は可能な限り縮小しなければならないが，兄弟姉妹は何時でも利害関係を同じくするのではないので兄弟姉妹が本人に対する個人情報を誤濫用する可能性は何時の場合でも在る。そこで，本件法律条項は証明書の発給に際して兄弟姉妹に情報主体である本人とほぼ同様の地位を付与しているので，それは証明書交付請求権者の範囲を必要最小限度に限定したものとは解せられない。本人はインターネットを利用したり委任を通して各種証明書を受給できるので，家族関係登録法第14条第1項但書各号で一定の場合には第三者にも各種証明書の交付を請求できるので，兄弟姉妹はそれを通して各種証明書の受給ができる。よって，本件法律条項は侵害の最小性に違背する。さらに，本件

649

Ⅰ　巻末資料

法律条項を通して達成しようとする公益に比して招来される基本権制限の程度が重大なので公益の均衡性も認め難く，本件法律条項は請求人の個人情報自己決定権を侵害する。

　　裁判官박한철，裁判官이진성，裁判官조용호の反対意見

　民法及び家事訴訟法が兄弟姉妹に身分関係を争う当事者適格を認める場合に，兄弟姉妹は独自の地位で本人のために訴訟非訟等の手続を開始できる。このとき，家族関係登録法第14条第１項但書の各号が予定しない場合も発生するので，本人の権利保護のために兄弟姉妹を交付請求権者に規定する必要がある。異腹異父兄弟姉妹の場合でも，何時でも紐帯関係が厚いこともあり，時に本人と対立する利害関係があるとの事情は兄弟姉妹だけでなく配偶者，直系血族も同様で，それを理由に証明書交付請求権を制限することはできない。本件法律条項は，兄弟姉妹が本人のためにだけでなく，兄弟姉妹自身の家族法上の権利を行使するために簡便に証明書を受給できるように許容したもので，例えば，正当な利害関係を一つ一つ疎明するのであれば，彼らの権利行使に不便が生じる。さらに，家族関係登録法令は一定の場合に限って申請対象者の住民登録番号を公示するものとし，不当な目的によることが明らかと認められたときには証明書の交付を拒否できるなど，個人情報のための安全装置を設けている。よって，本件法律条項は請求人の個人情報自己決定権を侵害していない。

650

I 巻末資料

7.「在日の相続」関連　不動産登記先例集（登記研究誌「質疑応答」「登記簿」「カウンター相談」含）

（注）　改訂藤原＝藤原勇喜『改訂　渉外不動産登記』（テイハン，1991年）

	先例発出年月日日順 （「質疑応答」「登記簿」「カウンター相談」は登記研究掲載号順）	要　旨（「登記簿」「カウンター相談」はタイトルのみ）
1	昭和元（1926）年12月27日民事第10417号民事局長回答	外国又は外国の行政区画は土地の所有権を取得することができる。ただし，外国の行政区画は，その国において法人として独立した人格を有することを要する
2	昭和23（1948）年9月16日民事甲第3008号民事局長回答	朝鮮人を含む外国人の不動産登記取扱方に関する件 1　外国人の不動産に関する登記申請書には，すべて国籍を記載させるが登記簿には記載しない。 2　国籍証明書又は外国人登録証明書の写の添附は要しない。 3　国籍を記載させるのは，統計上必要なものではないが，連合国財産の保全に関する件及び特定国財産等の保全に関する件等との関係もあるからである。
3	昭和24（1949）年7月21日民事甲第1672号民事局長回答	1　朝鮮人男が死亡し，その妻及び子がある場合の相続人が誰かは，朝鮮の法令の定めるところによる。但し，その法令の内容は，現在明らかでない。 2　生前に売り渡した不動産（登記未了）の所有権移転登記申請書に押印するものは，死亡した朝鮮人の相続人であり，その場合に添付すべき不動産登記法第42条の書面は，相続人の身分を証する権限のある朝鮮の官公署の証明書である。
4	昭和25（1950）年2月15日民事甲第432号民事局長回答	外国人が自己所有の不動産を売り渡しその所有権移転の登記をする場合に印鑑証明書の代わりに市町村長が本人のサインに相違なき旨の証明をしたサイン入り証明書を提出したときは，これを印鑑証明書として取扱って差支えない。
5	「質疑応答」登記研究27号（昭和25（1950）年2月）26頁	昭和24年死亡した日本人甲の子の丁は朝鮮人妻となっているが，その場合，甲の死亡により当該丁には甲の相続権があり，その相続証明書は，被相続人の直系卑属であることの戸籍謄抄本と現在生存中でその現住所が明らかになる書面である。
6	昭和26（1951）年12月7日民事甲第2339号法務総裁官房長事務代理回答（抄）	抵当権実行のために裁判所に提出する書類及び抵当権の登記を受けるため登記所に提出する書類は，すべて日本語によるものでなければならない。提出すべき書類の原本が外国語で作成されている場合には，その原本とともに日本語に翻訳した書面を提出すべきであるが，その日本語が正確である旨の証明書は提出する必要はない。
7	昭和27（1952）年7月12日民事甲第1003号民事局長通達	7月1日より外国人については市町村において印鑑証明書が交付されないようであるが，韓国人所有の不動産を処分する場合は，明治32年法律第50号（外国人の署名捺印及無資力証明に関する法律）第1条の規定にかんがみ不動産登記法施行細則第42条の規定の適用はないものと考える。 しかし，韓国人であるか否かは，その氏名により判断することはできないので，かかる者が登記の申請をする場合には，外国人登録証明書を提示させ，又は韓国人である旨の

651

I 巻末資料

		大韓民国駐日代表団等の証明書を添付させるのを相当と考える。
8	昭和27(1952)年8月28日民事甲第127号民事局長電報回答	保存登記の添附書類について 　韓国人が死亡したのでその配偶者から相続による所有権保存の登記申請があった場合，申請人である配偶者がその本国法により死亡者の相続人であり，且つ他の相続人がないことを証する*大韓民国政府又はその駐日代表団の書面を添附してあるときは，受理してさしつかえない。
9	昭和28(1953)年2月26日民事甲第293号民事局長回答	相続登記の添附書面について 　申請人は大韓民国人ではなく朝鮮人民共和国人（ママ）（北朝鮮）であるとして，大韓民国駐日代表団に於ては該証明書の発行はできない旨の回答があり，相続を証する書面の添附はできない旨申出があった場合，かりに朝鮮人民共和国（ママ）（北鮮人（ママ））の相続を証する権限のある官公署の発行にかかる証明書なりとして該書面の添附があった場合に受理する取り扱いは，消極に取り扱うのを相当と考える。
10	「質疑応答」登記研究66号（昭和28(1953)年5月）41頁	相続開始に当り，朝鮮籍にあるものが相続放棄又は相続登記をする場合に添附すべき戸籍謄本或いは戸籍抄本が朝鮮戦争のため，当該朝鮮国の役場より取ることが出来ない場合にこれに代わるべき書面としては，大韓民国駐日代表部の発行の朝鮮人の身分を証する書面がある。
11	昭和30(1955)年4月15日民事甲第707号民事局長回答	朝鮮人の相続登記について 　朝鮮における相続は，旧朝鮮民事令11条1項本文の例により，慣習に従って行われるものと考えるから，慣習による登記申請書には，戸籍謄本のほか，申請人と相続人との同一性を証するための外国人登録証明書の写し及び相続人たるべき子が存在しないことの証明書（相続人の母の証明書でも足りる）を添付して，形式上整っておれば受理して差し支えない。
12	昭和31(1956)年7月27日民事甲第1709号民事局長回答	北朝鮮人の相続登記について 　所問の申請人が，その本国法（朝鮮における相続に関する法令は，朝鮮民事令の失効後まだ公布されていないが，旧朝鮮民事令第11条第1項本文の例により，慣習に従つて相続が行われているものと考える。）により死亡者の相続人であること（後見人については，その後見人であること。）及び他に相続人がないことを証する戸籍謄抄本又は本国政府機関発給の証明書の提出がないかぎり，その申請を受理しないのを相当と考える。
13	昭和32(1957)年3月27日民事甲第615号民事局長通達（抄）	不動産登記法施行細則の一部を改正する省令について 　所有権の保存又は移転の登記を申請（又は嘱託）する場合には，虚無人名義にする登記を防止するため，申請書に掲げた登記権利者の住所を証する書面の提出を要するものとされたのであるが（不動産登記法施行細則第41条ノ2等参照），右の書面としては，右の登記権利者が私人の場合には，住民票抄本等であり，会社等の法人の場合には，登記簿抄本等である。
14	昭和32(1957)年9月6日民事甲第1703号民事局長電報回答	登記義務者たる外国人が印鑑証明書を提出する場合には，さらに外国人登録証明書の提出を要しない。

I 巻末資料

15	昭和34(1959)年11月24日民事甲第2542号民事局長通達	所有権の登記名義人たる外国人が登記義務者として登記の申請をなす場合においては，外国人については印鑑制度が存しないので，不動産登記法施行細則第42条の規定を適用する余地がないが，印鑑証明書の提出に代えて申請書または委任状の署名が本人のものであることの，当該外国官憲（在日公館，本国の官公署等）の証明書を提出せしめるのが相当である。
16	「質疑応答」登記研究147号(1960.2)47頁	外国人が居住地市町村長発行の印鑑証明書を提出したときは，サイン（署名）証明書は提出しなくてよい。
17	昭和35(1960)年2月15日民事甲第432号民事局長回答	外国人が自己所有の不動産を売り渡し，その所有権移転の登記を申請するにあたり，印鑑証明書の代わりに市町村長が本人のサインに相違なき旨の証明をしたサイン入り証明書を提出したときは，これを印鑑証明書として取り扱って差支えない。
18	「質疑応答」登記研究148号(1960.3)50頁	外国人の住所証明書としての外国人登録証明書に住所の記入がないか，又は地番等の記載が不備の場合の処理について
19	「質疑応答」登記研究149号(1960.4)161頁	登記の申請書に添附すべき書面で，外国文字をもって表示された書面がある場合には，その訳文を記載した書面をも添付するのが相当であるが，訳文者は，普通一般人でもさしつかえなく，訳文には，登記権利者及び登記義務者において，訳文である旨を記載し，署名，押印するのが相当である。
20	昭和35(1960)年4月2日民事甲第288号民事局長認可	通称名で登記され，外国人登録証明書又は印鑑証明書も通称名で発行されている場合，売買による所有権移転登記申請は受理してさしつかえない。（改訂藤原67頁）
21	昭和35(1960)年4月2日民事甲第787号民事局長回答	登記義務者である外国人の印鑑証明書添付にかかる登記取扱方について 　外国人については，不動産登記法施行細則第42條の規定が適用されないことから，所有権の登記名義人たる外国人が登記義務者として登記の申請をなす場合の当該登記申請の真正を保持せしめるため通達では署名証明書の提出を要するとあるが，印鑑を使用している外国人が申請書または委任状等に記名（又は署名）捺印の上日本における居住地市区町村長の印鑑証明書を添付して登記の申請があった場合，前記通達による署名証明書の提出がなくとも受理するのが相当である。
22	「質疑応答」登記研究161号(1961.4)46頁	申請書に外国文字の文書を添付したときの訳文には，ほん訳者の署名捺印やほん訳年月日，ほん訳者の住所等の記載は必要なく，申請人が「右は訳文である」旨の記載をするのみで充分である。
23	昭和36(1961)年9月26日民事甲第2462号民事局長指示	福岡法務局管内登記官吏会同決議 　韓国人が帰化により氏名変更する際の登記原因日附は戸籍届出日である。（改訂藤原233頁）
24	昭和36(1961)年10月5日民事甲第2473号民事局長指示	福島地方法務局相馬支局管内事務協議会及び郡山支局管内事務協議会決議 　朝鮮人が日本に帰化後，死亡した場合の相続登記申請には，帰化後の戸籍謄本だけでなく，申請人以外に相続人が

653

Ⅰ　巻末資料

		いない朝鮮政府発行の証明書を添付する必要がある。（改訂藤原389頁）
25	昭和37（1962）年8月9日民事甲第2234号民事局長一部変更認可	熊本地方法務局管内登記，台帳事務打合会決議　韓国人が他人名義に偽名して外国人登録をし，後年真実の氏に訂正された場合の表示変更に必要な書面と本国における氏名を通称名に更正することの可否（改訂藤原233頁）
26	昭和37（1962）年12月20日民事甲第3626号民事局長回答	韓国人の相続放棄ならびに財産相続の登記について　昭和37年5月25日家族としての地位を有する有婦の韓国人男Aが，日本において死亡し，財産相続が開始したが，同人の相続人のうち，直系卑属である庶子女B，長男C，二男D，三男E，二女Fの5名は，同年8月23日東京家庭裁判所に対し，相続放棄の申述をし受理された。その後，これに基づく相続放棄受理証明書とともに，面長発行の戸籍謄本及び外国人登録証明書を添付して被相続人の妻から相続による所有権移転の登記申請がなされた。この登記申請は受理して差し支えない。
27	昭和38（1963）年9月25日民事三発第666号民事局第三課長回答	外国人（朝鮮人）が登記名義人となる登記について，その氏名は本国における氏名であれ通称名であれどちらでもよい。
28	「質疑応答」登記先例解説集（キンザイ）3巻12号（1963.12）78頁	韓国人の相続登記で，外国人登録証明書に続柄が記載され，それに記載されている相続人全員がそれ以外の相続人はいないとの誓約書をつければ，便宜受理してよい。
29	昭和39（1964）年11月21日民事甲第3749号民事局長通達	申請書の添付書類の還付について　相続による権利移転の登記及び相続人からするその他の登記の申請書に添付された戸（除）籍の謄（抄）本，特別受益者の証明書，遺産分割の協議書等の原本還付をする場合において，その謄本に代え，相続関係説明図を提出した場合には，便宜原本還付の取扱いをして差し支えない。
30	昭和40（1965）年11月6日民事甲第3182号民事局長回答	朝鮮人を登記義務者とする抵当権設定登記の申請書に添付された印鑑証明書記載の氏名が登記名義人の表示と異っている場合においても，外国人登録済証明書等の記載から，両者が本国名と通称名の関係にあることが判断できる場合には，登記の申請は受理してさしつかえない。
31	昭和40（1965）年12月17日民事甲第3464号民事局長回答	申請書の添付書類の還付について　相続関係説明図（昭和39年11月21日民事甲第3749号通達）の提出があった場合には，相続を証する書面のうち戸（除）籍の謄抄本のみの原本還付を請求し，特別受益者の証明書及び遺産分割協議書の原本還付の請求をしないときでも，これに応じて差し支えない。ただし，右の説明図には，「戸（除）籍の謄（抄）本を還付した」と記載する。
32	昭和41（1966）年11月24日民事三発第1129号民事局第三課長電報回答	外国等遠隔の地にある者が所有する不動産の管理処分等一切の権限を授権された代理人が保証書を提出して登記を申請する場合の取扱いについて　代理人が日本人の場合は，その上申書に印鑑証明書の添付を要し，かつ，法第44の2第2項の申出書に押した代理人の印鑑と，右上申書の印鑑とは，符号していることを要する。（昭和35年6月16日民事甲第1411号）
33	昭和43（1968）年11月26日大阪法務局市内出張所事務連絡協議会決議	外国人の住所を証する書面として，印鑑証明書を添付して所有権移転の登記申請があった場合でも受理できる。（改訂藤原188頁）

Ⅰ　巻末資料

34	昭和44(1969)年7月11日民事身分法調査委員会決議	朝鮮人たる被相続人の養子（朝鮮人）を相続人とする登記申請で，相続を証する書面として市町村長の発給した「養子縁組届受理証明書」を添付しただけでは，それが直ちに養親の死亡時に至るまで継続したことを証するとはいえない。またそれが相続人の全員を示すものであり，他に相続人がないことの証明となりえないことはいうまでもない。したがって，市町村長の発給した「養子縁組届受理証明書」のみによって，当該相続登記申請を受理することは，相当でない。(改訂藤原383頁)
35	「質疑応答」登記研究350号(1977.1)75頁	帰化者に対して法務局（地方法務局）長が発行する帰化者の身分証明書（帰化届未済）は，不動産登記法第43条の名義人変更登記の変更証書に該当しない。なお，帰化者の氏名変更の年月日は，帰化届出の日である。
36	「登記簿」登記研究353号(1977.4)オモテ表紙(裏面)～ウラ表紙(裏・表))	「外国人の権利取得とその登記」
37	「登記簿」登記研究356号(1977.7)オモテ表紙(裏面)～ウラ表紙(裏・表)	「相続登記の添付書面」
38	昭和59(1984)年8月6日民三第3991号民事局第三課長回答	外国人であっても，所属国駐在の日本大使館等で本人の自署である旨の証明を受けた場合は，その証明を不動産登記法施行細則42条の印鑑証明書に代わるものとして取り扱って差支えない。
39	「登記簿」登記研究445号(1985.2)オモテ表紙(裏面)～ウラ表紙(裏・表)	「渉外不動産登記 (外国人が登記申請者となる場合)」
40	「質疑応答」登記研究449号(1985.6)89頁	他に相続人がいない旨の上申書は相続関係説明図の提出があった場合，原本還付してさしつかえない。
41	「質疑応答」登記研究457号(1986.2)117頁	韓国人の相続で，相続人が韓国在住している場合の住所証明書は韓国面長発行の住民登録証明書及びその訳文でよい。
42	平成元(1989)年12月5日民三第5239号民事局長通達(抄)	法例の一部を改正する法律の施行に伴う不動産登記事務の取扱いについて 　外国人に係る親権の準拠法が，法例の一部が改正され，原則として子の本国法によることとされ，例外として子の本国法が父の本国法及び母の本国法のいずれとも異なる場合又は父母の一方が死亡し若しくは知れない場合において，父母の他の一方の本国法と子の本国法とが異なるときは，子の常居所地法によることとされたので，法定代理権の有無はそれら準拠法により判断する。
43	「登記簿」登記研究510号(1990.7)77頁	「相続における準拠法の決定とその登記申請」
44	「カウンター相談」登記研究515号(1990.12)195頁	「遺産分割による相続登記後に重婚であることが判明した場合の更正登記」
45	「登記簿」登記研究554号(1994.3)95頁	「韓国人が録音による遺言をした場合の登記手続」
46	「質疑応答」登記研究582号(1996.7)185頁	日本に住所を有する外国人の通称名が変更した場合には，「年月日氏名変更」を原因とする登記名義人表示変更の登

655

I 巻末資料

		記の申請をすることができる。
47	「カウンター相談」登記研究582号(1996.7)181頁	「不動産の所有者が日本国籍を有しない者の胎児を認知した後に死亡した場合に胎児のためにする相続登記」
48	「質疑応答」登記研究605号(1998.6)165頁	印鑑証明制度のある外国の外国人が印鑑証明書を添付せずに,申請書又は委任状の署名につきその外国の官憲又は領事館の署名証明を受ければ,それを添付して登記申請ができる。
49	「登記簿」登記研究630号(2000.7)133頁	「外国人の氏名の表記について」
50	「カウンター相談」登記研究643号(2001.8)153頁	「渉外相続に適用される法律と登記手続における添付書面について」
51	平成17(2005)年2月25日民二第457号民事局長通達(抄)	不動産登記法の施行に伴う登記事務の取扱いについて 第一 法の施行に伴う登記事務の取扱い 七 原本還付の取扱い 相続による権利の移転の登記等における添付書面の原本の還付を請求する場合において,いわゆる相続関係説明図が提出されたときは,登記原因証明情報のうち,戸籍謄本又は抄本及び除籍謄本に限り,当該相続関係説明図をこれらの書面の謄本として取り扱って差支えない。
52	平成24(2012)年6月6日民事局民事第二課事務連絡	出入国管理及び難民認定法及び日本国との平和条約に基づき日本の国籍を離脱した者等の出入国管理に関する特例法の一部を改正する法律及び住民基本台帳法の一部を改正する法律の施行に伴う不動産登記における添付情報の取扱いについて 本年7月9日からは,申請人等が中長期在留者又は特別永住者の場合は,住所証明書として住民票の写しを求め,中長期在留者又は特別永住者以外の場合は,本国の政府機関等が発行した当該本国における住所の証明書,日本における当該外国人の本国の在外公館が発行した日本の住所の記載がある在留証明書等の提供を求める。(なお書き以下略)
53	「質疑応答」登記研究778号(2012.12)147頁	外国人が相続による権利の移転を申請する場合において,登記原因証明情報として相続関係説明図が提出されても,外国の官憲が作成し,又は外国で発行された戸籍謄本等については,その写しが添付されない限り,原本の還付をすることはできない。
54	「質疑応答」登記研究779号(2013.1)123頁	市区町村から行政証明として外国人登録法廃止後に発行された旧外国人登録原票の記載事項に関する書面に,外国人の住所の移転の履歴及びその移転日が記載されている場合は,当該書面を当該外国人の住所の変更を証する情報として取り扱って差し支えない。

I 巻末資料

8．韓国家族法・北朝鮮家族法　主要日本語文献（発行年順，論文は除く）

1960年
　権逸『韓国親族相続法』（弘文堂，1961年）
　尹東一編著『韓国戸籍法集』（京文社，1966年）

1970年
　金容漢『韓国の戸籍制度と戸籍法』（日本加除出版，1977年）
　権逸『新版韓国親族相続法』（弘文堂，1979年）

1980年
　崔達坤（著）本渡諒一・木ノ宮圭造（訳）『北朝鮮婚姻法』（日本加除出版，1982年）
　山田鐐一・青木勢津・青木清『韓国家族法入門』（有斐閣，1986年）
　金容漢『韓国・親族相続法』（日本加除出版，1988年）
　「定住外国人と家族法」研究会編『定住外国人と家族法 I 』（自主出版，1988年）
　鄭鍾休『韓国民法典の比較法的研究』（創文社，1989年）
　「定住外国人と家族法」研究会編『研究在日韓国・朝鮮人の相続』（自主出版，1989年）

1990年
　権逸・権藤世寧『改正韓国親族相続法』（弘文堂，1990年）
　鄭鍾休『改正韓国家族法の解説』（信山社，1991年）
　「定住外国人と家族法」研究会編『定住外国人をめぐる法律上の課題―憲法・国籍・改正法例・改正韓国家族法―』（日本加除出版，1991年）
　「定住外国人と家族法」研究会編『定住外国人と家族法Ⅲ』（自主出版，1991年）
　本渡諒一・洪性模・裵薫『Q&A100韓国家族法の実務―婚姻・離婚・親子・相続―』（日本加除出版，1992年）
　崔學圭『改正韓国戸籍法』（テイハン，1992年）
　「定住外国人と家族法」研究会編『定住外国人と家族法Ⅳ』（自主出版，1993年）
　金敬得・金英達編『韓国・北朝鮮の法制度と在日韓国人・朝鮮人』（日本加除出版，1994年）
　大内憲昭『朝鮮社会主義法の研究』（八千代出版，1994年）
　大内憲昭『法律からみた北朝鮮の社会』（明石書店，1995年）
　金疇洙（監修）河瀬敏雄＝西山国顕『旧慣習法時代から現行大韓民国民法まで　図解・韓国相続登記事例集』（日本加除出版，1996年）
　柳光熙『韓国の戸籍実務―在日韓国人のための戸籍実務―』（啓文社，1997年）
　高翔龍『現代韓国法入門』（信山社，1998年）
　在日本朝鮮人人権協会編『同胞の生活と権利Q&A』（同成社，1999年）

2000年
　崔達坤『北朝鮮の民法・家族法』（日本加除出版，2001年）
　木棚照一（監修）「定住外国人と家族法」研究会（編著）『「在日」の家族法Q&A』（日本評論社，2001年）
　金疇洙『注釈大韓民国相続法』（日本加除出版，2002年）
　在日本朝鮮人人権協会編『在日コリアン暮らしの法律Q&A』（日本加除出版，2004年）
　西山國顕『渉外相続法（韓国・台湾・中国・北朝鮮）とその登記手続』（文芸社，2004年）
　三木義一・高正臣・西山慶一編著『日韓国際相続と税』（日本加除出版，2005年）
　在日本朝鮮人人権協会・朝鮮大学校朝鮮法研究会編訳『朝鮮民主主義人民共和国主要法令集』（日本加除出版，2006年）
　木棚照一（監修）西山慶一・李光雄・小西伸男編著『「在日」の家族法Q&A第 2 版』（日本評論社，2006年）
　金疇洙・金相瑢『注釈大韓民国親族法』（日本加除出版，2007年）
　高妻新『新版旧法・韓国・中国関係　Q&A相続登記の手引き』（日本加除出版，2007年）

657

I　巻末資料

高翔龍『韓国法』（信山社，2007年）
申榮鎬・裵薫『韓国家族関係登録法 - 戸籍に代わる身分登録法対応と実務』（日本加除出版，2009年）
在日コリアン弁護士協会編『Q&A新・韓国家族法』（日本加除出版，2009年）

2010年
木棚照一（監修）「定住外国人と家族法」研究会編著『「在日」の家族法Q&A第3版』（日本評論社，2010年）
高翔龍『韓国法〔第2版〕』（信山社，2010年）
孫享燮（監修）在日コリアン弁護士協会（編著）『韓国憲法裁判所　社会を変えた違憲判決・憲法不合致判決―重要判例44―』（日本加除出版，2010年）
高翔龍『韓国社会と法』（信山社，2012年）
在日コリアン弁護士協会編『第2版Q&A新・韓国家族法』（日本加除出版，2015年）
趙慶済『「在日」の国際家族法とその本国法を考える』（日本加除出版，2015年）
青木清『韓国家族法』（信山社，2016年）
高翔龍『韓国法〔第3版〕』（信山社，2016年）
大内憲昭『朝鮮民主主義人民共和国の法制度と社会体制』（明石書店，2016年）
岡克彦『「家族」という韓国の装置』（三省堂，2017年）

Ⅱ　本文掲載のコラム一覧

序- 1　「外国人住民票」「在留カード」「特別永住者証明書」とは何か················1
序- 2　「総在留外国人」「在留外国人」「中長期在留者」「特別永住者」の意義················2
序- 3　「外国人登録令」上の国籍欄「朝鮮」「韓国」の表記（昭和25年 2 月23日法務総裁談話）················25
序- 4　在日韓国・朝鮮人の日本国籍喪失①　昭和27・ 4 ・19民事甲438号民事局長通達················27
序- 5　在日韓国・朝鮮人の日本国籍喪失②　昭和25・12・ 6 民事甲3069号民事局長通達················28
序- 6　「外国人登録法」上の国籍欄「朝鮮」「韓国」の表記（昭和40年10月26日政府見解）················29
序- 7　在日朝鮮人の北朝鮮への大量帰国················35
序- 8　「在日」二世の生き方をめぐる論争（1985年頃）················41
序- 9　在日の法的地位について日本政府から示された対処方針（1990. 4 .30）（抄）·······42
序-10　在日の法的地位についての日韓外相会談覚書の内容（1991. 1 .10）（抄）·······43
序-11　特別永住者を対象者とする日本国籍取得緩和法案の動き（2001年前後）············49

1 - 1　日本　法適用通則法の「常居所」の概念················60
1 - 2　日本　最高裁における連結点の採用―継母子関係の成立・嫡母庶子関係の成立の準拠法（最一小判平成12・ 1 ・27民集54- 1 - 1 ）················61
1 - 3　欧州議会・理事会規則（EU相続規則）（2012年 7 月 4 日）················64
1 - 4　特別縁故者に対する財産分与は「相続」の適用範囲か················66
1 - 5　未承認国家法の適用を許容する日本の判例················68
1 - 6　本国法を北朝鮮法とした日本の最近の判例················70
1 - 7　本国法を韓国法とした日本の最近の判例················71
1 - 8　韓国「国際私法」上の「常居所」概念················75
1 - 9　在日韓国人の相続準拠法の指定に触れた日本の判例·············75
1 -10　北朝鮮法上の「居住」の概念················77
1 -11　1960年　韓国制定民法前の相続についての日本の判例等················91
1 -12　虚偽の嫡出子出生届による養親子関係の成立と親子関係不存在確認の当否についての日本の判例等················92
1 -13　韓国民法の経過規定の違背が上告理由になるとした日本の判例················93
1 -14　北朝鮮相続法を不分明とした日本の判例················94
1 -15　北朝鮮「対外民事関係法」制定についての論評················104
2 - 1　韓国制定民法以前の重婚の効力をめぐる日本・韓国の見解の相違············113
2 - 2　韓国　制定民法以前の相続に関する朝鮮の慣習法について················115
2 - 3　日本民法の遺言法定事項················222
2 - 4　韓国「家庭法院の確認」を要する協議離婚は，離婚の方法か離婚の方式か········307
3 - 1　1990年制定　北朝鮮「家族法」決議 3 項の意味················422
3 - 2　相続につき北朝鮮「家族法」決議 3 項で「日本法」を適用した日本の判例········422
3 - 3　北朝鮮法の経過規定と裁判所の法制定権················424
3 - 4　北朝鮮「公民登録法」で身分証を所持できない公民とは誰か················430
3 - 5　北朝鮮「家族法」の継親子関係の成立には同一家庭成員であることが要件か·······444
3 - 6　北朝鮮「家族法」の継父母と継子女の姓は同一か················445
3 - 7　北朝鮮「家族法」の継親子関係の終了と親生子関係復活の有無················446

659

Ⅲ　本文掲載の統計・表（法令）・記載例（韓国身分登録簿関連）一覧

Ⅲ　本文掲載の統計・表（法令）・記載例（韓国身分登録簿関連）一覧

1．統　計
序‐ 1　総在留外国人及び在留外国人の推移（2012年〜2017年）………………………… 2
序‐ 2　在留外国人数及び国籍・地域欄「韓国」「朝鮮」数の推移（2012年〜2017年）……… 3
序‐ 3　全「特別永住者」数と国籍・地域欄「韓国」「朝鮮」の「特別永住者」数の推
　　　　移（2012年〜2017年）…………………………………………………………………… 3
序‐ 4　在日韓国・朝鮮人の員数と全外国人登録者数に占める割合等（1950年）……………33
序‐ 5　在日韓国・朝鮮人の員数と全外国人登録者数に占める割合等（1960年）……………35
序‐ 6　在日韓国・朝鮮人の員数と全外国人登録者数に占める割合等（1970年）……………37
序‐ 7　在日韓国・朝鮮人の員数と全外国人登録者数に占める割合等（1980年）……………39
序‐ 8　在日韓国・朝鮮人の員数と全外国人登録者数に占める割合等（1990年）……………41
序‐ 9　入管特例法対象者（1989年 1 月現在）……………………………………………………45
序‐10　在日韓国・朝鮮人の総数とその「特別永住者」数等（1992年）………………………47
序‐11　在日韓国・朝鮮人の総数とその「特別永住者」数等（2000年）………………………48
序‐12　在日韓国・朝鮮人の総数とその「特別永住者」数等（2012年）………………………55
序‐13　在日韓国・朝鮮人の総数とその「特別永住者」数等（2017年）………………………56

2．表（法令）
1 ‐ 1　日本「法適用通則法」の身分関係成否の準拠法と韓国「国際私法」の関連条項……86
1 ‐ 2　日本「法適用通則法」の身分関係成否の準拠法と北朝鮮「対外民事関係法」の
　　　　関連条項………………………………………………………………………………………88
1 ‐ 3　北朝鮮「対外民事関係法」95年・98年修正箇所の対照表……………………………… 106
1 ‐ 4　北朝鮮「対外民事関係法」15条・47条………………………………………………… 108
2 ‐ 1　韓国1977年　遺留分制度の新設 ……………………………………………………… 121
2 ‐ 2　韓国1990年　継母子関係・嫡母庶子関係の消滅と親族範囲の縮小等 …………… 122
2 ‐ 3　韓国2002年　特別限定承認の新設 …………………………………………………… 125
2 ‐ 4　韓国2005年　子女の姓と本　関連規定の改正 ……………………………………… 127
2 ‐ 5　韓国2005年　親養子入養制度の新設条項（抄）……………………………………… 130
2 ‐ 6　韓国2007年　財産分割請求権保全のための詐害行為取消権の新設 …………………133
2 ‐ 7　韓国2007年・2009年　協議上の離婚の改正条項 …………………………………… 134
2 ‐ 8　韓国2017年　親生子推定に関する改正（抄）………………………………………… 141
2 ‐ 9　韓国　法定相続人とその法定相続分の例示（日本相続法との比較）……………… 165
2 ‐10　韓国「民法」第 5 編の相続人・相続分の改正経過 ………………………………… 166
2 ‐11　韓国「民法」相続人・相続分の変遷（女子を中心に）……………………………… 168
3 ‐ 1　北朝鮮　1990年「家族法」と2002年「相続法」の対比……………………………… 456
3 ‐ 2　北朝鮮　1990年「家族法」と2002年「相続法」の対比（相続財産の承継）……… 459
3 ‐ 3　北朝鮮　2002年「相続法」（遺言の方式）…………………………………………… 459
4 ‐ 1　日本　2012年「外国人登録原票」から「外国人住民票」への移行 ……………… 477
4 ‐ 2　韓国　登録事項別証明書を委任代理人が申請する場合の提出書類 ……………… 506
4 ‐ 3　韓国　本人等の委任がなくても登録事項別証明書を請求できる場合 …………… 506

3．記載例（韓国身分登録簿関連）
4 ‐ 1　「戸籍法」の縦書き「戸籍」のモデル（翻訳文）…………………………………… 466
4 ‐ 2　「戸籍法」の横書き「戸籍」（戸主の用紙）のモデル（翻訳文）………………… 484
4 ‐ 3　電算化された「戸籍」（戸主イチョルス）のモデル（2007. 5. 31.大法院報道資
　　　　料）（翻訳文）……………………………………………………………………………… 501

Ⅲ　本文掲載の統計・表（法令）・記載例（韓国身分登録簿関連）一覧

4 - 4　委任代理人が登録事項別証明書を請求する場合の委任状 ················· 504
4 - 5　上記委任状の翻訳文 ··· 505
4 - 6　家族関係証明書（一般証明書）（翻訳文）····························· 509
4 - 7　家族関係証明書（詳細証明書）（翻訳文）····························· 511
4 - 8　基本証明書（一般証明書）（翻訳文）······························· 512
4 - 9　基本証明書（詳細証明書）（翻訳文）······························· 513
4 -10　基本証明書（特定証明書）（翻訳文）······························· 514
4 -11　婚姻関係証明書（一般証明書）（翻訳文）····························· 515
4 -12　婚姻関係証明書（詳細証明書）（翻訳文）····························· 516
4 -13　入養関係証明書（一般証明書）（翻訳文）····························· 517
4 -14　入養関係証明書（詳細証明書）（翻訳文）····························· 518
4 -15　親養子入養関係証明書（一般証明書）（翻訳文）······················· 519
4 -16　親養子入養関係証明書（詳細証明書）（翻訳文）······················· 521

661

Ⅳ 索 引

1．日本の判例

東京地判昭和29・9・28下民集5-9-1640 … 439
東京地判昭和33・8・12下民集9-8-1573 … 439
福岡地判昭和33・1・14下民集9-1-15 …… 439
宇都宮家審昭和34・8・10家月11-11-
　134 …………………………………… 452
神戸家姫路支審昭和35・4・20家月12-6
　-157 …………………………………… 414
神戸家審昭和35・9・14家月12-12-101
　……………………………………… 94, 213
秋田家花輪出審昭和35・12・14家月13-
　4-115 ………………………………… 362
最大判昭和36・4・5民集15-4-657 …… 27, 472
水戸家審昭和36・6・23家月13-11-110 … 219
大阪家審昭和36・9・26家月14-1-121 … 414
高知家審昭和37・1・8家月14-4-221 … 414
京都家審昭和37・1・31家月14-7-90 … 362
浦和家審昭和37・6・5家月14-12-154 … 452
大阪家審堺支昭和37・6・12家月14-12-
　151 …………………………………… 414
大阪家審昭和37・8・22家月15-2-163 … 453
東京家審昭和38・6・13家月15-10-153 … 454
大阪地判昭和39・3・17判夕162-197 … 452
最大判昭和39・3・25民集18-3-486 …… 326
京都地判昭和39・10・9判時397-52 …… 363
大阪地判昭和40・8・7判夕185-154 …… 219
千葉地松戸支判昭和40・8・11家月18-9
　-53 …………………………………… 440
東京家審昭和40・11・26家月18-5-94 … 358
東京家審昭和40・12・28家月18-8-80 … 415
東京家審昭和41・1・13判夕188-177 … 452
東京家審昭和41・2・4家月18-10-83 … 369
東京家審昭和41・4・8家月18-11-93 … 212
盛岡地判昭和41・4・19家月19-4-75 …… 296
東京家審昭和42・4・17家月19-11-127 … 363
札幌地判昭和43・4・16下民集19-3-4-
　190 ………………………………… 68, 440
最一小判昭和44・4・10判時556-41 ……91, 92
東京家審昭和44・4・30判時567-63 ……… 440
熊本家審昭和44・6・4家月22-1-125 … 114
新潟家柏崎支審昭和44・6・9家月22-1-
　128 …………………………………… 114
札幌地判昭和44・11・24判時590-71 …… 440
長崎地判昭和45・6・30判時605-85 …… 359
札幌地判昭和45・7・10訟月16-11-1316 … 212

静岡地判昭和46・2・12下民集22-1・2-
　160 …………………………………… 440
札幌高判昭和46・4・27訟月17-8-1284 … 212
仙台家審昭和47・1・25家月25-2-112 … 66, 219
東京家審昭和49・3・18家月27-3-90 …… 416
名古屋地判昭和49・4・16判時749-92 …… 440
広島地判昭和49・5・27判夕310-230 … 161, 298
名古屋家審昭和49・7・8家月27-7-87 … 359
新潟家高田支審昭和50・2・21家月28-7
　-63 …………………………………… 114
札幌地判昭和50・5・29判夕327-308 …… 440
最二小判昭和50・6・27家月28-4-83 … 97, 367
水戸地土浦支判昭和50・8・11交民集8-
　4-1125 ………………………………… 178
名古屋地判昭和50・10・7下民集26-9～
　12-910 ……………………………… 94, 100
那覇家審昭和51・2・3家月29-2-130 …… 360
大阪家審昭和51・2・25家月29-4-152
　……………………………………… 178, 213
福岡家小倉支審昭和51・3・5家月29-1-
　111 …………………………………… 415
東京地判昭和51・3・19下民集27-1～4-
　125 …………………………………… 452
名古屋高判昭和51・6・29高民集29-2-
　94 …………………………………… 323
山口家審昭和51・8・18家月29-9-119 … 360
大阪地判昭和51・10・19判夕352-311 …… 297
甲府地判昭和51・10・29判夕352-309 …… 440
最一小判昭和52・3・31民集31-2-365 … 97, 323
東京家審昭和52・7・19家月30-7-82 … 82, 213
大阪家審昭和52・8・12家月30-11-67 … 220
東京家審昭和53・3・17家月31-7-80 … 364
神戸地判昭和55・3・27判夕417-154 …… 368
大阪高判昭和55・9・24判時995-60 …… 368
最一小判昭和56・7・2民集35-5-881 … 93, 178
東京地判昭和56・10・9判時1041-87 …… 364
大阪高判昭和56・10・14判夕465-186 …… 299
長野家審昭和57・3・12家月35-1-105 … 70, 95
仙台家審昭和57・3・16家月35-8-149 …… 68
大阪地判昭和57・11・16判夕494-151 …… 27
東京家審昭和59・3・23家月37-1-120
　……………………………………… 439, 440
最二小判昭和59・7・20民集38-8-1051 … 98
東京高判昭和59・9・26判夕545-262 … 324
神戸地判昭和60・5・10家月38-4-111 …… 360

IV　索　引

札幌家審昭和60・9・13家月38-6-39…439, 440

大阪地判昭和60・9・27判時1179-94 ……… 453

東京地判昭和61・4・22判タ640-43概説
　㈡4 ………………………………………… 440

大阪地判昭和61・11・17判時1252-80 …… 365

東京地判昭和61・11・17判タ655-27概
　説㈢23 ………………………………… 439

東京地判昭和62・1・28判タ655-27概説
　㈢24 ………………………………………… 452

大阪高判昭和62・4・1民集45-7-1170 …… 366

山口家下関支審昭和62・7・28家月40-3
　-90 ……………………………………… 100

新潟地判昭和62・9・2判タ658-205………… 114

京都地判昭和62・9・30判時1275-107……… 95

東京地判昭和63・3・25判タ669-28概説
　㈣2 ………………………………………… 440

大阪地判昭和63・4・14判タ687-218 …439, 440

東京高判昭和63・7・20家月40-10-26
　…………………………………………179, 299

東京家審昭和63・8・31家月41-5-65 ……… 213

横浜地判平成元・3・24家月42-12-37 ……… 299

東京地判平成元・6・30判タ713-33概説
　㈤22 ……………………………………… 452

東京地判平成元・7・28判タ713-33概説
　㈤23 ……………………………………… 452

東京地判平成2・7・4判タ767-35概説㈦
　6 ………………………………………… 453

名古屋地判平成2・12・26家月48-10-
　157 ……………………………………… 298

浦和地判平成3・3・13判タ769-205………… 274

東京地判平成3・3・20判タ773-24概説
　三(7) …………………………………… 297

東京地判平成3・3・27判タ773-24概説
　三(8) …………………………………… 297

最二小判平成3・4・19民集45-4-477……… 182

高松高判平成3・7・30判タ770-239………… 295

最二小判平成3・9・13民集54-7-1151 …… 366

横浜地判平成3・10・31判時1418-113……… 60

名古屋高判平成4・1・29家月48-10-151 … 298

札幌家審平成4・6・3家月44-12-91 ……… 417

福島家会津若松支審平成4・9・14家月45
　-10-71 ………………………………… 415

東京地判平成4・9・25家月45-5-90 ……… 369

福岡高決平成4・12・25判タ826-259
　…………………………………82, 179, 180, 213

名古屋家審平成6・3・25家月47-3-79
　…………………………………………66, 82, 220

福岡地判平成6・9・6判タ876-254 ……… 361

横浜地判平成6・10・24家月49-7-65……… 324

東京高判平成7・6・15家月49-7-62 ……… 325

最二小判平成8・3・8家月48-10-145……… 298

福岡地判平成8・3・12判タ940-250……… 297

最三小判平成9・2・25家月49-7-56 ……… 325

千葉家審平成11・4・14家月51-11-102 … 416

最一小判平成12・1・27民集54-1-1
　…………………………………61, 63, 84, 150

神戸地判平成14・5・28LEX/DB文献番
　号28072290 ………………………… 70, 422

最一小判平成16・7・8民集58-5-1328 … 28, 470

大阪高判平成18・10・26判タ1262-311 …… 369

東京地判平成19・9・7・2007WLJPCA
　09078022 ………………………… 63, 275

最一小判平成20・3・18判時2006-77 ……… 92

最三小判平成20・3・18判タ1269-127
　…………………………………………372, 417

名古屋高判平成20・7・3平成20(ネ)289号
　(最高裁HP) …………………………… 373

東京地判平成23・6・7判タ1368-233 ……… 71

東京地判平成24・9・28LEX/DB文献番
　号25496948 …………………………… 539

京都家審平成25・11・25判時2231-57 …… 371

大阪高判平成26・5・9判時2231-53…… 99, 371

大阪高判平成26・5・16平成25(ネ)3587号
　(未公表判例) ………………………… 161

名古屋地判平成26・6・6・2014WLJPCA
　06066004 ……………………… 71, 460

東京地判平成26・10・14・2014WLJPCA
　10148015 …………………………… 75

東京地判平成28・8・16判時2327-50
　…………………………………………76, 82, 99

大阪高判平成28・11・18判時2329-45……… 298

２．日本の先例

明治32・8・5民刑1442号回答 …………… 474

明治32・11・15民刑1986号回答 ………… 474

大正5・7・2民1061号法務局長回答 ……… 467

大正6・1・18民58号回答 …………… 27, 467

大正10・12・28民4030号回答 ……… 27, 467

大正11・1・16民4177号回答 …………… 467

大正11・5・16民3236号回答 …………… 467

大正12・10・22民甲3975号回答 …… 27, 467

大正12・12・3民4442号回答 …………… 113

大正13・6・14民8490号回答 …………… 468

大正15・6・29民5407号回答 …………… 468

663

Ⅳ　索　引

昭和元・12・27民10417号回答 …………… 651
昭和4・9・11民6555号回答 ………………… 467
昭和5・1・12高庶805号朝鮮総督府法務
　局長回答 ………………………………… 113
昭和5・3・20民275号回答 ………………… 474
昭和5・8・27民940号回答 ………………… 467
昭和12・9・27民1322号回答 ……………… 467
昭和17・9・10民甲630号回答 ………………… 27
昭和20・10・15民特甲452号回答 ………… 468
昭和22・4・8民甲277号通達 ……………… 476
昭和22・12・27民甲1751号回答 ………… 469
昭和23・1・13民甲17号通達 ……………… 477
昭和23・1・29民甲136号通達 …………… 469
昭和23・9・16民甲3008号回答 …………… 651
昭和23・10・11民甲3097号回答 ………… 468
昭和23・11・2民甲3486号通達 ………… 468
昭和24・1・12民甲4090号回答 ………… 468
昭和24・3・23民甲3961号回答 ………… 474
昭和24・7・21民甲1672号回答 ………… 651
昭和24・11・10民甲2616号通達 ………… 474
昭和25・2・15民甲432号回答 …………… 651
昭和25・6・1民甲1566号通達 ………… 26, 469
昭和25・8・15民甲2177号通達 ……………… 26
昭和25・12・6民甲3069号通達 ……… 28, 469
昭和26・2・7最高裁判所家庭甲18号回答 … 469
昭和26・3・6民甲408号回答 ……………… 470
昭和26・3・6民甲409号回答 ……………… 470
昭和26・3・6民甲423号回答 ……………… 470
昭和26・3・9民甲425号回答 ………… 28, 470
昭和26・4・20民甲839号回答 …………… 470
昭和26・12・7民甲2339号法務総裁官房
　長事務代理回答 ………………………… 651
昭和27・4・19民甲438号通達 ………… 27, 471
昭和27・5・22民甲715号通達 ………… 27, 471
昭和27・5・29民甲756号回答 …………… 473
昭和27・7・12民甲1003号通達 …………… 651
昭和27・8・28民甲127号回答 ………552, 652
昭和27・9・12民甲203号回答 …………… 473
昭和27・9・18民甲274号回答 …………… 474
昭和27・9・24民甲322号回答 …………… 473
昭和27・12・19民甲855号回答 ………… 473
昭和28・2・26民甲293号回答 ………552, 652
昭和28・7・22民甲1261号回答 ………… 472
昭和28・11・28民甲2230号回答 ……………… 7
昭和28・12・25民五208号回答 ……………… 29
昭和30・2・9民甲245号通達 …………… 474
昭和30・4・15民甲707号回答 …………… 652

昭和31・7・27民甲1709号回答 ………552, 652
昭和32・3・27民甲615号通達 …………… 652
昭和32・9・6民甲1703号回答 …………… 652
昭和34・2・16民甲199号回答 …………… 476
昭和34・11・24民甲2542号通達 ………… 653
昭和35・2・15民甲432号回答 …………… 653
昭和35・4・2民甲288号認可 …………… 653
昭和35・4・2民甲787号回答 …………… 653
昭和35・4・14民甲882号回答 ………… 30, 31
昭和35・5・10民甲1059号回答 ………… 114
昭和35・5・31民甲1293号回答 …………… 98
昭和36・9・26民甲2462号指示 ………… 653
昭和36・10・5民甲2473号指示 ……552, 653
昭和37・3・28民甲849号回答 …………… 477
昭和37・8・9民甲2234号一部変更認可 …… 654
昭和37・12・20民甲3626号回答 … 214, 552, 654
昭和38・9・10民甲2583号回答 ………… 114
昭和38・9・25民三666号回答 …………… 654
昭和39・6・4民甲2051号回答 ………… 114
昭和39・7・4民甲2303号回答 …………… 476
昭和39・7・14移総4481号外務省移住局
　長通知 ……………………………………… 9
昭和39・11・21民甲3749号通達 ………… 654
昭和40・4・22民甲846号回答 ………… 114
昭和40・11・6民甲3182号回答 ………… 654
昭和40・12・17民甲3464号回答 ………… 654
昭和41・3・15中移総1681号外務省中南
　米移住局長回答 ………………………… 9
昭和41・8・22民甲2431号通達 ……… 36, 476
昭和41・9・30民甲2594号通達 …………… 30
昭和41・10・17民五1146号依命通知 ……… 31
昭和41・11・24民三1129号回答 ………… 654
昭和42・6・1民甲1800号通達 …………… 31
昭和42・11・16領659号外務大臣官房長
　回答 ……………………………………… 9
昭和43・11・26大阪法務局市内出張所事
　務連絡協議会決議 ……………………… 654
昭和44・7・11民事身分法調査委員会決
　議 ………………………………………… 655
昭和46・3・29民甲632号回答 ………… 114
昭和53・10・3民二5408号通達 …………… 98
昭和53・12・15民二6678号依命通知
　……………………………… 119, 305, 306
昭和55・3・12民二1370号回答 ………… 114
昭和56・11・13民二6602号通達 …………… 98
昭和58・10・24民二6115号通達 ……… 143, 474
昭和59・8・6民三3991号回答 …………… 655

IV 索 引

平成元・10・2民二3900号通達 ·················60
平成元・12・5民三5239号通達 ··············655
平成5・4・9民二3319号通達 ·············31, 32
平成13・6・15民一1544号通達 ··············143
平成16・9・8民事局民事第一補佐官事務
　連絡 ·····················305, 306
平成17・2・25民二457号通達 ···············656
平成20・4・25法務省管登5857号通知 ····479
平成20・5・31法務省入国管理局登録管
　理官事務連絡 ····················479
平成24・2・10総行住19号 ···············481
平成24・6・6民事局民事第二課事務連絡 ··656
平成24・6・25民一1550号通達 ··········32, 60

3．韓国　憲法裁判所判例
憲裁1997. 3. 27. 95헌가14等 ·· 129, 331, 639
憲裁1997. 7. 16. 95헌가6 等 ·········128, 283
憲裁1998. 8. 27. 96헌가22等（併合）
　··················· 125, 194, 197, 640
憲裁2000. 8. 31. 97헌가12 ···············13
憲裁2001. 7. 19. 99헌바9・26・84等 ···125, 640
憲裁2004. 1. 29. 2002헌가22等 ·······126, 199
憲裁2005. 2. 3. 2001헌가9 等 ············127
憲裁2005. 12. 22. 2003헌가5・6 ·········127
憲裁2008. 3. 27. 2006헌바82 ·········229, 641
憲裁2008. 12. 26. 2007헌바128 ·······229, 642
憲裁2010. 4. 29. 2007헌바144 ············643
憲裁2010. 7. 29. 2009헌가8 ·· 139, 284, 644
憲裁2010. 7. 29. 2005헌바89 ·········191, 645
憲裁2011. 2. 24. 2009헌바89・248 ······122, 646
憲裁2011. 9. 29. 2010헌바250-456（併
　合） ·······················229
憲裁2014. 8. 28. 2013헌바119 ·········152, 647
憲裁2015. 4. 30. 2013헌마623
　···············140, 328, 332, 341, 648
憲裁2016. 06. 30. 2015헌마924 ········500, 649

4．韓国　民事判例
朝鮮高等法院1933. 12. 8. 連合部判決 ······166
大判1947. 11. 25. 4280민상126 ·········386
大判1960. 8. 18. 4292민상995 ···········292
大判1962. 5. 3. 4294민상1105 ···········158
大判1963. 1. 31. 62다812 ···············313
大判1963. 6. 13. 63다228 ···············329
大決1964. 4. 3. 63마54 ·················195
大判1965. 7. 27. 65므32 ···············292
大判1966. 11. 29. 66다1251 ············336

大判1967. 7. 18. 67다1004 ·········386, 387
大判1967. 10. 4. 67다791 ···············337
大判1968. 1. 31. 67다1940 ··············343
大判1968. 2. 27. 67므34 ········ 333, 338, 346
大判1969. 2. 4. 68다1587 ···············116
大判1969. 2. 18. 68다2105 ·············117
大判1969. 3. 18. 65도1013 ·············116
大判1969. 4. 22. 69다232 ·········195, 196
大判1970. 5. 26. 68므31 ···············403
大判1971. 11. 15. 71다1983 ·············339
大判1972. 8. 31. 72다1023 ·············117
大判1974. 2. 26. 72다1739 ············351
大判1975. 1. 14. 74다1503 ·············151
大判1976. 4. 13. 75다948 ···············343
大判1976. 9. 14. 76다1365 ·············150
大判1976. 9. 14. 76도107 ··············309
大判（全員）1977. 7. 26. 77다492
　·············355, 383, 386, 388, 583
大判1977. 11. 8. 76므15 ·········224, 234
大決1978. 1. 31. 7스63 ···············204
大判1978. 8. 22. 78다1107 ·············117
大判1978. 12. 13. 78다1811 ············146
大判1979. 2. 13. 78므34 ···············320
大判1980. 4. 22. 79므77 ··············285
大決1980. 11. 19. 83스23 ···············244
大判1980. 11. 25. 80다1847 ············158
大判1980. 12. 23. 80므18 ·· 230, 231
大判（全員）1981. 1. 27. 79다854 ·· 145, 146, 147
大判1981. 7. 28. 80므77 ···············309
大判1981. 12. 22. 80므103 ····· 346, 356, 357
大判1981. 12. 22. 80다3093 ············340
大判1982. 3. 9. 81므10 ···············348
大判1982. 12. 28. 81다452・453 ········148, 149
大判（全員）1983. 7. 12. 82므59
　············· 333, 334, 335, 356
大判1983. 7. 12. 83므11 ···············304
大判1983. 9. 13. 83므16 ···············403
大判1983. 9. 27. 83므22 ··············285
大判1983. 12. 13. 83도4 ···············163
大判1984. 2. 14. 83다600 ··············147
大判1984. 3. 27. 84므99 ···············311
大決1984. 8. 23. 84스17-24 ············196
大決1984. 8. 23. 84스17-25 ············195
大判1984. 9. 25. 84므73 ···············337
大判1985. 1. 29. 84므109 ··············334
大判1985. 9. 10. 85도1481 ············277

665

Ⅳ 索 引

大判1985. 10. 22. 84다카1165 ·············· 340
大決1986. 4. 22. 86스10 ················· 196
大判1986. 5. 27. 86므26 ················· 315
大判1986. 6. 24. 86므9 ·················· 292
大決1986. 10. 11. 86스18 ················ 234
大判1986. 11. 11. 86도1982 ············· 337
大判1986. 11. 11. 86므97 ················ 280
大判1987. 1. 20. 85므70 ················· 348
大判1987. 1. 20. 86므86 ················· 304
大判1987. 3. 10. 85므80 ············· 184, 185
大判1987. 4. 14. 86므28 ················· 325
大判1987. 7. 21. 87므24 ············· 317, 319
大判1987. 9. 22. 87다카1164 ············· 279
大決1987. 9. 29. 86스11 ················· 251
大判1987. 10. 13. 86므129 ············ 329, 338
大判1987. 12. 22. 86므90 ················ 320
大判1988. 1. 19. 87다카1877 ··········· 92, 115
大判1988. 2. 23. 85므86
··············· 344, 355, 356, 383, 388, 390
大判1988. 2. 23. 86다카737 ··········· 340, 341
大判1988. 4. 25. 87므28 ················· 304
大判1988. 4. 25. 87므9 ·················· 321
大判1988. 5. 10. 88므85 ······ 333, 334, 335, 356
大決1988. 8. 25. 88스10~13 ··········· 195, 196
大判1989. 1. 24. 88므795 ············· 285, 286
大判1989. 6. 27. 88므740 ················ 320
大判1989. 9. 12. 88누9305 ·············· 207
大判1989. 9. 12. 88다카28044 ··········· 208
大判1989. 9. 12. 88다카5836 ············ 188
大判1989. 10. 27. 89므440 ·············· 392
大決1989. 12. 13. 89스11 ················ 235
大判(全員)1990. 2. 27. 88다카33619 ·· 115, 584
大判1990. 3. 9. 89므389 ·········· 378, 379, 391
大判1990. 3. 27. 88므375 ············· 319, 321
大判1990. 7. 27. 89므1108 ·· 344, 354, 355, 392
大判1990. 10. 30. 90다카23301 ········· 92, 115
大判1990. 11. 13. 88다카24523, 24530 ····· 188
大判1991. 5. 28. 90므347 ················ 384
大決1991. 6. 11. 91스1 ·················· 195
大判1991. 7. 9. 90므1067 ····· 317, 318, 319, 321
大決1991. 8. 13. 91스6 ·················· 280
大判1991. 11. 26. 91도2049 ············· 314
大判1991. 12. 10. 91므344 ············ 290, 294
大判1991. 12. 10. 91므535 ············ 163, 291
大判1991. 12. 13. 91므153 ············ 344, 354
大判1991. 12. 24. 90누5986 ············· 207
大判(全員)1991. 12. 24. 90다5740 ········· 145

大判1991. 12. 27. 91므30 ········ 389, 391, 393
大判1992. 5. 22. 92다2127 ·············· 155
大判1992. 7. 24. 91므566 ····· 329, 334, 335, 357
大判1992. 8. 18. 92다2998 ·············· 144
大判1992. 10. 23. 92다29399 ············ 343
大判1992. 10. 27. 92다32463 ············ 188
大判1992. 11. 24. 92다31514 ············ 189
大判1993. 2. 12. 92다29801 ············· 157
大判1993. 2. 23. 92다51969 ············· 388
大判1993. 3. 12. 92다48512 ·········· 191, 351
大判1993. 4. 13. 92다3595 ····· 267, 273, 274
大判1993. 4. 13. 92다54524 ············· 183
大判1993. 4. 13. 93다3318 ·············· 147
大判1993. 4. 23. 92므1078 ··········· 320, 321
大判1993. 6. 8. 92다8750 ··············· 230
大判1993. 6. 11. 93므171 ················ 309
大判1993. 7. 16. 92므372 ············ 357, 398
大判1993. 7. 27. 91므306 ········· 338, 339, 356
大判1993. 8. 24. 92므907 ················ 291
大判1993. 8. 24. 93다12 ················· 190
大判1993. 8. 27. 93도648 ················ 159
大判1994. 2. 8. 93도2869 ··············· 310
大判1994. 5. 10. 93므935 ················ 285
大判(全員)1994. 5. 13. 92스21 ··········· 350
大判(全員)1994. 5. 24. 93므119 ······· 343, 389
大判1994. 5. 27. 94므130 ················ 321
大判1994. 6. 28. 94므413 ·········· 163, 179, 279
大判1994. 10. 14. 94다8334
··············· 177, 179, 193, 207, 256, 263
大決1994. 11. 3. 94스16 ················· 235
大判1994. 12. 2. 94다13695 ············· 231
大判1995. 1. 20. 94마585 ················ 150
大判1995. 1. 24. 93므1242 ·············· 387
大判1995. 2. 17. 94다52751 ············· 117
大判1995. 3. 10. 94다16571 ············· 171
大判1995. 4. 7. 94다11835 ······· 196, 209, 210
大判1995. 6. 30. 93다11715 ·· 261, 268, 272, 274
大判1995. 9. 26. 95다27769 ······· 196, 209, 210
大判1995. 9. 29. 94다1553·1560 ·········· 393
大判1995. 11. 14. 95다27554 ·········· 205, 206
大判1995. 11. 21. 95다731 ··········· 285, 286
大決1995. 12. 4. 95스32 ················· 248
大判1995. 12. 8. 94다1676, 1683 ········· 292
大判1996. 2. 9. 94다61649 ·············· 157
大判1996. 2. 9. 95다17885 ··· 258, 260, 261, 272
大判1996. 2. 9. 94다30041 ·············· 341
大判1996. 3. 26. 95다45545 ············· 207

Ⅳ　索　引

大判1996. 4. 23. 95다34514 ················· 230
大判1996. 4. 26. 95다54426·54433 ········· 189
大決1996. 7. 10. 95스30·31 ················· 176
大判1996. 8. 20. 96다13682 ················· 259
大判1996. 9. 20. 96다21119 ················· 238
大判1996. 10. 15. 96다23283 ················· 200
大判1996. 11. 8. 96므1243 ················· 315
大判1996. 11. 22. 96도2049 ··········· 276, 285
大判1996. 12. 23. 95다48308 ··········· 153, 295
大判1997. 2. 14. 96므738 ········· 337, 347, 356
大判1997. 2. 25. 96므1663 ········· 329, 333, 334
大決1997. 3. 21. 96스62 ········· 174, 186, 187
大判1997. 4. 25. 97다3996 ················· 144
大判1997. 6. 24. 97다8809 ·············· 158, 184
大判1997. 7. 11. 96므1151 ········· 378, 379, 391
大判1997. 11. 28. 96누18069 ················· 159
大判1997. 11. 28. 96다5421 ················· 151
大判1998. 4. 10. 96므1434 ············· 314, 315
大判1998. 5. 26. 97므25 ················· 383
大判1998. 5. 29. 97다38503 ·· 227, 228, 229, 244
大判1998. 6. 12. 97다38510
　········· 226, 227, 228, 237, 238, 244
大判1998. 7. 24. 98다9021 ················· 255
大判1998. 12. 8. 97므513·520. 97스12
　··································· 173, 176
大判1999. 2. 12. 97므612 ················· 313
大決1999. 8. 24. 99스28 ················· 177
大判1999. 9. 3. 98다17800 ········· 225, 228, 233
大判1999. 10. 8. 98므1698 ················· 348
大判1999. 11. 26. 97다57733 ················· 224
大判1999. 11. 26. 99므180 ················· 316
大判2000. 1. 28. 99므1817 ·············· 335, 346
大判2000. 4. 11. 99므1329 ················· 285
大判2000. 6. 9. 99다54349 ················· 278
大判2000. 6. 9. 99므1633·1640
　············· 387, 388, 391, 393
大判2000. 8. 22. 2000므292 ················· 329
大判2000. 9. 5. 99므1886 ················· 313
大判2001. 2. 9. 2000다51797 ·············· 170
大判2001. 2. 23. 2000므1561 ··········· 317, 320
大判2001. 3. 9. 99다13157 ················· 149
大判2001. 3. 27. 2000다26920 ················· 250
大判(全員)2001. 5. 24. 2000므1493
　········· 93, 354, 388, 392, 399, 584
大判2001. 6. 29. 2001다28299 ··········· 181, 183
大判2001. 8. 21. 99므2230
　········· 355, 389, 390, 392, 401, 404

大判2001. 9. 14. 2000다66430·66447 ······· 273
大判2001. 10. 12. 2000다22942 ·············· 242
大判2001. 11. 30. 2001다6947 ··········· 259, 269
大判2002. 4. 26. 2000다8878
　············· 267, 268, 269, 274
大判2002. 6. 14. 2001므1537 ················· 349
大判2002. 6. 25. 2000다64427 ················· 236
大判2002. 11. 8. 2002다21882 ················· 198
大判2002. 11. 26. 2002다1398 ················· 190
大判2002. 12. 26. 2002다852 ················· 403
大判2003. 5. 27. 2000다73445 ····· 240, 241, 243
ソウル家審2003. 6. 26. 2001느합86 ········· 176
大決2003. 8. 11. 2003스32 ················· 194
大判2003. 9. 26. 2003다30517 ················· 198
大判2003. 11. 14. 2003다30968
　············· 144, 202, 203, 205
大判2004. 2. 12. 2003므2503 ················· 358
大判2004. 3. 12. 2003다63686 ················· 200
大判2004. 4. 9. 2003므2411 ················· 393
大判2004. 5. 27. 2003므2688 ················· 388
大判2004. 7. 8. 2002다73203 ················· 185
大判2004. 9. 24. 2004도4426 ················· 277
大判2004. 10. 28. 2003다65438·65445 ······ 184
大判2004. 11. 11. 2004다35533 ··········· 225, 228
大判2004. 11. 11. 2004므1484
　············· 387, 388, 390, 391
大判2005. 6. 10. 2005므635 ················· 348
大判2005. 6. 23. 2004다51887 ····· 258, 260, 270
大判(全員)2005. 7. 21. 2002다1178 ···160, 584
大判2005. 7. 22. 2003다43681 ··········· 195, 211
大判2006. 1. 12. 2005도8427 ················· 383
大判2006. 1. 26. 2003다29562 ················· 197
大決2006. 2. 13. 2004스74 ················· 198
大判2006. 3. 9. 2005다57899 ··········· 228, 234
大判2006. 5. 26. 2005다71949 ················· 270
大判2006. 6. 9. 99므1633, 1640 ············· 389
大決(全員)2006. 6. 22. 2004스42 ······· 276, 489
大判2006. 7. 4. 2005다45452 ················· 146
大判2006. 9. 8. 2006다25103·25110 ········· 228
大判2006. 11. 10. 2006다46346 ·············· 273
大判2007. 6. 28. 2005다55879 ················· 216
大判2007. 7. 26. 2006므2757, 2764 ··· 146, 191
大判2007. 8. 28. 2006스3·4 ················· 172
大判2007. 10. 25. 2005다12848 ················· 228
大判2007. 10. 25. 2007다36223 ·············· 146
大判2007. 10. 25. 2007다51550·51567
　································· 225, 231

667

Ⅳ　索　引

大判2008. 3. 13. 2007다73765 ·········184, 193
大判2008. 7. 10. 2007다9719 ·············· 274
大判2008. 8. 11. 2008다1712 ·············· 231
大判(全員)2008. 11. 20. 2007다27670
·······································160, 587
大判2009. 5. 14. 2009다9768 ········225, 227
大判2009. 7. 23. 2006다28126 ············ 258
大決2009. 10. 8. 2009스64 ················ 287
大決2009. 12. 11. 2009스23 ················ 127
大判2009. 12. 24. 2009므2130 ············ 317
大判2009. 12. 24. 2009므2413 ············ 319
大判2010. 1. 14. 2009다41199 ·········146, 147
大判2010. 2. 25. 2008다96963·96970 ······ 184
大決2010. 3. 3. 2009스133 ················ 127
大判(全員)2010. 3. 18. 2007다77781 ······ 205
大判2010. 4. 29. 2009다84936
······················ 200, 201, 202, 203
大判2010. 5. 27. 2009다93992 ············ 268
大判2010. 6. 10. 2010다7904 ·········197, 198
大判2010. 6. 10. 2010므574················ 285
大判2010. 6. 24. 2010므1256 ············ 317
大判2010. 7. 15. 2010므1140 ···317, 319, 321
大判2010. 10. 28. 2009다20840 ········247, 251
大判2011. 3. 10. 2007다17482·············· 183
大判2011. 4. 28. 2010다29409 ········255, 258
大判2011. 6. 9. 2011다29307 ······ 185, 193, 209
大判2011. 6. 24. 2009다8435 ············ 251
大決(全員)2011. 9. 2. 2009스17 ············ 276
大決2011. 10. 27. 2011스108 ············ 254
大判2011. 12. 8. 2010다66644 ···173, 174, 262
大決2012. 4. 16. 2011스191·192 ············ 256
大判2012. 5. 24. 2010다50809 ········261, 269
ソウル高判2012. 10. 24. 2012나3168·
3175 ··························· 263
大判2012. 12. 13. 2010다78722 ········259, 264
大判2013. 3. 14. 2010다42624·42631
······················ 158, 266, 271, 272
大判2013. 6. 13. 2013다2788 ·············· 193
大判2013. 12. 26. 2012므5269 ············ 349
大判2014. 2. 13. 2011다74277 ············ 252
大判2014. 2. 13. 2013다65963 ············ 271
大判2014. 5. 29. 2012다31802 ········172, 262
大決2014. 7. 25. 2011스226 ············ 180
大判2014. 8. 20. 2012다52588 ············ 115
大判2014. 9. 26. 2012다71688 ············ 227
大判2014. 10. 6. 2012다29564 ········227, 228
大決2014. 11. 25. 2012스156·157············ 173

大判2015. 1. 29. 2014다205683 ·············· 116
大判2015. 2. 12. 2013다216761 ·············· 116
大判2015. 2. 12. 2014므4871 ·········346, 347
大判2015. 2. 26. 2014므4734·4741 ········· 292
大判2015. 5. 14. 2013다48852····· 209, 211, 589
大判2015. 6. 11. 2014므8217 ·········348, 349
大決2015. 7. 17. 2014스206·207 ············ 172
大判2015. 8. 19. 2012다94940 ············ 236
大判(全員)2015. 9. 15. 2013므568
··························· 313, 321, 590
大判2015. 10. 29. 2013다60753 ········263, 273
ソウル家審2015. 11. 9. 2013느합95········· 177
大判2015. 11. 12. 2010다104768 ········257, 258
大判2015. 12. 10. 2014도11533 ···276, 277, 285
大判2016. 2. 18. 2015므654·661 ········292, 293
大判(全員)2016. 10. 19. 2014다46648
··························· 137, 148, 591
大判2016. 12. 29. 2013다73520 ············ 200
大判(全員)2017. 1. 19. 2013다17292 ········ 160

5．韓国　例規・先例等

1947. 5. 12. 登記例規2号················ 116
1966. 1. 8. 登記例規79号················ 116
1967. 1. 12. 法制9号（戸籍旧例規541
項）··························· 114
1969. 2. 4. 登記例規132号················ 116
1969. 3. 18. 登記例規136号················ 116
1976. 4. 21. 戸籍例規322号········305, 306, 489
1978. 5. 19. 戸籍例規341号········113, 114
1979. 1. 9. 戸籍例規法定8号············ 119
1979. 1. 9. 戸籍例規347号················ 485
1981. 10. 14. 戸籍例規371号········323, 485
1987. 1. 20. 戸籍先例2-380号············ 486
1987. 9. 12. 戸籍例規399号················ 486
1988. 11. 27. 戸籍例規572号················ 487
1989. 7. 13. 戸籍例規418号················ 486
1990. 1. 9. 登記例規694号················ 154
1991. 1. 8. 登記例規27号················ 117
1991. 1. 8. 登記先例3-444号············ 117
1991. 7. 9. 戸籍例規467号········119, 306
1992. 3. 28. 戸籍例規472号················ 487
1997. 7. 30. 戸籍例規535号········128, 129
1998. 11. 27. 戸籍例規572号················ 487
2000. 1. 4. 登記例規6-226号············ 211
2001. 9. 5. 戸籍例規596号················ 75
2003. 3. 11. 登記先例7-197号············ 211
2003. 9. 2. 裁判例規907号·········192, 208

Ⅳ 索 引

2003. 9. 3. 戸籍先例5-68号（200309-4
　号）·· 339, 340, 341
2003. 10. 20. 戸籍例規659号 ·················· 488
2003. 12. 26. 戸籍先例200312-1号········· 341
2004. 3. 17. 戸籍例規668号·· 305, 308, 485, 489
2005. 10. 18. 戸籍例規704号 ··················· 488
2005. 12. 23. 戸籍例規707号 ··················· 489
2006. 2. 21. 戸籍先例200602-1号 ··········· 488
2006. 9. 6. 戸籍例規716号 ···················276, 489
2007. 7. 30. 登記先例200707-6号 ··········· 117
2007. 12. 10. 家登例規101号 ··········127, 281
2007. 12. 10. 家登例規130号 ··········384, 597
2007. 12. 10. 家登例規157号 ··············· 114
2007. 12. 10. 家登例規174号 ················· 323
2007. 12. 10. 家登例規175号 ················· 486
2007. 12. 10. 家登例規273号 ················· 495
2007. 12. 10. 家登例規274号 ··········488, 496
2008. 6. 16. 裁判例規1234号 ················· 303
2008. 8. 18. 家登先例200808-5号 ··········· 508
2009. 5. 1. 家登先例200905-1号 ············· 392
2009. 6. 15. 家登先例200906-3号 ··········· 287
2009. 7. 17. 家登例規300号 ··················· 597
2009. 7. 17. 家登例規301号············392, 599
2009. 7. 17. 家登例規307号················· 489
2009. 7. 23. 家登先例200907-8号 ··········· 508
2010. 6. 28. 登記先例201006-4号 ··········· 538
2011. 12. 5. 家登例規342号··················· 496
2012. 7. 5. 家登例規353号 ··················· 413
2013. 2. 22. 登記例規1482号 ················· 453
2013. 5. 14. 登記先例201305-3号 ··········· 117
2013. 6. 7. 家登例規373号···········407, 408, 599
2013. 10. 17. 家登先例201310-1号 ··········· 376
2014. 4. 9. 登記例規1512号················· 252
2015. 1. 8. 家登例規412号 ··················· 329
2015. 1. 8. 家登例規414号 ·········127, 281, 602
2015. 1. 8. 家登例規417号 ··················· 282
2015. 1. 8. 家登例規418号 ·········114, 485, 605
2015. 1. 8. 家登例規419号 ············323, 607
2015. 1. 8. 家登例規427号 ········· 75, 527, 607
2015. 1. 8. 家登例規435号 ············276, 489
2015. 1. 8. 家登例規452号 ············281, 611
2015. 1. 8. 家登例規453号 ··················· 634
2015. 2. 1. 家登先例201502-10号 ··········· 143
2015. 6. 10. 家登例規461号 ··················· 498
2015. 6. 10. 家登例規467号 ··················· 486
2015. 6. 10. 家登例規480号 ········ 495, 525, 526
2015. 8. 18. 登記先例201508-3号 ··········· 210

2015. 10. 23. 家登例規482号 ··········499, 523
2016. 2. 17. 家登例規486号
　··············· 143, 487, 522, 523, 524, 612
2016. 8. 3. 家登例規488号 ··················· 500
2016. 11. 25. 家登例規491号
　·································· 499, 508, 509, 613
2016. 11. 25. 家登例規492号 ·····489, 515, 625
2016. 11. 25. 家登例規498号 ·····496, 499, 625
2016. 11. 25. 家登例規499号 ··················· 502
2016. 11. 25. 家登例規500号 ··················· 499
2016. 12. 27. 家登例規507号
　·································· 303, 304, 485, 628
2017. 9. 29. 家登先例201709-1号 ······339, 340
2017. 10. 20. 家登例規512号 ··········504, 505
2018. 4. 30. 家登例規517号
　·································500, 503, 506, 508, 634
2018. 6. 15. 家登例規523号 ··················· 502
2018. 6. 15. 家登例規524号 ··········500, 503
2018. 9. 12. 家登例規527号
　·································486, 498, 502, 523, 524

669

著 者 紹 介

趙　慶済（チョウ・キョンジェ）

（略　歴）

1950年生

1968年　同志社高等学校卒

1973年　早稲田大学第一政経学部経済学科卒

1984年　司法書士　西山慶一事務所　開業（〜現在）

1986年　「定住外国人と家族法」研究会結成（〜現在）

1994年　京都大学大学院法学研究科修士課程修了

2003年　京都司法書士会副会長（〜2005年）

2003年　京都家庭裁判所委員会委員（〜2007年）

2005年　立命館大学法学部・大学院法学研究科非常勤講師（〜2015年）

2011年　日本司法書士会連合会（日司連）「外国人住民票」検討委員会委員長（〜2013年）

2014年　日司連「外国人住民票」実務検討チーム委員（〜2015年）

2015年　日司連「渉外身分登録」検討委員会委員（〜2017年）
国際私法学会会員，移民政策学会会員

（主な著書）

（共編著）　『日韓国際相続と税』（日本加除出版，2005年）

（共　著）　木棚照一監修「定住外国人と家族法」研究会編『「在日」の家族法Q&A第3版』（日本評論社，2010年）

（共　著）　日本司法書士会連合会（日司連）「外国人住民票」検討委員会編『外国人住民票の創設と渉外家族法実務』（民事法研究会，2012年）

（共　著）　日司連「外国人住民票」検討委員会編『「外国人住民票」その渉外民事実務上の課題と対応』（民事法研究会，2013年）

（単　著）　『「在日」の国際家族法とその本国法を考える』（日本加除出版，2015年）

（共　著）　日司連「渉外身分登録」検討委員会編『渉外家族法実務からみた在留外国人の身分登録』（民事法研究会，2017年）

著者紹介

（最近の主な論文）

・「在留外国人の身分登録の記録を考える(1)(2・完)」市民と法94号（2015. 8）2頁・95号（2015. 10）21頁。

・「入管法改正と在留外国人の身分登録―「身分関係」関連事項の記録簿の必要性をめぐって―」大久保史郎＝樋爪誠＝吉田美喜夫『人の国際移動と現代日本の法』（日本評論社，2017年）367頁。

・「法定相続情報証明制度の疑問―渉外家族の視点から」市民と法104号（2017. 4）111頁。

・「渉外相続不動産登記の執務指針(1)(2)(3)」市民と法104号（2017. 4）28頁・105号（2017. 6）33頁・106号（2017. 8）20頁。

※著書や論文には筆名を「西山慶一」としているものがある。

「在日」の相続法 その理論と実務

2019年4月19日　初版発行
2019年7月24日　初版第2刷発行

著　者　趙　　慶　済

発行者　和　田　　裕

発行所　日本加除出版株式会社

本　　社　郵便番号 171-8516
　　　　　東京都豊島区南長崎3丁目16番6号
　　　　　ＴＥＬ　（03）3953-5757（代表）
　　　　　　　　　（03）3952-5759（編集）
　　　　　ＦＡＸ　（03）3953-5772
　　　　　ＵＲＬ　www.kajo.co.jp

営業部　郵便番号 171-8516
　　　　　東京都豊島区南長崎3丁目16番6号
　　　　　ＴＥＬ　（03）3953-5642
　　　　　ＦＡＸ　（03）3953-2061

組版　㈱郁文　／　印刷・製本（POD）京葉流通倉庫㈱

落丁本・乱丁本は本社でお取替えいたします。
★定価はカバー等に表示してあります。
Ⓒ CHO, Kyung Jae 2019
Printed in Japan
ISBN978-4-8178-4553-5

JCOPY 〈出版者著作権管理機構　委託出版物〉

本書を無断で複写複製（電子化を含む）することは，著作権法上の例外を除き，禁じられています。複写される場合は，そのつど事前に出版者著作権管理機構（JCOPY）の許諾を得てください。
また本書を代行業者等の第三者に依頼してスキャンやデジタル化することは，たとえ個人や家庭内での利用であっても一切認められておりません。

〈JCOPY〉　ＨＰ：https://www.jcopy.or.jp，e-mail：info@jcopy.or.jp
　　　　　電話：03-5244-5088，ＦＡＸ：03-5244-5089